Accedi ai **servizi riservati**

| COLLEGATI AL SITO **EDISES.IT** | ACCEDI AL **MATERIALE DIDATTICO** | SEGUI LE **ISTRUZIONI** |

amazon

Se hai acquistato sul sito **amazon.it**, riceverai via mail il **codice personale** necessario per registrarti al sito **edises.it** e accedere ai **servizi** e **contenuti riservati**.

Attenzione! L'invio del codice personale avviene contestualmente all'acquisto. In caso di **mancata ricezione**, controlla le caselle di antispam e posta indesiderata o contatta il **servizio clienti** support@edises.it

L'**accesso ai servizi riservati** ha la durata di **un anno** dall'attivazione del codice e viene garantito esclusivamente sulle edizioni in corso.

Per attivare i **servizi riservati**, collegati al sito **edises.it** e segui queste semplici istruzioni

Se sei registrato al sito

- clicca su *Accedi al materiale didattico*
- inserisci email e password
- inserisci le ultime 4 cifre del codice ISBN: **1158**
- inserisci il **codice personale** ricevuto via mail da Amazon per essere reindirizzato automaticamente all'area riservata

Se non sei già registrato al sito

- clicca su *Accedi al materiale didattico*
- registrati al sito o autenticati tramite facebook
- attendi l'email di conferma per perfezionare la registrazione
- torna sul sito **edises.it** e segui la procedura già descritta per *utenti registrati*

Concorso **RIPAM 2133**
Funzionari amministrativi

Test commentati per la prova **preselettiva**

Concorso RIPAM 2133 Funzionari amministrativi - Test commentati per la prova preselettiva
I Edizione, 2020
Copyright © 2020 EdiSES S.r.l. – Napoli

9 8 7 6 5 4 3 2 1 0
2024 2023 2022 2021 2020

Le cifre sulla destra indicano il numero e l'anno dell'ultima ristampa effettuata

> A norma di legge è vietata la riproduzione, anche parziale,
> del presente volume o di parte di esso con qualsiasi mezzo.
> L'Editore

Progetto grafico: ProMedia Studio di A. Leano – Napoli
Grafica di copertina e fotocomposizione: curvilinee
Stampato presso: Vulcanica S.r.l. – Nola (NA)
Per conto della EdiSES – Piazza Dante 89 – Napoli

ISBN 978 88 3622 115 8   www.edises.it

I curatori, l'editore e tutti coloro in qualche modo coinvolti nella preparazione o pubblicazione di quest'opera hanno posto il massimo impegno per garantire che le informazioni ivi contenute siano corrette, compatibilmente con le conoscenze disponibili al momento della stampa; essi, tuttavia, non possono essere ritenuti responsabili dei risultati dell'utilizzo di tali informazioni e restano a disposizione per integrare la citazione delle fonti, qualora incompleta o imprecisa.

Realizzare un libro è un'operazione complessa e nonostante la cura e l'attenzione poste dagli autori e da tutti gli addetti coinvolti nella lavorazione dei testi, l'esperienza ci insegna che è praticamente impossibile pubblicare un volume privo di imprecisioni. Saremo grati ai lettori che vorranno inviarci le loro segnalazioni e/o suggerimenti migliorativi su *assistenza.edises.it*

Premessa

Il volume è rivolto a quanti intendono prepararsi alla **prova preselettiva** del concorso per **2133 Funzionari amministrativi** (*bando in Gazzetta Ufficiale n. 50 del 30 giugno 2020*) da destinare ai ruoli di diverse amministrazioni e gestito dal RIPAM. La procedura concorsuale accorpa selezioni presso vari Ministeri ed Enti per profili professionali affini.

Il testo riporta numerosi **quesiti a risposta multipla commentati** delle materie sulle quali si svolgerà la prova preselettiva del concorso: *test attitudinali* (volti alla verifica della capacità logico-deduttiva, di ragionamento logico-matematico e critico verbale), di *lingua inglese*, di *diritto costituzionale*, di *diritto amministrativo* e di *contabilità di Stato e degli enti pubblici*.

Per ciascuna di tali materie il volume offre numerose batterie di quiz che nella successiva sezione delle risposte sono illustrati con un commento ampio e approfondito. Particolare attenzione è dedicata a quelli attitudinali, con una disamina delle varie tipologie di **test generalmente proposti dal RIPAM** anche nei concorsi più recenti.

L'opera è corredata di un **software online** che consente infinite simulazioni della prova di preselezione. Un **Video-corso di Logica** (oltre 20 ore di lezioni), con **spiegazioni in aula virtuale** per alcune categorie di quesiti, consente di allenarsi ulteriormente nella soluzione di questa tipologia di quesiti.

> Ulteriori materiali didattici sono disponibili nell'area riservata a cui si accede mediante la registrazione al sito *edises.it* secondo la procedura indicata nel frontespizio del volume.
>
> Eventuali errata-corrige saranno pubblicati sul sito *edises.it*, nella scheda "Aggiornamenti" della pagina dedicata al volume.
>
> Altri aggiornamenti sulle procedure concorsuali saranno disponibili sui nostri profili social.
>
> Facebook.com/infoconcorsi
> Clicca su 👍 (**Facebook**) per ricevere gli aggiornamenti
> blog.edises.it

Sommario

Libro I
Capacità logico-deduttiva, di ragionamento logico-matematico e critico-verbale

Questionario 1 Comprensione verbale 3
Questionario 2 Ragionamento verbale 21
Questionario 3 Ragionamento critico-verbale 48
Questionario 4 Ragionamento numerico 146
Questionario 5 Ragionamento critico-numerico – *Problem solving* 192
Questionario 6 Ragionamento numerico-deduttivo 255
Questionario 7 Ragionamento astratto e abilità visiva. Ragionamento spaziale e ragionamento meccanico 265

Libro II
Inglese

Sezione I - Grammatica

Questionario 1 Il verbo 329
Questionario 2 Nomi, articoli, pronomi e aggettivi 350
Questionario 3 Aggettivi (qualificativi), avverbi e preposizioni 369

Sezione II - Comprensione verbale

Questionario 1 Vocabolario e "phrasal verbs" 389
Questionario 2 Comprensione di brani 399

Libro III
Diritto costituzionale

Questionario 1 L'ordinamento giuridico 413
Questionario 2 Lo Stato 418
Questionario 3 La Costituzione italiana 423
Questionario 4 Gli organi costituzionali 430
Questionario 5 La magistratura 438
Questionario 6 Gli organi ausiliari e le autorità indipendenti 443
Questionario 7 Le Regioni e gli enti territoriali 448
Questionario 8 Le fonti del diritto 457

Libro IV
Diritto amministrativo

Sezione I
Organizzazione, atti e responsabilità della P.A.

Questionario 1 La Pubblica Amministrazione e il diritto amministrativo 471
Questionario 2 Le situazioni giuridiche soggettive 479
Questionario 3 L'organizzazione amministrativa 484
Questionario 4 Atti e provvedimenti amministrativi 493
Questionario 5 La patologia dell'atto amministrativo 502
Questionario 6 I beni pubblici e l'espropriazione per pubblica utilità 512
Questionario 7 I controlli 518
Questionario 8 La responsabilità della Pubblica Amministrazione 522
Questionario 9 Il sistema delle tutele 527

Sezione II
Procedimento amministrativo, diritto di accesso, tutela della privacy e misure anticorruzione

Questionario 1 L'attività della Pubblica Amministrazione 539
Questionario 2 I documenti amministrativi: dal cartaceo al digitale 544
Questionario 3 Il procedimento amministrativo 551
Questionario 4 Il diritto di accesso e l'accesso civico 560

Sommario | IX

Questionario 5 La tutela della privacy 567

Sezione III
Il rapporto di lavoro nella P.A.

Questionario 1 La disciplina generale e l'instaurazione del rapporto di lavoro 577
Questionario 2 Diritti, doveri e mobilità dei dipendenti 582
Questionario 3 Il sistema di gestione delle *performance* 587
Questionario 4 Il sistema sanzionatorio e la cessazione del rapporto di lavoro 592
Questionario 5 Le figure dirigenziali 599
Questionario 6 La sicurezza sui luoghi di lavoro 603

Sezione IV
Trasparenza e misure anticorruzione

Questionario 1 Gli obblighi di trasparenza e le misure per prevenire la corruzione 611
Questionario 2 La gestione delle risorse umane e le misure anticorruzione 624

Sezione V
L'attività contrattuale

Questionario 1 I contratti della Pubblica Amministrazione 639
Questionario 2 Il Codice dei contratti pubblici (D.Lgs. 50/2016) 645
Questionario 3 Il partenariato pubblico-privato 660

Libro V
Contabilità di Stato e degli enti pubblici

Questionario 1 Le fonti normative 669
Questionario 2 I bilanci dello Stato 684
Questionario 3 Il sistema dei controlli 698
Questionario 4 L'ordinamento contabile degli enti pubblici istituzionali 710

Libro I

Capacità logico-deduttiva, di ragionamento logico-matematico e critico-verbale

SOMMARIO

Questionario 1	Comprensione verbale
Questionario 2	Ragionamento verbale
Questionario 3	Ragionamento critico-verbale
Questionario 4	Ragionamento numerico
Questionario 5	Ragionamento critico-numerico – *Problem solving*
Questionario 6	Ragionamento numerico-deduttivo
Questionario 7	Ragionamento astratto e abilità visiva. Ragionamento spaziale e ragionamento meccanico

Questionario 1
Comprensione verbale

1.1 Sinonimi

1) **Piolo**
   A. devoto
   B. paletto
   C. cinguettio
   D. caritatevole
   E. piccolo

2) **Nemesi**
   A. castigo
   B. elogio
   C. rimpianto
   D. nenia
   E. malinconia

3) **Venale**
   A. corrotto
   B. venato
   C. costoso
   D. avido
   E. perdonabile

4) **Refolo**
   A. tornado
   B. bufera
   C. tramestio
   D. folata
   E. riciclato

5) **Latente**
   A. evidente
   B. insidioso
   C. affiancato
   D. nascosto
   E. ingannevole

6) **Gittata**
   A. vertigine
   B. piroetta
   C. portata
   D. giramento
   E. caduta

7) **Ordito**
   A. configurato
   B. accurato
   C. sistematico
   D. architettato
   E. ascoltato

8) **Gongolare**
   A. gemere
   B. dondolare
   C. esultare
   D. galleggiare
   E. tergiversare

9) **Affettato**
   A. disinvolto
   B. appropriato
   C. naturale
   D. affermato
   E. ostentato

10) **Lesinare**
    A. infamare
    B. profanare
    C. risparmiare
    D. danneggiare
    E. tagliare

11) **Roncola**
    A. ascia
    B. vanga
    C. falcetto
    D. zappa
    E. forcone

12) **Chiosa**
   A. sosta
   B. portale
   C. nota
   D. scrittura
   E. cortile

13) **Infierire**
   A. dimostrare
   B. informare
   C. dedurre
   D. accanirsi
   E. infilare

14) **Mutilo**
   A. silenzioso
   B. mozzo
   C. previdenziale
   D. instabile
   E. ansioso

15) **Nodale**
   A. essenziale
   B. difficoltoso
   C. intenso
   D. navale
   E. pernicioso

16) **Gerente**
   A. amministratore
   B. avallatore
   C. sostegno
   D. gestante
   E. guardiano

17) **Disquisire**
   A. falsare
   B. infastidire
   C. discutere
   D. contestare
   E. classificare

18) **Ignavo**
   A. inconsapevole
   B. anonimo
   C. oscuro
   D. indolente
   E. ignorante

19) **Catalizzare**
   A. informare
   B. espellere
   C. eliminare
   D. rinviare
   E. attrarre

20) **Zigrinato**
   A. repentino
   B. infuriato
   C. rigato
   D. affilato
   E. addentato

21) **Sincope**
   A. svenimento
   B. paura
   C. rinvenimento
   D. adulterazione
   E. diacronia

22) **Ostracismo**
   A. esilio
   B. impedimento
   C. defezione
   D. condanna
   E. rapimento

23) **Querulo**
   A. fiacco
   B. pigro
   C. lamentoso
   D. gioioso
   E. afono

24) **Sventare**
   A. demolire
   B. sventolare
   C. impedire
   D. rivelare
   E. svendere

25) **Laidamente**
    A. bellamente
    B. nobilmente
    C. oscenamente
    D. difficilmente
    E. scarsamente

26) **Opalescente**
    A. iridescente
    B. cupo
    C. fosco
    D. opaco
    E. oculato

27) **Iconoclastismo**
    A. misticismo
    B. oligarchia
    C. autoritarismo
    D. anticonvenzionalismo
    E. positivismo

28) **Sparigliare**
    A. scompagnare
    B. sprecare
    C. compromettere
    D. battere
    E. umiliare

29) **Succedaneo**
    A. surrogato
    B. inutile
    C. prioritario
    D. anteriore
    E. posteriore

30) **Commutare**
    A. evolvere
    B. elevare
    C. migliorare
    D. unire
    E. convertire

31) **Proscenio**
    A. quinte
    B. tribune
    C. ribalta
    D. platea
    E. camera

32) **Diatriba**
    A. emissione
    B. chiacchierata
    C. interrogazione
    D. votazione
    E. discussione

33) **Villoso**
    A. contadino
    B. irsuto
    C. zotico
    D. cittadino
    E. glabro

34) **Pago**
    A. dozzinale
    B. soddisfatto
    C. umile
    D. tranquillo
    E. mesto

35) **Aulico**
    A. scapolo
    B. innovatore
    C. responsabile
    D. nobile
    E. avido

36) **Lestofante**
    A. furbo
    B. seguace
    C. ipocrita
    D. truffaldino
    E. bigotto

37) **Magione**
    A. capanna
    B. rifugio
    C. stamberga
    D. reggia
    E. casa

38) **Filato**
   A. liquido
   B. continuo
   C. intermittente
   D. arieggiato
   E. instancabile

39) **Esitabile**
   A. cedibile
   B. invendibile
   C. incerto
   D. futuro
   E. indiscusso

40) **Accidia**
   A. alacrità
   B. intraprendenza
   C. ignavia
   D. zelo
   E. lena

41) **Barlume**
   A. illusione
   B. chiarore
   C. fantasticheria
   D. speranza
   E. certezza

42) **Ermo**
   A. alto
   B. solitario
   C. oscuro
   D. ripido
   E. errante

43) **Gonfalone**
   A. asta
   B. rivestimento
   C. scudo
   D. alfiere
   E. vessillo

44) **Bega**
   A. bando
   B. teca
   C. esordio
   D. grana
   E. diagramma

45) **Cicalare**
   A. attendere
   B. riferire
   C. terminare
   D. tacere
   E. chiacchierare

46) **Egida**
   A. corazza
   B. dominio
   C. spada
   D. glaciale
   E. protezione

47) **Triviale**
   A. sguaiato
   B. elementare
   C. disgustoso
   D. orribile
   E. empio

48) **Facinoroso**
   A. esuberante
   B. rissoso
   C. fascinoso
   D. pacifico
   E. ingenuo

49) **Efferato**
   A. famigerato
   B. ribelle
   C. celebre
   D. atroce
   E. sacrilego

50) **Controvertibile**
   A. opinabile
   B. indubbio
   C. reversibile
   D. controverso
   E. illusorio

 Quesiti da 51 a 100

1.2 Contrari

1) Individua tra i seguenti un contrario di "scialbo"
   A. negletto
   B. piatto
   C. disgustoso
   D. vivace
   E. trasparente

2) Individua tra i seguenti un contrario di "opportuno"
   A. adeguato
   B. adatto
   C. sconveniente
   D. globale
   E. congruo

3) Individua tra i seguenti un contrario di "eludere"
   A. schivare
   B. scansare
   C. affrontare
   D. eliminare
   E. evitare

4) Individua tra i seguenti un contrario di "comprendere"
   A. incorporare
   B. compiere
   C. contenere
   D. computare
   E. escludere

5) Individua tra i seguenti un contrario di "alterco"
   A. litigio
   B. diverbio
   C. accordo
   D. bega
   E. disputa

6) Individua tra i seguenti un contrario di "imperito"
   A. sprovveduto
   B. inesperto
   C. malintenzionato
   D. competente
   E. impreparato

7) Individua tra i seguenti un contrario di "frapporre"
   A. togliere
   B. interporre
   C. frammettere
   D. inserire
   E. fomentare

8) Individua tra i seguenti un contrario di "occludere"
   A. interrompere
   B. bloccare
   C. disostruire
   D. intasare
   E. impedire

9) Individua tra i seguenti un contrario di "facinoroso"
   A. rissoso
   B. mite
   C. facoltativo
   D. facilone
   E. ribelle

10) Individua tra i seguenti un contrario di "vilipendere"
    A. insultare
    B. lodare
    C. offendere
    D. disprezzare
    E. infamare

1.3 Significato dei termini nel contesto

Tipologia n. 1

1) Quale tra i termini elencati ha un significato associabile con entrambe le parole proposte?
   Casa – Calcio
   A. Pallone
   B. Porta
   C. Finestra
   D. Vetro
   E. Gioco

2) Quale tra i termini elencati ha un significato associabile con entrambe le parole proposte?
   Serratura – Rimedio
   A. Chiavistello
   B. Buco
   C. Cura
   D. Ripiego
   E. Toppa

3) Quale tra i termini elencati ha un significato associabile con entrambe le parole proposte?
   Febbre – Confine
   A. Linea
   B. Fieno
   C. Oro
   D. Limite
   E. Regno

4) Quale tra i termini elencati ha un significato associabile con entrambe le parole proposte?
   Carico – Sapone
   A. Spesa
   B. Peso
   C. Bolla
   D. Detergente
   E. Onere

5) Quale tra i termini elencati ha un significato associabile con entrambe le parole proposte?
   Gola – Tuffo
   A. Voce
   B. Slancio
   C. Salto
   D. Nodo
   E. Cuore

Tipologia n. 2

1) "La polizia ebbe l'ordine di caricare i manifestanti". Qual è il significato della parola "caricare" nella frase proposta?
   A. Attaccare
   B. Sostenere
   C. Moderare
   D. Scoraggiare
   E. Trasferire

2) "L'avvenimento era di una portata tale da richiedere l'attenzione di tutti gli esponenti politici".
   Qual è il significato della parola "portata" nella frase proposta?
   A. Inconsistenza
   B. Rilevanza
   C. Fretta
   D. Gittata
   E. Distanza

3) "Si assumeva molti più compiti di quanti potesse svolgerne per sollevare i familiari dalla miseria".
   Qual è il significato della parola "sollevare" nella frase proposta?
   A. Alzare
   B. Rincuorare
   C. Spostare
   D. Suscitare
   E. Liberare

4) "A partire dal III secolo l'Impero romano entrò in una crisi inesorabile che culminò nella deposizione dell'ultimo imperatore romano d'Occidente, Romolo Augustolo".
Qual è il significato della parola "deposizione" nella frase proposta?
A. Uccisione
B. Rimozione da una carica con atto illegittimo
C. Allontanamento temporaneo dalla patria
D. Sistemazione
E. Dichiarazione

5) "Non si lasciò abbattere dalla stanchezza".
Qual è il significato della parola "abbattere" nella frase proposta?
A. Uccidere
B. Demolire
C. Atterrare
D. Avvilire
E. Smantellare

1.4 Anagrammi

1) Quale, tra le seguenti parole, è un anagramma di una città italiana capoluogo di provincia?
A. Cervelli
B. Nasi
C. Ritorno
D. Rovina
E. Svanire

2) Quale, tra le seguenti parole, è un anagramma di una città italiana capoluogo di provincia?
A. Baciare
B. Creano
C. Sciare
D. Severa
E. Perdonano

3) Quale, tra le seguenti parole, è un anagramma di una città italiana capoluogo di provincia?
A. Nomadi
B. Aspro
C. Amore
D. Arazzo
E. Rubino

4) Quale, tra le seguenti parole, è un anagramma di una città italiana capoluogo di provincia?
A. Castoro
B. Terno
C. Rampe
D. Stiamo
E. Servito

5) Quale, tra le seguenti parole, è un anagramma di una città italiana capoluogo di provincia?
A. Spaziali
B. Tornio
C. Riempi
D. Corona
E. Scolapasta

6) Quale, tra le seguenti parole, è un anagramma di una città italiana capoluogo di provincia?
A. Benvenuto
B. Lisca
C. Rugiada
D. Vitreo
E. Alpino

7) Cosa si ottiene se si anagramma la parola BORGESSUMLU?
A. Uno Stato
B. Un animale
C. Un frutto
D. Un fiore
E. Un dolce

8) Individuare, tra i seguenti, l'anagramma del nome di un animale:
A letto

B. mensole
   C. torta
   D. cassetto
   E. divano

9) **Quale dei seguenti non è un anagramma di un nome proprio di persona?**
   A. Nido
   B. Asfalto
   C. Elica
   D. Zone
   E. Oliva

10) **Quale dei seguenti non è un anagramma del nome di un albero?**
    A. Tonaca
    B. Beate
    C. Mondarlo
    D. Binato
    E. Processi

1.5 Prove di vocabolario

1) **Qual è la definizione esatta della parola "patogeno"?**
   A. Ciò che provoca o genera ansia
   B. Ciò che è sintomo caratteristico al punto da permettere la diagnosi certa
   C. Ciò che provvede o concorre a una secrezione interna
   D. Ciò che riguarda la patologia o, più in generale, le malattie
   E. Ciò che determina o ha la capacità di provocare fenomeni morbosi

2) **Qual è il significato di *sindacare*?**
   A. Criticare
   B. Fare proselitismo
   C. Difendere
   D. Perorare
   E. Eleggere

3) **Qual è il significato di *rivendicazione*?**
   A. Sopraffazione
   B. Rappresaglia
   C. Compensazione mediante scambio
   D. Riaffermazione di un diritto negato
   E. Intimidazione

4) **Qual è il significato di *minatorio*?**
   A. Esplosivo
   B. Di minaccia
   C. Dirompente
   D. Espettorante
   E. Di offesa

5) **Qual è il significato di *accollarsi*?**
   A. Aderire
   B. Assumere su di sé
   C. Incollarsi
   D. Caricare
   E. Appiccicare

6) **Qual è il significato di *assoggettare*?**
   A. Identificare il soggetto grammaticale
   B. Legare
   C. Sottomettere
   D. Assegnare le parti teatrali
   E. Riunire

7) **Qual è il significato di *sofisma*?**
   A. Ragionamento vano
   B. Ragionamento illogico
   C. Ragionamento capzioso
   D. Ragionamento insidioso
   E. Ragionamento fittizio

8) **Qual è il significato di *meandro*?**
   A. Ansa formata da un fiume
   B. Pianta ornamentale
   C. Legno esotico
   D. Tipo di anfibio
   E. Animale della savana

9) **Qual è il significato di *masserizie*?**
   A. Vasto podere con fabbricati
   B. Enorme ammasso di rifiuti
   C. Struttura per contenere stoviglie

D. Insieme di mobili e suppellettili di una casa
E. Covone di fieno

10) **Qual è il significato di *spianare*?**
    A. Fare la spia
    B. Rendere piano
    C. Rompere il silenzio
    D. Agitarsi rumorosamente
    E. Districarsi

1.6 Nozioni di linguistica

1) **In quale dei seguenti termini il prefisso è semanticamente diverso dagli altri?**
   A. Tribordo
   B. Triangolo
   C. Tridente
   D. Trilogia
   E. Trittico

2) **Quale dei seguenti sostantivi ha la stessa forma per il singolare e il plurale?**
   A. Eco
   B. Gregge
   C. Ipotesi
   D. Sciame
   E. Edema

3) **La parola *popolo* è un nome:**
   A. sovrabbondante
   B. derivato
   C. collettivo
   D. astratto
   E. difettivo

4) **"Che noi facessimo" è un:**
   A. congiuntivo imperfetto
   B. congiuntivo presente
   C. condizionale passato
   D. congiuntivo trapassato
   E. trapassato remoto

5) **L'aggettivo *migliore* è il comparativo di:**
   A. bello

B. gentile
C. grande
D. alto
E. buono

6) **Quale delle seguenti frasi è enunciata in modo errato?**
   A. Spero che tu venga con me
   B. Spero che tu verrai con me
   C. Speravo che tu venissi con me
   D. Spero che tu venissi con me
   E. Speravo che tu saresti venuto con me

7) **Nella frase "Stasera ho mangiato *molto*", la parola *molto* è:**
   A. un avverbio
   B. un aggettivo indefinito
   C. un pronome indefinito
   D. un sostantivo
   E. un aggettivo numerale

8) **Nella frase "La porta è *aperta*", la parola *aperta* ha valore di:**
   A. predicato verbale
   B. copula
   C. nome del predicato
   D. complemento predicativo del soggetto
   E. complemento di modo

9) **Quale tra i seguenti non è un verbo transitivo?**
   A. Mangiare
   B. Spiegare
   C. Andare
   D. Sentire
   E. Perdere

10) **Nella frase "Il più buono di tutti è Giulio", l'aggettivo *il più buono* è di grado:**
    A. positivo
    B. superlativo relativo
    C. comparativo di maggioranza
    D. superlativo assoluto
    E. comparativo di minoranza

Risposte commentate
Comprensione verbale

1.1 Sinonimi

1) B. *Piolo* (pezzo di legno cilindrico e appuntito conficcato in una qualsiasi struttura) è sinonimo di *paletto*.

2) A. *Nemesi* (nella mitologia greca la dea della punizione e della vendetta) è sinonimo di *castigo*. In altra banca dati (quando le opzioni proposte sono: apocalisse, vendetta, perdono, annichilimento, distruzione), la risposta esatta è *vendetta*.

3) D. *Venale* (di chi opera esclusivamente per avidità di denaro) è sinonimo di *avido*.

4) D. *Refolo* (improvviso soffio di vento) è sinonimo di *folata*.

5) D. *Latente* (non manifesto) è sinonimo di *nascosto*.

6) C. *Gittata* (in balistica, la distanza cui giunge un proiettile) è sinonimo di *portata*.

7) D. *Ordire* (di cui *ordito* costituisce il participio passato) è un sinonimo di *architettare*.

8) C. *Gongolare* (provare un senso di intima contentezza) è un sinonimo di *esultare*.

9) E. *Affettato* (artificioso, ricercato in modo volutamente esagerato) è un sinonimo di *ostentato*.

10) C. *Lesinare* significa *risparmiare* il più possibile.

11) C. *Roncola* (strumento agricolo ricurvo, con breve manico da impugnare, utilizzato soprattutto per potare) è un sinonimo di *falcetto*.

12) C. *Chiosa* (annotazione che chiarisce e commenta una parola o un testo) è un sinonimo di *nota*.

13) D. *Infierire* significa *accanirsi* con particolare violenza e ferocia contro qualcuno o qualcosa.

14) B. *Mutilo* (che presenta mutilazioni, che manca di qualche parte) è un sinonimo di *mozzo* (nel senso di reciso, troncato).

15) A. *Nodale* (nel senso di centrale, basilare, decisivo) è un sinonimo di *essenziale*.

16) A. *Gerente* è colui che amministra beni o affari di altri e, dunque, è sinonimo di *amministratore*.

17) C. *Disquisire* (dissertare a lungo e con minuziosa sottigliezza) è sinonimo di *discutere*.

18) D. *Ignavo* indica colui che è pigro nell'operare per mancanza di volontà attiva e di forza spirituale e, dunque, è sinonimo di *indolente*.

19) E. Catalisi, in chimica, è il fenomeno per cui alcune reazioni vengono accelerate dalla presenza di sostanze (catalizzatori) che prendono parte ad una reazione combinandosi con altri elementi. *Catalizzare* è, perciò, sinonimo di *attrarre*.

20) C. Zigrinare significa trattare tessuti e altri materiali in modo da renderne la superficie ruvida o imprimervi un fitto tratteggio. *Zigrinato*, dunque, è sinonimo di *rigato*.

21) A. *Sincope* è una sospensione improvvisa dell'attività cardiocircolatoria e respiratoria, accompagnata da perdita di coscienza transitoria; ne è, quindi, sinonimo il termine *svenimento*.

22) A. *Ostracismo* deriva dl greco antico *ostrakon*, un pezzo di terracotta sul quale i cittadine scrivevano il nome di chi volevano esiliare dalla città. È sinonimo di *esilio*.

23) C. *Querulo* è colui ha un tono, un suono lamentoso o chi si lamenta spesso. Ne è sinonimo *lamentoso*.

24) C. *Sventare* significa rendere vano, far fallire e ne è sinonimo il verbo *impedire*.

25) C. L'aggettivo laido significa sporco, sozzo. *Laidamente*, perciò, è sinonimo di *oscenamente*.

26) A. *Opalescente* si dice di ciò che si presenta con aspetto lattiginoso e talora iridescente; in questo caso, dunque, è sinonimo di *iridescente*. In altra banca dati (quando le opzioni sono: nerboruto, lattiginoso, puntinato, rubizzo, variegato) la risposta esatta è *lattiginoso*.

27) D. *Iconoclastia* è una concezione religiosa contraria al culto delle immagini sacre. Più in generale, denota un atteggiamento di violenta polemica nei confronti di concezioni e valori ritenuti fondamentali. È dunque sinonimo di *anticonvenzionalismo*.

28) A. *Sparigliare* (disfare una pariglia, una coppia di oggetti) è sinonimo di *scompagnare*.

29) A. *Succedaneo* si dice di cosa che può sostituirsi a qualcos'altro, surrogandolo (ad esempio, la margarina è succedanea del burro) e, perciò, è sinonimo di *surrogato*.

30) E. *Commutare* (sostituire una cosa con un'altra) è sinonimo di *convertire*.

31) C. *Proscenio* è la parte anteriore del palcoscenico (detta anche *ribalta*), sporgente verso la sala.

32) E. *Diatriba* è una disputa animata e, dunque, è sinonimo di *discussione*.

33) B. *Villoso* significa peloso, *irsuto*. Il suo contrario è glabro.

34) B. *Pago* sta per appagato, contento, sazio, dunque, è sinonimo di *soddisfatto*.

35) D. *Aulico* si dice di ciò che si riferisce ad una corte e, perciò, in senso figurato, è sinonimo di solenne, *nobile*.

36) D. *Lestofante* è l'imbroglione che inganna gli altri con giri di parole. Suo sinonimo è *truffaldino*.

37) E. *Magione* è la dimora, la *casa*.

38) B. *Filato* si dice di ciò che procede senza intoppi, in modo piano, scorrevole e *continuo*, ininterrotto (si pensi alla locuzione *di filato* che significa appunto *senza interruzione*).

39) A. Esitare significa (anche) vendere, smerciare; *esitabile*, dunque, è sinonimo di *cedibile*.

40) C. *Accidia* è sinonimo di apatia, fiacchezza, *ignavia*, indolenza, inerzia.

41) B. *Barlume* indica una luce incerta e, dunque, è sinonimo di *chiarore*.

42) B. *Ermo* è detto di luogo abbandonato, disabitato, isolato, *solitario*.

43) E. *Gonfalone* nel Medioevo era lo stendardo del Comune e più in genere delle varie corporazioni civili o di compagnie religiose. Dunque, è sinonimo di *vessillo*.

44) D. *Bega* è un contrasto, litigio ma può significare anche impiccio, faccenda intricata. In questo caso, dunque, è sinonimo di *grana*. In altra banca dati, con diverse opzioni (briga; legame; saga; infatuazione, biga), la risposta esatta è *briga*.

45) E. *Cicalare* è sinonimo di *chiacchierare*.

46) E. *Egida* era lo scudo con cui la dea Atena si difendeva in battaglia. Porsi sotto l'egida di qualcuno significa perciò porsi sotto la sua *protezione* o, come in altra banca dati, sotto il suo *riparo*.

47) A. *Triviale* deriva da trivio (incrocio di tre strade) e indica cosa plebea, volgare, *sguaiata*.

48) B. *Facinoroso* indica persona ribelle, turbolenta e, dunque, è sinonimo di *rissoso*.

49) D. *Efferato* significa inumano, tipico di una fiera selvatica ed è sinonimo di barbaro, *atroce*.

50) A. *Controvertibile* si dice di cosa che può essere oggetto di controversia, che si può mettere in dubbio e, dunque, è sinonimo di *opinabile*.

 Soluzioni da 51 a 100

1.2 Contrari

1) D. *Scialbo* è un aggettivo che indica qualcosa di pallido, scolorito, sbiadito, in senso figurato vuol dire anche inespressivo. Il suo contrario quindi è *vivace*, che significa ricco di vita, rigoglioso, vivido.

2) C. *Opportuno* si dice di qualcosa che è adatto alle condizioni del momento o di qualcuno che agisce con il senso della convenienza. Quindi *sconveniente*, che significa indecoroso, inopportuno, è il suo contrario.

3) C. *Eludere* significa evitare, sottrarsi a un impegno o a un dovere, non affrontare qualcuno o qualcosa. Il suo contrario quindi è *affrontare*.

4) E. *Comprendere* vuol dire racchiudere, includere, contenere in sé; il suo contrario è *escludere*.

5) C. *Alterco* è un litigio, un animato scontro verbale; il contrario, fra le opzioni proposte, è *accordo* (inteso come concordia, armonia dei sentimenti).

6) D. *Imperito* si dice di una persona che manca di pratica, di abilità, si usa quindi per indicare un inetto, un inesperto. Contrariamente, una persona che ha capacità, si dice *competente*.

7) A. *Frapporre* è un verbo usato quasi sempre in espressioni figurate e significa mettere in mezzo, il suo contrario è il verbo *togliere*.

8) C. *Occludere* vuol dire chiudere, intasare un condotto, un passaggio. Al contrario, liberare un condotto si dice *disostruire*.

9) B. Chi è incline alla ribellione e alla violenza è detto *facinoroso*, al contrario, chi è disposto alla pazienza e all'indulgenza è detto *mite*.

10) B. *Vilipendere* vuol dire esprimere il proprio disprezzo, in modo aperto e fortemente offensivo; il suo contrario è *lodare*, che vuol dire esprimere con parole la propria approvazione.

1.3 Significato dei termini nel contesto

Tipologia n. 1

1) B. *Porta* è un termine polisemico e può indicare sia la porta d'ingresso di *casa* sia la porta del campo da *calcio*.

2) E. *Toppa* è il termine associabile alle parole date perché può riferirsi sia alla *serratura* ("infilare la chiave nella toppa"), sia al pezzo di stoffa che si cuce sopra al punto lacero di un capo di abbigliamento come *rimedio* ("mettere una toppa al vestito").

3) A. Il termine *linea* è fortemente polisemico. Fra i suoi svariati usi troviamo: *linea di confine* (per indicare un limite) e *linea di febbre* (per indicare, familiarmente, il decimo di grado della temperatura corporea).

4) C. *Bolla* è un caso di omonimia. In questo caso si riferisce alla *bolla di sapone* e alla *bolla di carico* (documento che comprova la spedizione o la consegna di una merce).

5) E. *Cuore* è un termine usato in tantissime locuzioni e espressioni figurate, fra cui: "sentire un *tuffo al cuore*" (provare una forte emozione) e "avere il *cuore in gola*" (essere in stato d'ansia o agitazione).

Tipologia n. 2

1) A. *Caricare* è un verbo polisemico, fra i suoi vari significati troviamo: assalire con impeto, *attaccare*.

2) B. La *portata* indica la capacità di carico di un veicolo, in senso figurato invece, come nel caso di questa frase, indica l'importanza, il valore di un avvenimento.

3) E. In senso figurato, il verbo *sollevare* (che vuol dire alzare, spostare verso l'alto) assume il significato di alleggerire, *liberare* da qualcosa che opprime, che grava.

4) B. *Deposizione* è l'atto del deporre, il depositare, ma può anche indicare la *rimozione* di un sovrano, di un capo di stato, dalla sua carica, *attraverso un atto illegittimo*.

5) D. Il verbo *abbattere* significa atterrare, far cadere qualcosa colpendolo. In senso figurato vuol dire privare di forza, dignità, *avvilire*.

1.4 Anagrammi

1) A. *Cervelli* è l'anagramma di *Vercelli*.

2) D. *Severa* è l'anagramma di *Varese*.

3) E. *Rubino* è anagramma di *Urbino*.

4) E. *Servito* è l'anagramma di *Treviso*.

5) B. *Tornio* è l'anagramma di *Torino*.

6) E. *Alpino* è l'anagramma di *Napoli*.

7) A. Anagrammando la parola *Borgessumlu* si ottiene la parola *Lussemburgo*, che designa uno Stato.

8) C. Anagrammando la parola *torta* si ottiene il termine *trota*, che è appunto un animale.

9) B. Nelle opzioni di risposta, *Nido* è l'anagramma di *Dino*, *Elica* è l'anagramma di *Alice*, *Zone* è l'anagramma di *Enzo*, *Oliva* è l'anagramma di *Viola*. Ad *Asfalto* non corrisponde alcun nome proprio di persona.

10) D. Nelle opzioni di riposta, *tonaca* è l'anagramma di *acanto*, *beate* è l'anagramma di *abete*, *mondarlo* è l'anagramma di *mandorlo*, *processi* è l'anagramma di *cipresso*. A *binato* non corrisponde il nome di alcun albero.

1.5 Prove di vocabolario

1) E. L'aggettivo *patogeno*, nel linguaggio medico, si riferisce a ciò che determina o ha la capacità di provocare fenomeni morbosi. È associato ai termini *germi* o *agenti*.

2) A. La parola "sindacare" nel significato figurato, che è quello maggiormente in uso, si riferisce all'atto di controllare, giudicare, "criticare" una persona e il suo operato. Gli altri verbi non esprimono significati del verbo sindacare, pertanto le risposte B, C, D ed E sono errate. I verbi presenti in queste risposte possono, però, trarre in inganno, in quanto sono riferiti ad azioni che possono essere svolte dalle associazioni sindacali dei lavoratori. "Fare proselitismo" può richiamare l'attività delle associazioni di raccogliere iscritti tra i lavoratori; "difendere" ricorda l'impegno dei sindacati in difesa dei diritti dei lavoratori; "perorare" ricorda l'azione mediante la quale le associazioni sindacali sostengono le giuste cause in favore dei lavoratori; infine "eleggere" ricorda le azioni di elezione dei rappresentanti sindacali all'interno di istituzioni o aziende.

3) D. La parola "rivendicazione" si riferisce al tentativo da parte di una persona o di un gruppo di persone di esigere il riconoscimento di un diritto economico o di un ideale o di meriti ingiustamente negati o tolti (è tipica l'espressione "rivendicazione dei propri diritti"). Le altre risposte sono errate. Il termine "sopraffazione" (risposta A) e indica una azione violenta e prepotente che esula dal normale desiderio di affermare i propri diritti; il termine "rappresaglia" (risposta B) è tipicamente una azione generata da un torto subito, ma per il suo livello di crudeltà e violenza indiscriminata non corrisponde al significato di rivendicazione; l'espressione "compensazione mediante scambio" (risposta C) è una azione che può seguire ad una rivendicazione per riequilibrare i diritti non rispettati, ma non identifica la rivendicazione; infine il termine "intimidazione" (risposta E) indica una vera e propria minaccia, che quasi sempre esula dai parametri della legalità.

4) B. La parola "minatorio" si riferisce a frase, lettera o affermazione che contiene minacce. Per questa ragione la risposta E è da escludere poiché il significato di "minatorio" non comprende anche quello di contenere o arrecare offese. I termini "esplosivo" (risposta A) e "dirompente" (risposta C) possono trarre in inganno poiché richiamano alla mente il termine "mina" (il dispositivo esplodente). Ma il termine "minatorio" non si riferisce al termine "mina", bensì a "minaccia". Pertanto le risposte A e C vanno scartate. Il termine "espettorante" (risposta D) è completamente fuori contesto, in quanto è un aggettivo che si riferisce ad un farmaco che facilita l'espettorazione (l'espulsione) del muco. Anche la risposta D va, quindi, scartata.

5) B. L'espressione "accollarsi" si riferisce all'atto di addossarsi un obbligo o un incarico. Le altre risposte sono errate. La risposta D è incompatibile perché il vocabolo "caricare" indica essenzialmente il mettere, materialmente, un peso da trasportare sopra un veicolo, un animale o una persona. Il termine "aderire" (risposta A) vuol dire associarsi o seguire una idea o un patto codificato con regole. In senso più generale, il termine "aderire" può significare anche "incollare" o "incollarsi" (risposta C), ma questo termine, sebbene molto simile ad "accollarsi", ha un significato completamente diverso; tale termine indica l'azione di attaccarsi o di essere vicino a qualcosa o a qualcuno. Il termine "appiccicare" (risposta E) può essere considerato un sinonimo di "aderire" o di "incollarsi".

6) C. La parola "assoggettare" significa rendere soggetto, "sottomettere".
Le risposte A e D giocano sulla presenza della parola "soggetto" nel verbo "assoggettare", ma questo verbo non ha nulla a che fare con lo studio della grammatica o con operazioni che vengono svolte prima della recitazione.
I verbi molto comuni "legare" e "riunire" (risposte B ed E) non sono collegati con il significato del vocabolo richiesto nella domanda.

7) C. La parola "sofisma" si riferisce nell'uso corrente a qualsiasi ragionamento capziosamente cavilloso e falso, anche se in apparenza coerente. Per questa ragione la risposta A è sbagliata perché il sofisma può anche non essere un ragionamento vano, così come sono errate le risposte B ed E perché il sofisma non è assolutamente fittizio o illogico. Infine, la risposta D deve essere scartata poiché il sofisma può anche non essere insidioso.

8) A. Con il termine *meandro* si designa ognuna delle serpentine, o curve a forma di S, soggette a spostamenti, che alcuni fiumi formano scorrendo nel loro corso inferiore in piane alluvionali a leggera pendenza.

9) D. Con il termine *masserizie* si designano, nell'uso comune, le suppellettili di una casa modesta, i mobili, gli arredamenti ecc.

10) B. *Spianare* significa *rendere piano* togliendo le ineguaglianze e le asperità o pareggiare eliminando ogni differenza di livello.

1.6 Nozioni di linguistica

1) A. I termini sembrano etimologicamente simili, in quanto posseggono il prefisso "tri-". Tale prefisso ha comunemente il significato di "tre" come in: "trilogia" che significa "tre opere dello stesso autore"; "trittico" che significa "opera composta di tre parti"; "triangolo" che significa "poligono di tre lati/angoli"; "tridente" che significa "forcone a tre denti". Seguendo questa logica, la sola risposta corretta è, dunque, *tribordo* in quanto è l'unico in cui "tri-" non equivale a "tre" e in cui "tri-" non è neanche un prefisso, bensì una componente etimologica intrinseca del vocabolo: dal francese "tribord", a sua volta dall'olandese "stierboord", propriamente lato (boord) del timone (stier).

2) C. Il sostantivo *ipotesi* ha la stessa forma per il singolare e per il plurale. Appartiene ad una particolare categoria di nomi che nel passaggio dal singolare al plurale non cambiano desinenza. Sono i nomi cosiddetti *indeclinabili*. Altri esempi: *vaglia, gorilla, gas, re, specie*.

3) C. *Popolo* è un *nome collettivo*. I nomi si distinguono in nomi concreti e nomi astratti. A loro volta i nomi concreti possono essere di tre tipi: nomi *propri*, che designano particolari individui di una specie o di una categoria, nomi *comuni*, che indicano in modo generico uno o più individui di una specie o categoria, e, infine, nomi *collettivi*, che indicano un gruppo di persone, animali o cose della stessa specie o categoria (Es. *mandria, scolaresca, flotta* e, appunto, *popolo*).

4) A. *Che noi facessimo* è un *congiuntivo imperfetto*. Il congiuntivo presente sarebbe stato: *che noi facciamo*; il condizionale passato: *noi avremmo fatto*; il congiuntivo trapassato: *che noi avessimo fatto*; il trapassato remoto: *noi avemmo fatto*.

5) E. *Migliore* è il comparativo di maggioranza dell'aggettivo *buono* (superlativo assoluto: *ottimo*), ed è uno di quegli aggettivi che, oltre alle forme consuete del comparativo e del superlativo, hanno delle forme peculiari. Gli altri sono: cattivo (*peggiore, pessimo*), grande (*maggiore, massimo*), piccolo (*minore, minimo*), alto (*superiore, supremo* o *sommo*) e basso (*inferiore, infimo*).

6) D. La frase enunciata in modo errata è *Spero tu venissi con me*. Quando, infatti, il verbo della proposizione reggente è al presente, il verbo della subordinata sarà il *congiuntivo presente* nel caso di contemporaneità dell'azione, *congiuntivo passato* per esprimere posteriorità, e infine *congiuntivo presente* o *indicativo futuro* se l'azione della subordinata è futura rispetto a quella della principale.

7) A. *Molto* è un *avverbio di quantità*, come poco, alquanto, assai, abbastanza, parecchio. Gli avverbi, insieme alle preposizioni, alle congiunzioni e alle interiezioni, sono parti invariabili del discorso e possono essere classificati in base alla forma e al significato.

8) C. Nella frase *"La porta è aperta"*, *aperta* è *nome del predicato*. Quando la voce verbale, ad esempio il verbo essere, ha bisogno di essere accompagnata da un nome o da un aggettivo, insieme a quest'ultimo costituisce il *predicato nominale*, dove *è* è la copula, e l'aggettivo o il sostantivo è il nome del predicato.

9) C. Il verbo intransitivo è *andare*. I *verbi intransitivi* sono quei verbi che indicano azioni ben definite che non transitano su un oggetto, ma restano nel soggetto che le compie (come anche partire, scherzare…). Possono avere solo la forma attiva, in quanto l'azione che essi indicano si esaurisce, appunto, nel soggetto agente.

10) B. *Il più buono* è un *superlativo relativo di maggioranza*. Esso esprime il massimo grado della qualità posseduta in relazione a tutti gli altri. Si può dire anche "il migliore di tutti", essendo buono uno di quegli aggettivi che hanno, oltre alle forme consuete del comparativo e del superlativo, delle forme peculiari.

Questionario 2
Ragionamento verbale

2.1 Analogie verbali

2.1.1 Proporzioni verbali (classiche RIPAM, in configurazioni grafiche)

Per ciascun quesito, individuare il termine che completa l'analogia.

1)

rettamente	caldamente
?	entusiasticamente

- A. probamente
- B. serenamente
- C. tranquillamente
- D. erratamente
- E. probabilmente

2)

ferale	feriale
?	funesto

- A. quotidiano
- B. alacre
- C. saltuario
- D. feroce
- E. lavorativo

3)

assiderato	siderale
?	gelato

- A. ignoto
- B. astrale
- C. oscuro
- D. calorico
- E. intirizzito

4)

farfalla	equitazione
trotto	?

A. nuoto
B. galoppo
C. gara
D. cavallo
E. rana

5)

?	balla
bacca	tonnata

A. toccata
B. fieno
C. schiacciata
D. fascio
E. mirtillo

6)

?	dipinto
schizzo	contratto

A. tratto
B. minuta
C. colore
D. notaio
E. progetto

7)

giusto	federe
?	gusto

A. fendere
B. sbagliato
C. fodere
D. cuscino
E. tatto

8)

avorio	aviazione
?	aviatorio

A. avicolo

B. aviatore
C. ebano
D. aviere
E. eburneo

9)

?	ospedale
reparto	padiglione

A. operazione
B. orecchio
C. cura
D. struttura
E. gamba

10)

irredento	riscattato
irridere	?

A. liberato
B. ceduto
C. riscattare
D. ironizzare
E. riverire

11)

dentice	gambero
?	decenti

A. mare
B. fiume
C. gambale
D. embargo
E. tanghero

12)

aviario	?
uccello	aviatorio

A. volatile
B. aviatore
C. avicolo
D. aviere
E. aviazione

13)

gemelli	polsino
?	cassetto

A. acquario
B. comò
C. manichino
D. circasso
E. mellifluo

14)

pigrizia	?
tirchieria	accidia

A. invidia
B. denaro
C. avarizia
D. superbia
E. solerzia

15)

ponte	fuoco
?	fuochista

A. pontile
B. pontone
C. pontiere
D. pontico
E. nave

16)

aspide	vipera
?	sapide

A. sale
B. boa
C. previa
D. veleno
E. impervia

17)

medesimo	diverso
stesso	?

A. questo

B. seppure
C. però
D. altro
E. quello

18)

postilla	?
attore	atto

A. attoriale
B. nota
C. compagnia
D. posticcia
E. attuare

19)

mesto	?
lieto	lesto

A. felice
B. sveglio
C. triste
D. lento
E. veloce

20)

nave	tram
darsena	?

A. timone
B. boma
C. filobus
D. rimessa
E. porto

21)

cronico	?
greve	grave

A. occasionale
B. lieve
C. volgare
D. cranico
E. acuto

22)

?	ermetica
poesia	espressionista

- A. rima
- B. quadro
- C. espressione
- D. lingua
- E. epica

23)

pressione	televisione
?	televisivo

- A. pressa opinione
- B. opinione
- C. pressare
- D. barico
- E. oppressione

24)

nebbia	sabbia
?	banco

- A. rena
- B. scranno
- C. duna
- D. trebbia
- E. mare

25)

mendace	?
verace	irsuto

- A. villoso
- B. glabro
- C. ispido
- D. falso
- E. veritiero

26)

giada	?
giara	vaso

- A. vasto

B. serra
C. opale
D. tiara
E. pietra

27)

falloso	?
emerito	perfetto

A. imperfetto
B. scorretto
C. esimio
D. noto
E. sconosciuto

28)

radio	?
rotula	braccio

A. osso
B. gomito
C. orecchio
D. onda
E. ginocchio

29)

arco	elsa
spada	?

A. lama
B. circonferenza
C. bersaglio
D. arciere
E. taglio

30)

?	sonoro
afono	atono

A. accentato
B. diafano
C. flebile
D. intonato
E. muto

31)

?	ordalico
messia	messianico

A. orda
B. ordine
C. religione
D. culto
E. ordalia

32)

sfiorire	appassire
?	germogliare

A. pullulare
B. avvizzire
C. seminare
D. abbellire
E. sfolgorare

33)

zefiro	zaffiro
?	vento

A. gemma
B. vanto
C. blu
D. libeccio
E. zaffo

34)

cinema	teatro
attore	?

A. trote
B. ettaro
C. macine
D. reato
E. manica

35)

?	produrre
prodotto	secreto

A. segreto

B. serrare
C. sedare
D. secernere
E. omettere

36)

mentore	pena
?	castigo

A. primario
B. guida
C. istruito
D. regale
E. patibolo

37)

scompartimento	?
cella	treno

A. automobile
B. locomotiva
C. favo
D. stanza
E. ripartizione

38)

diritto	boreale
australe	?

A. aurora
B. furbo
C. ritto
D. retto
E. rovescio

39)

epurazione	puro
?	depravato

A. espulsione
B. privazione
C. inquinamento
D. filtraggio
E. chiarificazione

40)

grafite	carbone
stufa	?

A. coke
B. lavagna
C. matita
D. antracite
E. petrolio

41)

maggiore	?
inferiore	massimo

A. basso
B. bassissimo
C. piccolissimo
D. ulteriore
E. infimo

42)

?	contrario
contrari	condominii

A. condominiale
B. domìni
C. condomino
D. condominio
E. dòmini

43)

terzina	terzino
?	rima

A. remo
B. squadra
C. mari
D. attacco
E. ramo

44)

pietra	legno
?	litico

A. legnare

B. legnata
C. litografia
D. ligneo
E. litio

45)

agreste	?
amabile	agro

A. abile
B. urbano
C. agricolo
D. amaro
E. sgradevole

46)

potatura	sarchiatura
?	siepe

A. frumento
B. assiepata
C. sarchiata
D. potata
E. ramo

47)

transetto	chiesa
prelato	?

A. altare
B. parlamento
C. cardinale
D. vescovo
E. sinodo

48)

baratro	serrare
errare	?

A. aratro
B. perdersi
C. scrigno
D. fondo
E. barare

49)

acciottolio	chioccia
chiocciare	?

A. chiocciata
B. stoviglia
C. accetta
D. cancello
E. sgattaiolo

50)

etologia	barolo
?	enologia

A. classificazione
B. specie
C. canoro
D. barile
E. castoro

Quesiti da 51 a 100

2.1.2 Proporzioni verbali (non in configurazioni grafiche)

Tipologia n. 1

1) Indicare il termine che completa la seguente proporzione verbale: "fato : lato = talco : x"
   A. x = falco
   B. x = falce
   C. x = falda
   D. x = folto
   E. x = fonda

2) Indicare il termine che completa la seguente proporzione verbale: "Sagrada Familia : x = Notre Dame : Parigi"
   A. x = Cracovia
   B. x = Lisbona
   C. x = Madrid
   D. x = Barcellona
   E. x = Praga

3) Indicare il termine che completa la seguente proporzione verbale: "La Primavera : Sandro Botticelli = I Girasoli : x"
   A. x = Paul Klee
   B. x = Claude Monet
   C. x = Vincent van Gogh
   D. x = Pablo Picasso
   E. x = Paul Cézanne

4) Indicare il termine che completa la seguente proporzione verbale: "superiore : supremo = inferiore : x"
   A. x = postumo
   B. x = intimo
   C. x = ultimo
   D. x = infimo
   E. x = estremo

5) Indicare il termine che completa la seguente proporzione verbale: "prologo : x = alfa : omega"

A. x = delta
B. x = beta
C. x = epilogo
D. x = esordio
E. x = preludio

Tipologia n. 2

1) **Indicare i termini che completano la seguente proporzione verbale: "Le avventure di Pinocchio : Collodi = x : y"**
   A. x = Lo cunto de li cunti; y = Calvino
   B. x = La sirenetta; y = Andersen
   C. x = Hansel e Gretel; y = Carroll
   D. x = Il gatto con gli stivali; y = Rodari
   E. x = Alice nel paese delle meraviglie; y = Dickens

2) **Indicare i termini che completano la seguente proporzione verbale: "Ankara : Turchia = x : y"**
   A. x = Tripoli; y = Marocco
   B. x = Amman; y = Israele
   C. x = Dakar; y = Senegal
   D. x = Lima; y = Venezuela
   E. x = Bangkok; y = Bangladesh

3) **Indicare i termini che completano la seguente proporzione verbale: "attacco di Pearl Harbor : 7 dicembre 1941 = x : y"**
   A. x = liberazione dell'Italia; y = 25 aprile 1943
   B. x = entrata in guerra dell'Italia; y = 10 giugno 1939
   C. x = nascita della Repubblica italiana; y = 2 giugno 1948
   D. x = morte di Mussolini; y = 28 aprile 1944
   E. x = bomba su Hiroshima; y = 6 agosto 1945

4) **Indicare i termini che completano la seguente proporzione verbale: "x : y = proibire : autorizzare"**
   A. x = incolpare; y = scagionare
   B. x = respingere; y = disapprovare
   C. x = resistere; y = reagire
   D. x = frenare; y = tollerare
   E. x = attutire; y = alzare

5) **Indicare i termini che completano la seguente proporzione verbale: "x : mangiare = bevanda : y"**
   A. x = deglutire; y = versare
   B. x = triturare; y = ingurgitare
   C. x = cibo; y = bere
   D. x = masticare; y = sorso
   E. x = boccone; y = potabile

2.2 Inserzione logica di termini in testi

1) **Individuare, tra le alternative proposte, quella che completa correttamente la frase. "Luca decise che non si sarebbe mosso da lì nonostante il telefono _____".**
   A. squillava
   B. squillerebbe
   C. squillerà
   D. continuasse a squillare
   E. continuava a squillare

2) **Individuare, tra le alternative proposte, le parole che danno un senso logico al brano, "Nei libri fantasy c'è sempre un _____ in lotta con un _____; vi sono quasi sempre alcuni personaggi umani ma, accanto a essi, si muovono elfi, nani, giganti, troll, orchi e così via. Tra i personaggi vi possono essere animali parlanti (come i draghi, gli unicorni, ecc.) e oggetti magici (anelli, bastoni), spesso dotati di una "volontà" propria".**
   A. eroe; antagonista
   B. vile; protagonista
   C. nemico; concorrente

D. cooperatore; mattatore
E. servo; padrone

3) Individuare, tra le alternative proposte, la parola che dà un senso logico al brano. "Noi abbiamo come unica pietra di paragone della verità e della ragione, sempre e solamente le opinioni e le usanze del paese in cui viviamo. Chiamiamo _____ tutto ciò che non rientra nei nostri costumi abituali". (M. de Montaigne, Saggi)
A. saggezza
B. eleganza
C. barbarie
D. opinione
E. astuzia

4) Individuare, tra le alternative proposte, le parole che danno un senso logico al brano. "Come ti chiami, _____?" Domandò il gentiluomo sulla sedia più alta. La vista di un così gran numero di gentiluomini spaventava Oliver al punto di farlo tremare; e il messo gli rifilò, con il bastone, un altro colpetto alla schiena che lo fece _____. Questi due motivi fecero sì che il bambino rispondesse con una voce assai bassa ed _____ (C. Dickens, Le avventure di Oliver Twist)
A. bambino; arridere; ampia
B. figliolo; ripugnare; attraente
C. giovane; pensare; animosa
D. signore; sorridere; ardita
E. figliolo; piangere; esitante

5) Individuare, tra le alternative proposte, le parole che danno un senso logico al brano. "Il tipo di educazione di una ragazza del Medioevo era strettamente legato _____; ben diverse erano le conoscenze necessarie a una serva della gleba, rispetto a quelle utili alla figlia di un artigiano o di un commerciante. Una ragazza borghese o nobile doveva soprattutto imparare _____ in modo da intrattenere piacevolmente gli ospiti".
A. al tipo di vita condotto/a tacere
B. alla sua istruzione/l'arte del ricamo
C. alla classe sociale/le buone maniere
D. alla sua bellezza/a parlare correttamente
E. alla famiglia/a servire le pietanze

6) Individuare, tra le alternative proposte, quella che completa correttamente la frase. "Ti direi che sei bellissima se non _____ i complimenti".
A. sapessi che detesti
B. sapessi che detestassi
C. saprei che detesti
D. avrei saputo che detestassi
E. so che detesteresti

7) Individuare, tra le alternative proposte, le parole che danno un senso logico al brano. "La sua immagine, un topo in _____ corte e dalle grandi _____, la _____ il giovane Walt Disney, su un treno da New York ad Hollywood e se non fosse stato per la moglie Lilian (sia ringraziata sempre) si sarebbe chiamato tristemente Mortimer".
A. vesti; scarpe; lesse
B. braghe; orecchie; disegnò
C. gambe; orecchie; scrisse
D. code; forme; pensò
E. maniche; doti; dipinse

8) Nella frase è stato eliminato un termine che ricorre due volte. Quale? "La maggior parte delle pianure ita-

liane ha _____ alluvionale, ma non mancano quelle di _____ vulcanica".
A. equilibrio
B. dimensione
C. espressione
D. origine
E. area

9) Individuare, tra le alternative proposte, quella che completa correttamente la frase. "Pur di non andare a scuola _____ un mucchio di scuse".
A. escogiteresti
B. escogitassi
C. escogitasti
D. escogiterassi
E. potessi escogitare

10) Individuare, tra le alternative proposte, quella che completa correttamente la frase. "Per _____ si intende qualsiasi opinione precostituita, generalizzata e semplicistica, non basata sull'esperienza diretta, che prescindendo dalla valutazione dei singoli casi attribuisce indistintamente determinate caratteristiche a un'intera categoria di persone".
A. condizionamento
B. somatizzazione
C. stereotipo
D. credenza
E. transfert

2.3 Classificazioni concettuali

2.3.1 Il termine da scartare

1) Individuare, tra le alternative proposte, il termine da scartare:
A. antico
B. antisemita
C. antifurto
D. antipatico
E. antitetico

2) Individuare, tra le alternative proposte, il termine da scartare:
A. passato
B. futuro
C. trapassato
D. indicativo
E. presente

3) Individuare, tra le alternative proposte, il termine da scartare:
A. Cuneo
B. Savona
C. Novara
D. Vercelli
E. Asti

4) Individuare, tra le alternative proposte, il termine da scartare:
A. Ragazzi di vita
B. Uccellacci e uccellini
C. Accattone
D. Mamma Roma
E. La dolce vita

5) Individuare, tra le alternative proposte, il termine da scartare:
A. Garda
B. Arno
C. Ticino
D. Piave
E. Tevere

6) Individuare, tra le alternative proposte, il termine da scartare:
A. ribes
B. lamponi
C. banane
D. more
E. mirtilli

7) Individuare, tra le alternative proposte, il termine da scartare:
A. gli

B. la
C. i
D. una
E. le

8) **Individuare, tra le alternative proposte, il termine da scartare:**
   A. biasimare
   B. lodare
   C. celebrare
   D. osannare
   E. elogiare

9) **Individuare, tra le alternative proposte, il termine da scartare:**
   A. quadriglia
   B. samba
   C. tango
   D. sassofono
   E. valzer

10) **Individuare, tra le alternative proposte, il termine da scartare:**
    A. 1 euro
    B. 20 centesimi
    C. 5 euro
    D. 2 euro
    E. 50 centesimi

2.3.2 L'abbinamento errato

1) **Individuare l'abbinamento errato:**
   A. porta/ingresso
   B. corda/petrolio
   C. scale/palazzo
   D. ringhiera/balcone
   E. tetto/casa

2) **Individuare l'abbinamento errato:**
   A. anatomia/corpo
   B. biologia/organismi viventi
   C. antropologia/documenti
   D. botanica/piante
   E. geologia/terra

3) **Individuare l'abbinamento errato:**
   A. dedurre/dotto
   B. andare/andato
   C. chiedere/chiesto
   D. porgere/porto
   E. assumere/assunto

4) **Individuare l'abbinamento errato:**
   A. W. Shakespeare/Inghilterra
   B. F. Pessoa/Spagna
   C. J. Joyce/Irlanda
   D. M. Proust/Francia
   E. T. Mann/Germania

5) **Individuare l'abbinamento errato:**
   A. cardiologia/cuore
   B. angiologia/vasi sanguigni
   C. pneumologia/polmoni
   D. ematologia/sangue
   E. nefrologia/nervi

6) **Individuare l'abbinamento errato:**
   A. lasagne/Italia
   B. ramen/Giappone
   C. quiche lorraine/Inghilterra
   D. tacos/Messico
   E. pierogi/Polonia

7) **Individuare l'abbinamento errato:**
   A. in toto/fra noi
   B. ex aequo/alla pari
   C. a latere/accanto
   D. alias/altrimenti
   E. pro capite/ a testa

8) **Individuare l'abbinamento errato:**
   A. Guerra delle due Rose/400
   B. Trattato di Campoformio/700
   C. Guerra del Golfo/900
   D. Battaglia di Lepanto/300
   E. Guerra fredda/900

9) **Individuare l'abbinamento errato:**
   A. lago Fusaro/Toscana
   B. lago d'Orta/Piemonte
   C. lago d'Averno/Campania

D. lago d'Iseo/Lombardia
   E. lago di Bracciano/Lazio

10) **Individuare l'abbinamento errato:**
   A. Jurassic Park/S. Spielberg
   B. Amarcord/V. De Sica
   C. Io e Annie/W. Allen
   D. Uccellacci e uccellini/P. Pasolini
   E. Taxi driver/M. Scorsese

2.4 Modi di dire

1) **La spiegazione di uno dei seguenti modi di dire non è corretta:**
   A. è lapalissiano: è talmente evidente da essere scontato
   B. andare per la maggiore: riscuotere un notevole successo
   C. mettere all'indice: vietare qualcosa ritenuto riprovevole
   D. sbarcare il lunario: vivere al di sopra delle proprie possibilità
   E. questioni di lana caprina: questioni senza importanza

2) **Qual è il significato dell'espressione "prendere lucciole per lanterne"?**
   A. Andare a dormire
   B. Far finta di ascoltare
   C. Illudere il prossimo
   D. Travisare qualcosa
   E. Subentrare in una situazione in maniera improvvisa

3) **Qual è il significato dell'espressione "rovinare la piazza"?**
   A. Svelare un segreto
   B. Cacciare di casa
   C. Compromettere la reputazione
   D. Distruggere i progetti per il futuro
   E. Infangare il nome di qualcuno

4) **Completare l'espressione "è magro come…":**
   A. un'acciuga
   B. una lince
   C. un serpente
   D. un pollo
   E. un bambino

5) **Completare l'espressione "ha la pazienza di…":**
   A. una talpa
   B. un certosino
   C. un mulo
   D. una volpe
   E. un gatto

6) **Completare l'espressione "è furbo come …":**
   A. un coccodrillo
   B. un mulo
   C. una talpa
   D. un pesce
   E. una volpe

7) **Qual è il significato dell'espressione "essere come il prezzemolo"?**
   A. Essere sempre presente
   B. Non avere mai fine
   C. Essere sempre sorridente
   D. Amare la gente
   E. Essere pungente

8) **Quale espressione è utilizzata per riferirsi a persone che si rendono irreperibili?**
   A. Fare il nesci
   B. Essere al verde
   C. Fare una scampagnata
   D. Darsi alla macchia
   E. Essere a briglia sciolta

9) **Completare l'espressione "essere uno specchietto per…":**
   A. i cervi
   B. le allodole
   C. i cigni

D. le mosche
E. le bambole

10) **Quale espressione è utilizzata per riferirsi a qualcosa di completamente diverso?**

A. Darsi alla macchia
B. Avere l'asso nella manica
C. Rimanere al palo
D. Essere un altro paio di maniche
E. Abboccare all'amo

Risposte commentate
Ragionamento verbale

2.1 Proporzioni verbali

2.1.1 Proporzioni verbali (classiche RIPAM, in configurazioni grafiche)

1) **A.** *Caldamente* è sinonimo di *entusiasticamente*, così come *probamente* è un sinonimo di *rettamente*.

2) **E.** *Ferale* è sinonimo di *funesto*, così come *feriale* è un sinonimo di *lavorativo*.

3) **B.** *Assiderato* è sinonimo di gelato mentre *siderale* è un sinonimo di *astrale*.

4) **A.** Il *trotto* è un'andatura dell'equitazione, mentre la *farfalla* è uno stile nel nuoto.

5) **A.** Le consonanti centrali del secondo termine (*baLLa*) si trasformano in una doppia C nel terzo termine (*baCCa*); per analogia, da *toNNata* si ottiene *toCCata*.

6) **B.** Lo *schizzo* costituisce la prima fase di un *dipinto*; per analogia, la *minuta* è il primo abbozzo di un *contratto*.

7) **A.** Da *giusto* si elimina una lettera e si ottiene *gusto*; per analogia, da *fendere* si ottiene *federe*.

8) **E.** *Aviatorio* è l'aggettivo corrispondente a *aviazione*, così come *eburneo* è l'aggettivo che corrisponde a *avorio*.

9) **B.** Il *reparto* costituisce una struttura funzionale di un *ospedale*; analogamente, il *padiglione* è la parte esterna dell'*orecchio*.

10) **E.** *Irredento* è il contrario di *riscattato*, mentre *irridere* è il contrario di *riverire*.

11) **D.** *Decenti* è l'anagramma di *dentice*, mentre *embargo* è un anagramma di *gambero*.

12) **E.** *Aviatorio* è l'aggettivo corrispondente a *aviazione*, così come *aviario* è l'aggettivo che corrisponde a *uccello*.

13) **B.** I *gemelli* sono i bottoni che si applicano ai *polsini* della camicia; il *comò* è un cassettone composto da due o più *cassetti*.

14) **C.** *Pigrizia* è sinonimo di *accidia*, mentre *tirchieria* è un sinonimo di *avarizia*.

15) C. Il *fuochista* è l'addetto al fuoco, mentre il *pontiere* è il soldato addetto alla costruzione di *ponti*.

16) C. *Aspide* è l'anagramma di *sapide*, così come *previa* è l'anagramma di *vipera*.

17) D. *Medesimo* è il contrario di *diverso*, analogamente, *altro* è il contrario di *stesso*.

18) C. La *postilla* costituisce un elemento di un *atto* notarile; l'*attore* è parte di una *compagnia*.

19) D. *Mesto* è il contrario di *lieto*, analogamente, *lento* è il contrario di *lesto*.

20) D. La *darsena* è la parte più riparata di un porto in cui vengono riparate le navi; per analogia, la *rimessa* è il deposito in cui stazionano i *tram*.

21) D. La vocale della prima sillaba del terzo termine (*grEve*) si trasformano in una *a* nel quarto termine (*grAve*); per analogia, da *crOnico* si ottiene *crAnico*.

22) B. L'ermetismo è stato una tendenza culturale che aspirava ad una poesia pura ed essenziale (*poesia –ermetica*); l'espressionismo è un movimento artistico che caratterizzò le arti visive al principio del XX secolo (*quadro – espressionista*).

23) D. *Televisivo* è l'aggettivo corrispondente a *televisione*, così come *barico* è l'aggettivo corrispondente a *pressione*.

24) C. Il *banco* è un fitto ammasso di *nebbia*, la *duna* è un cumulo di *sabbia*.

25) B. *Mendace* è il contrario di *verace*, così come *irsuto* è il contrario di *glabro*.

26) E. La *giada* è un tipo di *pietra*, così come la *giara* è un particolare *vaso* di terracotta.

27) E. *Falloso* (nel senso di difettoso, imperfetto) è il contrario di perfetto; analogamente, *emerito* è il contrario di *sconosciuto*.

28) E. Il *radio* è un osso del *braccio* (così come l'ulna); la *rotula* è un osso del *ginocchio*.

29) B. L'*elsa* è l'impugnatura della *spada*; l'*arco*, in geometria, è una parte di una *circonferenza*.

30) A. *Afono* è il contrario di *sonoro*; il contrario di *atono*, invece, è *accentato*.

31) E. L'aggettivo di *messia* è *messianico*; *ordalico* è l'aggettivo relativo a *ordalìa* (tipo di prova cui nel Medioevo erano sottoposti quanti erano accusati di un crimine).

32) A. *Sfiorire* è sinonimo di *appassire*; un sinonimo di *germogliare* è *pullulare*.

33) A. Lo *zefiro* è un *vento* (tipico del periodo primaverile); lo *zaffiro* è una *gemma*.

34) C. *Teatro* è un anagramma di *attore*, analogamente, *cinema* è un anagramma di *macine*.

35) D. Il participio passato di *produrre* è *prodotto*; analogamente, il participio passato di *secernere* è *secreto*.

36) B. La *pena* è un sinonimo di *castigo*; il *mentore* è un sinonimo di *guida*.

37) C. Allo *scompartimento* del *treno* si contrappone la *cella* (la singola struttura esagonale) del *favo*.

38) E. *Australe* (aggettivo che significa meridionale) si contrappone a *boreale* (sinonimo di settentrionale) mentre a *diritto* si oppone *rovescio*.

39) C. Mentre *epurazione* è il contrario di *inquinamento*, *puro* è il contrario di *depravato*.

40) C. Il *carbone* è il combustibile che viene utilizzato nella *stufa*; la *grafite* è la parte interna della *matita*.

41) E. Mentre *maggiore* è il comparativo dell'aggettivo grande, *massimo* ne è il superlativo; allo stesso modo *inferiore* è il comparativo dell'aggettivo basso e il suo superlativo è *infimo*.

42) D. *Contrari* è il plurale di *contrario*, così come *condominii* è il plurale di *condominio*.

43) B. La *rima* fa parte di una *terzina*, così come il *terzino* fa parte della *squadra*.

44) D. Al sostantivo *pietra* fa riferimento l'aggettivo *litico*, mentre al sostantivo *legno* fa riferimento l'aggettivo *ligneo*.

45) B. Il contrario di *amabile* è *agro*; per analogia, il contrario di *agreste* è *urbano*.

46) A. Mentre la *potatura* è relativa alla *siepe*, la *sarchiatura* (che consiste nello sminuzzare lo strato superficiale del terreno con il sarchio, le zappe o le sarchiatrici) si riferisce al *frumento*.

47) E. Il *transetto* è un elemento architettonico di una *chiesa* (è la navata trasversale che si sviluppa fra l'altare e la navata principale); il *prelato* è parte di un *sinodo*.

48) A. Se da *serrare* si elimina la prima consonante si ottiene *errare*, analogamente, se da *baratro* si elimina la prima consonante si ottiene *aratro*.

49) B. Il rumore tipico della *chioccia* è il *chiocciare*, l'*acciottolio* è il rumore tipico delle *stoviglie* quando sbattono l'un contro l'altra (come ciottoli che cozzano insieme).

50) E. L'*enologia* studia i vini come il *barolo*; l'*etologia* studia il comportamento degli animali (tra cui, ovviamente, il *castoro*).

Soluzioni da 51 a 100

2.1.2 Proporzioni verbali (non in configurazioni grafiche)

Tipologia n. 1

1) A. La prima coppia di parole è legata da una relazione ortografica, infatti, *fato* e *lato* differiscono solo per la prima lettera. La seconda coppia quindi andrà completata con una parola che differisca da *talco* solo per la prima lettera, ovvero *falco*.

2) D. *Notre Dame* è la principale cattedrale, e uno dei simboli, di *Parigi*; la *Sagrada Familia* è una famosa basilica, e uno dei simboli, di *Barcellona*.

3) C. La proporzione deve essere completata creando una relazione di appartenenza anche nella seconda coppia di termini. *La Primavera* fu dipinta da *Botticelli*, *I Girasoli* invece è una delle opere più celebri di *Vincent van Gogh*.

4) D. Qua abbiamo una relazione di tipo grammaticale: *superiore* e *supremo* sono il superlativo relativo e il superlativo assoluto di *alto*. Quindi, nella seconda coppia di termini, in cui è presente solo il superlativo relativo di *basso*, si dovrà inserire il superlativo assoluto, ovvero *infimo*.

5) C. *Alfa* è la prima lettera dell'alfabeto greco e *omega* invece è l'ultima, sono termini che indicano l'inizio e la fine di qualcosa. Nell'altra coppia di parole solo il primo termine è noto: *prologo*, ovvero l'introduzione, il discorso introduttivo a un'opera, l'inizio. Il termine da inserire per completare la proporzione, quindi, dovrà indicare la conclusione di un'opera, ovvero *epilogo*.

Tipologia n. 2

1) B. *Collodi* scrisse *Le avventure di Pinocchio*, quindi è necessario trovare un'analoga relazione di appartenenza (opera-autore) fra le coppie di parole proposte. L'unica risposta corretta è la *B*, infatti l'autore de *La sirenetta* è Hans Christian *Andersen*, mentre tutte le altre opzioni sono errate.

2) C. *Ankara* è la capitale della *Turchia*, una volta individuata la relazione geografica fra i primi due termini, il candidato dovrà trovare, fra le opzioni di risposta, la stessa relazione geografica (capitale-Paese). La risposta corretta dunque è la *C* perché *Dakar* è la capitale del *Senegal*, mentre tutte le altre opzioni sono inesatte.

3) E. L'*attacco di Pearl Harbour* avvenne il *7 dicembre 1941*, quindi è necessario trovare, fra le opzioni di risposta proposte, la relazione (avvenimento storico-data) corretta.

L'unica risposta plausibile è la *E*, infatti la *bomba* atomica fu sganciata *su Hiroshima* il *6 agosto 1945*.

4) A. *Proibire* è il contrario di *autorizzare*, quindi si deve individuare la coppia di verbi fra loro antitetici nelle opzioni proposte, ovvero la coppia *incolpare/scagionare*.

5) C. In questo caso nessuna della due coppie è completa. È necessario leggere attentamente le varie proposte e procedere per esclusione. L'unica opzione di riposta che completa correttamente la proporzione, instaurando delle relazioni di significato, è la *C*: il *cibo* è da *mangiare*, la *bevanda* è da *bere*.

2.2 Inserzione logica di termini in testi

1) D. Il congiuntivo è obbligatorio nelle frasi introdotte da alcune espressioni o parole, fra cui, per esempio, "nonostante", espressione che introduce una frase che esprime un contrasto rispetto a ciò che si dice in un'altra frase. Quindi la frase corretta è: "Luca decise che non si sarebbe mosso da lì nonostante il telefono continuasse a squillare".

2) A. In questo caso è importante leggere con attenzione il testo in questione e individuare fra le proposte i termini che completino la frase con senso compiuto, rispettando il contesto. Anche in questo caso il candidato dovrà fare affidamento sul proprio bagaglio culturale. Infatti, basta pensare ai libri fantasy più famosi per individuare la risposta corretta: quasi sempre, si ha una lotta fra un *eroe* e il suo *antagonista* (Harry Potter e Voldemort, Frodo Baggins e Sauron ecc.).

3) C. Leggendo il brano e le opzioni di risposta, si ha come unica soluzione logicamente corretta *barbarie*; infatti, il termine indica lo stadio di civiltà primitiva di un popolo, estranea o contraria al nostro modo di concepire e organizzare l'esistenza.

4) E. Oliver Twist è un bambino, ma anche se il candidato non dovesse conoscere l'opera di Dickens, basta leggere con attenzione il brano per capirlo. Quindi, possono essere subito escluse le opzioni che contengono l'appellativo "signore" e "giovane". Dato che Oliver è spaventato al punto di tremare, è molto probabile che il colpetto con il bastone lo fece *piangere*, piuttosto che sorridere o pensare. L'ultima parola da inserire, oltre a dover essere adeguata al contesto, dovrebbe iniziare con la lettera "e", dato che prima dello spazio vuoto è presente una "d" eufonica. Seguendo questi passaggi, la scelta della risposta esatta ricadrà sull'opzione *E*: *figliolo; piangere; esitante*.

5) C. Per fornire la risposta corretta è necessario leggere attentamente il brano e individuare la combinazione esatta di termini da inserire. Sia nel primo spazio da completare sia nel secondo, è plausibile più di una risposta, però è solo una l'opzione che fornisce sia la prima parola che la seconda esatte. Infatti, l'educazione di una ragazza del Medioevo era strettamente legata alla famiglia/*alla classe sociale* e una ragazza borghese o nobile doveva imparare *le buone maniere*/a parlare correttamente per intrattenere gli ospiti. Però solo la risposta *C* unisce due delle opzioni corrette.

6) **A.** Nei periodi ipotetici del 2° e del 3° tipo, ovvero quelli in cui si esprimere un fatto o una situazione possibile ma poco probabile, oppure impossibile, si utilizza il congiuntivo. In questo caso abbiamo un periodo ipotetico dell'irrealtà e infatti si dovrà inserire un tempo al congiuntivo: *sapessi*. Quindi restano valide solo due opzioni, A e B. La risposta B è grammaticamente scorretta, quindi la risposta esatta è la A: "Ti direi che sei bellissima se non *sapessi che detesti* i complimenti".

7) **B.** L'immagine può essere *disegnata*, dipinta oppure pensata; il topo può essere in maniche, in vesti o in *braghe* corte e dalle grandi *orecchie*; quindi l'unica combinazione che unisce tre delle risposte plausibili è la *B*: *braghe, orecchie, disegnò*. Inoltre, il candidato può dare la risposta corretta anche seguendo un altro ragionamento, ovvero riuscendo a intuire che il brano si riferisce a Topolino, il celebre personaggio dei fumetti creato da Walt Disney con i pantaloncini rossi e le grandi orecchie nere.

8) **D.** Le pianure vengono classificate a seconda del modo in cui si sono formate, quindi in base alla loro *origine*. Fra le varie tipologie abbiamo le pianure di *origine* alluvionale e quelle di *origine* vulcanica.

9) **A.** Nella lingua italiana, il condizionale è uno dei modi del verbo e si può utilizzare per esprimere una supposizione, un'espressione ironica. Quindi, la risposta esatta sarà *escogiteresti*.

10) **C.** In questo caso si tratta di individuare il termine leggendone la definizione. Lo *stereotipo* è un'opinione rigidamente precostituita e generalizzata su persone o gruppi sociali.

2.3 Classificazioni concettuali

2.3.1 Il termine da scartare

1) **A.** In questo esercizio si deve far riferimento all'etimologia della parola. In tutti i casi tranne uno, infatti, si tratta di parole composte dalla particella *anti-* (contro) legata a diverse radici. Il termine che fa eccezione, e che deve essere eliminato, è *antico*.

2) **D.** Il termine intruso è *indicativo* perché tutti gli altri termini indicano tempi verbali, mentre l'*indicativo* è un modo verbale.

3) **B.** Cuneo, Novara, Vercelli e Asti sono province della regione Piemonte, il termine da scartare quindi è *Savona*, che invece è una provincia ligure.

4) **E.** Qui abbiamo una serie di titoli di film. Tutti sono stati diretti da Pier Paolo Pasolini, tranne *La dolce vita*, celebre film di Federico Fellini.

5) **A.** L'Arno, il Ticino, il Piave e il Tevere appartengono tutti a una stessa categoria, ovvero sono nomi di fiumi italiani; il termine intruso è *Garda* perché è il nome di uno dei più importanti laghi italiani.

6) C. Questa serie di termini appartiene alla stessa categoria: sono tutti nomi di frutti di bosco. Quindi, il termine intruso è *banane*.

7) D. In questo caso il termine che differisce dagli altri è *una*. Infatti, tutti gli altri termini della serie sono articoli determinativi, mentre *una* è un articolo indeterminativo, femminile, singolare.

8) A. Lodare, celebrare, osannare ed elogiare sono sinonimi fra loro. L'elemento che non rispetta la relazione che unisce i termini della serie è *biasimare*, che invece vuol dire criticare, formulare un giudizio negativo.

9) D. La quadriglia, la samba, il tango e il valzer sono danze e balli tradizionali. Invece il *sassofono*, termine intruso, è uno strumento musicale a fiato.

10) C. 2 euro, 1 euro, 50 centesimi, 20 centesimi sono tutte monete in euro, mentre *5 euro* è uno dei sette tagli di banconota in euro.

2.3.2 L'abbinamento errato

1) B. In questa serie di coppie la contiguità logica è data dal rapporto parte-tutto (in linguistica detto meronimia), infatti le scale fanno parte del palazzo, la ringhiera del balcone ecc. L'abbinamento errato è *corda/petrolio*.

2) C. In questo caso si tratta di un elenco di alcune scienze e delle loro materie di studio; l'*antropologia* non è la scienza che studia i *documenti*, ma è la scienza che studia l'uomo, le sue caratteristiche e il suo comportamento.

3) A. Queste coppie di termini sono legate da una relazione grammaticale (infinito del verbo-participio passato del verbo), questa relazione non è rispettata solo nell'opzione di risposta A, infatti il participio passato di *dedurre* non è *dotto*, ma dedotto.

4) B. In questo esercizio vengono elencati alcuni grandi autori del passato associati ai loro Paesi di origine, creando così una relazione di appartenenza tra i termini. Fernando *Pessoa* è stato un famoso poeta e scrittore originario del Portogallo, non della *Spagna*.

5) E. La contiguità logica fra queste coppie di termini è data dal rapporto disciplina medica-oggetto di studio (cardiologia: ramo della medicina che si occupa dello studio del cuore; pneumologia: settore della medicina che si occupa dei problemi inerenti ai polmoni). La *nefrologia* è la branca della medicina che si occupa dello studio del rene, non dei *nervi*, che invece sono oggetto di studio della neurologia.

6) C. Qui sono abbinati alcuni piatti tipici ai loro Paesi; la *quiche lorraine* è una tipica torta salata della regione Lorena, quindi non è un piatto tipico dell'*Inghilterra*, ma della Francia.

7) A. Qui sono elencate alcune espressioni latine ancora utilizzate in italiano e il loro significato. L'abbinamento errato è l'opzione A, *in toto* vuol dire per intero, non *fra noi* (che invece corrisponde alla locuzione latina *inter nos*).

8) D. La relazione logica che unisce i termini di queste coppie è di tipo storico, ogni avvenimento è associato al secolo in cui è avvenuto. La *Battaglia di Lepanto* però non avvenne nel *300*, ma nel 500.

9) A. Queste coppie di parole sono legate da una relazione geografica, infatti sono elencati alcuni laghi italiani e le regioni in cui si trovano. L'abbinamento da eliminare è *lago Fusaro/Toscana* perché il lago Fusaro si trova nel comune di Bacoli, in Campania.

10) B. In questo caso la relazione di contiguità logica è data da un rapporto di appartenenza autore-opera. La risposta esatta è la *B* perché *Amarcord* è il famoso film diretto da Federico Fellini, non da Vittorio De Sica.

2.4 Modi di dire

1) D. L'espressione *sbarcare il lunario* non ha il significato di vivere al di sopra delle proprie possibilità, ma di vivere, tirare avanti a stento, con molti sacrifici e notevoli rinunce.

2) D. Questa espressione fa riferimento al fatto che sia le lucciole sia le lanterne illuminano, ma hanno caratteristiche molto diverse tra loro. È quindi quasi impossibile confonderle.

3) C. L'espressione *rovinare la piazza* allude alla piazza del mercato, dove il commerciante che vende prodotti migliori o con prezzi più bassi danneggia la reputazione o il giro d'affari degli altri venditori.

4) A. Espressione utilizzata per indicare una persona molto magra, sottile con allusione alle acciughe conservate in barile.

5) B. *Avere la pazienza di un certosino* significa essere molto pazienti e minuziosi. L'espressione nasce dalla dedizione che hanno i frati dell'Ordine Certosino per quei lavori che richiedono molto impegno, premura e soprattutto pazienza.

6) E. *Essere una volpe* è una metafora usata per indicare una persona furba e astuta. Probabilmente uno dei motivi per cui la volpe è diventata oggetto di questa metafora è la sua presenza nelle favole di Esopo, dove questo animale è oggetto di molti inganni perpetrati nei confronti di altri.

7) A. Il prezzemolo viene largamente impiegato nelle più disparate preparazioni culinarie. Da qui, l'espressione *essere come il prezzemolo* ovvero essere dappertutto, essere presente in luoghi e situazioni diverse, oppure mettersi sempre in mezzo, intromettersi in tutto.

8) D. La macchia è una boscaglia in cui è difficile penetrare. *Darsi alla macchia*, in senso lato, vuol dire rendersi irreperibili, nascondersi, non farsi trovare e, in particolare, sfuggire alla giustizia, alla polizia o comunque ai rappresentanti delle forze dell'ordine rendendosi irreperibili.

9) B. Lo specchietto per le allodole è un congegno usato come richiamo nella caccia alle allodole. È costituito da una o più palette girevoli sulle quali sono applicati vari pezzi di specchio. In senso figurato, l'espressione indica un'azione o un comportamento che ha il fine di attirare e ingannare le persone ingenue.

10) D. L'espressione *è un altro paio di maniche* deriva da un'usanza dell'abbigliamento medievale e rinascimentale, soprattutto femminile. Nel Medioevo, infatti, le maniche dei vestiti erano mobili: si potevano staccare e cambiare a seconda delle diverse occasioni. In casa si indossavano maniche più modeste; quando si usciva, le maniche si cambiavano e così anche il vestito sembrava diverso. Da qui il modo di dire che significa "una cosa completamente diversa".

Questionario 3
Ragionamento critico-verbale

3.1 Comprensione di brani

▶ *Brano n. 1*

1   La scienza non ha mai dato molto credito alle affermazioni secondo cui per apprendere il francese o il cinese è sufficiente ascoltare una lezione su cd mentre si dorme. Un nuovo studio, però, incentrato su un metodo diverso di ascolto durante il sonno, permette di comprendere meglio in che modo funzioni un
5   cervello addormentato. Gli scienziati della Northwestern University hanno reso noto che trasmettere alcuni suoni specifici mentre si dorme è servito ad alcune persone che si sono sottoposte all'esperimento a ricordare meglio ciò che avevano studiato prima di addormentarsi, al punto che la memoria di tutti loro è risultata notevolmente migliorata. La rivista Science ha pubblicato un articolo
10 sullo studio nel corso del quale i ricercatori hanno insegnato ad alcuni soggetti a collocare una cinquantina di immagini al loro posto giusto su uno schermo. Ogni immagine era accompagnata da un suono particolare, per esempio un miagolio per l'immagine del gatto e un turbinio di pale per quella di un elicottero. Dodici soggetti hanno quindi fatto un sonnellino, durante il quale 25
15 dei suoni ascoltati in precedenza sono stati trasmessi insieme al rumore bianco. Quando si sono svegliati quasi tutti hanno ricordato con maggiore precisione la disposizione sul computer delle immagini i cui suoni erano stati ritrasmessi mentre dormivano, mentre hanno incontrato qualche difficoltà in più per le restanti 25 immagini.

1) **L'esperimento della Northwestern University:**
    A. è stato fatto sul cervello dei gatti
    B. non è stato risolutivo
    C. ha utilizzato più di 50 immagini
    D. è stato reso noto da una rivista scientifica
    E. nessuna delle alternative proposte

2) **Gli scienziati:**
    A. hanno originariamente condotto uno studio per confutare le teorie dell'apprendimento durante il sonno
    B. sono sempre stati scettici circa l'apprendimento durante il sonno
    C. hanno sperimentato un nuovo metodo di apprendimento durante il sonno
    D. non sono tutti concordi sul funzionamento del cervello durante il sonno
    E. nessuna delle alternative proposte

3) **Il nuovo studio:**
   A. si basa sulla scoperta di un nuovo metodo di apprendimento
   B. conferma le teorie sull'apprendimento durante il sonno
   C. ha lo scopo di comprendere il funzionamento del cervello durante il sonno
   D. conferma le teorie sul funzionamento del cervello durante il sonno
   E. nessuna delle alternative proposte

4) **I soggetti sottoposti all'esperimento:**
   A. hanno ricordato una parte minima della disposizione delle immagini
   B. hanno tutti ricordato con maggiore precisione la disposizione delle immagini associate ad un suono ascoltato durante il sonno
   C. hanno confermato nella maggior parte di casi l'ipotesi di partenza
   D. hanno tutti avuto maggiore difficoltà con le immagini associate a suoni non ascoltati durante il sonno
   E. nessuna delle alternative proposte

5) **Durante l'esperimento, nella fase di veglia:**
   A. le immagini utilizzate erano quasi tutte associate a suoni
   B. le immagini erano associate a rumori di tipo diverso
   C. solo alcune immagini erano associate a suoni
   D. 25 immagini erano associate a suoni mentre le altre 25 no
   E. nessuna delle alternative proposte

Brano n. 2

1   C'è acqua sulla Luna. O meglio, sotto. Lo ha rivelato oggi la Nasa rendendo note le prime risultanze dell'impatto del razzo Centaur sulla superficie lunare lo scorso 9 ottobre. "La storia che la Luna sia un posto arido e desolato non regge più", dichiara l'agenzia in un comunicato. "Stiamo svelando segreti che
5   sono rimasti nascosti per miliardi di anni". L'entusiasmo della Nasa si fonda sui dati trasmessi dal Lunar Crater Observation and Sensing Satellite (Lcross). Il mese scorso, il satellite ha lanciato Centaur come un proiettile contro il cratere Cabeus, nella zona perennemente in ombra della Luna. Il team di Lcross ha poi osservato i getti prodotti dalla collisione. I dati degli spettrometri, stru-
10   menti che esaminano la luce emessa o assorbita da un materiale per capirne la composizione, non lasciano dubbi: "Numerose prove ci dicono che l'acqua è presente nei getti creati dall'impatto", spiega Anthony Colaprete, scienziato coinvolto nel progetto Lcross. "Ci vorranno ulteriori analisi, ma possiamo dire con sicurezza che Cabeus contiene acqua". La comunità scientifica si è inter-
15   rogata a lungo sulla presenza di acqua sulla Luna. Si riteneva che le grandi quantità di idrogeno osservate ai poli del nostro satellite potessero esserne un indizio. Ora, le osservazioni di Lcross, secondo la Nasa, indicano che l'acqua potrebbe essere diffusa in quantità molto maggiore rispetto a quanto si sospettasse finora. L'acqua sulla Luna sarebbe una risorsa di valore inestimabile per
20   il futuro dell'esplorazione spaziale. Inoltre, proprio come i campioni prelevati dai ghiacciai artici contengono indizi sul passato remoto della Terra, l'analisi dei materiali nascosti nelle zone perennemente in ombra della Luna possono raccontare i segreti dell'evoluzione dell'intero sistema solare.

6) **La comunità scientifica:**
   A. ha cominciato ad interrogarsi sulla presenza di acqua sulla Luna dopo il lancio di Centaur
   B. a lungo ha sperato di poter provare la presenza di idrogeno sulla Luna
   C. riteneva che la presenza di idrogeno sulla Luna indicasse la presenza di acqua
   D. si interroga sulla composizione dei poli della Luna
   E. nessuna delle alternative proposte

7) **La presenza di acqua sulla luna:**
   A. deve ancora essere provata
   B. è limitata al cratere Cabeus
   C. era ipotizzata prima dell'esperimento con Centaur
   D. determinerà future spedizioni spaziali
   E. nessuna delle alternative proposte

8) **L'impatto di Centaur sulla superficie lunare:**
   A. è stato provocato dal Lcross
   B. è stato provocato per provare la presenza di idrogeno
   C. ha permesso di prelevare campioni utili per ulteriori analisi

D. ha provocato un lieve cambiamento dell'orbita lunare
E. nessuna delle alternative proposte

9) **Lcross:**
   A. è un team di osservazione
   B. non è un satellite
   C. è un satellite naturale
   D. non è un team di osservazione
   E. nessuna delle alternative proposte

10) **La Nasa:**
    A. è restia a rendere pubbliche le risultanze degli esperimenti condotti sulla Luna
    B. mostra grande interesse per i risultati finora ottenuti
    C. ritiene che sia ora di presumere l'esistenza di acqua sulla superficie lunare
    D. è interessata a Cabeus perché si trova nella zona perennemente in ombra della Luna
    E. nessuna delle alternative proposte

Brano n. 3

1   Un'evoluzione costante è ciò che si sta verificando nel settore degli Online Public Access Catalogue (OPAC), in pratica i cataloghi delle biblioteche disponibili in Internet che sono, negli ultimi anni, aumentati nel numero e nella sostanza. Da un lato perché sempre più biblioteche sono arrivate in rete e dall'altro per-
5   ché i singoli cataloghi sono diventati più sostanziosi e ricchi di titoli. E un aiuto ulteriore alla loro diffusione arriva anche dalla tecnologia: infatti le scomode e spartane interfacce sono state in buona parte sostituite da colorate pagine Web con maschere per la ricerca facilitata. Infine, ai cataloghi delle biblioteche sono stati affiancati quelli, spesso molto ricchi anche se meno affidabili e sistematici,
10 degli editori e delle librerie online. Il risultato di questa evoluzione è la possibilità di accedere a un'enorme schedatura dei libri e delle pubblicazioni mondiali. Un utilissimo strumento di lavoro per un vasto pubblico: studiosi, studenti universitari, insegnanti, professionisti dell'informazione. Gli OPAC, pur essendo a disposizione di chiunque possa accedere ad Internet, restano una delle risorse
15 meno conosciute dai navigatori. Nel nostro paese il catalogo elettronico più ricco è quello del Servizio Bibliotecario Nazionale. L'archivio è suddiviso in tre parti principali: "Libro moderno", "Libro antico" e "Musica", ma nella modalità di accesso più semplice, chiamata "ricerca base", sono disponibili tutti i dati presenti nell'indice. In questa modalità è possibile ottenere un elenco di libri in base all'autore o al titolo desiderati.

11) Negli ultimi anni il numero degli OPAC è aumentato:
   A. per soddisfare le domande dei giovani che stanno riscoprendo il piacere di leggere
   B. perché, essendo gratuita la consultazione, c'è stata una forte richiesta
   C. ma è possibile prevedere un suo graduale declino
   D. grazie alle richieste di studenti, ricercatori e professionisti dell'informazione
   E. nessuna delle alternative proposte

12) Una costante evoluzione si sta verificando nel settore degli OPAC, fornendo agli utenti la possibilità di:
   A. accedere ad un enorme elenco di libri e pubblicazioni mondiali
   B. scaricare via Internet qualsiasi libro o pubblicazione
   C. inserire nel catalogo libri e pubblicazioni di loro interesse
   D. avere a disposizione un esperto online che li indirizzi verso libri e pubblicazioni riguardanti specifici argomenti
   E. nessuna delle alternative proposte

13) Gli OPAC sono:
   A. elenchi delle biblioteche presenti nelle più grandi città del mondo, disponibili in Internet
   B. cataloghi delle pubblicazioni delle più grandi case editrici mondiali, disponibili in Internet
   C. i cataloghi delle biblioteche, disponibili in Internet

D. emeroteche online
   E. nessuna delle alternative proposte

14) **Negli ultimi anni gli OPAC si sono evoluti anche nella sostanza perché:**
   A. stanno diventando sempre più approfonditi e specialistici
   B. sono stati tradotti in diverse lingue, non più solamente in inglese
   C. sono diventati più facilmente consultabili, nonostante la concorrenza degli editori online
   D. si sono arricchiti di titoli
   E. nessuna delle alternative proposte

15) **La consultazione degli OPAC è stata negli ultimi tempi facilitata:**
   A. dalla creazione di un indice generale comprendente autori ed opere
   B. dalla possibilità di collegarsi 24 ore su 24
   C. dall'incremento del numero di biblioteche presenti in rete
   D. sostituendo, in buona parte, le vecchie interfacce
   E. nessuna delle alternative proposte

Brano n. 4

1   La possibilità che il trading online offre di operare velocemente sulle principali Borse via Internet ha creato un nuovo tipo di investitore: il "day-trader". Sono persone che comprano e vendono pacchetti azionari in un giorno, a volte concludendo l'operazione di compravendita in poche ore. Guadagnano investendo
5   in quei mercati dove ci sono forti oscillazioni nei prezzi dei titoli e ricavando profitto nel modo più classico: comprano ad un prezzo e rivendono quando il titolo è salito. Il mercato ad alta volatilità che più risponde alle esigenze dei "day-trader" è quello del Nasdaq, la Borsa americana dei titoli high-tech. È chiaro però che per poter guadagnare sulle oscillazioni di un titolo in una giornata,
10 bisogna avere gli strumenti necessari per monitorare la situazione in tempo reale. Di solito l'istituto bancario che eroga il servizio di trading online fornisce anche alcune possibilità per poter analizzare il mercato, ma spesso non sono sufficienti. Esistono molti siti che forniscono, gratis o a pagamento, notizie e dati. Da siti a pagamento si possono, invece, scaricare software che aiutano il
15 "day-trader" nelle operazioni di compravendita segnalando perfino, con emissioni sonore, quando il titolo sotto osservazione ha raggiunto un prezzo critico oppure ottimale.

16) **La nascita di un nuovo tipo di investitore, il "day-trader", si è verificata nel momento in cui:**
    A. è nato il Nasdaq, la Borsa americana dei titoli high-tech
    B. si è reso possibile operare velocemente sulle principali Borse via Internet
    C. Internet è alla portata di tutti
    D. i titoli quotati nelle principali Borse hanno iniziato a subire rapide oscillazioni
    E. nessuna delle alternative proposte

17) **I titoli sui quali investono i "day-trader" sono:**
    A. quelli più stabili
    B. quelli che raramente registrano ribassi
    C. quelli nuovi, da poco quotati in Borsa
    D. quelli che subiscono forti oscillazioni nei prezzi
    E. nessuna delle alternative proposte

18) **I "day-trader" realizzano i loro profitti:**
    A. comprando solo titoli tecnologici ad alta volatilità
    B. rischiando moltissimo nelle operazioni di compravendita quando i mercati subiscono forti oscillazioni
    C. comprando e vendendo in un giorno, a volte in poche ore
    D. comprando solo titoli quotati nelle Borse americane che tradizionalmente sono caratterizzate da forti oscillazioni
    E. nessuna delle alternative proposte

19) Il servizio di trading online viene fornito ai "day-trader":
   A. da istituti bancari
   B. da siti a pagamento
   C. da siti gratuiti
   D. dalle principali Borse
   E. nessuna delle alternative proposte

20) Per un "day-trader" è essenziale:
   A. spostarsi velocemente
   B. collegarsi, via Internet, con gli altri investitori
   C. poter analizzare l'andamento dei titoli in tempo reale
   D. avere a disposizione un software con emissioni sonore
   E. nessuna delle alternative proposte

Brano n. 5

1   Le monete greche coniate nell'antica regione Battriana (compresa tra gli odierni Afghanistan, Uzbekistan,Tagikistan) e nel Nord-Ovest dell'India, tra il III sec. a.C. e il primo decennio del I sec. d.C., rappresentano uno dei più grandi supporti per la ricostruzione della storia dei regni greci in queste aree tanto lontane dal Mediterraneo. Le emissioni dei sovrani dell'"estremo oriente" greco seguivano generalmente, per i tipi in argento, il modello ellenistico, con la rappresentazione del ritratto o del busto del sovrano sul dritto e l'immagine della divinità sul rovescio; per i tipi di bronzo invece si riallacciavano più spesso al modulo che prevedeva la rappresentazione dell'immagine divina su ambedue i lati delle monete. In questo caso la raffigurazione del rovescio poteva anche essere sostituita da un simbolo o da un animale associato alla divinità stessa. Tali monete si differenziavano spesso in due tipi: le monete greco-battriane, destinate a circolare esclusivamente nelle ex-satrapie di Battriana, Margiana e Sogdiana, caratterizzate da legenda monoglotta greca sul rovescio, accanto all'immagine della divinità e le monete indo-greche che presentano legenda bilingue, in greco sul dritto e in pracrito, il vernacolo parlato nell'India del Nord-Ovest, sul rovescio.

21) La rappresentazione dell'immagine divina su ambedue i lati delle monete:
A. venne successivamente sostituita da simboli associati alla divinità
B. era diffusa principalmente nel III sec. a.C.
C. prevedeva sempre l'associazione con una legenda nella lingua locale
D. nessuna delle alternative proposte
E. costituiva un modulo al quale si rifacevano di frequente le monete in bronzo

22) Le monete di bronzo:
A. nessuna delle alternative proposte
B. non raffiguravano mai divinità
C. potevano avere, sul rovescio, un simbolo al posto dell'immagine della divinità
D. avevano sempre la fronte e il retro uguali
E. potevano avere, su una stessa faccia, l'immagine di un simbolo associata all'immagine di un animale

23) Le monete indo-greche:
A. potevano avere la raffigurazione della divinità o di un simbolo ad essa associato sul rovescio
B. seguivano il modello ellenistico solo per i tipi in bronzo
C. avevano una legenda in un particolare vernacolo indiano sul dritto
D. avevano una legenda in greco sul rovescio accanto all'immagine della divinità
E. nessuna delle alternative proposte

24) **Le monete d'argento:**
    A. nessuna delle alternative proposte
    B. potevano avere l'immagine della divinità sul dritto
    C. non erano emesse da sovrani greci
    D. potevano circolare solo in alcune zone della regione Battriana
    E. potevano avere il ritratto del sovrano sul dritto

25) **Le emissioni di monete da parte dei sovrani dell'"estremo Oriente" greco:**
    A. non si limitano all'era precristiana
    B. ritraevano diverse divinità, ma mai il sovrano
    C. raramente seguivano il modello ellenistico
    D. nessuna delle alternative proposte
    E. si sono rivelate poco utili ai fini della ricostruzione della storia di quell'area

Brano n. 6

1 Il deserto di Gobi si è rivelato una vera e propria miniera di fossili. Gli scavi di Ukhaa Tolgod hanno portato alla luce, dal 1993 a oggi, centinaia di scheletri di dinosauro perfettamente conservati, e anche vari mammiferi e altri rettili. I paleontologi dell'American Museum of Natural History non hanno ancora
5 finito di godersi la gloria di tale straordinario ritrovamento che già progettano di scandagliare l'intero deserto. Ma questa volta con l'ausilio di uno strumento destinato a rivoluzionare i tradizionali metodi di ricerca. Non più ardimentosi viaggi guidati da mappe non sempre attendibili e su percorsi spesso inesistenti, attraverso tempeste di sabbia e a temperature diurne di 40°. Non più ripetuti
10 scavi di ricognizione prima di individuare un potenziale sito di rilevanza archeologica. D'ora in poi sarà l'occhio plurispecializzato di un satellite NASA a «esplorare», da 750 chilometri di distanza, la regione e a segnalare ai ricercatori le zone promettenti. Dopo anni di esperienza, essi hanno infatti identificato alcune caratteristiche geografiche e fisiche che contraddistinguono le aree so-
15 litamente ricche di reperti fossili: la collocazione ai piedi di rilievi montuosi, la presenza di strati di roccia sedimentaria, di segni di erosione, di vegetazione sparsa. I sette sensori del Landsat 5 analizzano le diverse lunghezze d'onda della luce solare riflessa e il calore irradiato dalla superficie terrestre, elaborano un'immagine precisa della conformazione delle varie aree e forniscono quindi
20 una specie di mappa multispettrale a colori del deserto. Il progresso tecnologico toglie forse un po' di romanticismo alla ricerca archeologica, ma la mappa satellitare consentirà di risparmiare tempo, denaro e le numerose difficoltà che i viaggi perlustrativi comportano. E secondo il team del museo sarà una vera mappa del tesoro. Un nuovo sito è già stato trovato attraverso le immagini satel-
25 litari, anche se meno generoso di quello di Ukhaa Tolgod, e le aspettative per il futuro sono molto ottimistiche.

26) Uno dei primi risultati dell'utilizzo di tecnologie satellitari:
A. è stato il ritrovamento di due siti nelle vicinanze di Ukhaa Tolgod
B. nessuna delle alternative proposte
C. è stata l'identificazione di due possibili siti nel deserto del Gobi
D. è stato il ritrovamento di un nuovo sito archeologico molto più ricco di quello di Ukhaa Tolgod
E. è stato il ritrovamento di un nuovo sito archeologico

27) Il sito archeologico di Ukhaa Tolgod:
A. nessuna delle alternative proposte
B. si trova nelle vicinanze di un altro sito scoperto successivamente e che contiene una maggiore quantità di reperti
C. ha dato la possibilità di scoprire un nuovo insediamento urbano dell'antico Egitto
D. è un sito di interesse rilevante per gli studiosi che si occupano delle origini della scrittura
E. si trova in una regione montuosa della Giordania

28) **Una delle caratteristiche delle aree ricche di reperti:**
    A. è l'assenza di roccia sedimentaria
    B. è la collocazione ai piedi delle montagne
    C. è la collocazione rispetto alle antiche vie del commercio
    D. è la vicinanza a corsi d'acqua
    E. nessuna delle alternative proposte

29) **L'utilizzo di tecnologie innovative nella ricerca archeologica:**
    A. porterà tra breve ad aumentare i rischi per gli uomini che si avventurano in località impervie
    B. nessuna delle alternative proposte
    C. aumenterà moltissimo i costi per queste ricerche
    D. permetterà di individuare con precisione i siti più ricchi di reperti ancora prima di effettuare gli scavi
    E. troverà massima applicabilità in zone molto fredde

30) **Gli scavi nel deserto di Gobi:**
    A. hanno portato alla luce alcuni insediamenti urbani
    B. nessuna delle alternative proposte
    C. sono stati interrotti per la pericolosità del sito archeologico
    D. sono stati finalizzati all'utilizzo di sensori ottici di superficie
    E. hanno portato alla luce numerosi resti di animali

Brano n. 7

L'Italia è un vero museo a "cielo aperto" esposto a continui furti favoriti dal mercato clandestino. Un pezzo della nostra storia e della nostra cultura viene ferito e trasformato in un lucroso business che ha attirato gli interessi della criminalità organizzata. Quello dell'archeomafia è un fenomeno che si è sviluppato sin dagli anni '70 per l'esigenza della criminalità internazionale di trovare sistemi sempre nuovi che facilitino il riciclaggio dei profitti accumulati illegalmente. Nell'ultimo ventennio ha compreso i vantaggi di comprare opere ed oggetti d'arte che forniscono anche la garanzia di un'alta rivalutazione. Il sistema è "semplice": i pezzi rari e di alto valore, facilmente identificabili, una volta rubati vengono allontanati e nascosti a volte per molti anni; successivamente i ladri cercano acquirenti diretti (collezionisti privati) o si rivolgono a ladri professionisti che provvedono anche alla falsificazione dei documenti. Sono stati soprattutto gli acquirenti giapponesi ed americani a far crescere le quotazioni delle opere d'arte europee, favoriti dal cambio e in alcuni casi legati alla criminalità internazionale. I rischi per i trafficanti d'arte sono minimi. Le vigenti norme comunitarie potrebbero contrastare il traffico di beni culturali, ma non tutti i Paesi vi si attengono e la mancata osservanza di esse ha favorito il depauperamento del patrimonio artistico e archeologico. Alcuni Stati si oppongono, senza validi motivi, alla restituzione dei beni al Paese di provenienza o non ne impediscono l'esportazione dall'Europa. In Gran Bretagna i venditori d'arte non sono tenuti a verificare l'origine dei beni acquistati, così le opere introdotte in modo illegale possono diventare legali e vengono immesse sul mercato. Sarebbe opportuno poter catalogare tutto il patrimonio artistico che si trova nelle case degli italiani, dato che molti in Italia fanno finta di non sapere che detenere patrimoni artistici è illegale. Questa detenzione illecita è il retroterra della piaga del commercio clandestino di opere d'arte ed è spesso opera di persone insospettabili.

31) Le norme comunitarie per contrastare il traffico dei beni culturali:
   A. hanno favorito l'impoverimento del patrimonio artistico
   B. impongono di catalogare il patrimonio artistico presente nelle case private
   C. sono considerate, da alcuni Stati, poco efficaci
   D. vengono in alcuni casi disattese
   E. nessuna delle alternative proposte

32) I pezzi rari:
   A. sono quelli che attraggono maggiormente i collezionisti giapponesi ed americani
   B. normalmente, prima di rientrare nel mercato, vengono occultati anche per molto tempo
   C. vengono immessi soprattutto sul mercato inglese, dove non esiste l'obbligo di verificare la provenienza lecita delle opere d'arte
   D. vengono allontanati dal luogo del furto e immediatamente venduti a collezionisti privati

E. nessuna delle alternative proposte

33) Il fenomeno dell'archeomafia:
A. è connesso con il riciclaggio del denaro "sporco"
B. si è sviluppato prevalentemente in Italia a partire dagli anni '70
C. potrebbe essere fermato, se esistessero norme comunitarie adatte a contrastarlo
D. favorisce la rivalutazione di opere ed oggetti d'arte nell'ambito del mercato clandestino
E. nessuna delle alternative proposte

34) I ladri di opere d'arte:
A. agiscono solo per conto della criminalità internazionale
B. sono spesso persone insospettabili
C. sono sempre ladri professionisti
D. si sono specializzati, negli ultimi anni, nella falsificazione dei documenti
E. nessuna delle alternative proposte

35) La criminalità internazionale:
A. ha trasformato l'Italia in un museo "a cielo aperto"
B. provvede, insieme ai ladri professionisti, alla falsificazione delle opere d'arte
C. acquista le opere d'arte rubate anche perché è "merce" che si rivaluta
D. è la principale responsabile della crescita delle quotazioni delle opere d'arte europee
E. nessuna delle alternative proposte

Brano n. 8

1   La figura di riferimento del mercato IT è quella del progettista di software applicativo, seguita dal tecnico di reti locali. Le altre specializzazioni si distribuiscono in modo abbastanza uniforme tra le risorse umane rimanenti. Nelle aziende medie e grandi, oltre alle figure già citate, si evidenziano figure come
5   lo specialista di sistemi web e di sistemi di rete. Gli addetti delle aziende informatiche sono in media molto giovani (il 92% non ha ancora compiuto 45 anni) e forniti di elevati livelli di scolarità: circa il 70% dei dipendenti è in possesso di diploma di scuola media superiore (i laureati sono il 29%). Il settore informatico oltre ad essere caratterizzato da una larga presenza di aziende sorte negli
10 ultimi cinque anni, è anche cresciuto in aree di business nuovissime, attraendo nuove professionalità e giovani addetti. Emerge pertanto una bassa anzianità di lavoro negli addetti: appena superiore a 3 anni tra i dipendenti e di circa due anni tra i collaboratori coordinati e continuativi. Questo pone forti problemi di turn over alle aziende, soprattutto per le figure più richieste dal mercato. La
15 formazione viene promossa in quasi l'80% di tutte le piccole aziende informatiche e questo è un tratto caratteristico rispetto alle piccole imprese degli altri settori. Addirittura il 52,4% fa formazione continua, ed anche la formazione al momento dell'ingresso in azienda rappresenta un passaggio irrinunciabile per il 41,5%. Nelle grandi e medie imprese la leva formativa assume un ruolo cen-
20 trale. Le attività di business delle imprese sono lo sviluppo software per il 42,5% e la consulenza IT nel 17,6%, seguono la fornitura di servizi di outsourcing (7,4%), l'installazione e manutenzione di apparati software ed hardware (5,4%) l'installazione e manutenzione di reti locali (4,1%).

36) Lo specialista di sistemi di rete:
A. è la figura di riferimento del sistema IT accanto a quella di progettista di software
B. è una delle figure di riferimento delle piccole aziende
C. è una delle figure che emerge nelle aziende medie e grandi
D. è la principale figura di riferimento delle aziende medie
E. nessuna delle alternative proposte

37) Gli addetti delle aziende informatiche sono:
A. in maggioranza giovani laureati
B. molto giovani se diplomati meno giovani se laureati
C. in media giovani con alto grado di istruzione
D. tutti in possesso almeno del diploma di scuola media superiore
E. nessuna delle alternative proposte

38) La formazione:
A. viene promossa dall'80% delle grandi aziende informatiche
B. viene promossa solo nelle grandi aziende informatiche

C. viene promossa più nelle piccole aziende informatiche che in altre aziende delle stesse dimensioni
D. avviene nella maggioranza delle imprese fin dal momento d'ingresso degli specialisti nelle aziende
E. nessuna delle alternative proposte

39) Le imprese del settore informatico:
A. forniscono in prevalenza servizi di outsourcing
B. hanno avuto la capacità di svilupparsi in aree di business non tradizionali
C. non si occupano di consulenza
D. hanno il 29% dei laureati in ingegneria
E. nessuna delle alternative proposte

40) Gli addetti dipendenti:
A. hanno minore anzianità di lavoro rispetto ad altri tipi di addetti
B. hanno maggiore grado di istruzione rispetto ad altri tipi di addetti
C. sono in media più giovani rispetto ad altri tipi di addetti
D. hanno un'anzianità di lavoro di poco superiore ai tre anni
E. nessuna delle alternative proposte

Brano n. 9

1   La Borsa di New York (Nyse) è nata nel 1792 e nel corso dei decenni è diventata il più grande mercato mobiliare del mondo, dove oggi sono quotate sia le grandi, medie e piccole aziende americane, sia i principali gruppi industriali e finanziari europei e asiatici. La presenza delle imprese non americane ha fatto
5   registrare una notevole impennata. Uno dei criteri fondamentali che le imprese devono rispettare per operare nella Borsa di New York è quello della trasparenza. Le possibilità e la facilità di investimento all'interno del mercato della Borsa di New York sono abbastanza agevoli anche per chi opera dall'Europa. La negoziazione dei titoli viene condotta attraverso un meccanismo d'asta tra i
10   membri della borsa (broker), che operano sul mercato su commissione da parte di investitori privati o istituzionali, e alcuni operatori specialisti che hanno la responsabilità di gestire i titoli di una società quotata e che si fanno garanti della transazione (devono cioè coprire eventuali ordini inevasi per evitare forti destabilizzazioni e oscillazioni dei prezzi delle azioni). Questa tipologia di mer-
15   cato garantisce, in linea di massima, una maggiore stabilità e sicurezza per gli investitori ed un corretto equilibrio tra domanda e offerta. Per aprirsi ulteriormente all'internazionalizzazione il Nyse ha annunciato il graduale passaggio dal sistema dei sedicesimi a quello dei decimali per la quotazione dei titoli. Il sistema dei decimali è adottato da tutte le altre piazze borsistiche mondiali,
20   ma è osteggiato dai broker statunitensi che ritengono di avere maggior potere contrattuale (che si traduce in maggiori margini di guadagno) con il sistema dei sedicesimi.

41) Alla Borsa di New York sono attualmente quotate:
   A. esclusivamente le piccole, medie e grandi aziende americane e giapponesi
   B. soprattutto grandi aziende americane ed i gruppi finanziari europei
   C. nessuna delle alternative proposte
   D. le piccole, medie e grandi aziende americane, europee ed asiatiche
   E. le piccole, medie e grandi aziende americane ed i più importanti gruppi finanziari ed industriali europei e asiatici

42) Le negoziazioni dei titoli vengono condotte:
   A. per mezzo di un meccanismo d'asta pubblica alla quale può partecipare chiunque
   B. nessuna delle alternative proposte
   C. con un meccanismo d'asta tra i broker e gli investitori
   D. tramite il trading online in modo che, gli investitori possano agire in maniera autonoma e diretta
   E. con un meccanismo d'asta tra gli operatori specialisti, che gestiscono i titoli di società quotate e si fanno garanti della transazione, e gli investitori

43) Grazie alla presenza delle imprese non americane:
   A. si è registrata alla Borsa di New York una notevole flessione
   B. è diventato più facile ed agevole investire per chi opera in Europa

C. si è registrata al Nyse una notevole impennata
   D. è garantito un maggiore equilibrio dei prezzi
   E. nessuna delle alternative proposte

44) **Le società che intendono operare nella Borsa di New York devono rispettare alcuni criteri fondamentali, tra i quali:**
   A. l'efficienza
   B. nessuna delle alternative proposte
   C. la trasparenza
   D. la flessibilità
   E. la chiarezza

45) **La strategia di mercato adottata dal Nyse tende anche a garantire:**
   A. l'affidabilità delle imprese quotate in borsa
   B. il rafforzamento delle imprese americane
   C. il rafforzamento delle imprese non americane
   D. nessuna delle alternative proposte
   E. stabilità e sicurezza per gli investitori

Brano n. 10

1   Nelle sale da ballo ogni ingresso, fatta eccezione per gli "ingressi liberi", presuppone l'emissione di un biglietto recante un numero progressivo ed il contrassegno dell'organo accertatore, anche nei casi di pagamento di un prezzo ridotto ovvero di ingresso gratuito. I biglietti omaggio scontano l'imposta sul
5   prezzo del biglietto di maggiore importo (non sono però soggetti ad IVA) e danno comunque diritto alla consumazione. Lo stesso trattamento si applica ai biglietti ridotti. L'ingresso è consentito anche ai possessori di tessere di abbonamento che debbono recare l'indicazione del numero di spettacoli per cui sono valide, essere numerate progressivamente ed emesse in serie distinte per
10 ciascun ordine di posti e tipo di abbonamento. Tutti i biglietti sono composti di varie sezioni. La parte centrale del biglietto deve essere conservata dal fruitore del servizio sino alla fine del trattenimento. Di recente si è diffuso l'uso delle cosiddette "drink cards". Si tratta di tessere rilasciate all'ingresso sulle quali viene punzonato, a cura del personale del bar, il prezzo corrispondente per
15 ciascuna consumazione fornita. Il pagamento avviene all'uscita previa presentazione della tessera.

46) Nelle sale da ballo:
   A. i possessori di tessere di abbonamento devono pagare all'uscita
   B. sono ammessi anche i titolari di tessere di abbonamento
   C. ogni ingresso presuppone l'emissione di un biglietto
   D. nessuna delle alternative proposte
   E. le drink cards sono rilasciate dal personale del bar

47) Il contrassegno dell'organo accertatore:
   A. è posto anche sul biglietto d'ingresso gratuito
   B. non è posto sui biglietti ridotti
   C. nessuna delle alternative proposte
   D. è un numero progressivo
   E. non è posto sui biglietti d'ingresso gratuiti

48) Gli "ingressi liberi" nelle sale da ballo:
   A. nessuna delle alternative proposte
   B. non devono avvenire con emissione di biglietto
   C. presuppongono comunque l'emissione di un biglietto
   D. danno comunque diritto alla consumazione
   E. non danno diritto alla consumazione

49) Le drink cards sono:
   A. tessere omaggio che consentono di bere gratuitamente in un locale
   B. tessere d'ingresso gratuite sulle quali viene segnato l'importo complessivo delle consumazioni da pagare all'uscita
   C. tessere prepagate per bere in una sala da ballo
   D. nessuna delle alternative proposte

E. tessere sulle quali viene segnato il prezzo di ogni consumazione da pagare all'uscita

50) **I biglietti omaggio:**
A. non devono recare il contrassegno dell'organo accertatore
B. sono emessi in serie distinte per ciascun ordine di posti
C. non sono soggetti ad IVA
D. a differenza dei biglietti ridotti, sono soggetti ad IVA
E. nessuna delle alternative proposte

Quesiti da 51 a 100

3.2 Sillogismi

1) **Completare correttamente il seguente sillogismo: "Tutte le api impollinano i fiori. Alcuni insetti non impollinano i fiori. Dunque .... non sono api".**
A. alcuni insetti
B. alcune api
C. tutti i fiori
D. tutti gli insetti
E. alcuni fiori

2) **Completare correttamente il seguente sillogismo: "Tutti gli acrobati sono atletici. Tutti gli acrobati sono uomini. Dunque .... sono atletici".**
A. tutti gli uomini
B. alcuni uomini
C. alcuni acrobati
D. tutti gli acrobati
E. gli uomini che non sono acrobati

3) **Completare correttamente il seguente sillogismo: "Nessun attore è balbuziente. Alcuni uomini sono balbuzienti. Dunque .... non sono attori".**
A. tutti i balbuzienti
B. alcuni attori
C. tutti gli uomini
D. tutti gli attori
E. alcuni uomini

4) **Completare correttamente il seguente sillogismo: "Nessun disonesto è giusto. Qualche avvocato è giusto. Dunque .... non è disonesto".**
A. qualche disonesto
B. ogni giusto
C. qualche avvocato
D. ogni avvocato
E. ogni disonesto

5) **Completare correttamente il seguente sillogismo:** "Tutti gli imprenditori sono ricchi. Nessun ricco è una persona forte. Dunque .... è un imprenditore".
   A. nessuna persona forte
   B. qualche ricco
   C. ogni ricco
   D. soltanto un ricco
   E. qualche persona forte

6) **Completare correttamente il seguente sillogismo:** "I cani sono fedeli. I cani sono animali. Dunque .... sono fedeli".
   A. tutti gli animali
   B. alcuni infedeli
   C. alcuni cani
   D. alcuni animali
   E. i cani

7) **Completare correttamente il seguente sillogismo:** "Tutti i disastri naturali sono prevedibili. Alcuni eventi non sono prevedibili. Dunque .... non sono disastri naturali".
   A. alcuni eventi
   B. gli eventi prevedibili
   C. alcuni disastri naturali
   D. tutti gli eventi
   E. il sillogismo non può essere completato

8) **Completare correttamente il seguente sillogismo:** "Nessun treno vola. Qualche mezzo di trasporto vola. Dunque ....".
   A. alcuni treni volano
   B. qualche mezzo di trasporto non è treno
   C. nessun mezzo di trasporto non è un treno
   D. tutti i mezzi di trasporto volano
   E. soltanto gli aerei volano

9) **Completare correttamente il seguente sillogismo:** "Alcuni autisti sono patentati. Tutti i patentati sono prudenti. Dunque ....".
   A. tutti gli autisti sono prudenti
   B. tutti gli autisti non sono prudenti
   C. alcuni prudenti sono autisti
   D. tutti i patentati sono autisti
   E. tutti i patentati sono prudenti

10) **Completare correttamente il seguente sillogismo:** "Tutti gli insegnanti sono pazienti. Qualche insegnante è miope. Dunque ....".
    A. ogni miope è paziente
    B. qualche insegnante è paziente
    C. tutti i pazienti sono miopi
    D. ogni insegnante è miope
    E. qualche miope è paziente

3.3 Negazioni

1) "Non è possibile negare la falsità della tesi secondo la quale l'uomo non è un animale sociale". Qual è il significato corretto dell'affermazione precedente?
   A. Non è possibile sapere con certezza se l'uomo sia un animale sociale o meno
   B. L'uomo è un animale sociale
   C. È corretto affermare che non si può sapere se l'uomo è un animale sociale
   D. È falso affermare che l'uomo sia un animale sociale
   E. L'uomo non è un animale sociale

2) Negare la frase "Tutti gli uomini ricchi sono intelligenti" significa affermare che:
   A. almeno un uomo ricco non è intelligente
   B. tutti gli uomini poveri sono intelligenti
   C. nessun uomo povero è intelligente
   D. nessun uomo ricco è intelligente
   E. almeno un uomo povero non è intelligente

3) Negare la frase "Nessun minore di 18 anni può entrare in discoteca dalle 23:00 alle 4:00" significa affermare che:
   A. la discoteca è chiusa dalle 23:00 alle 4:00
   B. soltanto i maggiorenni possono entrare in discoteca dalle 23:00 alle 4:00
   C. tutti i minori di 18 anni possono entrare in discoteca dalle 23:00 alle 4:00
   D. chiunque paghi il biglietto può entrare in discoteca
   E. almeno un minore di 18 anni può entrare in discoteca dalle 23:00 alle 4:00

4) Negare la frase "Almeno uno dei cittadini napoletani possiede un corno rosso portafortuna" significa affermare che:
   A. a Napoli tutti i cittadini possiedono un corno rosso portafortuna
   B. Napoli è l'unica città senza un cittadino con un corno rosso portafortuna
   C. a Napoli nessun cittadino possiede un corno rosso portafortuna
   D. a Napoli quasi tutti, ma non tutti, i cittadini possiedono un corno rosso portafortuna
   E. a Napoli non si vendono corni rossi portafortuna

5) "I tecnici del sopralluogo non avevano avuto la possibilità di escludere che i locali sottostanti potessero essere stati incendiati per riscuotere i soldi dell'assicurazione". Sulla base della precedente affermazione, quale delle alternative proposte di seguito è certamente vera?
   A. I locali sottostanti sono stati incendiati per riscuotere i soldi dell'assicurazione
   B. È possibile che i locali sottostanti potessero essere stati incendiati per riscuotere i soldi dell'assicurazione
   C. I locali sottostanti sono stati incendiati per costruirne di nuovi e con nuovo mobilio
   D. Non è possibile che i locali sottostanti potessero essere stati incendiati per riscuotere i soldi dell'assicurazione

E. I tecnici del sopralluogo avevano la certezza che i locali sottostanti fossero stati incendiati per riscuotere i soldi dell'assicurazione

6) "Non è impossibile che il diario ritrovato dalla polizia possa contenere informazioni importanti". Sulla base dell'affermazione precedente, quale delle alternative proposte di seguito è certamente vera?
   A. Il diario ritrovato dalla polizia potrebbe contenere informazioni importanti
   B. Il diario ritrovato dalla polizia non conteneva informazioni importanti
   C. Il diario ritrovato dalla polizia non poteva contenere informazioni importanti
   D. Il diario ritrovato dalla polizia conteneva informazioni importanti
   E. Non è possibile che le informazioni nel diario fossero vere

7) "In base ai documenti in suo possesso, il notaio ha affermato che non è falsa l'ipotesi secondo cui il nipote non ha ereditato la villa al mare". Sulla base dell'affermazione precedente, quale delle alternative proposte di seguito è vera?
   A. I documenti in possesso del notaio lo hanno indotto in errore
   B. Nulla autorizza a sostenere che il nipote non abbia ereditato la villa al mare
   C. Il nipote ha ereditato la villa al mare in base ai documenti in possesso del notaio
   D. Il nipote non ha ereditato la villa al mare in base ai documenti in possesso del notaio
   E. Sicuramente il nipote non ha ereditato la villa al mare

8) "È corretto negare che è vero che *La Gerusalemme liberata* non è stata scritta da Torquato Tasso". Sulla base dell'affermazione precedente, quale delle alternative proposte di seguito NON è errata?
   A. Non si può affermare che *La Gerusalemme liberata* sia stata scritta da Torquato Tasso
   B. *La Gerusalemme liberata* non è un'opera letteraria
   C. *La Gerusalemme liberata* non è stata scritta da Torquato Tasso
   D. Non si sa chi abbia scritto *La Gerusalemme liberata*
   E. *La Gerusalemme liberata* è stata scritta da Torquato Tasso

9) "Nessun giocattolo può sostituire l'amore di un genitore". Se l'affermazione precedente è falsa, allora si può essere certi che:
   A. l'amore di un genitore è insostituibile
   B. non esistono giocattoli che possano sostituire l'amore di un genitore
   C. esistono diversi giocattoli che possono sostituire l'amore di un genitore
   D. esiste solo un giocattolo che può sostituire l'amore di un genitore
   E. esiste almeno un giocattolo che può sostituire l'amore di un genitore

10) Quale delle seguenti alternative è la negazione della frase: "Raffaele afferma: Se l'Inter batte la Juventus arriva prima in classifica"?
    A. L'Inter può non battere la Juventus e non arrivare prima in classifica
    B. Se l'Inter non batte la Juventus non arriva prima in classifica

C. L'Inter non vince mai ogni volta che gioca contro la Juventus
D. L'Inter può non arrivare prima in classifica anche se batte la Juventus
E. L'Inter può arrivare prima in classifica anche se non batte la Juventus

3.4 Condizioni necessarie e/o sufficienti

1) "Solo se il gatto miagola, il padrone gli dà da mangiare". In base alla precedente affermazione, è necessariamente vero che:
   A. se il gatto miagola, sicuramente il padrone non gli dà da mangiare
   B. se il gatto non miagola, il padrone non gli dà da mangiare
   C. se il padrone non dà da mangiare al gatto, vuol dire che il gatto non ha miagolato
   D. il padrone vizia il gatto
   E. il padrone non si prende cura del gatto

2) "Solo se mi sveglio presto faccio colazione. Se mangio tanto la sera non faccio colazione. Solo se faccio colazione, mi sento piena di energie. Se mi sento piena di energie non mangio tanto la sera". Date le precedenti informazioni, quale tra le seguenti affermazioni è corretta?
   A. Se mi sento piena di energie non posso non essermi svegliata presto
   B. Se mangio tanto la sera allora mi sono svegliata presto
   C. Non faccio mai colazione
   D. Se mangio tanto la sera allora non mi sono svegliata presto
   E. Oggi non ho fatto colazione, quindi mi sento piena di energie

3) "È necessario che il taxi sia in orario affinché Marco arrivi in tempo in aeroporto". Se l'affermazione precedente è vera, quale delle seguenti deve essere vera?
   A. Se il taxi è in orario, allora Marco arriva in tempo all'aeroporto
   B. Se Marco non arriva in tempo all'aeroporto, allora il taxi non è in orario
   C. Se il taxi non è in orario, allora Marco non arriva in tempo all'aeroporto
   D. Se Marco arriva in tempo all'aeroporto, allora il taxi non è in orario
   E. Se il taxi non è in orario, allora Marco arriva in tempo all'aeroporto

4) "Se Luca andrà la prossima domenica sera in discoteca con gli amici, Giulia andrà con le sorelle a teatro a vedere la prima dello Schiaccianoci". Se l'affermazione precedente è vera, quale delle seguenti è certamente vera?
   A. Giulia non assisterà alla prima dello Schiaccianoci, quindi Luca non andrà in discoteca con gli amici
   B. Luca andrà in discoteca con gli amici, quindi Giulia assisterà alla prima dello Schiaccianoci
   C. Giulia assisterà alla prima dello Schiaccianoci, quindi Luca andrà in discoteca con gli amici
   D. Luca non andrà in discoteca con gli amici, quindi Giulia non assisterà alla prima dello Schiaccianoci

E. Giulia non assisterà alla prima dello Schiaccianoci, quindi Luca andrà in discoteca con gli amici

5) "Giulio consiglia a Marta: Se vai a Tunisi, a meno che faccia fresco la sera, non indossare nulla se non il caftano". In quale dei seguenti casi Marta non ascolta Giulio?
   A. Marta va a Tunisi e quando fa fresco la sera indossa il coprispalle e il caftano
   B. Marta va a Tunisi e, poiché fa sempre caldo, indossa solo il caftano
   C. Marta non va a Tunisi e indossa il caftano e il coprispalle
   D. Marta va a Tunisi e, poiché fa sempre caldo, non indossa altro se non il costume da bagno
   E. Marta va a Tunisi e, poiché non fa fresco la sera, indossa solo il caftano

6) "Per ottenere l'apertura della pratica è sufficiente l'autorizzazione della compagnia assicurativa". Se l'affermazione precedente è vera, quale delle seguenti è certamente vera?
   A. L'apertura della pratica non può essere ottenuta senza l'autorizzazione della compagnia assicurativa
   B. Con l'autorizzazione della compagnia assicurativa si ottiene l'apertura della pratica
   C. Per ottenere l'apertura della pratica serve l'autorizzazione di almeno due uffici
   D. La compagnia assicurativa deve essere informata su ogni richiesta di aperture pratiche
   E. Se si è ottenuta l'apertura della pratica, sicuramente si è avuta l'autorizzazione della compagnia assicurativa

7) "È sufficiente che Alessia mantenga basso il suo indice pressorio perché il cardiologo non le prescriva un ipotensivo". Se l'affermazione precedente è vera, quale delle seguenti è certamente vera?
   A. Se il cardiologo prescrive ad Alessia un ipotensivo significa che lei non mantiene basso il suo indice pressorio
   B. Se il cardiologo non prescrive ad Alessia un ipotensivo significa che lei mantiene basso il suo indice pressorio
   C. Se Alessia non mantiene basso il suo indice pressorio allora il cardiologo le prescrive un ipotensivo
   D. Alessia mantiene basso il suo indice pressorio solamente se il cardiologo le prescrive un ipotensivo
   E. Se il cardiologo non prescrive ad Alessia un ipotensivo, significa che lei non mantiene basso il suo indice pressorio

8) "Se e solo se mi alleno con costanza, vinco il campionato". In base alla precedente informazione, quale delle seguenti affermazioni è certamente falsa?
   A. Se ho vinto il campionato, è perché mi sono allenato con costanza
   B. Se non vinco il campionato, significa che non mi sono allenata con costanza
   C. È necessario che mi alleni con costanza affinché vinca il campionato
   D. Vinco il campionato solo se mi alleno con costanza
   E. Se non vinco il campionato significa che mi sono allenato con costanza

9) **"Se e solo se mangio la pizza, mi sento gonfio". In base alla precedente informazione, quale delle seguenti affermazioni è certamente vera?**
   A. Se mi sento gonfio è perché ho mangiato la pizza
   B. Quando mi sento gonfio non è detto che io abbia mangiato la pizza
   C. Mi sento gonfio solo se mangio fuori casa
   D. A volte, anche se mangio la pizza, non mi sento gonfio
   E. Se mi sento gonfio non ho mangiato la pizza

10) **"Roberto avrà come regalo di compleanno lo smartphone nuovo se e solo se verrà promosso". Se la precedente affermazione è vera, allora è certamente vero che:**
    A. Se Roberto non verrà promosso, avrà come regalo di compleanno lo smartphone nuovo
    B. Se Roberto verrà promosso, non avrà come regalo di compleanno lo smartphone nuovo
    C. Anche se non viene promosso, Roberto riceverà in regalo lo smartphone nuovo
    D. Se Roberto non avrà come regalo di compleanno lo smartphone nuovo, vorrà dire che non è stato promosso
    E. Condizione necessaria, ma non sufficiente, perché Roberto abbia come regalo di compleanno lo smartphone nuovo è che venga promosso

3.5 Deduzioni logiche da premesse

1) **Tutti gli studiosi sono portati per la logica. Davide ama giocare a dama. Chi ama giocare a dama ha un debole per le donne. Quale delle seguenti affermazioni è sicuramente vera?**
   A. Non si può negare che Davide abbia un debole per le donne
   B. Tutti gli studiosi amano giocare a dama
   C. Chi è portato per la logica non può non amare la dama
   D. Davide è un profondo pensatore e ha un debole per le donne
   E. Davide ha tutti i requisiti per essere un buon giocatore di dama

2) **"Tutti i cuochi sono grassi". "Tutti i cuochi sono buongustai". "Alcuni camerieri sono grassi". Dalle precedenti affermazioni si deduce che:**
   A. Tra le persone grasse vi sono sia cuochi sia camerieri
   B. Tutti i buongustai sono cuochi
   C. Tutti i buongustai sono grassi
   D. Tutti i cuochi sono stati camerieri
   E. I camerieri sono buongustai

3) **"Sandro è una persona atletica; le persone alte sono tutte atletiche; le persone alte sono magre". Se le precedenti affermazioni sono vere, quale delle seguenti è sicuramente vera?**
   A. Sandro è una persona alta
   B. Tutte le persone atletiche sono alte
   C. Chi è alto è magro e atletico

D. Sandro è una persona magra
E. Le persone magre sono atletiche

4) "Antimo è napoletano; tutte le persone con i capelli castani sono italiane; tutti i napoletani sono italiani." Se le precedenti informazioni sono vere, quale delle seguenti è necessariamente vera?
   A. Tutti i napoletani si chiamano Antimo
   B. Antimo è italiano
   C. Antimo ha i capelli neri
   D. Tutti i napoletani hanno i capelli castani
   E. Tutte le persone con i capelli castani sono napoletane

5) "Andrea è una persona simpatica". "Tutti i giovani sono simpatici"; "Gino è un giovane". In base alle precedenti informazioni, quale delle seguenti affermazioni è necessariamente vera?
   A. Le persone simpatiche sono giovani
   B. Chi non è giovane è antipatico
   C. Andrea è giovane
   D. Gino è una persona simpatica
   E. Andrea e Gino sono giovani

6) "Annamaria ama le patatine fritte; chi è magro non ama le patatine fritte; chi è attivo è magro". Se le precedenti affermazioni sono vere, allora è certamente FALSO che:
   A. Chi è attivo non ama le patatine fritte
   B. Annamaria è attiva
   C. Annamaria non è magra
   D. Non tutte le persone magre sono attive
   E. Le persone che amano le patatine fritte non sono magre

7) "Tutti gli insegnanti sono competenti; Roberto è tenace; tutte le persone tenaci sono competenti". In base alle precedenti affermazioni, quale delle seguenti è necessariamente vera?
   A. Roberto è competente
   B. Non esistono insegnanti tenaci
   C. Tutte le persone tenaci sono insegnanti
   D. Roberto è un insegnante
   E. Tutti gli insegnanti sono tenaci

8) "Tutti i professori sono colti; Maurizio è colto; tutti i professori sono affascinanti". In base alle precedenti affermazioni, quale delle seguenti è necessariamente vera?
   A. Nessun professore è colto e privo di fascino
   B. Tutte le persone affascinanti sono colte
   C. Maurizio è affascinante
   D. Tutte le persone colte sono affascinanti

E. Maurizio è un professore

9) "Tutti i professori hanno molta fantasia. Per essere uno scrittore bisogna essere un professore. Marco ha molta fantasia". Se le precedenti affermazioni sono vere, è possibile dedurre che:
   A. Marco è uno scrittore
   B. Anche chi non ha molta fantasia può diventare un docente
   C. Marco è un professore
   D. Tutti gli scrittori hanno molta fantasia
   E. Gli scrittori hanno poca fantasia

10) "Tutti gli avvocati sono buoni oratori. Alessandro è un buon oratore". In base alle precedenti informazioni, quale delle seguenti affermazioni è necessariamente vera?
    A. Gli oratori sono più eloquenti degli avvocati
    B. Alessandro non è un avvocato
    C. I buoni oratori sono tutti avvocati
    D. Alessandro è un avvocato
    E. Nessuna delle altre risposte è corretta

3.6 Implicazioni logiche

1) La frase "Quando vedo mio figlio mi sento bene" implica una delle affermazioni elencate, indicare quale:
   A. se non mi sento bene allora non ho visto mio figlio
   B. se mi sento bene significa che ho visto mio figlio
   C. se mi sento bene significa che non ho visto mio figlio
   D. non mi sento bene pur avendo visto mio figlio
   E. in alcune circostanze non mi sento bene anche se ho visto mio figlio

2) La frase "Non tutte le ciambelle riescono col buco" implica una delle affermazioni elencate, indicare quale:
   A. è possibile che esistano ciambelle senza buco
   B. tutte le ciambelle hanno il buco
   C. nessuna ciambella ha il buco
   D. esiste almeno una ciambella che non ha il buco
   E. nessuna delle alternative è corretta

3) La frase "Chi dorme non piglia pesci" implica una delle affermazioni elencate, indicare quale:
   A. chi non si dà da fare non ottiene nulla
   B. le persone che pigliano pesci dormono
   C. chi non piglia pesci dorme
   D. chi non piglia pesci non dorme
   E. chi piglia pesci non dorme

4) La frase "Non c'è libro senza pagine" implica una delle affermazioni elencate, indicare quale:
   A. almeno un libro ha una pagina
   B. ogni libro ha almeno una pagina
   C. nessun libro ha pagine
   D. qualche libro non ha pagine
   E. ogni libro ha due pagine

5) Quale delle seguenti rappresenta la conclusione corretta della frase "Luigi adora la cioccolata; la cioccolata è fatta con il cacao; chi adora la cioccolata non mangia mai la marmellata"?
   A. Luigi non mangia mai la marmellata
   B. Chi adora la cioccolata ama tutti i dolci
   C. Luigi adora il cacao
   D. Non è escluso che Luigi mangi spesso la marmellata
   E. Luigi mangia la marmellata solo quando non ha la cioccolata

6) Quale delle seguenti rappresenta la conclusione corretta della frase "Tutti i dentisti sono bugiardi; gli antipatici vengono sempre isolati; alcuni dentisti sono antipatici"?
   A. Tutti i dentisti sono bugiardi e vengono sempre isolati
   B. Tutti i bugiardi sono antipatici
   C. Alcuni antipatici sono bugiardi e vengono isolati
   D. I bugiardi vengono sempre isolati
   E. I dentisti sono sempre antipatici

7) "I bambini piangono. Alcuni nonni hanno poca autorità. Chi piange è capriccioso. Alcune madri sono stressate. Chi è capriccioso è incontentabile. Viviana non è stressata". Quale, tra quelle elencate di seguito, rappresenta la conclusione corretta delle informazioni precedenti?
   A. Viviana non è madre
   B. I bambini sono incontentabili
   C. I nonni assecondano i capricci dei bambini
   D. Tutte le madri sono stressate
   E. I capricci dei bambini sono fonte di stress per le madri

8) "Tutti i giornalisti sono laureati; Michele è un giornalista; tutti i laureati lavorano". Quale, tra quelle elencate di seguito, NON rappresenta la conclusione corretta delle informazioni precedenti?
   A. Non soltanto i laureati lavorano
   B. Michele è laureato
   C. Tutti i giornalisti lavorano
   D. Michele non lavora
   E. Anche chi non è laureato può lavorare

9) "Tutti gli amici di Nicola amano il motociclismo e tutti gli amanti del motociclismo sono incoscienti". Sulla base di queste informazioni, quale delle seguenti deduzioni è corretta?
   A. Giuseppe non è incosciente, quindi non è uno degli amici di Nicola
   B. Giuseppe non è un amante del motociclismo, quindi non è incosciente
   C. Giuseppe è incosciente, quindi è un amico di Nicola
   D. Giuseppe non è amico di Nicola, quindi non è incosciente
   E. Giuseppe è un amante del motociclismo incosciente, quindi è un amico di Nicola

10) "Alcuni animali hanno il marsupio; il canguro fa dei grandi salti; gli animali che vivono in Australia hanno il marsupio". Quale delle affermazioni elencate consentirebbe di dedurre che "Il canguro ha il marsupio"?
   A. È possibile che il canguro sia un animale che vive in Australia
   B. Alcuni animali saltano
   C. Alcuni animali che hanno il marsupio fanno dei grandi salti
   D. Il canguro è un animale
   E. Il canguro è un animale che vive in Australia

3.7 Relazioni d'ordine

3.7.1 Relazioni di parentela

1) Se Costanza è sorella di Marianna e Ludovico è figlio di Marianna e Gianfranco, quale tra le seguenti affermazioni è sicuramente vera?
   A. Costanza è zia di Ludovico
   B. Gianfranco è figlio unico
   C. Ludovico è figlio unico
   D. Gianfranco e Costanza sono fratelli
   E. Costanza e Ludovico sono cugini

2) Loredana, Federica e Alberta hanno sposato Vittorio, Alfredo e Leopoldo, due dei quali sono tra loro fratelli. Federica ha sposato il fratello di Alfredo; Alberta ha sposato Alfredo; Loredana non è cognata di Federica e Leopoldo non ha fratelli. Da tali premesse è possibile dedurre che il marito di Loredana è:
   A. Alfredo
   B. Vittorio
   C. Leopoldo
   D. Il fratello di Alfredo
   E. Il fratello di Vittorio

3) Stefania è la sorella di Lucia e Rosaria e tutte e tre sono figlie di Donatella. Lucia è la madre di Giulia; Nina è la sorella di Donatella e la madre di Lara. Da tali premesse è possibile dedurre che:
   A. Lara è la cugina di Giulia
   B. Lara è la cugina di Lucia

C. Nina è la nonna di Giulia
D. Donatella è la prozia di Lara
E. Donatella e Lara sono cugine

4) **Lisa ha una sorella di nome Francesca e un fratello di nome Giuliano, che ha sposato la sorella del marito di Lisa. Di conseguenza Francesca e la moglie di Giuliano:**
A. sono cugine acquisite
B. sono sorelle
C. sono semplici conoscenti
D. sono cognate
E. sono amiche

5) **Cristina è la nipote di Michele; Valentina è la mamma di Fortunato e di Cristina; Dino è il nonno materno di Fortunato. Da tali premesse è possibile dedurre che Michele è:**
A. il fratello di Valentina
B. il cugino di Valentina
C. il cugino di Fortunato
D. il papà di Valentina
E. il papà di Fortunato

3.7.2 Le età

1) **J è più anziano di K ma più giovane di L; K e L sono entrambi più giovani di M; N è più anziano di J. Se le precedenti informazioni sono corrette, X è più anziano di J se è anche vero che: 1) X è più anziano di N; 2) N è più giovane di L e X è più giovane di M; 3) X e M hanno la stessa età. Quali sono le condizioni sicuramente corrette?**
A. 1), 2) e 3)
B. 1) e 3)
C. Solo 3)
D. Solo 1)
E. Solo 2)

2) **"Giovanni è più vecchio di Carlo; Lorenzo è più vecchio di Mario; Mario è più giovane di Alessandro; Carlo e Alessandro sono gemelli". Sulla base delle precedenti affermazioni, quale delle seguenti è certamente vera?**
A. Lorenzo è più vecchio di Alessandro
B. Giovanni è più vecchio di Mario
C. Carlo è più giovane di Lorenzo
D. Carlo è più giovane di Mario
E. Lorenzo è più vecchio di Giovanni

3) **Alfredo, Massimiliano e Loris sono tre fratelli: Alfredo è maggiore di Massimiliano, questi è minore di Loris che, a sua volta, è più piccolo di Alfredo. Si può logicamente concludere che:**
   A. Massimiliano è il più piccolo
   B. Alfredo è il più piccolo
   C. Loris è il più grande
   D. Massimiliano è il mediano
   E. Loris ha due anni più di Massimiliano

4) **Quattro fratelli si chiamano Amilcare, Bernardo, Carlo e Dario. Amilcare è più anziano di Bernardo ed è più anziano di Dario. Bernardo è più anziano di Carlo. Allora vi sono informazioni sufficienti per dire che:**
   A. Amilcare è il primogenito
   B. Amilcare è il primogenito e Dario è l'ultimogenito
   C. Bernardo è il secondogenito
   D. Bernardo è più giovane di Dario
   E. Bernardo è più giovane di Carlo

5) **Il figlio minore dei coniugi Cutolo è Diego, che ha 3 anni in meno del secondogenito, a sua volta maggiore di Luciano. Il primogenito invece ha 18 anni ed è stato per solo un anno figlio unico. Quanti anni ha allora Paolo, secondogenito dei coniugi Cutolo?**
   A. 17
   B. 16
   C. 3 anni meno di Diego
   D. 18
   E. 15

3.7.3 Collocazione di oggetti e/o individui

1) **"La casa di Gabriella è a metà strada tra la casa di Paola e la casa di Pamela. La casa di Pamela è a metà strada tra la casa di Giuseppe e la casa di Gabriella". Dalle informazioni fornite si può dedurre che:**
   A. La distanza tra la casa di Paola e la casa di Pamela è uguale alla distanza tra la casa di Paola e la casa di Gabriella
   B. Paola abita più vicino alla casa di Gabriella che non alla casa di Pamela
   C. Pamela abita più vicino alla casa di Gabriella che non alla casa di Giuseppe
   D. Pamela abita più lontano dalla casa di Gabriella che non dalla casa di Giuseppe
   E. La distanza tra la casa di Gabriella e la casa di Giuseppe è uguale alla distanza tra la casa di Giuseppe e la casa di Pamela

2) **Sul tavolo, il vaso di fiori sta tra la bottiglia e l'oliera. La bottiglia si trova tra l'oliera e il pane. Conseguentemente:**
   A. il vaso di fiori è più vicino alla bottiglia che al pane
   B. il vaso di fiori si trova fra la bottiglia e il pane

C. l'oliera è più vicina al pane che al vaso di fiori
D. il pane e l'oliera sono sicuramente equidistanti dalla bottiglia
E. l'oliera è più vicina al pane che alla bottiglia

3) **Le famiglie Bianchi, Rossi, Colombo, Greco, Moretti e Fontana abitano in sei appartamenti in un palazzo di due piani, primo e secondo, in cui ogni piano prevede tre appartamenti. Si sa che i Greco sono proprio sotto i Bianchi e i Rossi sono accanto ai Colombo. In base alle precedenti informazioni, se i Rossi sono accanto ai Bianchi:**
A. la famiglia Rossi è al primo piano
B. la famiglia Fontana è al primo piano
C. la famiglia Moretti è al secondo piano
D. la famiglia Moretti è al primo piano e la famiglia Fontana al secondo
E. la famiglia Colombo è al primo piano

4) **In un condominio, la famiglia Hardy abita all'ultimo piano. I Ramanujan abitano al piano terra, mentre i Gauss non vivono sotto la famiglia Wiles. Quale delle seguenti affermazioni è vera?**
A. La famiglia Wiles abita sopra i Ramanujan e sotto gli Hardy
B. La famiglia Gauss abita sopra i Ramanujan e sotto i Wiles
C. La famiglia Wiles abita sopra i Ramanujan e gli Hardy
D. La famiglia Hardy abita sopra i Gauss, sopra i Wiles e sotto i Ramanujan
E. La famiglia Gauss abita sotto gli Hardy e i Ramanujan

5) **Rispetto alla scuola che frequentano tutte loro, Simona abita più lontana di Greta che abita a sua volta più lontana di Maura. Daria vive più lontana di Greta. Quale delle seguenti affermazioni è falsa?**
A. Maura abita più lontano di Daria
B. Greta abita più vicino di Daria
C. Greta abita più vicino di Simona
D. Simona abita più lontano di Maura
E. Maura abita più vicino di Daria

3.7.4 Gli eventi cronologici

1) **Due fratelli, Andrea e Marco, sono tali che Andrea dice solo bugie il lunedì, mercoledì e venerdì e negli altri giorni dice sempre la verità, mentre Marco dice solo bugie il martedì, giovedì e sabato e negli altri giorni dice sempre la verità. Se ascoltate la seguente conversazione: Andrea: "oggi è domenica"; Marco: "ieri era domenica"; Andrea: "siamo in estate", quale tra le seguenti affermazioni è vera?**
A. È un lunedì ma non d'estate
B. È un lunedì d'estate
C. È una domenica d'estate
D. È una domenica ma non in estate
E. Non è domenica, né lunedì

2) **Quattro cavalli, Adamo, Bisset, Carolina e Demiurgo, partecipano ad una gara equestre. I proprietari dei cavalli sono Fini, Gini, Lini e Mini, non necessariamente in questo ordine. È inoltre noto che: il cavallo del signor Gini ha vinto il primo premio e non si chiama Carolina; Demiurgo è arrivato terzo; il cavallo del signor Lini si chiama Bisset ed è arrivato prima di Carolina; il cavallo del signor Fini non è arrivato terzo. Quale cavallo è arrivato ultimo?**
   A. Il cavallo del signor Fini
   B. Il cavallo del signor Lini
   C. Adamo
   D. Bisset
   E. Il cavallo del signor Mini

3) In una gara, Sara ha battuto Giovanni; Giovanni non si è classificato primo; Luisa non è stata l'ultima; Daniele è stato battuto da Giacomo e da Luisa in quest'ordine; Giacomo è rimasto indietro rispetto a Giovanni. Chi ha vinto?
   A. Daniele
   B. Giacomo
   C. Giovanni
   D. Luisa
   E. Sara

4) **Se oggi è lunedì, qual è il giorno successivo al giorno che precede il giorno prima di domani?**
   A. Sabato
   B. Domenica
   C. Lunedì
   D. Martedì
   E. Mercoledì

5) In una maratona Sergio è stato più veloce di Giorgio, Daniele ha battuto Giovanni ma ha perduto rispetto a Giorgio, Giovanni ha sopravanzato Ugo. Chi è arrivato per ultimo?
   A. Sergio
   B. Giorgio
   C. Daniele
   D. Giovanni
   E. Ugo

3.7.5 Test di logica concatenativa

1) Delle tre società Alpha, Beta e Gamma almeno due sono lussemburghesi. Sapendo che se Alpha è lussemburghese anche Beta lo è, che se Gamma è lussemburghese lo è anche Alpha, e che tra Beta e Gamma almeno una è non lussemburghese, si può dedurre che:
   A. Gamma non è lussemburghese e Beta è lussemburghese

B. Alpha non è lussemburghese e Beta è lussemburghese
C. Alpha, Gamma e Beta sono lussemburghesi
D. Alpha e Gamma sono lussemburghesi
E. Gamma è lussemburghese e Beta non è lussemburghese

2) **Alberto ha tre figlie, Katia, Elisabetta e Marina, due delle quali sono bionde e una mora. Se Katia è bionda, allora lo è anche Elisabetta; se Elisabetta è bionda allora lo è anche Marina. In base a queste informazioni, quale delle seguenti è sicuramente vera?**
   A. Katia è mora e Marina è bionda
   B. Marina e Elisabetta sono more
   C. Elisabetta è mora e Katia è bionda
   D. Katia è bionda e Marina è mora
   E. Katia e Elisabetta sono bionde

3) **Giovanni ha tre figli, Michele, Giampiero e Andrea, due dei quali sono alti e uno è basso. Se Michele è alto, allora lo è anche Giampiero; se Giampiero è alto allora lo è anche Andrea. In base a queste informazioni, quale delle seguenti è sicuramente vera?**
   A. Andrea e Giampiero sono bassi
   B. Giampiero è basso e Michele è alto
   C. Michele è basso e Andrea è alto
   D. Michele è alto e Andrea è basso
   E. Michele e Giampiero sono alti

Leggere il testo del seguente problema e rispondere ai quesiti 4-5.
Un nuovo centro yoga offre, ogni martedì e venerdì, quattro corsi mattutini tra: Hatha yoga, Ashtanga yoga, Pilates e Bikram yoga. Ogni corso si svolge a un orario diverso (alle 9.30, 10.30, 11.30 e 12.30, non necessariamente in quest'ordine) ed è tenuto da un'istruttrice diversa (le istruttrici del centro sono: Chiara, Laura, Nadia e Paola, non necessariamente in quest'ordine). Per ogni corso, inoltre, c'è un diverso numero di partecipanti (6, 8, 9 e 12, non necessariamente in quest'ordine). Si sa inoltre che:
   1) Il corso di Hatha yoga non è seguito da 6 persone e comincia due ore dopo il corso tenuto da Laura;
   2) il corso di Pilates è o il corso delle 11.30 o quello con 8 iscritti;
   3) il corso con il numero più alto di iscritti è quello di Nadia;
   4) per quanto riguarda il corso di Nadia e quello con 6 iscritti, si sa che uno è il corso di Ashtanga yoga e l'altro si tiene alle 11.30;
   5) il corso delle 12.30, quello di Laura e quello con 8 iscritti sono tre corsi diversi;
   6) il corso con 6 iscritti è quello di Chiara.

4) **Il corso con il maggior numero di iscritti:**
   A. si svolge subito dopo quello di Pilates
   B. è anche il primo del mattino

C. si svolge subito dopo quello con il minor numero di iscritti
D. è quello di Bikram yoga
E. è quello di Nadia e si svolge alle 10.30

5) **Il primo corso del mattino è quello di:**
A. Laura
B. Chiara o Nadia, ma è impossibile stabilirlo
C. Laura o Paola, ma è impossibile stabilirlo
D. Nadia
E. Paola

3.8 Relazioni insiemistiche

1) **Quale diagramma rappresenta graficamente la relazione insiemistica esistente tra i tre termini: Computer, Stampanti, CD-ROM?**

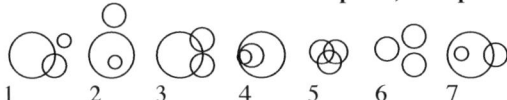

A. Diagramma 6
B. Diagramma 4
C. Diagramma 5
D. Diagramma 2
E. Diagramma 1

2) **Quale diagramma rappresenta graficamente la relazione insiemistica esistente tra i tre termini: Cani, Cavalli, Quadrupedi dal pelo marrone?**

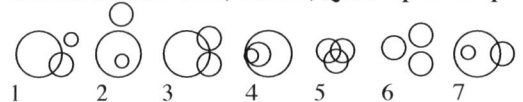

A. Diagramma 2
B. Diagramma 5
C. Diagramma 1
D. Diagramma 3
E. Diagramma 6

3) **Quale diagramma rappresenta graficamente la relazione insiemistica esistente tra i tre termini: Agrumi, Bevande, Spremute?**

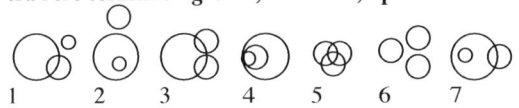

A. Diagramma 1
B. Diagramma 2

C. Diagramma 4
D. Diagramma 6
E. Diagramma 5

4) **Quale diagramma rappresenta graficamente la relazione insiemistica esistente tra i tre termini: Lavoratori dipendenti, Persone di nome Luigi, Residenti a Teramo?**

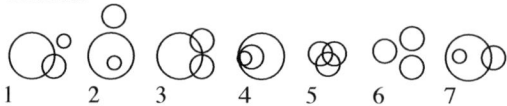

A. Diagramma 5
B. Diagramma 3
C. Diagramma 4
D. Diagramma 1
E. Diagramma 6

5) **Quale diagramma rappresenta graficamente la relazione insiemistica esistente tra i tre termini: Persone con i capelli rossi, Maggiorenni, Patentati?**

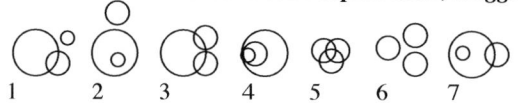

A. Diagramma 6
B. Diagramma 1
C. Diagramma 3
D. Diagramma 4
E. Diagramma 5

6) **Quale diagramma rappresenta graficamente la relazione insiemistica esistente tra i tre termini: Olandesi, Motociclisti, Spagnoli?**

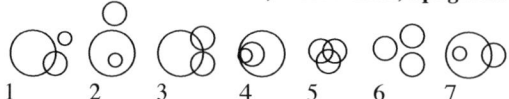

A. Diagramma 6
B. Diagramma 2
C. Diagramma 3
D. Diagramma 4
E. Diagramma 1

7) **Quale diagramma rappresenta graficamente la relazione insiemistica esistente tra i tre termini: Elementi chimici, Sodio, Alberi?**

1   2   3   4   5   6   7

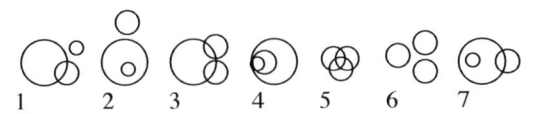

A. Diagramma 2
B. Diagramma 3
C. Diagramma 6
D. Diagramma 1
E. Diagramma 4

8) **Quale diagramma rappresenta graficamente la relazione insiemistica esistente tra i tre termini: Americani, Architetti, Sportivi?**

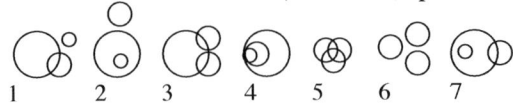

1   2   3   4   5   6   7

A. Diagramma 3
B. Diagramma 1
C. Diagramma 4
D. Diagramma 6
E. Diagramma 5

9) **Quale diagramma rappresenta graficamente la relazione insiemistica esistente tra i tre termini: Dadi, Bulloni, Oggetti sferici?**

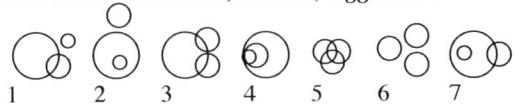

1   2   3   4   5   6   7

A. Diagramma 3
B. Diagramma 6
C. Diagramma 2
D. Diagramma 4
E. Diagramma 1

10) **Quale diagramma rappresenta graficamente la relazione insiemistica esistente tra i tre termini: Svizzeri, Sciatori, Italiani?**

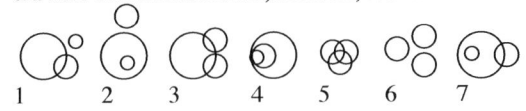

1   2   3   4   5   6   7

A. Diagramma 6
B. Diagramma 4
C. Diagramma 5
D. Diagramma 2
E. Diagramma 3

3.9 Prove di percorso logico

1) Il gestore di un pub prepara esclusivamente panini con hamburger, e stabilisce, quindi, di avere sempre una scorta di almeno 200 hamburger tra freschi e congelati. Ogni giorno, alla chiusura del pub, controlla le scorte per stabilire cosa ordinare ai fornitori. Se il numero di hamburger è superiore a 100, invia un ordine di 50 hamburger freschi. Se, invece, è minore di 100, controlla la scorta di hamburger congelati: se è superiore a 100, invia un ordine di 100 hamburger freschi; se la scorta è compresa tra 50 e 100 hamburger congelati, invia un ordine di 100 hamburger freschi e 50 congelati; se, infine, è inferiore a 50, invia un ordine di 100 hamburger freschi e 100 congelati.

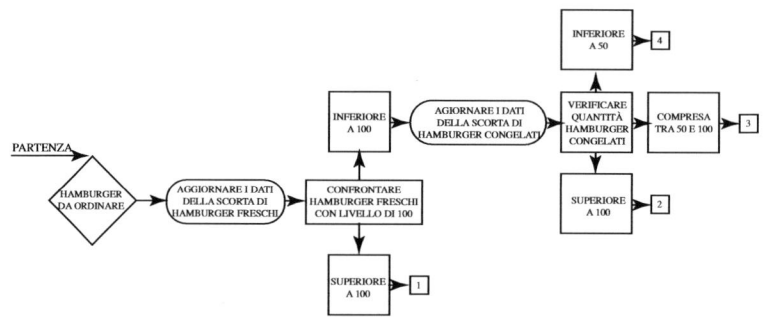

A quale operazione effettuata dal gestore del pub corrisponde il quadratino 3?
A. Ordina 100 hamburger freschi
B. Ordina 100 hamburger freschi e 50 congelati
C. Ordina 200 hamburger congelati
D. Non effettua l'ordine
E. Ordina 100 hamburger freschi e 100 congelati

2) In una fabbrica si costruiscono televisori al plasma e televisori LCD. La fabbrica, a pieno regime, riesce a produrre 50 televisori al giorno, indipendentemente dal tipo di tecnologia utilizzata. Il direttore della fabbrica stabilisce che ci devono essere in magazzino almeno 300 schermi al plasma o 200 schermi LCD. A fine giornata un addetto al magazzino verifica le scorte dei due prodotti per decidere quale ordine inviare ai fornitori: se per entrambe le tecnologie ci sono scorte maggiori del minimo stabilito, non invia l'ordine; se la quantità di schermi di entrambe le tecnologie è inferiore al minimo, invia un ordine urgente; se, infine, ci sono meno di 300 schermi al plasma ma più di 200 schermi LCD o più di 300 schermi al plasma ma meno di 200 schermi LCD, invia un ordine normale.

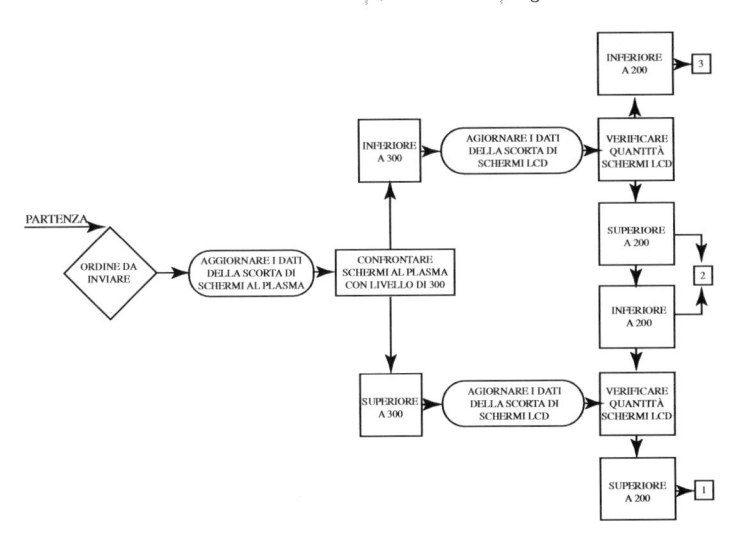

A quale operazione effettuata dall'addetto al magazzino corrisponde il quadratino 2?
A. Inviare un ordine normale
B. Inviare un ordine urgente
C. Inviare un ordine di schermi al plasma
D. Inviare un ordine di schermi LCD
E. Non inviare alcun ordine

Facendo riferimento al grafico in figura rispondere ai quesiti 3-6.
Un commerciante vuole disporre di un numero sufficiente di sedie per poter soddisfare le richieste dei clienti. Egli fissa in 80 il numero minimo di sedie di scorta. Se ha in magazzino più di 80 sedie, non effettua l'ordine. Quando ne ha esattamente 80, invia al fornitore un ordine normale. Quando ha in magazzino meno di 80 sedie, invia un ordine urgente. Alla fine di ogni giornata il commerciante decide se, in base alle vendite effettuate, deve ordinare o meno le sedie.

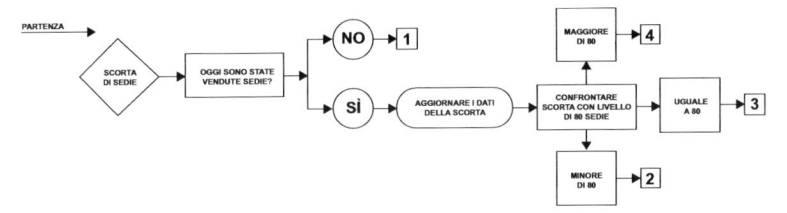

3) **In base al quadratino 1, quale azione dovrà intraprendere il commerciante?**
A. Comprare 80 sedie
B. Inviare un ordine normale
C. Non è richiesta alcuna azione
D. Non è necessario effettuare un ordine
E. Inviare un ordine urgente

4) **In base al quadratino 2, quale azione dovrà intraprendere il commerciante?**
   A. Non è richiesta alcuna azione
   B. Comprare 20 sedie
   C. Inviare un ordine normale
   D. Inviare un ordine urgente
   E. Comprare 80 sedie

5) **In base al quadratino 3, quale azione dovrà intraprendere il commerciante?**
   A. Comprare 20 sedie
   B. Inviare un ordine normale
   C. Non è richiesta alcuna azione
   D. Inviare un ordine urgente
   E. Comprare 80 sedie

6) **In base al quadratino 4, quale azione dovrà intraprendere il commerciante?**
   A. Comprare 80 sedie
   B. Inviare un ordine urgente
   C. Inviare un ordine normale
   D. Non è necessario effettuare un ordine
   E. Comprare 20 sedie

Facendo riferimento al grafico in figura rispondere ai quesiti 7-8.
In una fabbrica di abbigliamento si producono camicie da uomo di cotone e di seta. La fabbrica, a pieno regime, produce 50 camicie al giorno, indipendentemente dal tipo di stoffa utilizzato. Il direttore della fabbrica stabilisce che, per garantire la continuità della produzione, ci devono essere in magazzino almeno 400 metri di cotone o 300 metri di seta. Alla fine della giornata l'addetto al magazzino verifica le scorte dei due prodotti per decidere quale ordine inviare ai fornitori. Se per entrambe le stoffe ci sono scorte maggiori del minimo stabilito, non invia l'ordine. Se la quantità di entrambe le stoffe è inferiore al minimo invia un ordine urgente. Se ci sono meno di 400 metri di cotone ma seta a sufficienza o meno di 300 metri di seta ma cotone a sufficienza, invia un ordine normale.

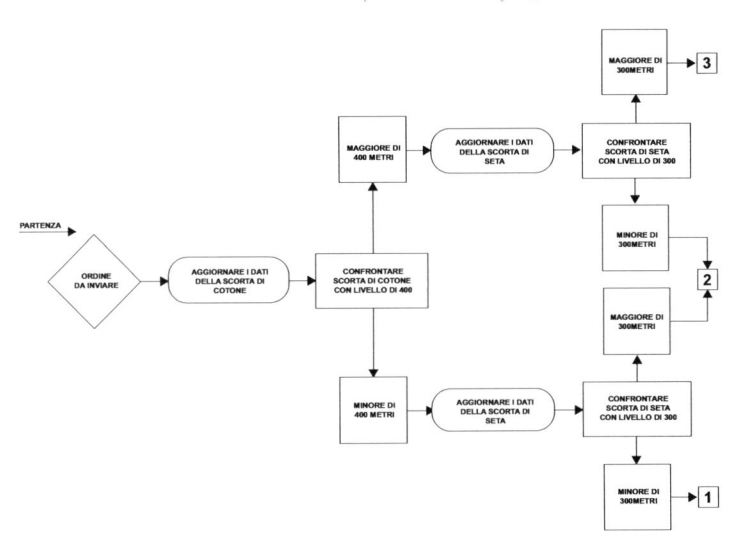

7) **In base al quadratino 1, quale operazione deciderà di effettuare l'addetto al magazzino della fabbrica?**
   A. Invia un ordine normale
   B. Invia un ordine di seta
   C. Non invia l'ordine
   D. Invia un ordine di cotone
   E. Invia un ordine urgente

8) **In base al quadratino 2, quale operazione deciderà di effettuare l'addetto al magazzino della fabbrica?**
   A. Invia un ordine di cotone
   B. Invia un ordine urgente
   C. Invia un ordine normale
   D. Non invia l'ordine
   E. Invia un ordine di seta

Osservare i diagrammi di flusso e rispondere ai quesiti 9-10, considerando che un rettangolo rappresenta un'azione compiuta con un solo esito possibile, un rombo indica una scelta con due esiti possibili.

9) Individuare il diagramma corrispondente alle attività proposte.

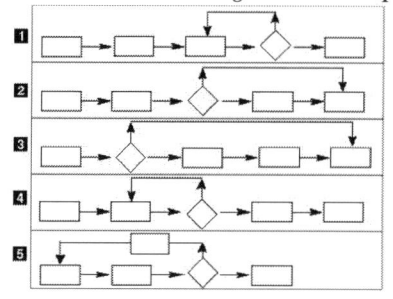

Prelevare al bancomat 200 euro:
– inserire la tessera; – digitare il codice segreto; – controllare se si ha la disponibilità dell'importo che si desidera prelevare:
in caso positivo: – prelevare il denaro; – ritirare la tessera;
in caso negativo: – ritirare la tessera.

- A. Diagramma 1
- B. Diagramma 5
- C. Diagramma 3
- D. Diagramma 2
- E. Diagramma 4

10) Individuare il diagramma corrispondente alle attività proposte.

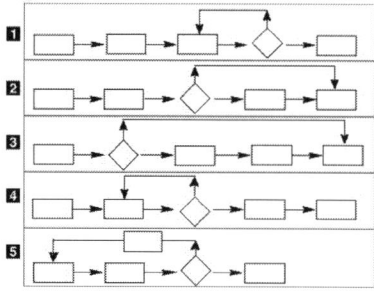

Prelevare bottiglia d'acqua da distributore automatico aziendale
– inserire il badge; – digitare il codice matricola; – verificare la disponibilità della tipologia di acqua che si desidera:
in caso positivo: – prelevare la bottiglia; – ritirare il badge;
in caso negativo: – ritirare il badge.

- A. Diagramma 4
- B. Diagramma 3
- C. Diagramma 5
- D. Diagramma 1
- E. Diagramma 2

Risposte commentate
Ragionamento critico-verbale

3.1 Comprensione di brani

Brano n. 1
1) D. Righe 9-10: "La rivista Science ha pubblicato un articolo sullo studio".

2) B. Righe 1-3: "La scienza non ha mai dato molto credito alle affermazioni secondo cui per apprendere il francese o il cinese è sufficiente ascoltare una lezione su cd mentre si dorme".

3) C. Righe 3-5: "Un nuovo studio, però, incentrato su un metodo diverso di ascolto durante il sonno, permette di comprendere meglio in che modo funzioni un cervello addormentato".

4) E. Nessuna affermazione trova riscontro nel brano: soltanto "dodici soggetti hanno fatto un sonnellino" (Riga 14), e di questi "quasi tutti" hanno ricordato con maggiore precisione la disposizione sul computer delle immagini i cui suoni erano stati ritrasmessi mentre dormivano e non sappiamo qual era l'ipotesi di partenza degli scienziati, quindi si possono escludere tutte le opzioni.

5) B. "Ogni immagine era accompagnata da un suono particolare, per esempio un miagolio per l'immagine del gatto e un turbinio di pale per quella di un elicottero" (Righe 12-14).

Brano n. 2
6) C. Riga 14-17: "La comunità scientifica si è interrogata a lungo sulla presenza di acqua sulla Luna. Si riteneva che le grandi quantità di idrogeno osservate ai poli del nostro satellite potessero esserne un indizio".

7) C. Righe 14-19: "La comunità scientifica si è interrogata a lungo sulla presenza di acqua sulla Luna... Ora, le osservazioni di Lcross... indicano che l'acqua potrebbe essere diffusa in quantità molto maggiore rispetto a quanto si sospettasse finora".

8) A. Righe 7-8: "il satellite ha lanciato Centaur come un proiettile contro il cratere Cabeus, nella zona perennemente in ombra della Luna".

9) E. Lcross è un satellite, infatti è l'acronimo (Riga 6) di " Lunar Crater Observation and Sensing Satellite (Lcross, appunto).

10) B. I dati raccolti da Lcross provocano "l'entusiasmo della Nasa" (Riga 5).

Brano n. 3
11) **E.** Il numero degli OPAC è aumentato "Da un lato perché sempre più biblioteche sono arrivate in rete e dall'altro perché i singoli cataloghi sono diventati più sostanziosi e ricchi di titoli" (Righe 4-5).

12) **A.** Righe 10-11: "Il risultato di questa evoluzione è la possibilità di accedere a un'enorme schedatura dei libri e delle pubblicazioni mondiali".

13) **C.** Gli Online Public Access Catalogue (OPAC) sono "in pratica i cataloghi delle biblioteche disponibili in Internet" (Righe 1-3).

14) **D.** Righe 4-5: "i cataloghi delle biblioteche disponibili in Internet che sono, negli ultimi anni, aumentati nel numero e nella sostanza". Riga 5: "i singoli cataloghi sono diventati più sostanziosi e ricchi di titoli".

15) **D.** "Un aiuto ulteriore alla loro [*degli OPAC*] diffusione arriva anche dalla tecnologia: infatti le scomode e spartane interfacce sono state in buona parte sostituite da colorate pagine Web con maschere per la ricerca facilitata": Righe 5-8.

Brano n. 4
16) **B.** Righe 1-2: "La possibilità che il trading online offre di operare velocemente sulle principali Borse via Internet ha creato un nuovo tipo di investitore: il "day-trader".

17) **D.** Righe 4-8: i day-trader "guadagnano investendo in quei mercati dove ci sono forti oscillazioni nei prezzi dei titoli", infatti il mercato che più risponde alle esigenze dei "day-trader" è quello del Nasdaq "ad alta volatilità".

18) **C.** I day-trader sono "persone che comprano e vendono pacchetti azionari in un giorno, a volte concludendo l'operazione di compravendita in poche ore" (Righe 2-4).

19) **A.** "Di solito l'istituto bancario che eroga il servizio di trading online fornisce anche alcune possibilità per poter analizzare il mercato" (Righe 11-12).

20) **C.** Righe 9-11: "per poter guadagnare sulle oscillazioni di un titolo in una giornata, bisogna avere gli strumenti necessari per monitorare la situazione in tempo reale".

Brano n. 5
21) **E.** Righe 8-10: le emissioni "per i tipi di bronzo ... si riallacciavano più spesso al modulo che prevedeva la rappresentazione dell'immagine divina su ambedue i lati delle monete".

22) **C.** Righe 10-11: nel caso delle monete di bronzo, "la raffigurazione [*dell'immagine divina*] del rovescio poteva anche essere sostituita da un simbolo o da un animale associato alla divinità stessa".

23) **E.** Righe 15-17: "le monete indo-greche presentano legenda bilingue, in greco sul dritto e in pracrito, il vernacolo parlato nell'India del Nord-Ovest, sul rovescio"; questo

esclude ben due opzioni di risposta che affermano l'esatto contrario; le righe 5-6 "Le emissioni dei sovrani dell'"estremo oriente" greco seguivano generalmente, per i tipi in argento, il modello ellenistico" escludono l'opzione che afferma esattamente l'opposto mentre l'opzione "potevano avere la raffigurazione della divinità o di un simbolo ad essa associato sul rovescio" sarebbe valida se fosse riferita alle monete in bronzo.

24) E. Righe 5-8: "Le emissioni dei sovrani dell'"estremo oriente" seguivano generalmente, per i tipi in argento, il modello ellenistico, con la rappresentazione del ritratto o del busto del sovrano sul dritto e l'immagine della divinità sul rovescio".

25) A. La coniazione delle monete negli stati indo-ellenistici si sviluppò tra il III sec. a.C. e il primo decennio del I sec. d.C. (Righe 1-3).

Brano n. 6
26) E. Righe 24-26: "Un nuovo sito è già stato trovato attraverso le immagini satellitari, anche se meno generoso di quello di Ukhaa Tolgod".

27) A. Il deserto del Gobi si estende fra la Cina settentrionale e la Mongolia il che esclude le opzioni che parlano di Egitto e Giordania. Dalla riga 1 apprendiamo che "Gli scavi di UkhaaTolgod hanno portato alla luce scheletri di dinosauro" e quindi non hanno nulla a che vedere con le origini della scrittura. Le righe 24-25 "Un nuovo sito è già stato trovato attraverso le immagini satellitari, anche se meno anche se meno generoso di quello di Ukhaa Tolgod", infine, escludono la risposta riguardante un sito più ricco di reperti.

28) B. Dopo anni di esperienza, i paleontologi hanno "identificato alcune caratteristiche geografiche e fisiche che contraddistinguono le aree solitamente ricche di reperti fossili: la collocazione ai piedi di rilievi montuosi, la presenza di strati di roccia sedimentaria, di segni di erosione, di vegetazione sparsa" (righe 13-17).

29) D. Righe 11-13: "D'ora in poi sarà l'occhio plurispecializzato di un satellite NASA a «esplorare», da 750 chilometri di distanza, la regione e a segnalare ai ricercatori le zone promettenti".

30) E. Righe 1-3: "Gli scavi di Ukhaa Tolgod hanno portato alla luce, dal 1993 a oggi, centinaia di scheletri di dinosauro perfettamente conservati, e anche vari mammiferi e altri rettili".

Brano n. 7
31) D. Righe 15-18: "Le vigenti norme comunitarie potrebbero contrastare il traffico di beni culturali, ma non tutti i Paesi vi si attengono e la mancata osservanza di esse ha favorito il depauperamento del patrimonio artistico e archeologico".

32) B. Righe 9-10: "i pezzi rari e di alto valore, facilmente identificabili, una volta rubati vengono allontanati e nascosti a volte per molti anni". Gli acquirenti giapponesi ed americani hanno fatto crescere le quotazioni delle opere d'arte europee, favoriti dal cambio e in alcuni casi legati alla criminalità internazionale, ma nulla fa presumere che siano attratti maggiormente dai pezzi rari.

33) A. Righe 4-6: "Quello dell'archeomafia è un fenomeno che si è sviluppato sin dagli anni '70 per l'esigenza della criminalità internazionale di trovare sistemi sempre nuovi che facilitino il riciclaggio dei profitti accumulati illegalmente".

34) E. Righe 10-12: Dopo aver rubato le opere d'arte "i ladri cercano acquirenti diretti (collezionisti privati) o si rivolgono a ladri professionisti che provvedono anche alla falsificazione dei documenti"; quindi i ladri non agiscono solo per conto della criminalità internazionale, né sono sempre ladri professionisti, né si sono specializzati nella falsificazione dei documenti, Le "persone insospettabili", invece, sono quelle che detengono illecitamente patrimoni artistici (righe 25-27: "la detenzione illecita è il retroterra della piaga del commercio clandestino di opere d'arte ed è spesso opera di persone insospettabili").

35) C. Righe 7-8: la criminalità internazionale "nell'ultimo ventennio ha compreso i vantaggi di comprare opere ed oggetti d'arte che forniscono anche la garanzia di un'alta rivalutazione". La crescita delle quotazioni delle opere d'arte europee è opera soprattutto degli acquirenti giapponesi ed americani, favoriti dal cambio, ma essi solo "in alcuni casi [sono] legati alla criminalità internazionale" (righe 14-15).

Brano n. 8
36) C. Nelle aziende medie e grandi, oltre alle figure del progettista di software applicativo e del tecnico di reti locali citate, si evidenziano figure come lo specialista di sistemi web e di sistemi di rete (righe 1-5): è solo una delle figure (non la principale) emergenti nelle aziende medio-grandi.

37) C. Righe 5-8: "Gli addetti delle aziende informatiche sono in media molto giovani (il 92% non ha ancora compiuto 45 anni) e forniti di elevati livelli di scolarità: circa il 70% dei dipendenti è in possesso di diploma di scuola media superiore (i laureati sono il 29%)". Quindi la maggioranza è diplomata. Non tutti sono in possesso almeno del diploma, ma solo il 99 per cento (il 70 per cento cui va aggiunto il 29 per cento dei laureati).

38) C. Righe 14-17: "La formazione viene promossa in quasi l'80% di tutte le piccole aziende informatiche e questo è un tratto caratteristico rispetto alle piccole imprese degli altri settori".

39) B. Righe 8-11: "Il settore informatico oltre ad essere caratterizzato da una larga presenza di aziende sorte negli ultimi cinque anni, è anche cresciuto in aree di business nuovissime, attraendo nuove professionalità e giovani addetti". Fra le attività di business delle imprese rientrano (righe 20-23) la consulenza IT, la fornitura di servizi di outsourcing. Infine, sappiamo solo che il 29 per cento dei dipendenti è in possesso di laurea ma non sappiamo quanti di essi siano ingegneri.

Questionario 3 | Ragionamento critico-verbale | 95

40) **D.** Gli addetti delle aziende informatiche hanno "una bassa anzianità di lavoro: appena superiore a 3 anni tra i dipendenti e di circa due anni tra i collaboratori coordinati e continuativi" (righe 11-13).

Brano n. 9
41) **E.** Righe 2-4: alla Borsa di New York "oggi sono quotate sia le grandi, medie e piccole aziende americane, sia i principali gruppi industriali e finanziari europei e asiatici".

42) **B.** Righe 9-14: "La negoziazione dei titoli viene condotta attraverso un meccanismo d'asta tra i membri della borsa (broker), che operano sul mercato su commissione da parte di investitori privati o istituzionali, e alcuni operatori specialisti che hanno la responsabilità di gestire i titoli di una società quotata e che si fanno garanti della transazione (devono cioè coprire eventuali ordini inevasi per evitare forti destabilizzazioni e oscillazioni dei prezzi delle azioni)".

43) **C.** Righe 4-5: "La presenza delle imprese non americane ha fatto registrare una notevole impennata".

44) **C.** Righe 5-7: "Uno dei criteri fondamentali che le imprese devono rispettare peroperare nella Borsa di New York è quello della trasparenza".

45) **E.** Righe 14-16: "Questa tipologia di mercato garantisce, in linea di massima, una maggiore stabilità e sicurezza per gli investitori ed un corretto equilibrio tra domanda e offerta".

Brano n. 10
46) **B.** Riga 7: "L'ingresso è consentito anche ai possessori di tessere di abbonamento".

47) **A.** Righe 2-4: i biglietti recano "un numero progressivo ed il contrassegno dell'organo accertatore, anche nei casi di pagamento di un prezzo ridotto ovvero di ingresso gratuito".

48) **B.** Riga 1: nelle sale da ballo ogni ingresso presuppone l'emissione di un biglietto; fanno però eccezione gli "ingressi liberi".

49) **E.** Righe 13-15: "Di recente si è diffuso l'uso delle cosiddette 'drink cards'. Si tratta di tessere rilasciate all'ingresso sulle quali viene punzonato, a cura del personale del bar, il prezzo corrispondente per ciascuna consumazione fornita".

50) **C.** Righe 4-5: "I biglietti omaggio scontano l'imposta sul prezzo del biglietto di maggiore importo (non sono però soggetti ad IVA)".

Soluzioni da 51 a 100

3.2 Sillogismi

1) A. Per risolvere il sillogismo conviene partire da un esame delle premesse mediante diagrammi. "Tutte le api impollinano fiori" è un enunciato universale affermativo: questo significa che l'insieme delle api è incluso in quello degli impollinatori di fiori e che ogni elemento del primo insieme appartiene anche al secondo. "Alcuni insetti non impollinano fiori" è un enunciato particolare negativo: ciò significa che l'insieme degli insetti ha degli elementi che non appartengono a quello degli impollinatori di fiori. Arrivati a questo punto si osserva che il termine "impollinatori di fiori" appare in ambedue le premesse, per cui è il termine medio. Dal momento che il termine medio non può comparire anche nella conclusione e che in quest'ultima già è presente anche il termine "api", per esclusione si capisce che il termine che completa correttamente il sillogismo deve essere il restante dei tre, ossia "insetti". Stabilito ciò, la difficoltà è comprendere se si debba inserire "alcuni insetti" o "tutti gli insetti". A questo riguardo le informazioni offerte dalle due premesse non consentono di sapere con certezza se l'insieme degli insetti sia totalmente disgiunto da quello delle api, conoscenza che permetterebbe di concludere che tutti gli insetti non sono api. Le stesse informazioni, però, portano a concludere in modo certo almeno che ALCUNI elementi dell'insieme degli insetti, cioè quelli che non appartengono all'insieme degli impollinatori di fiori, NON appartengono nemmeno all'insieme delle api, visto che quest'ultimo insieme è incluso in quello degli impollinatori di fiori. Ciò significa che "alcuni insetti non sono api".

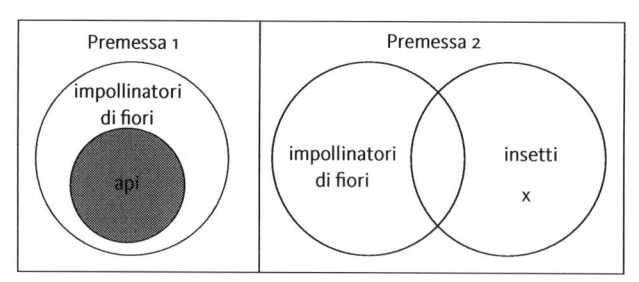

2) B. Nel sillogismo in esame "acrobati" è il termine medio, poiché appare in entrambe le premesse. Posto che il termine medio non può comparire nella conclusione e che in quest'ultima già appare anche il termine "atletici", la prima cosa che si riesce a capire è che il termine restante, cioè "uomini", è quello che completa correttamente il sillogismo. Si tratta, quindi, di stabilire se si debba inserire "alcuni uomini" o "tutti gli uomini". A questo proposito è opportuno rappresentare le due premesse mediante diagrammi e, poi, ragionare sulla rappresentazione grafica ottenuta. "Tutti gli acrobati sono atletici" è un enunciato universale affermativo, per cui l'insieme degli acrobati è incluso in quello degli atletici. Anche "tutti gli acrobati sono uomini" è un enunciato universale affermativo, per cui l'insieme degli acrobati è incluso in quello degli uomini. Ora, le informazioni fornite nelle premesse non consentono di stabilire con certezza se l'insieme degli uomini, che include quello degli acrobati, sia a sua volta incluso in quello degli atletici, dato per il quale si potrebbe concludere che tutti gli uomini sono atletici. Invece, le informazioni fornite consentono di concludere con certezza almeno che ALCUNI elementi dell'insieme degli uomini, cioè quelli che appartengono anche all'insieme degli acrobati, sono pure elementi dell'insieme degli atletici. Questo significa che in base alle premesse è necessario che "alcuni uomini sono atletici".

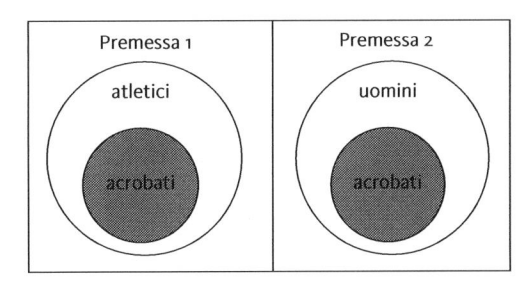

3) E. Se si analizza il sillogismo riportato nella traccia, come prima cosa si rileva che "balbuziente" appare in entrambe le premesse, per cui è il termine medio. Poiché il termine medio non può apparire nella conclusione e in quest'ultima già compare il termine "attori", si può subito capire che per completare correttamente il sillogismo il termine da inserire deve essere "uomini". Adesso si tratta di stabilire la quantità: "alcuni uomini" o "tutti gli uomini"? A tale scopo conviene rappresentare le due premesse attraverso diagrammi e poi ragionare sulla rappresentazione grafica ottenuta. "Nessun attore è balbuziente" è un enunciato universale negativo e ciò significa che l'insieme degli attori e quello dei balbuzienti sono disgiunti, cioè tutti gli elementi dell'uno non appartengono all'altro. "Alcuni uomini sono balbuzienti" è un enunciato particolare affermativo per il quale l'insieme degli uomini e quello dei balbuzienti si intersecano tra loro e alcuni elementi dell'uno appartengono anche all'altro. Ora non resta che comprendere che cosa le informazioni fornite dalle premesse permettano di concludere con certezza circa il rapporto tra l'insieme degli attori e quello degli uomini. Non ci sono dati sufficienti per stabilire in modo sicuro che l'insieme degli uomini e quello degli attori siano disgiunti, cosa che consentirebbe di concludere che tutti gli uomini non sono attori. Tuttavia, poiché tutti gli elementi dell'insieme dei balbuzienti non appartengono a quello degli attori, si deve per forza concludere almeno che ALCUNI elementi dell'insieme degli uomini, cioè quelli appartenenti pure all'insieme dei balbuzienti, sicuramente NON appartengono all'insieme degli attori: ciò significa che "alcuni uomini non sono attori".

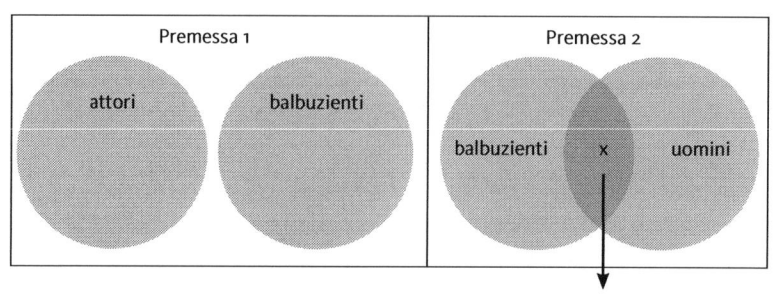

Premessa 1	Premessa 2
attori — balbuzienti	balbuzienti ⟶ x ⟵ uomini

Questi sono alcuni elementi dell'insieme degli uomini che, appartenendo anche all'insieme dei balbuzienti, sicuramente non appartengono anche all'insieme degli attori, poiché quest'ultimo insieme e quello dei balbuzienti non hanno elementi in comune.

4) **C.** Analizzando il sillogismo della traccia, si nota subito che "giusto" appare in entrambe le premesse, per cui è il termine medio. Posto che il termine medio non appare nella conclusione e che in quest'ultima già appare il termine "disonesto", per prima cosa si comprende che il sillogismo è completato correttamente se si inserisce il termine "avvocato" nella conclusione. Adesso bisogna stabilire se si debba inserire "qualche avvocato" o "ogni avvocato". L'esame può risultare più facile se le due premesse sono rappresentate mediante diagrammi. "Nessun disonesto è giusto" è un enunciato universale negativo: ciò significa che l'insieme dei disonesti e quello dei giusti sono disgiunti, cioè ogni elemento dell'uno non appartiene all'altro. "Qualche avvocato è giusto" è un enunciato particolare affermativo: questo significa che l'insieme degli avvocati e quello dei giusti si intersecano tra loro e qualche elemento dell'uno appartiene anche all'altro. Ora non resta che capire cosa le informazioni date dalle premesse permettano di concludere con certezza riguardo al rapporto tra l'insieme dei disonesti e quello degli avvocati. I dati non sono sufficienti per concludere in modo sicuro che ogni elemento dell'insieme degli avvocati non appartenga a quello dei disonesti, ossia che ogni avvocato non sia disonesto. Invece, poiché tutti gli elementi dell'insieme dei giusti non appartengono a quello dei disonesti, si deve necessariamente concludere almeno che QUALCHE elemento dell'insieme degli avvocati, cioè quelli appartenenti pure all'insieme dei giusti, di certo NON appartiene all'insieme dei disonesti. Questo significa che "qualche avvocato non è disonesto".

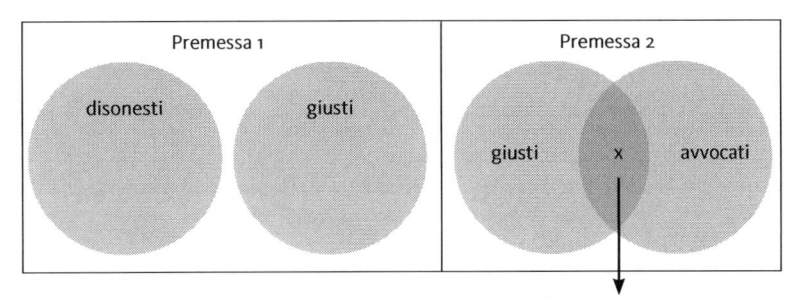

Premessa 1	Premessa 2
disonesti — giusti	giusti — x — avvocati

Questi sono alcuni elementi dell'insieme degli avvocati che, appartenendo anche all'insieme dei giusti, certamente non appartengono pure all'insieme dei disonesti, poiché quest'ultimo e quello dei giusti non hanno elementi in comune.

5) A. La prima cosa che si comprende facilmente è che "persona forte" è il termine da inserire al posto dei puntini per completare correttamente il sillogismo. Infatti, "ricco" appare in ambedue le premesse e, dunque, è il termine medio, per cui non può comparire pure nella conclusione. In quest'ultima, del resto, già appare "imprenditore", sicché, per esclusione, si deve inserire il termine rimanente dei tre, cioè "persona forte". Ora, per stabilire se inserire "nessuna persona forte" o "qualche persona forte" esaminiamo le due premesse, rappresentandole mediante diagrammi. "Tutti gli imprenditori sono ricchi" è un enunciato universale affermativo, per cui l'insieme degli imprenditori è incluso in quello dei ricchi e ogni elemento dell'insieme degli imprenditori appartiene anche a quello dei ricchi. "Nessun ricco è una persona forte" è un enunciato universale negativo, per cui l'insieme dei ricchi e quello delle persone forti sono disgiunti, cioè non hanno elementi in comune. Poiché l'insieme delle persone forti è disgiunto dall'insieme dei ricchi, nel quale a sua volta è incluso l'insieme degli imprenditori, si deve concludere che l'insieme delle persone forti è disgiunto anche da quello degli imprenditori, cioè nessun elemento dell'insieme delle persone forti appartiene a quello degli imprenditori. Questo significa che "nessuna persona forte è un imprenditore".

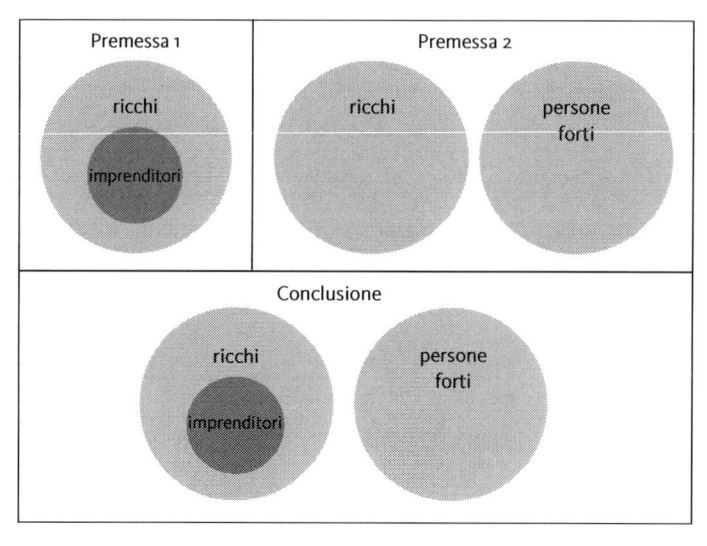

6) D. Il sillogismo in questione ha come termine medio "cani". Infatti, esso compare in ambedue le premesse. Dato che nella conclusione non può apparire il termine medio e che nella stessa conclusione già appare pure il termine "fedeli", è evidente che è il termine restante fra i tre, ossia "animali", a completare correttamente il sillogismo. A questo punto la domanda è: "alcuni animali" o "tutti gli animali"? Per rispondere più agevolmente conviene che le due premesse siano rappresentate attraverso diagrammi. "I cani sono fedeli" equivale a "tutti i cani sono fedeli", cioè si tratta di un enunciato universale affermativo, perciò, l'insieme dei cani è incluso in quello dei fedeli. Pure "i cani sono animali" equivale a "tutti i cani sono animali" ed è un enunciato universale affermativo il che vuol dire che l'insieme dei cani è incluso in quello degli animali. Se adesso si ragiona sulle informazioni in possesso, si osserva che esse non consentono di concludere con certezza che tutti gli animali sono fedeli, perché in base a tali informazioni non si può stabilire in modo sicuro se l'insieme degli animali, che include quello dei cani, sia a sua volta incluso in quello dei fedeli. Al contrario, le stesse informazioni permettono di concludere necessariamente almeno che ALCUNI elementi dell'insieme degli animali, cioè quelli appartenenti anche all'insieme dei cani, sono pure elementi dell'insieme dei fedeli. Ciò significa che in base alle premesse è necessario che "alcuni animali sono fedeli".

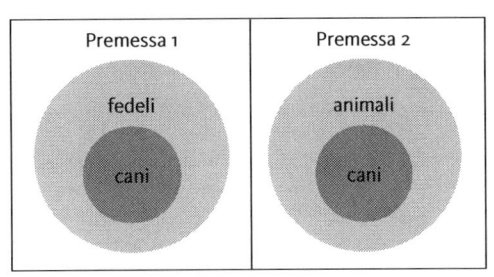

Premessa 1	Premessa 2
fedeli ⊃ cani	animali ⊃ cani

7) A. Il primo dato da considerare per risolvere il sillogismo è che "prevedibili" è il termine medio, giacché appare in entrambe le premesse. Ricordando che il termine medio non può apparire anche nella conclusione e considerando che nella stessa conclusione già appare il termine "disastri naturali", per esclusione si comprende che, per completare correttamente il sillogismo, nello spazio dei puntini va inserito il termine restante fra i tre, ossia "eventi". Bisogna ora capire la quantità: "alcuni eventi" o "tutti gli eventi"? Per rispondere si possono rappresentare le due premesse mediante diagrammi. "Tutti i disastri naturali sono prevedibili" è un enunciato universale affermativo e ciò vuol dire che l'insieme dei disastri naturali è incluso in quello delle cose prevedibili e tutti gli elementi del primo insieme appartengono anche al secondo. "Alcuni eventi non sono prevedibili" è un enunciato particolare negativo: questo significa che l'insieme degli eventi ha degli elementi che non appartengono a quello delle cose prevedibili. Ora si tratta di ragionare sulla rappresentazione grafica ottenuta rispetto al rapporto tra l'insieme degli eventi e quello dei disastri naturali. In base alle informazioni fornite non è possibile sapere sicuramente se l'insieme dei disastri naturali sia totalmente disgiunto da quello degli eventi e non abbia nessun elemento in comune con esso, conoscenza che consentirebbe di concludere che tutti gli eventi non sono disastri naturali. Invece, stando a quanto è stato rappresentato con i diagrammi, è almeno certo che ALCUNI elementi dell'insieme degli eventi, non appartenendo anche all'insieme delle cose prevedibili, NON appartengono nemmeno all'insieme dei disastri naturali, posto che quest'ultimo insieme è incluso in quello delle cose prevedibili. Questo significa che ciò che si può concludere con certezza in base alle premesse è che "alcuni eventi non sono disastri naturali".

Premessa 1	Premessa 2
cose prevedibili ⊃ disastri naturali	cose prevedibili ∩ eventi (x)

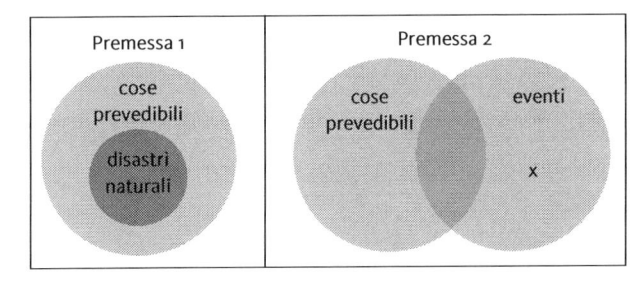

8) B. Per risolvere il sillogismo conviene rappresentare le due premesse mediante diagrammi. "Nessun treno vola" è un enunciato universale negativo per il quale l'insieme dei treni e quello delle cose volanti non hanno elementi in comune e sono disgiunti. "Qualche mezzo di trasporto vola" è un enunciato particolare affermativo, per cui l'insieme dei mezzi di trasporto e quello delle cose volanti si intersecano tra loro e l'intersezione è non vuota, ossia i due insiemi hanno qualche elemento in comune. Ultimata questa analisi, la prima cosa che si comprende è che "cose volanti" appare in entrambe le premesse e, quindi, è il termine medio. Perciò, esso non può apparire pure nella conclusione, nella quale, dunque, dovranno apparire gli altri due termini presenti nelle premesse, cioè "treno" e "mezzo di trasporto". La seconda cosa che si osserva è che ALCUNI elementi dell'insieme dei mezzi di trasporto, appartenendo anche all'insieme delle cose volanti, necessariamente NON appartengono pure all'insieme dei treni, giacché a quest'ultimo insieme non appartiene nessun elemento dell'insieme delle cose volanti. Questo porta necessariamente a concludere che "qualche mezzo di trasporto non è treno".

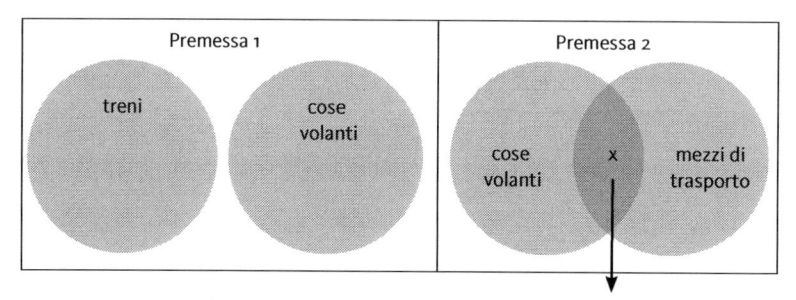

Questi sono alcuni elementi dell'insieme dei mezzi di trasporto che, appartenendo anche all'insieme delle cose volanti, necessariamente non appartengono pure all'insieme dei treni, poiché quest'ultimo insieme e quello delle cose volanti non hanno elementi in comune.

9) **C.** Per risolvere il quesito è opportuno rappresentare le due premesse mediante diagrammi. "Alcuni autisti sono patentati" è un enunciato particolare affermativo, per cui l'insieme degli autisti e quello dei patentati si intersecano tra loro e l'intersezione è non vuota, ossia i due insiemi hanno alcuni elementi in comune. "Tutti i patentati sono prudenti" è un enunciato universale affermativo, per cui l'insieme dei patentati è incluso in quello dei prudenti e tutti gli elementi del primo insieme sono anche elementi del secondo. In base a queste informazioni l'unica cosa che si può stabilire con certezza è che ALCUNI elementi dell'insieme degli autisti, ossia quelli che appartengono anche all'insieme dei patentati, sono necessariamente pure elementi dell'insieme dei prudenti, giacché tutti gli elementi dell'insieme dei patentati sono anche elementi dell'insieme dei prudenti. La conclusione, quindi, è che "alcuni prudenti sono autisti".

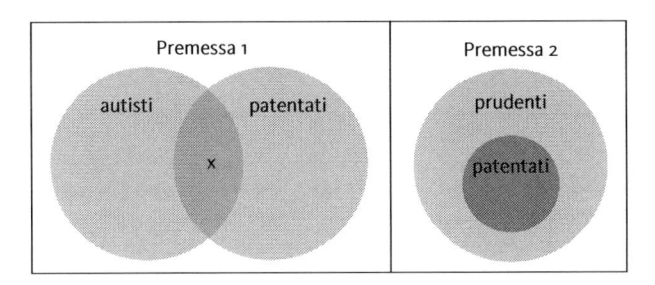

```
┌─────────────────────────────┐  ┌─────────────────────────────┐
│       Premessa 1            │  │       Premessa 2            │
│                             │  │                             │
│   autisti    patentati      │  │      prudenti               │
│                             │  │                             │
│           x                 │  │         patentati           │
│                             │  │                             │
└─────────────────────────────┘  └─────────────────────────────┘
```

10) E. Esaminando il sillogismo in questione, la prima cosa che si osserva è che "insegnante" appare in entrambe le premesse, per cui è il termine medio. In quanto tale esso non può comparire pure nella conclusione, sicché in quest'ultima devono essere presenti gli altri due termini delle premesse, cioè "paziente" e "miope". Ciò stabilito, per proseguire nella risoluzione del sillogismo conviene analizzare le due premesse mediante diagrammi. "Tutti gli insegnanti sono pazienti" è un enunciato universale affermativo, pertanto l'insieme degli insegnanti è incluso in quello dei pazienti. "Qualche insegnante è miope" è un enunciato particolare affermativo, per cui l'insieme degli insegnanti e quello dei miopi si intersecano tra loro e hanno alcuni elementi in comune. Arrivati a questo punto bisogna capire che cosa i dati forniti dalle premesse consentano di dedurre con certezza circa i rapporti tra l'insieme dei miopi e quello dei pazienti. In base a questi dati non è possibile sapere in modo sicuro se l'insieme dei miopi, intersecandosi con quello degli insegnanti, sia incluso come quest'ultimo nell'insieme dei pazienti. Invece, gli stessi dati permettono di stabilire con certezza almeno che ALCUNI elementi dell'insieme dei miopi, ossia quelli che appartengono anche all'insieme degli insegnanti, appartengono necessariamente anche all'insieme dei pazienti, visto che tutti gli elementi dell'insieme degli insegnanti appartengono anche a quello dei pazienti. Questo significa che la corretta conclusione del sillogismo è "qualche miope è paziente".

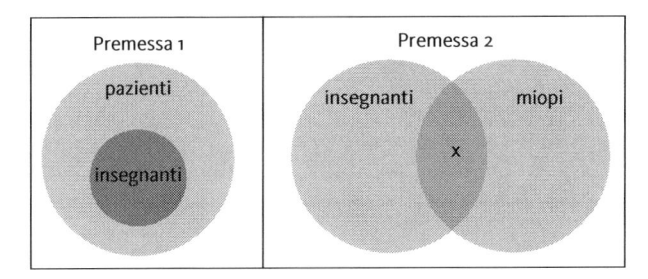

```
┌─────────────────────────────┐  ┌─────────────────────────────┐
│       Premessa 1            │  │       Premessa 2            │
│      pazienti               │  │                             │
│                             │  │  insegnanti      miopi      │
│                             │  │                             │
│      insegnanti             │  │              x              │
│                             │  │                             │
└─────────────────────────────┘  └─────────────────────────────┘
```

3.3 Negazioni

1) B. Come primo dato va osservato che l'espressione "non è possibile" è logicamente equivalente a "è necessario non", per cui "non è possibile negare" equivale a "è necessario non negare", che a sua volta, eliminando la doppia negazione "non negare", equivale a "è necessario affermare". Come secondo dato va riconosciuto che "la falsità della tesi secondo la quale l'uomo NON è un animale sociale" significa che "è vera la tesi secondo la quale l'uomo è un animale sociale". Unendo insieme i due dati, si deve concludere che l'affermazione della traccia equivale a "è necessario affermare che è vera la tesi secondo la quale l'uomo è un animale sociale", il cui significato è, in ultima analisi, che "l'uomo è un animale sociale".

2) A. "Tutti gli uomini ricchi sono intelligenti" è un enunciato universale affermativo, negando il quale si afferma il corrispettivo enunciato particolare negativo. Quest'ultimo enunciato si ottiene, da un lato, sostituendo il quantificatore universale "tutti" con il quantificatore particolare "almeno uno" e, dall'altro, introducendo nell'enunciato la negazione "non": "ALMENO UN uomo ricco NON è intelligente".

3) E. "Nessun minore di 18 anni può entrare in discoteca dalle 23:00 alle 4:00" è un enunciato universale negativo, la cui negazione implica l'affermazione del corrispettivo enunciato particolare affermativo. Quest'ultimo si ricava dalla frase della traccia sostituendo al quantificatore universale "nessuno" il quantificatore particolare "almeno uno": "ALMENO UN minore di 18 anni può entrare in discoteca dalle 23:00 alle 4:00".

4) C. "Almeno uno dei cittadini napoletani possiede un corno rosso portafortuna" è un enunciato particolare affermativo. Negare questo tipo di enunciato significa affermare il corrispettivo enunciato universale negativo, che si ottiene sostituendo al quantificatore particolare "almeno uno" il quantificatore universale "nessuno": "NESSUNO dei cittadini napoletani possiede un corno rosso portafortuna". Quest'ultimo enunciato, detto in altri termini, corrisponde all'alternativa "a Napoli nessun cittadino possiede un corno rosso portafortuna".

5) B. Dalla frase della traccia si comprende che i tecnici del sopralluogo non avevano escluso la possibilità che i locali sottostanti fossero stati incendiati per riscuotere i soldi dell'assicurazione. Se non si esclude la possibilità che un certo evento sia avvenuto per un dato motivo, allora questa possibilità resta, ossia è possibile che quell'evento sia avvenuto per quel dato motivo. Pertanto, l'affermazione della traccia implica che "è possibile che i locali sottostanti potessero essere stati incendiati per riscuotere i soldi dell'assicurazione".

6) A. "È impossibile" significa "non è possibile", per cui "non (è impossibile)" equivale a "non (non è possibile)", che a sua volta, eliminando la doppia negazione, equivale semplicemente a "è possibile". Ciò posto, la frase della traccia "non è impossibile che il diario ritrovato dalla polizia possa contenere informazioni importanti" equivale a "è possibile che il diario ritrovato dalla polizia possa contenere informazioni importanti", ossia, in altri termini, "il diario ritrovato dalla polizia potrebbe contenere informazioni importanti".

7) D. Poiché "non è falsa l'ipotesi" equivale a "è vero che", la frase della traccia significa che "in base ai documenti in suo possesso, il notaio ha affermato che è vero che il nipote non ha ereditato la villa al mare", cosa corrispondente all'alternativa "Il nipote non ha ereditato la villa al mare in base ai documenti in possesso del notaio".

8) E. Indicando con 'NON P' l'enunciato "*La Gerusalemme liberata* NON è stata scritta da Torquato Tasso", l'affermazione della traccia diventa "È corretto negare che è vero che NON P". Poiché "negare che è vero" equivale a "affermare che è falso", l'affermazione della traccia corrisponde a "è corretto affermare che è falso che NON P". Poiché "è falso che NON P" equivale a "è vero che P", l'affermazione della traccia corrisponde a "è corretto affermare che è vero che P". In base a ciò non è errata l'alternativa per la quale "*La Gerusalemme liberata* è stata scritta da Torquato Tasso".

9) E. "Nessun giocattolo può sostituire l'amore di un genitore" è un enunciato universale negativo. Se è falso questo genere di enunciato, allora è certamente vero il corrispettivo enunciato particolare affermativo, che si ottiene sostituendo al quantificatore universale "nessuno" il quantificatore particolare "esiste almeno un": "ESISTE ALMENO UN giocattolo che può sostituire l'amore di un genitore".

10) D. Per risolvere il quesito, bisogna esaminare l'affermazione di Raffaele: "Se l'Inter batte la Juventus arriva prima in classifica". Si tratta di un'implicazione in cui "l'Inter batte la Juventus" è l'antecedente e "(l'Inter) arriva prima in classifica" è il conseguente. Quando si afferma un'implicazione, si esclude il caso che l'antecedente sia vero e il conseguente sia falso. Pertanto, la negazione di un'implicazione corrisponde al caso escluso: è VERO l'antecedente "l'Inter batte la Juventus" ed è FALSO il conseguente "(l'Inter) arriva prima in classifica", ossia è VERO l'enunciato "(l'Inter) NON arriva prima in classifica". Questo caso corrisponde all'alternativa di risposta "L'Inter può non arrivare prima in classifica anche se batte la Juventus".

3.4 Condizioni necessarie e/o sufficienti

1) B. Se si indica "il gatto miagola" con 'Q' e 'il padrone gli dà da mangiare' con 'P', l'affermazione della traccia presenta la seguente struttura: "Solo se Q, (allora) P". Poiché Q è condizione necessaria di P, è necessariamente vero che "Se NON Q, (allora) NON P", ossia "se il gatto NON miagola (= NON Q), il padrone NON gli dà da mangiare".

2) A. Simbolizziamo "mi sveglio presto" con 'P_1', "faccio colazione" con 'P_2', "mangio tanto la sera" con 'P_3', "mi sento piena di energie" con 'P_4'. Usando questa simbologia con riferimento alle informazioni della traccia, abbiamo:
- "solo se P_1, P_2" equivalente a "se P_2, (allora) P_1", in cui P_1 è condizione necessaria di P_2;
- "se P_3, (allora) NON P_2", in cui P_3 è condizione sufficiente di NON P_2;
- "solo se P_2, P_4", equivalente a "se P_4, (allora) P_2", in cui P_2 è condizione necessaria di P_4;
- "se P_4, (allora) NON P_3", in cui P_4 è condizione sufficiente di NON P_3.

Da "se P_4, (allora) P_2" e "se P_2, (allora) P_1" si deduce necessariamente che "se P_4, (allora) P_1", ossia "se mi sento piena di energie (= P_4), (allora) mi sono svegliata presto (= P_1)". Ciò corrisponde all'opzione di risposta "se mi sento piena di energie non posso non essermi svegliata presto".

3) C. Simbolizziamo "il taxi è in orario" con 'Q' e "Marco arriva in tempo in aeroporto" con 'P'. Poiché nell'affermazione della traccia Q è condizione necessaria di P, questo significa che "Se NON Q, allora NON P", cioè "se il taxi NON è in orario (= NON Q), allora Marco NON arriva in tempo all'aeroporto (= NON P)".

4) A. Dati i due enunciati "Luca andrà la prossima domenica sera in discoteca con gli amici", indicato con 'P', e "Giulia andrà con le sorelle a teatro a vedere la prima dello Schiaccianoci", indicato con 'Q', nell'affermazione della traccia P è condizione sufficiente di Q, che a sua volta è condizione necessaria di P. Pertanto, da "Se P, (allora) Q" si può certamente concludere che "NON Q, quindi NON P", ossia "Giulia NON assisterà alla prima dello Schiaccianoci (= NON Q), quindi Luca NON andrà in discoteca con gli amici (= NON P)".

5) D. Il senso del consiglio di Giulio a Marta è: "se Marta va a Tunisi e non fa fresco la sera, allora Marta indossa il caftano". Se ora simbolizziamo "Marta va a Tunisi" con 'P', "fa fresco la sera" con 'Q' e "Marta indossa il caftano" con 'R', osserviamo che il consiglio di Giulio a Marta ha la seguente struttura logica: "Se (P e NON Q), allora R". Questo tipo di enunciato significa che si esclude il caso che l'antecedente 'P e NON Q' sia vero e il conseguente 'R' sia falso. Pertanto, Marta non ascolta Giulio proprio se si verifica il caso escluso, cioè se è vero 'P e NON Q', ossia "Marta va a Tunisi e NON fa fresco la sera", ed è falso 'R' o è vero 'NON R', ossia "Marta NON indossa il caftano". Questo caso escluso corrisponde all'opzione di risposta "Marta va a Tunisi (= P) e, poiché fa sempre caldo (= NON Q, "non fa fresco la sera"), non indossa altro se non il costume da bagno (= NON R, "Marta NON indossa il caftano")".

6) B. Nell'affermazione della traccia "l'autorizzazione della compagnia assicurativa" è condizione sufficiente per "ottenere l'apertura della pratica", ossia se c'è l'autorizzazione della compagnia assicurativa, allora si ottiene l'apertura della pratica. Questo corrisponde all'opzione di risposta "con l'autorizzazione della compagnia assicurativa si ottiene l'apertura della pratica".

7) A. Simbolizziamo "Alessia mantiene basso il suo indice pressorio" con 'P' e "il cardiologo NON prescrive ad Alessia un ipotensivo" con 'NON Q'. Nell'affermazione della traccia 'P' è condizione sufficiente di 'NON Q', ossia "Se P, allora NON Q". Se ciò è vero, allora è certamente vero anche "Se Q, allora NON P", cioè "se il cardiologo prescrive ad Alessia un ipotensivo (= Q) significa che lei NON mantiene basso il suo indice pressorio (= NON P)".

8) E. Dati i due enunciati "mi alleno con costanza", simbolizzato con 'P', e "vinco il campionato", simbolizzato con 'Q', nell'affermazione della traccia un enunciato è condizione necessaria e sufficiente dell'altro, cioè "P se e solo se Q". Da ciò si possono dedurre come certamente veri i seguenti enunciati:
- "Se NON Q, allora NON P", cioè l'opzione di risposta "se NON vinco il campionato (= NON Q), significa che NON mi sono allenata con costanza (= NON P)";
- "è necessario P per Q" e "Q solo se P", rispettivamente corrispondenti all'opzione "è necessario che mi alleni con costanza (= P) affinché vinca il campionato (= Q)" e all'opzione "vinco il campionato (= Q) solo se mi alleno con costanza (= P)", entrambe logicamente equivalenti a "Se Q, allora P";

• "Se Q, allora P", corrispondente all'opzione di risposta "se ho vinto il campionato (= Q), è perché mi sono allenato con costanza (= P)".
L'opzione restante, cioè "Se non vinco il campionato significa che mi sono allenato con costanza", ha la struttura "se NON Q, allora P", che non è deducibile dall'affermazione della traccia "P se e solo se Q".

9) A. Indicando "mangio la pizza" con 'P' e "mi sento gonfio" con 'Q', l'affermazione della traccia è "P se e solo se Q", in cui un enunciato è condizione necessaria e sufficiente dell'altro. Questo comporta che sia certamente vero "Se Q, (allora) P", ossia "se mi sento gonfio (= Q) è perché ho mangiato la pizza (= P)".

10) D. Simbolizzando "Roberto avrà come regalo di compleanno lo smartphone nuovo" con 'P' e "(Roberto) verrà promosso" con 'Q', nell'affermazione della traccia "P se e solo se Q" un enunciato è condizione necessaria e sufficiente dell'altro. Se questo è vero, allora è certamente vero "Se NON P, NON Q": "se Roberto NON avrà come regalo di compleanno lo smartphone nuovo (= NON P), vorrà dire che NON è stato promosso (= NON Q)".

3.5 Deduzioni logiche da premesse

1) A. Si indica con
x = generico individuo (elemento)
d = **D**avide (elemento)
S = insieme degli **S**tudiosi
L = insieme di quelli portati per la **L**ogica
D = insieme di coloro che amano giocare a **D**ama
W = insieme di quelli che hanno un debole per le donne
Infine i simboli $\in$ (appartiene) e $\notin$ (non appartiene) indicano l'appartenenza e la non appartenenza di un elemento ad un insieme. Con il simbolo $\Rightarrow$ si indica l'implicazione logica, ossia il fatto che un asserto implichi un altro asserto.
Le frasi presentate nel quesito si traducono simbolicamente nel modo seguente:

n.	Linguaggio naturale	Linguaggio simbolico
1	Tutti gli studiosi sono portati per la logica	$x \in S \Rightarrow x \in L$
2	Davide ama giocare a dama	$d \in D$
3	Chi ama giocare a dama ha un debole per le donne	$x \in D \Rightarrow x \in W$

Si può quindi creare un diagramma di Eulero-Venn con gli insiemi introdotti che abbia l'aspetto mostrato in figura. Dal diagramma si nota che ogni x dell'insieme S appartiene anche all'insieme L (ossia S è incluso in L), mentre ogni x dell'insieme D appartiene anche all'insieme W (ossia D è incluso in W); inoltre d appartiene all'insieme D.

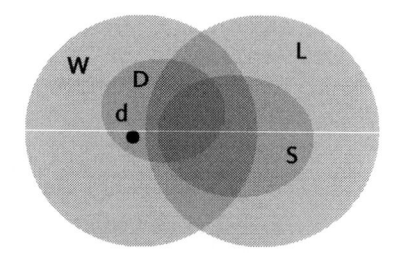

La frase della risposta B è "Tutti gli studiosi amano giocare a dama", ossia $x \in S \Rightarrow x \in D$. Non c'è modo di dedurre questo asserto dalle frasi 1, 2 e 3. In riferimento al diagramma di Eulero-Venn si nota che in generale una parte dell'insieme S si sovrappone a D, ma non è vero in generale che tutto l'insieme S si sovrappone a D.
La frase della risposta C è "Chi è portato per la logica non può non amare la dama" che può essere semplificata in "Chi è portato per la logica ama la dama", ossia $x \in L \Rightarrow x \in D$. Non c'è modo di dedurre questo asserto dalle frasi 1, 2 e 3. In riferimento al diagramma di Eulero-Venn si nota che in generale una parte dell'insieme D può essere inclusa nell'insieme L, ma non è vero in generale che tutto l'insieme D è incluso in L.
La frase della risposta D è "Davide è un profondo pensatore e ha un debole per le donne". Nelle frasi introdotte nel quesito non è stato detto nulla a riguardo dell'insieme dei "profondi pensatori". Pertanto questa frase sicuramente non può essere dedotta dalle frasi 1, 2 e 3.
La frase della risposta E è "Davide ha tutti i requisiti per essere un buon giocatore di dama". Nelle frasi introdotte nel quesito non è stato detto nulla a riguardo dell'insieme di "quelli che hanno tutti i requisiti per essere buoni giocatori di dama". Nelle frasi introdotte si parla solo di "quelli che amano giocare a dama". Pertanto questa frase sicuramente non può essere dedotta dalle frasi 1, 2 e 3.
La frase della risposta A è "Non si può negare che Davide abbia un debole per le donne", che si può anche esprimere in modo più semplice "Davide ha un debole per le donne", ossia $d \in W$. Si noti che dalla frase 2 si ha che $d \in D$, mentre dalla frase 3 si sa che se $x \in D \Rightarrow x \in W$. Sostituendo d (ossia Davide) al posto del generico individuo x nella frase 3 si ha $d \in D \Rightarrow d \in W$. Si è quindi ottenuta la frase della risposta A, ossia $d \in W$. In riferimento al diagramma di Eulero-Venn si nota che l'elemento d è incluso nell'insieme D e pertanto è incluso anche nell'insieme W che comprende l'insieme D.
Pertanto la risposta A è quella corretta.

2) A. Si indica con
x = generico individuo (elemento)
C = insieme dei **C**uochi
G = insieme delle persone **G**rasse
B = insieme dei **B**uongustai
W = insieme dei camerieri

I simboli $\in$ (appartiene) e $\notin$ (non appartiene) indicano l'appartenenza e la non appartenenza di un elemento ad un insieme. Con il simbolo $\Rightarrow$ si indica l'implicazione

logica, ossia il fatto che un asserto implichi un altro asserto. Si usano inoltre i simboli ∀ (per ogni, tutti) e ∃ (esiste, esistono) per indicare rispettivamente che tutti gli elementi di un insieme verificano un determinato asserto, oppure che esiste qualche elemento di un insieme che verifica un determinato asserto.
Le frasi presentate nel quesito si traducono simbolicamente nel modo seguente:

n.	Linguaggio naturale	Linguaggio simbolico
1	Tutti i cuochi sono grassi	$\forall x \in C \Rightarrow x \in G$
2	Tutti i cuochi sono buongustai	$\forall x \in C \Rightarrow x \in B$
3	Alcuni camerieri sono grassi	$\exists x \in W \Rightarrow x \in G$

Come si può notare nelle prime due frasi si è utilizzato il simbolo ∀ in quanto esse affermano che "tutti" gli elementi di un insieme verificano una condizione. La terza frase ha un valore diverso. Difatti essa dice che "alcuni" camerieri verificano una condizione. Pertanto in questa frase si è usato il simbolo ∃. Si può quindi creare un diagramma di Eulero-Venn con gli insiemi introdotti che abbia l'aspetto mostrato in figura. Dal diagramma si nota che ogni x dell'insieme C appartiene anche agli insiemi G e B (ossia C è incluso nell'intersezione di G e B); inoltre l'insieme W si sovrappone in parte all'insieme G (alcuni x di W appartengono anche a G).

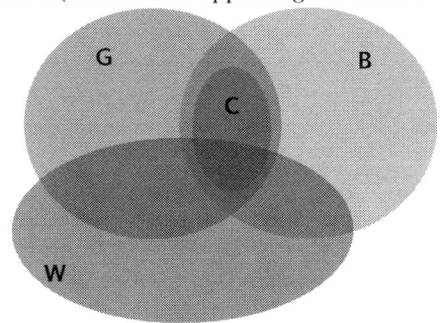

La frase della risposta B è "Tutti i buongustai sono cuochi", ossia $\forall x \in B \Rightarrow x \in C$. Non c'è modo di dedurre questo asserto dalle frasi 1, 2 e 3; in particolare non può essere dedotto dalla frase 2 che indica che i cuochi sono buongustai. Ci potrebbero essere buongustai che non sono cuochi. In riferimento al diagramma di Eulero-Venn si nota che una parte dell'insieme B non appartiene all'insieme C. La risposta B si può scartare.
La frase della risposta C è "Tutti i buongustai sono grassi", ossia $\forall x \in B \Rightarrow x \in G$. Non c'è modo di dedurre questo asserto dalle frasi 1, 2 e 3; in particolare non può essere dedotta dalla frase 1 che indica che i cuochi sono grassi. Ci potrebbero essere buongustai che non sono grassi. In riferimento al diagramma di Eulero-Venn si nota che una parte dell'insieme B non appartiene all'insieme G. La risposta C si può scartare.
La frase della risposta D è "Tutti i cuochi sono stati camerieri", $\forall x \in C \Rightarrow x \in W$. Non c'è modo di dedurre questo asserto combinando le informazioni delle frasi 1 e 3. In riferimento al diagramma di Eulero-Venn si nota che una parte dell'insieme C non appartiene all'insieme W. La risposta D si può scartare.

La frase della risposta E è "I camerieri sono buongustai", ossia "tutti i camerieri sono buongustai". Tale frase andrebbe scritta in modo simbolico come $\forall x \in W \Rightarrow x \in G$. Tale asserto è diverso da quello proposto nella frase 3. In riferimento al diagramma di Eulero-Venn si nota che una parte dell'insieme W non appartiene all'insieme G. La risposta E si può scartare.

La frase della risposta A è "Tra le persone grasse vi sono sia cuochi sia camerieri". Si potrebbe esprimere la frase in modo equivalente come "esistono persone grasse che sono cuochi oppure sono camerieri"; in termini simbolici $\exists x \in G \Rightarrow x \in C \lor x \in W$ (dove il simbolo $\lor$ indica "o"). Questa frase non è in contraddizione con le frasi 1 e 3. La frase 1 ci garantisce che i cuochi sono tutti grassi; pertanto tra i grassi vi sono dei cuochi. Inoltre la frase 3 ci garantisce che vi sono dei camerieri che sono grassi. Pertanto la frase della risposta A può essere dedotta da quelle proposte nella traccia. In riferimento al diagramma di Eulero-Venn si nota che l'insieme G contiene l'insieme C e in parte si sovrappone all'insieme W. La risposta esatta è la A.

3) **C.** Si indica con
x = generico individuo (elemento)
s = **S**andro (elemento)
A = insieme delle persone **A**tletiche
H = insieme delle persone alte
M = insieme delle persone **M**agre

I simboli $\in$ (appartiene) e $\notin$ (non appartiene) indicano l'appartenenza e la non appartenenza di un elemento ad un insieme. Con il simbolo $\Rightarrow$ si indica l'implicazione logica, ossia il fatto che un asserto implichi un altro asserto. Le frasi presentate nel quesito si traducono simbolicamente nel modo seguente:

n.	Linguaggio naturale	Linguaggio simbolico
1	Sandro è una persona atletica	$s \in A$
2	le persone alte sono tutte atletiche	$x \in H \Rightarrow x \in A$
3	le persone alte sono magre	$x \in H \Rightarrow x \in M$

Si può quindi creare un diagramma di Eulero-Venn con gli insiemi introdotti che abbia l'aspetto mostrato in figura. Dal diagramma si nota che ogni x dell'insieme H appartiene anche agli insiemi A e M (ossia H è incluso nell'intersezione di A e M); inoltre s appartiene all'insieme A.

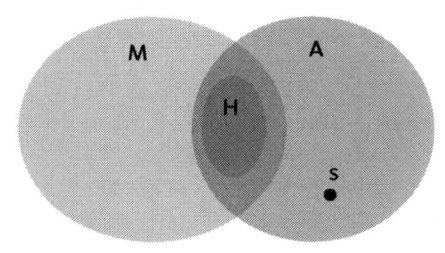

La frase della risposta A è "Sandro è una persona alta", ossia $s \in H$. Non c'è modo di dedurre questo asserto dalle frasi 1, 2 e 3; in particolare non può essere dedotto dalla frase 2 che indica che le persone alte sono atletiche e non il viceversa. Ci potrebbero essere persone atletiche che non sono alte. In riferimento al diagramma di Eulero-Venn si nota che s, stando nell'insieme A, potrebbe stare in quella parte dell'insieme A che si sovrappone a H, così come potrebbe non stare in H (in figura s è disegnato fuori da H). Pertanto la risposta A si può scartare.

La frase della risposta B è "Tutte le persone atletiche sono alte", ossia $x \in A \Rightarrow x \in H$. Non c'è modo di dedurre questo asserto dalle frasi 1, 2 e 3; in particolare non può essere dedotto dalla frase 2 che indica che le persone alte sono atletiche, non il viceversa. In riferimento al diagramma di Eulero-Venn si nota che una parte dell'insieme A non si sovrappone all'insieme H. La risposta B si può scartare.

La frase della risposta D è "Sandro è una persona magra", ossia $s \in M$. Non c'è modo di dedurre questo asserto dalle frasi 1, 2 e 3, in quanto Sandro è atletico (frase 1), ma essere atletici non vuol dire necessariamente essere magri o alti; in particolare ci potrebbero essere persone atletiche che non sono magre e Sandro potrebbe essere uno di questi. In riferimento al diagramma di Eulero-Venn si nota che s, stando nell'insieme A, potrebbe stare in quella parte dell'insieme A che si sovrappone a M, così come potrebbe non stare in quella porzione di A che si sovrappone a M (in figura s è disegnato fuori da M). Pertanto la risposta D si può scartare.

La frase della risposta E è "Le persone magre sono atletiche". In termini simbolici si scrive $x \in M \Rightarrow x \in A$. Questa frase non può essere dedotta dalle frasi 1, 2 e 3. Per quanto stabilito da queste frasi, potrebbero esserci persone magre che non sono atletiche. In riferimento al diagramma di Eulero-Venn si nota che l'insieme M si sovrappone solo parzialmente all'insieme A. Vi è una parte dell'insieme M che non coincide con l'insieme A.
Pertanto la risposta E si può scartare.

La frase della risposta C è "Chi è alto è magro e atletico", ossia "se un individuo è alto, allora egli è magro e atletico". In termini simbolici si scrive $x \in H \Rightarrow x \in M \wedge x \in A$ (dove il simbolo $\wedge$ indica "e"). Questa frase viene dedotta unendo le frasi 2 e 3 in un'unica frase. Pertanto la frase della risposta C può essere dedotta da quelle proposte nella traccia. In riferimento al diagramma di Eulero-Venn si nota che l'insieme H è contenuto sia nell'insieme A che nell'insieme M, pertanto i suoi elementi sono tutti anche elementi di M e di A. La risposta esatta è la C.

4) B. Si indica con
x = generico individuo (elemento)
a = **A**ntimo (elemento)
N = insieme dei **N**apoletani
C = insieme delle persone con i capelli **C**astani
I = insieme degli **I**taliani
I simboli $\in$ (appartiene) e $\notin$ (non appartiene) indicano l'appartenenza e la non appartenenza di un elemento ad un insieme. Con il simbolo $\Rightarrow$ si indica l'implicazione logica, ossia il fatto che un asserto implichi un altro asserto.

Le frasi presentate nel quesito si traducono simbolicamente nel modo seguente:

n.	Linguaggio naturale	Linguaggio simbolico
1	*Antimo è napoletano*	$A \in N$
2	*Tutte le persone con i capelli castani sono italiane*	$x \in C \Rightarrow x \in I$
3	*Tutti i napoletani sono italiani*	$x \in N \Rightarrow x \in I$

Si può quindi creare un diagramma di Eulero-Venn con gli insiemi introdotti che abbia l'aspetto mostrato in figura. Dal diagramma si nota che ogni x dell'insieme C appartiene anche all'insieme I (ossia C è incluso in I), inoltre ogni x dell'insieme N appartiene anche all'insieme I (ossia N è incluso in I); infine l'elemento a è incluso in N.

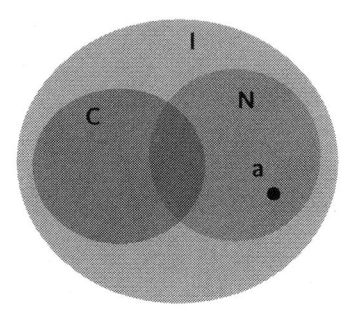

La frase della risposta A è "Tutti i napoletani si chiamano Antimo". Tale frase è sicuramente falsa o non deducibile dagli asserti 1, 2 e 3, poiché non è stato proprio definito l'insieme delle persone che si chiamano Antimo. La risposta A va scartata.
La frase della risposta C è "Antimo ha i capelli neri". Questa frase non è deducibile dalle frasi 1, 2 e 3 in quanto non è stata fornita nessuna informazione relativa all'insieme delle persone con i capelli neri. La risposta C va scartata.
La frase della risposta D è "Tutti i napoletani hanno i capelli castani", ossia $x \in N \Rightarrow x \in C$. Tale frase non è deducibile dalle frasi 1, 2 e 3 in quanto si sa che un napoletano è italiano (frase 3) ma non si sa se un napoletano ha i capelli castani. Inoltre dal diagramma di Eulero-Venn si nota che l'insieme dei napoletani N si sovrappone solo in parte all'insieme delle persone con i capelli castani C. Vi sono persone con i capelli castani che non sono napoletane. La risposta D va scartata.
La frase della risposta E è "Tutte le persone con i capelli castani sono napoletane", ossia $x \in C \Rightarrow x \in N$. Tale frase non è deducibile dalle frasi 1, 2 e 3 in quanto si sa che una persona con i capelli castani è italiana (frase 2) ma non si sa se una persona con i capelli castani è napoletana. Inoltre dal diagramma di Eulero-Venn si nota che l'insieme dei napoletani N si sovrappone solo in parte all'insieme delle persone con i capelli castani C. Vi sono persone con i capelli castani che non sono napoletane. La risposta E va scartata.
La risposta esatta è la B, "Antimo è italiano" ossia $a \in I$. Perché se Antimo è napoletano (frase 1: $a \in N$) e ogni napoletano è italiano (frase 3: $x \in N \Rightarrow x \in I$) allora è vero anche che Antimo è italiano: $a \in N \Rightarrow a \in I$ (al generico x della frase 3 si sostituisce

la *a*). Nel diagramma di Eulero-Venn si nota che *a* appartiene all'insieme *N* che è incluso nell'insieme *I*, pertanto *a* appartiene anche a *I*.

5) D. Si indica con
x = generico individuo (elemento)
a = **A**ndrea (elemento)
g = **G**ino (elemento)
G = insieme dei **G**iovani
S = insieme dei **S**impatici

I simboli ∈ (appartiene) e ∉ (non appartiene) indicano l'appartenenza e la non appartenenza di un elemento ad un insieme. Con il simbolo ⇒ si indica l'implicazione logica, ossia il fatto che un asserto implichi un altro asserto.

Le frasi presentate nel quesito si traducono simbolicamente nel modo seguente:

n.	Linguaggio naturale	Linguaggio simbolico
1	*Andrea è una persona simpatica*	$a \in S$
2	*Tutti i giovani sono simpatici*	$x \in G \Rightarrow x \in S$
3	*Gino è un giovane*	$g \in G$

Si può quindi creare un diagramma di Eulero-Venn con gli insiemi introdotti che abbia l'aspetto mostrato in figura. Dal diagramma si nota che ogni *x* dell'insieme *G* appartiene anche all'insieme *S* (ossia *G* è incluso in *S*); inoltre l'elemento *a* appartiene all'insieme *S*, mentre l'elemento *g* è incluso in *G*.

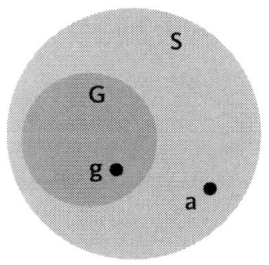

La frase della risposta A è "Le persone simpatiche sono giovani", ossia $x \in S \Rightarrow x \in G$. Tale frase non è sicuramente deducibile dagli asserti 1, 2 e 3, in particolare dal 2. Difatti potrebbero esserci persone simpatiche che non sono giovani. Nel diagramma si nota che una parte dell'insieme *S* non si sovrappone all'insieme *G*. La risposta A va scartata.
La frase della risposta B è "Chi non è giovane è antipatico". Questa frase va scartata in quanto l'insieme delle persone antipatiche (differente dalle persone non simpatiche) non è definito. La risposta B va scartata.
La frase della risposta C è "Andrea è giovane", ossia $a \in G$. Tale frase non è deducibile dalle frasi 1 e 2 poiché il fatto che Andrea sia simpatico non implica che sia giovane. Nel diagramma di Eulero-Venn si nota che collocando l'elemento *a* nell'insieme *S*, esso può capitare anche fuori dall'insieme *G* (in effetti è rappresentato fuori dall'insieme *G*). La risposta C va scartata.
La frase della risposta E è "Andrea e Gino sono giovani", ossia $a,g \in G$. Tale frase deve essere scartata per lo stesso motivo della frase della risposta C.

La risposta esatta è la D, "Gino è una persona simpatica" ossia $g \in S$. Perché se Gino è un giovane (frase 3: $g \in G$) e ogni giovane è simpatico (frase 2: $x \in G \Rightarrow x \in S$), allora è vero anche che Gino è simpatico: $g \in G \Rightarrow g \in S$ (al generico x della frase 2 si sostituisce la g). Nel diagramma di Eulero-Venn si nota che g appartiene all'insieme G che è incluso nell'insieme S, pertanto g appartiene anche a S.

6) B. Si indica con
x = generico individuo (elemento)
a = **A**nnamaria (elemento)
M = insieme dei **M**agri
A = insieme degli **A**ttivi
P = insieme degli amanti delle **P**atatine fritte

I simboli $\in$ (appartiene) e $\notin$ (non appartiene) indicano l'appartenenza e la non appartenenza di un elemento ad un insieme. Con il simbolo $\Rightarrow$ si indica l'implicazione logica, ossia il fatto che un asserto implichi un altro asserto.
Le frasi presentate nel quesito si traducono simbolicamente nel modo seguente:

n.	Linguaggio naturale	Linguaggio simbolico
1	*Annamaria ama le patatine fritte*	$a \in P$
2	*Chi è magro non ama le patatine fritte*	$x \in M \Rightarrow x \notin P$
3	*Chi è attivo è magro*	$x \in A \Rightarrow x \in M$

Si noti che negando entrambi i membri delle implicazioni 2 e 3 (ossia sostituendo $\in$ con $\notin$ e viceversa) ed invertendo i versi delle implicazioni si ottengono due nuovi asserti altrettanto veri.

n.	Linguaggio naturale	Linguaggio simbolico
4	*Chi ama le patatine fritte non è magro*	$x \in P \Rightarrow x \notin M$
5	*Chi non è magro, non è attivo*	$x \notin M \Rightarrow x \notin A$

Si può quindi creare un diagramma di Eulero-Venn con gli insiemi introdotti che abbia l'aspetto mostrato in figura. Dal diagramma si nota che ogni x dell'insieme A appartiene anche all'insieme M (ossia A è incluso in M); inoltre ogni x dell'insieme M non appartiene sicuramente all'insieme P, in quanto i due insiemi sono disgiunti. Infine l'elemento a appartiene all'insieme P.

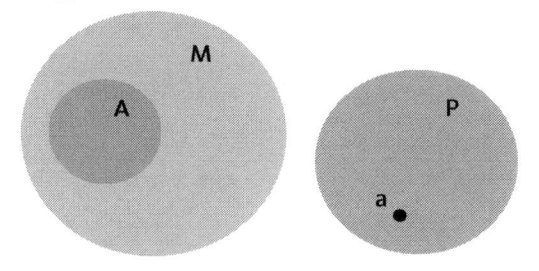

La frase della risposta A è "Chi è attivo non ama le patatine fritte", ossia $x \in A \Rightarrow x \notin P$. Tale frase è sicuramente deducibile dagli asserti 2 e 3. Infatti da tali asserti si deduce che $x \in A \Rightarrow x \in M \Rightarrow x \in P$, ossia $x \in A \Rightarrow x \notin P$. Nel diagramma si nota che l'insieme A, in quanto incluso nell'insieme M, è disgiunto dall'insieme P. Pertanto la risposta A, in quanto deducibile, va scartata.

La frase della risposta C è "Annamaria non è magra", ossia $a \notin M$. Tale frase è deducibile dalle frasi 1 e 4 poiché se Annamaria ama le patatine fritte (frase 1: $a \in P$) e ogni amante delle patatine fritte non è magro (frase 4: $x \in P \Rightarrow x \notin M$), allora è vero anche che Annamaria non è magra, cioè $a \notin M$ (al generico x della frase 4 si sostituisce la a). Nel diagramma di Eulero-Venn si nota che a appartiene all'insieme P che non è incluso nell'insieme M. Pertanto la risposta C, in quanto deducibile, va scartata.

La frase della risposta D è "Non tutte le persone magre sono attive", ossia "esistono persone magre che non sono attive". Questo asserto non nega l'asserto 3 in quanto è vero che chi è attivo è magro, ma chi è magro non deve necessariamente essere attivo. Il diagramma di Eulero-Venn mostra che una parte dell'insieme M non corrisponde all'insieme A. Pertanto la risposta D, in quanto deducibile, va scartata.

La frase della risposta E è "Le persone che amano le patatine fritte non sono magre", ossia $x \in P \Rightarrow x \notin M$. Tale frase è proprio la 4, dedotta dalla frase 2. Pertanto la frase E va scartata.

La risposta esatta è la B, in quanto si può dedurre dalle frasi 1, 4 e 5 che tale frase è falsa. Difatti se Annamaria ama le patatine fritte (frase 1: $a \in P$) e ogni amante delle patatine fritte non è magro (frase 4: $x \in P \Rightarrow x \notin M$), allora è vero anche che Annamaria non è magra: $a \notin M$ (al generico x della frase 4 si sostituisce la a). Inoltre dalla frase 5 si deduce che se Annamaria non è magra, allora non è attiva (al generico x della frase 5 si sostituisce la a). Nel diagramma di Eulero-Venn si nota che a appartiene all'insieme P che non è incluso nell'insieme M e quindi nell'insieme A.

7) A. Si indica con
x = generico individuo (elemento)
r = **R**oberto (elemento)
I = insieme degli **I**nsegnanti
C = insieme dei **C**ompetenti
T = insieme dei **T**enaci

I simboli $\in$ (appartiene) e $\notin$ (non appartiene) indicano l'appartenenza e la non appartenenza di un elemento ad un insieme. Con il simbolo $\Rightarrow$ si indica l'implicazione logica, ossia il fatto che un asserto implichi un altro asserto.

Le frasi presentate nel quesito si traducono simbolicamente nel modo seguente:

n.	Linguaggio naturale	Linguaggio simbolico
1	Tutti gli insegnanti sono competenti	$x \in I \Rightarrow x \in C$
2	Roberto è tenace	$r \in T$
3	Tutte le persone tenaci sono competenti	$x \in T \Rightarrow x \in C$

Si può quindi creare un diagramma di Eulero-Venn con gli insiemi introdotti che abbia l'aspetto mostrato in figura. Dal diagramma si nota che ogni x dell'insieme I appartiene anche all'insieme C (ossia I è incluso in C), inoltre ogni x dell'insieme T

appartiene anche all'insieme C (ossia T è incluso in C); infine l'elemento r è incluso in T.

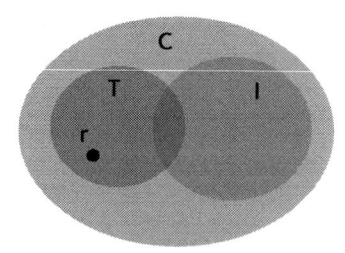

La frase della risposta B è "Non esistono insegnanti tenaci", ossia "ogni insegnante non è tenace". In simboli si scrive $x \in I \Rightarrow x \notin T$. Questa frase non è deducibile dalle frasi 1, 2 e 3 in quanto vi possono essere insegnanti che sono tenaci. Nel diagramma di Eulero-Venn si nota che l'insieme delle persone tenaci T si sovrappone in parte all'insieme degli insegnanti I. La risposta B va scartata.
La frase della risposta C è "Tutte le persone tenaci sono insegnanti", ossia $x \in T \Rightarrow x \in I$. Tale frase non è deducibile dalle frasi 1, 2 e 3 in quanto si sa che una persona tenace è competente (frase 1), ma non si sa se una persona tenace è insegnante. Inoltre dal diagramma di Eulero-Venn si nota che l'insieme delle persone tenaci T si sovrappone solo in parte all'insieme degli insegnanti I. Vi sono persone tenaci che non sono insegnanti. La risposta C va scartata.
La frase della risposta D è "Roberto è un insegnante", ossia $r \in I$. Tale frase non è sicuramente deducibile dagli asserti 1, 2 e 3, poiché il fatto che Roberto sia tenace non implica che sia un insegnante. Nel diagramma si nota che l'elemento r non è incluso nell'insieme I. La risposta D va scartata.
La frase della risposta E è "Tutti gli insegnanti sono tenaci", ossia $x \in I \Rightarrow x \in T$. Tale frase non è deducibile dalle frasi 1, 2 e 3 in quanto si sa che un insegnante è competente (frase 1), ma non si sa se un insegnante è una persona tenace. Inoltre dal diagramma di Eulero-Venn si nota che l'insieme delle persone tenaci T si sovrappone solo in parte all'insieme degli insegnanti I. Vi sono insegnanti che non sono tenaci. La risposta E va scartata.
La risposta esatta è la A, "Roberto è competente" ossia $r \in C$. Perché se Roberto è tenace (frase 2: $r \in T$) e ogni persona tenace è competente (frase 3: $x \in T \Rightarrow x \in C$), allora è vero anche che Roberto è competente: $r \in T \Rightarrow r \in C$ (al generico x della frase 3 si sostituisce la r). Nel diagramma di Eulero-Venn si nota che r appartiene all'insieme T che è incluso nell'insieme C, pertanto r appartiene anche a C.

8) A. Si indica con
x = generico individuo (elemento)
m = **M**aurizio (elemento)
P = insieme dei **P**rofessori
C = insieme delle persone **C**olte
A = insieme delle persone **A**ffascinanti

I simboli ∈ (appartiene) e ∉ (non appartiene) indicano l'appartenenza e la non appartenenza di un elemento ad un insieme. Con il simbolo ⇒ si indica l'implicazione logica, ossia il fatto che un asserto implichi un altro asserto.
Le frasi presentate nel quesito si traducono simbolicamente nel modo seguente:

n.	Linguaggio naturale	Linguaggio simbolico
1	Tutti i professori sono colti	$x \in P \Rightarrow x \in C$
2	Maurizio è colto	$m \in C$
3	Tutti i professori sono affascinanti	$x \in P \Rightarrow x \in A$

Si può quindi creare un diagramma di Eulero-Venn con gli insiemi introdotti che abbia l'aspetto mostrato in figura. Dal diagramma si nota che ogni x dell'insieme P appartiene anche agli insiemi C e A (ossia P è incluso nell'intersezione di C e A); infine l'elemento m è incluso in C.

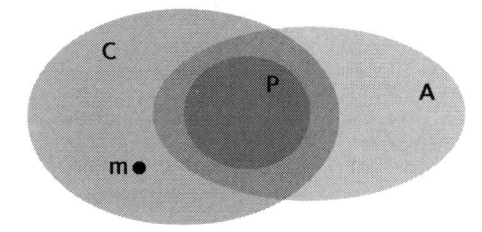

La frase della risposta B è "Tutte le persone affascinanti sono colte", ossia $x \in A \Rightarrow x \in C$. Tale frase non è sicuramente deducibile dagli asserti 1, 2 e 3, poiché si sa che i professori sono affascinanti (frase 3) e sono colti (frase 1), ma non è detto che tutte le persone affascinanti siano colte. Nel diagramma si nota che gli insiemi C ed A sono solo parzialmente sovrapposti, ma esiste un'area dell'insieme A che non si sovrappone a C (le persone affascinanti che non sono colte). La risposta B va scartata.
La frase della risposta C è "Maurizio è affascinante", ossia $m \in A$. Tale frase non è deducibile dalle frasi 1, 2 e 3 in quanto si sa che Maurizio è colto, ma questo non implica che sia affascinante. Nel diagramma di Eulero-Venn si nota che l'elemento m è nell'insieme delle persone colte C, ma non deve essere necessariamente nell'insieme delle persone affascinanti A. La risposta C va scartata.
La frase della risposta D è "Tutte le persone colte sono affascinanti", ossia $x \in C \Rightarrow x \in A$. Tale frase non è sicuramente deducibile dagli asserti 1, 2 e 3, poiché si sa che i professori sono affascinanti (frase 3) e sono colti (frase 1), ma non è detto che tutte le persone colte siano affascinanti. Nel diagramma si nota che gli insiemi C ed A sono solo parzialmente sovrapposti, ma esiste un'area dell'insieme C che non si sovrappone ad A (i colti che non sono affascinanti). La risposta D va scartata.
La frase della risposta E è "Maurizio è un professore", ossia $m \in P$. Tale frase non è deducibile dalle frasi 1, 2 e 3 in quanto si sa che Maurizio è colto, ma questo non implica che sia un professore. Nel diagramma di Eulero-Venn si nota che l'elemento m è nell'insieme delle persone colte C, ma non deve essere necessariamente nell'insieme dei professori P. La risposta E va scartata.

La frase della risposta A è "Nessun professore è colto e privo di fascino" oppure "Nessun professore è colto e non affascinante". In pratica si sta affermando che "non può esistere un professore che sia colto, ma non affascinante". Questa frase è corretta perché tutti i professori sono colti e affascinanti. Questo si deduce dalle frasi 1 e 3. Nel diagramma di Eulero-Venn si nota che l'insieme dei professori P è incluso nell'insieme delle persone colte C e in quello delle persone affascinanti A. Pertanto non esistono elementi dell'insieme P che in particolare non appartengano all'insieme A. La risposta A è corretta.

9) D. Si indica con
x = generico individuo (elemento)
m = **M**arco (elemento)
P = insieme dei **P**rofessori
F = insieme delle persone che hanno molta **F**antasia
S = insieme degli **S**crittori
Infine i simboli $\in$ (appartiene) e $\notin$ (non appartiene) indicano l'appartenenza e la non appartenenza di un elemento ad un insieme. Con il simbolo $\Rightarrow$ si indica l'implicazione logica, ossia il fatto che un asserto implichi un altro asserto.
Le frasi presentate nel quesito si traducono simbolicamente nel modo seguente:

n.	Linguaggio naturale	Linguaggio simbolico
1	*"Tutti i professori hanno molta fantasia"*	$x \in P \Rightarrow x \in F$
2	*"Per essere uno scrittore bisogna essere un professore" ossia "Essere un professore è una condizione necessaria per essere uno scrittore" ossia "Ogni scrittore è anche professore"*	$x \in S \Rightarrow x \in P$
3	*Marco ha molta fantasia*	$m \in F$

Si può quindi creare un diagramma di Eulero-Venn con gli insiemi introdotti che abbia l'aspetto mostrato in figura.
Dal diagramma si nota che ogni x dell'insieme P appartiene anche all'insieme F (ossia P è incluso in F), inoltre ogni x dell'insieme S appartiene anche all'insieme P (ossia S è incluso in P); infine l'elemento m è incluso in F.

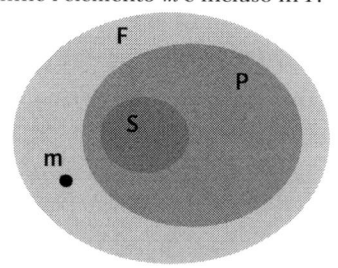

La frase della risposta A è "Marco è uno scrittore", ossia $m \in S$. Si sa che Marco ha molta fantasia, ma ciò non implica che sia uno scrittore. Nel diagramma di Eulero-Venn si nota che l'elemento m è incluso nell'insieme F, ma non è incluso in S. La risposta A va scartata.

La frase della risposta B è "Anche chi non ha molta fantasia può diventare un docente (professore)", ossia $x \notin F \Rightarrow x \in P$. Tale frase non è deducibile dalla frase 1. Difatti, per ottenere dalla frase 1 una nuova frase altrettanto vera, si dovrebbero negare entrambi i membri dell'implicazione, invertendone il verso, ossia $x \notin F \Rightarrow x \notin P$. Pertanto può essere vero che "chi non ha molta fantasia non può diventare un docente (professore)", ma non quanto viene affermato nella frase B. La risposta B va scartata.
La frase della risposta C è "Marco è un professore", ossia $m \in P$. Si sa che Marco ha molta fantasia, ma ciò non implica che sia un professore. Nel diagramma di Eulero-Venn si nota che l'elemento m è incluso nell'insieme F, ma non è incluso in P. La risposta C va scartata.
La frase della risposta E è "Gli scrittori hanno poca fantasia", ossia $x \in S \Rightarrow x \notin F$. Tale frase contraddice quanto detto dalle frasi 1 e 2. Difatti mettendo insieme queste due frasi, ossia $x \in S \Rightarrow P$ e $x \in P \Rightarrow x \in F$, si ottiene $x \in S \Rightarrow x \in P \Rightarrow x \in F$ cioè $x \in S \Rightarrow x \in F$. Quest'ultimo asserto contraddice la frase E. Inoltre, nel diagramma di Eulero-Venn si nota che l'insieme S è incluso nell'insieme F. La risposta E va scartata.
La risposta esatta è la D, ossia "Tutti gli scrittori hanno molta fantasia", ossia $x \in S \Rightarrow x \in F$. Questa frase viene invece dedotta dalle frasi 1 e 2. Difatti, mettendo insieme queste due frasi, ossia $x \in S \Rightarrow x \in P$ e $x \in P \Rightarrow x \in F$, si ottiene $x \in S \Rightarrow x \in P \Rightarrow x \in F$ cioè $x \in S \Rightarrow x \in F$ (la frase della risposta D). Inoltre, nel diagramma di Eulero-Venn si nota che l'insieme S è incluso nell'insieme F.

10) E. Si indica con
x = generico individuo (elemento)
a = **A**lessandro (elemento)
A = insieme degli **A**vvocati
B = insieme dei **B**uoni oratori
Infine i simboli $\in$ (appartiene) e $\notin$ (non appartiene) indicano l'appartenenza e la non appartenenza di un elemento ad un insieme. Con il simbolo $\Rightarrow$ si indica l'implicazione logica, ossia il fatto che un asserto implichi un altro asserto.
Le frasi presentate nel quesito si traducono simbolicamente nel modo seguente:

n.	Linguaggio naturale	Linguaggio simbolico
1	"Tutti gli avvocati sono buoni oratori"	$x \in A \Rightarrow x \in B$
2	"Alessandro è un buon oratore"	$a \in B$

Si può quindi creare un diagramma di Eulero-Venn con gli insiemi introdotti che abbia l'aspetto mostrato in figura. Dal diagramma si nota che ogni x dell'insieme A appartiene anche all'insieme B (ossia A è incluso in B), inoltre l'elemento a è incluso in B.

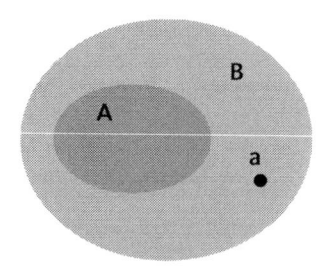

La frase della risposta A introduce elementi e condizioni che non sono codificate nelle frasi della traccia ("Gli oratori sono più eloquenti degli avvocati"). Pertanto non si può stabilire se sia vera. Tale risposta va scartata.

Alessandro è un buon oratore, ma questo non implica che sia un avvocato oppure che non lo sia. Nel diagramma di Eulero-Venn si nota che l'elemento a appartiene all'insieme B, ma questo non assicura che esso appartiene all'insieme A. Pertanto le risposte B e D vanno scartate.

La risposta C è "I buoni oratori sono tutti avvocati", ossia $x \in B \Rightarrow x \in A$. La frase 1 afferma che l'essere avvocato implica l'essere un buon oratore, ma non afferma il viceversa. Nel diagramma di Eulero-Venn si nota che una parte dell'insieme B non si sovrappone all'insieme A. Pertanto la risposta C va scartata.

La risposta esatta è la E perché nessuna delle altre risposte è corretta.

3.6 Implicazioni logiche

1) A. Da un punto di vista logico la frase "Quando vedo mio figlio mi sento bene" è un'implicazione. Simbolizzando con 'P' l'antecedente "vedo mio figlio" e con 'Q' il conseguente "mi sento bene", la frase in esame è del tipo "Se P, allora Q". Questo tipo di asserzione implica "Se NON Q, allora NON P", cioè "se non mi sento bene (= NON Q) allora non ho visto mio figlio (= NON P)".

2) D. La frase riportata nella traccia è la negazione dell'enunciato universale affermativo "tutte le ciambelle riescono col buco". Negare un enunciato universale affermativo implica affermare il corrispettivo enunciato particolare negativo. Quest'ultimo tipo di enunciato si ottiene, da un lato, sostituendo nella frase della traccia al quantificatore universale negato "non tutte" il quantificatore particolare "esiste almeno una" e, dall'altro, portando all'interno la negazione: "ESISTE ALMENO UNA ciambella che NON riesce col buco".

3) E. Da un punto di vista logico la frase della traccia, "Chi dorme non piglia pesci", è un'implicazione con un quantificatore universale, il cui significato è "tutti coloro che dormono non prendono pesci". Simbolizzando "dormire" con 'D', "prendere pesci" con 'P', il quantificatore universale con '∀', "non" con '¬', l'implicazione con '⊃' e usando la variabile individuale 'x', la frase in questione è "$(\forall x)(Dx \supset \neg Px)$", che si può leggere come "per ogni x, se x dorme, allora x NON piglia pesci". Un'implicazione di questo tipo implica anche quest'altra: "$(\forall x)(Px \supset \neg Dx)$". La regola per ricavare dalla prima implicazione la seconda è questa:

- quello che nella prima è il conseguente, ossia '¬ Px', figura nella seconda come antecedente negato, cioè '¬ ¬ Px', in cui la doppia negazione si elimina, dando 'Px';
- quello che nella prima è l'antecedente, ossia 'Dx', figura nella seconda come conseguente negato, cioè '¬ Dx'.

La seconda implicazione così ottenuta, "($\forall x$) (P$x \supset \neg$ Dx)", significa "per ogni x, se x piglia pesci, allora x NON dorme". Ciò corrisponde all'opzione di risposta "chi piglia pesci non dorme".

4) B. La frase "Non c'è libro senza pagine" è la negazione di un enunciato particolare negativo e il suo significato corrisponde a "NON (ESISTE ALMENO UN libro che NON abbia almeno una pagina)". Negare un enunciato particolare negativo implica affermare il corrispettivo enunciato universale affermativo. Quest'ultimo tipo di enunciato si ottiene, da un lato, sostituendo nella frase della traccia il quantificatore particolare negato "NON ESISTE ALMENO UN" con il quantificatore universale "OGNI" e, dall'altro, portando all'interno la negazione: "OGNI libro NON (NON ha almeno una pagina)" che, eliminando la doppia negazione, equivale a "ogni libro ha almeno una pagina".

5) A. Il quesito può essere risolto impiegando i diagrammi per rappresentare le tre affermazioni riportate nella traccia. "Luigi adora la cioccolata" significa che Luigi è un elemento dell'insieme di coloro che adorano la cioccolata. "La cioccolata è fatta con il cacao" vuol dire che la cioccolata è un elemento dell'insieme delle cose fatte con il cacao. "Chi adora la cioccolata non mangia mai la marmellata" è un enunciato universale affermativo e significa che l'insieme di coloro che adorano la cioccolata è incluso in quello di coloro che non mangiano mai la marmellata. Poiché Luigi è un elemento dell'insieme di coloro che adorano la cioccolata, insieme che a sua volta è incluso in quello di coloro che non mangiano mai la marmellata, si deve concludere che Luigi è anche un elemento dell'insieme di coloro che non mangiano mai la marmellata. Questo significa che "Luigi non mangia mai la marmellata".

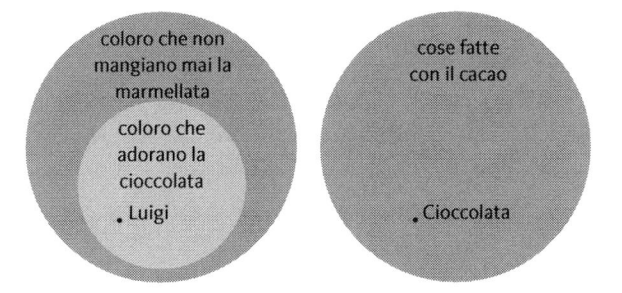

6) C. Per risolvere il quesito, conviene rappresentare mediante diagrammi le tre asserzioni presenti nella traccia e, poi, ragionare sulla rappresentazione grafica ottenuta. "Tutti i dentisti sono bugiardi" è un enunciato universale affermativo, il che significa che l'insieme dei dentisti è incluso in quello dei bugiardi. Anche "gli antipatici vengono sempre isolati", equivalendo a "tutti gli antipatici sono sempre isolati", è un enunciato universale affermativo, per il quale l'insieme degli antipatici è incluso in quello degli isolati. "Alcuni dentisti sono antipatici" è un enunciato particolare affermativo, per cui l'insieme dei dentisti e quello degli antipatici si intersecano tra loro e hanno alcuni elementi in comune. In base al grafico così ricavato si conclude che ALCUNI elementi dell'insieme degli antipatici, cioè quelli che appartengono anche all'insieme dei dentisti, appartengono pure all'insieme dei bugiardi, dato che in quest'ultimo insieme è incluso quello dei dentisti, e gli stessi elementi dell'insieme degli antipatici appartengono anche all'insieme degli isolati, visto che in quest'ultimo insieme è incluso quello degli antipatici. Questo significa che "alcuni antipatici sono bugiardi e vengono isolati".

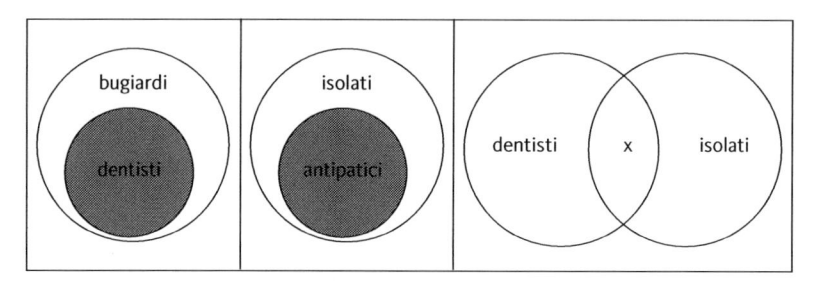

7) B. Il quesito può essere risolto rappresentando progressivamente le asserzioni della traccia mediante diagrammi. "I bambini piangono" equivale a "tutti i bambini piangono" ed è, quindi, un enunciato universale affermativo, pertanto l'insieme dei bambini è incluso in quello di coloro che piangono. "Chi piange è capriccioso" è un altro enunciato universale affermativo, per cui l'insieme di coloro che piangono è incluso in quello dei capricciosi. "Chi è capriccioso è incontentabile" è ancora un enunciato universale affermativo, per cui l'insieme dei capricciosi è incluso in quello degli incontentabili. È chiaro, quindi, che si tratta di una serie di insiemi, l'uno incluso nell'altro. Questo permette di concludere che l'insieme dei bambini è incluso in quello degli incontentabili e che ogni elemento del primo insieme appartiene anche al secondo. Ciò significa che "i bambini sono incontentabili".

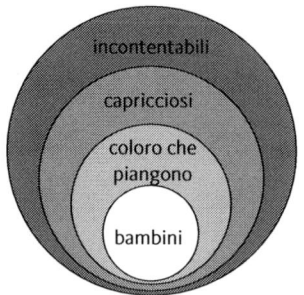

8) D. Per risolvere il quesito conviene rappresentare le asserzioni della traccia mediante diagrammi ed esaminare quali opzioni di risposta siano vere in base alla rappresentazione ottenuta. "Tutti i giornalisti sono laureati" è un enunciato universale affermativo, per cui l'insieme dei giornalisti è incluso in quello dei laureati. "Michele è un giornalista" significa che Michele è un elemento dell'insieme dei giornalisti.

"Tutti i laureati lavorano" è un altro enunciato universale affermativo, per cui l'insieme dei laureati è incluso in quello dei lavoratori. Rappresentando insieme i tre diagrammi appena individuati, si ottiene il diagramma di seguito.

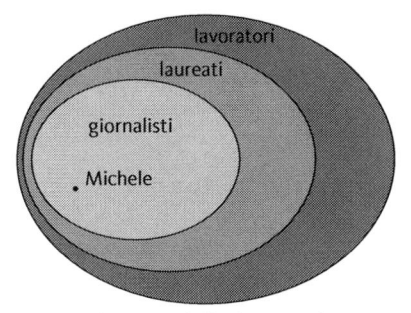

Adesso bisogna esaminare quali opzioni di risposta siano vere in base alle informazioni ricavate:
- "Michele è laureato" è vero, perché l'insieme dei giornalisti è incluso in quello dei laureati e Michele, essendo un elemento dell'insieme dei giornalisti, è necessariamente anche un elemento dell'insieme dei laureati;
- "Tutti i giornalisti lavorano" significa che l'insieme dei giornalisti è incluso in quello dei lavoratori e questo è vero, perché, essendo incluso nell'insieme dei laureati, a sua volta incluso in quello dei lavoratori, l'insieme dei giornalisti è effettivamente incluso in quello dei lavoratori;
- "Non soltanto i laureati lavorano" e "anche chi non è laureato può lavorare" sono enunciati entrambi veri, perché l'insieme dei laureati è un sottoinsieme dell'insieme dei lavoratori, per cui ci sono anche elementi dell'insieme dei lavoratori che non sono elementi dell'insieme dei laureati.

La restante opzione di risposta, "Michele non lavora", non rappresenta una conclusione corretta del ragionamento della traccia: poiché l'insieme dei giornalisti in ultima analisi è incluso in quello dei lavoratori, Michele, appartenendo all'insieme dei giornalisti, deve necessariamente appartenere anche all'insieme dei lavoratori, ossia deve essere vero che "Michele lavora".

9) A. Il quesito può essere risolto rappresentando le asserzioni della traccia mediante diagrammi. "Tutti gli amici di Nicola amano il motociclismo" è un enunciato universale affermativo e ciò significa che l'insieme degli amici di Nicola è incluso nell'insieme degli amanti del motociclismo. "Tutti gli amanti del motociclismo sono incoscienti" è un altro enunciato universale affermativo, per cui l'insieme degli amanti del motociclismo è incluso in quello degli incoscienti. Ciò posto, poiché "Giuseppe non è incosciente" significa che Giuseppe non è un elemento dell'insieme degli incoscienti, è chiaro che, non essendo incosciente, Giuseppe non è nemmeno un elemento degli insiemi inclusi in quello degli incoscienti, tra i quali l'insieme degli amici di Nicola. Pertanto, ciò che si deduce è che "Giuseppe non è incosciente, quindi non è uno degli amici di Nicola".

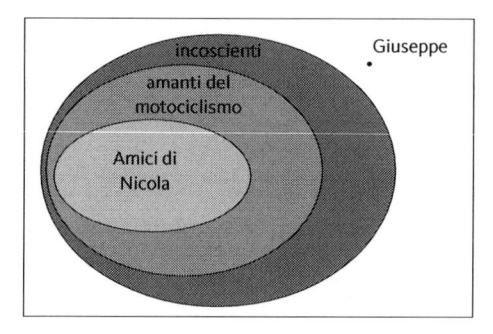

10) E. In questo genere di quesito una o più di una delle asserzioni riportate nella traccia vanno considerate come premesse di un ragionamento di cui è già nota la conclusione, che nella fattispecie è "il canguro ha il marsupio". Per trovare la soluzione, bisogna stabilire quale tra le alternative di risposta sia quella che possa fungere da premessa aggiuntiva, ossia l'alternativa che, se fosse logicamente connessa a una o a più di una delle asserzioni della traccia, consentirebbe di dedurre la conclusione già nota. A questo scopo conviene esaminare una per una le cinque opzioni di risposta, collegando ciascuna, da un lato, alle asserzioni della traccia e, dall'altro, alla conclusione, in modo da valutare quale delle cinque si connetta logicamente alle prime per dedurre la seconda. Così facendo, si comprende che la conclusione può essere dedotta se alla frase "gli animali che vivono in Australia hanno il marsupio" si connette logicamente l'alternativa "Il canguro è un animale che vive in Australia". Quest'ultimo, infatti, è un enunciato universale affermativo, equivalente a "tutti i canguri sono animali viventi in Australia". Questo significa che l'insieme dei canguri è incluso in quello degli animali viventi in Australia. L'asserzione della traccia "gli animali che vivono in Australia hanno il marsupio" è un altro enunciato universale affermativo, per cui l'insieme degli animali viventi in Australia è incluso nell'insieme dei marsupiali. La conclusione "il canguro ha il marsupio" è ancora un enunciato universale affermativo, equivalente a "tutti i canguri sono marsupiali", il che significa che l'insieme dei canguri è incluso in quello dei marsupiali. Ciò posto, è evidente che l'insieme dei canguri è incluso nell'insieme degli animali viventi in Australia e quest'ultimo insieme è a sua volta incluso in quello dei marsupiali, per cui si può concludere che l'insieme dei canguri è incluso in quello dei marsupiali. Questo, in altre parole, significa che "il canguro ha il marsupio".

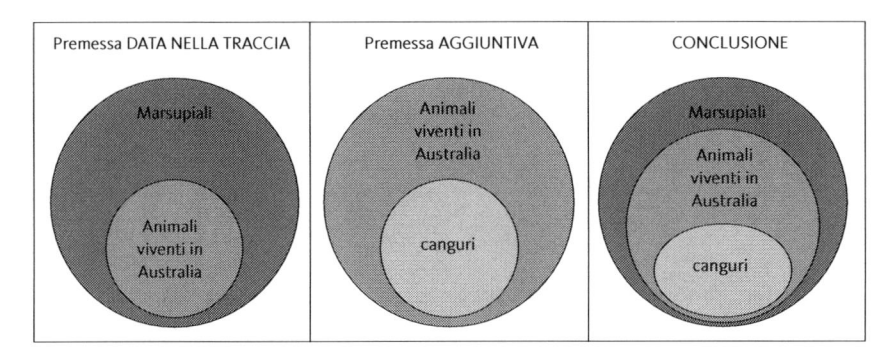

Premessa DATA NELLA TRACCIA	Premessa AGGIUNTIVA	CONCLUSIONE
Marsupiali ⊃ Animali viventi in Australia	Animali viventi in Australia ⊃ canguri	Marsupiali ⊃ Animali viventi in Australia ⊃ canguri

3.7 Relazioni d'ordine

3.7.1 Relazioni di parentela

1) A. Essendo Costanza sorella di Marianna, cioè della mamma di Ludovico, è sicuramente vero che Costanza è zia di Ludovico.

2) C. La traccia dice che due dei tre uomini, Vittorio, Alfredo e Leopoldo, sono tra loro fratelli e che Leopoldo non ha fratelli. Si deduce che i fratelli sono Vittorio e Alfredo. Inoltre, la traccia informa che Alberta ha sposato Alfredo e che Federica ha sposato il fratello di Alfredo, che, come si è appena stabilito, è Vittorio. Dunque, non resta che concludere che Loredana ha sposato il restante dei tre uomini, cioè Leopoldo.

3) B. Se Donatella e Nina sono sorelle, allora le figlie di Donatella, ossia Stefania, Lucia e Rosaria, sono cugine della figlia di Nina, cioè Lara. Pertanto, dalle premesse della traccia è possibile dedurre che Lara è la cugina di Lucia.

4) D. Se Francesca è la sorella di Lisa e Giuliano il fratello di Lisa, allora Francesca è anche la sorella di Giuliano. È chiaro, quindi, che la moglie di Giuliano è la moglie del fratello di Francesca, cioè è la cognata di Francesca. Pertanto, la risposta corretta è che Francesca e la moglie di Giuliano sono cognate.

5) A. Per risolvere il quesito più facilmente, si può fare uso di un grafico che rappresenti i dati forniti nella traccia. Se Dino è il nonno materno di Fortunato, questo significa che Dino è il papà della mamma di Fortunato. Poiché la mamma di Fortunato e di Cristina è Valentina, Dino è il papà di Valentina. Dunque, si deve escludere che Michele sia il papà di Valentina. Inoltre, dal momento che Fortunato e Cristina sono fratelli, Michele non può essere né il cugino né il papà di Fortunato, perché in tali casi Michele sarebbe rispettivamente il cugino e il papà anche di Cristina, mentre la traccia informa che Cristina è la nipote e non la cugina o la figlia di Michele. Analogamente si deve escludere che Michele sia il padre di Dino, perché in tal caso Michele sarebbe il bisnonno di Cristina e quest'ultima sarebbe la pronipote di Michele e non, come si afferma nella traccia, la nipote. Perciò, la risposta corretta è data dall'opzione restante, cioè "fratello di Valentina": Cristina, essendo figlia di Valentina, è nipote di Michele poiché quest'ultimo è il fratello di Valentina.

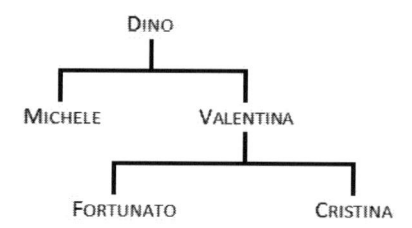

```
                    DINO
            ┌─────────┴─────────┐
         MICHELE             VALENTINA
       ┌─────┴─────┐              │
   FORTUNATO              CRISTINA
```

3.7.2 Le età

1) B. Si traducono gli asserti della traccia utilizzando il simbolo > (maggiore) per indicare "più anziano" e il simbolo < (minore) per indicare "più giovane". Infine si usa il simbolo = (uguale) per indicare che due soggetti hanno la stessa età. Gli asserti presenti nella traccia si traducono simbolicamente nel modo seguente:

n.	Linguaggio naturale	Linguaggio simbolico
a	"J è più anziano di K"	$J > K$
b	"J è (...) più giovane di L"	$J < L$
c	"K e L sono entrambi più giovani di M"	$K, L < M$
d	"N è più anziano di J"	$N > J$

Si stabilisce ora il seguente asserto:

n.	Linguaggio naturale	Linguaggio simbolico
e	"X è più anziano di J"	$X > J$

Si chiede quale dei seguenti tre asserti deve essere vero perché sia vero l'asserto "e".

n.	Linguaggio naturale	Linguaggio simbolico
1	"X è più anziano di N"	$X > N$
2	"N è più giovane di L e X è più giovane di M"	$N < L$ $X < M$
3	"X e M hanno la stessa età"	$X = M$

Occorre pertanto capire se unendo di volta in volta gli asserti 1, 2 e 3 con gli asserti da "a" fino a "d" è possibile ricavare l'asserto "e".
Se si suppone vero l'asserto 1, allora unendo tale informazione con l'asserto "d" si ottiene $X > N > J$, pertanto si è dedotto che $X > J$. Questo è proprio l'asserto "e". Quindi l'asserto 1 è una condizione corretta perché si verifichi la "e".
Se si suppone vero l'asserto 3, allora unendo tale informazione con l'asserto "c" si ottiene $X = M > L$, ossia $X > L$. Inoltre, unendo quest'ultima informazione con l'asserto "b" si ottiene $X > L > J$, ossia $X > J$. Questo è proprio l'asserto "e". Quindi l'asserto 3 è una condizione corretta perché si verifichi la "e".

Si noti infine che se si suppone vero l'asserto 2 non si può dimostrare l'asserto "*e*". Difatti sia la condizione $N < L$ che la condizione $X < M$ non si possono combinare con quelle da "*a*" fino a "*d*" per ottenere la "*e*". Quindi solo le condizioni 1 e 3 sono utili per ottenere l'asserto "*e*". Pertanto la risposta corretta è la B.

2) B. Si indicano Giovanni, Carlo, Lorenzo, Mario e Alessandro rispettivamente con G, C, L, M ed A. Si traducono gli asserti della traccia utilizzando il simbolo > (maggiore) per indicare "più vecchio" e il simbolo < (minore) per indicare "più giovane". Infine si usa il simbolo = (uguale) per indicare che due soggetti hanno la stessa età (sono gemelli).

n.	Linguaggio naturale	Linguaggio simbolico
1	"*Giovanni è più vecchio di Carlo*"	$G > C$
2	"*Lorenzo è più vecchio di Mario*"	$L > M$
3	"*Mario è più giovane di Alessandro*"	$M < A$ ossia $A > M$
4	"*Carlo e Alessandro sono gemelli*"	$C = A$

Gli asserti 1, 4 e 3 si possono sintetizzare nella seguente catena di relazioni:

$$G > C = A > M$$

In pratica da $G > C$, da $C = A$ e da $A > M$ si ottiene $G > C = A > M$.
Da questa relazione si nota che sicuramente è vero che $G > M$ ossia che Giovanni è più vecchio di Mario. Pertanto la risposta B è quella corretta.
Si noti che L (ossia Lorenzo) non è collocato con certezza nella catena di relazioni $G > C = A > M$. L'unica cosa che si è in grado di dire riguardo a L è che $L > M$ (frase 2). Pertanto non si può affermare con certezza che $L > A$ (risposta A), che $C < L$ (risposta C) e che $L > G$ (risposta E). Tali affermazioni possono essere tanto vere quanto false. La risposta D è sicuramente falsa in quanto dalla catena di relazioni $G > C = A > M$ si evince che $C > M$ e non che $C < M$ (come sostiene la risposta D).

3) A. Si indichino Alfredo, Massimiliano e Loris con le loro iniziali A, M e L. Si indichi la relazione "più anziano di" con il simbolo maggiore di ">".
Dalle affermazioni riportate nel testo del quesito, si ha: Alfredo è più anziano di Massimiliano, ossia $A > M$; Massimiliano è più giovane di Loris, ovvero Loris è più anziano di Massimiliano, ossia $L > M$; Loris è più piccolo di Alfredo, ovvero Alfredo è più anziano di Loris, ossia $A > L$. Pertanto, se è certo che $A > M$ e $A > L$ e che $L > M$, è certo anche che $A > L > M$; ovvero: Massimiliano è il più piccolo dei tre fratelli.

4) A. Si indichino Amilcare, Bernardo, Carlo e Dario con le loro iniziali A, B, C e D. Si indichi la relazione "più anziano di" con il simbolo maggiore di ">".
Dalle affermazioni riportate nel testo del quesito, si ha: Amilcare è più anziano di Bernardo, ossia $A > B$; Amilcare è più anziano di Dario, ossia $A > D$; Bernardo è più anziano di Carlo, ossia $B > C$. Pertanto, se è certo che $A > B > C$ e che $A > D$, non è certo in che relazione sono l'età di Dario con le età degli altri fratelli. Amilcare è sicuramente il primogenito, ma non è detto che Dario sia l'ultimogenito, potendo avere un'età maggiore di Bernardo e Carlo. Non è detto che Bernardo sia il secondogenito, potendo essere Dario il secondogenito; per lo stesso motivo, non è detto

che Bernardo sia più giovane di Dario. La risposta corretta è, quindi, "Amilcare è il primogenito".

5) A. Dal testo del quesito è noto che, nella famiglia Cutolo, Diego (D) ha 3 anni in meno del secondogenito (s); in simboli:
età(D) = età(s) − 3
Sappiamo, inoltre, che il secondo è maggiore di Luciano (L); in simboli:
età(s) > età(L)
Il primogenito (p) ha 18 anni ed è stato per solo un anno figlio unico; in simboli:
età(p) = 18
età(p) = età(s) + 1
da cui
età(s) = 18 − 1 = 17
Pertanto, Paolo, secondogenito dei coniugi Cutolo, ha 17 anni.

3.7.3 Collocazione di oggetti e/o individui

1) B. Mediante le informazioni riportate nella traccia si può creare il seguente schema che colloca le case dei quattro conoscenti.

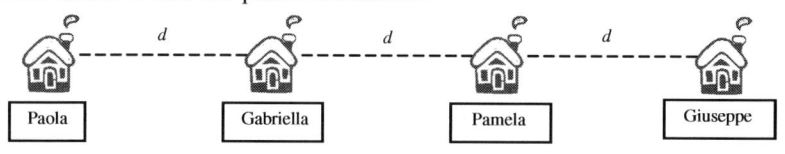

| Paola | — d — | Gabriella | — d — | Pamela | — d — | Giuseppe |

Dallo schema si nota che Paola è più vicina a Gabriella che a Pamela. Dalla prima è distante uno spazio pari a d, mentre dalla seconda è distante il doppio (ossia $2d$). Pertanto la risposta B è corretta.
La risposta A è errata poiché la distanza tra le case di Paola e Pamela è pari a $2d$, mentre la distanza tra le case di Paola e Gabriella è pari a d.
La risposta C è errata perché Pamela dista da Gabriella una distanza pari a d che è la stessa che la separa dalla casa di Giuseppe.
La risposta D è errata perché, come appena mostrato confutando la risposta C, Pamela è equidistante da Gabriella e Giuseppe.
La risposta E è errata perché la distanza tra la casa di Gabriella e di Giuseppe è pari a $2d$; tale distanza differisce da quella che separa la casa di Giuseppe da quella di Pamela, che è pari a d.

2) A. In base alla prima affermazione, la disposizione degli oggetti è la seguente:

In base alla seconda affermazione, la disposizione degli oggetti è la seguente:

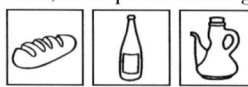

Combinando opportunamente le due affermazioni, la collocazione degli oggetti è la seguente:

La risposta corretta è: il vaso di fiori è più vicino alla bottiglia che al pane.
Tale risposta è quella corretta anche disponendo, in base alla prima affermazione, gli oggetti nel modo seguente:

In base alla seconda affermazione, la disposizione sarebbe, quindi, la seguente:

La disposizione finale degli oggetti sarebbe la seguente:

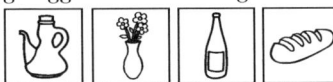

3) B. In base alle informazioni fornite dal testo del quesito possiamo stabilire immediatamente che la famiglia Bianchi è al secondo piano e la famiglia Greco al primo, poiché l'una è sotto l'altra e i piani sono solo due. Sappiamo, inoltre, che la famiglia Rossi è accanto alla famiglia Colombo e sempre la famiglia Rossi è accanto alla famiglia Bianchi. Possiamo dire che al secondo piano ci sono: Bianchi; Rossi; Colombo. Di conseguenza gli altri sono al primo piano.
Consideriamo le diverse opzioni di risposta:
- *la famiglia Rossi è al primo piano* non è certamente corretta in quanto abbiamo stabilito che la famiglia Rossi è al secondo piano
- *la famiglia Fontana è al primo piano* è corretta, perché al secondo piano ci sono i Bianchi, i Rossi e i Colombo
- *la famiglia Moretti è al secondo piano* non è corretta per quanto sopra spiegato
- *la famiglia Moretti è al primo piano e la famiglia Fontana al secondo* non è corretta perché entrambe le famiglie sono al primo piano
- *la famiglia Colombo è al primo piano* non è corretta per quanto sopra spiegato.

4) A. Indichiamo le famiglie Hardy, Ramanujan, Gauss e Wiles con le loro iniziali *H*, *R*, *G* e *W*.
Dal testo del quesito si sa che gli Hardy abitano all'ultimo piano, mentre i Ramanujan abitano al piano terra e che i Gauss non vivono sotto la famiglia Wiles.
La disposizione delle famiglie, dal piano terra all'ultimo piano, è la seguente:
$H \to$ terzo e ultimo piano
$G \to$ secondo piano
$W \to$ primo piano
$R \to$ piano terra

Pertanto, l'affermazione corretta è quella secondo cui la famiglia Wiles abita sopra i Ramanujan e sotto gli Hardy.

5) A. Indichiamo Simona, Greta, Maura e Daria con le loro iniziali *S*, *G*, *M* e *D*. Si indichi la relazione "più lontana di" con il simbolo maggiore di ">".
Simona abita più lontana di Greta si traduce con $S > G$.
Greta abita più lontana di Maura si traduce con $G > M$.
Daria vive più lontana di Greta si traduce con $D > G$.
Pertanto, se è certo che $S > G > M$ non è certo in che relazione Daria è rispetto a Simona, ma sicuramente Daria è più lontana di Greta, che a sua volta è più lontana di Maura, per questo motivo l'affermazione *Maura abita più lontano di Daria* è falsa.

3.7.4 Gli eventi cronologici

1) A. Si suppone che sia domenica. In questa giornata sia Andrea che Marco dicono la verità. In tal caso dovrebbero essere vere sia la frase detta da Andrea "Oggi è domenica", sia quella detta da Marco "Ieri era domenica".
Le due frasi sono in contraddizione, pertanto si è giunti ad un assurdo supponendo che fosse domenica. Si possono quindi eliminare le risposte C e D che indicano la domenica come giorno della conversazione.
Si supponga di essere in un giorno tra martedì, giovedì e sabato, nei quali Marco mente e Andrea dice il vero. In tal caso si dovrebbe supporre vera la frase di Andrea "oggi è domenica". Si è giunti nuovamente ad una contraddizione in quanto se la conversazione avviene martedì, giovedì o sabato, allora non può essere domenica.
Si supponga infine di essere in un giorno tra lunedì, mercoledì e venerdì, nei quali Andrea mente e Marco dice il vero. In tal caso si dovrebbe supporre vera la frase di Marco "ieri era domenica". Se tale frase è vera l'unica possibilità è che la conversazione stia avvenendo il lunedì. Pertanto la risposta E può essere scartata.
Infine se la conversazione avviene di lunedì, allora Andrea mente; quindi è falso quello che Andrea dice: "siamo in estate". Pertanto si può dedurre che la conversazione avviene di lunedì e non avviene d'estate. La risposta B può essere scartata e risulta corretta la risposta A.

2) A. Si indicano i cavalli con le seguenti lettere: *A* = Adamo, *B* = Bisset, *C* = Carolina e *D* = Demiurgo. Si indicano i proprietari con le seguenti lettere: *F* = Fini, *G* = Gini, *L* = Lini e *M* = Mini.
Si vuole completare la seguente tabella che riporta la posizione di ciascun cavallo e il proprietario del cavallo.

Posizione	1	2	3	4
Cavallo				
Proprietario				

Mediante gli asserti "il cavallo del signor Gini ha vinto il primo premio e non si chiama Carolina" e "Demiurgo è arrivato terzo" si può riempire la tabella nel modo seguente:

Posizione	1	2	3	4
Cavallo	A, B		D	
Proprietario	G			

Mediante l'asserto "il cavallo del signor Lini si chiama Bisset ed è arrivato prima di Carolina" si deve necessariamente collocare il cavallo B in seconda posizione, per piazzarlo prima del cavallo C da collocare in quarta.

Posizione	1	2	3	4
Cavallo	A	B	D	C
Proprietario	G	L		

Mediante l'asserto "il cavallo del signor Fini non è arrivato terzo" si deve necessariamente collocare il proprietario F in ultima posizione, perché non può essere terzo. Quindi si completa la tabella nel modo seguente.

Posizione	1	2	3	4
Cavallo	A	B	D	C
Proprietario	G	L	M	F

Quindi il cavallo del signor Fini è arrivato ultimo e la risposta A è corretta.
La risposta B va scartata in quanto il cavallo di Lini è arrivato secondo; la risposta C va scartata in quanto Adamo è arrivato primo; la risposta D va scartata in quanto Bisset è arrivato secondo; la risposta E va scartata in quanto il cavallo di Mini è arrivato terzo.

3) **E.** Si indicano Sara, Giovanni, Luisa, Daniele e Giacomo rispettivamente con S, Gio, L, D e Gia. Si traducono gli asserti della traccia utilizzando il simbolo > (maggiore) per indicare "si è classificato dopo" oppure "è stato battuto", "è rimasto indietro" ed il simbolo < (minore) per indicare "si è classificato prima", "ha battuto" oppure "ha vinto su".

n.	Linguaggio naturale	Linguaggio simbolico
1	"Sara ha battuto Giovanni"	$S < Gio$
2	"Giovanni non si è classificato primo"	
3	"Luisa non è stata l'ultima"	
4	"Daniele è stato battuto da Giacomo e da Luisa in quest'ordine"	$D > L > Gia$ oppure $Gia < L < D$
5	"Giacomo è rimasto indietro rispetto a Giovanni"	$Gia > Gio$ oppure $Gio < Gia$

Gli asserti 1, 4 e 5 si possono sintetizzare nella seguente catena di relazioni:
$$S < Gio < Gia < L < D$$
In pratica da $S < Gio$, da $Gio < Gia$ e da $Gia < L < D$ si ottiene $S < Gio < Gia < L < D$.
Da quest'ultima relazione si evince che Sara si è classificata prima, Giovanni secondo, Giacomo terzo, Luisa quarta, mentre Daniele è arrivato ultimo. La risposta corretta è la E.

4) C. Nella traccia si chiede "Qual è il giorno successivo al giorno che precede il giorno prima di domani?".
Il "giorno prima di domani" è "oggi"; pertanto la frase della traccia diventa: "Qual è il giorno successivo al giorno che precede oggi?"
Il "giorno che precede oggi" è "ieri"; pertanto la frase della traccia diventa: "Qual è il giorno successivo a ieri?"
Il "giorno successivo a ieri" è "oggi"; pertanto la frase della traccia diventa: "Quale giorno è oggi?"
Siccome nella traccia si asserisce che "oggi è lunedì", allora la risposta corretta è "lunedì" (risposta C).

5) E. Si indicano Sergio, Giorgio, Daniele, Giovanni e Ugo rispettivamente con S, Gr, D, Gv e U. Si traducono gli asserti della traccia utilizzando il simbolo > (maggiore) per indicare "ha perduto" oppure "è stato battuto", "è stato meno veloce" ed il simbolo < (minore) per indicare "è stato più veloce", "ha battuto" oppure "ha sopravanzato". Le frasi presentate nel quesito si traducono simbolicamente nel modo seguente:

n.	Linguaggio naturale	Linguaggio simbolico
1	*"Sergio è stato più veloce di Giorgio"*	$S < Gr$
2	*"Daniele ha battuto Giovanni ma ha perduto rispetto a Giorgio"*	$Gr < D < Gv$ oppure $Gv > D > Gr$
3	*"Giovanni ha sopravanzato Ugo"*	$Gv < U$

Gli asserti 1, 2 e 3 si possono sintetizzare nella seguente catena di relazioni:
$$S < Gr < D < Gv < U$$
In pratica da $S < Gr$, da $Gr < D < Gv$ e da $Gv < U$ si ottiene $S < Gr < D < Gv < U$.
Da quest'ultima relazione si evince che Sergio si è classificato primo, Giorgio secondo, Daniele terzo, Giovanni quarto, mentre Ugo è arrivato ultimo. La risposta corretta è la E.

3.7.5 Test di logica concatenativa

1) A. Si indicano con α, β e γ le società Alpha, Beta e Gamma; inoltre si indica con L l'insieme delle società lussemburghesi. I simboli $\in$ (appartiene) e $\notin$ (non appartiene) indicano l'appartenenza e la non appartenenza di un elemento ad un insieme. Il simbolo $\vee$ significa "o", "oppure"; tale simbolo, se posto tra due affermazioni, indica che o l'una o l'altra o entrambe possono essere vere. Con il simbolo $\Rightarrow$ si indica l'implicazione logica, ossia il fatto che un asserto implichi un altro asserto.

Gli asserti presenti nella traccia si possono esprimere simbolicamente nel modo seguente:

n.	Linguaggio naturale	Linguaggio simbolico
1	"Tra Alpha, Beta e Gamma almeno due sono lussemburghesi" ossia "Alpha e Beta sono lussemburghesi, oppure Beta e Gamma sono lussemburghesi, oppure Gamma e Alpha sono lussemburghesi"	$\alpha,\beta \in L \vee \beta,\gamma \in L \vee \gamma,\alpha \in L$
2	"se Alpha è lussemburghese anche Beta lo è" ossia "se Alpha è lussemburghese allora Beta è lussemburghese"	$\alpha \in L \Rightarrow \beta \in L$
3	"se Gamma è lussemburghese lo è anche Alpha" ossia "se Gamma è lussemburghese allora Alpha è lussemburghese"	$\gamma \in L \Rightarrow \alpha \in L$
4	"tra Beta e Gamma almeno una è non lussemburghese" ossia "o Beta oppure Gamma o entrambe non sono lussemburghesi"	$\beta \notin L \vee \gamma \notin L$

Partendo dalla frase 1 si procede secondo le tre ipotesi che essa prospetta.
Si elimina subito l'ipotesi che Beta e Gamma siano lussemburghesi perché questo contraddice la frase 4 che afferma che "o Beta oppure Gamma o entrambe non sono lussemburghesi".
Se Alpha e Gamma sono lussemburghesi, allora dalla frase 2 si deduce che se Alpha è lussemburghese, allora anche Beta lo è. Pertanto le tre società devono essere tutte lussemburghesi, ma questo contraddice sia la frase 1 che la frase 4.
Resta in piedi solo l'ipotesi che Alpha e Beta siano lussemburghesi. Questo asserto non contraddice nessuna delle quattro frasi.
Pertanto abbiamo che Alpha e Beta sono lussemburghesi, mentre Gamma non è lussemburghese.
Questo asserto è garantito solo dalla risposta A che afferma che Gamma non è lussemburghese mentre Beta lo è. La risposta A è corretta.
La risposta B va scartata perché Alpha è lussemburghese; le risposte C, D ed E vanno scartate perché Gamma non è lussemburghese.

2) A. Si indicano con k, e, m rispettivamente Katia, Elisabetta e Marina. Inoltre si indica con B l'insieme delle bionde e con M l'insieme delle more. I simboli $\in$ (appartiene) e $\notin$ (non appartiene) indicano l'appartenenza e la non appartenenza di un elemento ad un insieme. Con il simbolo $\Rightarrow$ si indica l'implicazione logica, ossia il fatto che un asserto implichi un altro asserto. Il simbolo $\vee$ significa "o"; tale simbolo, se posto tra due affermazioni, indica che o l'una o l'altra o entrambe possono essere vere.

Gli asserti presenti nella traccia si possono esprimere simbolicamente nel modo seguente:

n.	Linguaggio naturale	Linguaggio simbolico
1	"Tra Katia, Elisabetta e Marina, due sono bionde e una mora" ossia "Katia e Elisabetta sono bionde, oppure Katia e Marina sono bionde, oppure Elisabetta e Marina sono bionde"	$k,e \in B \vee k,m \in B \vee e,m \in B$
2	"Se Katia è bionda, allora lo è anche Elisabetta" ossia "Se Katia è bionda, allora Elisabetta è bionda"	$k \in B \Rightarrow e \in B$
3	"se Elisabetta è bionda allora lo è anche Marina" ossia "se Elisabetta è bionda allora anche Marina è bionda"	$e \in B \Rightarrow m \in B$

Partendo dalla frase 1 si procede secondo le tre ipotesi che essa prospetta.
Se Katia e Elisabetta sono bionde, allora dalla frase 3 si deduce che se Elisabetta è bionda, allora anche Marina lo è. Pertanto le tre ragazze devono essere tutte bionde, ma questo contraddice la frase 1.
Se Katia e Marina sono bionde, allora dalla frase 2 si deduce che se Katia è bionda, allora anche Elisabetta lo è. Pertanto le tre ragazze devono essere tutte bionde, ma questo contraddice la frase 1.
Se, invece, Elisabetta e Marina sono bionde, allora non c'è alcun modo di dedurre che Katia sia bionda. L'unica ipotesi che resta in piedi è che Elisabetta e Marina siano le due ragazze bionde delle tre (frase 1). Pertanto Katia deve essere mora.
Quindi Elisabetta e Marina sono bionde, mentre Katia è mora.
Questo asserto è garantito solo dalla risposta A che afferma che Katia è mora mentre Marina è bionda. La risposta A è corretta.
La risposta B va scartata perché Marina e Elisabetta sono bionde; le risposte C, D ed E vanno scartate perché Katia è mora.

3) C. Si indicano con m, g e a rispettivamente Michele, Giampiero e Andrea. Inoltre si indica con A l'insieme delle persone alte e con B l'insieme delle persone basse. I simboli $\in$ (appartiene) e $\notin$ (non appartiene) indicano l'appartenenza e la non appartenenza di un elemento ad un insieme. Con il simbolo $\Rightarrow$ si indica l'implicazione logica, ossia il fatto che un asserto implichi un altro asserto. Il simbolo $\vee$ significa "o"; tale simbolo, se posto tra due affermazioni, indica che o l'una o l'altra o entrambe possono essere vere.

Gli asserti presenti nella traccia si possono esprimere simbolicamente nel modo seguente:

n.	Linguaggio naturale	Linguaggio simbolico
1	"Tra Michele, Giampiero e Andrea, due sono alti e uno è basso" ossia "Michele e Giampiero sono alti, oppure Giampiero e Andrea sono alti, oppure Andrea e Michele sono alti"	$m,g \in A \lor g,a \in A \lor a,m \in A$
2	"Se Michele è alto, allora lo è anche Giampiero" ossia "Se Michele è alto, allora anche Giampiero è alto"	$m \in A \Rightarrow g \in A$
3	"se Giampiero è alto allora lo è anche Andrea" ossia "se Giampiero è alto allora anche Andrea è alto"	$g \in A \Rightarrow a \in A$

Partendo dalla frase 1 si procede secondo le tre ipotesi che essa prospetta.
Se Michele e Giampiero sono alti, allora dalla frase 3 si deduce che se Giampiero è alto, allora anche Andrea lo è. Pertanto i tre figli devono essere tutti alti, ma questo contraddice la frase 1.
Se Michele e Andrea sono alti, allora dalla frase 2 si deduce che se Michele è alto, allora anche Giampiero lo è. Pertanto i tre figli devono essere tutti alti, ma questo contraddice la frase 1.
Se, invece, Giampiero e Andrea sono alti, allora non c'è alcun modo di dedurre che Michele sia alto. L'unica ipotesi che resta in piedi è che Giampiero e Andrea siano i due figli alti dei tre (frase 1). Pertanto Michele deve essere basso.
Quindi Giampiero e Andrea sono alti, mentre Michele è basso.
Questo asserto è garantito solo dalla risposta C che afferma che Michele è basso mentre Andrea è alto. La risposta C è corretta.
La risposta A va scartata perché Andrea e Giampiero sono alti; le risposte B, D ed E vanno scartate perché Michele è basso.

4) A. Per risolvere il quesito, conviene partire dall'associazione più semplice, cioè quella tra ciascuna istruttrice e il numero di iscritti del rispettivo corso. A questo proposito, infatti, in base a 3) sappiamo che Nadia ha il corso con il maggior numero di iscritti, cioè 12, e grazie a 6) sappiamo che Chiara ha un corso di 6 iscritti. Dunque, il corso di Laura non può essere né di 12 né di 6 iscritti, ma o di 8 o di 9. Tuttavia, 5) ci informa che il corso di Laura è diverso da quello di 8 iscritti, per cui per esclusione deve essere di 9. A sua volta questo significa che il corso restante di 8 iscritti è di Paola. Ciò stabilito, riportiamo nella prima riga della tabella seguente le associazioni "ISTRUTTRICE + NUMERO DI ISCRITTI" e nella prima colonna i quattro orari. In totale abbiamo 16 possibili combinazioni. Ora evidenziamo (useremo un fondino in grigio) nello spazio corrispondente le combinazioni che in base ai punti del brano sono da escludere.

	Chiara + 6	Laura + 9	Nadia + 12	Paola + 8
9.30		Bikram		
10.30				Pilates
11.30			Hatha	
12.30	Ashtanga			

Secondo 5) il corso di Laura e quello di 8 iscritti, cioè quello di Paola, sono diversi dal corso delle 12.30, per cui escludiamo le corrispondenti combinazioni "12.30 + Laura + 9" e "12.30 + Paola + 8". Poi, in base a 4) sappiamo che il corso delle 11.30 è o quello di Nadia o quello di 6 iscritti, cioè quello di Chiara, per cui escludiamo le combinazioni "11.30 + Laura + 9" e "11.30 + Paola + 8". Ora, se i corsi di Laura e di Paola non possono iniziare né alle 11.30 né alle 12.30, ciò significa che, anche se non sappiamo ancora quale, uno dei due deve iniziare alle 9.30 e l'altro alle 10.30. Questo, a sua volta, ci porta a escludere che alle 9.30 e alle 10.30 inizino i corsi di Chiara e di Nadia. Posto che il corso di Laura inizia o alle 9.30 o alle 10.30, allora in base a 1) il corso di Hatha yoga deve iniziare o alle 11.30 o alle 12.30, cioè ai possibili orari del corso di Chiara e di Nadia, ma sempre 1) ci dice che il corso di Hatha non è quello di 6 iscritti, cioè di Chiara, per cui deve essere quello di Nadia. Combinando quest'ultima informazione con quella fornita da 4), concludiamo che il corso di Nadia è quello di Hatha e inizia alle 11.30, mentre quello di Chiara è il corso di Ashtanga e inizia alle 12.30. Ora, poiché il corso di Hatha è quello delle 11.30, in base a 2) concludiamo per esclusione che il corso di Pilates è quello di 8 iscritti, cioè quello di Paola, e, quindi, che il corso restante, quello di Bikram, è di Laura. Infine, se il corso di Hatha inizia alle 11.30 e, secondo 1), due ore dopo quello di Laura, ciò significa che quest'ultimo corso, di Bikram, inizia alle 9.30. È chiaro, quindi, che all'orario restante, cioè alle 10.30, inizia il corso di Pilates tenuto da Paola.

In base alla tabella appena compilata possiamo finalmente rispondere al quesito: il corso con il maggior numero di iscritti, cioè quello di Nadia, si svolge subito dopo quello di Pilates.

5) A. Per risolvere il quesito, conviene partire dall'associazione più semplice, cioè quella tra ciascuna istruttrice e il numero di iscritti del rispettivo corso. A questo proposito, infatti, in base a 3) sappiamo che Nadia ha il corso con il maggior numero di iscritti, cioè 12, e grazie a 6) sappiamo che Chiara ha un corso di 6 iscritti. Dunque, il corso di Laura non può essere né di 12 né di 6 iscritti, ma o di 8 o di 9. Tuttavia, 5) ci informa che il corso di Laura è diverso da quello di 8 iscritti, per cui per esclusione deve essere di 9. A sua volta questo significa che il corso restante di 8 iscritti è di Paola. Ciò stabilito, riportiamo nella prima riga della tabella seguente le associazioni "ISTRUTTRICE + NUMERO DI ISCRITTI" e nella prima colonna i quattro orari. In totale abbiamo 16 possibili combinazioni. Ora evidenziamo (useremo un fondino in grigio) nello spazio corrispondente le combinazioni che in base ai punti del brano sono da escludere.

	Chiara + 6	Laura + 9	Nadia + 12	Paola + 8
9.30		Bikram		
10.30				Pilates
11.30			Hatha	
12.30	Ashtanga			

Secondo 5) il corso di Laura e quello di 8 iscritti, cioè quello di Paola, sono diversi dal corso delle 12.30, per cui escludiamo le corrispondenti combinazioni "12.30 + Laura + 9" e "12.30 + Paola + 8". Poi, in base a 4) sappiamo che il corso delle 11.30 è o quello di Nadia o quello di 6 iscritti, cioè quello di Chiara, per cui escludiamo le combinazioni "11.30 + Laura + 9" e "11.30 + Paola + 8". Ora, se i corsi di Laura e di Paola non possono iniziare né alle 11.30 né alle 12.30, ciò significa che, anche se non sappiamo ancora quale, uno dei due deve iniziare alle 9.30 e l'altro alle 10.30. Questo, a sua volta, ci porta a escludere che alle 9.30 e alle 10.30 inizino i corsi di Chiara e di Nadia. Posto che il corso di Laura inizia o alle 9.30 o alle 10.30, allora in base a 1) il corso di Hatha yoga deve iniziare o alle 11.30 o alle 12.30, cioè ai possibili orari del corso di Chiara e di Nadia, ma sempre 1) ci dice che il corso di Hatha non è quello di 6 iscritti, cioè di Chiara, per cui deve essere quello di Nadia. Combinando quest'ultima informazione con quella fornita da 4), concludiamo che il corso di Nadia è quello di Hatha e inizia alle 11.30, mentre quello di Chiara è il corso di Ashtanga e inizia alle 12.30. Ora, poiché il corso di Hatha è quello delle 11.30, in base a 2) concludiamo per esclusione che il corso di Pilates è quello di 8 iscritti, cioè quello di Paola, e, quindi, che il corso restante, quello di Bikram, è di Laura. Infine, se il corso di Hatha inizia alle 11.30 e, secondo 1), due ore dopo quello di Laura, ciò significa che quest'ultimo corso, di Bikram, inizia alle 9.30. È chiaro, quindi, che all'orario restante, cioè alle 10.30, inizia il corso di Pilates tenuto da Paola.
In base alla tabella appena compilata, possiamo dire che il primo corso del mattino è quello di Laura.

3.8 Relazioni insiemistiche

1) A. Computer, stampanti e CD-ROM sono tre dispositivi hardware distinti del mondo dell'informatica. Pertanto l'insieme che rappresenta tutti i computer non può avere elementi in comune con l'insieme che rappresenta le stampanti, così come quest'ultimo non può avere elementi in comune con l'insieme che rappresenta i CD-ROM. Infine l'insieme dei CD-ROM non può avere elementi condivisi con quello dei computer. In pratica i tre insiemi sono disgiunti. Pertanto il diagramma che li rappresenta è il "diagramma 6" e la risposta corretta e la A. In figura è mostrato il diagramma di Eulero-Venn con i tre insiemi.

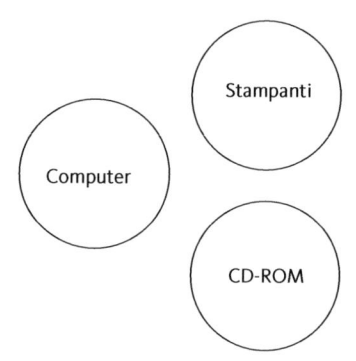

2) D. I cani sono quadrupedi, pertanto l'insieme dei cani e quello dei quadrupedi devono avere elementi in comune. Analogamente i cavalli sono quadrupedi, quindi anch'essi devono avere elementi in comune con l'insieme dei quadrupedi. I cani non sono cavalli, quindi questi due insiemi devono essere disgiunti. Inoltre, siccome ci si riferisce ai soli quadrupedi con pelo marrone, allora l'insieme dei quadrupedi con pelo marrone non può contenere quello dei cani, così come non può contenere quello dei cavalli. Questo perché sia alcuni cani che alcuni cavalli possono avere il pelo che non è marrone. Pertanto il diagramma che rappresenta i tre insiemi è il numero 3 e la risposta corretta è la D. In figura è mostrato il diagramma di Eulero-Venn con i tre insiemi.

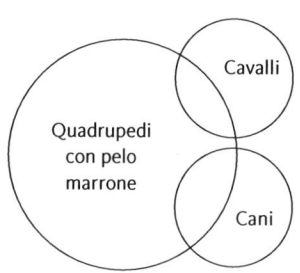

3) B. Gli agrumi sono una cosa distinta dalle bevande e dalle spremute. Pertanto l'insieme degli agrumi non deve avere intersezione con l'insieme delle bevande e con quello delle spremute. Le spremute possono essere considerate un sottoinsieme dell'insieme più vasto delle bevande. Pertanto il diagramma che rappresenta i termini della traccia è il numero 2 e la risposta corretta è la B.
In figura è mostrato il diagramma di Eulero-Venn con i tre insiemi.

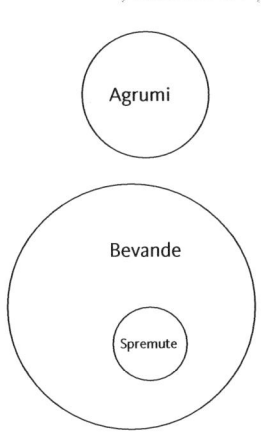

[Diagramma di Eulero-Venn: cerchio "Agrumi" separato; cerchio "Bevande" contenente cerchio più piccolo "Spremute"]

4) A. Alcuni lavoratori dipendenti possono chiamarsi Luigi, così come alcuni di essi possono risiedere a Teramo. Inoltre alcune persone di nome Luigi possono risiedere a Teramo. Pertanto ciascuno dei tre insiemi avrà intersezione non nulla con ciascuno degli altri due insiemi. Inoltre esisteranno dei lavoratori dipendenti di nome Luigi che risiedono a Teramo. Questo vuol dire che esiste una parte in comune fra i tre insiemi. Quindi il diagramma che rappresenta opportunamente le tre categorie è il diagramma 5 e la risposta corretta è la A.
In figura è mostrato il diagramma di Eulero-Venn con i tre insiemi. In esso si nota come ciascuno dei tre insiemi abbia intersezione non nulla con gli altri due. Si nota inoltre una parte in comune tra i tre insiemi.

[Diagramma di Venn a tre insiemi intersecanti: "Lavoratori dipendenti", "Persone di nome Luigi", "Residenti a Teramo"]

5) E. Alcune persone con i capelli rossi possono essere maggiorenni, ma non patentate. Analogamente alcuni maggiorenni possono essere patentati ma non avere i capelli rossi. Inoltre vi sono alcuni patentati che possono avere capelli rossi, ma non essere maggiorenni (in particolare possono essere patentati per la guida di ciclomotori).
Infine vi possono essere persone che hanno i capelli rossi, sono maggiorenni e sono anche patentate. Pertanto il diagramma che rappresenta i tre insiemi è quello indicato con il numero 5 e la risposta corretta è la E.

In figura è mostrato il diagramma di Eulero-Venn con i tre insiemi. In esso si nota come ciascuno dei tre insiemi abbia intersezione non nulla con gli altri due. Si nota inoltre una parte in comune tra i tre insiemi.

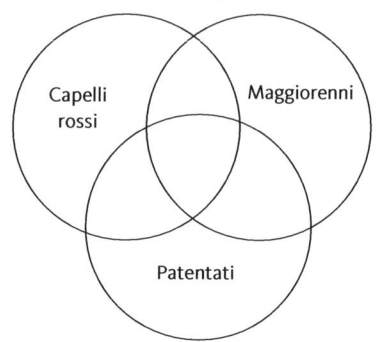

Capelli rossi — Maggiorenni — Patentati

6) C. Se un individuo è spagnolo (nel senso che è nato in Spagna) allora non è olandese (nel senso che non può essere nato in Olanda). Pertanto gli insiemi di spagnoli e olandesi sono disgiunti, ossia non hanno parti in comune.
Infine l'insieme dei motociclisti si sovrappone in parte a quello degli spagnoli ed in parte a quello degli olandesi; difatti possono esserci sia motociclisti spagnoli che olandesi. Inoltre l'insieme dei motociclisti presenta anche una parte che non si sovrappone a nessuno degli altri due insiemi (sono i motociclisti né spagnoli né olandesi). Analogamente, l'insieme degli spagnoli non può essere incluso nell'insieme dei motociclisti, perché alcuni spagnoli non sanno guidare la motocicletta.
Pertanto il diagramma che rappresenta i tre insiemi è il numero 3 e la risposta corretta è la C.
In figura è mostrato il diagramma di Eulero-Venn con i tre insiemi. In esso si nota che gli insiemi degli spagnoli e degli olandesi si sovrappongono in parte a quello dei motociclisti.

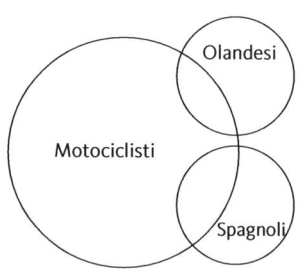

Motociclisti — Olandesi — Spagnoli

7) A. Il Sodio (simbolo chimico Na) è un elemento chimico; pertanto esso è contenuto nell'insieme degli elementi chimici. Gli alberi sono rappresentati da un insieme disgiunto dai due precedenti, ossia un insieme che non si sovrappone neanche parzialmente ai precedenti. Pertanto la rappresentazione grafica corretta è il diagramma 2 e la risposta corretta è la A.

In figura è mostrato il diagramma di Eulero-Venn con i tre insiemi. In esso si nota che il Sodio è incluso negli elementi chimici e l'insieme degli alberi è disgiunto.

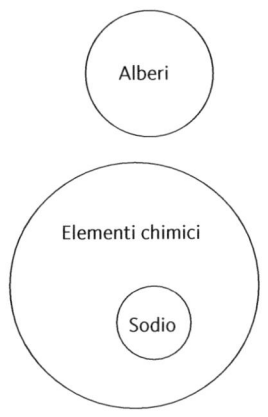

8) E. Alcune persone americane (nate in America) possono essere architetti, ma non sportivi. Analogamente alcuni architetti possono essere sportivi ma non americani. Inoltre vi sono alcuni sportivi che possono essere americani, ma non sono architetti. Infine vi possono essere persone che sono americane, sono sportive e sono architetti. Pertanto il diagramma che rappresenta i tre insiemi è quello indicato con il numero 5 e la risposta corretta è la E.

In figura è mostrato il diagramma di Eulero-Venn con i tre insiemi. In esso si nota come ciascuno dei tre insiemi abbia intersezione non nulla con gli altri due. Si nota inoltre una parte in comune tra i tre insiemi.

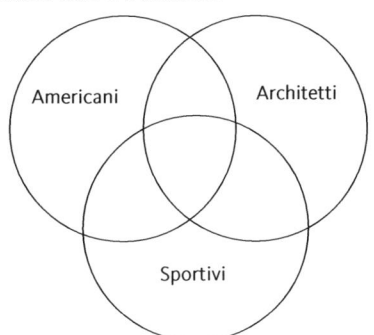

9) B. I dadi non sono bulloni, né oggetti sferici; inoltre i bulloni non sono oggetti sferici. Pertanto le tre categorie di oggetti devono essere inserite in insiemi che non hanno parti in comune, ossia che sono disgiunti. Il diagramma che rappresenta i tre insiemi è quello indicato con il numero 6 e la risposta corretta è la B.

In figura è mostrato il diagramma di Eulero-Venn con i tre insiemi. In esso si nota come ciascuno dei tre insiemi abbia intersezione nulla con gli altri due.

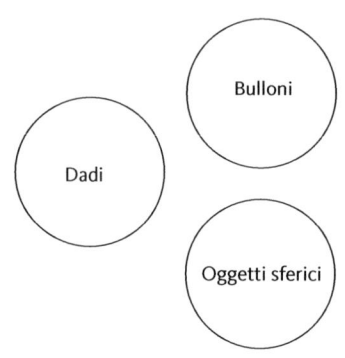

10) **E.** Se un individuo è svizzero (nel senso che è nato in Svizzera) allora non è italiano (nel senso che non può essere nato in Italia). Pertanto gli insiemi di svizzeri e italiani sono disgiunti, ossia non hanno parti in comune. Infine l'insieme degli sciatori si sovrappone in parte a quello degli svizzeri ed in parte a quello degli italiani; difatti possono esserci sia sciatori svizzeri che italiani. Inoltre l'insieme degli sciatori presenta anche una parte che non si sovrappone a nessuno degli altri due insiemi (sono gli sciatori né svizzeri, né italiani). Analogamente, gli insiemi degli svizzeri e degli italiani non possono essere inclusi nell'insieme degli sciatori, perché alcuni svizzeri e alcuni italiani non sanno sciare. Pertanto il diagramma che rappresenta i tre insiemi è il numero 3 e la risposta corretta è la E.
In figura è mostrato il diagramma di Eulero-Venn con i tre insiemi. In esso si nota che gli insiemi degli svizzeri e degli italiani si sovrappongono in parte a quello degli sciatori.

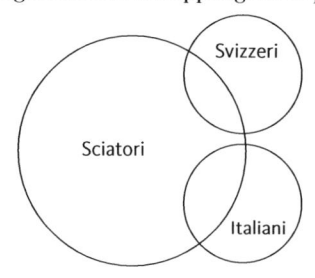

3.9 Prove di percorso logico

1) **B.** Il quadratino 3 si raggiunge mediante il percorso mostrato in figura.

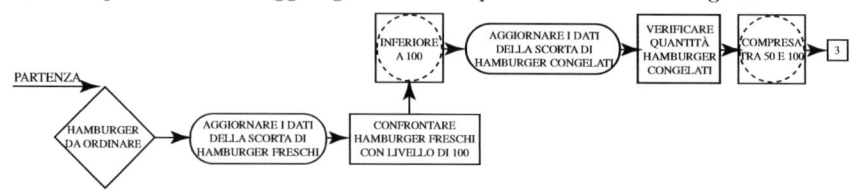

Il percorso mostrato conduce attraverso la casella "inferiore a 100" riferita al numero di hamburger freschi.
Pertanto si deve supporre che il numero di hamburger freschi sia inferiore a 100. Inoltre il percorso mostrato passa attraverso la casella "compresa tra 50 e 100", riferita alla quantità di hamburger congelati. Quindi il quantitativo di hamburger congelati è compreso tra 50 e 100.
Per quanto detto nel testo si sa che con un numero di hamburger freschi inferiore a 100 si controlla la scorta di hamburger congelati. Se questa è compresa tra 50 e 100 si invia un ordine di 100 hamburger freschi e 50 congelati. Pertanto il quadratino 3 corrisponde ad un ordine di 100 hamburger freschi e 50 congelati. La risposta esatta è la B.
Per completezza si nota che il quadratino 1 corrisponde ad una scorta di hamburger freschi superiore a 100; in tal caso dal testo si evince che l'ordine deve essere di 50 hamburger freschi.
Il quadratino 2 corrisponde ad una scorta di hamburger congelati superiore a 100. In tal caso dal testo si evince che viene effettuato un ordine di 100 hamburger freschi.
Infine il quadratino 4 corrisponde ad una scorta di hamburger congelati inferiore ai 50. In tal caso si invia un ordine di 100 hamburger freschi e 100 congelati.
In figura è mostrato l'ordine da effettuare alla fine di ciascun percorso.

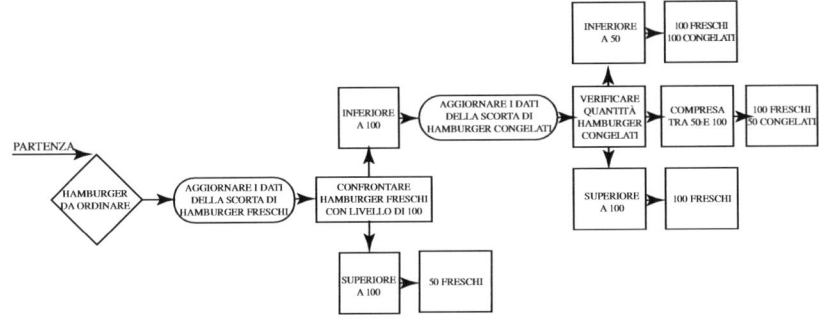

2) A. Il quadratino 2 si raggiunge mediante un percorso che passa attraverso un numero di schermi di plasma inferiore a 300 ed un successivo valore del numero di schermi LCD superiore a 200. Analogamente esso si può raggiungere attraverso un percorso che prevede un numero di schermi al plasma superiore a 300 ed un successivo numero di schermi LCD inferiore a 200. In entrambi i casi viene inviato un ordine normale. Pertanto la risposta corretta è la A.
Per completezza si mostra che la casella 3 si raggiunge mediante un percorso che prevede un numero di schermi al plasma inferiore a 300 ed un numero di schermi LCD inferiore a 200. Pertanto la casella 3 corrisponde all'invio di un ordine urgente. Infine la casella 1 si raggiunge mediante un percorso che prevede un numero di schermi al plasma superiore a 300 ed un numero di schermi LCD superiore a 200. Pertanto la casella 1 corrisponde all'invio di nessun ordine.

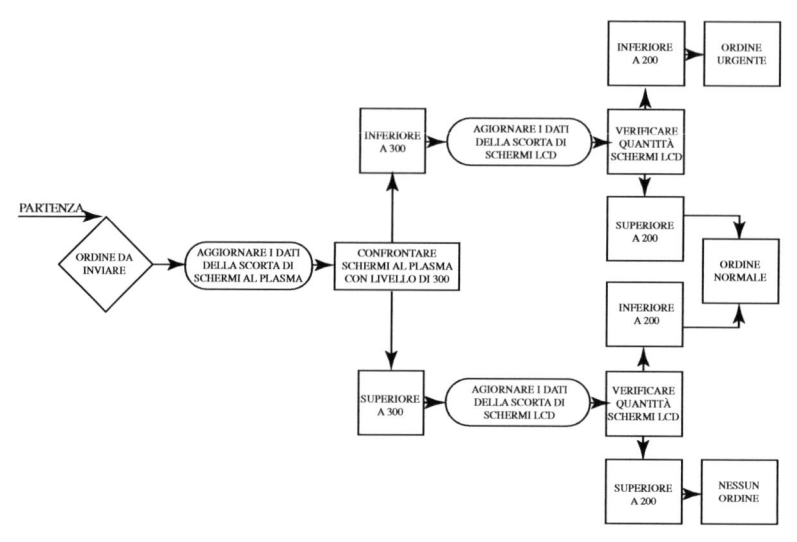

3) C. Il percorso che conduce al quadratino 1 passa attraverso la casella "NO", che presuppone che non ci siano state vendite di sedie, dunque non è stato intaccato il livello delle scorte. Pertanto, in corrispondenza del quadratino 1 non è richiesta alcuna azione.

4) D. Il percorso che conduce al quadratino 2 presuppone che ci siano state vendite di sedie e che sia stata confrontata la scorta con il livello minimo di 80 sedie; tale percorso conduce attraverso la casella "MINORE DI 80". Pertanto, in corrispondenza del quadratino 2 è necessario inviare un ordine urgente.

5) B. Il percorso che conduce al quadratino 3 presuppone che ci siano state vendite di sedie e che sia stata confrontata la scorta con il livello minimo di 80 sedie; tale percorso conduce attraverso la casella "UGUALE A 80". Pertanto, in corrispondenza del quadratino 3 è necessario inviare un ordine normale.

6) D. Il percorso che conduce al quadratino 4 presuppone che ci siano state vendite di sedie e che sia stata confrontata la scorta con il livello minimo di 80 sedie; tale percorso conduce attraverso la casella "MAGGIORE DI 80". Pertanto, in corrispondenza del quadratino 4 non è necessario effettuare un ordine.

7) E. Il percorso che conduce al quadratino 1 presuppone che la quantità di scorte di seta sia "MINORE DI 300 metri". Pertanto, in corrispondenza del quadratino 1 è necessario inviare un ordine urgente.

8) C. Il percorso che conduce al quadratino 2 presuppone che ci siano meno di 400 metri di cotone ma seta a sufficienza oppure meno di 300 metri di seta ma cotone a sufficienza, pertanto, in corrispondenza di tale quadratino, l'addetto al magazzino della fabbrica invia un ordine normale.

9) D. Nei diagrammi di flusso in figura, un rettangolo rappresenta un'azione compiuta con un solo esito possibile, un rombo indica una scelta con due esiti possibili. Consideriamo le attività proposte e le possibili rappresentazioni:

> inserire la tessera: rettangolo
> digitare il codice segreto: rettangolo
> controllare se si ha la disponibilità dell'importo che si desidera prelevare: rombo perché:
>   - in caso positivo:
>   • prelevare il denaro: rettangolo
>   • ritirare la tessera: rettangolo
>   - in caso negativo:
>   • ritirare la tessera: rettangolo direttamente collegato al rombo.

A tali attività corrisponde il diagramma 2.

10) E. Nei diagrammi di flusso in figura, un rettangolo rappresenta un'azione compiuta con un solo esito possibile, un rombo indica una scelta con due esiti possibili. Consideriamo le attività proposte e le possibili rappresentazioni:

> inserire il badge: rettangolo
> digitare il codice matricola: rettangolo
> verificare la disponibilità della tipologia di acqua che si desidera: rombo perché:
>   - in caso positivo:
>   • prelevare la bottiglia: rettangolo
>   • ritirare il badge: rettangolo
>   - in caso negativo:
>   • ritirare badge: rettangolo direttamente collegato al rombo.

A tali attività corrisponde il diagramma 2.

Questionario 4
Ragionamento numerico

4.1 Serie numeriche

1) 1   5   13   ?   61   125
 A. 22
 B. 90
 C. 20
 D. 29
 E. 43

2) 1   6   31   156   ?
 A. 700
 B. 199
 C. 545
 D. 781
 E. 701

3) 300   76   20   ?
 A. 6
 B. 15
 C. 11
 D. 10
 E. 20

4) 10   13   18   25   ?
 A. 34
 B. 43
 C. 39
 D. 37
 E. 32

5) 21   ?   18   14   6
 A. 15
 B. 20
 C. 19
 D. 16
 E. 22

6) 7   35   ?   420   840
 A. 105
 B. 210
 C. 115
 D. 175
 E. 140

7) ?   30   24   16   6
 A. 39
 B. 37
 C. 34
 D. 35
 E. 32

8) 29   44   67   ?   137
 A. 96
 B. 101
 C. 111
 D. 98
 E. 196

9) 3   8   18   38   ?   158
 A. 42
 B. 41
 C. 81
 D. 65
 E. 78

10) 960   ?   160   40   8
 A. 240
 B. 480
 C. 640
 D. 540
 E. 320

11) 28   32   25   29   ?
 A. 27
 B. 18
 C. 20
 D. 22
 E. 25

12) **4   13   ?   61   244**
   A. 32
   B. 64
   C. 39
   D. 52
   E. 26

13) **12   3   36   9   ?**
   A. 108
   B. 49
   C. 98
   D. 100
   E. 50

14) **2   10   ?   85   92**
   A. 12
   B. 15
   C. 13
   D. 14
   E. 17

15) **?   432   108   324   81**
   A. 72
   B. 126
   C. 162
   D. 216
   E. 144

16) **11   24   3   ?   2**
   A. 16
   B. 6
   C. 36
   D. 26
   E. 46

17) **13   6   30   ?   115**
   A. 24
   B. 22
   C. 21
   D. 25
   E. 23

18) **357   51   ?   7   5**
   A. 39
   B. 49
   C. 79
   D. 29
   E. 19

19) **7   21   21   ?   63   189**
   A. 63
   B. 75
   C. 5
   D. 45
   E. 56

20) **675   225   ?   15   3**
   A. 60
   B. 105
   C. 125
   D. 45
   E. 90

21) **8   49   24   ?   72   1**
   A. 8
   B. 12
   C. 3
   D. 7
   E. 5

22) **3   200   18   40   ?   8**
   A. 108
   B. 81
   C. 72
   D. 96
   E. 120

23) **25   9   100   3   ?   1**
   A. 400
   B. 109
   C. 200
   D. 102
   E. 300

24) **192   45   ?   15   3   5**
   A. 12
   B. 48
   C. 24
   D. 30
   E. 16

25) **252   13   ?   52   7   208**
   A. 26
   B. 42
   C. 56
   D. 49
   E. 21

26) 2   5   ?   10   162   20
A. 16
B. 20
C. 4
D. 18
E. 15

27) 5   144   ?   48   80   16
A. 20
B. 32
C. 30
D. 24
E. 25

28) 6   48   42   12   ?   3
A. 360
B. 231
C. 144
D. 294
E. 192

29) 52   6   ?   18   13   54
A. 26
B. 20
C. 24
D. 36
E. 27

30) 10   72   30   24   ?   8
A. 96
B. 70
C. 112
D. 90
E. 36

31) 49   25   ?   1
A. 18
B. 2
C. 9
D. 35
E. 12

32) 25   100   225   400   ?
A. 500
B. 705
C. 650
D. 550
E. 625

33) 1   27   ?   343
A. 78
B. 216
C. 158
D. 112
E. 125

34) 8   ?   216   512   1000
A. 10
B. 60
C. 64
D. 100
E. 54

35) 4   2   121   11   49   ?
A. 6
B. 3
C. 16
D. 9
E. 7

36) 10   100   1   ?   11   121
A. 12
B. 9
C. 1
D. 3
E. 4

37) 21   ?   1   1   19   361
A. 200
B. 40
C. 441
D. 5
E. 2

38) 27   3   216   6   ?   5
A. 9
B. 125
C. 36
D. 25
E. 15

39) 1   ?   4   8   16   64
A. 6
B. 3
C. 1
D. 2
E. 10

40) 36   216   1   ?   9   27
   A. 16
   B. 7
   C. 6
   D. 1
   E. 3

41) 7   19   4   22   ?   14
   A. 26
   B. 36
   C. 15
   D. 12
   E. 24

42) ?   20   3   31   9   25
   A. 17
   B. 21
   C. 12
   D. 23
   E. 14

43) ?   4   75   15   50   10
   A. 20
   B. 45
   C. 40
   D. 30
   E. 16

44) 77   ?   11   1   33   3
   A. 7
   B. 22
   C. 9
   D. 13
   E. 66

45) 28   22   17   ?   22   16
   A. 11
   B. 20
   C. 14
   D. 8
   E. 15

46) 3   9   10   ?   4   12
   A. 16
   B. 27
   C. 30
   D. 18
   E. 42

47) 25   ?   18   6   33   21
   A. 13
   B. 15
   C. 24
   D. 28
   E. 9

48) 100   10   20   2   350   ?
   A. 150
   B. 50
   C. 75
   D. 35
   E. 3

49) 9   3   ?   45   17   11
   A. 38
   B. 51
   C. 54
   D. 34
   E. 47

50) 40   5   ?   9   32   4
   A. 28
   B. 66
   C. 72
   D. 54
   E. 30

Quesiti da 51 a 100

4.2 Serie alfabetiche e serie alfanumeriche

4.2.1 Le serie alfabetiche

▶ 1) Completare la seguente successione, utilizzando l'alfabeto italiano: B; T; C; R; D; P; E; ?
   A. N
   B. P
   C. Q
   D. M
   E. L

2) Completare la seguente successione, utilizzando l'alfabeto italiano:
?; L; F; B; U
A. U
B. V
C. S
D. P
E. T

3) Completare la seguente successione, utilizzando l'alfabeto italiano:
A; B; D; ?; M
A. L
B. I
C. N
D. E
E. G

4) Completare la seguente successione, utilizzando l'alfabeto italiano:
Q U B F L ? T
A. S
B. P
C. N
D. O
E. Z

5) Completare la seguente successione, utilizzando l'alfabeto italiano:
A E I ? S
A. L
B. U
C. T
D. O
E. M

4.2.2 Le serie alfanumeriche

▶ 1) Completare la seguente successione, utilizzando l'alfabeto italiano: V; 11; T; 15; R; 19; ?; ?
A. S; 20
B. P; 23
C. O; 21
D. R; 22
E. T; 21

2) Completare la seguente successione, utilizzando l'alfabeto italiano:
M; 3; H; 6; E; 9; B; 15; ?; ?
A. V; 24
B. U; 20
C. Z; 22
D. R; 20
E. U; 24

3) Completare la seguente successione, utilizzando l'alfabeto italiano:
E; 5; I; 6; P; 11; T; 17; ?; ?
A. C; 16
B. D; 14
C. B; 20
D. B; 28
E. A; 26

4) Completare la seguente successione, utilizzando l'alfabeto italiano:
I; 23; G; 29; E; 35; ?; ?
A. D; 43
B. C; 40
C. S; 31
D. D; 41
E. C; 41

5) Completare la seguente successione, utilizzando l'alfabeto italiano:
Q; 25; L; 49; E; 74; Z; 123; ?; ?
A. S; 66
B. R; 197
C. Q; 123
D. B; 135
E. Z; 188

4.3 Abilità di calcolo

▶ 1) Luigi il lunedì si allena in piscina il triplo del tempo in cui si allena il martedì, giorno in cui si allena 2 ore in più del giovedì e 3 ore in meno del venerdì. Se venerdì si allena 7 ore, quante ore si allena giovedì?
A. 2
B. 4

C. 3
D. 7
E. 5

2) Luigi e Alessandra propongono un gioco a Gaia. Luigi chiede a Gaia di pensare un numero naturale, di moltiplicarlo per 5 e aggiungere 3 al risultato. Alessandra chiede a Gaia di aggiungere al numero pensato il numero 5 e di moltiplicare per 3 il risultato. Per vincere, Gaia deve individuare il numero che dà la stessa risposta a Luigi e Alessandra. Quale numero deve pensare Gaia e quale risposta deve dare a Luigi e Alessandra?
   A. 6 e 24
   B. 4 e 22
   C. 6 e 33
   D. 4 e 20
   E. 2 e 24

3) Uno scaffale di un minimarket ha 6 ripiani; ponendo su ciascuno di essi 21 barattoli, si occupano solo i primi 4 ripiani. Se si volesse occupare tutto lo scaffale, invece, quanti barattoli bisognerebbe disporre su ogni ripiano facendo in modo che il numero di barattoli sia lo stesso su ogni ripiano?
   A. 22
   B. 20
   C. 18
   D. 17
   E. 14

4) Per trasportare 13 risme di carta dalla cartoleria in cui le ha comprate a casa sua, Luigi si serve della bicicletta, ma ne può portare solo due alla volta. Quante volte Luigi deve recarsi in cartoleria per le risme?
   A. 7
   B. 6

C. 4
D. 9
E. 3

5) Di quanto aumenta il numero 150 se tra le decine e le centinaia si inserisce la cifra 2?
   A. 1.200
   B. 900
   C. 1.100
   D. 1.000
   E. 850

4.4 Frazioni, percentuali e proporzioni

1) Gaia ha letto i 4/5 del suo libro. Sapendo che ha letto 96 pagine, quante pagine le restano da leggere?
   A. 35
   B. 24
   C. 40
   D. 22
   E. 36

2) Per la scelta della facoltà dopo il diploma, in una classe del quinto anno di un liceo, i 6/11 degli studenti ha scelto di iscriversi alla facoltà di Economia, i 4/11 alla facoltà di Ingegneria e 3 studenti ad altre facoltà. Qual è il numero di studenti della classe?
   A. 25
   B. 22
   C. 44
   D. 33
   E. 27

3) 17 camini hanno legna da ardere per 21 ore. Se i camini fossero 3, quante ore durerebbe la legna?
   A. 120
   B. 119
   C. 127
   D. 86

E. 78

4) In una scuola, 20 bambini su 114 hanno i capelli neri, quanti bambini su 57 hanno i capelli neri?
   A. 12
   B. 15
   C. 9
   D. 14
   E. 10

5) Per un viaggio organizzato, 91 persone noleggiano 3 autobus. Le persone saranno ripartite in modo che il primo autobus contenga un terzo dei viaggiatori del secondo e il secondo autobus un terzo dei viaggiatori del terzo. Quanti viaggiatori conterrà il secondo autobus?
   A. 33
   B. 31
   C. 21
   D. 24
   E. 30

4.5 Divisibilità, mcm e MCD

1) Tre agenti di commercio di una multinazionale si recano nella sede di Parigi, rispettivamente, ogni 3, ogni 8, ogni 12 giorni. Si sono incontrati oggi a Parigi, tra quanti giorni si ritroveranno a Parigi assieme?
   A. 24 giorni
   B. 25 giorni
   C. 26 giorni
   D. 28 giorni
   E. 30 giorni

2) Tre aerei sono partiti questa mattina dall'aeroporto di Napoli. Sapendo che il primo aereo torna all'aeroporto ogni 5 giorni, il secondo ogni 10 giorni e il terzo ogni 6 giorni, tra quanti giorni partiranno di nuovo insieme dall'aeroporto di Napoli?
   A. 30
   B. 15
   C. 24
   D. 60
   E. 45

3) Alla festa di compleanno di Gaia sono avanzate alcune fette di torta. Gaia decide di dividerle con i suoi ospiti al momento dei saluti. Se ogni ospite, Gaia compresa, prendesse 5 fette, ne avanzerebbero 5. Se Gaia si escludesse, gli altri riceverebbero 6 fette. In quanti sono gli ospiti, Gaia compresa?
   A. 12
   B. 11
   C. 13
   D. 6
   E. 9

4) Alessandra è una fioraia. Dispone di 28 tulipani e 36 rose. Vuole distribuirli in vasi contenenti ciascuno lo stesso numero di fiori, tutti dello stesso tipo. Qual è il massimo numero di fiori che Alessandra disporrà in ciascun vaso?
   A. 6
   B. 15
   C. 4
   D. 2
   E. 14

5) Il custode di un acquario conta ripetutamente i pesci, il cui numero è compreso tra 50 e 100. Sia che li conti a 3 a 3, sia che li conti a 4 a 4, o a 5 a 5, o a 6 a 6, ne avanza sempre 1. Di quanti pesci è composto l'acquario?
   A. 71
   B. 61
   C. 82

D. 99
E. 87

4.6 Medie

▶ 1) Fino all'altro ieri Gaia aveva sostenuto degli esami universitari e aveva una media dei voti di 26. Ieri ha superato un nuovo esame con voto 30, e la sua media è salita a 27. Quanti esami ha sostenuto Gaia, compreso quello di ieri?
   A. 3
   B. 5
   C. 2
   D. 4
   E. 7

2) I dipendenti di un'azienda sono: 1 direttore, 4 impiegati, 10 operai e 5 corrieri. Gli stipendi mensili (in euro) dei dipendenti sono, rispettivamente, 2.500, 1.800, 1.300 e 1.200. Qual è la media degli stipendi aziendali?
   A. 1.435 euro
   B. 1.500 euro
   C. 1.750 euro
   D. 1.650 euro
   E. 1.700 euro

3) Un generatore di numeri casuali di dieci numeri compresi tra 1 e 90 ha fornito i primi seguenti 8 numeri: 18, 21, 25, 33, 42, 60, 60, 85. Sapendo che la media aritmetica dei 10 numeri generati è 37, quali altri 2 numeri può aver fornito?
   A. 20 e 30
   B. 10 e 16
   C. 15 e 21
   D. 35 e 35
   E. 31 e 31

4) In una squadra di calcio di bambini vi sono 11 giocatori. Il peso medio è 22 kg. Durante un incontro di calcio, un giocatore è espulso. Il peso medio dei giocatori rimasti in campo diventa 21 kg. Qual è il peso del giocatore espulso?
   A. 32 kg
   B. 35 kg
   C. 34 kg
   D. 33 kg
   E. 31 kg

5) La media aritmetica dei numeri a, b e c è 33. Qual è la media aritmetica dei numeri a, b, c, 3?
   A. 25,5
   B. 33,3
   C. 9
   D. 12
   E. 28,5

4.7 Insiemi e ripartizioni

▶ 1) Per la festa di compleanno di Luigi, Alessandra ha acquistato 80 dolci tra sfogliatelle, cannoli, cassatine e babà. 46 non sono cannoli, 55 non sono babà e le sfogliatelle sono 3 in più delle cassatine. Quante sono le sfogliatelle?
   A. 6
   B. 4
   C. 5
   D. 12
   E. 11

2) Per comprare un regalo a una loro comune amica, 4 amiche hanno deciso di lavorare, stabilendo che il guadagno sarebbe stato diviso equamente tra loro. Alessandra ha guadagnato 70 euro; Beatrice ha guadagnato 43 euro; Carla ha guadagnato 68 euro; Donatella ha guadagnato 119 euro e quindi deve dei soldi alle altre amiche. Quanto deve ricevere Beatrice da Donatella?

A. 44 euro
B. 32 euro
C. 75 euro
D. 16 euro
E. 24 euro

3) In un gruppo di 12 amici, c'è chi sa suonare la chitarra, suonare il piano o fare entrambe le cose. Se 9 suonano la chitarra e 7 il piano, quanti sono gli amici che sanno suonare entrambi gli strumenti?
A. 4
B. 3
C. 7
D. 2
E. 6

4) A una maratona si sono iscritte 150 persone, di cui: 98 uomini, 105 italiani, 119 biondi e 129 allenati. Qual è il minimo numero di uomini italiani, biondi e allenati?
A. 52
B. 45
C. 31
D. 21
E. 1

5) Per un viaggio organizzato, 40 persone noleggiano 10 auto da 4 posti. Le persone devono essere ripartite in modo che ciascuna auto trasporti sia uomini sia donne; tuttavia, si rendono conto che qualunque sia la ripartizione, un'auto trasporterà necessariamente solo donne. Quante sono almeno le donne che partecipano al viaggio?
A. 29
B. 28
C. 25
D. 31
E. 23

4.8 Velocità/distanza/tempo

1) Per andare da casa a scuola in motorino, Luigi impiega 3 minuti alla velocità media di 30 km/h. Quanto dista la scuola dalla casa di Luigi?
A. 1 km
B. 1,5 km
C. 1,65 km
D. 1,15 km
E. 0,75 km

2) Alessandra è una podista. Corre nel parco per 30 minuti e percorre una distanza di 5,4 km. Qual è stata la sua velocità media?
A. 5 m/s
B. 10 m/s
C. 16 m/s
D. 15 m/s
E. 3 m/s

3) Nello stesso istante, dallo stesso aeroporto, decollano due aerei. Il primo viaggia verso nord a 600 km/h, mentre il secondo verso sud a 800 km/h. Dopo quanto tempo distano, l'uno dall'altro, 2.800 km?
A. 1 ora e 30 minuti
B. 2 ore
C. 2 ore e 30 minuti
D. 1 ora e 40 minuti
E. 1 ora e 50 minuti

4) Louis e Sebastian sono due automobilisti. Procedono in versi opposti, si incrociano rispettivamente alla velocità di 130 e 140 km/h. Quale distanza li separa dopo 2 minuti?
A. 6 km
B. 1 km
C. 13 km
D. 9 km
E. 14 km

5) Due amici, Valentino e Louis, sono rispettivamente un motociclista e

un automobilista. Valentino parte alle 8 del mattino viaggiando a 20 km/h. Louis parte dallo stesso punto alle 12 e raggiunge Valentino dopo 2 ore. Qual è la velocità di Louis?
A. 110 km/h
B. 100 km/h
C. 90 km/h
D. 60 km/h
E. 50 km/h

4.9 Calcolo combinatorio

▶ 1) Gaia compra un cono con 3 palline di gelato di gusti diversi. Può scegliere tra 15 gusti diversi. In quanti modi diversi Gaia può ordinare il suo cono?
A. 3.375
B. 455
C. 15
D. 2.370
E. 910

2) A un brindisi tra 15 amici, ognuno incrocia il proprio calice una sola volta con tutti gli altri. Quanti tintinnii si ascoltano?
A. 140
B. 150
C. 210
D. 200
E. 105

3) Quante parole, anche prive di senso, si possono formare anagrammando le lettere della parola ZERO?
A. 16
B. 30
C. 32
D. 24
E. 22

4) Quanti numeri di 3 cifre si possono formare con 1, 2, 3, 4, 5 ammettendo ripetizioni?
A. 60
B. 20
C. 250
D. 125
E. 120

5) A un campionato di calcio partecipano 14 squadre. Se ciascuna squadra incontra tutte le altre, quante partite vengono disputate nel solo girone di andata?
A. 90
B. 91
C. 180
D. 99
E. 140

4.10 Probabilità e tentativi

▶ 1) Lanciando due dadi contemporaneamente, qual è la probabilità di ottenere per somma 3?
A. 1/3
B. 1/18
C. 1/12
D. 1/36
E. 1/8

2) Qual è la probabilità di estrarre da un'urna contenente 15 palline, numerate da 1 a 15, una pallina di numero dispari?
A. 8/15
B. 1/5
C. 1/15
D. 7/15
E. 3/5

3) Una scatola contiene le prime 10 lettere dell'alfabeto italiano. Estraendo una alla volta 3 lettere, senza rimetterle nella scatola, e leggendole nell'ordine in cui sono estratte,

qual è la probabilità che si ottenga la parola **DEA**?
A. 1/360
B. 1/720
C. 1/425
D. 1/525
E. 1/480

4) **Una scatola contiene 3 palline nere e 2 rosse. Se estraiamo dalla scatola due palline contemporaneamente, qual è la probabilità che la seconda pallina estratta sia rossa, dato che la prima è nera?**
A. 2/5
B. 3/5
C. 3/10
D. 1/4
E. 1/2

5) **Qual è la probabilità di non estrarre una pallina blu da una scatola contenente 40 palline rosse, 20 blu e 40 nere?**
A. 1/5
B. 2/5
C. 3/10
D. 7/10
E. 4/5

4.11 Le serie numeriche nelle configurazioni grafico-geometriche

1) Quali dei seguenti numeri integrano le serie?

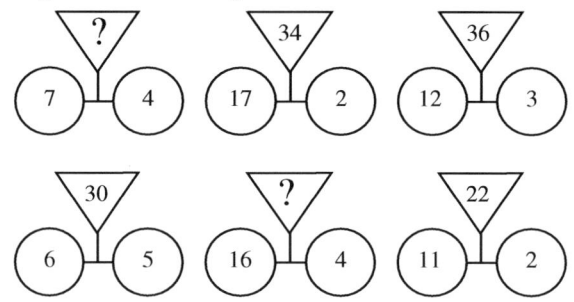

(?) 7—4   (34) 17—2   (36) 12—3

(30) 6—5   (?) 16—4   (22) 11—2

A. 77 e 47
B. 28 e 64
C. 29 e 50
D. 22 e 45
E. 65 e 43

2) Quale dei numeri proposti completa la seguente serie?

31	32	17	43
62	64	34	?

A. 66
B. 70

C. 86
D. 84
E. 77

3) Quali dei seguenti numeri integrano le serie?

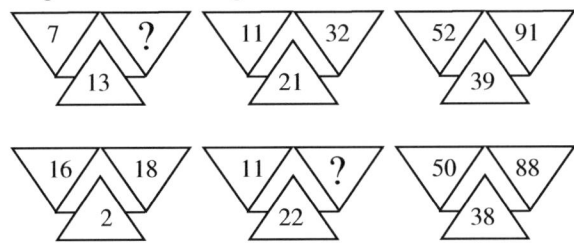

[Figura con triangoli: 7 ? / 13 ; 11 32 / 21 ; 52 91 / 39 ; 16 18 / 2 ; 11 ? / 22 ; 50 88 / 38]

A. 18 e 33
B. 20 e 30
C. 20 e 33
D. 16 e 10
E. 24 e 12

4) Quale dei numeri proposti completa la seguente serie?

6	16	24	21
18	48	72	?

A. 69
B. 48
C. 83
D. 63
E. 68

5) Quale dei seguenti numeri integra la serie?

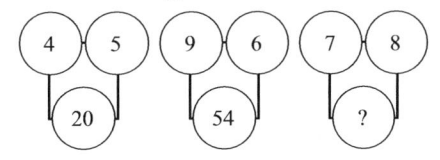

[Figura con cerchi: 4, 5 / 20 ; 9, 6 / 54 ; 7, 8 / ?]

A. 2
B. 15
C. 34
D. 56
E. 37

6) **Quale dei seguenti numeri integra la serie?**

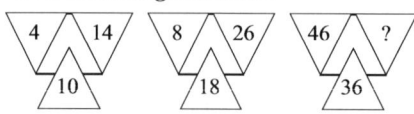

   4 △ 14 ▽ 10   8 △ 26 ▽ 18   46 △ ? ▽ 36

   A. 59
   B. 82
   C. 55
   D. 16
   E. 18

7) **Quale dei numeri proposti completa la seguente serie?**

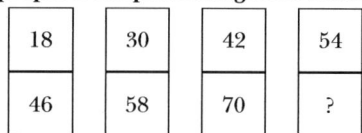

18	30	42	54
46	58	70	?

   A. 62
   B. 68
   C. 82
   D. 60
   E. 72

8) **Quale numero tra quelli proposti completa la seguente serie?**

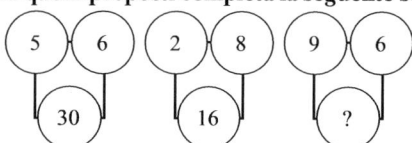

   5—6—30   2—8—16   9—6—?

   A. 54
   B. 56
   C. 50
   D. 52
   E. 48

9) **Quale dei numeri proposti completa la seguente serie?**

7	17	25	22
21	51	75	?

   A. 36
   B. 70
   C. 66
   D. 84
   E. 68

10) Quale dei seguenti numeri integra la serie?

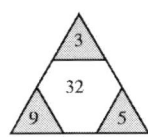

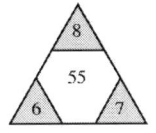

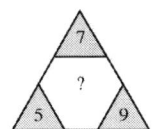

Triangolo 1: 3, 9, 5, centro 32
Triangolo 2: 8, 6, 7, centro 55
Triangolo 3: 7, 5, 9, centro ?

- A. 44
- B. 40
- C. 41
- D. 39
- E. 48

Risposte commentate
Ragionamento numerico

4.1 Serie numeriche

1) D. La serie è crescente. Ciascun numero, a partire dal secondo, si ottiene moltiplicando per 2 il numero immediatamente precedente e aumentando di 3 il prodotto ottenuto:

$$1 \underset{\times 2+3}{} 5 \underset{\times 2+3}{} 13 \underset{\times 2+3}{} \mathbf{29} \underset{\times 2+3}{} 61 \underset{\times 2+3}{} 125$$

In alternativa si può notare che

$$1 \underset{\substack{+2^2 \\ = \\ 4}}{} 5 \underset{\substack{+2^3 \\ = \\ 8}}{} 13 \underset{\substack{+2^4 \\ = \\ 16}}{} \mathbf{29} \underset{\substack{+2^5 \\ = \\ 32}}{} 61 \underset{\substack{+2^6 \\ = \\ 64}}{} 125$$

2) D. La serie è crescente. Ciascun numero, a partire dal secondo, si ottiene moltiplicando per 5 il numero immediatamente precedente e aumentando di 1 il prodotto ottenuto:

$$1 \underset{\times 5+1}{} 6 \underset{\times 5+1}{} 31 \underset{\times 5+1}{} 156 \underset{\times 5+1}{} \mathbf{781}$$

In alternativa si può notare che

$$1 \underset{\substack{+5^1 \\ = \\ 5}}{} 6 \underset{\substack{+5^2 \\ = \\ 25}}{} 31 \underset{\substack{+5^3 \\ = \\ 125}}{} 156 \underset{\substack{+5^4 \\ = \\ 625}}{} 781$$

3) A. La serie è decrescente. Ciascun numero, a partire dal secondo, si ottiene dividendo per 4 il numero immediatamente precedente e aumentando di 1 il quoziente ottenuto:

$$300 \underset{:4+1}{} 76 \underset{:4+1}{} 20 \underset{:4+1}{} \mathbf{6}$$

4) A. La serie è crescente e gli incrementi successivi sono crescenti. Ciascun numero, a partire dal secondo, si ottiene addizionando al precedente, rispettivamente, 3, 5, 7, 9:

$$10 \underset{+3}{} 13 \underset{+5}{} 18 \underset{+7}{} 25 \underset{+9}{} \mathbf{34}$$

5) B. La serie è decrescente. Ciascun numero, a partire dal secondo, si ottiene sottraendo dal precedente, rispettivamente, $2^0 = 1$, $2^1 = 2$, $2^2 = 4$, $2^3 = 8$:

$$21 \underbrace{\quad}_{-1} 20 \underbrace{\quad}_{-2} 18 \underbrace{\quad}_{-4} 14 \underbrace{\quad}_{-8} 6$$

6) E. La serie è crescente, ma gli incrementi successivi sono decrescenti. Ciascun numero, a partire dal secondo, si ottiene moltiplicando il precedente, rispettivamente, per 5, per 4, per 3, per 2:

$$7 \underbrace{\quad}_{\times 5} 35 \underbrace{\quad}_{\times 4} 140 \underbrace{\quad}_{\times 3} 420 \underbrace{\quad}_{\times 2} 840$$

7) C. La serie è decrescente. Ciascun numero, a partire dal secondo, si ottiene sottraendo dal numero immediatamente precedente, rispettivamente, 4, 6, 8, 10:

$$34 \underbrace{\quad}_{-4} 30 \underbrace{\quad}_{-6} 24 \underbrace{\quad}_{-8} 16 \underbrace{\quad}_{-10} 6$$

8) D. La serie è crescente e gli incrementi successivi sono anch'essi crescenti. Ciascun numero, a partire dal secondo, si ottiene sommando al precedente rispettivamente: 15; 15 + 8 = 23; 23 + 8 = 31; 31 + 8 = 39:

$$29 \underbrace{\quad}_{+15} 44 \underbrace{\quad}_{+23} 67 \underbrace{\quad}_{+31} 98 \underbrace{\quad}_{+39} 137$$

9) E. La serie è crescente e gli incrementi successivi sono anch'essi crescenti. Ciascun numero, a partire dal secondo, si ottiene sommando al precedente rispettivamente:
$5 \times 2^0 = 5 \times 1 = 5$;
$5 \times 2^1 = 5 \times 2 = 10$;
$5 \times 2^2 = 5 \times 4 = 20$;
$5 \times 2^3 = 5 \times 8 = 40$;
$5 \times 2^4 = 5 \times 16 = 80$.
Si ha:

$$3 \underbrace{\quad}_{+5} 8 \underbrace{\quad}_{+10} 18 \underbrace{\quad}_{+20} 38 \underbrace{\quad}_{+40} 78 \underbrace{\quad}_{+80} 158$$

Per avere una chiave di lettura sintetica del quesito, si può anche osservare che:
> il secondo numero è ottenuto dal primo mediante un incremento di 5;
> in seguito, ciascun numero della serie è ottenuto dal precedente mediante un incremento doppio rispetto all'incremento usato in precedenza.

10) B. La serie è decrescente. Ciascun numero, a partire dal secondo, si ottiene dividendo il precedente, rispettivamente, per 2, per 3, per 4, per 5:

$$960 \underbrace{\quad}_{:2} 480 \underbrace{\quad}_{:3} 160 \underbrace{\quad}_{:4} 40 \underbrace{\quad}_{:5} 8$$

11) D. I numeri di posto pari si ottengono sommando 4 ai numeri di posto dispari immediatamente precedenti. I numeri di posto dispari si ottengono sottraendo 7 dai numeri di posto pari immediatamente precedenti:

$$28 \underbrace{\quad}_{+4} 32 \underbrace{\quad}_{-7} 25 \underbrace{\quad}_{+4} 29 \underbrace{\quad}_{-7} \mathbf{22}$$

12) D. I numeri di posto pari si ottengono sommando 9 ai numeri di posto dispari immediatamente precedenti. I numeri di posto dispari si ottengono moltiplicando per 4 i numeri di posto pari immediatamente precedenti:

$$4 \underbrace{\quad}_{+9} 13 \underbrace{\quad}_{\times 4} \mathbf{52} \underbrace{\quad}_{+9} 61 \underbrace{\quad}_{\times 4} 244$$

13) A. I numeri di posto pari si ottengono dividendo per 4 i numeri di posto dispari immediatamente precedenti. I numeri di posto dispari si ottengono moltiplicando per 12 i numeri di posto pari immediatamente precedenti:

$$12 \underbrace{\quad}_{:4} 3 \underbrace{\quad}_{\times 12} 36 \underbrace{\quad}_{:4} 9 \underbrace{\quad}_{\times 12} \mathbf{108}$$

14) E. I numeri di posto pari si ottengono moltiplicando per 5 i numeri di posto dispari immediatamente precedenti. I numeri di posto dispari si ottengono sommando 7 ai numeri di posto pari immediatamente precedenti:

$$2 \underbrace{\quad}_{\times 5} 10 \underbrace{\quad}_{+7} 17 \underbrace{\quad}_{\times 5} 85 \underbrace{\quad}_{+7} 92$$

15) E. I numeri di posto pari si ottengono moltiplicando per 3 i numeri di posto dispari immediatamente precedenti. I numeri di posto dispari si ottengono dividendo per 4 i numeri di posto pari immediatamente precedenti:

$$144 \underbrace{\quad}_{\times 3} 432 \underbrace{\quad}_{:4} 108 \underbrace{\quad}_{\times 3} 324 \underbrace{\quad}_{:4} 81$$

16) A. I numeri di posto pari si ottengono sommando 13 ai numeri di posto dispari immediatamente precedenti. I numeri di posto dispari si ottengono dividendo per 8 i numeri di posto pari immediatamente precedenti:

11 _____ 24 _____ 3 _____ **16** _____ 2

+13   :8   +13   :8

17) E. I numeri di posto pari si ottengono sottraendo 7 dai numeri di posto dispari immediatamente precedenti. I numeri di posto dispari si ottengono moltiplicando per 5 i numeri di posto pari immediatamente precedenti:

13 _____ 6 _____ 30 _____ **23** _____ 115

−7   ×5   −7   ×5

18) B. I numeri di posto pari si ottengono dividendo per 7 i numeri di posto dispari immediatamente precedenti. I numeri di posto dispari si ottengono sottraendo 2 dai numeri di posto pari immediatamente precedenti:

357 _____ 51 _____ **49** _____ 7 _____ 5

:7   −2   :7   −2

19) A. I numeri di posto pari si ottengono moltiplicando per 3 i numeri di posto dispari immediatamente precedenti. I numeri di posto dispari si ottengono moltiplicando per 1 i numeri di posto pari immediatamente precedenti:

7 _____ 21 _____ 21 _____ **63** _____ 63 _____ 189

×3   ×1   ×3   ×1   ×3

20) D. I numeri di posto pari si ottengono dividendo per 3 i numeri di posto dispari immediatamente precedenti. I numeri di posto dispari si ottengono dividendo per 5 i numeri di posto pari immediatamente precedenti:

675 _____ 225 _____ **45** _____ 15 _____ 3

:3   :5   :3   :5

21) D. La serie è composta da due sotto-serie:
    8   24   72
    49   ?   1

Nella prima sotto-serie, ciascun numero, a partire dal secondo, si ottiene moltiplicando per 3 il numero immediatamente precedente. Nella seconda sotto-serie, ciascun numero, a partire dal secondo, si ottiene dividendo per 7 il numero immediatamente precedente.

Prima sotto-serie:

$$8 \underbrace{\quad}_{\times 3} 24 \underbrace{\quad}_{\times 3} 72$$

Seconda sotto-serie:

$$49 \underbrace{\quad}_{:7} 7 \underbrace{\quad}_{:7} 1$$

22) A. La serie è composta da due sotto-serie:
    3   18   ?
  200   40   8
Nella prima sotto-serie, ciascun numero, a partire dal secondo, si ottiene moltiplicando per 6 il numero immediatamente precedente. Nella seconda sotto-serie, ciascun numero, a partire dal secondo, si ottiene dividendo per 5 il numero immediatamente precedente.

Prima sotto-serie:

$$3 \underbrace{\quad}_{\times 6} 18 \underbrace{\quad}_{\times 6} \mathbf{108}$$

Seconda sotto-serie:

$$200 \underbrace{\quad}_{:5} 40 \underbrace{\quad}_{:5} 8$$

23) A. La serie è composta da due sotto-serie:
  25   100   ?
   9   3   1
Nella prima sotto-serie, ciascun numero, a partire dal secondo, si ottiene moltiplicando per 4 il numero immediatamente precedente.
Nella seconda sotto-serie, ciascun numero, a partire dal secondo, si ottiene dividendo per 3 il numero immediatamente precedente.

Prima sotto-serie:

$$25 \underbrace{\quad}_{\times 4} 100 \underbrace{\quad}_{\times 4} \mathbf{400}$$

Seconda sotto-serie:

$$9 \underbrace{\quad}_{:3} 3 \underbrace{\quad}_{:3} 1$$

24) C. La serie è composta da due sotto-serie:
    192   ?   3
    45   15 5
Nella prima sotto-serie, ciascun numero, a partire dal secondo, si ottiene dividendo per 8 il numero immediatamente precedente.
Nella seconda sotto-serie, ciascun numero, a partire dal secondo, si ottiene dividendo per 3 il numero immediatamente precedente.

Prima sotto-serie:

$$192 \underset{:8}{\longrightarrow} 24 \underset{:8}{\longrightarrow} 3$$

Seconda sotto-serie:

$$45 \underset{:3}{\longrightarrow} 15 \underset{:3}{\longrightarrow} 5$$

25) B. La serie è composta da 2 sotto-serie:
    252   ?   7
    13   52 208
Nella prima sotto-serie, ciascun numero, a partire dal secondo, si ottiene dividendo per 6 il numero immediatamente precedente.
Nella seconda sotto-serie, ciascun numero, a partire dal secondo, si ottiene moltiplicando per 4 il numero immediatamente precedente.

Prima sotto-serie:

$$252 \underset{:6}{\longrightarrow} 42 \underset{:6}{\longrightarrow} 7$$

Seconda sotto-serie:

$$13 \underset{\times 4}{\longrightarrow} 52 \underset{\times 4}{\longrightarrow} 208$$

26) D. La serie è composta da 2 sotto-serie:
    2   ?   162
    5   10 20
Nella prima sotto-serie, ciascun numero, a partire dal secondo, si ottiene moltiplicando per 9 il numero immediatamente precedente.
Nella seconda sotto-serie, ciascun numero, a partire dal secondo, si ottiene moltiplicando per 2 il numero immediatamente precedente.

Prima sotto-serie:

$$2 \underbrace{\quad}_{\times 9} \mathbf{18} \underbrace{\quad}_{\times 9} 162$$

Seconda sotto-serie:

$$5 \underbrace{\quad}_{\times 2} 10 \underbrace{\quad}_{\times 2} 20$$

27) A. La serie è composta da 2 sotto-serie:
    5   ?   80
  144 48 16
Nella prima sotto-serie, ciascun numero, a partire dal secondo, si ottiene moltiplicando per 4 il numero immediatamente precedente.
Nella seconda sotto-serie, ciascun numero, a partire dal secondo, si ottiene dividendo per 3 il numero immediatamente precedente.

Prima sotto-serie:

$$5 \underbrace{\quad}_{\times 4} \mathbf{20} \underbrace{\quad}_{\times 4} 80$$

Seconda sotto-serie:

$$144 \underbrace{\quad}_{:3} 48 \underbrace{\quad}_{:3} 16$$

28) D. La serie è composta da due sotto-serie:
    6   42   ?
  48 12 3
Nella prima sotto-serie, ciascun numero, a partire dal secondo, si ottiene moltiplicando per 7 il numero immediatamente precedente.
Nella seconda sotto-serie, ciascun numero, a partire dal secondo, si ottiene dividendo per 4 il numero immediatamente precedente.

Prima sotto-serie:

$$6 \underbrace{\quad}_{\times 7} 42 \underbrace{\quad}_{\times 7} \mathbf{294}$$

Seconda sotto-serie:

$$48 \underbrace{\quad}_{:4} 12 \underbrace{\quad}_{:4} 3$$

29) **A.** La serie è composta da due sotto-serie:
   52   ?   13
   6   18 54

Nella prima sotto-serie, ciascun numero, a partire dal secondo, si ottiene dividendo per 2 il numero immediatamente precedente.
Nella seconda sotto-serie, ciascun numero, a partire dal secondo, si ottiene moltiplicando per 3 il numero immediatamente precedente.
Prima sotto-serie:

$$52 \underset{:2}{\longrightarrow} 26 \underset{:2}{\longrightarrow} 13$$

Seconda sotto-serie:

$$6 \underset{\times 3}{\longrightarrow} 18 \underset{\times 3}{\longrightarrow} 54$$

30) **D.** La serie è composta da due sotto-serie:
   10   30   ?
   72   24   8

Nella prima sotto-serie, ciascun numero, a partire dal secondo, si ottiene moltiplicando per 3 il numero immediatamente precedente.
Nella seconda sotto-serie, ciascun numero, a partire dal secondo, si ottiene dividendo per 3 il numero immediatamente precedente.
Prima sotto-serie:

$$10 \underset{\times 3}{\longrightarrow} 30 \underset{\times 3}{\longrightarrow} 90$$

Seconda sotto-serie:

$$72 \underset{:3}{\longrightarrow} 24 \underset{:3}{\longrightarrow} 8$$

31) **C.** I numeri sono quadrati perfetti. Le basi delle potenze decrescono di 2 unità.

$$\frac{49}{7^2} = \frac{25}{5^2} = \frac{9}{3^2} = \frac{1}{1^2}$$

32) **E.** I numeri sono quadrati perfetti. Le basi delle potenze crescono di 5 unità.

$$\frac{25}{5^2} = \frac{100}{10^2} = \frac{225}{15^2} = \frac{400}{20^2} = \frac{625}{25^2}$$

33) **E.** I numeri sono cubi perfetti. Le basi delle potenze crescono di 2 unità.

$$\begin{array}{cccc} 1 & 27 & \mathbf{125} & 343 \\ = & = & = & = \\ 1^3 & 3^3 & \mathbf{5^3} & 7^3 \end{array}$$

34) **C.** I numeri sono cubi perfetti. Le basi delle potenze crescono di 2 unità.

$$\begin{array}{ccccc} 8 & \mathbf{64} & 216 & 512 & 1000 \\ = & = & = & = & = \\ 2^3 & \mathbf{4^3} & 6^3 & 8^3 & 10^3 \end{array}$$

35) **E.** I numeri che occupano posto dispari sono quadrati perfetti dei numeri che occupano posto pari.

$$4 \quad 2 \quad 121 \quad 11 \quad 49 \quad 7$$

$$4 = 2^2 \qquad 121 = 11^2 \qquad 49 = 7^2$$

36) **C.** I numeri che occupano posto pari sono quadrati perfetti dei numeri che occupano posto dispari.

$$10 \quad 100 \quad 1 \quad \mathbf{1} \quad 11 \quad 121$$

$$10^2 = 100 \qquad \mathbf{1^2} = 1 \qquad 11^2 = 121$$

37) **C.** I numeri di posto pari sono quadrati perfetti dei numeri di posto dispari immediatamente precedenti.

$$21 \quad \mathbf{441} \quad 1 \quad 1 \quad 19 \quad 361$$

$$\mathbf{21^2 = 441} \qquad 1^2 = 1 \qquad 19^2 = 361$$

38) **B.** I numeri che occupano posto dispari sono cubi perfetti dei numeri che occupano posto pari.

$$27 \quad 3 \quad 216 \quad 6 \quad 125 \quad 5$$

$$27 = 3^3 \qquad 216 = 6^3 \qquad 125 = \mathbf{5^3}$$

39) **C.** Ciascun numero di posto dispari è quadrato perfetto di un numero dato; il numero successivo, che occupa posto pari, è cubo perfetto dello stesso dato numero.

$$\begin{array}{cccccc} 1 & \mathbf{1} & 4 & 8 & 16 & 64 \\ = & = & = & = & = & = \\ 1^2 & \mathbf{1^3} & 2^2 & 2^3 & 4^2 & 4^3 \end{array}$$

40) D. Ciascun numero di posto dispari è quadrato perfetto di un numero dato; il numero successivo, che occupa posto pari, è cubo perfetto dello stesso dato numero.

$$\frac{36}{6^2} = \frac{216}{6^3} = \frac{1}{1^2} = \frac{1}{1^3} = \frac{9}{3^2} = \frac{27}{3^3}$$

41) D. La somma di ciascun numero di posto dispari e del numero di posto pari immediatamente seguente è costante e pari a 26.

7⌣19   4⌣22   12⌣14

7+19=**26**   4+22=**26**   12+14=**26**

42) E. La somma di ciascun numero di posto dispari e del numero di posto pari immediatamente seguente è costante e pari a 34.

14⌣20   3⌣31   9⌣25

14+20=**34**   3+31=**34**   9+25=**34**

43) A. Il quoziente tra ciascun numero di posto dispari e il numero di posto pari immediatamente seguente è costante e pari a 5.

20⌣4   75⌣15   50⌣10

20:4=**5**   75:15=**5**   50:10=**5**

Analogamente, si può notare che:

20⌣4   75⌣15   50⌣10

20:5=4   75:5=15   50:5=10

44) A. La serie è costituita da 3 sotto-serie:
    77   ?
    11   1
    33   3

In ciascuna sotto-serie, il secondo numero si ottiene dividendo per 11 il primo numero.

$\dfrac{77 \quad 7}{77:\mathbf{11}=7}$ $\dfrac{11 \quad 1}{11:\mathbf{11}=1}$ $\dfrac{33 \quad 3}{33:\mathbf{11}=3}$

Analogamente, si può notare che:

77⌣7   11⌣1   33⌣3

77:7=**11**   11:1=**11**   33:3=**11**

45) **A.** La serie è costituita da 3 sotto-serie:
   28   22
   17   ?
   22   16

In ciascuna sotto-serie, il secondo numero si ottiene sottraendo 6 dal primo numero.

$$\underbrace{28 \quad 22}_{28-6=22} \quad \underbrace{17 \quad 11}_{17-6=11} \quad \underbrace{22 \quad 16}_{22-6=16}$$

Analogamente, si può notare che:

$$\underbrace{28 \qquad 22}_{28-22=6} \quad \underbrace{17 \qquad 11}_{17-11=6} \quad \underbrace{22 \qquad 16}_{22-16=6}$$

46) **C.** La serie è costituita da 3 sotto-serie:
   3   9
   10   ?
   4   12

In ciascuna sotto-serie, il secondo numero si ottiene moltiplicando per 3 il primo numero.

$$\underbrace{3 \quad 9}_{3\times 3=9} \quad \underbrace{10 \quad 30}_{10\times 3=30} \quad \underbrace{4 \quad 12}_{4\times 3=12}$$

47) **A.** La serie è costituita da 3 sotto-serie:
   25   ?
   18   6
   33   1

In ciascuna sotto-serie, il 2° numero si ottiene sottraendo 12 dal 1° numero.

$$\underbrace{25 \quad 13}_{25-12=13} \quad \underbrace{18 \quad 6}_{18-12=6} \quad \underbrace{33 \quad 21}_{33-12=21}$$

Analogamente, si può notare che:

$$\underbrace{25 \qquad 13}_{25-13=12} \quad \underbrace{18 \qquad 6}_{18-6=12} \quad \underbrace{33 \qquad 21}_{33-21=12}$$

48) **D.** La serie è costituita da 3 sotto-serie:
   100   10
   20   2
   350   ?

In ciascuna sotto-serie, il secondo numero si ottiene dividendo per 10 il primo numero.

$$\underbrace{100 \quad 10}_{100:10=10} \quad \underbrace{20 \quad 2}_{20:10=2} \quad \underbrace{350 \quad 35}_{350:10=35}$$

49) B. La serie è costituita da 3 sotto-serie:

   9   3
   ?   45
   17   11

In ciascuna sotto-serie, il secondo numero si ottiene sottraendo 6 dal primo numero.

$$\underbrace{9 \quad 3}_{9-6=3} \quad \underbrace{51 \quad 45}_{51-6=45} \quad \underbrace{17 \quad 11}_{17-6=11}$$

50) C. La serie è costituita da 3 sotto-serie:

   40   5
   ?   9
   32   4

In ciascuna sotto-serie, il secondo numero si ottiene dividendo per 8 il primo numero.

$$\underbrace{40 \quad 5}_{40:8=5} \quad \underbrace{72 \quad 9}_{72:8=9} \quad \underbrace{32 \quad 4}_{32:8=4}$$

Soluzioni da 51 a 100

4.2 Serie alfabetiche e serie alfanumeriche

4.2.1 Le serie alfabetiche

1) A. Convertiamo la serie alfabetica data nella corrispondente serie numerica:

   B   T   C   R   D   P   E   ?
   2   18   3   16   4   14   5   ?

Nella serie, occorre considerare la distanza tra le lettere o, equivalentemente, tra i numeri corrispondenti.
La serie numerica ottenuta è composta da due sotto-serie, una costituita dai numeri che occupano posizione dispari, un'altra costituita dai numeri che occupano posizione pari:

   2   3   4   5
   18   16   14   ?

Nella prima sotto-serie, ciascun numero, a partire dal secondo, si ottiene aggiungendo 1 al numero immediatamente precedente.
Nella seconda sotto-serie, ciascun numero, a partire dal secondo, si ottiene sottraendo 2 dal numero immediatamente precedente.
Seguendo tale criterio, la lettera incognita (l'ultima della serie) si ottiene retrocedendo di 2 posizioni nell'alfabeto a partire dalla lettera P, a cui corrisponde il numero 14, ottenendo la lettera **N**, a cui corrisponde il numero 12.

2) D. Convertiamo la serie alfabetica data nella corrispondente serie numerica:

   ?   L   F   B   U
   ?   10   6   2   19

Nella serie, occorre considerare la distanza tra le lettere (o equivalentemente tra i numeri corrispondenti) a gruppi di 2. La serie è decrescente.
La distanza tra ciascuna lettera e la successiva è pari a –4. A partire dalla lettera L e retrocedendo di 4 posizioni nell'alfabeto, si ottiene la lettera F; retrocedendo ancora di 4 posizioni si ottiene la lettera B. Poiché nell'alfabeto italiano esistono 21 lettere, quando si giunge all'inizio dell'alfabeto (A = 1), lo scorrimento riprende dall'inizio dell'alfabeto stesso, seguendo un senso ciclico. In corrispondenza della lettera B, quindi del numero 2, la serie decresce nuovamente, per cui il numero mancante è 19, cui corrisponde, nella sequenza delle lettere dell'alfabeto italiano, la lettera U. Seguendo tale criterio, a partire dalla prima lettera nota nella serie data, ossia dalla lettera L, avanzando di 4 posizioni nell'alfabeto, si ottiene la lettera **P**.

3) E. Convertiamo la serie alfabetica data nella corrispondente serie numerica:

A B D ? M
1 2 4 ? 11

Nella serie, occorre considerare la distanza tra le lettere (o equivalentemente tra i numeri corrispondenti) a gruppi di 2.
La serie è crescente: la distanza tra ciascuna lettera e la successiva è pari a 1, poi a 2, poi c'è l'incognita, quindi la lettera M. Essendo una serie, c'è una regolarità tra gli incrementi successivi, del tipo: +1, +2, +3, +4. Infatti, la lettera mancante è la **G**, che si ottiene dalla lettera D avanzando di 3 posizioni nell'alfabeto.

4) B. Convertiamo la serie alfabetica data nella corrispondente serie numerica:

Q U B F L ? T
15 19 2 6 10 ? 18

Nella serie, occorre considerare la distanza tra le lettere (o equivalentemente tra i numeri corrispondenti) a gruppi di 2.
La serie è mista, dapprima crescente, poi decrescente. Poiché nell'alfabeto italiano esistono 21 lettere, quando si giunge all'inizio dell'alfabeto (A = 1), lo scorrimento riprende dall'inizio dell'alfabeto stesso, seguendo un senso ciclico. La distanza tra ciascuna lettera e la successiva è pari a +4, –17, +4, –17... In corrispondenza della lettera L, la serie decresce nuovamente, retrocedendo di 17 posizioni nell'alfabeto, si ottiene che la lettera mancante è la **P**.

5) D. Convertiamo la serie alfabetica data nella corrispondente serie numerica:

A E I ? S
1 5 9 ? 17

Nella serie, occorre considerare la distanza tra le lettere (o equivalentemente tra i numeri corrispondenti) a gruppi di 2.
La serie è crescente: la distanza tra ciascuna lettera e la successiva è pari a 4. Essendo una serie, c'è una regolarità tra gli incrementi successivi. Infatti, la lettera mancante è la **O**, che si ottiene dalla lettera I avanzando di 4 posizioni nell'alfabeto.

4.2.2 Le serie alfanumeriche

1) B. La serie alfanumerica data è costituita dalla sotto-serie alfabetica:

                    V   T   R ?

e dalla sotto-serie numerica:

                    11 15 19 ?

Per l'alternanza delle due sotto-serie, i termini mancanti nella serie data sono, rispettivamente, una lettera e un numero.

Per identificare il termine mancante nella sotto-serie alfabetica, associamo a ciascuna lettera il corrispondente numero d'ordine nell'alfabeto italiano; si ottiene:

                    V   T   R ?
                  20 18 16 ?

Nella serie, occorre considerare la distanza tra le lettere (o equivalentemente tra i numeri corrispondenti) a gruppi di 2. La serie è decrescente.

La distanza tra ciascuna lettera e la successiva è pari a –2. A partire dalla lettera V e retrocedendo di 2 posizioni nell'alfabeto, si ottiene la lettera T; retrocedendo ancora di 2 posizioni si ottiene la lettera R, quindi la soluzione, ossia la lettera P.

Nella sotto-serie numerica, a partire dal primo, i numeri crescono di 4 unità. A partire dal numero 11, quindi, il numero mancante si ottiene nel modo seguente:

- $11 + 4 = 15$
- $15 + 4 = 19$
- $19 + 4 = 23$

La soluzione è data da: **P; 23**.

2) A. La serie alfanumerica data è costituita dalla sotto-serie alfabetica:

                    M H E B ?

e dalla sotto-serie numerica:

                    3 6 9 15 ?

Per l'alternanza delle due sotto-serie, i termini mancanti nella serie data sono, rispettivamente, una lettera e un numero.

Per identificare il termine mancante nella sotto-serie alfabetica, associamo a ciascuna lettera il corrispondente numero d'ordine nell'alfabeto italiano; si ottiene:

                    M H E B ?
                    11 8 5 2 ?

Nella serie, occorre considerare la distanza tra le lettere (o equivalentemente tra i numeri corrispondenti) a gruppi di 2. La serie è decrescente.

La distanza tra ciascuna lettera e la successiva è pari a –3. Poiché nell'alfabeto italiano esistono 21 lettere, quando si giunge all'inizio dell'alfabeto (A = 1), lo scorrimento riprende dall'inizio dell'alfabeto stesso, seguendo un senso ciclico. A partire dalla lettera M e retrocedendo di 3 posizioni nell'alfabeto, si ottiene la lettera H; retrocedendo ancora di 3 posizioni si ottiene la lettera E; retrocedendo ancora di 3 posizioni si ottiene la lettera B; retrocedendo ancora di 3 posizioni si ottiene quindi la soluzione, ossia la lettera V.

Nella sotto-serie numerica, è evidente che, a partire dal terzo elemento, ciascun numero si ottiene sommando i due numeri a esso immediatamente precedenti;

infatti:
- terzo numero = 3 + 6 = 9
- quarto numero = 6 + 9 = 15
- quinto numero = 9 + 15 = 24

La soluzione è data da: **V; 24**.

3) D. La serie alfanumerica data è costituita dalla sotto-serie alfabetica:
$$E \quad I \quad P \quad T \quad ?$$
e dalla sotto-serie numerica:
$$5 \quad 6 \quad 11 \quad 17 \quad ?$$
Per l'alternanza delle due sotto-serie, i termini mancanti nella serie data sono, rispettivamente, una lettera e un numero.
Per identificare il termine mancante nella sotto-serie alfabetica, associamo a ciascuna lettera il corrispondente numero d'ordine nell'alfabeto italiano; si ottiene:
$$E \quad I \quad P \quad T \quad ?$$
$$5 \quad 9 \quad 14 \quad 18 \quad ?$$
Nella serie, occorre considerare la distanza tra le lettere (o equivalentemente tra i numeri corrispondenti) a gruppi di 2. La serie è crescente.
La distanza tra ciascuna lettera e la successiva è pari a: +4, +5, +4, +5. Poiché nell'alfabeto italiano esistono 21 lettere, quando si giunge all'inizio dell'alfabeto (A = 1), lo scorrimento riprende dall'inizio dell'alfabeto stesso, seguendo un senso ciclico. A partire dalla lettera E e avanzando di 4 posizioni nell'alfabeto, si ottiene la lettera I; avanzando ancora di 5 posizioni si ottiene la lettera P; avanzando ancora di 4 posizioni si ottiene la lettera T; avanzando ancora di 5 posizioni nell'alfabeto si ottiene la lettera B.
Nella sotto-serie numerica, è evidente che, a partire dal terzo elemento, ciascun numero si ottiene sommando i due numeri a esso immediatamente precedenti; infatti:
- terzo numero = 5 + 6 = 11
- quarto numero = 6 + 11 = 17
- quinto numero = 11 + 17 = 28

La soluzione è data da: **B; 28**.

4) E. La serie alfanumerica data è costituita dalla sotto-serie alfabetica:
$$I \quad G \quad E \quad ?$$
e dalla sotto-serie numerica:
$$23 \quad 29 \quad 35 \quad ?$$
Per l'alternanza delle due sotto-serie, i termini mancanti nella serie data sono, rispettivamente, una lettera e un numero.
Per identificare il termine mancante nella sotto-serie alfabetica, associamo a ciascuna lettera il corrispondente numero d'ordine nell'alfabeto italiano; si ottiene:
$$I \quad G \quad E \quad ?$$
$$9 \quad 7 \quad 5 \quad ?$$
Nella serie, occorre considerare la distanza tra le lettere (o equivalentemente tra i numeri corrispondenti) a gruppi di 2. La serie è decrescente.

La distanza tra ciascuna lettera e la successiva è pari a –2. A partire dalla lettera I e retrocedendo di 2 posizioni nell'alfabeto, si ottiene la lettera G; retrocedendo ancora di 2 posizioni si ottiene la lettera E; retrocedendo ancora di 2 posizioni si ottiene quindi la soluzione, ossia la lettera C.
Nella sotto-serie numerica, a partire dal primo, i numeri crescono di 6 unità. A partire dal numero 23, quindi, il numero mancante si ottiene nel modo seguente:

> 23 + 6 = 29
> 29 + 6 = 35
> 35 + 6 = 41

La soluzione è data da: **C; 41**.

5) B. La serie alfanumerica data è costituita dalla sotto-serie alfabetica:
$$Q \quad L \quad E \quad Z \quad ?$$
e dalla sotto-serie numerica:
$$25 \quad 49 \quad 74 \quad 123 \quad ?$$
Per l'alternanza delle due sotto-serie, i termini mancanti nella serie data sono, rispettivamente, una lettera e un numero.
Per identificare il termine mancante nella sotto-serie alfabetica, associamo a ciascuna lettera il corrispondente numero d'ordine nell'alfabeto italiano; si ottiene:
$$Q \quad L \quad E \quad Z \quad ?$$
$$15 \quad 10 \quad 5 \quad 21 \quad ?$$
Nella serie, occorre considerare la distanza tra le lettere (o equivalentemente tra i numeri corrispondenti) a gruppi di 2. La serie è decrescente.
La distanza tra ciascuna lettera e la successiva è pari a –5. Poiché nell'alfabeto italiano esistono 21 lettere, quando si giunge all'inizio dell'alfabeto (A = 1), lo scorrimento riprende dall'inizio dell'alfabeto stesso, seguendo un senso ciclico. A partire dalla lettera Q e retrocedendo di 5 posizioni nell'alfabeto, si ottiene la lettera L; retrocedendo ancora di 5 posizioni si ottiene la lettera E; retrocedendo ancora di 5 posizioni si ottiene la lettera Z; retrocedendo ancora di 5 posizioni nell'alfabeto si ottiene la lettera R.
Nella sotto-serie numerica, è evidente che, a partire dal terzo elemento, ciascun numero si ottiene sommando i due numeri a esso immediatamente precedenti; infatti:

> terzo numero = 25 + 49 = 74
> quarto numero = 49 + 74 = 123
> quinto numero = 74 + 123 = 197

La soluzione è data da: **R; 197**.

4.3 Abilità di calcolo

1) A. Per sapere quante ore si allena il giovedì Luigi indichiamo con:
L = numero di ore di allenamento del lunedì
M = numero di ore di allenamento del martedì
G = numero di ore di allenamento del giovedì

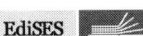

V = numero di ore di allenamento del venerdì
Sappiamo che il lunedì si allena in piscina il triplo del tempo in cui si allena il martedì, ossia:
$$L = 3M$$
Sappiamo, inoltre, che il martedì è il giorno in cui si allena 2 ore in più del giovedì e 3 ore in meno del venerdì, ossia:
$$M = G + 2 = V - 3$$
Se venerdì si allena 7 ore, allora, in base a quest'ultima relazione, possiamo scrivere:
$$M = G + 2 = 7 - 3 = 4$$
da cui, essendo M = G + 2 = 4, otteniamo, da quest'ultima relazione, G = **2**.

2) C. Sia n il numero naturale a cui deve pensare Gaia. Consideriamo disgiuntamente le domande di Luigi e Alessandra.
Luigi: $n \times 5 + 3$
Alessandra: $(n + 5) \times 3$
Poiché il numero n deve essere lo stesso, otteniamo un'equazione di primo grado a una incognita:
$$n \times 5 + 3 = (n + 5) \times 3$$
Da cui:
$$5n + 3 = 3n + 15$$
Trasportando al primo membro tutti i termini con l'incognita e al secondo membro i termini non contenenti l'incognita si ottiene:
$$5n - 3n = 15 - 3 \Rightarrow 2n = 12$$
Da cui, il numero pensato da Gaia è $n = $ **6**.
La risposta identica da dare a Luigi e ad Alessandra è:
$n \times 5 + 3 = 6 \times 5 + 3 = 30 + 3 = $ **33**
$(n + 5) \times 3 = (6 + 5) \times 3 = 11 \times 3 = $ **33**

3) E. Se 21 barattoli occupano i primi 4 ripiani, vuol dire che i barattoli in totale sono:
$$21 \times 4 = 84$$
Poiché lo scaffale ha 6 ripiani, affinché il numero di barattoli sia lo stesso su ogni ripiano, bisognerebbe disporre su ogni ripiano:
$$84 \div 6 = \textbf{14} \text{ barattoli}$$

4) A. Le risme sono 13 e Luigi ne può trasportare solo 2 alla volta. Poiché il quoziente tra 13 e 2 dà:
$$13 \div 2 = 6,5$$
occorrono 6 viaggi per trasportare $6 \times 2 = 12$ risme, 1 viaggio per trasportare la tredicesima risma, per un totale di $6 + 1 = $ **7** viaggi.

5) C. Nel numero 150, la cifra 5 rappresenta le decine, mentre la cifra 1 rappresenta le centinaia. Inseriamo tra queste due cifre la cifra 2 e otteniamo: 1.250.
Il numero 150 è aumentato, quindi, di:
$$1.250 - 150 = \textbf{1.100}$$

4.4 Frazioni, percentuali e proporzioni

1) B. Poiché 96 pagine corrispondono ai 4/5 del volume di Gaia, le restanti x pagine incognite corrispondono a $1-\dfrac{4}{5}=\dfrac{1}{5}$ del volume.

Per risolvere il quesito, impostiamo la proporzione:

$$\frac{4}{5}:96=\frac{1}{5}:x$$

da cui, il valore di x:

$$x=\frac{96}{4}=\mathbf{24}$$

2) D. Sia x il numero incognito di studenti della classe, poiché i 6/11 degli studenti si iscriveranno alla facoltà di Economia, i 4/11 alla facoltà di Ingegneria e 3 studenti ad altre facoltà, impostiamo l'equazione nell'incognita x:

$$\frac{6}{11}x+\frac{4}{11}x+3=x$$

che, risolta, dà:

$\dfrac{6}{11}x+\dfrac{4}{11}x-x=-3 \quad \Rightarrow \quad 6x+4x-11x=-33 \quad \Rightarrow \quad -x=-33$

ossia

$$x=\mathbf{33}$$

3) B. Il numero di camini e il numero di ore di durata della legna da ardere sono due grandezze inversamente proporzionali: all'aumentare del numero di camini diminuisce il tempo di durata della legna.
Possiamo impostare la seguente proporzione:

$$17 \text{ camini} : 3 \text{ camini} = \frac{1}{21 \text{ ore}} : \frac{1}{x \text{ ore}}$$

dove x è il numero di ore in cui i 3 camini esaurirebbero la legna.
Ricaviamo:

$$\frac{17 \text{ camini}}{3 \text{ camini}}=\frac{x \text{ ore}}{21 \text{ ore}} \Rightarrow x=\frac{17 \text{ camini}}{3 \text{ camini}}\cdot 21 \text{ ore} = \mathbf{119} \text{ ore}$$

4) E. La spiegazione formale per la risoluzione del quesito è la seguente: poiché 20 bambini su 114 hanno i capelli neri, il numero x incognito di bambini su 57 si ricava dalla seguente proporzione

$$20 : 114 = x : 57$$

da cui

$$x=\frac{20\cdot 57}{114}=\mathbf{10}$$

Il quesito può essere risolto anche con il seguente ragionamento intuitivo: 57 è 1/2 di 114, per cui se 20 bambini su 114 hanno i capelli neri, 20/2 = 10 bambini su 57 hanno i capelli neri.

5) C. Per la risoluzione di questo quesito, dovremmo introdurre equazioni in più di una incognita. In realtà, possiamo ridurre il problema a una singola equazione.

L'incognita è il numero B_2 di viaggiatori che saranno trasportati nel secondo di 3 autobus.
Le persone saranno ripartite in modo che il primo autobus contenga un terzo dei viaggiatori del secondo, per cui in simboli il primo autobus conterrà $\frac{1}{3}B_2$.
Inoltre, il secondo autobus conterrà un terzo dei viaggiatori del terzo, reciprocamente il terzo autobus conterrà un numero triplo di viaggiatori del secondo, in simboli conterrà $3B_2$ viaggiatori.
Il totale delle persone è 91, quindi possiamo scrivere:

da cui:
$$\frac{1}{3}B_2 + B_2 + 3B_2 = 91$$

$\frac{1}{3}B_2 + B_2 + 3B_2 = 91 \quad \Rightarrow \quad B_2 + 3B_2 + 9B_2 = 273 \Rightarrow 13B_2 = 273$

ossia:
$$B_2 = \mathbf{21} \text{ persone}$$

4.5 Divisibilità, mcm e MCD

1) A. I tre agenti si sono incontrati oggi a Parigi.
Il primo agente sarà di nuovo a Parigi tra 3 giorni, poi tra 6 giorni, poi tra 9 giorni e così via. In generale, sarà a Parigi dopo un numero di giorni che è multiplo di 3.
Il secondo agente sarà di nuovo a Parigi tra 8 giorni, poi tra 16 giorni, poi tra 24 giorni e così via. In generale, sarà a Parigi dopo un numero di giorni che è multiplo di 8.
Il terzo agente sarà di nuovo a Parigi tra 12 giorni, poi tra 24 giorni, poi tra 36 giorni e così via. In generale, sarà a Parigi dopo un numero di giorni che è multiplo di 12.
Affinché i tre agenti si incontrino di nuovo, dovrà trascorrere un numero di giorni pari a un multiplo in comune tra i tre numeri 3, 8 e 12. Se cerchiamo il numero minore possibile di giorni che dovranno trascorrere, allora dobbiamo calcolare il minimo comune multiplo.
Poiché
3 = numero primo
$8 = 2^3$
$12 = 2^2 \times 3$
i tre agenti si ritroveranno a Parigi assieme tra:
$$\text{mcm}(3;\ 8;\ 12) = 2^3 \times 3 = \mathbf{24\ giorni}$$

2) A. I tre aerei sono partiti insieme questa mattina.
Il primo aereo tornerà di nuovo tra 5 giorni, poi tra 10 giorni, poi tra 15 giorni e così via... In generale, tornerà dopo un numero di giorni che è multiplo di 5.
Il secondo aereo tornerà di nuovo tra 10 giorni, poi tra 20 giorni, poi tra 30 giorni e così via... In generale, tornerà dopo un numero di giorni che è multiplo di 10.
Il terzo aereo tornerà di nuovo tra 6 giorni, poi tra 12 giorni, poi tra 18 giorni e così via... In generale, tornerà dopo un numero di giorni che è multiplo di 6.
Affinché partano di nuovo insieme dall'aeroporto di Napoli, dovrà trascorrere un numero di giorni pari a un multiplo in comune tra i tre numeri 5, 10 e 6. Se cerchia-

mo il numero minore possibile di giorni che dovranno trascorrere, allora dobbiamo calcolare il minimo comune multiplo.
Poiché
5 = numero primo
10 = 2 × 5
6 = 2 × 3
i tre treni partiranno di nuovo insieme dall'aeroporto di Napoli tra:
$$\text{mcm}(5; 10; 6) = 2 \times 3 \times 5 = \mathbf{30} \text{ giorni}$$

3) B. Siano O il numero di ospiti e T il numero di fette di torta avanzate, traduciamo i due enunciati *se ogni ospite, Gaia compresa, prendesse 5 fette, ne avanzerebbero 5* e *se Gaia si escludesse, gli altri riceverebbero 6 fette*, nel linguaggio matematico:
$T = 5O + 5 + 5$
$T = 6O$
Uguagliando le due espressioni appena fornite, otteniamo l'equazione nell'incognita O:
$$5O + 5 + 5 = 6O$$
che, risolta, dà:
$$O = 10$$
Pertanto, il numero di ospiti, compresa Gaia, è pari a 10 + 1 = **11**.

4) C. Alessandra vuole distribuire i 28 tulipani e le 36 rose in vasi contenenti ciascuno lo stesso numero di fiori, tutti dello stesso tipo. Il massimo numero di fiori che disporrà in ciascun vaso è pari al Massimo Comun Divisore dei numeri 28 e 36.
Poiché
$28 = 2^2 \times 7$
$36 = 2^2 \times 3^2$
il massimo numero di fiori che Alessandra disporrà in ciascun vaso è:
$$\text{MCD}(28; 36) = 2^2 = \mathbf{4}$$

5) B. Se il custode conta i pesci a 3 a 3, a 4 a 4, a 5 a 5 o a 6 a 6, e ne avanza sempre 1, vuol dire che il numero di pesci non è divisibile né per 3, né per 4, né per 5, né per 6. Sappiamo, quindi, che il resto della divisione di tale numero per i numeri 3, 4, 5 oppure 6 è 1.
Escludiamo dalla soluzione i numeri 87 e 99, perché entrambi divisibili per 3. Escludiamo anche il numero 71, perché se diviso per 3 dà resto 2, se diviso per 4 dà resto 3, se diviso per 6 dà resto 5. Escludiamo dalla soluzione anche il numero 82, perché se diviso per 4 dà resto 2, se diviso per 5 dà resto 2, se diviso per 6 dà resto 4.
La soluzione è **61**, perché:
- se diviso per 3 dà per quoziente 20 e resto 1
- se diviso per 4 dà per quoziente 15 e resto 1
- se diviso per 5 dà per quoziente 12 e resto 1
- se diviso per 6 dà per quoziente 10 e resto 1.

4.6 Medie

1) D. Dati n numeri, che danno una media m, se a tali numeri aggiungiamo un numero noto x_{n+1}, possiamo calcolare la nuova media m' attraverso la formula:

$$m' = \frac{n \cdot m + x_{n+1}}{n+1}$$

Il problema inverso, che consiste nella ricerca del numero n, note le medie m e m' e noto il numero x_{n+1}, si risolve applicando la formula inversa di quella appena data:

$$(n+1)m' - n \cdot m = x_{n+1}$$

ossia

$$nm' + m' - n \cdot m = x_{n+1} \quad \Rightarrow \quad n(m'-m) + m' = x_{n+1} \quad \Rightarrow \quad n(m'-m) = x_{n+1} - m'$$

ovvero

$$n = \frac{x_{n+1} - m'}{m' - m}$$

Gaia ha sostenuto un numero n di esami con una media $m = 26$, inoltre all'$(n+1)$-esimo esame ha preso il voto $x_{n+1} = 30$, portando la sua media m' a 27. Il numero n di esami sostenuti fino all'altro ieri si ottiene applicando la formula appena data:

$$n = \frac{30 - 27}{27 - 26} = 3$$

In totale, compreso quello di ieri, Gaia ha sostenuto $n + 1 = 3 + 1 =$ **4** esami.

2) A. Se i dipendenti dell'azienda sono 1 direttore, 4 impiegati, 10 operai e 5 corrieri e se gli stipendi mensili (in euro) dei dipendenti sono, rispettivamente, 2.500, 1.800, 1.300 e 1.200, la media degli stipendi aziendali è:

$$m = \frac{1 \cdot 2.500 + 4 \cdot 1.800 + 10 \cdot 1.300 + 5 \cdot 1.200}{1 + 4 + 10 + 5} = \frac{28.700}{20} = \mathbf{1.435 \text{ euro}}$$

3) B. Nel quesito i primi 8 dei 10 numeri generati sono: 18, 21, 25, 33, 42, 60, 60, 85. Inoltre, la media m dei 10 numeri generati è 37, i due numeri x e y che può aver fornito il generatore si ottengono applicando la relazione:

$$m = \frac{18 + 21 + 25 + 33 + 42 + 60 + 60 + 85 + x + y}{10} = 37$$

ovvero della seguente:

$$m = \frac{344 + x + y}{10} = 37$$

da cui la relazione inversa:

$$x + y = 37 \cdot 10 - 344 = 370 - 344 = 26$$

Tra le opzioni di risposta, gli unici due numeri la cui somma è 26 sono: **10 e 16**.

4) A. Il peso medio precedente all'espulsione, ossia il peso medio degli 11 giocatori, è

$m = 22$ kg. Il peso medio successivo all'espulsione, ossia il peso medio dei 10 giocatori rimasti in campo, è $m' = 21$ kg.
Possiamo quindi calcolare il peso x_{esp} del giocatore espulso dalla relazione:

$$m' = \frac{n \cdot m - x_{esp}}{n-1}$$

ovvero dalla relazione

$$m' = \frac{11 \cdot 22 - x_{esp}}{11-1} = \frac{242 - x_{esp}}{10} = 21$$

Quindi:
$$x_{esp} = 242 - 21 \cdot 10 = 242 - 210 = \mathbf{32\ kg}$$

5) A. Nel quesito è noto che la media aritmetica di 3 numeri, a, b e c, è pari a 33. Se a tali numeri aggiungiamo il numero 3, possiamo calcolare la nuova media m' attraverso la formula:

$$m' = \frac{n \cdot m + x_{n+1}}{n+1}$$

dove:
$n = 3$
$m = 33$
$x_{n+1} = 3$.
La nuova media aritmetica è:

$$m' = \frac{3 \cdot 33 + 3}{3+1} = \frac{102}{4} = \mathbf{25{,}5}$$

4.7 Insiemi e ripartizioni

1) D. I dolci acquistati da Alessandra per la festa di compleanno di Luigi sono 80, tra sfogliatelle, cannoli, cassatine e babà.
Se 46 non sono cannoli, allora i cannoli sono $80 - 46 = 34$.
Se 55 non sono babà, allora i babà sono $80 - 55 = 25$.
La somma delle sfogliatelle e delle cassatine è $80 - (34 + 25) = 80 - 59 = 21$.
Sappiamo che le sfogliatelle sono 3 in più delle cassatine.
Siano s le sfogliatelle e c le cassatine, scriviamo le due equazioni nelle due incognite s e c:
$s + c = 21$
$s = c + 3$
Sostituendo nella prima equazione il valore di s della seconda equazione:
$c + 3 + c = 21$
da cui:
$2c = 21 - 3 = 18$ $\Rightarrow$ $c = \dfrac{18}{2} = 9$
A questo punto, le sfogliatelle sono:
$s = 21 - 9 = \mathbf{12}$

2) B. Per risolvere il quesito, indichiamo i guadagni delle amiche con le iniziali dei loro nomi:
A = 70 euro
B = 43 euro
C = 68 euro
D = 119 euro
In totale, le amiche hanno guadagnato:

$$\text{guadagno totale} = 70 \text{ euro} + 43 \text{ euro} + 68 \text{ euro} + 119 \text{ euro} = 300 \text{ euro}$$

Per un'equa ripartizione della spesa da sostenere per il regalo, ciascuna deve spendere:

$$\text{spesa individuale} = \frac{300}{4} = 75 \text{ euro}$$

Poiché Beatrice ha guadagnato 43 euro, ha bisogno, per il regalo, di 75 – 43 = 32 euro. Donatella, che ha guadagnato 119 euro, quindi 119 – 75 = 44 euro in eccesso rispetto alla spesa, deve dare **32 euro** a Beatrice.

3) A. Possiamo condurre un ragionamento come il seguente.
12 è il numero totale di amici. Tra questi occorre identificare il numero di amici che sanno suonare sia la chitarra sia il piano.
Se 9 suonano la chitarra, allora 12 – 9 = 3 è il numero di amici che non suonano la chitarra.
Se 7 suonano il piano, allora 12 – 7 = 5 è il numero di amici che non suonano il piano.
Per differenza, si ottiene il numero di amici che sanno suonare entrambi gli strumenti:
12 – (3 + 5) = 12 – 8 = **4**

4) E. Possiamo condurre un ragionamento come il seguente.
150 è il numero totale di persone iscritte alla maratona.
Se 98 sono uomini, allora 150 – 98 = 52 non sono uomini.
Se 105 sono italiani, allora 150 – 105 = 45 non sono italiani.
Se 119 sono biondi, allora 150 – 119 = 31 non sono biondi.
Se 129 sono allenati, allora 150 – 129 = 21 non sono allenati.
Per differenza, si ottiene il minimo numero di uomini italiani, biondi e allenati.
150 – (52 + 45 + 31 + 21) = 150 – 149 = **1**

5) D. Le 40 persone hanno 10 auto da 4 posti.
Se gli uomini fossero 10, allora potrebbero essere disposti uno per ogni auto e non avere auto in cui vi sono solo donne. Analogamente si potrebbe fare per un numero di uomini superiore a 10.
Pertanto, il numero di uomini deve essere inferiore a 10. Infatti, se il numero di uomini è pari a 9, ognuno di loro può essere sistemato in un'auto, per un totale di 9 auto, per cui ci sarà sempre un'auto con sole donne.
Quindi, gli uomini devono essere al massimo 9 e le donne, di conseguenza, devono essere almeno 40 – 9 = **31**.

4.8 Velocità/distanza/tempo

1) B. Usiamo la relazione $1 \text{ min} = \frac{1}{60}$ h per convertire il tempo $t = 3$ minuti in ore:

$$3 \text{ min} = 3 \cdot \frac{1}{60} \text{ h} = \frac{3}{60} \text{ h} = \frac{1}{20} \text{ h}$$

A questo punto, calcoliamo lo spazio percorso da Luigi in questo intervallo:

$$s = v \cdot t = \frac{30 \text{ km}}{\text{h}} \cdot \frac{1}{20} \text{ h} = \mathbf{1{,}5 \text{ km}}$$

2) E. Per calcolare la velocità media di Alessandra, dobbiamo conoscere lo spazio percorso e il tempo.
Lo spazio percorso è 5,4 km.
Usiamo la relazione $1 \text{ min} = \frac{1}{60}$ h per convertire il tempo $t = 30$ minuti in ore:

$$30 \text{ min} = 30 \cdot \frac{1}{60} \text{ h} = \frac{1}{2} \text{ h} = 0{,}5 \text{ h}$$

A questo punto, calcoliamo la velocità media di Alessandra usando la formula:

$$v = \frac{5{,}4 \text{ km}}{0{,}5 \text{ h}} = 10{,}8 \text{ km/h}$$

Per rispondere al quesito, occorre convertire i km/h in m/s, tenendo conto della relazione che lega tra loro le ore (h), i minuti (min) e i secondi (s):

$$1 \text{ h} = 60 \text{ min} = 3.600 \text{ s}$$

Quindi, la relazione inversa:

$$1 \text{ s} = \frac{1}{60} \text{ min} = \frac{1}{3.600} \text{ h}$$

Inoltre, occorre ricordare che la distanza di 1 chilometro (km) è pari a 1.000 metri (m):

$$1 \text{ km} = 1.000 \text{ m}$$

Mentre la relazione inversa è:

$$1 \text{ m} = \frac{1}{1.000} \text{ km}$$

Sapendo che

$$1 \frac{\text{km}}{\text{h}} = \frac{1.000 \text{ m}}{3.600 \text{ s}} = \frac{1}{3{,}6} \frac{\text{m}}{\text{s}}$$

convertiamo la velocità media di Alessandra di 10,8 km/h in m/s:

$$v = \frac{10{,}8}{3{,}6} = \mathbf{3 \text{ m/s}}$$

3) B. Per risolvere il quesito, occorre calcolare, innanzi tutto, la velocità di allontanamento dei due aerei, ossia la velocità relativa di un aereo rispetto all'altro, che si ottiene sommando le due velocità:

velocità di allontanamento = (600 + 800) km/h = 1.400 km/h

La somma è necessaria, in quanto i due aerei contribuiscono, con il proprio movimento, ad allontanarsi l'uno dall'altro.

È possibile, a questo punto, calcolare il tempo t in funzione dello spazio s e della velocità t:

$$t = \frac{s}{v} = \frac{2.800 \text{ km}}{1.400 \text{ km/h}} = 2 \text{ h}$$

I due aerei distano, l'uno dall'altro, 2.800 km dopo **2 ore**.

4) D. Poiché i due automobilisti procedono in versi opposti, occorre sommare le distanze percorse da ciascuno in 2 minuti.

Usiamo la relazione $1 \text{ min} = \frac{1}{60}$ h per convertire il tempo $t = 2$ minuti in ore:

$$2 \text{ min} = 2 \cdot \frac{1}{60} \text{ h} = \frac{2}{60} \text{ h} = \frac{1}{30} \text{ h}$$

A questo punto calcoliamo lo spazio percorso da Louis in una direzione in questo intervallo:

$$s_L = v_L \cdot t = \frac{130 \text{ km}}{\text{h}} \cdot \frac{1}{30} \text{ h} = \frac{13}{3} \text{ km}$$

Lo spazio percorso da Sebastian nell'altra direzione nello stesso intervallo è:

$$s_S = v_S \cdot t = \frac{140 \text{ km}}{\text{h}} \cdot \frac{1}{30} \text{ h} = \frac{14}{3} \text{ km}$$

Sommiamo le distanze percorse, per ottenere la soluzione:

$$s_L + s_S = \frac{13}{3} \text{ km} + \frac{14}{3} \text{ km} = \frac{27}{3} \text{ km} = \mathbf{9 \text{ km}}$$

5) D. Se Louis parte dallo stesso punto in cui è partito Valentino alle 12 e raggiunge Valentino dopo 2 ore, vuol dire che lo raggiunge alle 14.
Valentino, partendo alle 8 del mattino e viaggiando a 20 km/h, alle 14, cioè dopo 6 ore, ha percorso:

$$s = 20 \text{ km/h} \cdot 6 \text{ h} = 120 \text{ km}$$

che è lo stesso spazio percorso da Louis in 2 ore.
Pertanto, la velocità di Louis è:

$$v_L = \frac{120 \text{ km}}{2 \text{ h}} = \mathbf{60 \text{ km/h}}$$

4.9 Calcolo combinatorio

1) B. Gaia può ordinare il cono con 3 palline di gelato di gusti diversi da scegliere tra 15 possibili gusti.
Non sono possibili ripetizioni, perché i 3 gusti devono essere diversi, e non conta neanche la sequenza con cui viene composto il cono (disposizione) per cui, effettivamente, due coni sono considerati diversi se contengono almeno un elemento diverso, l'uno dall'altro. In tale ipotesi, dobbiamo calcolare le combinazioni di 15 gusti presi a gruppi di 3.
Per risolvere il quesito applichiamo la formula delle combinazioni semplici di 15 elementi a gruppi di 3:

$$C_{15,3} = \frac{D_{15,3}}{P_3} = \frac{\cancel{15}^5 \cdot \cancel{14}^7 \cdot 13}{\cancel{3}^1 \cdot \cancel{2}^1 \cdot 1} = 455$$

2) E. Si considerino n individui. Il primo individuo incrocia il proprio calice una e una sola volta con il calice di ognuno degli altri $n-1$ individui; pertanto, $n-1$ tintinnii sono da attribuire al primo individuo. Analogamente, il secondo individuo incrocia il proprio calice una e una sola volta con il calice di ognuno degli altri $n-1$ individui; pertanto, $n-1$ tintinnii sono da attribuire al secondo individuo. Per analogia, $n-1$ tintinnii sono da attribuire a ciascuno degli n individui. Tuttavia, il tintinnio tra il secondo e il primo individuo è già stato conteggiato nel calcolo dei tintinnii tra il primo e il secondo individuo, per cui, relativamente al secondo individuo, si conteggiano soltanto $n-2$ tintinnii...; per l'$n-1$ esimo individuo, si conteggia solo 1 tintinnio; per l'n-esimo individuo non si conteggia alcun tintinnio.

La formula generale per conteggiare i tintinnii tra i calici di n individui è:

$$C_{n,2} = \frac{n!}{2!(n-2)!}$$

Poiché al brindisi sono presenti $n = 15$ amici, applichiamo la formula per ottenere i tintinnii tra i 15 amici:

$$C_{n,2} = \frac{15!}{2!(15-2)!} = \frac{15!}{2!13!} = \frac{15 \cdot 14}{2 \cdot 1} = 105$$

3) D. Calcoliamo gli anagrammi della parola ZERO, anche senza significato.
Tali anagrammi si ottengono considerando che si tratta di una parola formata da $n = 4$ lettere, che non si ripetono.
Trovare il numero di anagrammi della parola equivale a trovare il numero di permutazioni senza ripetizione di $n = 4$ elementi:

$$P_4 = 4 \cdot 3 \cdot 2 \cdot 1 = \mathbf{24}$$

4) D. I numeri sono 125; infatti si tratta di disposizioni con ripetizione di 5 numeri a gruppi di 3 cifre, ovvero i numeri sono combinati 3 alla volta ed è ammessa la ripetizione del numero.
La formula che consente di calcolare le disposizioni con ripetizione di n elementi presi k alla volta è: $_rD_{n,k} = n^k$. Poiché gli elementi sono 5, allora $n = 5$; inoltre, dovendoli prendere 3 alla volta, allora $k = 3$.
Pertanto, i numeri sono:

$$_rD_{5,3} = 5^3 = \mathbf{125}$$

5) B. Se ciascuna delle 14 squadre incontra tutte le altre, dunque le altre $14 - 1 = 13$ squadre, solo in andata saranno disputate:

$$C_{14,2} = \frac{14!}{2!(14-2)!} = \frac{14!}{2!12!} = \mathbf{91} \text{ partite}$$

L'ordine delle partite non conta, perché si considerano solo le gare di andata.

4.10 Probabilità e tentativi

1) B. I casi possibili sono riassunti nella seguente tabella. Sulla riga di intestazione vi è il risultato presente sulla faccia del primo dado mentre sulla prima colonna vi è il risultato presente sulla faccia del secondo dado. Il corpo della tabella riporta la somma dei numeri presenti sui due dadi.

		Dado 1					
		1	2	3	4	5	6
Dado 2	1	2	3	4	5	6	7
	2	3	4	5	6	7	8
	3	4	5	6	7	8	9
	4	5	6	7	8	9	10
	5	6	7	8	9	10	11
	6	7	8	9	10	11	12

I casi in cui la somma è 3 sono $n_f = 2$. In particolare, sono dati dalle coppie di numeri 1-2, 2-1.
Si noti, inoltre, che i casi possibili sono $n = 6 \times 6 = 36$.
Quindi la probabilità è:

$$P(\text{somma 3}) = \frac{2}{36} = \frac{1}{18}$$

2) A. I casi favorevoli sono 8, ossia i numeri dispari da 1 a 15:

$$1 \quad 3 \quad 5 \quad 7 \quad 9 \quad 11 \quad 13 \quad 15$$

I casi possibili sono 15.
La probabilità richiesta è:

$$P(\text{numero dispari}) = \frac{8}{15}$$

3) B. Per risolvere il quesito, innanzi tutto, si calcola la probabilità che, alla prima estrazione, esca la lettera D. Il caso favorevole è 1, ossia la lettera D. I casi possibili sono 10.
Restano 9 lettere, quindi c'è 1 possibilità su 9 di uscita della lettera E.
Restano, quindi, 8 lettere, per cui c'è 1 possibilità su 8 di uscita della lettera A.
La probabilità che estraendo una alla volta 3 lettere, senza rimetterle nella scatola, e leggendole nell'ordine in cui sono estratte, si ottenga la parola DEA è pari al prodotto delle 3 probabilità:

$$P(\text{parola DEA}) = \frac{1}{10} \cdot \frac{1}{9} \cdot \frac{1}{8} = \frac{1}{720}$$

4) C. La prova è l'estrazione di due palline da un'urna.
L'evento è:
E_1{prima pallina nera (N_1), seconda pallina rossa (R_2)}
È un evento complesso costituito dall'intersezione dei due eventi elementari R_2 e N_1, tra loro dipendenti, per cui la sua probabilità è:

$$P(E) = P(R_2 \cap N_1) = P(N_1) \cdot P(R_2 | N_1)$$

La probabilità che, se estraiamo dalla scatola due palline contemporaneamente, la seconda pallina estratta sia rossa, dato che la prima è nera, è quindi:

$$P(\text{seconda rossa}|\text{prima nera}) = \frac{3}{5} \cdot \frac{2}{4} = \frac{3}{10}$$

5) E. La scatola contiene 40 palline rosse, 20 blu e 40 nere, per un totale di 100 palline.
La probabilità di non estrarre una pallina blu dalla scatola è pari alla probabilità di estrarre dalla scatola una pallina di un colore diverso dal blu, quindi una pallina rossa o una pallina nera. In simboli:

$$P(\text{non estrarre una pallina blu}) = \frac{40+40}{100} = \frac{80}{100} = \frac{4}{5}$$

4.11 Le serie numeriche nelle configurazioni grafico-geometriche

1) B. La serie è composta da sei figure geometriche contenenti dei numeri. Ogni figura geometrica è costituita da un triangolo sotto il quale sono collocati due cerchi. Per le quattro figure complete da un punto di vista numerico, si nota che il prodotto dei numeri contenuti nei due cerchi restituisce il numero contenuto all'interno del triangolo.
Difatti si ha:
17 × 2 = 34
12 × 3 = 36
6 × 5 = 30
11 × 2 = 22
Pertanto si ha anche che:
7 × 4 = 28
16 × 4 = 64
Il nesso logico che regola la collocazione dei numeri nelle figure è mostrato nella seguente illustrazione:

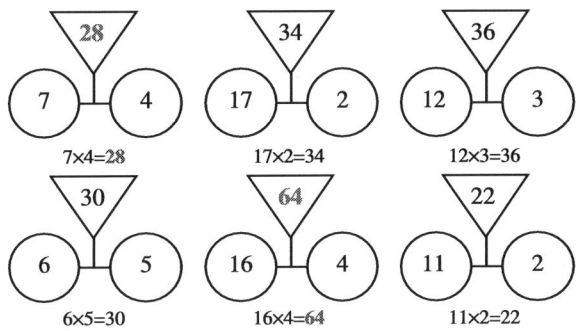

Quindi la risposta corretta è B.

2) C. Le prime tre tessere riportano due numeri. In ciascuna di esse, il numero collocato superiormente è pari al doppio di quello collocato inferiormente.

In pratica si ha:
31 × 2 = 62
32 × 2 = 64
17 × 2 = 34
Quindi, per l'ultima tessera si deve avere:
43 × 2 = 86
Il nesso logico che regola la collocazione dei numeri nelle tessere è mostrato nella seguente illustrazione:

31	32	17	43
62	64	34	86

31×2=62 32×2=64 17×2=34 43×2=86

Pertanto la risposta esatta è C.

3) C. Ciascuna delle figure è composta da tre triangoli, due collocati superiormente ed uno inferiormente. Per ciascuna delle figure la cui parte numerica è completa, il numero contenuto nel triangolo collocato in alto a sinistra, sommato al numero contenuto nel triangolo in basso, restituisce il numero contenuto nel triangolo in alto a destra.
Infatti si ha:
11 + 21 = 32
52 + 39 = 91
16 + 2 = 18
50 + 38 = 88
Quindi in particolare si ha anche:
7 + 13 = 20
11 + 22 = 33
In figura è mostrato il completamento delle figure con il nesso logico che governa la collocazione dei numeri in ciascuna di esse.

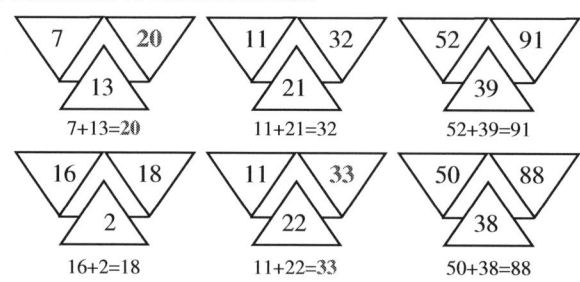

7 20   11 32   52 91
  13   21   39
7+13=20   11+21=32   52+39=91

16 18   11 33   50 88
  2   22   38
16+2=18   11+22=33   50+38=88

Pertanto le figure incomplete vanno completate con i valori 20 e 33 e la risposta corretta è la C.

4) D. Le prime tre tessere riportano due numeri. In ciascuna di esse, il numero collocato inferiormente è pari al triplo di quello collocato superiormente.

In pratica si ha:
6 × 3 = 18
16 × 3 = 48
24 × 3 = 72
Quindi, per l'ultima tessera si deve avere:
21 × 3 = 63
Il nesso logico che regola la collocazione dei numeri nelle tessere è mostrato nella seguente illustrazione:

6	16	24	21
18	48	72	63

6x3=18   16x3=48   24x3=72   21x3=63

Pertanto la risposta esatta è D.

5) D. La serie è composta da tre figure geometriche contenenti dei numeri. Ogni figura geometrica è costituita da due cerchi sotto i quali è collocato centralmente un terzo cerchio.
Per le prime due figure complete da un punto di vista numerico, si nota che il prodotto dei numeri contenuti nei due cerchi superiori restituisce il numero contenuto all'interno del cerchio collocato inferiormente.
Difatti si ha:
4 × 5 = 20
9 × 6 = 54
Pertanto si ha anche che:
7 × 8 = 56
Il nesso logico che regola la collocazione dei numeri nelle figure è mostrato nella seguente illustrazione:

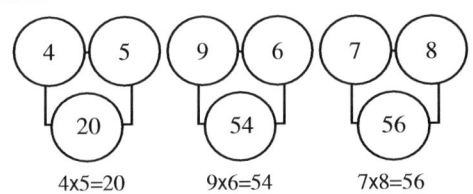

4 5   9 6   7 8
 20   54   56

4x5=20   9x6=54   7x8=56

Quindi la risposta corretta è D.

6) B. Ciascuna delle figure è composta da tre triangoli, due collocati superiormente ed uno inferiormente. Per ciascuna delle figure con la parte numerica completa, il numero contenuto nel triangolo collocato in alto a sinistra, sommato al numero contenuto nel triangolo in basso, restituisce il numero contenuto nel triangolo in alto a destra.
Infatti si ha:
4 + 10 = 14
8 + 18 = 26

Quindi in particolare si ha anche:
46 + 36 = 82
In figura è mostrato il completamento delle figure con il nesso logico che governa la collocazione dei numeri in ciascuna di esse.

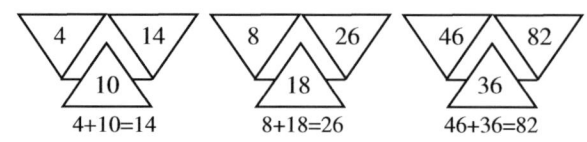

4	14		8	26		46	82
	10			18			36

4+10=14   8+18=26   46+36=82

Pertanto la figura incompleta va completata con il valore 82 e la risposta corretta è la B.

7) C. Le prime tre tessere riportano due numeri. In ciascuna di esse, il numero collocato inferiormente è pari al numero collocato superiormente aumentato di 28 unità. In pratica si ha:
18 + 28 = 46
30 + 28 = 58
42 + 28 = 70
Quindi, per l'ultima tessera si deve avere:
54 + 28 = 82
Il nesso logico che regola la collocazione dei numeri nelle tessere è mostrato nella seguente illustrazione:

18	30	42	54
46	58	70	82

18+28=46 30+28=58 42+28=70 54+28=82

Pertanto la risposta esatta è C.

8) A. La serie è composta da tre figure geometriche contenenti dei numeri. Ogni figura geometrica è costituita da due cerchi sotto i quali è collocato centralmente un terzo cerchio. Le prime due figure sono complete da un punto di vista numerico. Per esse si nota che il prodotto dei numeri contenuti nei due cerchi superiori restituisce il numero contenuto all'interno del cerchio collocato inferiormente. Difatti si ha:
5 × 6 = 30
2 × 8 = 16
Pertanto si ha anche:
9 × 6 = 54
Il nesso logico che regola la collocazione dei numeri nelle figure è mostrato nella seguente illustrazione:

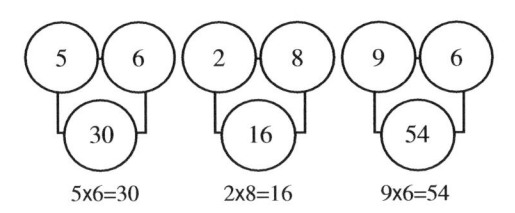

5×6=30   2×8=16   9×6=54

Quindi la risposta corretta è A.

9) C. Le prime tre tessere riportano due numeri. In ciascuna di esse, il numero collocato inferiormente è pari al triplo del numero collocato superiormente. In pratica si ha:
7 × 3 = 21
17 × 3 = 51
25 × 3 = 75
Quindi, per l'ultima tessera si deve avere:
22 × 3 = 66
Il nesso logico che regola la collocazione dei numeri nelle tessere è mostrato nella seguente illustrazione:

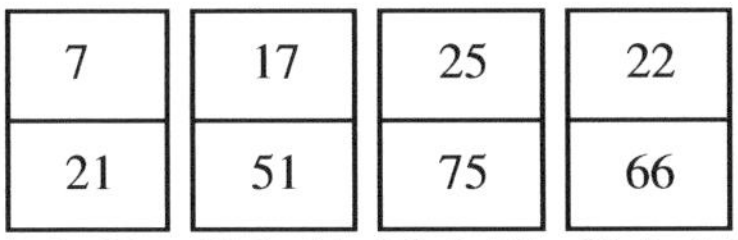

7	17	25	22
21	51	75	66

7×3=21   17×3=51   25×3=75   22×3=66

Pertanto la risposta esatta è C.

10) A. La serie è composta da tre triangoli contenenti dei numeri.
Nei primi due triangoli, il numero al centro è maggiore dei numeri ai vertici.
In ogni triangolo, il numero al centro si ottiene moltiplicando tra loro il numero del vertice in alto per il numero del vertice a sinistra in basso e sommando al prodotto ottenuto il numero del vertice a destra in basso.

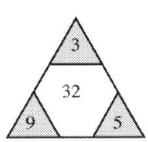

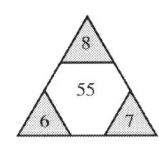

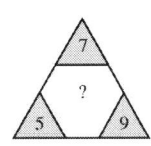

3 × 9 + 5 = 32   8 × 6 + 7 = 55   7 × 5 + 9 = **44**

Questionario 5
Ragionamento critico-numerico – *Problem solving*

5.1 Interpretazione di dati in tabelle

Distribuzione degli aventi diritto al voto divisi per fasce d'età (in migliaia)[1]

	Nord-ovest	Nord-est	Centro	Sud	Isole
18-25 anni	632	689	705	512	410
26-33 anni	684	564	684	467	365
34-41 anni	561	461	594	387	298
42-49 anni	428	345	512	312	204
50-57 anni	365	265	456	296	192
Oltre	245	198	321	184	103
Totale	2.915	2.522	3.272	2.158	1.572

[1] I dati contenuti nelle celle della tabella sono stati utilizzati in diversi concorsi gestiti dal medesimo ente, tuttavia la riga di intestazione, che nel quesito in esame è rappresentata da aree geografiche (Nord-ovest, Nord-est, Centro, Sud, Isole), fa riferimento a Regioni (Sicilia, Sardegna, Lazio, Campania, Puglia), inoltre cambia leggermente la suddivisione per fasce d'età.

1) Nel Nord-ovest, sul totale degli aventi diritto al voto, qual è la percentuale (approssimata) di quelli fino a 33 anni?
   A. 23%
   B. 17%
   C. 50%
   D. 45%
   E. 38%

2) Qual è il numero di aventi diritto al voto nelle Isole (in migliaia), nella fascia d'età in cui esistono due zone con lo stesso numero di aventi diritto al voto?
   A. 410
   B. 192
   C. 204
   D. 103

   E. 365

3) In quale fascia d'età si registra il divario maggiore, in termini assoluti, tra Nord-est e Centro?
   A. 50-57 anni
   B. 18-25 anni
   C. 42-49 anni
   D. 26-33 anni
   E. 34-41 anni

4) Qual è il numero complessivo di aventi diritto al voto con età fino ai 41 anni, al Sud e nelle Isole (in migliaia)?
   A. 2.948
   B. 2.439
   C. 1.560
   D. 2.522
   E. 2.301

5) Qual è la percentuale approssimata degli aventi diritto al voto di età superiore ai 57 anni, sul totale degli aventi diritto al voto?
   A. 3%
   B. 6%
   C. 25%
   D. 12%
   E. 8%

Percentuali del ricavato della vendita di un immobile (= 1,2 milioni di €) spettanti ai soci

	% soci
Carlo	30%
Giorgio	25%
Franco	10%
Marco	35%

6) Qual è la quota che gli ultimi tre soci in tabella devono dividersi?
   A. 984 mila €
   B. 724 mila €
   C. 640 mila €
   D. 780 mila €
   E. 840 mila €

7) Se la quota di Carlo fosse ripartita equamente fra gli altri soci quanto spetterebbe a ciascuno?
   A. 120 mila €
   B. 90 mila €
   C. 360 mila €
   D. 240 mila €
   E. Nessuna delle alternative proposte

8) Se il 25% del ricavato della vendita venisse utilizzato per saldare dei debiti contratti dai soci, quale sarebbe il valore della quota di Carlo?
   A. 320 mila €
   B. 240 mila €
   C. 100 mila €
   D. 360 mila €
   E. 270 mila €

9) Se i soci decidessero di mettere in comune il 5% della quota spettante a ciascuno di essi, quanto riuscirebbero ad accantonare complessivamente?
   A. 30 mila €
   B. 6 mila €
   C. 25 mila €
   D. 60 mila €
   E. Nessuna delle alternative proposte

10) Qual è la differenza fra la quota di Marco e quella di Carlo?
    A. 6 mila €
    B. 600 mila €
    C. 120 mila €
    D. 180 mila €
    E. 60 mila €

Entrate e uscite mensili di 3 persone (in €)

	Marco	Stefano	Luca
Stipendio	2.000	2.600	2.000
Affitto	600	750	700
Bollette	240	350	400
Vitto	560	640	450
Trasporti	100	310	140
Vario	200	300	120

11) Che risparmio otterrebbe Stefano riducendo le spese di vitto del 20%?
    A. 64 €
    B. 108 €
    C. 112 €
    D. 12,80 €
    E. 128 €

12) Quanto riesce a mettere da parte Marco in un mese, considerando lo stipendio e le spese affrontate?
    A. 320 €
    B. 300 €
    C. 240 €
    D. 420 €
    E. Nessuna delle alternative proposte

13) Se ognuno dei tre mettesse in comune mensilmente il 5% del proprio stipendio, di che importo globale disporrebbero?
    A. 280 €
    B. 230 €
    C. 320 €
    D. 300 €
    E. 330 €

14) Che risparmio otterrebbe Luca se riducesse del 5% le spese dei trasporti?
    A. 3,50 €
    B. 8,20 €
    C. 6 €
    D. 7 €
    E. 4 €

15) Quanto riescono a mettere da parte complessivamente in un mese Marco, Stefano e Luca, considerando gli stipendi da essi percepiti e le spese affrontate?
    A. 830 €
    B. 390 €
    C. 740 €
    D. 650 €
    E. Nessuna delle alternative proposte

Ore di trasmissione di vari canali TV suddivise per tipologia

	Mediaworld	5TV	Strem	Canale +	Channel A
Spot	110	50	30	10	40
Film	15	25	35	90	50
Fiction	10	10	25	70	20
Quiz	15	15	30	70	30

16) Qual è la percentuale imputabile ai film su Canale + rispetto al totale delle ore trasmesse dallo stesso canale?
   A. 33%
   B. 9%
   C. 27,5%
   D. 37,5%
   E. Nessuna delle alternative proposte

17) Qual è la percentuale (arrotondata) imputabile complessivamente agli spot e ai film trasmessi su Channel A rispetto al totale delle ore trasmesse dalla stessa emittente?
   A. 33%
   B. 64%
   C. 90%
   D. 50%
   E. Nessuna delle alternative proposte

18) Considerando solo gli Spot, qual è la percentuale (approssimata) di ore trasmesse da 5TV, rispetto al totale delle ore trasmesse dalle cinque emittenti in tabella?
   A. 21%
   B. 32%
   C. 26%
   D. 18%
   E. Nessuna delle alternative proposte

19) Qual è la differenza, in termini assoluti, tra le ore totali di trasmissione di Mediaworld e quelle di Canale +?
   A. 120 ore
   B. 140 ore
   C. 10 ore
   D. 90 ore
   E. Nessuna delle alternative proposte

20) Qual è la differenza, in termini assoluti, tra le ore di trasmissione di Spot e quelle di Fiction?
   A. 105 ore
   B. 80 ore
   C. 25 ore
   D. 40 ore
   E. Nessuna delle alternative proposte

**Presenze di turisti negli esercizi ricettivi di alcuni paesi UE
Anni 1994-1997 (in milioni)[2]**

	1994	1995	1996	1997	Totale
Finlandia	3	4	4	5	16
Spagna	122	129	129	131	511
Portogallo	50	52	55	61	218
Germania	56	57	58	58	229
Totale	231	242	246	255	974

[2] *Le tabelle rappresentative di serie storiche analoghe a quella proposta sono state utilizzate in diversi concorsi gestiti dal medesimo ente, tuttavia, gli anni relativi ai diversi fenomeni sono stati spesso modificati.*

21) **In quale anno si è avuto un incremento, rispetto all'anno precedente, di 2 milioni di presenze in Portogallo?**
   A. 1995
   C. 1994
   C. 1997
   D. 1996
   E. Nessuna delle alternative proposte

22) **In quanti Paesi, tra quelli considerati in tabella, non è stato registrato alcun incremento delle presenze di turisti tra due anni consecutivi?**
   A. 3
   B. 4
   C. 1
   D. 2
   E. Nessuna delle alternative proposte

23) **Rispetto al 1994, quale Paese ha avuto il minor incremento, in termini assoluti, di presenze di turisti nel 1996?**
   A. Spagna
   B. Finlandia
   C. Portogallo
   D. Germania
   E. Nessuna delle alternative proposte

24) **Nell'anno in cui in Portogallo si è registrato il minimo di presenze di turisti, qual è la differenza (in valore assoluto) tra queste e quelle registrate in Germania?**
   A. 4 milioni
   B. 5 milioni
   C. 7 milioni
   D. 6 milioni
   E. Nessuna delle alternative proposte

25) **Qual è la percentuale arrotondata di presenze di turisti in Germania negli anni 1994 e 1995, sul totale delle presenze in quella nazione, relative ai 4 anni in tabella?**
   A. 57%
   B. 49%
   C. 38%
   D. 55%
   E. 45%

Percentuale media di spesa per vitto, affitto, salute, abbigliamento e altro, per fascia di reddito (2002)

	Vitto	Affitto	Salute	Abbigliam.	Altro
40-49 mila €	40%	15%	9%	18%	18%
50-74 mila €	30%	18%	10%	20%	22%
75-89 mila €	30%	20%	12%	22%	16%

26) Quanto spende mediamente per la salute un cittadino con un reddito di 45 mila €?
  A. 8.400 €
  B. 6.750 €
  C. 4.500 €
  D. 4.050 €
  E. 5.200 €

27) Quanto spende mediamente, per la voce "altro", un cittadino con un reddito di 46 mila €?
  A. 10.120 €
  B. 7.360 €
  C. 12.320 €
  D. 10.800 €
  E. 8.280 €

28) Quanto spende in più per l'affitto un cittadino con un reddito di 80 mila € rispetto ad uno con un reddito di 75 mila €?
  A. 1.500 €
  B. 500 €
  C. 1.000 €
  D. 2.000 €
  E. Nessuna delle alternative proposte

29) Quanto spende in media complessivamente per il vitto e l'affitto un cittadino con un reddito di 43 mila €?
  A. 23.650 €
  B. 18.350 €
  C. 20.640 €
  D. 24.940 €
  E. 25.000 €

30) Quanto spende complessivamente per il vitto e l'abbigliamento un cittadino con un reddito di 63 mila €?
  A. 31.500 €
  B. 41.500 €
  C. 39.500 €
  D. 44.550 €
  E. 29.000 €

Dipendenti della ditta XYZ per fascia di retribuzione e retribuzione media (in migliaia di €)

	Retribuzione	Numero dipendenti	Retribuzione media
I fascia	15-20	4.400	18
II fascia	20-30	3.020	23
III fascia	30-50	400	36
IV fascia	50-70	120	58
V fascia	70-100	60	81
Totale		8.000	

31) Qual è la spesa totale sostenuta per la retribuzione dei dipendenti della terza fascia?
   A. 7.880 mila €
   B. 14.400 mila €
   C. 13.000 mila €
   D. 8.640 mila €
   E. Nessuna delle alternative proposte

32) Qual è la spesa totale della ditta XYZ sostenuta per la retribuzione di tutti i suoi dipendenti?
   A. 250.000 mila €
   B. 274.780 mila €
   C. 182.880 mila €
   D. 120.800 mila €
   E. Nessuna delle alternative proposte

33) Qual è la percentuale dei dipendenti appartenenti alla fascia retributiva 50-70 mila?
   A. 1,5%
   B. 5,5%
   C. 0,5%
   D. 4%
   E. Nessuna delle alternative proposte

34) Nel caso di aumento dei contributi previdenziali pari all'1%, quale sarebbe complessivamente la spesa addizionale per i dipendenti della fascia retributiva 70-100 mila €?
   A. 38 mila €
   B. 48,6 mila €
   C. 44 mila €
   D. 56 mila €
   E. Nessuna delle alternative proposte

35) Qual è la differenza tra la spesa totale sostenuta per la retribuzione dei dipendenti della quarta fascia e quella sostenuta per la retribuzione dei dipendenti della quinta fascia?
   A. 2.100 mila €
   B. 55.060 mila €
   C. 10.540 mila €
   D. 9.740 mila €
   E. Nessuna delle alternative proposte

Indici sintetici dei prezzi delle materie prime aventi mercato internazionale

	Dow Jones	HWWA	Confind.
1992	118	86	148
1993	123	79	136
1994	141	83	146
1995	149	91	162
1996	147	94	172
1997	146	93	160

36) In quale anno l'indice Dow Jones ha subito la minima variazione in termini assoluti?
   A. 1997
   B. 1996
   C. 1992
   D. 1994
   E. 1993

37) Qual è l'incremento percentuale (arrotondato) dell'indice Confindustria nel 1995 rispetto al 1994?
   A. 19%
   B. 7%
   C. 11%
   D. 20%
   E. 15%

38) Qual è il valore medio dell'indice Dow Jones nel periodo 1994-1997?
   A. 143,25
   B. 140,5
   C. 145,75
   D. 148
   E. Nessuna delle alternative proposte

39) Qual è il massimo decremento annuo subito dall'indice Dow Jones nel periodo 1995-1997?
   A. 4
   B. 7
   C. 3
   D. 1
   E. 2

40) Qual è l'incremento assoluto tra il 1992 ed il 1996 dell'indice che ha subito il massimo incremento in quel periodo?
   A. 22
   B. 24
   C. 25
   D. 29
   E. 23

Personale addetto suddiviso per settore di attività e sede

	Sede A	Sede B	Sede C	Sede D
Marketing	100	50	40	15
Design	18	25	32	90
Ricerca	15	10	25	60
Sicurezza	17	15	23	75

41) **Qual è il numero medio degli addetti al settore Design per sede?**
   A. 50,5
   B. 25
   C. 44,15
   D. 41,25
   E. Nessuna delle alternative proposte

42) **Qual è la differenza tra il numero degli addetti alla sede A e quello degli addetti alla sede B?**
   A. 55
   B. 50
   C. 25
   D. 30
   E. 40

43) **Sul totale del personale, qual è la percentuale (arrotondata) di addetti al settore Ricerca?**
   A. 15%
   B. 23%
   C. 18%
   D. 9%
   E. 33%

44) **Sul totale del personale, qual è la percentuale (arrotondata) degli addetti alla sede B?**
   A. 16%
   B. 25%
   C. 20%
   D. 39%
   E. 13%

45) **Sul totale degli addetti al settore Sicurezza, quale percentuale (arrotondata) del personale svolge attività nella sede D?**
   A. 58%
   B. 55%
   C. 48%
   D. 70%
   E. 50%

Listino di alcuni modelli di personal computer della Telematic venduti con relativi accessori

	Base	Stampante	Modem 56	CD 50X
Light	1.520	350	136	260
Standard	1.730	320	125	245
Pro	1.950	315	114	231
Shock	2.100	290	102	216

46) Quale modello è stato acquistato al prezzo di 2295 €, inclusi solo Modem 56 e CD 50X?
   A. Pro
   B. Shock
   C. Nessuna delle alternative proposte
   D. Standard
   E. Light

47) Qual è la differenza tra il costo di un modello Shock completamente accessoriato e quello del modello Standard, accessori esclusi?
   A. 320 €
   B. 430 €
   C. 978 €
   D. 1.188 €
   E. Nessuna delle alternative proposte

48) Qual è la differenza di prezzo tra i tre accessori del modello Light e quelli del modello Shock?
   A. 344 €
   B. 270 €
   C. 154 €
   D. 138 €
   E. Nessuna delle alternative proposte

49) Quale modello è stato acquistato, completamente accessoriato, al prezzo di 2.510 €?
   A. Standard
   B. Pro
   C. Light
   D. Shock
   E. Nessuna delle alternative proposte

50) Quanto influisce, in percentuale approssimata, il costo di un Modem 56 sul costo del modello Pro completamente accessoriato?
   A. 4%
   B. 7%
   C. 11%
   D. 3%
   E. 2%

Quesiti da 51 a 100

5.2 Interpretazione di dati in grafici

1) Facendo riferimento al grafico, qual è stato il fatturato in Italia nel primo semestre 2014?

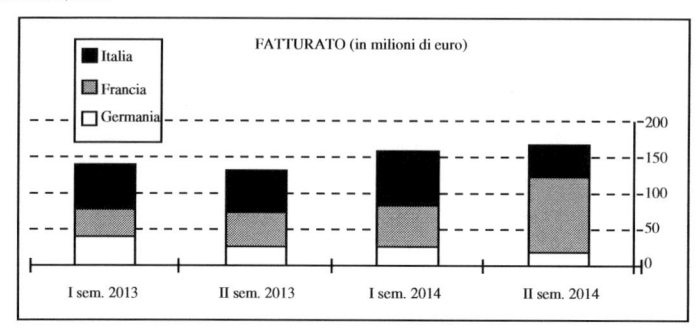

A. Circa 60 milioni di euro
B. Circa 80 milioni di euro
C. Circa 100 milioni di euro
D. Circa 40 milioni di euro
E. Circa 120 milioni di euro

2) Facendo riferimento al grafico, qual è il rapporto tra gli intervistati con più di 20 anni e quelli con meno di 20 anni?

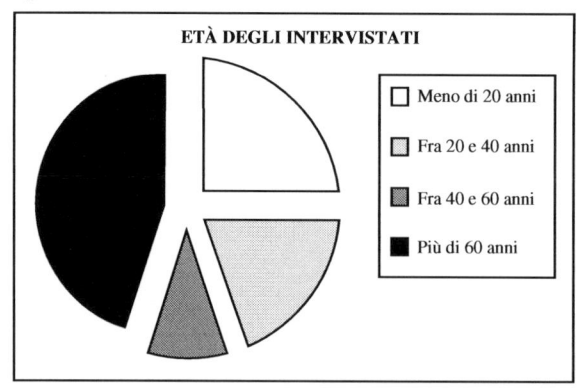

A. Circa 1 a 3
B. Circa 3 a 1
C. Circa 4 a 1
D. Circa 1 a 4
E. Circa 1 a 2

3) **Facendo riferimento al grafico e scegliendo fra le risposte proposte, quale divisione (e in quale anno) ha venduto di più?**

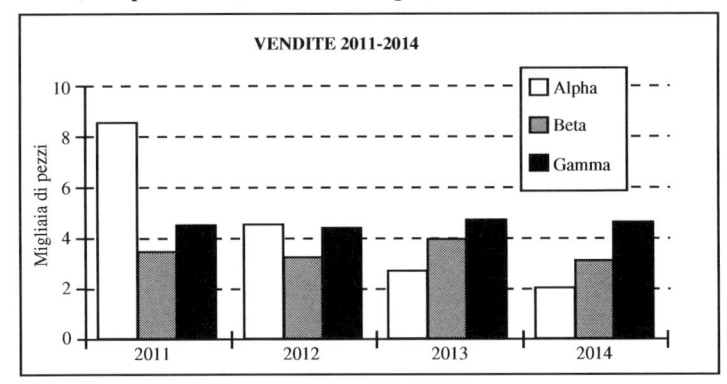

A. La divisione Alpha nel 2013
B. La divisione Gamma nel 2013
C. La divisione Beta nel 2013
D. La divisione Alpha nel 2011
E. Per rispondere è necessario conoscere i dati numerici

4) **In base alle informazioni contenute nel grafico quale settore ha aumentato maggiormente le vendite fra il primo e il terzo trimestre?**

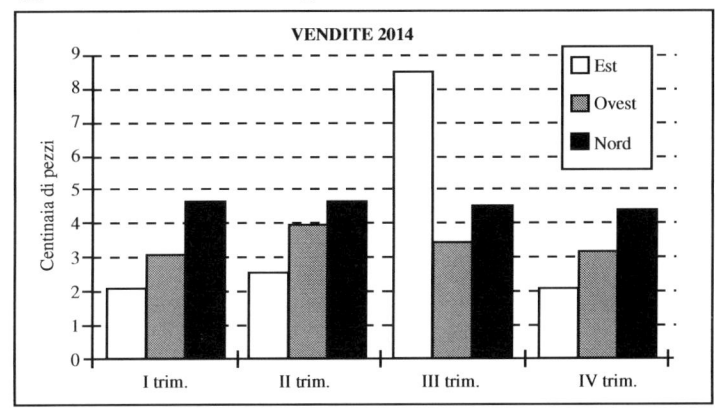

A. Il settore Nord
B. Il settore Ovest
C. Il settore Est
D. Il settore Sud
E. Non è possibile rispondere

5) **Sulla base delle informazioni contenute nel grafico, quanti pezzi sono stati venduti dal settore Nord nel terzo trimestre?**

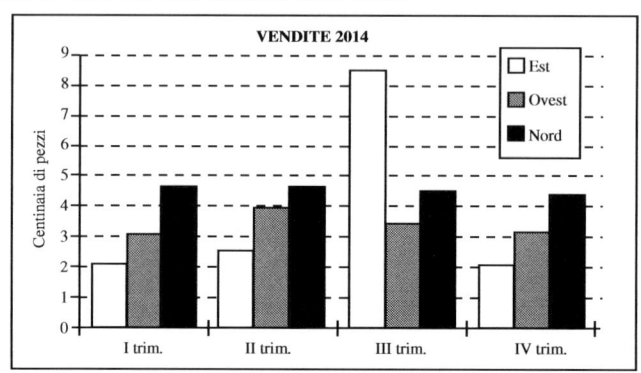

A. Circa 210 pezzi
B. Circa 150 pezzi
C. Circa 450 pezzi
D. Circa 90 pezzi
E. Circa 380 pezzi

6) **Sulla base delle informazioni contenute nel grafico e sapendo che i nati nel 1975 sono 36, quanti sono approssimativamente i nati nel 1972?**

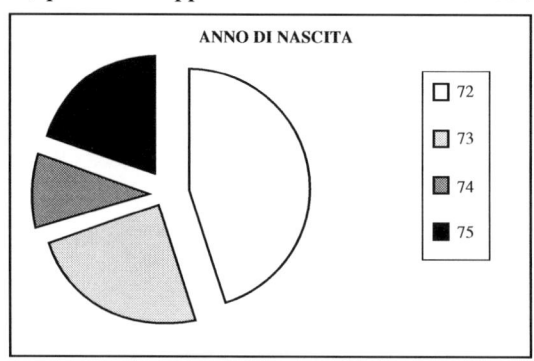

A. Circa 10
B. Circa 20
C. Circa 80

D. Circa 40
E. Circa 30

7) **Sulla base delle informazioni contenute nel grafico, qual è approssimativamente la percentuale di nati nel 1974?**

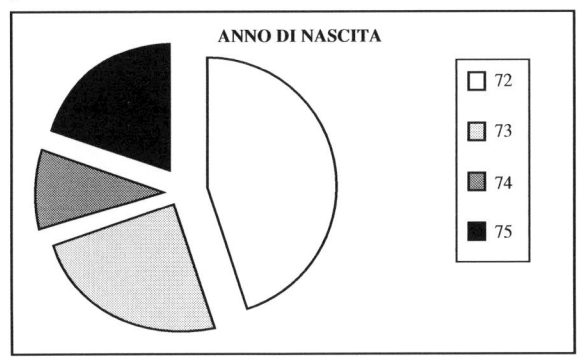

A. Circa 30%
B. Circa 20%
C. Circa 40%
D. Circa 60%
E. Circa 10%

8) **Sulla base delle informazioni contenute nel grafico, in quale anno le due divisioni Borsette e Valigie (Zaini esclusi) hanno globalmente venduto di più?**

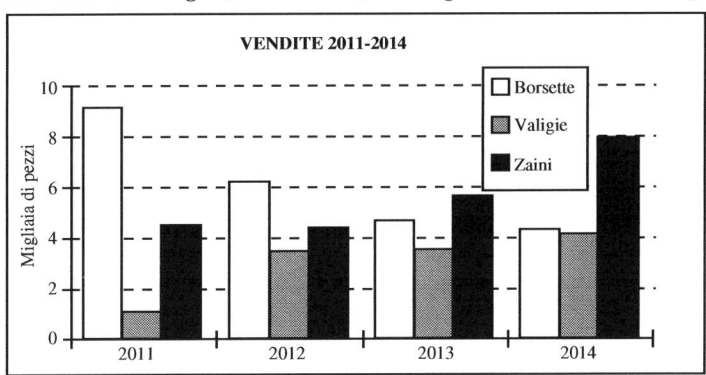

A. Nel 2011
B. Nel 2013
C. Nel 2012
D. Nel 2014
E. Nel 2012 e nel 2013

9) **Sulla base delle informazioni contenute nel grafico, qual è stato l'utile dell'azienda Beta nel 2011?**

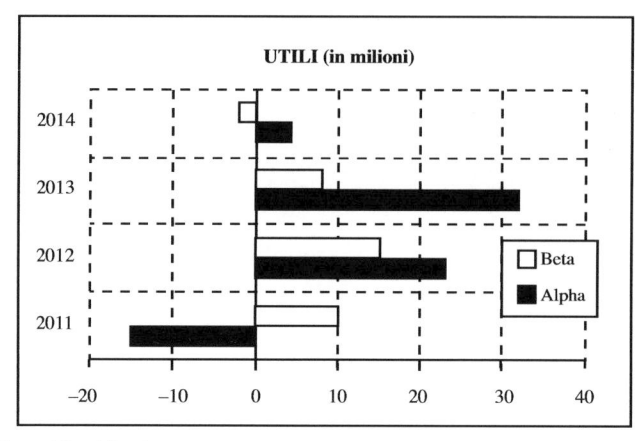

A. Circa 30 milioni
B. Circa 5 milioni
C. Circa 10 milioni
D. Circa 60 milioni
E. Circa 40 milioni

10) **Sulla base delle informazioni contenute nel grafico, a quanto ammontano le vendite dell'area Sud nell'arco dei quattro trimestri?**

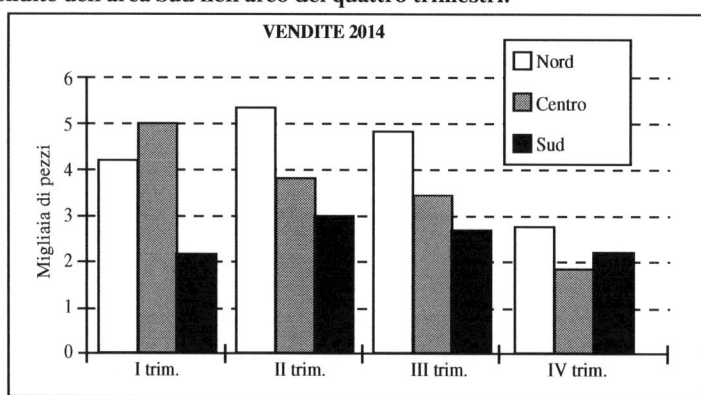

A. Circa 20.000 pezzi
B. Circa 10.000 pezzi
C. Circa 5.000 pezzi
D. Circa 15.000 pezzi
E. Circa 12.000 pezzi

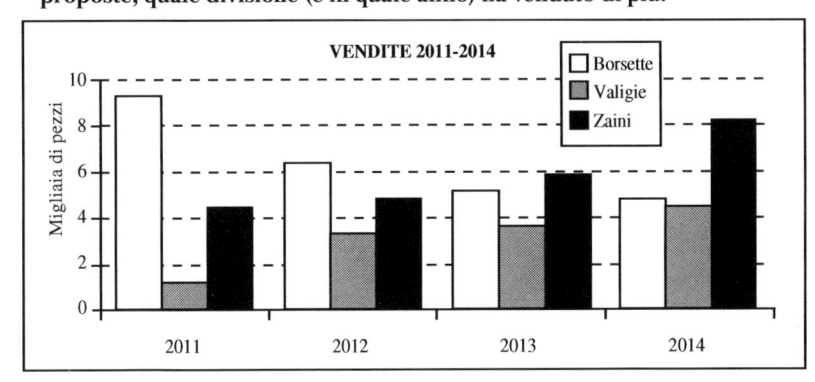

11) Sulla base delle informazioni contenute nel grafico, e scegliendo fra le risposte proposte, quale divisione (e in quale anno) ha venduto di più?

A. La divisione Borsette nel 2012
B. La divisione Valigie nel 2012
C. La divisione Zaini nel 2014
D. La divisione Valigie nel 2011
E. La divisione Borsette nel 2011

5.3 Problem solving

1) Sono dodici le squadre che parteciperanno ai Campionati del mondo di Pitchball del mese prossimo. Sono divise in due gruppi da sei. Ogni squadra giocherà due partite contro ognuna delle altre squadre appartenenti allo stesso gruppo e una partita contro ogni squadra dell'altro gruppo. Alla fine, i vincitori di ogni gruppo si scontreranno in finale.
Quante partite si giocheranno in tutto nel torneo?
A. 67
B. 91
C. 97
D. 109
E. 193

2) È stata svolta una ricerca sui mezzi di trasporto utilizzati per andare a scuola, che ha rivelato i risultati seguenti (raggruppati per classe):

	1ª media	2ª media	3ª media	1° liceo	2° liceo	Totale
Macchina	30	33	16	18	10	102
Autobus	14	16	13	15	18	76
Bicicletta	5	12	23	25	30	95
A piedi	101	89	100	92	108	490
Totale	150	145	152	150	166	763

Uno dei valori della tabella non è stato riportato correttamente, anche se i totali sono rimasti corretti. Qual è il valore errato?
A. 14
B. 33
C. 23
D. 92
E. 18

3) Il display di un orologio digitale è formato da 15 luci colorate e può rappresentare i numeri da 0 a 9 come nella figura sottostante.

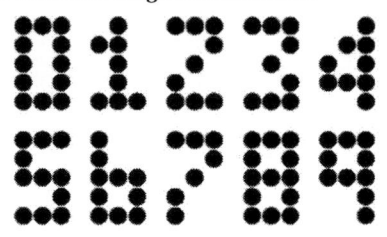

Se una delle luci non si accende, due numeri potrebbero apparire uguali. Quali?
A. 1 e 2
B. 8 e 9
C. 0 e 8
D. 6 e 9
E. 2 e 7

4) L'orologio in figura funziona in senso antiorario.

Che ora è tra 120 minuti?
A. 7:45
B. 6:45
C. 7:15
D. 11:45
E. 6:55

5) Tre amici decidono di pesarsi su una bilancia pubblica, usando solo una moneta. Senza ragionare, non si sono accorti che potrebbero pesarsi direttamente uno per uno. Quindi, prima, salgono John e Ivan, e la bilancia segna 90 kg. Ivan scende e sale Kevin; ora la bilancia segna 95 kg. Infine John scende e Ivan risale; la bilancia segna 99 kg.

I tre ragazzi rimangono quindi con il problema di calcolare il proprio peso singolarmente. Quanto pesa John?
A. 50 kg
B. 45 kg
C. 55 kg
D. 43 kg
E. 48 kg

6) Durante la sperimentazione di un farmaco per alleviare la depressione, il 15% dei soggetti ha lamentato una condizione peggiore di quella iniziale, il 20% ha riportato un leggero miglioramento e il 35% ha riferito un netto miglioramento. Dei soggetti rimanenti, 9 non hanno avvertito alcun effetto e gli altri 27 non sono riusciti a completare la cura.
Quante persone, inizialmente, hanno preso parte alla sperimentazione?
A. 36
B. 66
C. 90
D. 106
E. 120

7) Rajesh e Leena sono fratelli e frequentano la stessa scuola che dista 2 km da casa. Ogni mattina, Leena parte 10 minuti prima di Rajesh e va a piedi. Rajesh va in bici percorrendo la stessa strada a una velocità quattro volte superiore a quella di Leena, e arriva a scuola 5 minuti prima di lei.
Quanto è lontana da casa Leena quando parte Rajesh?
A. $\frac{1}{2}$ km
B. $\frac{2}{3}$ km
C. 1 km
D. $5 \cdot \frac{1}{3}$ km
E. $5 \cdot \frac{1}{2}$ km

8) Katy, Louise, Mike e Neil vanno in palestra regolarmente. All'inizio dell'anno, pesavano rispettivamente 65, 80, 75 e 70 kg. Nel corso dell'anno, hanno tutti avuto una variazione di peso superiore a 5 kg. Mike ha perso più peso sia di Louise che di Katy. Neil è aumentato.
Quale delle seguenti sequenze, in ordine crescente di peso, non è possibile che si sia verificata alla fine dell'anno?
A. Katy, Louise, Mike, Neil
B. Mike, Katy, Louise, Neil
C. Mike, Louise, Katy, Neil
D. Katy, Mike, Louise, Neil
E. Sono tutte possibili

9) **Delle 100 viti che ho nella cassetta degli attrezzi:**
   60 hanno la testa a stella e 40 a taglio
   70 hanno un diametro di 3 mm, 20 di 4 mm e 10 di 5 mm
   80 sono lunghe 50 mm, 5 sono lunghe 35 mm e 15 sono lunghe 20 mm.
   Qual è il minor numero di viti con la testa a stella, il diametro di 3 mm e la lunghezza di 50 mm che ho nella cassetta?
   A. 0
   B. 10
   C. 30
   D. 31
   E. 60

10) **Dal lungomare di Shoreton si vedono due fari. Entrambe le luci si accendono e si spengono a intermittenze regolari. Uno rimane acceso per 3 secondi e poi spento per 8 secondi, mentre l'altro è acceso per 2 secondi e spento per 7 secondi.**
    15 secondi fa entrambe le luci si sono accese nello stesso preciso istante.
    Tra quanti secondi, per la prima volta da adesso, entrambe le luci si spegneranno contemporaneamente?
    A. 32
    B. 47
    C. 62
    D. 84
    E. 131

Le domande da 11 a 14 fanno riferimento alle seguenti informazioni:
La tabella riportata è tratta dall'UK National Transport Survey, indagine svolta nel 2002. In essa sono stati riportati i viaggi svolti dalle persone nell'arco di una settimana e stimate le distanze medie annue.

Distanza media percorsa, suddivisa per mezzi di trasporto: dal 1975/1976 al 2002

	km annui a persona					
	1975/1976	1985/1986	1991/1993	1996/1998	1999/2001	2002
A piedi	255	244	212	193	189	190
Bicicletta	51	44	39	38	39	33
Pullman a noleggio	150	131	123	103	95	124
Guidatore - solo macchina	1.849	2.271	2.993	3.319	3.381	3.410
Passeggero - solo macchina	1.350	1.525	1.951	1.973	1.973	2.028
Motociclo/ Motorino	47	51	38	30	29	33
Guidatore - furgoncino/ camion	122	153	192	178	154	218
Passeggero - furgoncino/ camion	61	75	72	66	57	61
Altri mezzi privati	16	33	41	35	24	20
Autobus urbani	429	297	263	249	245	259
Autobus interurbani	54	109	105	95	97	58
Metropolitana	36	44	48	51	57	62
Treni	289	292	311	290	368	373
Taxi/minicab	13	27	40	50	61	55
Altri mezzi pubblici (aereo, traghetto, metropolitana leggera ecc.)	18	22	46	57	48	56
Totale	4.740	5.317	6.473	6.728	6.815	6.981

La tabella seguente mostra i dettagli dell'indagine da cui sono stati tratti i dati sopra riportati.

Indagine su una settimana: numero di persone e tappe

Dimensione del campione:	1975/1976	1985/1986	1991/1993	1996/1998	1999/2001	2002
Persone	26.495	25.785	25.173	21.980	23.004	16.886
Tappe	365.800	582.798	579.693	486.734	492.380	349.227

Con "tappe" si indicano tutte le tratte di un viaggio che vengono percorse con mezzi diversi (es. un viaggio può essere svolto in tre tappe: a piedi/in treno/in taxi).

11) **Quanta strada in più in un anno ha percorso in macchina una persona media (sia come guidatore che come passeggero) nel 2002 rispetto al periodo 1999/2001?**
   A. 29 km
   B. 55 km
   C. 84 km
   D. 166 km
   E. 2239 km

12) **Quale mezzo di trasporto ha subìto la maggiore percentuale di diminuzione tra il 1975/6 e il 2002?**
   A. A piedi
   B. Bicicletta
   C. Pullman a noleggio
   D. Motociclo/motorino
   E. Autobus urbani

13) **Il numero medio di km percorsi in macchina da passeggeri è inferiore al numero di km percorsi da guidatori. Quali delle seguenti alternative potrebbero dare origine a questa statistica?**
   1 Il numero medio di chi ha viaggiato in macchina è inferiore nel 2002 rispetto al 1975/6
   2 Il numero medio di persone che hanno viaggiato in macchina è inferiore a 2
   3 Sono più le macchine che viaggiano con una persona rispetto a quelle che viaggiano con più di una
   4 Le macchine che trasportano passeggeri fanno viaggi più corti rispetto a quelle dove c'è solo il guidatore
   A. La 1 e la 2
   B. La 2, la 3 e la 4
   C. La 3 e la 4
   D. La 1, la 2 e la 3
   E. La 2 e la 3

14) **Qual è stata, approssimativamente, la lunghezza media di una singola tappa nel 2002? (Approssimare ai 0,5 km più vicini).**
   A. 15 km
   B. 8 km
   C. 20 km
   D. 6,5 km
   E. 10 km

15) **Il piccolo Federico gioca con 550 tessere quadrate di legno colorato, tutte delle stesse dimensioni. Ha costruito con esse il quadrato più grande possibile; quante tessere sono avanzate a Federico?**
   A. 21
   B. 25
   C. 19
   D. 23
   E. 20

16) **Al Museo d'Orsay di Parigi è esposto un mosaico, realizzato da un artista che aveva a disposizione 529 tessere di marmo a forma di triangolo equilatero, tutte delle stesse dimensioni. L'artista ha costruito con esse, accostandole, il più grande triangolo equilatero possibile. Quanto vale il perimetro del triangolo ottenuto?**
   A. 69 u
   B. 47 u
   C. 72 u
   D. 23 u
   E. 25 u

17) **Il grafico mostra la media delle temperature mensili nel Bangladesh. L'estremità inferiore della barretta mostra la media delle temperature minime giornaliere durante il mese, mentre l'estremità superiore indica la media delle temperature massime giornaliere durante il mese.**

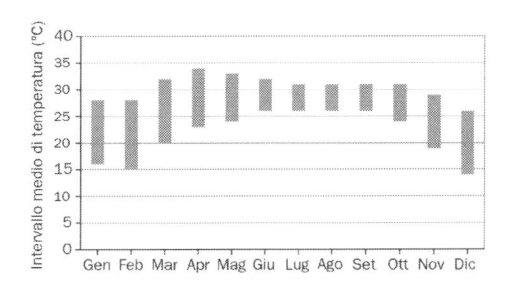

   Qual è la differenza tra la media delle temperature minime e la media di quelle massime durante l'anno?
   A. 15 °C

B. 20 °C
C. 22 °C
D. 14 °C
E. 16 °C

18) Una studentessa sta disegnando dei grafici a torta per illustrare come i vari elementi del costo del carburante contribuiscono al prezzo totale in alcuni Paesi. I dati che usa sono mostrati qui sotto, con i prezzi in valuta locale. La studentessa ha disegnato un solo grafico ieri sera, ma non ha evidenziato i diversi segmenti e non ricorda quale paese rappresenti. Il grafico è mostrato qui di seguito. Di che paese si tratta?

	Sudaria	Idani	Anguda	Boralia
Greggio	0,70	18,68	0,40	0,50
Raffinazione	0,02	4,67	0,02	0,02
Ingrosso	0,09	3,63	0,05	0,14
Dettaglio	0,06	2,08	0,06	0,05
Tasse	0,50	22,84	0,80	0,34
Totale	1,37	51,90	1,33	1,05

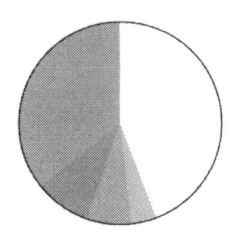

A. Sudaria
B. Idani
C. Anguda
D. Boralia
E. Nessuno dei Paesi indicati

19) La tabella mostra i risultati di un questionario su quante materie di livello A vengono scelte dagli studenti di cinque scuole.

Scuola	Percentuale di studenti che scelgono il numero mostrato di materie di livello A			
	1	2	3	4
Abbey Road	13	25	42	20
Barnfield	5	18	55	22
Colegate	24	36	28	12
Danbridge	16	18	61	5
Eden House	10	14	48	28

Il quotidiano locale (dimenticando che il numero di studenti potrebbe essere diverso nelle cinque scuole) ha sommato i numeri riportati, dividendo il totale per cinque, allo scopo di riprodurre un grafico con le percentuali relative all'intera cittadina. Inoltre, i dati di una delle cinque scuole sono stati, per errore, esclusi dal calcolo, cosicché la somma delle percentuali ottenute è inferiore a 100.

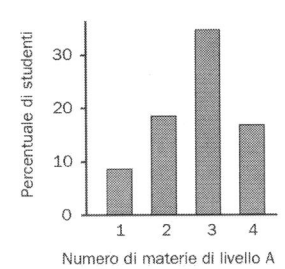

Quale scuola è stata esclusa?
A. Abbey Road
B. Barnfield
C. Colegate
D. Danbridge
E. Eden house

20) Julia ha alloggiato in un hotel per un viaggio d'affari. Al momento di fare il check-out, il computer dell'hotel non funziona, quindi la receptionist le fa una fattura a mano in base alle ricevute, per un totale di 471 €. Julia pensa che le stiano facendo pagare troppo, così controlla accuratamente la fattura, voce per voce.

Camera: 4 notti al costo di 76,00 € per notte
Colazione: 4 a 10,00 € ciascuna
Cene: 3 a 18,00 € ciascuna
Telefono: 10 unità a 1,70 € per unità
Bar: bevande varie per un totale di 23,00 €
Lavanderia: 3 camicette a 5,00 € ciascuna

Sembra, quindi, che la receptionist abbia fatto un conto sbagliato delle voci nel sommare il totale. Per quale voce è stato chiesto a Julia di pagare troppo?
A. Colazione
B. Cene
C. Telefono
D. Bar
E. Lavanderia

21) Il supermercato SuperSave vende il detersivo liquido Sudsy a 1,20 euro a bottiglia. A questo prezzo, fa pagare il 50% in più del prezzo a cui il prodotto viene acquistato dai fornitori. La prossima settimana, il SuperSave proporrà l'offerta "paghi due, prendi tre" su questo articolo. Il supermercato non vuole perdere i soldi su quest'offerta, quindi si aspetta che i fornitori riducano i loro prezzi in modo che SuperSave potrà avere lo stesso profitto effettivo su ogni tre bottiglie vendute. Di quanto dovranno ridurre i loro prezzi i fornitori?
A. 1/6
B. 1/4

C. 1/3
D. 1/2
E. 2/3

22) Luiz e Bianca sono fratello e sorella e frequentano la stessa scuola. Luiz raggiunge la scuola percorrendo una strada lunga 900 m e camminando alla velocità di 1,5 m/s. Bianca va a scuola in bicicletta, percorrendo una distanza di 1,5 km, a una velocità di 5 m/s. Entrambi prevedono di arrivare a scuola alle 08:55.
Chi esce prima di casa e di quanto?
A. Bianca, di 5 minuti
B. Luiz, di 5 minuti
C. Partono da casa alla stessa ora
D. Bianca, di 10 minuti
E. Luiz, di 10 minuti

23) Si è recentemente votato per le elezioni locali; la votazione è stata condotta utilizzando il sistema del voto alternativo. Ciò significa che ciascun elettore classifica i candidati in ordine di preferenza. Ciascun candidato è inizialmente classificato sulla base dei votanti che lo hanno collocato al primo posto. Il candidato con il minor numero di voti è escluso e i voti di quelle persone che lo avevano collocato al primo posto sono riassegnati alle rispettive seconde preferenze. Il processo continua fino a quando non si stabilisce un vincitore.
Qui di seguito sono riportati i risultati del primo conteggio.

Andrew	323
Godfrey	211
Srinivasa	157
Stephen	83
John	54
Bertrand	21

Quanti candidati hanno ancora una possibilità di vittoria?
A. 2
B. 3
C. 4
D. 1
E. 5

24) I codici PIN a quattro cifre si usano per ritirare denaro dagli sportelli bancomat con carte plastificate. Ricordare il proprio PIN può risultare difficile. Io ho un metodo per ricordare il mio: è formato dalle due cifre del mio giorno di nascita (il giorno del mese) invertite, seguite dalle due cifre del mio mese di nascita invertite (usando uno zero come prima cifra se il numero del giorno o del mese dovessero consistere di una sola cifra; maggio, per esempio, sarebbe rappresentato da 05).
Quale di questi PIN non può essere il mio?
A. 3221

B. 5060
   C. 1141
   D. 2121
   E. 1290

25) **Al suono delle campane delle 20:45, Viola regola la sua sveglia. Se la sveglia va avanti di 2 minuti ogni ora, su quale ora dovrà puntarla in modo che la mattina successiva suoni contemporaneamente con le campane delle 06:15?**
   A. Alle 06:34
   B. Alle 06:35
   C. Alle 06:30
   D. Alle 06:15
   E. Alle 06:24

Risposte commentate
Ragionamento critico-numerico – *Problem solving*

5.1 Interpretazione di dati in tabelle

1) D. La soluzione si ottiene considerando le celle, nella colonna Nord-ovest, relative alle righe 18-25 anni e 26-33 anni.
Per ottenere la percentuale richiesta si opera nel modo seguente:

$$\% = \frac{\text{aventi diritto voto Nord-ovest 18-25 anni + aventi diritto voto Nord-ovest 26-33 anni}}{\text{totale aventi diritto voto Nord-ovest}} \times 100$$

	Nord-ovest	Nord-est	Centro	Sud	Isole
18-25 anni	632	689	705	512	410
26-33 anni	684	564	684	467	365
34-41 anni	561	461	594	387	298
42-49 anni	428	345	512	312	204
50-57 anni	365	265	456	296	192
Oltre	245	198	321	184	103
Totale	2.915	2.522	3.272	2.158	1.572

Nella tabella proposta:
> aventi diritto al voto nel Nord-ovest nella fascia d'età 18-25 anni = 632;
> aventi diritto al voto nel Nord-ovest nella fascia d'età 26-33 anni = 684;
> totale degli aventi diritto al voto nel Nord-ovest = 2.915.

Pertanto, nel Nord-ovest, sul **totale degli aventi diritto al voto**, la **percentuale** (approssimata) di quelli **fino a 33 anni** è:

$$\text{percentuale} = \frac{632 + 684}{2.915} \times 100 = 45{,}146\% \cong \mathbf{45\%}$$

Per semplificare il calcolo è possibile fare delle approssimazioni ed usare particolari accorgimenti.
Innanzitutto, ragioniamo con numeri di minore grandezza, dividendo per 100 i numeri in questione ed approssimandoli:

$$632 : 100 = 6{,}32 \approx 6$$
$$684 : 100 = 6{,}84 \approx 7$$

Nella somma di queste due approssimazioni siamo sicuri di non aver compiuto un errore grande, in quanto un valore è approssimato per difetto ed uno per eccesso. Inoltre abbiamo:

$$2915 : 100 = 29{,}15 \approx 29$$

Pertanto la frazione da considerare è:

$$\frac{6+7}{29} = \frac{13}{29}$$

Impostiamo il calcolo della divisione:

$$13 : \underline{29} \rightarrow 130 : \frac{\underline{29}}{0,}$$

A questo punto, notiamo che il 29 è contenuto 4 volte nel 130 (possiamo accorgercene velocemente se approssimiamo 29 a 30). Pertanto il risultato della divisione comincia con 0,4 che si traduce in una percentuale superiore al 40% ma inferiore al 49,9%.
L'unica opzione di risposta contenuta in questo intervallo è 45%.

2) E. La fascia d'età in cui esistono due zone con lo stesso numero di aventi diritto al voto è 26-33 anni. In corrispondenza di tale fascia, infatti, gli **aventi diritto al voto nel Nord-ovest** e gli **aventi diritto al voto nel Centro** sono entrambi in numero, pari a **684**.

	Nord-ovest	Nord-est	Centro	Sud	Isole
18-25 anni	632	689	705	512	410
26-33 anni	684	564	684	467	365
34-41 anni	561	461	594	387	298
42-49 anni	428	345	512	312	204
50-57 anni	365	265	456	296	192
Oltre	245	198	321	184	103
Totale	2.915	2.522	3.272	2.158	1.572

Nelle Isole, in corrispondenza di tale fascia d'età, il numero di aventi diritto al voto (in migliaia) è **365**.

3) A. Le differenze, in valore assoluto, per fasce d'età, tra gli aventi diritto al voto nel Nord-est e gli aventi diritto al voto al Centro si ottengono eseguendo le differenze, per ciascuna fascia d'età, tra i dati contenuti nella colonna **Nord-est** e i corrispondenti dati contenuti nella colonna **Centro**.
Tali differenze sono riportate nell'ultima colonna dello schema seguente, in cui il simbolo | | rappresenta il valore assoluto:

	Nord-est	Centro	Differenze
18-25 anni	689	705	$689-705=|16|$
26-33 anni	564	684	$564-684=|120|$
34-41 anni	461	594	$461-594=|133|$
42-49 anni	345	512	$345-512=|167|$
50-57 anni	265	456	$265-456=|191|$
Oltre	198	321	$198-321=|123|$
Totale	2.522	3.272	=

Il divario maggiore (**191**) tra tali numeri si registra in corrispondenza della fascia d'età **50-57 anni**.
Per semplificare il calcolo è possibile fare delle approssimazioni ed usare particolari accorgimenti.
Innanzitutto, ragioniamo con numeri di minore grandezza, dividendo per 10 i numeri in questione e approssimando i quozienti ottenuti.
Ad esempio abbiamo:

$$689 : 10 = 68,9 \approx 69$$
$$705 : 10 = 70,5 \approx 71$$

Procedendo in questo modo, possiamo calcolare le seguenti differenze.

	Nord-est	Centro	Differenze
18-25 anni	69	71	2
26-33 anni	56	68	12
34-41 anni	46	59	13
42-49 anni	35	51	16
50-57 anni	27	46	19
Oltre	20	32	12

Nuovamente, notiamo che la differenza maggiore si registra in corrispondenza della fascia 50-57 anni.

4) **B.** Il numero complessivo (in migliaia) di aventi diritto al voto con età fino a 41 anni, al Sud e nelle Isole, si ottiene sommando i dati, riportati nelle colonne Sud e Isole, relativi alle fasce d'età:

18-25 anni   26-33 anni   34-41 anni

	Nord-ovest	Nord-est	Centro	Sud	Isole
18-25 anni	632	689	705	512	410
26-33 anni	684	564	684	467	365
34-41 anni	561	461	594	387	298
42-49 anni	428	345	512	312	204
50-57 anni	365	265	456	296	192
Oltre	245	198	321	184	103
Totale	2.915	2.522	3.272	2.158	1.572

Il numero richiesto è:

$$512 + 467 + 387 + 410 + 365 + 298 = \mathbf{2.439}$$

Per velocizzare l'individuazione della risposta esatta è possibile usare particolari accorgimenti.
Notiamo che le unità delle cinque opzioni di risposta sono tutte diverse tra loro. Pertanto è possibile individuare la risposta corretta semplicemente sommando le sole unità dei numeri evidenziati in tabella.
Si ha:

$$2 + 7 + 7 + 0 + 5 + 8 = 29$$

Quindi le unità della somma sono pari a **9**; pertanto, l'unica risposta che può essere corretta è 2439.

5) E. La percentuale degli aventi diritto al voto di età superiore ai 57 anni si ottiene considerando la riga **Oltre** e la riga **Totale**. Occorre, quindi, operare nel modo seguente:

$$\text{percentuale} = \frac{\text{somma dei dati riportati nella riga Oltre}}{\text{somma dei dati riportati nella riga Totale}} \times 100$$

	Nord-ovest	Nord-est	Centro	Sud	Isole
18-25 anni	632	689	705	512	410
26-33 anni	684	564	684	467	365
34-41 anni	561	461	594	387	298
42-49 anni	428	345	512	312	204
50-57 anni	365	265	456	296	192
Oltre	245	198	321	184	103
Totale	2.915	2.522	3.272	2.158	1.572

La percentuale richiesta è:

$$\text{percentuale} = \frac{245+198+321+184+103}{2.915+2.522+3.272+2.158+1.572} \times 100 = \frac{1.051}{12.439} \times 100 = 8,449\% \cong \mathbf{8\%}$$

Per semplificare il calcolo è possibile fare delle approssimazioni ed usare particolari accorgimenti.

Innanzitutto, ragioniamo con numeri di minore grandezza, dividendo per 100 i numeri evidenziati in tabella, ed approssimandoli.
Abbiamo:

	Nord-ovest	Nord-est	Centro	Sud	Isole
Oltre	2	2	3	2	1
Totale	29	25	33	22	16

Calcoliamo il rapporto e semplifichiamolo:

$$\frac{2+2+3+2+1}{29+25+33+22+16} = \frac{10}{125} = \frac{2}{25}$$

Per ottenere la percentuale, possiamo moltiplicare numeratore e denominatore per 4, in modo da ottenere 100 a denominatore e quindi una percentuale.

$$\frac{2}{25} = \frac{2 \times 4}{25 \times 4} = \frac{8}{100} = 8\%$$

6) E. La quota spettante a ciascun socio si ottiene ripartendo l'intero ricavato della vendita dell'immobile (1.200.000 euro) secondo la corrispondente percentuale risultante dalla tabella data.
Le quote risultano nello schema seguente:

	% soci	Quota spettante
Carlo	30%	$\frac{1.200.000 \times 30}{100} = 360.000$
Giorgio	25%	$\frac{1.200.000 \times 25}{100} = 300.000$
Franco	10%	$\frac{1.200.000 \times 10}{100} = 120.000$
Marco	35%	$\frac{1.200.000 \times 35}{100} = 420.000$

Gli ultimi tre soci in tabella sono **Giorgio**, **Franco** e **Marco**.
In totale, ai tre soci spetta:

quota spettante a Giorgio, Franco e Marco = 300.000 + 120.000 + 420.000 = **840.000 euro**

Il procedimento di determinazione della soluzione appena illustrato è lungo; è possibile semplificarlo considerando che, nel complesso, agli ultimi tre soci in tabella spetta il 25% + 10% + 35% = 70% del ricavato. Tale percentuale corrisponde a:

quota spettante a Giorgio, Franco e Marco = $\dfrac{1.200.000 \times 70}{100}$ = **840.000 euro**

7) A. Poiché la percentuale del ricavato di vendita spettante a Carlo è pari a 30, se la sua quota fosse ripartita equamente fra gli altri soci, a ciascuno spetterebbe il $\dfrac{30\%}{3} = \mathbf{10\%}$ in più rispetto alla percentuale riportata in tabella.

Pertanto, a **ciascuno degli altri soci** spetterebbe:

$$\dfrac{1.200.000 \times 10}{100} = \mathbf{120.000\ euro}$$

8) E. Se il **25%** del ricavato della vendita venisse utilizzato per saldare dei debiti contratti dai soci, poiché a Carlo spetta il 30% del ricavato della vendita, la nuova quota a lui spettante dovrebbe essere calcolata su tale ultima percentuale decurtata del 25%.

Calcoliamo il 25% del totale della vendita, pari a 1.200.000 €.
Se il 10% del totale vale 120.000 (si sposta la virgola di un posto verso sinistra), allora il 5% vale la metà, ossia 60.000.
Pertanto abbiamo che il 25% vale 10% + 10% + 5%, ossia 120.000 + 120.000 + 60.000 = 300.000 €.
Di conseguenza il 75% di 1.200.000 vale 1.200.000 − 300.000 = 900.000 €.
Siccome a Carlo spetta il 30%, la nuova quota spettante a Carlo è:

$$900.000 \cdot \dfrac{30}{100} = 9.000 \cdot 30 = 270.000\ €$$

9) D. Le quote spettanti ai soci si evincono dallo schema seguente:

	% soci	Quota spettante
Carlo	30%	$\dfrac{1.200.000 \times 30}{100} = 360.000$
Giorgio	25%	$\dfrac{1.200.000 \times 25}{100} = 300.000$
Franco	10%	$\dfrac{1.200.000 \times 10}{100} = 120.000$
Marco	35%	$\dfrac{1.200.000 \times 35}{100} = 420.000$

Se ognuno dei soci accantona il 5% della propria quota, allora è come se si accantonasse il 5% del totale, ossia di 1.200.000 €.
Se il 10% del totale vale 120.000 €, allora il 5% vale la metà, ossia 60.000 €.

10) E. A Marco spetta il 35% del totale, mentre a Carlo spetta il 30%. La differenza tra le due quote è pari al 35% − 30% = 5% del totale, ossia di 1.200.000 €.
Se il 10% del totale vale 120.000 € (si sposta la virgola di un posto verso sinistra), allora il 5% vale la metà, ossia 60.000 €.

11) E. Le spese per il vitto di Stefano sono riportate nella riga **Vitto** nella cella in corrispondenza con la colonna **Stefano**.

	Marco	Stefano	Luca
Stipendio	2.000	2.600	2.000
Affitto	600	750	700
Bollette	240	350	400
Vitto	560	640	450
Trasporti	100	310	140
Vario	200	300	120

Le **spese di vitto** di Stefano sono pari a 640 euro. Se Stefano riducesse tali spese del 20%, otterrebbe il seguente risparmio:

$$\text{risparmio di Stefano} = \frac{640 \times 20}{100} = \textbf{128 euro}$$

In alternativa, si può notare che il 10% di 640 è pari a 64 euro (si sposta la virgola di un posto verso sinistra). Il 20% rappresenta il doppio di 64, ossia 128 euro.

12) B. Dalla colonna **Marco** si evince che lo stipendio di Marco è pari a 2.000 euro; dalla medesima colonna si evincono anche le spese affrontate da Marco:

	Marco	Stefano	Luca
Stipendio	2.000	2.600	2.000
Affitto	600	750	700
Bollette	240	350	400
Vitto	560	640	450
Trasporti	100	310	140
Vario	200	300	120

Dalla differenza tra lo stipendio di Marco e la somma delle spese da lui affrontate si ricava quanto riesce a mettere da parte Marco in un mese:

somma messa da parte da Marco = 2.000 − (600 + 240 + 560 + 100 + 200) = 2.000 − 1.700 = **300 euro**

13) **E.** Gli stipendi di Marco, Stefano e Luca si evincono dalla riga **Stipendio**:

	Marco	Stefano	Luca
Stipendio	2.000	2.600	2.000
Affitto	600	750	700
Bollette	240	350	400
Vitto	560	640	450
Trasporti	100	310	140
Vario	200	300	120

L'importo globale degli stipendi di Marco, Stefano e Luca è:

importo globale dei tre stipendi = 2.000 + 2.600 + 2.000 = 6.600 euro

Il 5% di tali importi fornisce la risposta:

importo a disposizione di Marco, Stefano e Luca =

$$\text{risparmio di Stefano} = \frac{6.600 \times 5}{100} = \mathbf{330\ euro}$$

In alternativa, si può notare che il 10% di 6.600 è 660 (si sposta la virgola di un posto verso sinistra). Il 5% è la metà di 660, ossia 330 euro.

14) **D.** Le spese dei trasporti di Luca sono riportate nella riga **Trasporti** nella cella in corrispondenza della colonna **Luca**:

	Marco	Stefano	Luca
Stipendio	2.000	2.600	2.000
Affitto	600	750	700
Bollette	240	350	400
Vitto	560	640	450
Trasporti	100	310	140
Vario	200	300	120

Le **spese dei trasporti** di Luca sono pari a 140 euro. Se Luca riducesse tali spese del 5%, otterrebbe il seguente risparmio:

$$\text{risparmio di Luca} = \frac{140 \times 5}{100} = \mathbf{7\ euro}$$

In alternativa, si può notare che il 10% di 140 è 14 (si sposta la virgola di un posto verso sinistra). Il 5% è la metà di 14, ossia 7 euro.

15) C. Nella tabella proposta, dalla colonna:
- Marco, si evince che lo stipendio di Marco è pari a 2.000 euro;
- Stefano, si evince che lo stipendio di Stefano è 2.600 euro;
- Luca, si evince che lo stipendio di Luca è 2.000 euro.

Dalle medesime colonne si evincono anche le spese affrontate da Marco, Stefano e Luca:

	Marco	Stefano	Luca
Stipendio	2.000	2.600	2.000
Affitto	600	750	700
Bollette	240	350	400
Vitto	560	640	450
Trasporti	100	310	140
Vario	200	300	120

Dalla differenza tra lo stipendio di ciascuno e la somma delle spese affrontate si ricava quanto riesce a mettere da parte ciascuno in un mese:

somma messa da parte da **Marco** = 2.000 − (600 + 240 + 560 + 100 + 200) = 2.000 − 1.700 = **300 euro**

somma messa da parte da **Stefano** = 2.600 − (750 + 350 + 640 + 310 + 300) = 2.600 − 2.350 = **250 euro**

somma messa da parte da **Luca** = 2.000 − (700 + 400 + 450 + 140 + 120) = 2.000 − 1.810 = **190 euro**

Sommando i tre importi ottenuti si ottiene la soluzione:

somma messa da parte da Marco, Stefano e Luca = 300 + 250 + 190 = **740 euro**

16) D. Dalla colonna **Canale +** si evince il numero di ore di **Film** trasmessi da Canale +:

	Mediaworld	5TV	Strem	Canale +	Channel A
Spot	110	50	30	10	40
Film	15	25	35	90	50
Fiction	10	10	25	70	20
Quiz	15	15	30	70	30

Dalla medesima colonna si evince che il numero di ore trasmesse da Canale + è:

ore trasmesse da Canale + = 10 + 90 + 70 + 70 = 240

La percentuale richiesta è:

percentuale di film di **Canale +** sul totale delle ore trasmesse da Canale + =

$$\frac{90}{240} \times 100 = \mathbf{37,5\%}$$

In questo caso si nota che la frazione può essere semplificata a 3/8 e quindi il suo valore è 3 volte 1/8, ossia 3 volte il 12,5%.

17) B. Le trasmissioni di Channel A si leggono nella colonna **Channel A**; precisamente, le ore di spot e di film del canale sono riportate, rispettivamente, nella riga **Spot** e nella riga **Film**:

	Mediaworld	5TV	Strem	Canale +	Channel A
Spot	110	50	30	10	40
Film	15	25	35	90	50
Fiction	10	10	25	70	20
Quiz	15	15	30	70	30

Tali ore sono pari a 40 + 50 = 90.
Dalla medesima colonna si evince che il numero di ore trasmesse da Channel A è:

ore trasmesse da Channel A = 40 + 50 + 20 + 30 = 140

La percentuale richiesta è:

percentuale di spot e di film di **Channel A** sul totale delle ore trasmesse da Channel A = $\frac{90}{140} \times 100 = 64,286\% \cong \mathbf{64\%}$

che è una percentuale approssimata.

18) A. Le ore di trasmissione di spot del canale 5TV sono riportate nella casella corrispondente all'intersezione della colonna **5TV** con la riga **Spot**:

	Mediaworld	5TV	Strem	Canale +	Channel A
Spot	110	50	30	10	40
Film	15	25	35	90	50
Fiction	10	10	25	70	20
Quiz	15	15	30	70	30

Le ore di spot di 5TV sono 50.
Il totale delle ore di spot di tutte le emittenti considerate si ottiene sommando i dati riportati nella riga Spot:

ore di spot delle 5 emittenti = 110 + 50 + 30 + 10 + 40 = 240

La percentuale richiesta è:

% ore di spot di 5TV sul totale ore di spot delle 5 emittenti $= \dfrac{50}{240} \times 100 = 20{,}833\% \cong 21\%$

che è una percentuale approssimata.

Si può notare che 5/24 è di poco maggiore di 5/25, ossia di 1/5 = 20%.
Pertanto, il suo valore approssimato è circa il 21%. Le altre opzioni di risposta si discostano sensibilmente da questo valore.

19) D. Le ore totali di trasmissione delle emittenti Mediaworld e Canale + si leggono nelle rispettive colonne:

	Mediaworld	5TV	Strem	Canale +	Channel A
Spot	110	50	30	10	40
Film	15	25	35	90	50
Fiction	10	10	25	70	20
Quiz	15	15	30	70	30

Le ore totali di trasmissione di:

> Mediaworld, ottenute sommando le celle della colonna Mediaworld, sono:
$$110 + 15 + 10 + 15 = 150$$
> Canale +, ottenute sommando le celle della colonna Canale +, sono:
$$10 + 90 + 70 + 70 = 240$$

La differenza tra i due numeri appena ottenuti è:

differenza (in termini assoluti) tra ore totali di Mediaworld
e ore totali di Canale + $= |150 - 240| = |90|$

20) A. Le ore di trasmissione di Spot e quelle di Fiction si ottengono sommando i dati contenuti, rispettivamente, nelle righe **Spot** e **Fiction**.

	Mediaworld	5TV	Strem	Canale +	Channel A
Spot	110	50	30	10	40
Film	15	25	35	90	50
Fiction	10	10	25	70	20
Quiz	15	15	30	70	30

Le ore di trasmissione di:

> Spot sono: 110 + 50 + 30 + 10 + 40 = 240;
> Fiction sono: 10 + 10 + 25 + 70 + 20 = 135.

La differenza richiesta è:

differenza tra ore di trasmissione di Spot e
ore di trasmissione di Fiction = 240 − 135 = **105 ore**

21) A. Per risolvere il quesito, è sufficiente verificare in tabella, in corrispondenza della riga **Portogallo**, l'anno in cui, rispetto al precedente, si è rilevato un incremento pari a 2 milioni di presenze:

	1994	1995	1996	1997	Totale
Finlandia	3	4	4	5	16
Spagna	122	129	129	131	511
Portogallo	50	52	55	61	218
Germania	56	57	58	58	229
Totale	231	242	246	255	974

Tra il 1994 e il 1995, ossia nel **1995**, si è avuto il seguente incremento di presenze:

incremento anno 1995 rispetto al 1994 = 52 − 50 = **2 milioni**

22) A. Leggendo i dati riportati in tabella nel senso dalle righe, si notano numeri consecutivi ripetuti per la Finlandia tra il 1995 e il 1996 (4 milioni), per la Spagna sempre tra il 1995 e 1996 (129 milioni) e per la Germania tra il 1996 e il 1997 (58 milioni). Quindi, i paesi sono tre.

23) B. Per operare il confronto tra presenze di turisti nel 1996 rispetto al 1994, occorre leggere i dati riportati nelle colonne **1994** e **1996**:

	1994	1995	1996	1997	Totale
Finlandia	3	4	4	5	16
Spagna	122	129	129	131	511
Portogallo	50	52	55	61	218
Germania	56	57	58	58	229
Totale	231	242	246	255	974

Le differenze (in milioni) tra il 1996 e il 1994 sono state le seguenti:
> Finlandia: 4 − 3 = 1;
> Spagna: 129 − 122 = 7;
> Portogallo: 55 − 50 = 5;
> Germania: 58 − 56 = 2.

Pertanto, il Paese che ha avuto il minor incremento, in termini assoluti, di presenze di turisti nel 1996 rispetto al 1994 è stato la **Finlandia**.

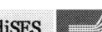

24) D. L'anno in cui in **Portogallo** si è registrato il minimo di presenze di turisti è stato il **1994**, con un numero (in milioni) di presenze di turisti pari a 50. In quello stesso anno, in **Germania** si è registrato un numero di presenze di turisti pari a 56. Pertanto, la differenza tra i due numeri rappresenta la soluzione:

valore assoluto differenza (in milioni) tra turisti in Portogallo
e turisti in Germania = $50 - 56 = |6|$

25) B. Negli anni **1994** e **1995** le presenze di turisti in Germania sono riportate nelle celle relative all'incrocio tra la riga **Germania** e, rispettivamente, le colonne **1994** e **1995**; inoltre, il totale delle presenze in quella nazione, nei 4 anni considerati, è riportato nella cella relativa all'incrocio della riga **Germania** con la colonna **Totale**:

	1994	1995	1996	1997	Totale
Finlandia	3	4	4	5	16
Spagna	122	129	129	131	511
Portogallo	50	52	55	61	218
Germania	56	57	58	58	229
Totale	231	242	246	255	974

Il totale delle presenze di turisti negli anni 1994 e 1995 sono stati, rispettivamente, 56 e 57; in totale:

presenze di turisti negli anni 1994 e 1995 = 56 + 57 = 113

Il totale delle presenze in Germania nei 4 anni considerati è pari a 229.
Pertanto, la soluzione è la seguente:

percentuale presenze turisti in Germania 1994 e 1995,
su totale presenze in Germania nei 4 anni = $\frac{113}{229} \times 100 = 49{,}345\% \cong$ **49%**

In alternativa, si può notare che $113/229$ è di poco inferiore a $113/226 = 1/2 = 0{,}50$, ossia il 50%. In tal modo si individua la risposta corretta pari a circa il 49%.

26) D. Nelle tabelle contenenti intervalli di valori come quella proposta nel testo, occorre identificare la riga entro cui rientra il valore proposto nel quesito.
Un cittadino con un reddito di 45 mila € appartiene alla fascia di reddito della riga **40-49 mila €**. Inoltre, la sua percentuale di spesa per la salute è riportata nella colonna **Salute**:

	Vitto	Affitto	Salute	Abbigliam.	Altro
40-49 mila €	40%	15%	9%	18%	18%
50-74 mila €	30%	18%	10%	20%	22%
75-89 mila €	30%	20%	12%	22%	16%

La percentuale di spesa è 9%. Con un reddito di 45 mila €, la sua spesa media per la salute è:

$$\text{spesa media per la salute} = \frac{45.000 \times 9}{100} = \textbf{4.050 €}$$

In alternativa, si può notare che il 10% di 45.000 è pari a 4.500 (basta spostare la virgola di un posto verso sinistra), mentre l'1% di 45.000 è 450 (questa volta si sposta la virgola di due posti). Pertanto, il 9% = 10%−1%=4.500−450 = 4.050 euro.

27) E. Un cittadino con un reddito di 46 mila € appartiene alla fascia di reddito della riga **40-49 mila €**. Inoltre, la sua percentuale per altre spese è riportata nella colonna **Altro**:

	Vitto	Affitto	Salute	Abbigliam.	Altro
40-49 mila €	40%	15%	9%	18%	18%
50-74 mila €	30%	18%	10%	20%	22%
75-89 mila €	30%	20%	12%	22%	16%

La percentuale di spesa è 18%. Con un reddito di 46 mila €, la sua spesa media per la voce altro è:

$$\text{spesa media per altro} = \frac{46.000 \times 18}{100} = \mathbf{8.280 \text{ €}}$$

28) C. Entrambi i cittadini considerati nel testo del quesito appartengono alla stessa fascia di reddito, dunque alla stessa riga: **75-89 mila €**. Inoltre, entrambi spendono per l'affitto la stessa percentuale del proprio reddito: **20%**.

	Vitto	Affitto	Salute	Abbigliam.	Altro
40-49 mila €	40%	15%	9%	18%	18%
50-74 mila €	30%	18%	10%	20%	22%
75-89 mila €	30%	20%	12%	22%	16%

Un cittadino con un reddito di 80 mila € spende per l'affitto:

$$\text{spesa per l'affitto cittadino con reddito di 80 mila €} = \frac{80.000 \times 20}{100} = 16.000 \text{ €}$$

Un cittadino con un reddito di 75 mila € spende per l'affitto:

$$\text{spesa per l'affitto cittadino con reddito di 75 mila €} = \frac{75.000 \times 20}{100} = 15.000 \text{ €}$$

Ovviamente, la spesa per l'affitto, essendo commisurata al reddito, è più alta per il primo cittadino rispetto al secondo cittadino. La differenza tra le due spese è:

differenza tra spese per affitto dei due cittadini = 16.000 − 15.000 = **1.000 €**

In alternativa, si può notare che la differenza di reddito tra i due cittadini è pari a 80.000 − 75.000 = 5.000 euro. Il 10% di 5.000 è pari a 500 (si sposta la virgola di un posto verso sinistra). Pertanto, il 20% è il doppio di 500, ossia 1000 euro. Questa cifra rappresenta la differenza di spesa per l'affitto tra i due cittadini.

29) A. Un cittadino con un reddito di 43 mila € appartiene alla fascia di reddito **40-49 mila €**. Le sue percentuali di spesa per il vitto e per l'affitto sono riportate, rispettivamente, nelle colonne **Vitto** e **Affitto**:

	Vitto	Affitto	Salute	Abbigliam.	Altro
40-49 mila €	40%	15%	9%	18%	18%
50-74 mila €	30%	18%	10%	20%	22%
75-89 mila €	30%	20%	12%	22%	16%

La sua spesa per il vitto è:
$$\frac{43.000 \times 40}{100} = 17.200 \text{ €}$$

La sua spesa per l'affitto è:
$$\frac{43.000 \times 15}{100} = 6.450 \text{ €}$$

In totale, spende:

spesa per il vitto e per l'affitto = 17.200 + 6.450 = **23.650 €**

Il quesito avrebbe potuto essere risolto più semplicemente, dapprima sommando le percentuali di spesa per vitto e per affitto del cittadino, 40% + 15% = 55%, quindi, calcolando la spesa complessiva risultante:

$$\text{spesa per il vitto e per l'affitto} = \frac{43.000 \times 55}{100} = \mathbf{23.650 \text{ €}}$$

In alternativa, si può notare che il 50% di 43.000 euro è pari alla sua metà, ossia 21.500. Inoltre, il 10% di 43.000 è pari a 4.300, mentre il 5% è la metà di questo valore, ossia 2.150. Quindi, il 55% = 50% + 5%, ossia 21.500 + 2.150 = 23.650 euro.

30) A. Un cittadino con un reddito di 63 mila € appartiene alla fascia di reddito **50-74 mila €**. Le sue percentuali di spesa per il vitto e per l'abbigliamento sono riportate, rispettivamente, nelle colonne **Vitto** e **Abbigliamento**:

	Vitto	Affitto	Salute	Abbigliam.	Altro
40-49 mila €	40%	15%	9%	18%	18%
50-74 mila €	30%	18%	10%	20%	22%
75-89 mila €	30%	20%	12%	22%	16%

La sua percentuale complessiva di spesa per vitto e abbigliamento è: 30% + 20% = 50%. Quindi, la spesa complessiva è:

$$\text{spesa per il vitto e per l'abbigliamento} = \frac{63.000 \times 50}{100} = \mathbf{31.500 \text{ €}}$$

In alternativa, si può anche notare che il 50% di 63.000 euro è pari alla sua metà, ossia 31.500.

31) B. La spesa totale sostenuta per la retribuzione dei dipendenti della terza fascia si ottiene considerando la colonna **Numero dipendenti** relativa a quella fascia e la colonna **Retribuzione media** relativa alla medesima fascia:

	Retribuzione	Numero dipendenti	Retribuzione media
I fascia	15-20	4.400	18
II fascia	20-30	3.020	23
III fascia	30-50	400	36
IV fascia	50-70	120	58
V fascia	70-100	60	81
Totale		8.000	

Per la terza fascia, la retribuzione media è 36 (in migliaia di euro), mentre il numero di dipendenti è 400.
La spesa totale è:

spesa totale = retribuzione media × numero dipendenti = 36 × 400 = 14.400

La spesa totale sostenuta per la retribuzione dei dipendenti della terza fascia, essendo i dati in tabella espressi in migliaia di euro, è pari a **14.400 mila €**.

32) E. La spesa totale della ditta XYZ sostenuta per la retribuzione di tutti i suoi dipendenti si ottiene considerando le colonne **Numero dipendenti** e **Retribuzione media**.
Per ciascuna fascia, si eseguono i prodotti tra numero dei dipendenti e retribuzione media. Infine, si sommano tali prodotti.

	Numero dipendenti	Retribuzione media	Spese per fascia retributiva
I fascia	4.400	18	4.400 × 18 = 79.200
II fascia	3.020	23	3.020 × 23 = 69.460
III fascia	400	36	400 × 36 = 14.400
IV fascia	120	58	120 × 58 = 6.960
V fascia	60	81	60 × 81 = 4.860
Totale	8.000	=	174.880

Considerando che i dati in tabella sono espressi in migliaia di euro, la spesa totale della ditta XYZ sostenuta per la retribuzione di tutti i suoi dipendenti è pari a **174.880 mila €**.
L'importo non corrisponde ad alcuno dei valori indicati nelle altre alternative proposte.

33) A. I dipendenti appartenenti alla fascia retributiva 50-70 mila € appartengono alla **IV fascia**. Relativamente a quella fascia, il numero di dipendenti è 120.

	Retribuzione	Numero dipendenti	Retribuzione media
I fascia	15-20	4.400	18
II fascia	20-30	3.020	23
III fascia	30-50	400	36
IV fascia	50-70	120	58
V fascia	70-100	60	81
Totale		8.000	

Per ottenere la percentuale richiesta occorre rapportare il numero di dipendenti di quella fascia al numero totale di dipendenti, cioè 8.000; il quoziente ottenuto deve essere moltiplicato per 100:

$$\text{percentuale dipendenti fascia retributiva 50-70 mila €} = \frac{120}{8.000} \times 100 = \mathbf{1{,}5\%}$$

Per calcolare la frazione 120/8000 si può anche ridurla a 3/200. Dividendo ancora per 2 il numeratore e il denominatore, si ottiene 1,5/100 che rappresenta l'1,5%.

34) B. L'aumento dei contributi previdenziali (pari all'1%) deve essere calcolato sulla retribuzione media della **V fascia**.

	Retribuzione	Numero dipendenti	Retribuzione media
I fascia	15-20	4.400	18
II fascia	20-30	3.020	23
III fascia	30-50	400	36
IV fascia	50-70	120	58
V fascia	70-100	60	81
Totale		8.000	

Un aumento dei contributi previdenziali per i dipendenti della fascia retributiva 70-100 mila € comporterebbe un incremento della retribuzione media pari a:

$$\text{incremento retribuzione media} = \frac{81 \times 1}{100} = 0{,}81$$

Considerando che i dati in tabella sono espressi in migliaia di euro, la spesa addizionale per i dipendenti di quella fascia retributiva sarebbe pari a:

$$\text{spesa addizionale per i dipendenti fascia retributiva}$$
$$\text{70 – 100 mila €} = 0{,}81 \times 60 = \mathbf{48{,}6\ \text{mila €}}$$

35) A. Per risolvere il quesito, occorre considerare i dati riportati, per ciascuna delle due fasce, nelle celle ottenute dall'incrocio:

> della riga **IV fascia** con le colonne **Numero dipendenti** e **Retribuzione media**, per i dipendenti della IV fascia;
> della riga **V fascia** con le colonne **Numero dipendenti** e **Retribuzione media**, per i dipendenti della V fascia.

	Retribuzione	Numero dipendenti	Retribuzione media
I fascia	15-20	4.400	18
II fascia	20-30	3.020	23
III fascia	30-50	400	36
IV fascia	50-70	120	58
V fascia	70-100	60	81
Totale		8.000	

La spesa totale sostenuta per la retribuzione dei dipendenti della quarta fascia è pari a:

spesa totale dipendenti IV fascia = 58 × 120 = 6.960

La spesa totale sostenuta per la retribuzione dei dipendenti della quinta fascia è, invece, pari a:

spesa totale dipendenti V fascia = 81 × 60 = 4.860

Considerando che i dati in tabella sono espressi in migliaia di euro, la differenza tra le due spese è pari a:

differenza tra spesa dipendenti IV fascia e spesa dipendenti V fascia = 6.960 − 4.860 = **2.100 mila €**

36) A. Per risolvere il quesito, occorre leggere i dati nel senso della colonna **Dow Jones**.

	Dow Jones	HWWA	Confind.
1992	118	86	148
1993	123	79	136
1994	141	83	146
1995	149	91	162
1996	147	94	172
1997	146	93	160

Le variazioni tra due anni consecutivi dell'indice considerato sono state:
> variazione tra il 1992 e il 1993 = 123 − 118 = 5;
> variazione tra il 1993 e il 1994 = 141 − 123 = 18;
> variazione tra il 1994 e il 1995 = 149 − 141 = 8;
> variazione tra il 1995 e il 1996 = 147 − 149 = −2;
> variazione tra il 1996 e il 1997 = 146 − 147 = − 1.

In termini assoluti, la minima variazione è stata pari a **1** e si è registrata nel **1997**, relativamente alla variazione tra il 1996 e il 1997.

37) C. La soluzione si ottiene considerando, relativamente alla colonna **Confind.**, le righe **1994** e **1995**:

	Dow Jones	HWWA	Confind.
1992	118	86	148
1993	123	79	136
1994	141	83	146
1995	149	91	162
1996	147	94	172
1997	146	93	160

I valori dell'indice Confindustria negli anni 1994 e 1995 sono stati, rispettivamente, pari a 146 e 162.
Pertanto, l'**incremento percentuale** (arrotondato) dell'indice nei due anni considerati è stato:

$$\text{incremento \% indice Confindustria tra 1994 e 1995} = \frac{162 - 146}{146} \times 100 = 10{,}959\% \cong \mathbf{11\%}$$

Per calcolare la frazione (162 − 146)/146 = 16/146, si può anche ridurla a 8/73. In seguito, la si può approssimare a 8/72 e ridurla a 1/9 che è circa 0,11 ossia l'11%.

38) C. Il valore medio dell'indice Dow Jones nel periodo 1994-1997 si ottiene dividendo la somma dei 4 valori assunti dall'indice nei 4 anni considerati per il numero 4 di anni.
In simboli:

$$\text{valore medio indice Dow Jones} = \frac{141 + 149 + 147 + 146}{4} = \mathbf{145{,}75}$$

Per rendere più veloce il calcolo, notiamo che tutti i valori con cui calcolare la media sono compresi tra 141 e 149. Ciò vuol dire che la media sarà compresa tra questi due numeri. In altre parole, la media sarà sicuramente un valore del tipo 140 + x, dove x può essere determinato calcolando la media delle sole unità dei 4 valori.

Abbiamo: $$x = \frac{1+9+7+6}{4} = \frac{23}{4} = 5{,}75$$

Da cui 140 + x = 140 + 5,75 = 145,75

39) E. Per risolvere il quesito, occorre leggere i dati nel senso della colonna **Dow Jones**.

	Dow Jones	HWWA	Confind.
1992	118	86	148
1993	123	79	136
1994	141	83	146
1995	149	91	162
1996	147	94	172
1997	146	93	160

Le variazioni tra due anni consecutivi dell'indice considerato nel periodo 1995-1997 sono state:
> variazione tra il 1995 e il 1996 = 147 − 149 = −2;
> variazione tra il 1996 e il 1997 = 146 − 147 = − 1.

In termini assoluti, il massimo decremento assoluto è stato pari a **2** e si è registrato relativamente alla variazione tra il 1996 e il 1997.

40) D. Per risolvere il quesito occorre considerare i dati relativi ai tre indici relativamente alle righe **1992** e **1996**:

	Dow Jones	HWWA	Confind.
1992	118	86	148
1993	123	79	136
1994	141	83	146
1995	149	91	162
1996	147	94	172
1997	146	93	160

Le variazioni tra il 1992 e il 1996 dei tre indici sono state:
> variazione indice Dow Jones tra il 1992 e il 1996 = 147 − 118 = 29;
> variazione indice HWWA tra il 1992 e il 1996 = 94 − 86 = 8;
> variazione indice Confind. tra il 1992 e il 1996 = 172 − 148 = 24.

Il massimo incremento assoluto è stato registrato per l'indice **Dow Jones** ed è stato pari a **29**.

41) D. La soluzione si ottiene considerando le celle della riga Design relative alle varie sedi.

	Sede A	Sede B	Sede C	Sede D
Marketing	100	50	40	15
Design	18	25	32	90
Ricerca	15	10	25	60
Sicurezza	17	15	23	75

Il numero medio degli addetti al settore Design, ovvero media aritmetica degli addetti a tale settore, si ottiene eseguendo il rapporto tra la somma degli addetti a tale settore nelle diverse sedi per il numero delle sedi (4):

numero medio addetti settore Design per sede = $\dfrac{18+25+32+90}{4} = $ **41,25**

42) B. Per ottenere la soluzione occorre eseguire le somme, per colonna, degli addetti alle sedi A e B.

	Sede A	Sede B	Sede C	Sede D
Marketing	100	50	40	15
Design	18	25	32	90
Ricerca	15	10	25	60
Sicurezza	17	15	23	75
Totale	150	100		

La differenza richiesta è pari a:
differenza tra addetti sede A e addetti sede B = 150 − 100 = **50**

43) C. La percentuale richiesta si ottiene rapportando il totale degli addetti al settore Ricerca al totale degli addetti a tutti i settori e moltiplicando il rapporto così ottenuto per 100.

	Sede A	Sede B	Sede C	Sede D
Marketing	100	50	40	15
Design	18	25	32	90
Ricerca	15	10	25	60
Sicurezza	17	15	23	75
Totale	150	100	120	240

Il totale degli addetti al settore Ricerca è 15 + 10 + 25 + 60 = 110.
Il totale degli addetti a tutti i settori si ottiene sommando i totali ottenuti nella tabella:
150 + 100 + 120 + 240 = 610.
Pertanto, la **percentuale** (approssimata) richiesta è:

percentuale addetti settore ricerca = $\dfrac{110}{610} \times 100 = 18,033\% \cong $ **18%**

44) A. La percentuale richiesta si ottiene rapportando il totale degli addetti alla sede B al totale degli addetti a tutte le sedi e moltiplicando il rapporto così ottenuto per 100.

	Sede A	Sede B	Sede C	Sede D
Marketing	100	50	40	15
Design	18	25	32	90
Ricerca	15	10	25	60
Sicurezza	17	15	23	75
Totale	150	100	120	240

Il totale degli addetti alla sede B è 50 + 25 + 10 + 15 = 100.
Il totale degli addetti a tutte le sedi si ottiene sommando i totali ottenuti nella tabella: 150 + 100 + 120 + 240 = 610.
Pertanto, la **percentuale** (approssimata) richiesta è:

$$\frac{100}{610} \times 100 = 16,393\% \cong \mathbf{16\%}$$

45) A. La percentuale richiesta si ottiene rapportando gli addetti al settore Sicurezza che svolgono attività nella sede D (cella all'intersezione tra settore Sicurezza e sede D) al totale degli addetti al settore Sicurezza (somma delle celle della riga Sicurezza) e moltiplicando il rapporto così ottenuto per 100.

	Sede A	Sede B	Sede C	Sede D
Marketing	100	50	40	15
Design	18	25	32	90
Ricerca	15	10	25	60
Sicurezza	17	15	23	75
Totale	150	100	120	240

Gli addetti al settore Sicurezza che svolgono attività nella sede D sono 75.
Il totale degli addetti al settore Sicurezza è pari a: 17 + 15 + 23 + 75 = 130.
Pertanto, la **percentuale** (approssimata) richiesta è:

$$\frac{75}{130} \times 100 = 57,692\% \cong \mathbf{58\%}$$

46) A. Per ottenere il modello richiesto occorre sommare, per ciascun modello (quindi per ciascuna riga), i costi da sostenere per l'acquisto del modello base (colonna Base) del modem (colonna Modem 56) e del CD (colonna CD 50X).
I costi sostenuti per l'acquisto dei modelli sono:
Modello Light: 1.520 + 136 + 260 = 1.916 €.
Modello Standard: 1.730 + 125 + 245 = 2.100 €.
Modello Pro: 1.950 + 114 + 231 = **2.295 €**.
Modello Shock: 2.100 + 102 + 216 = 2.418 €.

Dai totali ottenuti, si evince che il modello richiesto è il **modello Pro**.

In alternativa, si può notare che il prezzo di 2295 euro ha unità pari a 5. Il costo del modello Pro è l'unico che, sommato al costo del Modem 56 e del CD 50X, dà un valore che ha 5 come unità. Difatti, 0 + 4 + 1 = 5.

47) C. Per risolvere il quesito, occorre eseguire la differenza tra il costo totale del modello Shock (Base + Stampante + Modem 56 + CD 50X) e il modello Standard (Base).
I dati sono contenuti nelle rispettive righe dei due modelli.

	Base	Stampante	Modem 56	CD 50 X
Light	1.520	350	136	260
Standard	1.730	320	125	245
Pro	1.950	315	114	231
Shock	2.100	290	102	216

Costo modello Shock completamente accessoriato: 2.100 + 290 + 102 + 216 = 2.708 €
Costo modello Standard Base: 1.730 €.
La differenza tra i due modelli è: 2.708 − 1.730 = **978 €**.

48) D. Per risolvere il quesito, occorre eseguire la differenza tra il costo totale dei 3 accessori del modello Light e i 3 accessori del modello Shock.
I dati sono contenuti nelle rispettive righe dei due modelli.

	Base	Stampante	Modem 56	CD 50 X
Light	1.520	350	136	260
Standard	1.730	320	125	245
Pro	1.950	315	114	231
Shock	2.100	290	102	216

Costo dei 3 accessori del modello Light: 350 + 136 + 260 = 746 €.
Costo dei 3 accessori del modello Shock: 290 + 102 + 216 = 608 €.
La differenza tra i due modelli è: 746 − 608 = **138 €**.

49) E. Per ottenere il modello richiesto occorre sommare, per ciascun modello (quindi per ciascuna riga), i costi da sostenere per l'acquisto del modello base (colonna Base) della stampante (colonna Stampante), del modem (colonna Modem 56) e del CD (colonna CD 50X).
I costi sostenuti per l'acquisto dei modelli completamente accessoriati sono:
Modello Light: 1.520 + 350 + 136 + 260 = 2.266 €.
Modello Standard: 1.730 + 320 + 125 + 245 = 2.420 €.
Modello Pro: 1.950 + 315 + 114 + 231 = 2.610 €.
Modello Shock: 2.100 + 290 + 102 + 216 = 2.708 €.

Dai totali ottenuti, si evince che **nessuno dei modelli**, completamente accessoriato, è stato acquistato al prezzo di **2.510 €**.

50) A. La percentuale richiesta si ottiene rapportando il costo del Modem 56 per il modello Pro (riportato nella cella all'incrocio tra la riga Pro e la colonna Modem 56) al costo del modello Pro completamente accessoriato (ovvero la somma dei dati contenuti nella riga Pro) e moltiplicando il rapporto così ottenuto per 100.

	Base	Stampante	Modem 56	CD 50 X
Light	1.520	350	136	260
Standard	1.730	320	125	245
Pro	1.950	315	114	231
Shock	2.100	290	102	216

Modem 56 per il modello Pro: 114 €.
Modello Pro completamente accessoriato: 1.950 + 315 + 114 + 231 = 2.610 €.
La **percentuale** (approssimata) richiesta è:

percentuale costo Modem 56 su costo totale modello Pro = $\dfrac{114}{2.610} \times 100 = 4{,}368\% \cong \mathbf{4\%}$

Soluzioni da 51 a 100

5.2 Interpretazione di dati in grafici

1) B. Per il primo semestre del 2014 occorre fare riferimento alla seconda colonna da destra. In questa colonna i fatturati delle tre nazioni sono riportati in pila. Il fatturato dell'Italia è rappresentato dal rettangolo che è sulla sommità della pila (quello scuro). Tale rettangolo si estende verticalmente da un valore di circa 160 milioni di euro fino a circa 80 milioni di euro. La differenza di questi due valori restituisce il fatturato dell'Italia: 160 − 80 = 80 milioni di euro.
La risposta esatta è la B.

2) B. Sia N il totale degli intervistati. Si nota che lo spicchio bianco della torta del grafico, che rappresenta gli intervistati al di sotto dei 20 anni, è pari a circa $\dfrac{1}{4}$ dell'intera torta. Pertanto gli intervistati con meno di 20 anni sono circa $\dfrac{1}{4} N$. Di conseguenza tutti gli intervistati con più di 20 anni ammontano a circa $\dfrac{3}{4}$ del totale, ossia $\dfrac{3}{4} N$. Pertanto il rapporto tra gli intervistati con più di 20 anni e quelli con meno di 20 anni vale:

$$\frac{3}{4}N : \frac{1}{4}N = 3 : 1$$
ossia 3 a 1.
La risposta corretta è la B.

3) D. La colonna del diagramma più alta è quella che rappresenta il numero di vendite maggiore. Da uno sguardo generale al diagramma si scorge che la colonna più alta è relativa all'anno 2011 ed appartiene alla serie denotata con "Alpha". Il valore di questa colonna è pari a circa 8500 pezzi. Pertanto, il numero maggiore di vendite è stato effettuato dalla divisione Alpha nel 2011.
La risposta esatta è la D.

4) C. Analizzando i dati riportati nel grafico, il settore Est (denotato con le colonne bianche) ha riportato nel primo trimestre (vedi etichetta I trim.) un numero di vendite pari a circa 200 pezzi, mentre nel terzo trimestre (vedi etichetta III trim.) ha riportato un numero di vendite di circa 850 pezzi. Pertanto, per il settore Est, l'aumento è stato di circa 850 – 200 = 650 pezzi.
Per il settore Ovest (colonne grigie) si denota un quantitativo di vendite pari a 300 nel primo trimestre e a 350 nel terzo trimestre, per un aumento di circa 350 – 300 = 50 pezzi.
Per il settore Nord (colonne nere) si denota un quantitativo di vendite pari a circa 450 nel primo trimestre che resta sostanzialmente invariato nel terzo trimentre. In questo caso si registra un aumento pressoché nullo.
Pertanto il maggiore aumento di vendite tra primo e terzo trimestre si è avuto per il settore Est. La risposta esatta è la C.

5) C. Il terzo trimestre è contrassegnato dall'etichetta "III trim." posta lungo l'asse orizzontale delle categorie. La serie dei dati relativa al settore Nord è rappresentata dalle colonne scure. La colonna scura relativa all'etichetta "III trim." ha un valore pari a circa 450 pezzi. La risposta esatta è la C.

6) C. Si sa che il valore della fetta relativa ai nati nel 1975 (quella di colore scuro) vale 36. La fetta relativa ai nati nel 1972 (quella di colore bianco) è la più grande di tutte; in particolare il suo valore deve essere maggiore anche della fetta relativa ai nati del 1975, ossia deve essere maggiore di 36.
Per tale motivo si possono scartare le risposte A, B ed E che riportano valori inferiori a 36. Del resto, anche la risposta D può essere scartata in quanto il valore 40 è di poco superiore a 36, mentre si evince dal grafico che la fetta dei nati nel 1972 è più del doppio di quella relativa ai nati nel 1975. Pertanto, il valore 80, riportato nella risposta C, appare quello più verosimile; difatti 80 è di poco superiore al doppio di 36. La risposta esatta è la C.

7) E. La fetta relativa ai nati nel 1973 (quella di colore grigio chiaro) è pari circa al 25%, ossia a 1/4 del totale. Rapportando la fetta relativa ai nati nel 1974 (quella di colore grigio scuro) a quella dei nati nel 1973, si intuisce che la fetta relativa ai nati nel 1974 deve essere sicuramente minore del 25%. Pertanto possono essere scartate le risposte A, C e D che riportano tutti valori superiori al 25%. La risposta B riporta un valore pari a 20%, di poco inferiore al valore della fetta relativa ai nati nel 1973 che è pari a 25%. Anche questo valore sembra troppo grande per essere attribuito alla fetta dei nati nel 1974 che è pari a meno della metà della fetta relativa ai nati nel 1973. L'unico valore veramente plausibile resta il 10% della risposta E, che pertanto è quella corretta.

8) A. Le colonne della serie relativa alla divisione Borsette sono di colore chiaro, mentre quelle relative alla divisione Valigie sono grigie.
Dal grafico si evincono i seguenti dati.

Anno 2011:
Borsette: 9000 pezzi
Valigie: 1000 pezzi
Totale: 10500 pezzi

Anno 2013:
Borsette: 4500 pezzi
Valigie: 3500 pezzi
Totale: 8500 pezzi

Anno 2012:
Borsette: 6200 pezzi
Valigie: 3500 pezzi
Totale: 10000 pezzi

Anno 2014:
Borsette: 4200 pezzi
Valigie: 4000 pezzi
Totale: 9000 pezzi

Pertanto nel 2011 si è avuta la vendita più consistente di borsette e valigie. La risposta esatta è la A.

9) C. Nel grafico, lungo l'asse verticale delle categorie sono riportati gli anni. Sull'asse orizzontale sono invece riportati i valori degli utili (in milioni). L'azienda Beta è contrassegnata da barre di colore chiaro. Per il 2011 si nota che la barra di colore chiaro ha un valore di circa 10 milioni. La risposta esatta è la C.

10) B. L'area Sud è contrassegnata con colonne di colore scuro. Mediante l'asse verticale dei valori si determinano le vendite (in migliaia di pezzi) nell'area Sud per ciascuno dei quattro trimestri (contrassegnati con le etichette I trim., II trim., III trim. e IV trim.).
Si ottiene:
I trim.: circa 2200 pezzi
II trim.: circa 3000 pezzi
III trim.: circa 2600 pezzi
IV trim.: circa 2200 pezzi
Il totale per i quattro trimestri ammonta a circa 2200 + 3000 + 2600 + 2200 = 10000. La risposta corretta è la B.

11) E. Traguardando il valore delle colonne mediante l'asse verticale dei valori, appare evidente che la colonna di colore bianco relativa all'etichetta dell'anno 2011 è quella più alta, ossia con il valore maggiore (pari a circa 9000 pezzi). Le colonne bianche sono relative alla divisione Borsette. Pertanto il valore più alto di vendite è stato raggiunto dalla divisione Borsette nel 2011. Tale opzione è riportata nella risposta E, che pertanto è la risposta esatta.

5.3 Problem solving

1) C. Questa domanda richiede un'attenta lettura delle regole del torneo e la ricerca di un metodo sistematico di annotazione per accertarsi di contare tutte le partite. È meglio non dare mai niente per scontato.
Fase 1: ogni squadra giocherà due partite contro ognuna delle altre squadre dello stesso gruppo. Le squadre sono sei. La squadra A deve giocare contro B, C, D, E ed F due volte, quindi 10 partite. Poi, la squadra B deve giocare contro C, D, E ed F due volte (abbiamo già contato le partite contro la squadra A): 8 partite. Procedendo allo stesso modo, la squadra C ne gioca altre 6, la squadra D altre 4 e la squadra E altre 2. Il totale, quindi, è: 10 + 8 + 6 + 4 + 2 = 30 per il primo gruppo, più altre 30 partite per il secondo gruppo; quindi, in totale, nella fase 1, si giocano 60 partite.
Fase 2: ogni squadra gioca una partita contro ogni squadra dell'altro gruppo. Chiamiamo le squadre dell'altro gruppo P, Q, R, S, T e U; la squadra A deve giocare contro tutte queste, e lo devono fare anche B, C, D, E e F. Ogni squadra quindi giocherà 6 partite, per un totale di 36. Notate che questa volta le partite si contano solo una volta: se si conta B contro R non si deve contare anche R contro B. Non c'è neanche bisogno di raddoppiare le risposte per i due gruppi, visto che abbiamo già fatto i conti per entrambi.
Fase 3: i vincitori dei due gruppi si scontrano in finale. La fase 3 consiste in un'unica partita.
Il totale, quindi, è: 60 + 36 + 1 = 97 partite. L'opzione **C** è corretta.
Avere ottenuto una risposta che si trova tra le scelte, però, non è sufficiente per essere sicuri di aver risposto correttamente. Ad esempio, se nella Fase 1 avessimo contato solo un gruppo, il risultato sarebbe stato:
30 + 36 + 1 = 67 partite, che è l'opzione A.

2) B. Il metodo più diretto e sistematico per individuare il valore errato è sommare tutte le righe e colonne e trovare le due che sono sbagliate. Il valore che cerchiamo si troverà nell'intersezione. Se si prova a farlo, ci si accorgerà che la colonna della 2° media ha come totale 150 (non 145), e la riga delle macchina ha come totale 107 (non 102). Questi dati si intersecano nel valore 33, quindi la risposta corretta è **B**.
Fortunatamente, per trovare l'errore abbiamo dovuto sommare solo due colonne e una riga. Se volessimo essere veramente sicuri, potremmo continuare e controllare i totali anche di tutte le altre righe e colonne.
Quando si ha poco tempo a disposizione, però, esiste un metodo molto più veloce; è leggermente rischioso, ma se si pensa al tempo che potenzialmente si risparmia, vale la pena provarlo all'inizio. Se, per ogni numero, sommiamo solamente le unità, vedremo molto rapidamente se l'errore è in una riga o colonna particolare. Ad esempio, nella colonna della 1ª media sommiamo: 0 + 4 + 5 + 1 = 10; quindi lo 0, nella colonna del totale, è corretto. L'errore si trova rapidamente nella colonna successiva: 3 + 6 + 2 + 9 dà come risultato una cifra che termina in 0, non in 5. Questo metodo permette di risparmiare molte addizioni e riduce al minimo la possibilità di errore. Tuttavia, però, funziona solo se l'errore è nelle unità: se ad esempio vi fosse 42 invece che 32, il metodo non produrrebbe alcun risultato. Ciononostante, per applicare questa strategia si impiegano solo pochi secondi e, se non funziona, si può sempre svolgere l'addizione completa.

3) C. Nel quesito gli oggetti sono bidimensionali e si devono trovare delle differenze. Altre volte è richiesto di riconoscere gli effetti di una rotazione o di un riflesso, oppure, se gli oggetti sono tridimensionali bisogna dedurre come si presenterebbero se fossero osservati da altre angolazioni.
Un metodo sistematico per affrontare questo esercizio è un confronto a coppie: osservando due numeri per volta, è piuttosto semplice vedere se una singola luce può creare confusione tra le due cifre. Lavorando in modo sistematico, quindi, si paragonano 0 e 1, 0 e 2, 0 e 3 e così via.
Vi accorgerete in fretta che la risposta corretta è 0 e 8 e dunque la C. Se la luce centrale dell'8 si spegnesse, diventerebbe identico a 0. Tuttavia, se la risposta corretta fosse stata 8 e 9, ci sarebbero voluti 45 confronti prima di risolvere il problema.
Un altro sistema prevede l'osservazione di ogni numero separatamente, visualizzando come apparirebbe se una delle luci si spegnesse. Questo metodo si può applicare velocemente ad ogni numero, però non si trova la risposta corretta finché non si raggiunge il numero 8. Può risultare più veloce dare un'occhiata rapida a tutti i numeri, concentrandosi su quelli che presentano una forma simile. La maggior parte delle cifre sarà scartata in un attimo, dopodiché si può svolgere un confronto più attento solo per alcune coppie, come 2 e 3.

4) A. Poiché l'orologio è stato costruito per funzionare in senso antiorario e attualmente l'orologio segna le 9:45, tra 120 minuti = 2 h saranno le **7:45**.

5) D. Avrete forse individuato la possibilità di esprimere il problema in termini di tre equazioni lineari (e tre incognite) che si possono scrivere in questo modo:
$$j + i = 90$$
$$j + k = 95$$
$$i + k = 99$$
(j, i, k rappresentano rispettivamente il peso di John, Ivan e Kevin).
Sommando le prime due, si ottiene:
$$2j + i + k = 185$$
Sottraendo il terzo:
$$2j = 86$$
Quindi j, cioè il peso di John, è 43 kg. La D è la risposta corretta.
Per chi si sentisse meno preparato nell'utilizzo di tecniche formali, può risolvere questo problema percorrendo un'altra via altrettanto semplice. Sapendo che ognuno dei ragazzi è stato pesato due volte, se si sommano i tre risultati (90 + 95 + 99 = 284 kg), si ottiene il peso totale, che è 142 kg. Si può quindi trovare il peso di John sottraendo dal totale la somma del peso di Ivan e di Kevin: 142 − 99 = 43 kg.

6) E. In questa domanda ci sono molti numeri e, per risolvere il problema, bisogna trovare il modo per metterli insieme. È richiesto di trovare il numero di persone coinvolte nella sperimentazione e quindi si deve calcolare il numero corrispondente alle percentuali.
Si conoscono tre percentuali (senza sovrapposizioni tra le classi) la cui somma è 70%; rimane quindi fuori il 30%. Questo residuo è composto dalle 9 persone che non hanno avvertito alcun effetto e dalle 27 che non hanno completato l'esperimento: il totale è 36.

Questi 36 rappresentano il 30% di cui inizialmente non è stato detto niente. Ora abbiamo un numero e la sua percentuale corrispondente. Quindi, il numero con cui si è cominciato l'esperimento era:

$$\frac{100}{30} \times 36 = 120$$

E è la risposta corretta.

7) C. Per calcolare quanto Leena è distante da casa quando esce Rajesh, cioè la distanza che ha percorso in 10 minuti, si deve calcolare la sua velocità a piedi.
Si sa che, per arrivare a scuola, Leena ci mette quattro volte più di Rajesh, e che la differenza di tempo che i due impiegano ad arrivare è di 15 minuti. Tre volte tanto il tempo che Rajesh impiega per arrivare a scuola deve essere 15 minuti, quindi il tragitto di Rajesh dura 5 minuti e quello di Leena 20.

Servendoci della relazione velocità = $\frac{distanza}{spazio}$, si può calcolare che Rajesh va a 24 km/h e che Leena va a 6 km/h (queste cifre corrispondono alle velocità relative fornite nella domanda).

Leena esce di casa 10 minuti prima di Rajesh. In 10 minuti ($\frac{1}{6}$ di ora) ha percorso una distanza pari a $6 \times \frac{1}{6} = 1$ km. **C** è la risposta corretta.

Se vi sentite tranquilli a usare metodi algebrici, il quesito può essere risolto anche in maniera più diretta. Se chiamiamo la velocità a cui cammina Leena s km/h, allora la velocità a cui Rajesh va in bici è $4s$ km/h. La distanza da scuola è 2 km, quindi per arrivarci Leena impiega $2/s$ ore e Rajesh $2/4s$ ore. La differenza tra questi due tempi è di 15 minuti (1/4 ora) quindi:

$$\frac{2}{s} - \frac{2}{4s} = \frac{1}{4}$$

Moltiplicando entrambi i lati dell'equazione per $4s$ si ottiene:

$$8 - 2 = s$$

quindi s, la velocità a cui cammina Leena, è 6 km/h. Il resto del problema può essere completato come spiegato sopra.

8) A. Si potrebbe procedere paragonando le quattro persone due per volta, ma è un metodo che potrebbe portare via molto tempo. Ad esempio, Katy inizialmente pesava 65 kg e Mike 75 kg. Mike ha perso più peso di Katy ed entrambi hanno perso più di 5 kg, il che significa che alla fine dell'anno Mike e Katy potrebbero essere in qualunque ordine uno rispetto all'altro, quindi non è possibile fare una distinzione basandosi solo su questa coppia; dobbiamo provare con le altre.
Sappiamo che Neil è aumentato, quindi alla fine dell'anno non potrà essere più leggero di Katy, che pesava meno e in più ha perso peso. Ma ciò non ci aiuta perché Katy e Neil appaiono sempre nello stesso ordine in tutte le sequenze.
Sappiamo che Mike ha perso più peso di Louise e di Katy. Abbiamo già confrontato Katy e Mike. Tuttavia, Mike all'inizio era più leggero di Louise e ha perso più peso, quindi non può essere diventato più pesante di Louise. Il che implica che l'opzione **A** non può essere possibile.

Si può risparmiare tempo controllando con attenzione l'ordine espresso nelle cinque sequenze. Tutte presentano Neil come il più pesante, quindi paragonando Neil a tutti gli altri non è possibile fare alcuna distinzione. Restringendo il campo a tre persone, il numero di paragoni a coppie si riduce da 6 a 3.
Riassumendo tutte le informazioni in modo schematico su una linea, sarà più semplice osservare gli effetti dei cambiamenti possibili.

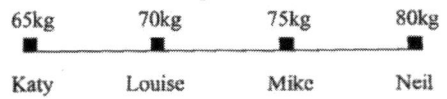

```
     65kg      70kg       75kg      80kg
      ■         ■          ■         ■

     Katy     Louise      Mike      Neil
```

Un diagramma di questo genere è veloce da disegnare ed è di grande aiuto nella soluzione del problema.
Per affrontare questo problema esiste anche un modo più rapido che si serve del pensiero logico. Mike ha iniziato l'anno più leggero di Louise e ha perso più peso, quindi alla fine non può essere più pesante di Louise; quindi **A** può essere esclusa immediatamente.

9) B. Questo quesito è piuttosto complesso. Come per la maggior parte delle altre domande di questa categoria, ci sono diversi modi di affrontarlo.
L'approccio diretto prevede l'utilizzo delle informazioni nell'ordine dato. La prima informazione è che ci sono 100 viti in totale. Di queste, 60 hanno la punta a stella, il che riduce il numero massimo di viti appartenenti alla categoria che stiamo cercando a 60.
70 viti su 100 hanno un diametro di 3 mm. Nel peggiore dei casi, le 30 viti che *non* hanno il diametro di 3 mm hanno tutte la punta a stella. Se così fosse, rimarrebbero solo 30 viti con la punta a stella, con diametro 3 mm.
Infine, si sa che ci sono 80 viti (su 100) da 50 mm. Nel peggiore dei casi, le 20 che *non* sono lunghe 50 mm potrebbero avere tutte la punta a stella e un diametro di 3 mm. Questo riduce a 10 il numero minimo possibile di viti con la punta a stella, il diametro di 3 mm, la lunghezza 50 mm. **B** è la risposta corretta.
In questo caso, per illustrare la suddivisione degli oggetti in categorie, si può utilizzare un semplice diagramma. Osservando i primi due criteri di suddivisione:

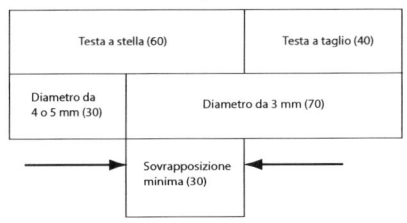

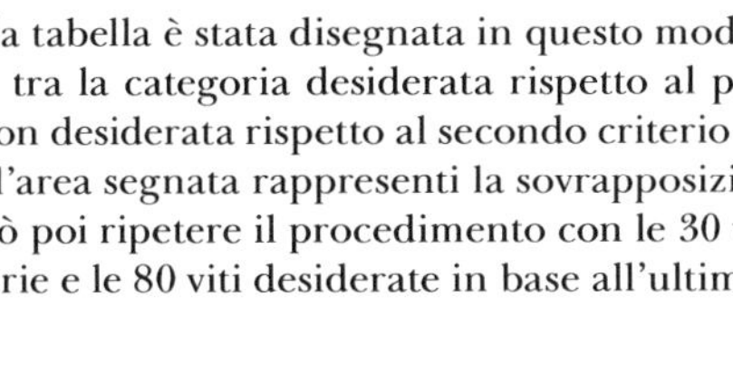

Testa a stella (60)	Testa a taglio (40)
Diametro da 4 o 5 mm (30)	Diametro da 3 mm (70)
→ Sovrapposizione minima (30) ←	

La parte centrale della tabella è stata disegnata in questo modo per stabilire la massima sovrapposizione tra la categoria desiderata rispetto al primo criterio (tipo di testa) e la categoria non desiderata rispetto al secondo criterio (diametro). In questo modo, si è sicuri che l'area segnata rappresenti la sovrapposizione minima richiesta dalla domanda. Si può poi ripetere il procedimento con le 30 viti desiderate in base alle prime due categorie e le 80 viti desiderate in base all'ultima categoria:

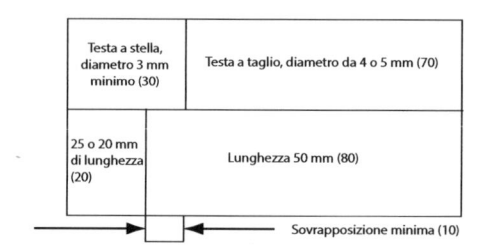

Il numero minimo che si ottiene è nuovamente 10.

10) A. A prima vista, il quesito sembra un semplice problema matematico, e lo sarebbe se la domanda fosse "quando *si accendono* di nuovo insieme le luci?". Tuttavia, chiedere quando *si spengono* insieme fa sì che la questione rientri nell'ambito del problem solving. Non c'è un metodo immediato per trovare la soluzione, quindi parte del problema è trovare un metodo e applicarlo.
Ci sono due metodi che sembrano attendibili (sebbene esista la possibilità che portino via molto tempo). Per prima cosa, si potrebbe disegnare un diagramma. L'unico problema è che deve essere piuttosto accurato. Il bianco significa "acceso" e il nero "spento", ogni quadretto è un secondo. Il diagramma comincia quando le luci si accendono insieme.

Faro 1

Faro 2   Le luci si spengono insieme

Le luci si spengono insieme dopo quattro cicli completi del primo faro, più un periodo di "acceso": $4 \times 11 + 3 = 47$ secondi.
In questo problema, però, c'è una complicazione ulteriore: guardando con attenzione la domanda, si legge che "15 secondi fa entrambe le luci si sono accese nello stesso preciso istante". Per ottenere la risposta corretta, allora, bisogna sottrarre 15 dal 47 che abbiamo appena trovato, ottenendo 32 secondi. Quindi, **A** è la risposta corretta.

11) C. Questo quesito misura la capacità di selezionare i dati rilevanti. La domanda riguarda i viaggi in macchina, sia da guidatori sia da passeggeri. Visto che le cifre rappresentano la media di tutte le persone che hanno partecipato all'indagine, si possono sommare i due numeri rilevanti: nel 1999/2001 sono stati percorsi 3381 + 1973 = 5354 km
nel 2002 sono stati percorsi 3410 + 2028 = 5438 km
L'aumento è quindi di 5438 − 5354 = 84 km
Le cifre rappresentano i km all'anno, quindi la **C** è la risposta corretta.

12) E. La domanda chiede di ordinare i mezzi di trasporto secondo il livello di diminuzione subìto. Prima occorre selezionare quelli che hanno registrato una di-

minuzione. (Si ricordi di considerare il periodo corretto.) Poi si deve calcolare la percentuale.
I mezzi di trasporto che hanno registrato una diminuzione sono cinque (sono riportate le percentuali approssimative).
A piedi: 255 – 190 (25%)
Bicicletta: 51 – 33 (30%)
Pullman a noleggio: 150 – 124 (16%)
Motociclo/motorino: 47 – 33 (20%)
Autobus urbano: 429 – 259 (40%)
Quindi sono gli autobus urbani ad aver registrato la percentuale di diminuzione più alta. La **E** è la risposta corretta.

13) B. In questo caso viene richiesto di dedurre quali siano le possibili cause della tendenza osservata secondo cui, in macchina, è stato percorso un numero di km inferiori da passeggeri che da guidatori. È una domanda piuttosto difficile che richiede molta lucidità nella valutazione degli effetti che scenari diversi possono avere sulle medie riportate nella tabella.
Come nella domanda precedente che richiedeva un'*analisi inferenziale dei dati*, si può nuovamente procedere verificando un'opzione alla volta.
1 Il numero medio di chi ha viaggiato in macchina è inferiore nel 2002 rispetto al 1975/6
Questo dato comunica solamente che è avvenuto un cambiamento tra il 1975/6 e il 2002. Non dice niente sul numero relativo di km percorsi da guidatori e da passeggeri.
2 Il numero medio di persone che hanno viaggiato in macchina è inferiore a 2
La distanza media percorsa da passeggero è:

$$\frac{\text{numero totale di km registrati per i passeggeri}}{\text{numero totale di persone in tutta l'indagine (non solo i passeggeri)}}$$

Il numero dei km dei passeggeri può superare il numero dei km dei guidatori solo se il numero medio dei passeggeri è maggiore di 1 (un passeggero non può viaggiare senza un guidatore). Se il numero medio di persone in una macchina è inferiore a 2, la media dei passeggeri è inferiore a uno e la media dei km percorsi dai passeggeri deve essere inferiore alla media di km percorsi dai guidatori.
3 Sono più le macchine che viaggiano con una persona rispetto a quelle che viaggiano con più di una
Da ciò deriva che il numero di km percorsi da guidatori è maggiore dei km percorsi da passeggeri. Il ragionamento è simile a quello svolto per l'opzione 2, anche se in questo caso si parla di numero di viaggi piuttosto che di km percorsi. A parità delle altre condizioni (cioè nessuna tendenza a viaggi lunghi delle macchine con più passeggeri), ne consegue che il numero di km percorsi da guidatori è maggiore rispetto al numero di km percorsi da passeggeri, per ragioni simili a quelle esposte nel caso dell'opzione 2.
4 Le macchine che trasportano passeggeri fanno viaggi più corti rispetto a quelle dove c'è solo il guidatore
Questa opzione potrebbe essere considerata come un'alternativa all'opzione 3. Se il numero medio di passeggeri in una macchina è abbastanza uniforme per i viaggi

lunghi e quelli brevi, la distanza totale percorsa dai passeggeri sarà nettamente inferiore rispetto alla distanza totale percorsa dai guidatori.
Non si può essere certi che questa osservazione determini che i km dei passeggeri siano inferiori ai km dei guidatori. Se, per esempio, tutti i viaggi con passeggeri (anche se brevi) avessero un alto numero di passeggeri, e tra tutti i viaggi in macchina la maggior parte fosse rappresentata da quelli brevi, il numero di km percorsi dai passeggeri potrebbe superare quello dei guidatori.
Tuttavia, bisogna specificare che questa osservazione *potrebbe* portare il numero dei km dei guidatori a superare il numero delle miglia dei passeggeri.
La 2, la 3 e la 4 potrebbero tutte portare a tale conclusione e pertanto la risposta corretta è la **B**.

14) D. In questa domanda occorre selezionare i dati giusti e utilizzarli nel modo appropriato (si può quindi classificare come domanda che verte sull'*analisi dei dati*). È piuttosto complicata e richiede una riflessione attenta su cosa s'intenda con media delle persone e tappe di un viaggio.
La domanda richiede di calcolare la lunghezza media di una singola tappa. Occorre riflettere su questi dati:

$$\frac{\text{distanza totale di tutte le tappe}}{\text{numero di tappe registrate}}$$

Le dimensioni dei campioni (riferite ai viaggi intrapresi in una settimana) sono mostrate nella seconda tabella. Bisogna controllare con attenzione quali parti della tabella si riferiscono all'indagine (su una settimana) e quali costituiscono invece il riassunto (espresso in termini di media annua). Occorre anche sapere che la media dei km percorsi si riferisce a un singolo individuo e che l'indagine è stata svolta su numerosi soggetti. Perciò non è possibile, ad esempio, dividere semplicemente il numero di km riportato nella prima tabella per il numero di tappe presente nella seconda.
Una persona media viaggia 6981 km l'anno, quindi deve aver viaggiato 6981/52 km durante la settimana presa in esame, che, approssimativamente, corrispondono 130 km.
Nell'indagine, ci sono state 349.227 tappe percorse da 16.886 individui, quindi una persona media deve aver viaggiato per 349.227/16.886 tappe, che approssimativamente corrisponde a 20 tappe. Quindi, la lunghezza media delle tappe è 130/20 km o 6,5 km. Pertanto la risposta corretta è la **D**.

15) A. Il quesito si risolve trovando il lato del quadrato più grande possibile costruibile con le tessere date. Tale lato si ottiene considerando la parte intera della radice quadrata approssimata del numero di tessere dato. In altri termini, occorre trovare quel numero il cui quadrato sia prossimo al numero di tessere date. Il quadrato costruito avrà per lato proprio quel numero. Nel quesito, il numero delle tessere è 550; pertanto, occorre trovare la radice quadrata approssimata del numero 550 o, in altri termini, il numero il cui quadrato è prossimo a 550. Quest'ultimo numero è 23; infatti: $23^2 = 529$. Con 550 tessere, il piccolo Federico ha costruito il quadrato più grande possibile; gli sono avanzate, quindi, 550 − 529 = **21** tessere.
Pertanto, la risposta esata è la **A**.

Attenzione! I quesiti di questa tipologia, che sottintendono lo stesso criterio di risoluzione, spesso richiedono, data una figura tridimensionale cubica, di individuare il numero di cubetti che la costituiscono oppure il numero di cubetti che avanzano nel costruire la figura. Altri quesiti, che riguardano figure tridimensionali qualsiasi, richiedono di individuarne, sulla base di alcuni dati, il volume.

16) A. Il quesito si risolve trovando il lato del triangolo equilatero più grande possibile costruibile con le tessere date.
Tale lato si ottiene considerando la radice quadrata del numero di tessere dato. In altri termini, occorre trovare quel numero il cui quadrato è uguale al numero delle tessere. Il triangolo costruito avrà per lato proprio quel numero. Nel quesito, il numero delle tessere è 529; pertanto, occorre trovare la radice quadrata del numero 529. Quest'ultimo numero è 23; infatti: $23^2 = 529$.
Proviamo, infatti, a disegnare il triangolo equilatero. Partendo dall'alto si nota che servono:

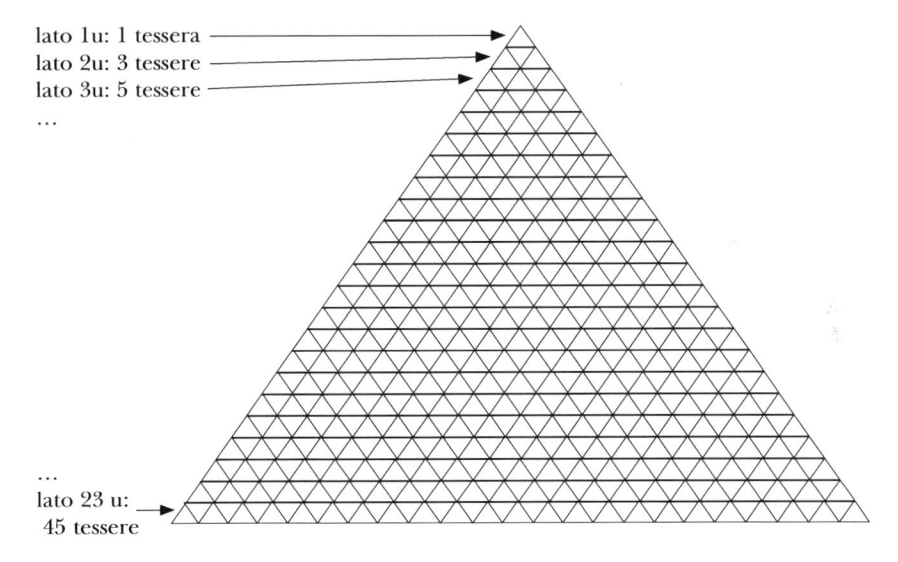

lato 1u: 1 tessera
lato 2u: 3 tessere
lato 3u: 5 tessere
...

...
lato 23 u:
45 tessere

In pratica, ci sono 23 file di tessere (triangoli), ogni fila è composta da un numero dispari di tessere e ogni lato è formato da un numero di tessere pari a lato × 2 − 1. Ad esempio, nell'ultima fila, sono posizionate 23 × 2 − 1 = 45 tessere. Quindi, ci sono 1, 3, 5, ..., 45 tessere nelle file da 1 a 23. Ricordando che la somma dei primi n numeri dispari è uguale a n^2, la somma dei numeri dispari da 1 a 23 è, appunto, $23^2 = 529$.
Pertanto, il triangolo equilatero ha per lato 23 u e per perimetro 23 u × 3 = **69 u**.

17) B. Qui sono coinvolte due abilità. Innanzitutto, si deve comprendere la descrizione verbale di ciò che il grafico rappresenta. Quindi, sulla base della domanda, occorre interpretare il grafico nel modo richiesto. La soluzione è veramente semplice: bisogna sottrarre il punto più basso tra tutte le barrette dal punto più alto. Tali valori sono (leggendo con la massima accuratezza possibile) 14° e 34°; così, l'intervallo totale è 20°.

18) B. I dati espressi in valuta locale non sono molto utili per un confronto diretto. È più semplice esprimere tutti i costi come percentuali, in modo da poter confrontare direttamente le diverse componenti. La tabella viene ripetuta con i costi espressi come percentuali per ogni Paese.

	Sudaria	Idani	Anguda	Boralia
Greggio	51.09	36.00	30.10	47.62
Raffinazione	1.46	9.00	1.50	1.90
Ingrosso	6.57	7.00	3.76	13.33
Dettaglio	4.38	4.00	4.36	4.76
Tasse	36.50	44.00	60.27	32.38

Nel grafico a torta, il segmento più grande è poco meno della metà del grafico: si può trattare, quindi, soltanto del greggio in Boralia o delle tasse in Idani. Non è facile distinguere tra le due possibilità sulla base della larghezza dei segmenti di dimensione immediatamente inferiore, perché la loro differenza è piccola. Bisogna, pertanto, osservare i tre segmenti di dimensioni più piccole. La Boralia ha un segmento (ingrosso) che è almeno il triplo degli altri due, mentre nel grafico i tre segmenti sono di dimensioni piuttosto simili. Ne concludiamo che si tratta dell'Idani.

Avremmo potuto risolvere questo problema senza usare le percentuali, ma guardando le dimensioni relative delle componenti nella tabella per ogni Paese. Questo procedimento sarebbe stato più rapido, ma avrebbe richiesto un maggiore sforzo di calcolo.

19) D. Questo problema è un po' più difficile della maggior parte di quelli che abbiamo visto finora. Se conoscessimo le reali medie per le quattro scuole che il quotidiano ha incluso, sarebbe possibile confrontarle con una stima della media per le cinque scuole, e il tipo di errore ci darebbe qualche indicazione su quale scuola è stata dimenticata.

Osservando le medie, i valori approssimati (dal grafico) sono 9, 19, 35 e 16 rispettivamente per 1, 2, 3 e 4 materie di livello A. Moltiplicando questi valori per 5/4 (da correggere per il fatto che sono stati divisi per 5 anziché per 4), otteniamo (approssimativamente) 11, 24, 44 e 20.

Volendo essere precisi, potremmo confrontare questi valori con tutti i possibili gruppi di quattro medie, ma ciò richiederebbe parecchio tempo. Osserviamo, piuttosto, che 11 e 24 sembrano valori leggermente bassi rispetto alle medie delle materie 1 e 2. Il valore 44 per la materia 3 è molto basso, mentre il 20 per la materia 4 è decisamente troppo alto. Ciò ci porta a sospettare che Danbridge sia la scuola esclusa, visto che i suoi valori sono superiori agli altri nelle prime tre materie e inferiori nella quarta. Possiamo verificare la nostra ipotesi calcolando la media di una delle colonne per le altre quattro scuole (preferibilmente usando le materie 3 o 4, che sembrano mostrare le discrepanze maggiori) e confrontando i risultati. Danbridge è effettivamente la scuola esclusa dal grafico.

20) B. La somma dei costi sulla fattura dettagliata è di 453 €. Si tratta di 18 € in meno rispetto al conto finale della fattura, dunque le è stata aggiunta una cena in più. Nessuna delle altre voci costava esattamente 18 €, né singolarmente né separatamente.

21) D. Quest'attività può essere risolta in diversi modi. Per esempio, potremmo tirare a indovinare: poiché 1/3 delle bottiglie saranno gratis, l'alternativa C (appunto 1/3) può trarci in inganno, ma è sbagliata. Potremmo procedere per tentativi: ad esempio, si può ipotizzare un costo di 60 centesimi a bottiglia da parte dei fornitori e vedere quant'è il guadagno per il supermercato. Tre bottiglie costerebbero 1,80 € e il supermercato le venderebbe a 2,40 €; dunque, il guadagno sarebbe di 60 centesimi per tre bottiglie, ossia di 20 centesimi su ciascuna di esse. Questo, però, non è sufficiente; dunque, il prezzo dei fornitori deve essere più basso.
In effetti, esiste un modo chiaro e sistematico per risolvere questo problema, che consiste nello scrivere tutti i valori corrispondenti alle opzioni A – E, una volta calcolati. Se SuperSave vende ogni bottiglia a 1,20 €, la compra a 80 centesimi (poiché sappiamo che la vende ad un prezzo pari al 50% in più rispetto a quello di acquisto), così ogni bottiglia viene venduta a 40 centesimi in più del prezzo di acquisto.
Durante l'offerta, il supermercato venderà tre bottiglie al costo di due, cioè a 2,40 €, ossia 80 centesimi ciascuna. Se SuperSave sta vendendo ancora a 40 centesimi in più del prezzo di acquisto, vuol dire che sta comprando dai fornitori ogni bottiglia a 40 centesimi. I fornitori, quindi, dovranno dimezzare il loro prezzo: l'opzione D è quella giusta.
Questo metodo è veloce, certamente più di quello basato su tentativi. È un tipo di soluzione cui si è più inclini a ricorrere se sono stati già affrontati svariati problemi simili in precedenza e si ragiona con attenzione sulle informazioni fornite.
Infine, per essere certi di avere trovato la giusta soluzione, si controlli la risposta. Il profitto per ciascuna bottiglia è di 1,20 € – 80 centesimi = 40 centesimi.
Su tre bottiglie, durante l'offerta, il profitto è 2,40 € – 1,20 € = 1,20 €, ossia 40 centesimi per bottiglia. Il che è corretto!

22) B. L'abilità richiesta in questo problema risiede nell'utilizzare le informazioni giuste in modo appropriato e al momento giusto durante il calcolo. I dati rilevanti sono cinque: le due distanze, le due velocità e il fatto che arrivino alla stessa ora. È, dunque, evidente che per risolvere il problema occorrerà calcolare ciascuno dei tempi di percorrenza; quindi, in questo caso, non vi è alcun metodo da trovare. I problemi in cui il metodo non è immediato saranno discussi nel prossimo capitolo.
Luiz percorre 900 m a 1,5 m/s; quindi, impiega 900 : 1,5 = 600 secondi, ossia 10 minuti. Bianca pedala per 1,5 km (1500 m) a 5 m/s, impiegando 1.500 : 5 = 300 secondi, ossia 5 minuti. Siccome Luiz impiega 5 minuti in più, deve partire da casa 5 minuti prima; quindi, l'alternativa B è corretta

23) C. L'obiettivo in questo caso è trovare quanti candidati hanno ancora una possibilità di vincere. Per farlo, è necessario trasferire i voti da ciascun candidato eliminato a quello che lo precedeva (questo sarebbe il numero massimo di voti che il penultimo candidato potrebbe ricevere dopo che il candidato posto più in basso è stato eliminato).
Eliminando di volta in volta il candidato in posizione più bassa, otteniamo i seguenti risultati:

	Originale	Dopo il primo ritiro	Dopo il secondo ritiro
Andrew	323	323	323
Godfrey	211	211	211
Srinivasa	157	157	157
Stephen	83	83	158
John	54	75	
Bertrand	21		

In questa fase, sia Srinivasa sia Stephen potrebbero essere eliminati, a seconda della effettiva distribuzione dei voti dei candidati esclusi prima. Quello non eliminato potrebbe superare Godfrey, ricevere i suoi voti e vincere; quindi, quattro candidati possono ancora vincere.

24) C. Le cifre della mia data di nascita potrebbero andare da 01 a 31 (e poi s'invertono). Le cifre del mio mese di nascita potrebbero andare da 01 a 12 (anche queste s'invertono). Possiamo quindi guardare una a una le opzioni:
3221 con le rispettive cifre invertite, diventa 23 12 – questo è possibile (23 dicembre).
5060 diventa 05 06 – questo è possibile (5 giugno)
1141 diventa 11 14 impossibile, il mese non può essere superiore a 12
2121 diventa 12 12 (12 dicembre)
1290 diventa 21 09 (21 settembre)
Quindi il numero contenuto nell'opzione C è l'unico impossibile.

25) A. Tra le 20:45 e le 06:15 trascorrono 9 ore e 30 minuti. Poiché la sveglia va avanti di 2 minuti ogni ora, allora in 9 ore e 30 minuti andrà avanti di:

> $9 \times 2 = 18$ minuti per le 9 ore
> 1 minuto per i 30 minuti.

Per un totale di $18 + 1 = 19$ minuti.
Poiché Viola vuole che suoni alle 06:15, deve regolare la sveglia 19 minuti dopo tale orario, cioè alle **06:34**.

Questionario 6
Ragionamento numerico-deduttivo

6.1 Tipologie classiche RIPAM

1)

5	50	60	120	meno
6	30	35	70	meno
2	20	25	50	più
9	90	95	190	più
4	40	45	120	meno

A. 6 60 65 90
B. 1 10 20 40
C. 7 40 45 90
D. 5 25 30 60
E. 3 30 35 70

2)

11	12	22	più
11	33	13	meno
99	97	77	più
12	22	11	meno
55	51	11	più

A. 77 78 88
B. 11 31 33
C. 22 33 33
D. 1 2 12
E. 13 11 43

3)

12	48	meno
4	64	più
36	122	meno
5	125	più
12	236	meno

A. 3   27
B. 84 589
C. 12 189
D. 9   244
E. 62 351

4)

97	63	16	più
24	6	8	meno
58	20	13	meno
62	12	8	più
45	20	5	meno

A. 89 72 17
B. 36 12   9
C. 93 12 27
D. 64 20 12
E. 41   4   4

5)

93	27	14	5	più
69	54	20	2	più
74	28	10	1	meno
66	36	18	9	più

A. 78 56 30 6
B. 97 63 18 9
C. 78 63 18 9
D. 19 9 9 8
E. 99 8 7 19

6)

80	0	0	più
81	0	0	meno
0	0	80	più
0	10	70	più
0	10	60	meno

A. 60 20 10
B. 80 0 10
C. 0 0 1
D. 80 1 1
E. 30 0 50

7)

13	34	40	7	più
45	56	65	36	più
56	67	70	34	meno
22	21	13	30	più

A. 21 12 22 12
B. 10 9 9 91
C. 14 51 56 9
D. 12 18 21 29
E. 21 21 34 21

8)

4	12	48	240	più
6	18	36	48	meno
8	24	96	480	più
7	21	42	168	meno

A. 12 24 72 36
B. 2 6 24 120
C. 3 6 18 9
D. 11 33 99 297
E. 10 22 35 49

Questionario 6 | Ragionamento numerico-deduttivo | 259

9)

49	144	95	più
7	100	49	meno
49	81	32	più
12	64	52	più
14	51	37	meno

A. 64   8   72
B. 66   36   46
C. 100 10   49
D. 34   121 87
E. 23   66   13

10)

4	24	3	18	più
6	36	5	25	meno
9	72	6	48	più
11	21	5	13	meno

A. 2   4   8   18
B. 11   15   45   9
C. 7   28   5   20
D. 6   36   21   120
E. 5   45   9   12

📧 **Quesiti da 11 a 100**

Risposte commentate
Ragionamento numerico-deduttivo

6.1 Tipologie classiche RIPAM

1) **E.** Il quesito è costituito da 5 righe.
Le righe contraddistinte dalla indicazione **più** sono la terza e la quarta.
Le righe **più** sono tali che:
il primo numero è dato ed è costituito da una sola cifra
il secondo numero si ottiene moltiplicando per 10 il primo numero
il terzo numero si ottiene aggiungendo 5 al secondo numero
il quarto numero si ottiene moltiplicando per 2 il terzo numero

Terza riga:
primo numero = 2
secondo numero = 2 × 10 = 20
terzo numero = 20 + 5 = 25
quarto numero = 25 × 2 = 50

Quarta riga:
primo numero = 9
secondo numero = 9 × 10 = 90
terzo numero = 90 + 5 = 95
quarto numero = 95 × 2 = 190

La risposta esatta è la E, in quanto, relativamente a tale sequenza di numeri, si ha:
primo numero = 3
secondo numero = 3 × 10 = 30
terzo numero = 30 + 5 = 35
quarto numero = 35 × 2 = 70

2) **A.** Il quesito è costituito da 5 righe.
Le righe contraddistinte dalla indicazione **più** sono la prima, la terza e la quinta.
In generale, il criterio di risoluzione, valido per le righe **più**, dei quesiti appartenenti a tale **tipologia** richiede l'analisi delle cifre dei numeri.
In questo caso, le righe **più** sono tali che:
primo numero di due cifre uguali tra loro
secondo numero di due cifre uguali tra loro
terzo numero di due cifre uguali tra loro
prima e seconda cifra primo numero = prima cifra secondo numero
prima e seconda cifra terzo numero = seconda cifra secondo numero

Prima riga:
secondo numero = 12

primo numero = 11 → prima cifra secondo numero = 1
terzo numero = 22 → seconda cifra secondo numero = 2
Terza riga:
secondo numero = 97
primo numero = 99 → prima cifra secondo numero = 9
terzo numero = 77 → seconda cifra secondo numero = 7

Quinta riga:
secondo numero = 51
primo numero = 55 → prima cifra secondo numero = 5
terzo numero = 11 → seconda cifra secondo numero = 1

La risposta esatta è la A, in quanto, relativamente a tale sequenza di numeri, si ha:
secondo numero = 78
primo numero = 77 → prima cifra secondo numero = 7
terzo numero = 88 → seconda cifra secondo numero = 8

3) A. Il quesito è costituito da 5 righe.
Le righe contraddistinte dalla indicazione **più** sono la seconda e la quarta.
Le righe **più** sono tali che:
primo numero dato
(primo numero)^3 = secondo numero

Seconda riga:
primo numero = 4
secondo numero = 4^3 = 64

Quarta riga:
primo numero = 5
secondo numero = 5^3 = 125

La risposta esatta è la A, in quanto, relativamente a tale sequenza di numeri, si ha:
primo numero = 3
secondo numero = 3^3 = 27

4) A. Il quesito è costituito da 5 righe.
Le righe contraddistinte dalla indicazione **più** sono la prima e la quarta.
Le righe **più** sono tali che:
primo numero è dato
prodotto delle cifre del primo numero = secondo numero
somma delle cifre del primo numero = terzo numero

Prima riga:
primo numero = 97
secondo numero = 9 × 7 = 63
terzo numero = 9 + 7 = 16

Quarta riga:
primo numero = 62
secondo numero = 6 × 2 = 12
terzo numero = 6 + 2 = 8

La risposta esatta è la A, in quanto, relativamente a tale sequenza di numeri, si ha:
primo numero = 89
secondo numero = 8 × 9 = 72
terzo numero = 8 + 9 = 17

5) **B.** Il quesito è costituito da 4 righe.
Le righe contraddistinte dalla indicazione **più** sono la prima, la seconda e la quarta.
Le righe **più** sono tali che:
primo numero è dato
prodotto delle cifre del primo numero = secondo numero
prodotto delle cifre del secondo numero = terzo numero
somma delle cifre del terzo numero = quarto numero

Prima riga:
primo numero = 93
secondo numero = 9 × 3 = 27
terzo numero = 2 × 7 = 14
quarto numero = 1 + 4 = 5

Seconda riga:
primo numero = 69
secondo numero = 6 × 9 = 54
terzo numero = 5 × 4 = 20
quarto numero = 2 + 0 = 2

Quarta riga:
primo numero = 66
secondo numero = 6 × 6 = 36
terzo numero = 3 × 6 = 18
quarto numero = 1 + 8 = 9

La risposta esatta è la B, in quanto, relativamente a tale sequenza di numeri, si ha:
primo numero = 97
secondo numero = 9 × 7 = 63
terzo numero = 6 × 3 = 18
quarto numero = 1 + 8 = 9

6) **E.** Il quesito è costituito da 5 righe.
Le righe contraddistinte dalla indicazione **più** sono la prima, la terza e la quarta.
Le righe **più** sono tali che sommando i tre numeri si ottiene sempre 80; ossia:
primo numero + secondo numero + terzo numero = 80

Prima riga:
80 + 0 + 0 = 80

Terza riga:
0 + 0 + 80 = 80

Quarta riga:
0 + 10 + 70 = 80

La risposta esatta è la E, in quanto, relativamente a tale sequenza di numeri, si ha:
30 + 0 + 50 = 80

7) **C.** Il quesito è costituito da 4 righe.
Le righe contraddistinte dalla indicazione **più** sono la prima, la seconda e la quarta.
Le righe **più** sono tali che:
primo numero + secondo numero = terzo numero + quarto numero

Prima riga:
13 + 34 = 40 + 7 (in entrambe le somme si ottiene 47)

Seconda riga:
45 + 56 = 65 + 36 (in entrambe le somme si ottiene 101)

Quarta riga:
22 + 21 = 13 + 30 (in entrambe le somme si ottiene 43)

La risposta esatta è la C, in quanto, relativamente a tale sequenza di numeri, si ha:
14 + 51 = 56 + 9 (in entrambe le somme si ottiene 65)

8) **B.** Il quesito è costituito da 4 righe.
Le righe contraddistinte dalla indicazione **più** sono la prima e la terza.
Le righe **più** sono tali che:
primo numero × 3 = secondo numero
secondo numero × 4 = terzo numero
terzo numero × 5 = quarto numero

Prima riga:
4 × 3 = 12
12 × 4 = 48
48 × 5 = 240

Terza riga:
8 × 3 = 24
24 × 4 = 96
96 × 5 = 480

La risposta esatta è la B, in quanto, relativamente a tale sequenza di numeri, si ha:
2 × 3 = 6

$6 \times 4 = 24$
$24 \times 5 = 120$

9) D. Il quesito è costituito da 5 righe.
Le righe contraddistinte dalla indicazione **più** sono la prima, la terza e la quarta.
Le righe **più** sono tali che:
primo numero + terzo numero = secondo numero

Prima riga:
$49 + 95 = 144$

Terza riga:
$49 + 32 = 81$

Quarta riga:
$12 + 52 = 64$

La risposta esatta è la D, in quanto, relativamente a tale sequenza di numeri, si ha:
$34 + 87 = 121$

10) C. Il quesito è costituito da 4 righe.
Le righe contraddistinte dalla indicazione **più** sono la prima e la terza.
Le righe **più** sono tali che:
primo numero × costante = secondo numero
terzo numero × costante = quarto numero
in cui la costante per cui si moltiplicano i numeri di posto dispari è uguale per entrambi i prodotti.

Prima riga:
$4 \times 6 = 24$
$3 \times 6 = 18$

Terza riga:
$9 \times 8 = 72$
$6 \times 8 = 48$

La risposta esatta è la C, in quanto, relativamente a tale sequenza di numeri, si ha:
$7 \times 4 = 28$
$5 \times 4 = 20$

Soluzioni da 11 a 100

Questionario 7
Ragionamento astratto e abilità visiva. Ragionamento spaziale e ragionamento meccanico

7.1 Il ragionamento astratto e l'attitudine visiva: banche dati RIPAM

1) Trovare il numero mancante: 551 - 525; 558 - 595; 227 - 282; 884 - ...
   A. 848
   B. 858
   C. 458
   D. 885
   E. 588

2) Completare la sequenza: PRT - 326 - ..... - 663 - RPT - 236.
   A. RRT
   B. TRP
   C. PPR
   D. RTP
   E. TTP

3) Se "DOMASTI" corrisponde a "8275643" allora "MODISTA" corrisponde a:
   A. 7283465
   B. 2783645
   C. 7283645
   D. 7823645
   E. 7238645

4) Completare la serie: quattordici, 11, tredici, 12 / enne, K, emme, ..?..
   A. Dodici
   B. Cappa
   C. Elle
   D. 10
   E. L

5) Se E = 5, L = 10, allora ? = ?
   A. M = 14
   B. I = 11
   C. P = 15
   D. T = 17
   E. U = 19

6) Si attribuiscano i seguenti codici di identificazione: Z=7, L=8, Q=5, R=6. Individuare quale sequenza di lettere corrisponde al numero più piccolo:
   A. LQZLLRQL
   B. ZLRLRLRZ
   C. ZLRQRLRZ
   D. RQZLLRQL
   E. RQZZLLQR

7) In quale sequenza di lettere le "G" sono a pari numero delle "F"?
   A. HGHUGHFUFHFH
   B. GUFFUHGUGHUG
   C. FUHFUFGUGHUG
   D. UHFUFGGUGHUG
   E. UFHFUFUGHUGU

8) Individuare il gruppo di numeri che risulti esattamente il contrario della seguente base: 121015212711243229021957.
   A. 751920923242117215210121
   B. 759120292341217212511021
   C. 759120922342117122510121
   D. 759120922142117212511021
   E. 759120922342117212510121

9) Se la sequenza è "dispari pari pari", quale gruppo di numeri è corretto?
   A. 5529781325983345781369587 12556
   B. 3465875441269863425889467 68522
   C. 9845227641627682213481645 22924
   D. 9467825241223487685263421 24654
   E. 5263247481669245863247221 46962

10) Quale gruppo alfanumerico completa la serie? DT418 – ES517 – FR616 – ..?..
    A. GQ816
    B. GQ893
    C. LT917
    D. LT916
    E. GQ715

11) Se la lettera "D" corrisponde a 13, la lettera "B" corrisponde a 7 e la lettera "C" corrisponde a 10, a quale sequenza corrisponde la codifica: FCDEB?
    A. 19 - 10 - 16 - 22 - 7
    B. 19 - 10 - 16 - 13 - 7
    C. 22 - 10 - 13 - 16 - 7
    D. 19 - 10 - 13 - 16 - 7
    E. 10 - 19 - 13 - 16 - 7

12) Completare la sequenza: 10 11 12 GHI – LMN 7 8 9 – 16 17 18 OPQ – ..?..
    A. RST 13 14 15

B. 15 14 13 RST
   C. 13 14 15 RST
   D. RST 15 14 13
   E. TSR 13 14 15

13) Se "CONCORRENTI" corrisponde a "51251779243" allora "RICONCENTRO" corrisponde a:
   A. 73521592471
   B. 75312592471
   C. 73512529471
   D. 73512592471
   E. 37512592471

14) In quale sequenza di lettere le "I" sono più numerose delle "M"?
   A. LIGISLSIMGLM
   B. SDIGDIMDMSGM
   C. INLIDIMDLMNM
   D. LIGMSLSIMGLM
   E. LIGISLSMMGLM

15) In quale, tra le seguenti sequenze di cifre, è presente, almeno una volta, la seguente stringa numerica "6502045"?
   A. 02045650204554680206504565020
   B. 02045655468020650456020455020
   C. 66150204569852026545542123987
   D. 45546802065045650201204565020
   E. 20455636502078965496501204532

16) Se "DATISMO" corrisponde a "8543672" allora "DISTOMA" corrisponde a:
   A. 8364725
   B. 8346275
   C. 8364275
   D. 8634275
   E. 3864275

17) Trovare il numero mancante: 4321 - 3421; 7362 - 3762; 9685 - ...
   A. 5986
   B. 9658
   C. 9585
   D. 8965
   E. 6985

18) Completare la sequenza: BPS - 137 - SSB - ..... - PBS - 317.
   A. 771
   B. 337
   C. 713
   D. 113

E. 731

19) **Trovare il numero mancante: 115 - 611; 553 - 455; 664 - 566; 117 - ...**
   A. 118
   B. 711
   C. 822
   D. 188
   E. 811

20) **Completare la sequenza: ..?.. – ..?.. – GHI 10 11 12 – 7 8 9 LMN – OPQ 16 17 18 – 13 14 15 RST.**
   A. ABC 4 5 6 – 1 2 3 DEF
   B. 4 5 6 ABC – FED 1 2 3
   C. ABC 6 5 4 – 1 2 3 DEF
   D. ABC 4 5 6 – 3 2 1 DEF
   E. CBA 4 5 6 – 1 2 3 DEF

21) **Si attribuiscano i seguenti codici di identificazione: V=6, B=4, F=7, C=5. Individuare la sequenza di lettere che corrisponde al numero più grande.**
   A. BCFCFVFC
   B. BCVFBVCF
   C. BCBVFBVC
   D. BCFVVBVC
   E. BCFFFVCF

22) **Se G = 7, M = 11, allora ? = ?**
   A. T = 17
   B. T = 18
   C. T = 15
   D. T = 19
   E. T = 16

23) **In quale riga è presente la seguente sequenza: MGMMMGMMMMMG?**
   A. MGMGMMMMGMGMMGGMMMGMGMMGMMMGMGMGM
   B. MGMMGGMMMMGMGMMGMMMMGMGMMMGMGMMGMGM
   C. MGMGMMGMMMMGMGMMMGGGGMMGMGMGMMMMGMG
   D. MGMGMMGMMMMGMGMMMGMMMMGMGMGMMMMGMG
   E. MGMGMMGMMMMGMMMMMMMMMMGMGMGMMMMGMG

24) **Completare la serie: diciotto, 19, venti, 21 / erre, S, ti, ..?..**
   A. Esse
   B. U
   C. Ventuno
   D. Ics
   E. Vu

25) Se la lettera "B" corrisponde a 7, la lettera "A" corrisponde a 4 e la lettera "C" corrisponde a 10, a quale sequenza corrisponde la codifica: BACED?
    A. 7 - 4 - 10 - 13 - 16
    B. 7 - 4 - 10 - 16 - 13
    C. 4 - 7 - 10 - 16 - 13
    D. 7 - 4 - 13 - 16 - 10
    E. 7 - 4 - 16 - 10 - 13

26) Se la sequenza è "minuscolo maiuscolo", quale stringa è scritta in modo errato?
    A. "mDbFmSnXkFjZsWòFpGkWoTiG"
    B. "yGtFrDeSwAqZsXdCnJmLnKbO"
    C. "kLjSsFhGiHuEwXeSrHoiWòHaZ"
    D. "vTbBcVnCbBvNjNhJgKkLjKhD"
    E. "uHyGtFrDcVbNmKjLpMaDaWzE"

27) Se "SEROTONINA" corrisponde a "6971412325" allora "STOIERANNO" corrisponde a:
    A. 6413957221
    B. 6419375221
    C. 4613975221
    D. 6413975112
    E. 6413975221

28) Quale, tra le seguenti serie di numeri, presenta meno errori di battitura rispetto alla seguente sequenza? 3253564,557; 557713311 / 117; 56668879.
    A. 557711311 / 177; 56668897; 3253546, 556
    B. 3253564,557; 557713311 / 111; 56768879
    C. 56667879; 3255364, 577; 557773311 / 117
    D. 3253517,537; 557712211 / 211; 57768879
    E. 3235564,557; 577713111 / 161; 56768899

29) Trovare il numero mancante: 8765 - 7865 ; 5237 - 2537 ; 7026 - ...
    A. 7062
    B. 7206
    C. 0276
    D. 0726
    E. 6270

30) Se C = 3, H = 8, allora ? = ?
    A. R = 17
    B. L = 11
    C. G = 6
    D. P = 14
    E. S = 15

31) Completare la sequenza: GH 8 7 – IL 10 9 – MN 12 11 – OP 14 13 – ..?..
    A. QR 16 15 – ST 18 17 – UV 20 19

B. QR 16 15 – ST 17 18 – UV 20 19
C. QR 16 15 – TS 18 17 – UV 20 19
D. QR 15 16 – ST 18 17 – UV 20 19
E. QR 16 15 – ST 18 17 – VU 20 19

32) **Se E = 5, O = 13, allora ? = ?**
   A. V = 19
   B. V = 20
   C. V = 18
   D. V = 21
   E. V = 22

33) **Se A=1, M=11, allora ? = ?**
   A. V = 19
   B. N = 13
   C. Q = 16
   D. G = 6
   E. S = 17

34) **Quale gruppo alfanumerico completa la serie? CU319 – DT418 – ES517 – ..?..**
   A. HS913
   B. FR611
   C. HS818
   D. FR616
   E. FR717

35) **Completare la sequenza: PRB - .... - BBP - 113 - RPB - 231.**
   A. 123
   B. 232
   C. 213
   D. 312
   E. 321

36) **Trovare il numero mancante: 5432 - 5342 ; 1684 - 1864 ; 9760 - ...**
   A. 7790
   B. 6709
   C. 6079
   D. 9670
   E. 0679

37) **Se la lettera "D" corrisponde a 13, la lettera "A" corrisponde a 4 e la lettera "B" corrisponde a 7, a quale sequenza corrisponde la codifica: BAFDE?**
   A. 7 - 4 - 19 - 13 - 16
   B. 7 - 4 - 13 - 19 - 16
   C. 7 - 4 - 19 - 16 - 13
   D. 7 - 4 - 16 - 13 - 19
   E. 7 - 4 - 19 - 13 - 15

38) Se "SMINEREI" corrisponde a "61329793" allora "RIMINESE" corrisponde a:
   A. 73312969
   B. 37132969
   C. 73132699
   D. 73132969
   E. 73123969

39) Individuare la stringa che risulta esattamente il contrario della seguente base: FTTESS
   A. SESTTF
   B. SSEFTF
   C. SSETFT
   D. SSEFTT
   E. SSETTF

40) Individuare il gruppo di numeri che risulti esattamente il contrario della seguente base: 02101932100119631200.
   A. 00213619100123190120
   B. 00213691100123910110
   C. 00213691010123910210
   D. 00213691100123910120
   E. 00213691101023910120

41) Quale gruppo alfanumerico completa la serie? DT418 – ES517 – ..?.. – GQ715.
   A. FR614
   B. FR616
   C. GP612
   D. FR619
   E. GP613

42) Completare la serie: Venticinque, 24, ventitre, 26 / ipsilon, X, doppia vu, ..?..
   A. Z
   B. Ventiquattro
   C. Zeta
   D. 23
   E. W

43) In quale, tra le seguenti sequenze di cifre, è presente, almeno una volta, la seguente stringa numerica "3216548"?
   A. 78545898596578125632695662l
   B. 37841453692562142365895l325
   C. 33232165488874512269853658 7
   D. 32562142365895132578414536 9
   E. 33232116654888745169853658 7

44) "elettrolito" sta a "e e i l l o o r t t t" come "microminiaturizzazione" sta a:
    A. "a a c e i i i i i m m n n o o r r u t z z z"
    B. "a a c e i i i i i m m n n o o r r t u z z z"
    C. "a a c e i i i i i m m n n r r o o t u z z z"
    D. "a a c e i i i i i n n m m o o r r t u z z z"
    E. "a a e c i i i i i m m n n o o r r t u z z z"

45) Se la sequenza è "pari dispari dispari" quale gruppo di numeri è errato?
    A. 41125963769987345961327985 7297
    B. 8556312716198454716972378 93275
    C. 49383149765349365181347965 1637
    D. 6798512716318974538512396 71455
    E. 875219613873813491893271 279831

46) La successione "HJWHJWJJ" è uguale a:
    A. HJWWJWJJ
    B. HJWHJJJJ
    C. HJWHJJWJ
    D. HJWHJWJJ
    E. HJWHJWWW

47) Se "centodue" vale "8" e "c d e e n o t u" allora "seicentocinquantamila" vale "..?.." e "..?..".
    A. "19" e "a a a c c e e i i i l m n n n o q s t t u"
    B. "21" e "a a a c c e e i i i l m n n n o q s t t u"
    C. "21" e "a a a a c e e i i i l m n n n o q s t t u"
    D. "22" e "a a a c c e e i i i l m n n n o q s t t u"
    E. "21" e "a a a c c c e i i i l m n n n o q s t t u"

48) Se "centotre" vale "8" e "c e e n o r t t" allora "settecentocinquantamila" vale "..?.." e "..?..".
    A. "23" e "a a a c c e e e i i l m n n o o q s t t t t u"
    B. "22" e "a a a c c e e e i i l m n n n o q s t t t t u"
    C. "24" e "a a a c c e e e i i l m n n n o q s t t t t u"
    D. "23" e "a a a c c c e e i i l m n n n o q s t t t t u"
    E. "23" e "a a a c c e e e i i l m n n n o q s t t t t u"

49) In quale sequenza di lettere le "N" sono più numerose delle "A"?
    A. NQXAQLAAQLAX
    B. AQXAQLNAQLAX
    C. QNMBQNMABQMA
    D. LNBQNABAQLAQ
    E. NQXNQLNAQLAX

50) La successione "DLLLDLGL" è uguale a:
A. DLLGDLGL
B. DLLLDGLL
C. DLLLLGLD
D. DLLDDLGL
E. DLLLDLGL

Quesiti da 51 a 100

7.2 Ulteriori tipologie

1) Quale dei disegni proposti integra correttamente la serie?

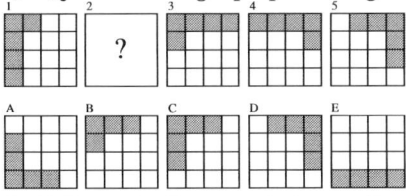

A. Il disegno indicato con la lettera C
B. Il disegno indicato con la lettera E
C. Il disegno indicato con la lettera A
D. Il disegno indicato con la lettera D
E. Il disegno indicato con la lettera B

2) Quale tra le figure proposte integra logicamente la proporzione che segue?

A. La figura indicata con la lettera E
B. La figura indicata con la lettera A
C. La figura indicata con la lettera C
D. La figura indicata con la lettera B
E. La figura indicata con la lettera D

3) Quale tra le figure proposte integra logicamente la proporzione che segue?

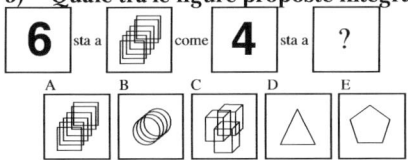

A. La figura indicata con la lettera A

B. La figura indicata con la lettera B
C. La figura indicata con la lettera C
D. La figura indicata con la lettera D
E. La figura indicata con la lettera E

4) Dopo aver osservato i primi due termini della proporzione, individuare fra i cinque disegni proposti (A, B, C, D, E) quali, inseriti rispettivamente come terzo e quarto termine, ne rappresentano il logico completamento.

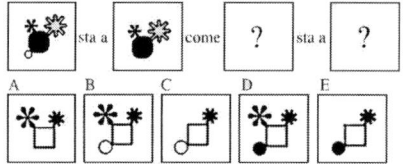

A. I disegni indicati con le lettere D e A
B. I disegni indicati con le lettere B e D
C. I disegni indicati con le lettere B e A
D. I disegni indicati con le lettere C e A
E. I disegni indicati con le lettere C e E

5) Dopo aver osservato l'insieme delle carte, indicare quali sono le due carte girate.

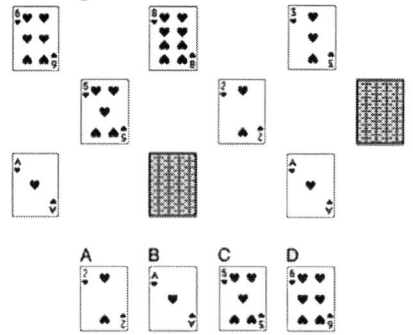

A. B e C
B. B e D
C. A e D
D. C e D
E. Nessuna alternativa è valida

Questionario 7 | Ragionamento astratto e abilità visiva. Ragionamento spaziale e ragionamento meccanico

6) Quali tasselli del domino devono essere inseriti rispettivamente al posto dei punti interrogativi?

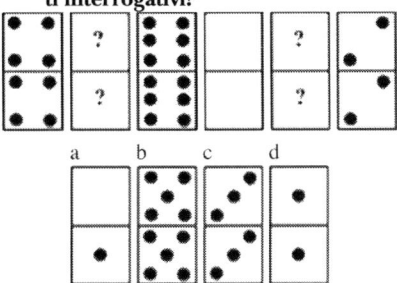

A. I tasselli c, a
B. I tasselli b, d
C. I tasselli a, b
D. I tasselli d, c
E. I tasselli d, a

7) Osservando attentamente le cinque figure proposte è possibile notare che quattro di esse presentano elementi di omogeneità. Quali?

A. Figure A B D E
B. Figure B C D E
C. Figure A B C E
D. Figure A C D E
E. Figure A B C E

8) Per analogia con le serie date, cosa è logico affermare?

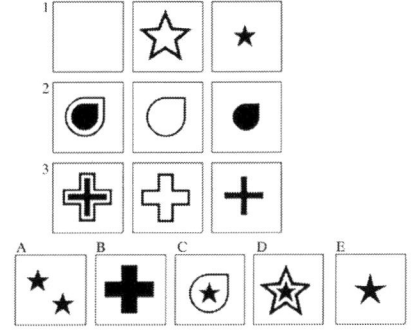

A. La figura mancante è quella indicata con la lettera B
B. La figura mancante è quella indicata con la lettera E
C. La figura mancante è quella indicata con la lettera A

D. La figura mancante è quella indicata con la lettera C
E. La figura mancante è quella indicata con la lettera D

9) **Quale tra le figure A, B, ... è corretto inserire come quarto termine della proporzione che segue?**

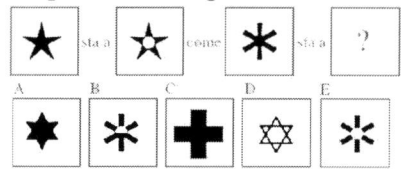

A. La figura A
B. La figura B
C. La figura D
D. La figura C
E. La figura E

10) **Individuare fra le figure proposte quella che è logico inserire quale terzo termine della proporzione data:**

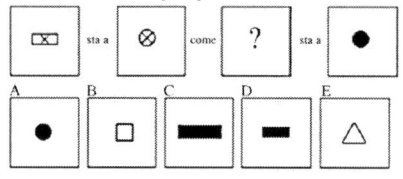

A. La figura indicata con la lettera C
B. La figura indicata con la lettera A
C. La figura indicata con la lettera D
D. La figura indicata con la lettera B
E. La figura indicata con la lettera E

11) **Individuare fra le figure proposte quella che è logico inserire quale terzo termine della proporzione data:**

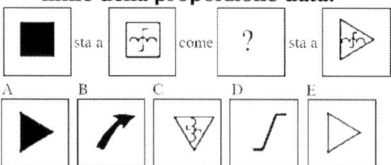

A. La figura indicata con la lettera D
B. La figura indicata con la lettera A
C. La figura indicata con la lettera B
D. La figura indicata con la lettera C
E. La figura indicata con la lettera E

12) **Individuare fra le figure proposte quella che è logico inserire quale quarto termine della proporzione data:**

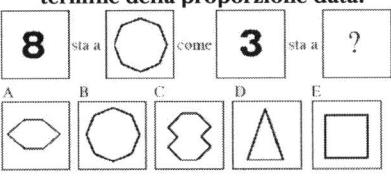

   8 sta a ⬡ come 3 sta a ?

   A. La figura indicata con la lettera A
   B. La figura indicata con la lettera B
   C. La figura indicata con la lettera E
   D. La figura indicata con la lettera C
   E. La figura indicata con la lettera D

13) **Il sistema indicato in figura si presenta nella sua fase iniziale con sfere di metallo tutte della stessa massa e fune di massa trascurabile. Se il sistema è sottoposto soltanto al campo gravitazionale con assenza di attrito, allora si può concludere che:**

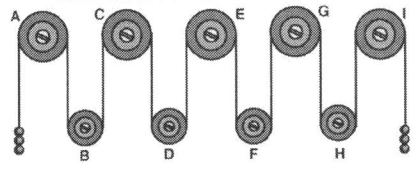

   A. il sistema resta fermo perché in equilibrio
   B. la carrucola A gira in senso antiorario
   C. la carrucola D gira in senso antiorario
   D. la carrucola A gira in senso orario
   E. la carrucola C gira in senso orario

14) **Nel seguente sistema, le ruote dentate sono libere di ruotare attorno a un perno fisso. Se la ruota dentata C gira in senso antiorario, in quale senso gira la ruota dentata E?**

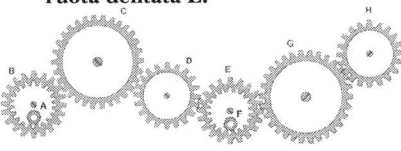

   A. In senso orario
   B. Nello stesso senso della ruota dentata G
   C. Nello stesso senso della ruota dentata H
   D. In senso inverso rispetto alla ruota dentata H
   E. Il sistema di ingranaggi non può funzionare

15) **La figura che segue può essere scomposta in 4 dei 5 frammenti riportati. Qual è il frammento residuo?**

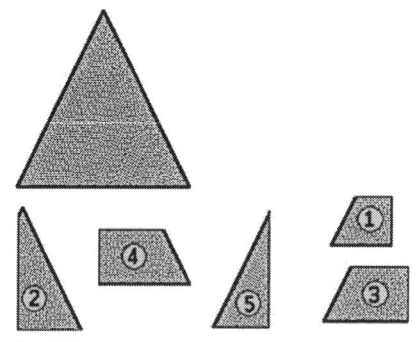

A. Il frammento contrassegnato con il numero 1
B. Il frammento contrassegnato con il numero 4
C. Il frammento contrassegnato con il numero 3
D. Il frammento contrassegnato con il numero 2
E. Il frammento contrassegnato con il numero 5

16) **La figura che segue può essere ricomposta soltanto con tre dei cinque frammenti proposti. Quali?**

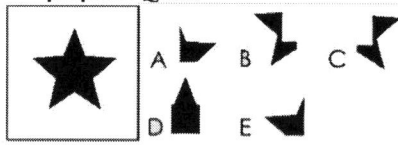

A. Frammenti B, C e D
B. Frammenti A, B e C
C. Frammenti C, D e E
D. Frammenti B, C e E
E. Frammenti A, D e E

17) **Individuare quale delle serie di numeri è identica a quella data: 3663999936663**

A. 3663399996663
B. 3663999936663
C. 3639969936663
D. 3663999396663
E. 3663999996663

18) **Individuare quale delle serie di numeri è identica a quella data: 255222522555255252**

A. 255222522525255252
B. 255225522555255252
C. 255222522555255252
D. 255222522552255252

E. 255222522555255255

19) **Delle figure che seguono, la prima serie costituisce una sequenza logica che prosegue coerentemente in una sola delle figure proposte come soluzione. Di quale si tratta?**

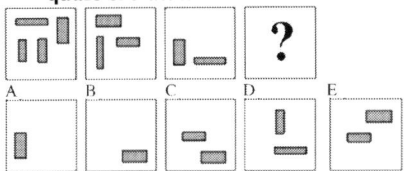

A. Della figura D
B. Della figura A
C. Della figura B
D. Della figura C
E. Della figura E

20) **Quale dei disegni proposti integra correttamente la serie?**

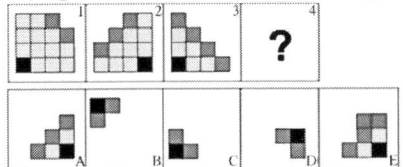

A. Il disegno indicato con la lettera A
B. Il disegno indicato con la lettera B
C. Il disegno indicato con la lettera C
D. Il disegno indicato con la lettera D
E. Il disegno indicato con la lettera E

21) **Quale dei disegni proposti integra correttamente la serie?**

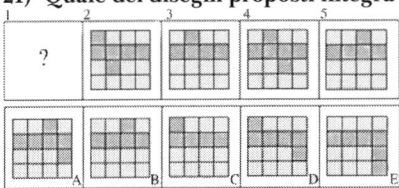

A. Il disegno indicato con la lettera B
B. Il disegno indicato con la lettera D
C. Il disegno indicato con la lettera C
D. Il disegno indicato con la lettera A
E. Il disegno indicato con la lettera E

22) **Quale dei tasselli proposti inserito al posto dei punti interrogativi permette di formare parole di senso compiuto?**

	A	G	A	R	E
	I	G	A	R	O

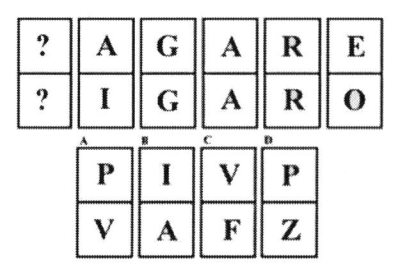

A	B	C	D
P	I	V	P
V	A	F	Z

A. Il tassello contraddistinto con la lettera C
B. Il tassello contraddistinto con la lettera D
C. Il tassello contraddistinto con la lettera A
D. Il tassello contraddistinto con la lettera B
E. Non è possibile formare parole di senso compiuto

23) **Dopo aver osservato l'insieme delle carte, indicare in quali box sono contenute le due carte girate:**

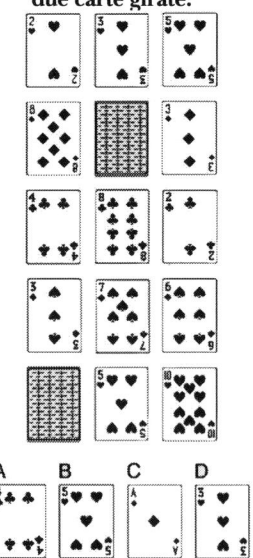

A. Box A e box B
B. Box C e box D
C. Box A e box D
D. Box C e box B
E. Box A e box C

24) **Quali tessere del domino devono essere inserite al posto dell'elemento mancante della figura I e della figura II?**

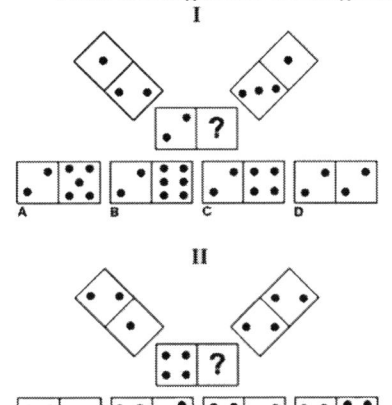

A. Per la figura I la tessera D e per la figura II la tessera B
B. Per la figura I la tessera B e per la figura II la tessera A
C. Per la figura I la tessera A e per la figura II la tessera B
D. Per la figura I la tessera C e per la figura II la tessera A
E. Per la figura I la tessera B e per la figura II la tessera D

25) **La figura che segue può essere scomposta in 4 degli 8 frammenti riportati. Quali sono i frammenti residui?**

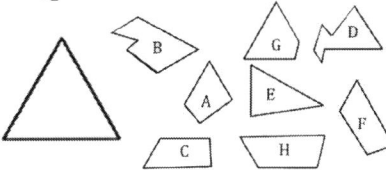

A. I frammenti contrassegnati con le lettere A, C, F, H
B. I frammenti contrassegnati con le lettere A, C, D, H
C. I frammenti contrassegnati con le lettere A, C, E, F
D. I frammenti contrassegnati con le lettere B, C, D, G
E. I frammenti contrassegnati con le lettere A, B, C, F

26) **La figura che segue può essere ricomposta soltanto con tre dei sei frammenti proposti. Quali?**

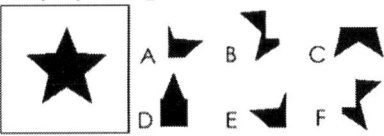

A. Frammenti B, C e D
B. Frammenti B, D e F
C. Frammenti A, B e C
D. Frammenti C, D e E
E. Frammenti A, D e E

27) **La figura che segue può essere ricomposta soltanto con 4 dei 6 frammenti proposti. Quali?**

A. Frammenti 1, 3, 4 e 6
B. Frammenti 1, 2, 3 e 4
C. Frammenti 1, 2, 4 e 5
D. Frammenti 1, 3, 4 e 5
E. Frammenti 2, 3, 4 e 5

28) **La figura che segue può essere ricomposta soltanto con 4 dei 6 frammenti proposti. Quali?**

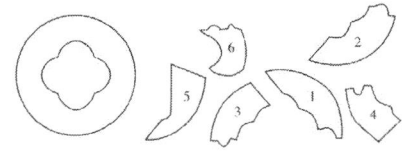

A. Frammenti 1, 2, 3 e 6
B. Frammenti 2, 4, 5 e 6
C. Frammenti 1, 2, 3 e 6
D. Frammenti 2, 3, 4 e 5
E. Frammenti 1, 2, 3 e 4

29) **Individuare quale delle serie di lettere è identica a quella data:**
YXYXYXYXYXXYX

A. YXYXYXYXXXYX
B. YXYXYXYXYXXYX
C. YXYXYXYYXXXYX
D. YXYXYXYXXXYX
E. YXYXYXYYYXXYX

30) **Individuare la riga che contiene il maggior numero di lettere E:**
A. EFFFFEFFFFFEFEEEFEEFF
B. EFFFEEEFFFEFFEFFEEEFF
C. FFFFEFFEEEFFEFEEFFEFF
D. FFFFEFFFEFFFFFEEEFEEE

E. EFFFFEEFFFEFFEFFEEEFF

31) Individuare la stringa alfanumerica che contiene la lettera P preceduta da un numero dispari:
A. FV8P99OBGFDSX5989VFD54W98M
B. KUJNGFD68PFDC347NDS579OVDA
C. 5TGT47HH58HBS3257PKJM7XZA54
D. B658786PDFZS3W4UI J647DSVCA5I
E. 5TGT47HH58HBS3254PKJM7XZA54

32) Individuare la riga che contiene un numero di "[" uguale al numero di "]":
A.] [[ ]] [[[[[ ]]]] [
B. [[ ]] [[[[[ ]]]]] [[
C.]] [[[[[[ ]]]] [ ]]
D. [[[[ ]]]]] [[[ ]
E. [[[[[ ]]]]] [[[ ]]

33) Se dalla seguente sequenza "AGSTECATEEIESACLMENTCNN" si escludessero le lettere dei termini "AGILMENTE" e "SACCENTE", si otterrebbe la sequenza:
A. MNTENS
B. NAMNCS
C. NTECAS
D. CNTMEN
E. NTESAS

34) Quale dei disegni proposti integra correttamente la serie?

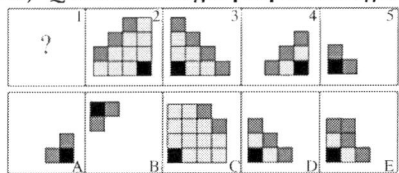

A. Il disegno indicato con la lettera D
B. Il disegno indicato con la lettera C
C. Il disegno indicato con la lettera B
D. Il disegno indicato con la lettera A
E. Il disegno indicato con la lettera E

35) Uno solo dei disegni contrassegnati con lettere costituisce il logico completamento della serie di disegni numerata da 1 a 5. Quale?

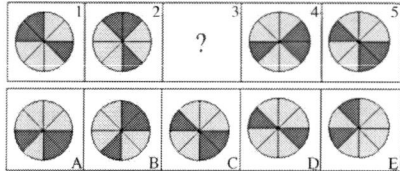

A. Il disegno indicato con la lettera C
B. Il disegno indicato con la lettera D
C. Il disegno indicato con la lettera A
D. Il disegno indicato con la lettera B
E. Il disegno indicato con la lettera E

36) Quale dei tasselli proposti, inserito al posto dei punti interrogativi, permette di formare parole di senso compiuto?

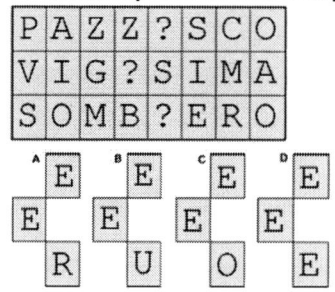

```
P A Z Z ? S C O
V I G ? S I M A
S O M B ? E R O
```

A. Il tassello contraddistinto con la lettera A
B. Il tassello contraddistinto con la lettera D
C. Il tassello contraddistinto con la lettera C
D. Il tassello contraddistinto con la lettera B
E. Nessuna alternativa è valida

37) Individuare quale delle serie di lettere è identica a quella data:
ILIILIILLLL

A. ILIILIILLLL
B. ILILIILLLLL
C. ILIIILILLLL
D. ILILLILLLL
E. ILIILILILLL

38) Individuare fra le cinque figure quelle che, inserite rispettivamente come terzo e quarto termine della proporzione, ne rappresentano, per analogia, il logico completamento.

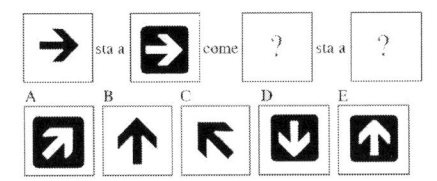

A. Le figure indicate con le lettere C e A
B. Le figure indicate con le lettere B e D
C. Le figure indicate con le lettere D e B
D. Le figure indicate con le lettere B e A
E. Le figure indicate con le lettere B e E

39) In quale figura è possibile collocare il punto nella giusta posizione?

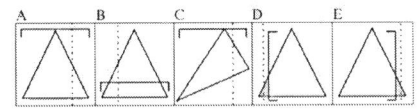

A. Nella figura D
B. Nella figura B
C. Nella figura A
D. Nella figura C
E. Nella figura E

40) In quale figura è possibile collocare il punto nella giusta posizione?

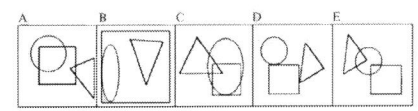

A. Nella figura B
B. Nella figura A
C. Nella figura C
D. Nella figura D
E. Nella figura E

41) Quale delle seguenti sequenze è identica a hy;opx97;th:13:32+tq:& ma proposta in senso contrario?
A. &:qt+23:31:ht;97xpo;yh
B. &:qt+23:31-th;79xpo;yh
C. &:qt+23:31:ht;79xpo;yh

D. &:qt+23;13:ht;79xpo;yh
E. &:qt+26:31:ht;79xpo;yh

42) **In quale dei seguenti gruppi è riproposta l'identica stringa alfanumerica: 78AB+11AC-8A1H:1A1X-332&-7XK+233(/**

A. 78AB+11AC-8A1H:1A1X-332@-7XK+233(/
B. 78AB+11AC-8A1H:1A1X-332&-7XK+233[/
C. 78AB+11AC-8A1H:1A1X-332&-7XK+233(/
D. 78AB+11AC-8A1H:1A1Y-332&-7XK+233(/
E. 78AB+11AC-8A1H:1A1X-332&-7XK+253(/

43) **Dopo aver osservato i primi due termini della proporzione, individuare fra i quattro disegni proposti (A, B, C, D) quali, inseriti rispettivamente come terzo e quarto termine, ne rappresentano il logico completamento.**

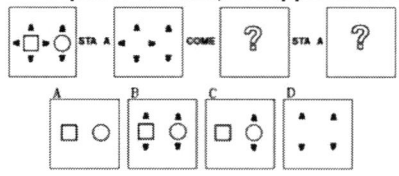

A. I disegni indicati con le lettere D e A
B. I disegni indicati con le lettere B e D
C. I disegni indicati con le lettere B e A
D. I disegni indicati con le lettere C e A
E. I disegni indicati con le lettere A e B

44) **Dato il primo termine della proporzione, con quali dei box proposti è possibile per analogia formare il secondo?**

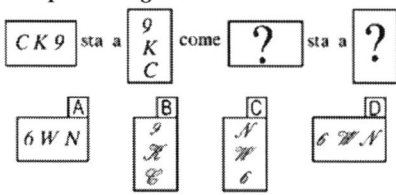

A. Rispettivamente con i box C e D
B. Rispettivamente con i box B e D
C. Rispettivamente con i box D e C
D. Rispettivamente con i box A e C
E. Rispettivamente con i box B e A

45) **Quale carta deve essere inserita al posto di quella girata?**

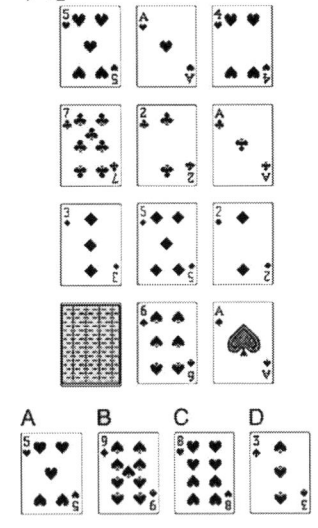

A. La carta contrassegnata con la lettera B
B. La carta contrassegnata con la lettera A
C. La carta contrassegnata con la lettera D
D. La carta contrassegnata con la lettera C
E. Nessuna tra quelle proposte

46) **La figura che segue può essere scomposta in 4 degli 8 frammenti riportati. Quali sono i frammenti residui?**

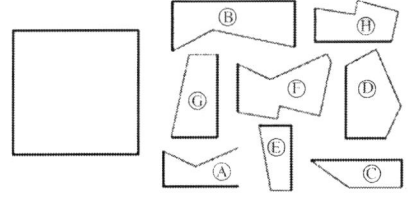

A. I frammenti contrassegnati con le lettere A, C, E, G
B. I frammenti contrassegnati con le lettere A, C, D, H
C. I frammenti contrassegnati con le lettere B, C, D, G
D. I frammenti contrassegnati con le lettere A, C, F, H
E. I frammenti contrassegnati con le lettere D, F, G, A

47) **Quante vocali e quante consonanti sono presenti rispettivamente nel termine "SCHIACCIASASSI»?**

A. 7 e 7
B. 5 e 9
C. 8 e 7

D. 6 e 8
E. 5 e 7

48) Si osservi il testo che segue: "Prima di partire controllate sempre il sito "Viaggiare Sicuri" e ricordatevi di iscrivervi a "Dove siamo nel Mondo". Consentirete all'Unità di Crisi di venirvi incontro, evidentemente solo se necessario". Esso contiene:
A. 7 lettere "maiuscole"
B. 10 vocali "o"
C. 2 vocali "à"
D. 27 vocali "i"
E. 30 lettere minuscole

49) In quale dei seguenti gruppi il numero 4 non segue il numero 7?
A. QBW47ER4TY7UI4OPA479SDF7G7K
B. QBW47ER4TY7UI4OPA479SDF7G74
C. QBW74ER4TY7UI4OPA479SDF7G7K
D. QBW47ER4TY7UI4OPA749SDF7G7K
E. QBW474ER4TY7UI74OPA479SDF7G

50) Non considerando alcun tipo di spostamento e/o rotazione, quali delle seguenti figure non sono identiche alla 6?

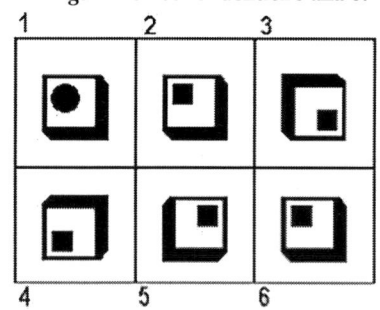

A. Le figure indicate con i nn. 2, 3, 4, 5
B. Le figure indicate con i nn. 1, 3, 4, 5
C. Le figure indicate con i nn. 1, 2, 3, 5
D. Le figure indicate con i nn. 1, 2, 4, 5
E. Le figure indicate con i nn. 1, 3, 5, 6

Risposte commentate
Ragionamento astratto e abilità visiva. Ragionamento spaziale e ragionamento meccanico

7.1 Ragionamento astratto e abilità visiva: banche dati RIPAM

1) B. Nella **sequenza numerica** proposta, i numeri sono divisi in gruppi. La separazione tra ciascun gruppo e il successivo è delineata dal punto e virgola.
A loro volta, i **gruppi** sono costituiti da due numeri di tre cifre, di cui:
> nel **primo numero**, le **prime due cifre** sono **uguali** tra loro;
> nel **secondo numero**, la **prima** e la **terza cifra** sono **uguali** tra loro e uguali alle prime due cifre del primo numero.

Inoltre, la terza cifra del primo numero e la seconda cifra del secondo numero sono consecutive.
Nella sequenza data:

$$551 - 525;\ 558 - 595;\ 227 - 282;\ 884 - \ldots$$

nel quarto gruppo, dato il numero 884, si ha:

primo numero = 884 $\Rightarrow$ $\begin{cases} 8 = \text{prima cifra secondo numero} \\ 4+1 = 5 = \text{seconda cifra secondo numero} \\ 8 = \text{terza cifra secondo numero} \end{cases}$ $\Rightarrow$ secondo numero = **858**

2) E. Per completare la sequenza, occorre considerare i gruppi alfanumerici a coppie, di cui il primo elemento è costituito da 3 lettere e il secondo elemento da un numero a 3 cifre; ovvero (**PRT - 326**) – (…. - **663**) – (**RPT - 236**).
In ciascuna coppia, a ciascuna lettera è associato un numero.
Pertanto, nella prima coppia:

$$\textbf{PRT} - \textbf{326}$$

alla lettera P è associato il numero 3, alla lettera R è associato il numero 2, infine alla lettera T è associato il numero 6.
Nella terza coppia:

$$\textbf{RPT - 236}$$

alla lettera R è associato sempre il numero 2, alla lettera P sempre il numero 3 e alla lettera T è associato sempre il numero 6.
Nella seconda coppia, le tre lettere mancanti si ottengono nel modo seguente:

663 $\Rightarrow$ $\begin{cases} 6 \Leftrightarrow T \\ 6 \Leftrightarrow T \\ 3 \Leftrightarrow P \end{cases}$ $\Rightarrow$ lettere mancanti = **TTP**

3) **C.** Il quesito chiede di trovare un'incognita in una proporzione del tipo:

PRIMA PAROLA : PRIMO NUMERO = SECONDA PAROLA : SECONDO NUMERO

L'incognita è un numero.
Nella proporzione data, alla parola DOMASTI corrisponde il numero 8275643, che si ottiene associando a ciascuna lettera della parola una cifra.
Infatti, alla lettera:
D è associata la cifra **8**;
O è associata la cifra **2**;
M è associata la cifra **7**;
A è associata la cifra **5**;
S è associata la cifra **6**;
T è associata la cifra **4**;
I è associata la cifra **3**.
Seguendo tale criterio, il numero incognito è:

$$\text{MODISTA} \Rightarrow \begin{bmatrix} M \Leftrightarrow 7 \\ O \Leftrightarrow 2 \\ D \Leftrightarrow 8 \\ I \Leftrightarrow 3 \\ S \Leftrightarrow 6 \\ T \Leftrightarrow 4 \\ A \Leftrightarrow 5 \end{bmatrix} \Rightarrow \text{numero incognito} = \mathbf{7283645}$$

4) **E.** La serie data è divisibile in due gruppi, di cui:
> il primo è costituito da 4 numeri, indicati, in maniera alternata, in lettere e in cifre;
> il secondo è costituito da 4 lettere, indicate, in maniera alternata, secondo la pronuncia e con la lettera maiuscola.

Nella serie **quattordici, 11, tredici, 12 / enne, K, emme, ..?..**, si ha:
> i numeri del primo gruppo sono tali che il primo e il terzo sono decrescenti e decrescono di 1 unità, ossia:

$$\text{quattordici} - \text{uno} = \text{tredici}$$

Inoltre, il secondo e il quarto sono crescenti e crescono di 1 unità, ossia:
$$11 + 1 = 12$$

> le lettere del secondo gruppo, dovendo rispettare lo stesso criterio, sono tali che associando a ciascuna lettera una posizione nell'**alfabeto inglese**, la prima e la terza lettera sono decrescenti e decrescono di 1 posizione, ossia:

enne = posizione 14 nell'alfabeto inglese

emme = posizione 14 – 1 (ossia 13) nell'alfabeto inglese

Inoltre, la terza e la quarta lettera sono crescenti e crescono di 1 posizione.
La lettera incognita **?** è tale che:

K = posizione 11 nell'alfabeto inglese

? = posizione 11 + 1 (ossia 12) nell'alfabeto inglese
Pertanto, la lettera incognita è la **L**, indicata in maiuscolo.

5) E. Nel quesito sono proposte lettere e numeri. A ciascuna lettera è associato un numero. Dalla corrispondenza proposta si evince che a ciascuna lettera è associato il numero corrispondente alla posizione occupata dalla lettera nell'**alfabeto italiano**.
Tra le alternative di risposta, quella corretta è la E, in quanto alla lettera **U** è associato, nell'alfabeto italiano, il numero **19**.

6) E. Per la risoluzione del quesito occorre identificare, tra le sequenze di lettere date nelle alternative di risposta, quella che corrisponde al numero **più piccolo**.

Nel testo del quesito è scritto che alla lettera Z corrisponde il numero 7, alla lettera L corrisponde il numero 8, alla lettera Q corrisponde il numero 5 e, infine, alla lettera R corrisponde il numero 6.

Da una semplice lettura delle alternative di risposta, si evince che, poiché:
> alla lettera L è associato il numero 8, sicuramente il numero che corrisponde alla sequenza alfabetica che inizia con tale lettera è più alto di un numero che inizia con la cifra 7, 6 oppure 5; pertanto, l'alternativa A è da scartare;
> alla lettera Z è associato il numero 7, il numero che corrisponde alla sequenza alfabetica che inizia con tale lettera è più alto di un numero che inizia con la cifra 6 oppure 5; pertanto, l'alternativa B è da scartare;
> alla lettera Z, di cui alla risposta C, è associato il numero 7; pertanto, l'alternativa C è da scartare.

Per quanto riguarda le alternative D ed E, occorre considerare che alla lettera R è associato il numero 6. L'alternativa D è da scartare se alla sua seconda, terza, quarta... lettera sono associati numeri maggiori rispetto ai numeri associati rispettivamente alla seconda, terza, quarta... lettera dell'alternativa E. Nell'alternativa E, alla lettera:
> R è associato il numero 6;
> Q è associato il numero 5;
> Z è associato il numero 7;
> Z è associato il numero 7, che è più piccolo del numero associato alla quarta lettera (ossia L) della sequenza RQZLLRQL di cui all'alternativa D.

Convertendo tutte le sequenze in numeri si ha:
LQZLLRQL = 85788658
ZLRLRLRZ = 78686867
ZLRQRLRZ = 78656867
RQZLLRQL = 65788658
RQZZLLQR = 65778856

Disponendo in ordine crescente i numeri ottenuti, si evince che il numero **65778856**, di cui all'alternativa E, è il più piccolo.

7) **C.** In tutte le alternative di risposta proposte sono indicate sequenze di lettere G, F, U e H.
Indicando con G̲ la lettera G e con F̲ la lettera F, nelle alternative di risposta si ha:

HG̲HUG̲HF̲UF̲HF̲H: 2 lettere G e 3 lettere F

G̲UF̲F̲UHG̲UG̲HUG̲: 4 lettere G e 2 lettere F

F̲UHF̲UF̲G̲UG̲HUG̲: 3 lettere G e 3 lettere F

UHF̲UF̲G̲G̲UG̲HUG̲ : 4 lettere G e 2 lettere F

UF̲HF̲UF̲UG̲HUG̲U: 2 lettere G e 3 lettere F

La risposta corretta è, pertanto, la C in cui sono presenti **3** lettere **G** e **3** lettere **F**.

8) **E.** Quesiti di questa tipologia non hanno una tecnica di risoluzione univoca.
Ovviamente, poiché si richiede di identificare il **contrario** del numero dato, le alternative di risposta vanno lette, al contrario, a partire dall'ultima cifra.
È consigliabile dividere i numeri dati in gruppi. Poiché i numeri dati sono di 24 cifre, è conveniente dividere i numeri in gruppi di 3, per identificare velocemente il contrario del numero dato.
Leggendo da destra verso sinistra 121015212711243229021**957**, si nota che esso ha come ultime 3 cifre: **759**.
Secondo tale tecnica, l'alternativa A è da scartare; le restanti alternative di risposta hanno come prime 3 cifre il numero 759, per cui, per risolvere il quesito, occorre identificare le successive 3 cifre del numero dato.
Leggendo da destra verso sinistra 121015212711243229**021**957, le successive 3 cifre sono: **120**.
Tutte le alternative di risposta proposte, a eccezione ovviamente della A, hanno come successive cifre il numero 120.
Identifichiamo, le successive 3 cifre.
Leggendo da destra verso sinistra 1210152127112432**29**021957, le successive 3 cifre sono: **922**.
Secondo tale tecnica, solo l'alternativa B è da scartare.
Identifichiamo le successive 3 cifre.
Leggendo da destra verso sinistra 1210152127112**43**229021957, le successive 3 cifre sono: **342**.
Secondo tale tecnica, solo l'alternativa D è da scartare.
Restano l'alternativa C e l'alternativa E.
Identifichiamo le successive 3 cifre.
Leggendo da destra verso sinistra 12101521**2711**243229021957, le successive 3 cifre sono: **117**.
Entrambe le alternative, C ed E, presentano tali cifre.
Identifichiamo le successive 3 cifre.
Leggendo da destra verso sinistra 121015**212**711243229021957, le successive 3 cifre sono: **212**.
Solo l'alternativa E presenta tali cifre; verificando le restanti cifre, si evince che l'alternativa E è quella esatta.

9) **E.** Il quesito proposto chiede di identificare, tra le alternative di risposta, il numero che **rispetta la sequenza**:

dispari pari pari

Per risolvere tale quesito, occorre dividere il numero in **triplette** di numeri in modo da verificare dove la sequenza è rispettata.
Tra le alternative proposte, indichiamo in grassetto il numero dispari:
55**2**978**1**3**2**598**33**4**5**78**1**3**69**58**7**12556
34658**7544**12698634258894676852**2**
98452276416276822**1**348**1**6452292**4**
94678252412234876852634212465**4**
52632474816692458632472214696**2**
L'unico numero che rispetta la sequenza data è quello di cui all'alternativa E.

10) **E.** Nella serie DT418 – ES517 – FR616 – ..?..:
> la prima lettera di ogni gruppo occupa nell'alfabeto la posizione indicata dal primo numero del gruppo (**D**T4**18** – **E**S5**17** – **F**R6**16** – ..?..);
> la seconda lettera di ogni gruppo occupa nell'alfabeto la posizione indicata dal secondo numero del gruppo (D**T**418 – E**S**517 – F**R**616 – ..?..).

Il gruppo alfanumerico che completa la serie è **GQ715**, perché è l'unico che rispetta tale criterio di risoluzione; infatti la lettera **G** occupa la posizione **7** nell'alfabeto, mentre la lettera **Q** occupa la posizione **15**.

11) **D.** Nel quesito, a ciascuna delle lettere D, B e C corrispondono, rispettivamente, i numeri 13, 7 e 10. Nella codifica appaiono anche le lettere F ed E in corrispondenza delle quali non è indicato alcun numero.
Ponendo in posizione crescente le lettere indicate si ha che:
> a B corrisponde il numero 7;
> a C corrisponde il numero 10;
> a D corrisponde il numero 13.

Quindi, al crescere di 1 posizione delle lettere, i numeri crescono di 3 unità. Si può concludere che secondo tale criterio:
> a E corrisponde il numero 16;
> a F corrisponde il numero 19.

Pertanto, alla codifica **FCDEB** corrisponde la sequenza:

19 - 10 - 13 - 16 - 7

12) **A.** La sequenza è costituita da gruppi alfanumerici che, a loro volta, sono costituiti da 3 numeri e 3 lettere. Tra i gruppi, i sottogruppi di numeri e i sottogruppi di lettere sono posti in maniera alternata.
La sequenza può essere completata considerando i gruppi a 2 a 2.
Si ha:
> i **numeri** 10, 11 e 12 del **primo gruppo** corrispondono alla posizione nell'alfabeto italiano delle **lettere** L, M e N del **secondo gruppo**;
> le **lettere** G, H e I del **primo gruppo** occupano nell'alfabeto le posizioni 7, 8 e 9, esattamente i **numeri** del **secondo gruppo**.

Analogamente, si ha:
> i **numeri** 16, 17 e 18 del **terzo gruppo** corrispondono alla posizione nell'alfabeto italiano delle **lettere RST**;
> le **lettere** O, P e Q del **terzo gruppo** occupano nell'alfabeto le posizioni **13, 14** e **15**.

Per completare la sequenza, occorre inserire, quindi, il gruppo:

RST 13 14 15

13) D. Il quesito chiede di trovare un'incognita in una proporzione del tipo:
PRIMA PAROLA : PRIMO NUMERO = SECONDA PAROLA : SECONDO NUMERO
L'incognita è un numero.
Nella proporzione data, alla parola CONCORRENTI corrisponde il numero 51251779243, che si ottiene associando a ciascuna lettera della parola una cifra.

Infatti, alla lettera:
C è associata la cifra **5**;
O è associata la cifra **1**;
N è associata la cifra **2**;
C è associata la cifra **5**;
O è associata la cifra **1**;
R è associata la cifra **7**;
R è associata la cifra **7**;
E è associata la cifra **9**;
N è associata la cifra **2**;
T è associata la cifra **4**;
I è associata la cifra **3**.
Seguendo tale criterio, il numero incognito è:

$$\text{RICONCENTRO} \Rightarrow \begin{bmatrix} R \Leftrightarrow 7 \\ I \Leftrightarrow 3 \\ C \Leftrightarrow 5 \\ O \Leftrightarrow 1 \\ N \Leftrightarrow 2 \\ C \Leftrightarrow 5 \\ E \Leftrightarrow 9 \\ N \Leftrightarrow 2 \\ T \Leftrightarrow 4 \\ R \Leftrightarrow 7 \\ O \Leftrightarrow 1 \end{bmatrix} \Rightarrow \text{numero incognito} = \textbf{73512592471}$$

14) A. In tutte le alternative di risposta proposte sono indicate sequenze di lettere. Indicando con I̲ la lettera I e con M̲ la lettera M, nelle alternative di risposta si ha:

LI̲GI̲SLSI̲M̲GLM̲ : 3 lettere I e 2 lettere M.

SDI̲GDI̲M̲DM̲SGM̲ : 2 lettere I e 3 lettere M.

INLIDIMDLMNM : 3 lettere I e 3 lettere M.
LIGMSLSIMGLM : 2 lettere I e 3 lettere M.
LIGISLSMMGLM : 2 lettere I e 3 lettere M.

La risposta corretta è, pertanto, la A in cui le lettere **I** sono **più numerose** delle lettere **M**, e precisamente sono presenti **3** lettere **I** e **2** lettere **M**.

15) A. La stringa numerica **6502045** è presente una volta nella sequenza di cifre riportata nella alternativa A; infatti:
02045**6502045**4680206504565020

16) C. Il quesito chiede di trovare un'incognita in una proporzione del tipo:

PRIMA PAROLA : PRIMO NUMERO = SECONDA PAROLA : SECONDO NUMERO

L'incognita è un numero.

Nella proporzione data, alla parola DATISMO corrisponde il numero 8543672, che si ottiene associando a ciascuna lettera della parola una cifra.
Infatti, alla lettera:
D è associata la cifra **8**;
A è associata la cifra **5**;
T è associata la cifra **4**;
I è associata la cifra **3**;
S è associata la cifra **6**;
M è associata la cifra **7**;
O è associata la cifra **2**.
Seguendo tale criterio, il numero incognito è:

$$\text{DISTOMA} \Rightarrow \begin{bmatrix} D \Leftrightarrow 8 \\ I \Leftrightarrow 3 \\ S \Leftrightarrow 6 \\ T \Leftrightarrow 4 \\ O \Leftrightarrow 2 \\ M \Leftrightarrow 7 \\ A \Leftrightarrow 5 \end{bmatrix} \Rightarrow \text{numero incognito} = \mathbf{8364275}$$

17) E. Nella **sequenza numerica** proposta, i numeri sono divisi in gruppi. La separazione tra ciascun gruppo e il successivo è delineata dal punto e virgola.
A loro volta, i **gruppi** sono costituiti da due numeri di quattro cifre, di cui nel **primo numero** e nel **secondo numero**:
> le **prime due cifre** sono **uguali** per i due numeri ma **invertite**;
> la **terza** e la **quarta cifra** sono **uguali** per i due numeri.
Nella sequenza data:

4321 - 3421 ; 7362 - 3762 ; 9685 - ...

nel quarto gruppo, dato il numero 9685, si ha:

primo numero = 9685 ⇒ $\begin{cases} 6 = \text{prima cifra secondo numero} \\ 9 = \text{seconda cifra secondo numero} \\ 8 = \text{terza cifra secondo numero} \\ 5 = \text{quarta cifra secondo numero} \end{cases}$ ⇒ secondo numero = **6985**

18) **A.** Per completare la sequenza, occorre considerare i gruppi alfanumerici a coppie, di cui il primo elemento è costituito da 3 lettere e il secondo elemento da un numero a 3 cifre.
In ciascuna coppia, a ciascuna lettera è associato un numero.
Pertanto, nella seconda coppia:

BPS - 137

alla lettera B è associato il numero 1, alla lettera P è associato il numero 3 e alla lettera S è associato il numero 7.
Analogamente, nella terza coppia:

PBS – 317

alla lettera P è associato sempre il numero 3, alla lettera B sempre il numero 1 e alla lettera S sempre il numero 7.
Nella seconda coppia, il numero mancante dovrà essere tale che:

SSB ⇒ $\begin{cases} S \Leftrightarrow 7 \\ S \Leftrightarrow 7 \\ B \Leftrightarrow 1 \end{cases}$ ⇒ numero incognito= **771**

19) **E.** Nella **sequenza numerica** proposta, i numeri sono divisi in gruppi. La separazione tra ciascun gruppo e il successivo è delineata dal punto e virgola.
A loro volta, i **gruppi** sono costituiti da due numeri di tre cifre, di cui:
> le **prime due cifre** del **primo numero** sono **uguali** alle **ultime due cifre** del **secondo numero**;
> la **prima cifra del secondo numero** è pari alla **terza cifra** del **primo numero** aumentata di 1 unità.

Nella sequenza data:
115 - 611; 553 - 455; 664 - 566; 117 - ...
nel quarto gruppo, dato il numero 117, si ha:

primo numero = 117 ⇒ $\begin{cases} 7+1= 8 = \text{prima cifra secondo numero} \\ 1= \text{seconda cifra secondo numero} \\ 1= \text{terza cifra secondo numero} \end{cases}$ ⇒ secondo numero = **811**

20) **A.** La sequenza è costituita da gruppi alfanumerici che, a loro volta, sono costituiti da 3 lettere e 3 numeri. Tra i gruppi, i sottogruppi di numeri e i sottogruppi di lettere sono posti in maniera alternata.
La sequenza può essere completata considerando i gruppi a 2 a 2.

Questionario 7 Ragionamento astratto e abilità visiva. Ragionamento spaziale e ragionamento meccanico | **297**

Si ha:
> le **lettere** G, H e I del **terzo gruppo** occupano nell'alfabeto le posizioni 7, 8 e 9, esattamente i **numeri** del **quarto gruppo**;
> i **numeri** 10, 11 e 12 del **terzo gruppo** corrispondono alla posizione nell'alfabeto italiano delle **lettere** L, M e N del **quarto gruppo**;
> le **lettere** O, P e Q del **quinto gruppo** occupano nell'alfabeto le posizioni 13, 14 e 15, esattamente i **numeri** del **sesto gruppo**;
> i **numeri** 16, 17 e 18 del **quinto gruppo** corrispondono alla posizione nell'alfabeto italiano delle **lettere** R, S e T del **sesto gruppo**.

Per completare la sequenza, occorre inserire, quindi, i gruppi:

ABC 4 5 6 – 1 2 3 DEF

in cui:
> le **lettere** A, B e C del **primo gruppo** occupano nell'alfabeto le posizioni 1, 2 e 3, esattamente i **numeri** del **secondo gruppo**;
> i **numeri** 4, 5 e 6 del **primo gruppo** corrispondono alla posizione nell'alfabeto italiano delle **lettere** D, E e F del **secondo gruppo**.

21) E. Per la risoluzione del quesito occorre identificare, tra le sequenze di lettere date nelle alternative di risposta, quella che corrisponde al numero **più grande**.
Nel testo del quesito è scritto che alla lettera V corrisponde il numero 6, alla lettera B corrisponde il numero 4, alla lettera F corrisponde il numero 7 e, infine, alla lettera C corrisponde il numero 5.

Convertendo tutte le sequenze in numeri si ha:
BCFCFVFC = 45757675
BCVFBVCF = 45674657
BCBVFBVC = 45467465
BCFVVBVC = 45766465
BCFFFVCF = 45777657

Disponendo in ordine decrescente i numeri ottenuti si evince che il numero **45777657**, di cui all'alternativa E, è il più grande.

22) B. Nel quesito sono proposte lettere e numeri. A ciascuna lettera è associato un numero. Dalla corrispondenza proposta si evince che a ciascuna lettera è associato il numero corrispondente alla posizione occupata dalla lettera nell'**alfabeto italiano**.
Tra le alternative di risposta, quella corretta è la B, in quanto alla lettera **T** è associato, nell'alfabeto italiano, il numero **18**.

23) D. La sequenza **MGMMMGMMMMMG** è presente una volta nella sequenza di lettere riportata nella alternativa D; infatti:

MGMGMMGMMMMMGMGMMMGMMMMMGMGMGMMMMGMG

24) **B.** La serie data è divisibile in due gruppi, di cui:
> il primo è costituito da 4 numeri, indicati, in maniera alternata, in lettere e in numeri;
> il secondo è costituito da 4 lettere, indicate, in maniera alternata, secondo la pronuncia e con la lettera maiuscola.

Nella serie **diciotto, 19, venti, 21 / erre, S, ti, ..?..**, si ha:
> i numeri del primo gruppo sono crescenti e crescono di 1 unità;
> le lettere del secondo gruppo, dovendo rispettare lo stesso criterio, sono tali che associando a ciascuna lettera una posizione nell'**alfabeto inglese**, le lettere sono crescenti e crescono di 1 posizione; ossia:
        erre = posizione 18 nell'alfabeto inglese
        S = posizione 19 nell'alfabeto inglese
        ti = posizione 20 nell'alfabeto inglese
La lettera incognita **?** è tale che:
        U = posizione 21 nell'alfabeto inglese
Pertanto, la lettera incognita è la **U**, indicata in maiuscolo.

25) **B.** Nel quesito, a ciascuna delle lettere B, A e C corrispondono, rispettivamente, i numeri 7, 4 e 10. Nella codifica appaiono anche le lettere E e D in corrispondenza delle quali non è indicato alcun numero.
Ponendo in posizione crescente le lettere indicate si ha che:
> ad A corrisponde il numero 4;
> a B corrisponde il numero 7;
> a C corrisponde il numero 10.
Quindi, al crescere di 1 posizione delle lettere, i numeri crescono di 3 unità. Si può concludere che secondo tale criterio:
> a D corrisponde il numero 13;
> a E corrisponde il numero 16.
Pertanto, alla codifica **BACED** corrisponde la sequenza:
        7 - 4 - 10 - 16 - 13

26) **C.** Per risolvere tale quesito, occorre dividere la stringa in **coppie** di lettere in modo da verificare dove la sequenza è rispettata.
Nella stringa "**kLjSsFhGiHuEwXeSrHoiWòHaZ**" le lettere *o* e *i* sono consecutive ed entrambe minuscole.

27) **E.** Il quesito chiede di trovare un'incognita in una proporzione del tipo:

PRIMA PAROLA : PRIMO NUMERO = SECONDA PAROLA : SECONDO NUMERO

L'incognita è un numero.
Nella proporzione data, alla parola SEROTONINA corrisponde il numero 6971412325, che si ottiene associando a ciascuna lettera della parola una cifra.

Infatti, alla lettera:
S è associata la cifra **6**;
E è associata la cifra **9**;
R è associata la cifra **7**;
O è associata la cifra **1**;
T è associata la cifra **4**;
O è associata la cifra **1**;
N è associata la cifra **2**;
I è associata la cifra **3**;
N è associata la cifra **2**;
A è associata la cifra **5**.
Seguendo tale criterio, il numero incognito è:

$$\text{STOIERANNO} \Rightarrow \begin{bmatrix} S \Leftrightarrow 6 \\ T \Leftrightarrow 4 \\ O \Leftrightarrow 1 \\ I \Leftrightarrow 3 \\ E \Leftrightarrow 9 \\ R \Leftrightarrow 7 \\ A \Leftrightarrow 5 \\ N \Leftrightarrow 2 \\ N \Leftrightarrow 2 \\ O \Leftrightarrow 1 \end{bmatrix} \Rightarrow \text{numero incognito} = \mathbf{6413975221}$$

28) B. Il quesito, che non richiede particolari artifici per la sua risoluzione, ha per soluzione la serie

3253564,557; 557713311 / 111; 56768879

in cui:
> il primo gruppo di numeri, ossia 3253564,557, è stato correttamente digitato;
> il secondo gruppo di numeri, 557713311 / 117, contiene 1 solo errore: l'ultima cifra;
> il terzo gruppo di numeri, 56**6**68879, contiene 1 solo errore: la terza cifra.

29) D. Nella **sequenza numerica** proposta, i numeri sono divisi in gruppi. La separazione tra ciascun gruppo e il successivo è delineata dal punto e virgola.
A loro volta, i **gruppi** sono costituiti da due numeri di quattro cifre, di cui nel **primo numero** e nel **secondo numero**:
> le **prime due cifre** sono **uguali** per i due numeri ma **invertite**;
> la **terza** e la **quarta cifra** sono **uguali** per i due numeri.
Nella sequenza data:

8765 - 7865; 5237 - 2537; 7026 - ...

nel quarto gruppo, dato il numero 7026, si ha:

$$\text{primo numero} = 7026 \Rightarrow \begin{bmatrix} 0 = \text{prima cifra secondo numero} \\ 7 = \text{seconda cifra secondo numero} \\ 2 = \text{terza cifra secondo numero} \\ 6 = \text{quarta cifra secondo numero} \end{bmatrix} \Rightarrow \text{secondo numero} = \mathbf{0726}$$

30) D. Nel quesito sono proposte lettere e numeri. A ciascuna lettera è associato un numero. Dalla corrispondenza proposta si evince che a ciascuna lettera è associato il numero corrispondente alla posizione occupata dalla lettera nell'**alfabeto italiano**.
Tra le alternative di risposta, quella corretta è la D, in quanto alla lettera **P** è associato, nell'alfabeto italiano, il numero **14**.

31) A. Il quesito propone due serie congiunte:
> la prima è alfabetica poiché propone una successione di coppie di lettere dell'alfabeto italiano a partire dalla lettera G (GH – IL – MN – OP);
> la seconda è numerica poiché associa ad ogni coppia di lettere i numeri ordinali corrispondenti ma invertendoli (G è la settima lettera dell'alfabeto, H è l'ottava) cosicché alle lettere GH risultano abbinati i numeri 8 e 7.

Ne consegue che la prima serie (quella alfabetica) è completata con le lettere ed i seguenti numeri:
QR - ST - UV
16 15 - 18 17 - 20 19

32) B. Nell'alfabeto italiano, E è la quinta lettera, O è la lettera numero 13, e la V è la ventesima.

33) E. Nell'alfabeto italiano, A è la prima lettera, M è la lettera numero 11, e la S è la diciassettesima.

34) D. Nella serie CU319 – DT418 – ES517 – ..?..:
> la prima lettera di ogni gruppo occupa nell'alfabeto la posizione indicata dal primo numero del gruppo (**CU3**19 – **DT4**18 – **ES5**17 – ..?..);
> la seconda lettera di ogni gruppo occupa nell'alfabeto la posizione indicata dal secondo numero del gruppo (**CU**3**1**9 – **DT**4**1**8 – **ES**5**1**7 – ..?..).

Il gruppo alfanumerico che completa la serie è **FR616**, perché è l'unico che rispetta tale criterio di risoluzione; infatti la lettera **F** occupa la posizione **6** nell'alfabeto, mentre la lettera **R** occupa la posizione **16**.

35) E. Analizzando la sequenza proposta dal quesito si nota che:
> alla lettera P corrisponde la cifra 3;
> alla lettera R corrisponde la cifra 2;
> alla lettera B corrisponde sempre la cifra 1.

La soluzione per **PRB**, pertanto, è: **321**.

36) D. Il quesito propone diverse sequenze, ciascuna composta di due termini di 4 cifre, in ognuna delle quali le due cifre iniziali e finali si ripetono uguali, mentre quelle centrali si invertono nel secondo termine:

5432	5342
1684	1864
9760	9670

37) A. Il quesito pone la seguente equivalenza fra caratteri alfabetici e numerici:

A	B	D	E	F
4	7	13		

Osservando la sequenza si nota che a partire dall'equivalenza A = 4, alla successiva lettera è associato un numero aumentato di +3:
A = 4
B = 4 + 3 = 7
C = 7 + 3 = 10
D = 10 + 3 = 13
E = 13 + 3 = 16
F = 16 + 3 = 19

Quindi, BAFDE = 7 - 4 - 19 - 13 - 16.

38) D. Il quesito pone la seguente equivalenza fra caratteri alfabetici e numerici:

S	M	I	N	E	R	E	I
6	1	3	2	9	7	9	3

Di conseguenza, occorre associare ad ogni lettera la stessa cifra:

R	I	M	I	N	E	S	E
7	3	1	3	2	9	6	9

39) E. Conviene suddividere in due blocchi da tre caratteri la base proposta dal quesito: FTT – ESS.
Invertendo la successione delle ultime tre lettere (ESS > SSE) possiamo subito escludere l'opzione A. Delle restanti quattro opzioni, solo la E presenta la giusta successione (FTT > TTF) nelle ultime tre lettere.

40) D. Conviene suddividere in blocchi da cinque caratteri la base proposta dal quesito:

02101 – 93210 – 01196 – 31200.

Procediamo ora in modo analogo con le cinque opzioni:

A	00213	61910	01231	~~90120~~
B	00213	69110	01239	~~10110~~
C	00213	69101	01239	~~10210~~
D	00213	69110	01239	10120
E	00213	69110	~~10239~~	10120

Soffermando la nostra attenzione sulle ultime cinque cifre, possiamo scartare subito le opzioni A, B, C.
Passando ai due blocchi successivi da sinistra, possiamo scartare l'opzione E.

41) B. La sequenza è composta da gruppi di 4 elementi, separati da un trattino. In ogni gruppo, i primi due elementi sono delle lettere dell'alfabeto italiano e i due successivi sono dei numeri che rappresentano rispettivamente la posizione della prima e della seconda lettera nell'alfabeto italiano.
Ad esempio:

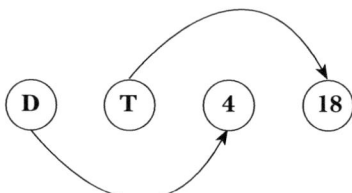

T è la diciottesima lettera dell'alfabeto

D T 4 18

D è la quarta lettera dell'alfabeto

Inoltre, notiamo che, dato un gruppo di elementi che contiene due lettere, il gruppo successivo contiene:
> come prima lettera, la lettera successiva alla prima lettera del gruppo precedente;
> come seconda lettera, la lettera precedente alla seconda lettera del gruppo precedente.

Ad esempio:

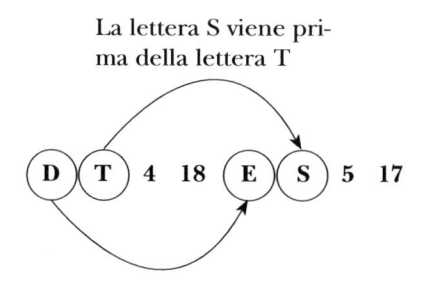

La lettera S viene prima della lettera T

D T 4 18 E S 5 17

La lettera E viene dopo la lettera D

Per tale motivo, dopo il gruppo E S 5 17 (le lettere E e S occupano le posizioni 5 e 17 nell'alfabeto), vi sarà il gruppo F R 6 16, in quanto:
> la lettera F segue la E nell'alfabeto, mentre la lettera R precede la S nell'alfabeto;
> le lettere F e R occupano rispettivamente le posizioni 6 e 16 nell'alfabeto italiano.

Questionario 7 | Ragionamento astratto e abilità visiva. Ragionamento spaziale e ragionamento meccanico | **303**

42) **A.** La sequenza è suddivisa in due gruppi, separati da una barra (il simbolo / detto slash in inglese).
Il primo gruppo è rappresentato da numeri che sono espressi alternativamente in lettere o in cifre (venticinque, 24, …).
Il secondo gruppo è costituito da lettere che sono espresse alternativamente per esteso in lettere o mediante il simbolo della lettera stessa (ipsilon, X, …).
Notiamo che:
> il primo numero del primo gruppo corrisponde alla posizione nell'alfabeto inglese della prima lettera nel secondo gruppo; inoltre, questi primi due elementi sono espressi entrambi in lettere, per esteso;
> il secondo numero del primo gruppo corrisponde alla posizione nell'alfabeto inglese della seconda lettera nel secondo gruppo; inoltre, questi secondi due elementi sono espressi entrambi in simboli (numeri o lettere);
> il terzo numero del primo gruppo corrisponde alla posizione nell'alfabeto inglese della terza lettera nel secondo gruppo; inoltre, questi altri due elementi sono espressi nuovamente entrambi in lettere, per esteso.

Pertanto:
> il quarto numero del primo gruppo deve corrispondere alla posizione nell'alfabeto inglese della quarta lettera nel secondo gruppo; inoltre, questi ultimi due elementi devono essere espressi entrambi nuovamente in simboli (numeri o lettere).

Essendo la Z (in simboli) la ventiseiesima lettera dell'alfabeto inglese, abbiamo che la sequenza deve essere completata da Z.
In figura è illustrato schematicamente il ragionamento appena compiuto:

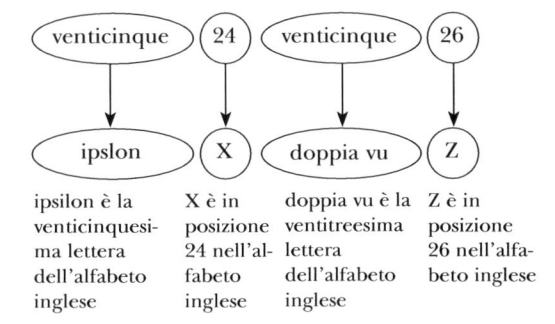

venticinque	24	venticinque	26
↓	↓	↓	↓
ipslon	X	doppia vu	Z
ipsilon è la venticinquesima lettera dell'alfabeto inglese	X è in posizione 24 nell'alfabeto inglese	doppia vu è la ventitreesima lettera dell'alfabeto inglese	Z è in posizione 26 nell'alfabeto inglese

43) **C.** Il quesito propone un classico test di attenzione: fra le cinque diverse sequenze di cifre occorre trovare quella che ripropone una determinata stringa. Per velocizzare il confronto, conviene partire da un gruppo di cifre (ad esempio le prime tre: 321) e controllare in quale sequenza si riscontrano le tre cifre. Solo le opzioni C e E presentano il gruppo 321; proseguendo nel confronto fra C e E, è evidente che la E è sbagliata.

44) **B.** Tutte le opzioni sono anagrammi di "miniaturizzazione" ma solo l'opzione B presenta il corretto ordine alfabetico.

45) B. Suddividiamo le opzioni in gruppi di tre cifre e risolviamo il quesito. L'opzione B diventa:

| B | 855 | 631 | 271 | 619 | 845 | 471 | 697 | 237 | 893 | 275 |

Nella opzione B riscontriamo che il quinto gruppo di tre cifre (845) non rispetta la sequenza "pari dispari dispari".

46) D. Suddividiamo la successione in due gruppi di quattro lettere (HJWH – JWJJ) e confrontiamola con le opzioni proposte. La risposta esatta risulta la D.

47) B. I criteri di soluzione sono due:
> il numero di lettere che compongono la parola centodue (**8** lettere);
> l'ordine alfabetico delle lettere che compongono la stessa parola ("c d e e n o t u").

La parola "seicentocinquantamila" è composta di **21** lettere e l'ordine alfabetico è rispettato solo dalla opzione B.

48) E. I criteri di soluzione sono due:
> il numero di lettere che compongono la parola centotre (**8** lettere);
> l'ordine alfabetico delle lettere che compongono la stessa parola ("c e e n o r t t").

La parola "settecentocinquantamila " è composta di **23** lettere e l'ordine alfabetico è rispettato solo dalla opzione E.

49) E. L'opzione E presenta tre volte la lettera N e solo due volte la A.

50) E. Suddividiamo la successione in due gruppi di quattro lettere (DLLL - DLGL) e confrontiamola con le opzioni proposte. La risposta esatta risulta la E.

Soluzioni da 51 a 100

7.2 Ulteriori tipologie

1) A. I 5 quadratini scuri si spostano lungo le posizioni periferiche della figura muovendosi in senso orario di una casella per volta. I movimenti dei quadratini scuri sono mostrati nella seguente figura. La figura che rispetta tale criterio e può essere inserita nella posizione 2 è la C. Pertanto la risposta corretta è la A (che indica la figura C come soluzione del quesito).

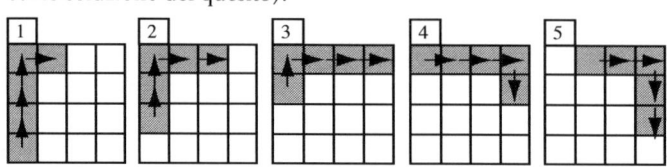

Questionario 7 | Ragionamento astratto e abilità visiva. Ragionamento spaziale e ragionamento meccanico

2) B. Il primo personaggio a sinistra è rivolto verso sinistra ed è fermo, il secondo è rivolto verso sinistra ed è in movimento. Come indicato dalla sequenza, questi due personaggi sono in relazione. Pertanto i due personaggi seguenti devono essere in una relazione simile. Il terzo personaggio guarda verso destra ed è fermo; quindi il quarto personaggio dovrà anch'egli essere rivolto verso destra, ma dovrà essere in movimento. Questo criterio è rispettato dalla figura A.

Di seguito è riportata la proporzione con il nesso logico che la governa.

	sta a		come		sta a	A
Guarda a sinistra. È fermo.		Guarda a sinistra. Si muove.		Guarda a destra. È fermo.		Guarda a destra. Si muove.

La risposta corretta è la B (che indica la figura A come soluzione del quesito).

3) B. Nella prima figura è raffigurato il numero 6; tale figura è in relazione con la seguente che mostra 6 oggetti (in particolare sei quadrati). Le due figure seguenti devono essere in una relazione simile. La terza figura mostra il numero 4, pertanto nell'ultima figura dovranno essere collocati 4 oggetti. Alla luce di tale ragionamento, la figura che completa la proporzione è la B che contiene 4 cerchi.

Di seguito è riportata la proporzione con il nesso logico che la governa.

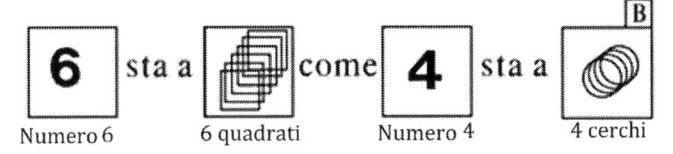

6	sta a		come	4	sta a	B
Numero 6		6 quadrati		Numero 4		4 cerchi

La risposta corretta è la B (che indica la figura B come soluzione del quesito).

4) C. La seconda figura ha perso, rispetto alla prima, un cerchietto posto in basso a sinistra. Pertanto le due figure collocate nella seconda parte della proporzione devono essere in relazione allo stesso modo. La seconda di queste due figure deve perdere, rispetto alla prima, il cerchietto vuoto posto in basso a sinistra. Quindi le due figure che completano la proporzione devono essere nell'ordine la B e la A. La risposta corretta è la C.

Nella figura seguente è riportata la proporzione con il nesso logico che la governa.

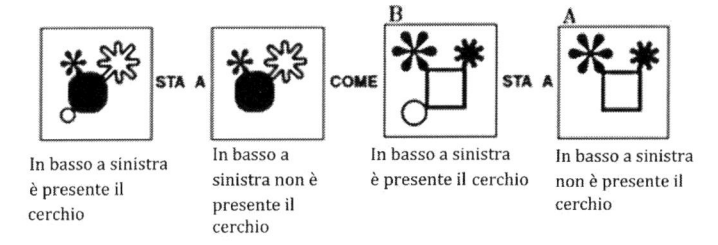

	STA A	B	COME		STA A	A
In basso a sinistra è presente il cerchio		In basso a sinistra non è presente il cerchio		In basso a sinistra è presente il cerchio		In basso a sinistra non è presente il cerchio

5) C. Il nesso logico della disposizione delle carte si comprende se si parte da una carta presente nella riga inferiore, si sale verso la carta posta a destra nella riga centrale e poi ci si sposta nella riga superiore verso la carta posta a sinistra. Seguendo questa sequenza si nota che il valore della carta della riga inferiore più quello della carta della riga centrale, restituisce il valore della carta della riga superiore.

Pertanto la carta coperta nella riga centrale deve essere il 2 di cuori (carta A), mentre la carta coperta nella riga inferiore deve essere il 6 di cuori (carta D). La risposta corretta è la C.

Nella figura seguente è riportata la disposizione delle carte con il nesso logico che la governa.

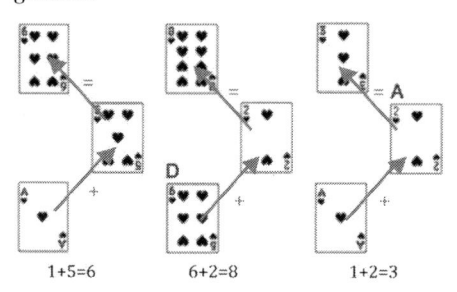

1+5=6   6+2=8   1+2=3

6) B. La tessera a sinistra mostra una coppia di 4, se al numero 4 si aggiunge 1 si ottiene il valore 5 che dovrebbe essere riportato nella seconda tessera incognita. Aggiungendo ancora 1 a 5, si ottiene 6, ossia il valore riportato nella terza tessera. Aggiungendo 1 a 6 si ottiene 7, ma siccome sulle tessere del domino possono essere raffigurati valori da 0 a 6, allora si ritorna ciclicamente al valore 0 che è rappresentato nella quarta tessera. Aggiungendo 1 a 0 si ottiene il valore 1 che dovrebbe essere riportato nella quinta tessera incognita. Infine aggiungendo il valore 1 a 1 si ottiene 2 che è il valore rappresentato nella sesta e ultima tessera. Seguendo questo filo logico si individuano le tessere con i valori 5 e 1 (indicate nelle opzioni b e d) come quelle da collocare nella seconda e quinta posizione. Pertanto la risposta corretta è la B.

Nella figura seguente è riportato il nesso logico che governa la sequenza di tessere.

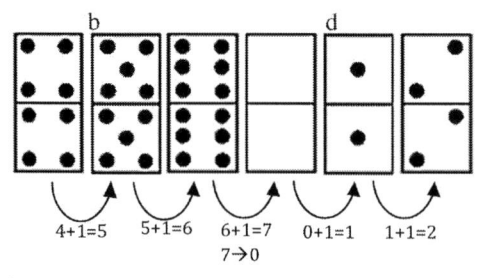

4+1=5   5+1=6   6+1=7   0+1=1   1+1=2
                7→0

7) B. La figura A è disomogenea rispetto alle altre in quanto è l'unica figura in cui il personaggio ha entrambe le braccia alzate; nelle altre figure il personaggio ha sempre un solo braccio alzato (il braccio destro). Pertanto la risposta esatta è la B che indica che le figure omogenee sono la B, la C, la D e la E.

8) E. Lungo ognuna delle tre righe viene ripetuta la stessa figura geometrica con formattazioni diverse. Considerata una qualsiasi riga, nella prima casella la figura geometrica è disegnata con un colore scuro e ha due bordi, uno più interno bianco e uno più esterno scuro, nella seconda casella la figura è disegnata con colore chiaro e ha un bordo scuro, mentre nella terza casella è disegnata con un colore scuro ed è priva di bordi. Nella prima riga viene ripetuta l'immagine di una stella a cinque punte, pertanto nella prima casella vi deve essere una stella a cinque punte di colore scuro, con un bordo chiaro più interno e uno scuro più esterno. Una figura così fatta è quella indicata con la lettera D, pertanto la risposta corretta è la E (che indica la figura D come soluzione del quesito).
Di seguito è mostrata la descrizione logica delle sequenze di figure.

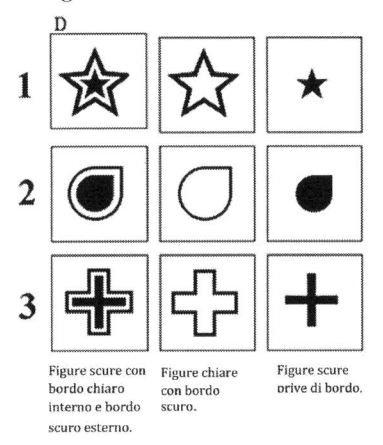

Figure scure con bordo chiaro interno e bordo scuro esterno.   Figure chiare con bordo scuro.   Figure scure prive di bordo.

Un ulteriore modo di leggere la sequenza delle figure consiste nel notare che le figure nella prima colonna sono la sovrapposizione delle figure presenti nella seconda e nella terza colonna.

9) E. Il primo elemento della proporzione è una figura scura piena, il secondo elemento della proporzione è composto dalla stessa figura con la parte centrale chiara o rimossa. Analogamente, se il terzo elemento della proporzione è una figura scura piena, l'ultimo elemento della proporzione deve essere composto dalla stessa figura con la parte centrale chiara o rimossa. Pertanto, la proporzione deve essere completata con l'asterisco con la parte centrale chiara così come riportato nella figura E.
In questo modo si può affermare che la stella a cinque punte piena sta alla stella a cinque punte con la parte centrale chiara, così come l'asterisco pieno sta all'asterisco con la parte centrale chiara.

★ sta a ☆ come ✱ sta a ✳ E

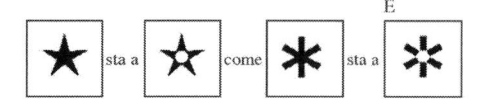

10) C. Il primo e il secondo elemento posti in relazione sono dati da un rettangolo e un cerchio che riportano lo stesso motivo (una croce nella parte centrale). Analogamente il terzo e il quarto termine della proporzione devono essere dati da un rettangolo e un cerchio che hanno la stessa forma dei precedenti. Inoltre, osservando il quarto elemento si nota che esso è un cerchio di colore scuro, pertanto il terzo elemento deve essere un rettangolo di colore scuro. La figura che completa la proporzione è quindi la D. Si noti che, sebbene la figura C sia composta da un rettangolo, questo non ha la stessa forma del rettangolo riportato nel primo elemento della proporzione. Pertanto la figura C deve essere scartata.
In questo modo si può affermare che il rettangolo con la croce al centro sta al cerchio con la croce al centro, come il rettangolo scuro sta al cerchio scuro (vedi figura seguente).

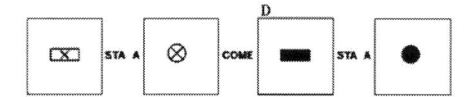

⊠ STA A ⊗ COME ▬ STA A ● D

La risposta corretta è la C che indica la figura D come soluzione del quesito.

11) B. Il primo elemento della proporzione raffigura un quadrato di colore scuro, mentre nel secondo elemento il quadrato è ripetuto con un motivo al suo interno. Il quarto elemento della proporzione è un triangolo che ripete lo stesso motivo del quadrato presente nel secondo elemento. Se ne deduce quindi che la figura che completa logicamente la proporzione è il triangolo scuro indicato con la lettera A. In questo modo si può affermare che il quadrato scuro sta al quadrato con motivo, come il triangolo scuro sta al triangolo con motivo (vedi figura seguente).

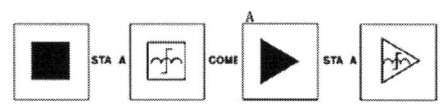

■ STA A ▭ COME ▶ STA A ▷ A

La risposta corretta è la B (che indica la figura A come soluzione del quesito).

12) E. Il numero 8 è raffigurato nel primo elemento della proporzione, mentre un ottagono (figura regolare piana con otto lati) è raffigurato nel secondo elemento della proporzione. La seconda parte della proporzione deve svilupparsi in modo analogo. Pertanto se il numero 3 è il terzo elemento della proporzione, allora il quarto elemento deve essere una figura geometrica con tre lati, ossia il triangolo indicato con la lettera D.
In questo modo si può affermare che il numero 8 sta ad una figura con otto lati, come il numero 3 sta ad una figura con tre lati (vedi figura seguente).

8 sta a ◯ come **3** sta a △ D

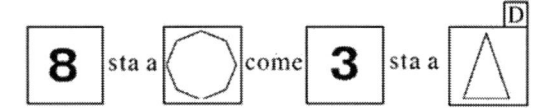

La risposta esatta è la E (che indica la figura D come soluzione del quesito).

13) A. I pesi a destra e a sinistra si equivalgono, per cui il sistema è in equilibrio. Le altre alternative sono da escludere perché presuppongono una rotazione delle carrucole.

14) C. Ruotando C in senso antiorario, dagli ingranaggi riportati in figura si capisce che D ruoterà in senso orario, E in senso antiorario, G in senso orario, H in senso antiorario. Pertanto, è vero che E e H ruotano nello stesso senso.

15) A. Appare subito chiaro che sia il frammento 1 che il frammento 3 riproducono la parte in basso a sinistra del triangolo. Pertanto questi due pezzi sono alternativi: o il triangolo si costruisce con il frammento 1, oppure con il frammento 3.
Si noti che affiancato alla destra del frammento 1 o del 3 viene collocato sicuramente il frammento 4 che rappresenta la parte in basso a destra della figura. La lunghezza del lato inferiore del frammento 1 insieme con quella del lato inferiore del frammento 4 dovrebbero formare la base dell'intero triangolo, ma si nota che questo non è possibile in quanto la base risulta troppo corta (vedi figura).

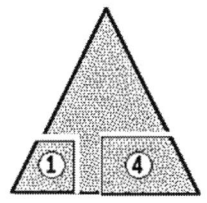

Il frammento 3 ha invece una lunghezza del lato inferiore sufficientemente lunga da costituire, insieme con la lunghezza del lato inferiore del frammento 4, l'intera base del triangolo. Pertanto i frammenti che ricompongono il triangolo sono il 2, il 3, il 4 e il 5 (vedi figura seguente).

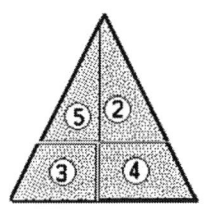

La risposta esatta è la A che esclude il frammento 1 dalla ricostruzione.

16) **A.** Si nota che i frammenti A e C sono alternativi, in quanto entrambi possiedono la punta superiore destra della stella a cinque punte. Analogamente i frammenti B ed E sono alternativi, in quanto entrambi possiedono la punta superiore sinistra della stella a cinque punte. Il frammento D deve necessariamente essere utilizzato per ricomporre la figura in quanto è l'unico a possedere la punta superiore. Occorre ora stabilire se al frammento D vanno affiancati i frammenti A ed E, oppure i frammenti B e C. Si nota che se si affiancassero a D i frammenti A ed E, la stella ricostruita non avrebbe le due punte inferiori. Inoltre dalla seguente figura si nota che i frammenti A ed E non sono neanche direttamente compatibili con il frammento D.

Usando i frammenti D, B e C la stella a cinque punte viene ricomposta perfettamente (vedi figura seguente).

La risposta esatta è la A.

17) **B.** Il quesito non presenta particolari difficoltà logiche; difatti richiede solo di confrontare una sequenza assegnata di numeri con cinque sequenze proposte in altrettante risposte. Non vi sono particolari ragionamenti logici da fare, occorre solo molta rapidità e un livello alto di concentrazione. È necessario confrontare le sequenze nel minor tempo possibile e individuare rapidamente quella identica, per risparmiare tempo per altri quesiti che coinvolgono ragionamenti logici più complessi.
Nella figura sottostante la sequenza assegnata è messa a confronto con le cinque sequenze proposte nelle risposte. Di volta in volta sono messe in evidenza le differenze tra la sequenza assegnata e le altre. Si può notare che la sequenza della risposta B è perfettamente identica a quella proposta.

    3663999936663
A. 366**3**399**9**96663
B. 3663999936663
C. 36**39**96**9**936663
D. 3663999**3**96663
E. 36639999**9**6663

18) **C.** Il quesito non presenta particolari difficoltà logiche; difatti richiede solo di confrontare una sequenza assegnata di numeri con cinque sequenze proposte in altrettante risposte. Non vi sono particolari ragionamenti logici da fare, occorre solo molta rapidità e un livello alto di concentrazione. È necessario confrontare le sequenze nel minor tempo possibile e individuare rapidamente quella identica, per risparmiare tempo per altri quesiti che coinvolgono ragionamenti logici più complessi.

Questionario 7 — Ragionamento astratto e abilità visiva. Ragionamento spaziale e ragionamento meccanico

Nella figura sottostante la sequenza assegnata è messa a confronto con le cinque sequenze proposte nelle risposte. Di volta in volta sono messe in evidenza le differenze tra la sequenza assegnata e le altre. Si può notare che la sequenza della risposta C è perfettamente identica a quella proposta.

255222522555255252
- A. 255222522**5**255252
- B. 255**22**5522555255252
- C. 255222522555255252
- D. 2552225225**2**255252
- E. 25522252255525525**5**

19) C. La sequenza di figure è governata dal seguente nesso logico: ogni figura è ottenuta dalla precedente ruotandola di 90° in senso antiorario e eliminando uno dei rettangoli in essa presenti.
La prima figura ha 4 rettangoli, la seconda ne ha 3 e la terza ne ha 2; pertanto l'ultima deve averne uno solo. Quindi occorre individuare la risposta corretta tra quelle contrassegnate con la A e la B. Ruotando la terza figura di 90° in senso antiorario si nota che il rettangolo sulla sinistra va a collocarsi in basso a destra. Quindi la figura che completa la sequenza è quella contrassegnata con la lettera B. Nella seguente rappresentazione è mostrato il nesso logico che governa la sequenza di immagini.

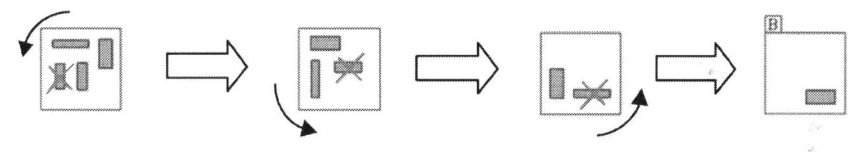

La risposta corretta è la C (che indica la figura B come soluzione del quesito).

20) A. Ogni disegno è ottenuto dal precedente invertendolo lungo l'asse verticale ed eliminando una fila diagonale di caselle. Pertanto la figura che completa logicamente la sequenza è la A. La risposta esatta è la A. In figura è mostrato il nesso logico che governa la sequenza di figure.

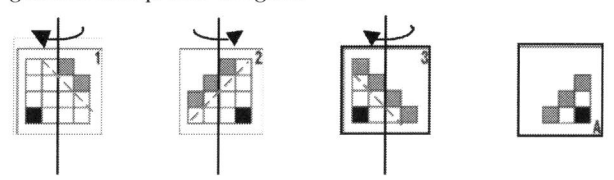

21) C. Tutte le figure hanno la seconda riga composta da caselle grigie. Nelle varie immagini della sequenza talvolta può essere grigia una casella nella prima riga, talvolta possono essere grigie due caselle, una nella prima riga e una nella terza.
La sequenza procede sempre con questo nesso logico:
- in un passaggio la casella grigia della prima riga si sposta a destra di un posto e la casella grigia della terza riga scompare;

- nel passaggio successivo la casella grigia della prima riga resta ferma mentre quella della terza riga riappare spostata a destra di un posto rispetto alla posizione che occupava due figure prima.

Ad esempio, passando dalla figura 2 alla figura 3 si nota che la casella grigia della prima riga si è spostata di un posto verso destra, mentre la casella grigia della terza riga è scomparsa. Nel passare dalla figura 3 alla 4 si nota che la casella grigia della prima riga non si muove rispetto alla figura precedente, mentre nella terza riga riappare la casella grigia che si è spostata a destra di un posto rispetto alla posizione che occupava due figure prima. In base a tale nesso, la figura 1 non deve avere alcuna casella grigia nella terza riga e la casella grigia nella prima riga deve essere collocata nello stesso posto che occupava nella figura 2.

In figura è mostrata la sequenza completa con il nesso logico che la governa.

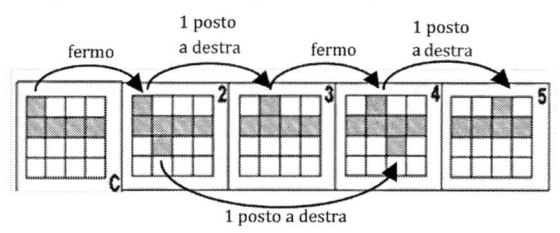

La risposta esatta è la C.

22) A. Inserendo il tassello contrassegnato con la lettera C che contiene le lettere V e F, si compongono due parole di senso compiuto, ossia VAGARE e FIGARO. La risposta esatta è la A.

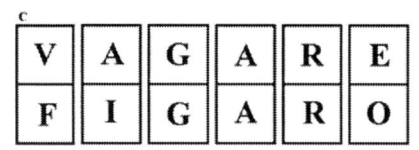

23) B. La somma dei valori rappresentati nella prima fila di carte vale 2 + 3 + 5 = 10. Si nota inoltre che le somme dei valori rappresentati nella terza e nella quarta fila di carte valgono rispettivamente 4 + 8 + 2 = 14 e 3 + 7 + 6 = 16. Se la somma dei valori della seconda fila di carte fosse pari a 12 e quella dei valori della quinta fila fosse pari a 18, si potrebbe cogliere un nesso logico. Il nesso è il seguente: partendo dalla prima fila di carte, la cui somma vale 10, per ogni fila successiva, la somma dei valori delle carte cresce di 2. Pertanto nella seconda fila la somma deve essere 12 e quindi l'asso di quadri (carta C) completa la fila di carte. Difatti 8 + 1 + 3 = 12. Nell'ultima fila il valore della somma deve essere 18, quindi questa fila viene completata dal 3 di cuori (carta D). Difatti 3 + 5 + 10 = 18. Nella figura seguente è mostrata la sequenza completa di carte con il nesso logico che governa la loro collocazione.

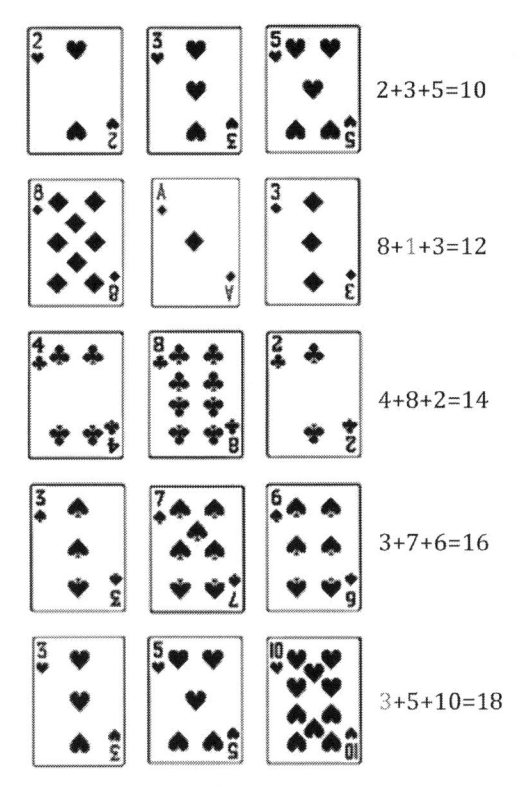

Questionario 7 | Ragionamento astratto e abilità visiva. Ragionamento spaziale e ragionamento meccanico | **313**

2+3+5=10

8+1+3=12

4+8+2=14

3+7+6=16

3+5+10=18

La risposta esatta è la B.

24) C. Per ciascuno dei due gruppi di tessere, dai valori delle tessere disposte obliquamente si possono ricavare i valori della tessera disposta orizzontalmente. In particolare si nota che la somma dei due valori della parte superiore delle due tessere disposte obliquamente restituisce il valore della parte di sinistra della tessera disposta orizzontalmente. Per il gruppo I si ha 1 + 1 = 2, mentre per il gruppo II si ha 2 + 2 = 4. In modo analogo si può intuire che la somma dei valori della parte inferiore delle due tessere disposte obliquamente restituisce il valore della parte di destra della tessera disposta orizzontalmente. Pertanto, per il gruppo I si deve avere 2 + 3 = 5, mentre per il gruppo II si deve avere 1 + 2 = 3. Quindi il gruppo I si completa con la tessera che ha valore 5 nella parte destra (tessera A), mentre il gruppo II si completa con la tessera che ha valore 3 nella parte destra (tessera B).
Nella figura seguente è mostrato il nesso logico che regola la collocazione delle tessere in ciascun gruppo.

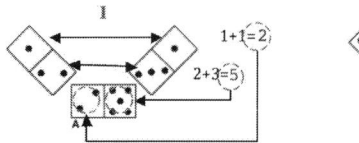

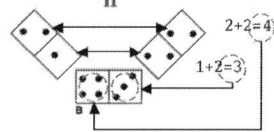

La risposta esatta è la C.

25) C. Si prova a ricomporre il triangolo equilatero con 4 degli 8 frammenti disponibili. Si nota che se il frammento B viene ruotato di 90° in senso antiorario esso può essere collocato sopra il frammento D. Sotto questi due frammenti possono essere collocati i frammenti G e H (quest'ultimo opportunamente ruotato), come mostrato in figura.

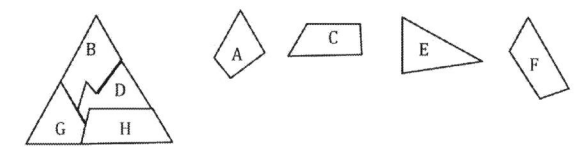

Pertanto si ricostruisce il triangolo mediante i frammenti B, D, G e H. Restano quindi i frammenti A, C, E e F. La risposta corretta è la C.

26) B. Si nota che i frammenti A e F sono alternativi, in quanto entrambi possiedono la punta superiore destra della stella a cinque punte. Analogamente i frammenti B ed E sono alternativi, in quanto entrambi possiedono la punta superiore sinistra della stella a cinque punte. Il frammento D deve necessariamente essere utilizzato per ricomporre la figura in quanto è l'unico a possedere la punta superiore. Si noti che volendo affiancare i frammenti A ed E al frammento D, resterebbe ancora da utilizzare il frammento C per ricostruire le due punte inferiori della stella. Ma in tal caso si utilizzerebbero quattro frammenti, anziché tre, come richiesto dalla traccia. Inoltre dalla seguente figura si nota che i frammenti A, E, D e C non combaciano perfettamente; pertanto non è possibile con essi ricostruire la stella.

Affiancando i frammenti B e F al frammento D si ricostruisce l'intera stella a cinque punte come mostrato nella seguente figura.

La risposta esatta è la B.

Questionario 7 Ragionamento astratto e abilità visiva. Ragionamento spaziale e ragionamento meccanico | 315

27) C. Si nota subito che il frammento 3 non ha le medesime proporzioni della figura in questione, difatti il contorno curvo è troppo vicino al lato rettilineo. Per riprodurre i due lati rettilinei della figura è necessario rifarsi ai frammenti 1, 2 e 6. Si nota subito che mentre i frammenti 1 e 2 sono tra loro compatibili, non lo sono i frammenti 1 e 6, pertanto quest'ultimo va scartato. In base a tali ragionamenti possono essere scartate le risposte A, B e D che contengono o il frammento 3, o il frammento 6 o entrambi. Resta valida la risposta C. Pertanto i frammenti 4 e 5 vanno ad affiancarsi ai frammenti 1 e 2 per ricostruire la figura.

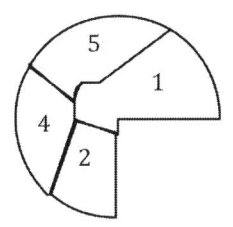

28) E. Il profilo superiore del frammento 2 coincide con il profilo inferiore del frammento 1. I due frammenti sono compatibili e costituiscono insieme oltre il 50% dell'intera figura. Il taglio obliquo che delimita sulla sinistra il frammento 2 combacia con lo stesso taglio obliquo presente nella parte inferiore del frammento 4. Analogamente il taglio obliquo che delimita sulla sinistra il frammento 1 combacia con lo stesso taglio obliquo presente nella parte superiore del frammento 3. Inoltre il profilo inferiore del frammento 3 coincide con quello superiore del frammento 4. Pertanto i frammenti 1, 2, 3 e 4 ricostruiscono l'intera figura.
La risposta esatta è la E. La ricostruzione con i quattro frammenti è mostrata in figura.

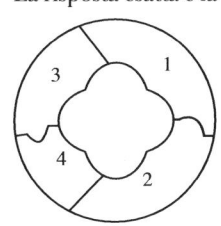

29) B. Il quesito non presenta particolari difficoltà logiche; difatti richiede solo di confrontare una sequenza assegnata di lettere, con cinque sequenze proposte in altrettante risposte. Non vi sono particolari ragionamenti logici da fare, occorre solo molta rapidità e un livello alto di concentrazione. È necessario confrontare le sequenze nel minor tempo possibile e individuare rapidamente quella identica, per risparmiare tempo per altri quesiti che coinvolgono ragionamenti logici più complessi.
Nella figura la sequenza assegnata è messa a confronto con le cinque sequenze proposte nelle risposte. Di volta in volta sono messe in evidenza le differenze tra la sequenza assegnata e le altre. Si può notare che la sequenza della risposta B è perfettamente identica a quella proposta.

YXYXYXYXYXXYX
A. YXYXYXYX**XY**XYX
B. YXYXYXYXYXXYX
C. YXYXYXY**YX**XXYX
D. YXYXYXYX**XY**XYX
E. YXYXYXY**YY**XXYX

30) B. Il quesito non presenta particolari difficoltà logiche; difatti richiede solo di conteggiare il numero di lettere "E" in cinque sequenze, proposte in altrettante risposte. Non vi sono particolari ragionamenti logici da fare, occorre solo molta rapidità e un livello alto di concentrazione. È necessario conteggiare le lettere nel minor tempo possibile e individuare rapidamente la sequenza che riporta il numero massimo di "E", per risparmiare tempo per altri quesiti che coinvolgono ragionamenti logici più complessi. Per rendere il quesito più difficile le lettere E da conteggiare sono affiancate da lettere F che sono molto simili. A tale proposito durante il conteggio può essere utile scrutare la sequenza di caratteri nella parte inferiore, ossia alla base delle lettere, lì dove la lettera E e la lettera F si distinguono chiaramente. Questa strategia può essere applicata in generale.
Di seguito sono riportate tutte le sequenze in cui sono evidenziate le "E"; il conteggio per ogni sequenza è riportato sulla destra.

A. EFFFFEFFFFFEFEEEFEEFF   (8 lettere E)
B. EFFFEEFFFFEFFEFFEEEFF   (9 lettere E)
C. FFFFEFFEEEFFEFEEFFEFF   (8 lettere E)
D. FFFFEFFFEFFFFFEEEFEEE   (8 lettere E)
E. EFFFFEEFFFEFFEFFEEEFF   (8 lettere E)

Si nota che la sequenza proposta nella risposta B ha il numero massimo di "E" (ossia 9).

31) C. Nella stringa della risposta A la lettera P è presente una volta ed è preceduta dal numero 8 (un numero pari). Nella stringa della risposta B la lettera P è presente una volta ed è preceduta ancora dal numero 8 (un numero pari). Nella stringa della risposta D la lettera P è presente una volta ed è preceduta dal numero 6 (un numero pari). Nella stringa della risposta E la lettera P è presente una volta ed è preceduta dal numero 4 (un numero pari).
Nella stringa della risposta C la lettera P è presente una volta ed è preceduta dal numero 7 (un numero dispari). Pertanto, la risposta esatta è la C.

32) D. Il quesito non presenta particolari difficoltà logiche; difatti richiede solo di conteggiare due simboli distinti in cinque sequenze proposte in altrettante risposte. Non vi sono particolari ragionamenti logici da fare, occorre solo molta rapidità e un livello alto di concentrazione. È necessario conteggiare i simboli nel minor tempo possibile e individuare rapidamente la sequenza che riporta lo stesso numero di "[" e di "]", per risparmiare tempo per altri quesiti che coinvolgono ragionamenti logici più complessi. Di seguito sono riportate tutte le sequenze con il numero di "[" e di "]" presenti in ciascuna di esse.

Questionario 7 | Ragionamento astratto e abilità visiva. Ragionamento spaziale e ragionamento meccanico

A.] [[ ]] [[[[[ ]]]] [vi sono 9 "[" e 8 "]"
B. [[ ]] [[[[[ ]]]]] [[vi sono 10 "[" e 8 "]"
C.]] [[[[[[ ]]]]] [ ]]   vi sono 8 "[" e 10 "]"
D. [[[[[ ]]]]] [[[ ]]   vi sono 8 "[" e 8 "]"
E. [[[[[ ]]]]]] [[[ ]]   vi sono 9 "[" e 8 "]"

Si nota che la sequenza proposta nella risposta D è quella che ha lo stesso numero di "[" e di "]" (ossia 8).

33) C. Dalla sequenza AGSTECATEEIESACLMENTCNN si eliminano le lettere della parola AGILMENTE:

~~AGSTECATEEIESACLMENTCNN~~

I caratteri che sopravvivono sono i seguenti:

STCATEEESACCNN

Ora si eliminano i caratteri della parola **SACCENTE:**

~~STCATEEESACCNN~~

I caratteri che sopravvivono sono i seguenti:

STCAEN

Le lettere possono essere riorganizzate a formare la sequenza:

NTECAS

Pertanto la risposta esatta è la C.

34) B. Ogni disegno è ottenuto dal precedente invertendolo lungo l'asse verticale ed eliminando una fila diagonale di caselle. Pertanto la figura che completa logicamente la sequenza è la C. La risposta esatta è la B.
In figura è mostrato il nesso logico che governa la sequenza di figure.

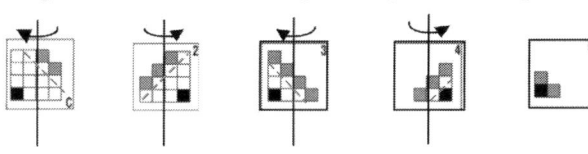

35) D. La sequenza è governata dal seguente nesso logico: considerata una figura, si ottiene la successiva ruotando la figura stessa di 45° in senso orario. In pratica accade che gli spicchi ruotano di una posizione in senso orario passando da una figura alla successiva. In base a tale ragionamento si deduce che la figura che completa la sequenza è la B e la risposta corretta è la D.
In figura è mostrata la sequenza completa, con il nesso logico che la governa.

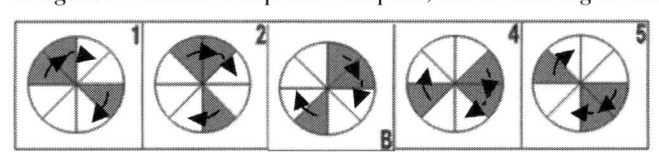

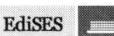

36) A. La risposta esatta è la A, perché inserendo il tassello contraddistinto con la lettera A è possibile leggere le parole "PAZZESCO", "VIGESIMA" (ventesima) e "SOMBRERO" (il cappello messicano). Inserendvo il tassello B la terza parola diventa "SOMBRURO", con il tassello C la terza parola diventa "SOMBOERO" mentre con il tassello D la terza parola diventa "SOMBEERO", tutte parole che non hanno senso compiuto.

P	A	Z	Z	E	S	C	O
V	I	G	E	S	I	M	A
S	O	M	B	R	E	R	O

37) A. Il quesito non presenta particolari difficoltà logiche; difatti richiede solo di confrontare una sequenza assegnata di lettere con cinque sequenze proposte in altrettante risposte. Non vi sono particolari ragionamenti logici da fare, occorre solo molta rapidità e un livello alto di concentrazione. È necessario confrontare le sequenze nel minor tempo possibile e individuare rapidamente quella identica, per risparmiare tempo per altri quesiti che coinvolgono ragionamenti logici più complessi.
Nella figura sottostante la sequenza assegnata è messa a confronto con le cinque sequenze proposte nelle risposte. Di volta in volta sono messe in evidenza le differenze tra la sequenza assegnata e le altre. Si può notare che la sequenza della risposta A è perfettamente identica a quella proposta. Inoltre la sequenza D ha un carattere in meno rispetto alle altre e a quella proposta.
    ILIILIILLLL
A. ILIILIILLLL
B. ILILIILLLL
C. ILIIILILLLL
D. ILILLILLLL
E. ILIILILILLL

38) E. La prima figura mostra una freccia scura che punta verso destra su uno sfondo chiaro, mentre la seconda figura mostra la stessa freccia con i colori invertiti (freccia chiara su sfondo scuro). Pertanto nel terzo e quarto termine della proporzione devono essere collocate due frecce che puntano nella stessa direzione e hanno colori invertiti l'una rispetto all'altra. Tra le figure proposte per il completamento la B e la E mostrano entrambe una freccia che punta verso l'alto. Seguendo lo stesso criterio dei primi due termini della proporzione andrà usata come terzo elemento della proporzione la freccia scura su sfondo chiaro, mentre il quarto elemento sarà la freccia chiara su sfondo scuro.
In figura è mostrata la proporzione completata: freccia verso destra scura sta a freccia verso destra chiara, come freccia verso l'alto scura sta a freccia verso l'alto chiara.

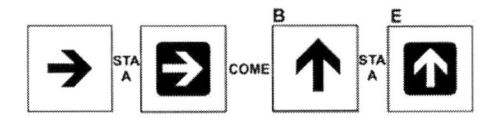

Questionario 7 | Ragionamento astratto e abilità visiva. Ragionamento spaziale e ragionamento meccanico | 319

Pertanto la risposta esatta è la E.

39) B. È necessario individuare il criterio di collocazione del punto nero all'interno della figura proposta. Appare chiaro che il punto viene collocato nel modo seguente:
1. all'interno del triangolo
2. a sinistra della linea tratteggiata verticale
3. sopra il segmento continuo orizzontale.

Nella seguente figura è messa in evidenza l'area dove può essere collocato il punto.

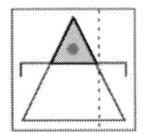

Nelle figure A e C il segmento continuo orizzontale è collocato fuori dal triangolo pertanto in questi disegni non è possibile individuare la zona interna al triangolo in cui collocare il punto. Nel disegno D il segmento continuo è disposto verticalmente pertanto non si individua alcuna zona in cui collocare il punto. Nel disegno B invece il segmento continuo taglia il triangolo e insieme alla linea tratteggiata verticale individua l'area di dimensioni limitate, mostrata in figura, in cui è possibile collocare il punto.

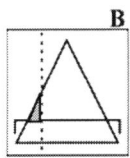

Pertanto la risposta esatta è la B.

40) C. È necessario individuare il criterio di collocazione del punto nero all'interno della figura proposta. Appare chiaro che il punto viene collocato nell'area che è intersezione del triangolo, del cerchio e del quadrato.
Nella seguente figura è messa in evidenza l'area dove può essere collocato il punto.

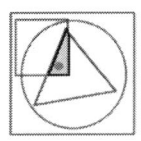

Nella figura A il cerchio e il triangolo non hanno alcuna area in comune, sebbene entrambi intersechino il quadrato. Pertanto non esiste un'area determinata dall'intersezione delle tre figure e non è possibile collocare il punto.

Nella figura B l'ovale e il triangolo non hanno alcuna area in comune, sebbene entrambi siano collocati all'interno del quadrato. Pertanto non esiste un'area determinata dall'intersezione delle tre figure e non è possibile collocare il punto.
Nella figura D le tre figure sono completamente separate e non determinano un'area comune. Anche in questo caso è impossibile collocare il punto.
Nella figura C esiste un'area determinata dall'intersezione delle tre figure. Quest'area è mostrata nella figura seguente e in essa può essere collocato il punto.

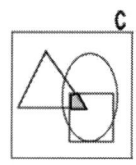

Pertanto la risposta esatta è la C.

41) C. Il quesito non presenta particolari difficoltà logiche; difatti richiede solo di invertire una sequenza assegnata di caratteri e confrontarla con cinque sequenze proposte in altrettante risposte. A tale proposito occorre molta rapidità e un buon livello di concentrazione.
Per svolgere il quesito con maggiore velocità è possibile sfruttare qualche stratagemma che si va ora ad esporre.
Ciascuna sequenza riportata nelle risposte può essere confrontata in modo molto diretto con le sequenze riportate nelle altre alternative, piuttosto che con quella assegnata nella traccia. Questo perché le cinque risposte sono incolonnate e quindi direttamente confrontabili. Osservando le cinque sequenze proposte come soluzione, per ciascuna di esse si possono cogliere una o più differenze con le altre. È presumibile che queste differenze con le sequenze delle altre risposte siano anche differenze con la sequenza proposta nella traccia.
Ad esempio, la sequenza proposta nella risposta E differisce in modo vistoso dalle altre per la presenza della stringa "26:31" anziché "23:31", presente in altre 3 sequenze. Proprio per tale aspetto la sequenza della risposta E può essere scartata. Difatti la sequenza della traccia riporta i caratteri "13:32" che invertiti diventano "23:31". Questi differiscono dalla stringa "26:31" della sequenza E.
Analogamente la sequenza proposta nella risposta D differisce in modo vistoso dalle altre per la presenza della stringa "23;13" anziché "23:31" presente in altre 3 sequenze. Per gli stessi motivi illustrati per la risposta E, anche questa risposta può essere scartata.
La sequenza della risposta A contiene il numero "97" che non è presente in nessuna delle altre sequenze riportate nelle risposte, dove vi è, invece, il numero "79". Pertanto, la risposta A può essere scartata proprio per tale motivo. Nella sequenza proposta nella traccia è presente il numero "97" che invertito diventa "79".
Nella sequenza della risposta B è presente la stringa di caratteri "-th" che differisce da tutte le altre sequenze dove vi è la stringa ":ht". Proprio per tale motivo la risposta B può essere scartata. Infatti nella sequenza proposta nella traccia è presente la terna di caratteri "th:" che invertita diventa ":ht".

Questionario 7 | Ragionamento astratto e abilità visiva. Ragionamento spaziale e ragionamento meccanico | 321

La sequenza che è identica all'inversa della sequenza proposta nella traccia è quella riportata nella risposta C.
In figura viene messa a confronto la sequenza invertita della traccia con quelle riportate nelle cinque risposte.

&:qt+23:31:ht;79xpo;yh
A. &:qt+23:31:ht;**97**xpo;yh
B. &:qt+23:31-**th**;79xpo;yh
C. &:qt+23:31:ht;79xpo;yh
D. &:qt+23;**13**:ht;79xpo;yh
E. &:qt+**26**:31:ht;79xpo;yh

42) C. Il quesito non presenta particolari difficoltà logiche; difatti richiede solo di confrontare una sequenza assegnata di caratteri con cinque sequenze proposte in altrettante risposte. A tale proposito occorre molta rapidità e un buon livello di concentrazione.
Per svolgere il quesito con maggiore velocità è possibile sfruttare qualche stratagemma che si va ora ad esporre.
Ciascuna sequenza riportata nelle risposte può essere confrontata in modo molto diretto con le altre sequenze riportate nelle risposte, piuttosto che con quella assegnata nella traccia. Questo perché le cinque risposte sono incolonnate e quindi direttamente confrontabili. Osservando le cinque sequenze proposte come soluzione, per ciascuna di esse si possono cogliere una o più differenze con le altre. È presumibile che queste differenze con le sequenze delle altre risposte, siano anche differenze con la sequenza proposta nella traccia.
Ad esempio, la sequenza proposta nella risposta A differisce in modo vistoso dalle altre per la presenza della stringa "332@" anziché "332&", presente nelle altre sequenze. Proprio per tale aspetto la sequenza della risposta A può essere scartata. Difatti la sequenza della traccia riporta la stringa "332&".
Analogamente la sequenza proposta nella risposta B differisce in modo vistoso dalle altre per la presenza della stringa "233[" anziché "233(" presente nelle altre sequenze e nella traccia. Pertanto anche questa risposta può essere scartata.
La sequenza della risposta D riporta la stringa "1A1Y" che non è presente in nessuna delle altre sequenze riportate nelle risposte, dove vi è, invece, la stringa "1A1X". Pertanto, la risposta D può essere scartata proprio per tale motivo. Nella sequenza proposta nella traccia difatti è presente la stringa "1A1X".
Nella sequenza della risposta E è presente la stringa di caratteri "253(" che differisce da tutte le altre sequenze dove vi è la stringa "233(". Proprio per tale motivo la risposta E può essere scartata. Infatti nella sequenza proposta nella traccia è presente la stringa "233(".
La sequenza riportata nella risposta C è identica a quella proposta nella traccia.
In figura viene messa a confronto la sequenza della traccia con quelle riportate nelle cinque risposte.

> 78AB+11AC-8A1H:1A1X-332&-7XK+233(/
> A. 78AB+11AC-8A1H:1A1X-332@-7XK+233(/
> B. 78AB+11AC-8A1H:1A1X-332&-7XK+233[/
> C. 78AB+11AC-8A1H:1A1X-332&-7XK+233(/
> D. 78AB+11AC-8A1H:1A1**Y**-332&-7XK+233(/
> E. 78AB+11AC-8A1H:1A1X-332&-7XK+253(/

43) B. Osservando i primi due termini della proporzione si nota che la prima figura contiene due forme geometriche (un quadrato e un cerchio) intorno alle quali vi sono dei segni neri. Nella seconda figura i segni neri permangono nella loro posizione, mentre le due figure geometriche scompaiono. Pertanto anche la terza e la quarta figura devono essere collocate secondo questa regola. Tra le figure proposte per il completamento si nota che la figura B contiene due figure geometriche (un quadrato e un cerchio) intorno alle quali vi sono dei segni neri, mentre nella figura D permangono gli stessi segni neri e scompaiono le due figure geometriche. In definitiva la proporzione può essere completata dalle figure B e D come mostrato di seguito.

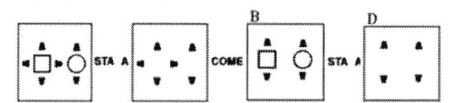

44) C. I caratteri alfanumerici riportati nell'ordine da sinistra verso destra nella prima figura sono ripetuti nella seconda figura dal basso verso l'alto (con lo stesso tipo di carattere). Pertanto nelle figure 3 e 4 devono essere collocate delle sequenze alfanumeriche che si sviluppino prima da sinistra verso destra e poi dal basso verso l'alto (con lo stesso tipo di carattere). Pertanto la terza figura deve essere costituita dalla sequenza di caratteri 6-W-N (con il tipo di carattere corsivo maiuscolo) e nella quarta figura questi tre caratteri devono essere ripetuti dal basso verso l'alto con il medesimo tipo di carattere corsivo maiuscolo. Le figure devono pertanto essere D e C e la risposta corretta è la C. Nella figura seguente è riportata la proporzione con il nesso logico che la governa.

Da sinistra verso destra; carattere stampatello   Dal basso verso l'alto; carattere stampatello   Da sinistra verso destra; carattere corsivo   Dal basso verso l'alto; carattere corsivo

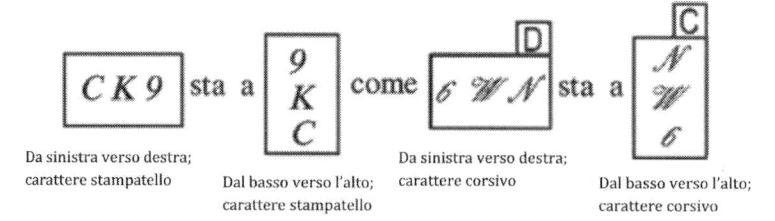

45) C. La somma dei valori di ciascuna fila di carte è pari a 10. Difatti per la prima fila si ha $5 + 1 + 4 = 10$, per la seconda si ha $7 + 2 + 1 = 10$, per la terza $3 + 5 + 2 = 10$. Pertanto per la quarta occorre collocare il 3 di picche (carta D) al posto della carta coperta per ottenere $3 + 6 + 1 = 10$. In figura è mostrata la disposizione completa delle carte con il nesso logico che la governa.

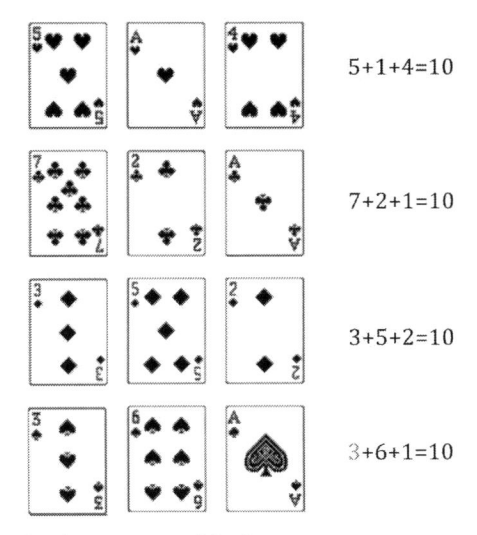

Questionario 7 | Ragionamento astratto e abilità visiva. Ragionamento spaziale e ragionamento meccanico | 323

5+1+4=10

7+2+1=10

3+5+2=10

3+6+1=10

La risposta esatta è la C.

46) A. Si prova a ricostruire il quadrato con 4 dei frammenti a disposizione. Dapprima si nota che il bordo inferiore del frammento F è compatibile con il bordo superiore del frammento H. Di seguito si nota che se il frammento B viene ruotato di 90° in senso orario può essere disposto a destra dei frammenti F e H. Infine se si ruota il frammento D di 90° in senso orario esso può essere collocato sopra il frammento F. Pertanto il quadrato viene ricostruito utilizzando i frammenti B, D, F e H. I frammenti residui sono A, C, E e G (vedi figura). La risposta corretta è A.

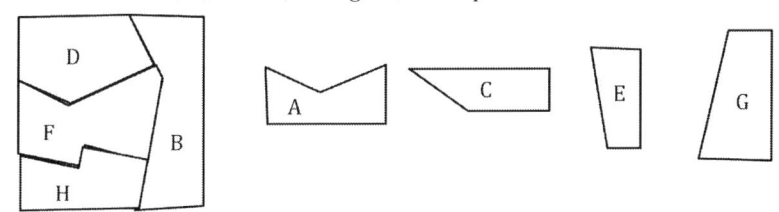

47) D. Nella parola SCHIACCIASASSI sono presenti 6 vocali (IAIAAI) e 8 consonanti (SCHCCSSS). Pertanto la risposta esatta è la D.

48) D. La frase proposta contiene: 8 lettere "maiuscole"; 14 volte la vocale "o"; 1 volta la vocale accentata "à"; 27 volte la vocale "i"; 159 lettere "minuscole". Pertanto la risposta corretta è la D.

49) A. Nel gruppo di caratteri della risposta B, il 4 è presente cinque volte, l'ultima delle quali segue il numero 7. Nel gruppo di caratteri della risposta C il 4 è presente

quattro volte e la prima volta che appare segue il numero 7. Nel gruppo di caratteri della risposta D il 4 è presente quattro volte e l'ultima volta che appare segue il numero 7. Nel gruppo di caratteri della risposta E il 4 è presente cinque volte e segue il 7 per ben due volte (la seconda volta che compare e la quarta).
Nel gruppo di caratteri della risposta A il 4 compare quattro volte e non segue mai il 7. Al contrario esso precede il 7 in ben due casi.

50) B. La figura n. 1 è diversa dalla n. 6 in quanto esibisce un cerchio al suo interno anziché un quadrato. La figura n. 2 è identica alla figura 6. Le figure 3, 4 e 5 possono essere ricavate rispettivamente dalla 6 mediante rotazioni di 180°, 90° in senso antiorario e 90° in senso orario. In base a quanto richiesto dal quesito, queste figure sono da considerarsi diverse dalla n. 6. Pertanto la sola figura n. 2 è identica alla n. 6 e la risposta esatta è la B.

Libro II
Inglese

SOMMARIO

Sezione 1 — Grammatica
Sezione 2 — Comprensione verbale

Sezione I
Grammatica

SOMMARIO

Questionario 1	Il verbo
Questionario 2	Nomi, articoli, pronomi e aggettivi
Questionario 3	Aggettivi (qualificativi), avverbi e preposizioni

Questionario 1
Il verbo

1) Choose the correct answer to this question. "Hasn't Henry got your e-mail address?".
   A. No, he hadn't
   B. No, he hasn't
   C. No, he hasn't got
   D. No, he doesn't

2) Fill in the blank. "Mark and Joe ... squash together two or three times a week".
   A. play
   B. are playing
   C. played
   D. were playing

3) Fill in the blank. "I'm quite lazy, so I ... much at weekends".
   A. don't do
   B. can't do
   C. wasn't doing
   D. 'm not doing

4) Choose the correct sentence.
   A. Who Katie plays tennis with?
   B. Who does play tennis with Katie?
   C. Who plays tennis with Katie?
   D. Who play tennis with Katie?

5) Choose the correct sentence.
   A. Why does she want to stay at home?
   B. Why wants she to stay home?
   C. Why is she wanting to stay home?
   D. Why she wants to stay home?

6) Choose the correct answer to this question. "Does she like her job?".
   A. Yes, she likes
   B. Yes she does
   C. She would like to be a dancer
   D. No she don't

7) Choose the correct sentence.
   A. Jamie is metting the boss after lunch
   B. Jamie meets the boss after lunch

C. Jamie is meeting the boss after lunch
D. Jamie meet the boss after lunch

8) **Choose the correct sentence.**
   A. Why don't you come with me?
   B. Why do not come with me?
   C. Why you not come with me?
   D. Why do you not caming with me?

9) **Fill in the blank. "Ben ... very cooperative at the moment".**
   A. isn't
   B. isn't being
   C. doesn't be
   D. not is

10) **Fill in the blank. "I wonder who ... ; do you know that man?".**
    A. Beth is talking
    B. is talking Beth
    C. Beth is talking to
    D. is Beth talking to

11) **Fill in the blank. "Why ... some plants for our flat?".**
    A. don't we get
    B. we don't get
    C. don't get we
    D. we not get

12) **Choose the correct answer to this question. "Is Mark coming to the cinema with us tonight?".**
    A. I not think so
    B. I'm thinking so
    C. I don't think so
    D. I think yes

13) **Fill in the blank. "Sam and Anna ... in love when they met at a party".**
    A. fell
    B. fall
    C. fallen
    D. did fall

14) **Fill in the blank. "Mr and Mrs Elnan ... to France last week".**
    A. went
    B. leaved
    C. have gone
    D. arrived

15) **Fill in the blank. "Sorry, I … you were here".**
    A. wasn't realizing
    B. didn't realize
    C. don't realized
    D. not realized

16) **Fill in the blank. "I … our hotel room. Can I change it?".**
    A. don't like
    B. 'm not liking it
    C. not like
    D. didn't like

17) **Choose the correct answer to this question. "Has Sarah gone into town?".**
    A. Yes, she has
    B. Yes, she has gone
    C. Yes, she has been
    D. Yes, she gone

18) **Choose the correct sentence.**
    A. Where you grew up?
    B. Where did grow up you?
    C. Where did you grow up?
    D. Where you did grow up?

19) **Fill in the blank. "My sister … with me for a few days".**
    A. has been
    B. came
    C. has been being
    D. has came

20) **Fill in the blank. "The thief … from the police when he ran into the forest".**
    A. run away
    B. got away
    C. got on
    D. getaway

21) **Fill in the blank. " … ready? I'm waiting for him!".**
    A. Be he
    B. Is he
    C. Does he
    D. Does he is

22) **Fill in the blank. "I … stop smoking".**
    A. go
    B. will go to
    C. am going to
    D. no

23) **Fill in the blank. "Do you think it ... tomorrow?".**
    A. rains
    B. will rain
    C. is raining
    D. did rain

24) **Fill in the blank. "She is studying now and she ... go out".**
    A. doesn't must
    B. cannot
    C. doesn't can
    D. can

25) **Complete the following sentence. "You were born in Italy, ... ?".**
    A. don't you
    B. aren't you
    C. weren't you
    D. did you

26) **Fill in the blank. "I ... to fly kites when I was young".**
    A. was used
    B. use to
    C. used
    D. using

27) **Fill in the blank. "John is studying at the moment. ... disturb him!".**
    A. You mustn't
    B. Doesn't
    C. You don't have to
    D. You needn't

28) **Fill in the blank. "Susie ... here on holiday last month".**
    A. goes
    B. has came
    C. has come
    D. came

29) **Fill in the blank. "I ... afraid it is too expensive".**
    A. is
    B. have
    C. be
    D. am

30) **Fill in the blank. "The war reporter ... injured in an explosion".**
    A. just has been
    B. has just been
    C. has been just
    D. is just been

31) Fill in the blank. "Sheila … when I entered the room".
    A. isn't sleeping
    B. slept
    C. wasn't sleeping
    D. yet sleeping

32) Fill in the blank. "The book I'm reading … Henry Fielding".
    A. wrote
    B. was written from
    C. was wrote by
    D. was written by

33) Fill in the blank. "My brother … getting up late in the morning".
    A. likes
    B. is liking
    C. likes to
    D. likes going to

34) Fill in the blank. "Two years ago we … leave our job".
    A. had to
    B. have to
    C. musted
    D. can't

35) Fill in the blank. "Next week we … finish the job".
    A. have been able to
    B. no be able
    C. will be able to
    D. able to

36) Complete the following dialogue. "What time will you get to the airport?". "At 7.30. I'll give you a call when I … ".
    A. will arrive
    B. arrive
    C. arrived
    D. am been arriving

37) Fill in the blank. "You … eat more: you look so pale".
    A. want to
    B. can
    C. would
    D. should

38) Fill in the blank. "When … you born?".
    A. were
    B. are
    C. was

D. did

39) **Fill in the blank.** "Look at those dark clouds: we … a storm in a few minutes".
    A. are going to have
    B. will have
    C. are having
    D. have

40) **Fill in the blank.** "I haven't … Mary since I moved away".
    A. seen
    B. seed
    C. saw
    D. see

41) **Fill in the blank.** "I … any photos of my latest holiday".
    A. haven't got
    B. don't got
    C. don't has
    D. have got not

42) **Fill in the blank.** "That house … in 1970".
    A. was built
    B. was builded
    C. had built
    D. has been built

43) **Complete the following sentence.** "If you heat a metal bar it … ".
    A. meets
    B. grows
    C. expands
    D. stretches

44) **Fill in the blanks.** "She's an old friend; I … her … year".
    A. 've known; for
    B. know; for
    C. 've known; since
    D. know; since

45) **Fill in the blank.** "She is … the radio now".
    A. listen
    B. listening to
    C. hear
    D. listening

46) **Fill in the blank.** "We … tonight".
    A. are go dancing
    B. dance

C. are dance
   D. are going dancing

47) **Fill in the blank. "I ... home at eight last night".**
   A. was walking
   B. had walked
   C. walked
   D. have walked

48) **Fill in the blank. "Sandra ... that film".**
   A. has yet seen
   B. have already seen
   C. was already seen
   D. has already seen

49) **Fill in the blank. "When ... we'll go out".**
   A. you'll arrive home
   B. you arrive home
   C. arrive to home
   D. are arrived home

50) **Complete the following sentence. "She likes ... ".**
   A. windsurfing
   B. windsurf
   C. do windsurf
   D. play windsurf

51) **Fill in the blank. "My parents ... at home last night".**
   A. were
   B. was
   C. did be
   D. had

52) **Fill in the blank. "She ... cards at Christmas".**
   A. writes always
   B. always writes
   C. always writing
   D. always is write

53) **Fill in the blank. "My aunt ... a lot of TV".**
   A. watches
   B. watch
   C. watchs
   D. watching

54) **Fill in the blank. "You ... take care of yourself".**
   A. should

B. have
C. not
D. don't can

55) Complete the following sentence. "As soon as the concert is over, we … ".
   A. leave
   B. leaving
   C. will leave
   D. leaved

56) Fill in the blank. "I do wish the doctor … so rude to the patients".
   A. oughtn't be
   B. didn't be
   C. shouldn't be
   D. wouldn't be

57) Fill in the blank. "When was the last time you … your brother?".
   A. were seeing
   B. saw
   C. had seen
   D. have seen

58) Fill in the blank. "If she loses her job, she … be able to pay her rent".
   A. didn't
   B. would not
   C. won't
   D. can't

59) Fill in the blank. "I … to your dinner tomorrow night; I've got to do some research".
   A. won't coming
   B. have not to come
   C. won't be coming
   D. am not go to come

60) Fill in the blank. "By the time I arrive in Paris, my sister … there for two weeks".
   A. is
   B. would be
   C. will be
   D. will have been

61) Complete the following sentence. "The nurse is tired of asking the patient … ".
   A. not to smoke
   B. don't smoke
   C. to not smoke
   D. not smoking

62) **Fill in the blank.** "If I ... about her earlier I would have told you".
    A. heard
    B. would know
    C. had known
    D. knew

63) **Complete the following sentence.** "My old car is always ... ".
    A. breaking down
    B. broken down
    C. break down
    D. breaking up

64) **Fill in the blank.** "James didn't see Helen at the party, so he ... the conclusion she wasn't there".
    A. reached for
    B. decided on
    C. decided
    D. came to

65) **Fill in the blank.** "Jack the Ripper is said ... the vital organs from some of his victims".
    A. to have extracted
    B. to amputate
    C. to having removed
    D. to extract

66) **Replace the words in square brackets with the correct ones.** "Yesterday I was alone, because my girlfriend [is been studying for all the afternoon]".
    A. studied for all the afternoon
    B. was been studying since all the afternoon
    C. has studied for all the afternoon
    D. had been studying for all the afternoon

67) **Fill in the blank.** "How long ... been playing the double-bass?".
    A. have you
    B. did you
    C. can you
    D. should you

68) **Fill in the blank.** "I knocked at the door but nobody answered. John ... there".
    A. must have been
    B. can't have been
    C. can be
    D. will have been

69) **Fill in the blank.** "You ... write on the walls".
    A. mustn't

B. don't have to
C. needn't
D. don't need

70) **Fill in the blank. "My father wants my sister … harder".**
   A. to study
   B. study
   C. studies
   D. studyes

Risposte commentate
Il verbo

1) B. *No, he hasn't.* La forma negativa di *has* è *hasn't*.
Il presente del verbo avere (*to have*) ha due uscite: *has* (alla 3ª persona singolare) e *have* (a tutte le altre):
- forma affermativa: soggetto + verbo avere [*have* alla 1ª e alla 2ª persona singolare; alla 1ª, 2ª e 3ª persona plurale; *has* alla 3ª persona singolare] + *got*;
- forma negativa: soggetto + verbo avere (*have/has*) + *not* + *got*;
- forma interrogativa: verbo avere (*have/has*) + soggetto + *got* + ?;
- forma interro-negativa: verbo avere (*have/has*) + soggetto + *not* + *got* + ?.

Nelle risposte brevi si omette *got* (*Yes, he has/ No, he hasn't*).

2) A. *Mark and Joe play squash together two or three times a week.* Il *present continuous*, usato nella risposta B, viene utilizzato per azioni in corso di svolgimento, temporanee o azioni future precedentemente programmate. Il passato della C e della D non è adatto a questo tipo di frase.
Il *present simple* si costruisce così:
- forma affermativa: soggetto + verbo [alla 3ª persona singolare si aggiunge una -s; si aggiunge -es se il verbo termina per -s, -ss, -sh, -ch, -x, -o, -z; se il verbo termina in -y preceduta da vocale si aggiunge una -s, se termina in -y preceduta da consonante, la -y si trasforma in -i e poi si aggiunge -es];
- forma negativa: soggetto + *do/does* + *not* + verbo (infinito senza *to*);
- forma interrogativa: *do/does* + soggetto + verbo (infinito senza *to*) + ?;
- forma interro-negativa: *do/does* + *not* + soggetto + verbo (infinito senza *to*) + ?.

Il *present simple* viene usato per descrivere un fatto abituale, un'abitudine o un'azione ripetuta con regolarità, per esternare stati d'animo, pareri, opinioni e idee. Viene utilizzato anche per raccontare un film o una storia (presente narrativo).

3) A. *I'm quite lazy, so I don't do much at the weekend.* Si tratta di un'azione o un fatto abituale, quindi la B è sbagliata perché usa il verbo *can* che indica abilità. La C usa il *past continuous* e questa è un'azione presente, non passata. La risposta D è sbagliata perché si tratta di un'azione abituale per cui si deve utilizzare il *present simple*, non il *present continuous*.

4) C. *Who plays tennis with Katie?* Questo è un esempio di interrogativa senza ausiliare. Le altre opzioni sono sbagliate per l'ordine delle parole nella frase interrogativa e, nella B, per la presenza dell'ausiliare. Le interrogative senza l'ausiliare sono possibili quando il pronome interrogativo è soggetto dell'interrogativa stessa.

5) A. *Why does she want to stay at home?* In inglese esistono due forme per ottenere delle interrogative. ASI (ausiliare-soggetto-infinito) e QUASI [*question word* (pronome interrogativo)-ausiliare-soggetto-verbo]. Le risposta B e D ignorano questa regola, la C usa il presente progressivo per *want* che appartiene a quel gruppo di verbi definiti *state verbs* che non vanno mai nella forma progressiva.

6) B. *Does she like her job? Yes she does.* In inglese, nella risposta cosiddetta breve, non si può rispondere semplicemente "sì" oppure "no", ma è necessario farli seguire dall'ausiliare che deve essere nella stessa forma della domanda.

7) C. *Jamie is meeting the boss after lunch.* Quando si utilizza il futuro programmato, non si usa il presente semplice, ma il presente progressivo.
Il presente progressivo si forma così:
- affermativa: soggetto + verbo essere [*am* alla 1ª persona singolare; *are* alla 2ª persona singolare, alla 1ª, 2ª e 3ª persona plurale; *is* alla 3ª persona singolare (maschile, femminile e neutro)] + verbo in *-ing*;
- negativa: soggetto + verbo essere (*am/are/is*) + *not* + verbo in *-ing*;
- interrogativa: verbo essere (*am/are/is*) + soggetto + verbo in *-ing* + ?;
- interro-negativa: verbo essere (*am/are/is*) + soggetto + *not* + + verbo in *-ing* + ?.

Il presente progressivo viene usato per indicare un'azione in fase di svolgimento (per esempio, *Where are you going? I'm going home*, "Dove stai andando?". "Sto andando a casa"), un'azione che si svolge in un periodo di tempo limitato (per esempio, *She is doing Yoga this month*, "Sta facendo yoga questo mese") e per il cosiddetto futuro programmato (per esempio, *What are you doing after the class? I'm going to the gym*, "Cosa fai dopo la lezione?". "Vado in palestra"). Se si frappone *always* tra il verbo essere e il gerundio, si vuole sottolineare disappunto, da parte di chi parla, verso qualcosa che accade abitualmente (per esempio, *You are always telling lies*, "Mi racconti sempre bugie").

8) A. *Why don't you come with me?* Per ottenere una interro-negativa in inglese è necessario applicare sempre la regola dell'ASI e del QUASI già menzionata nella risposta 5, ma mettendo l'ausiliare nella forma negativa. Le altre risposte sono tutte sbagliate perché non seguono la regola e l'ultima perché usa il *do* seguito dalla forma progressiva.

9) A. *Ben isn't cooperative at the moment.* L'uso di un'espressione di tempo come *at the moment* può indurre ad utilizzare una forma progressiva. Tuttavia, in inglese, esistono alcuni verbi che non vanno mai usati nella forma progressiva e che sono chiamati "verbi di stato" (*state verbs*). Tra questi, oltre al verbo *to be*, ci sono: *to have* (quando significa possesso), *to want* (volere), *to need* (aver bisogno), *to like* (piacere), *to love* (amare), *to hate* (odiare). Gli *state verbs*, in genere, si contrappongono ai *dynamic verbs*. Tuttavia, alcuni verbi possono assumere sia lo stato di *state* sia di *dynamic* a seconda del contesto (e, quindi, trovarsi in forma progressiva).

10) C. *I wonder who Beth is talking to; do you know that man?* Questo è un esempio di interrogativa indiretta, quella, cioè, in cui non è presente un punto interrogativo e, di solito, è introdotta da uno dei seguenti verbi: *to ask, to wonder, to want to know*.

11) A. *Why don't we get some plants for our flat?* La risposta B è sbagliata perché mette prima il soggetto e poi l'ausiliare. La C è sbagliata perché mette il soggetto alla fine. La D è una forma inesistente poiché costruisce una negativa senza l'ausiliare.

12) C. *Is Mark coming to the cinema with us tonight? I don't think so.* Questa forma viene utilizzata per esprimere un parere nei confronti di qualcosa. Tra le espressioni che indicano *agreement* troviamo: *I hope so, it may be, I'm sure he will*. Fra quelle che esprimono *disagreement* invece: *I disagree, I don't think so*.

13) A. *Sam and Anna fell in love when they met at the party.* La B è sbagliata perché utilizza il presente e la D perché la forma passata non si ottiene anteponendo il *did* al verbo nella forma base.
Il *past simple* si costruisce in questo modo:
- forma affermativa: soggetto + verbo al passato;
- forma negativa: soggetto + *did* + *not* + verbo (infinito senza *to*);
- forma interrogativa: *did* + soggetto + verbo (infinito senza *to*) + ?;
- forma interro-negativa: *did* + *not* + soggetto + verbo (infinito senza *to*) + ?.

Non esiste alcuna regola per formare il *simple past* dei verbi irregolari: vanno semplicemente imparati a memoria.
Il *simple past* viene utilizzato per parlare di un evento passato, di un fatto trascorso del tutto e che non ha più nessun rapporto con il presente. Equivale al passato prossimo, all'imperfetto e al passato remoto.

14) A. *Mr and Mrs Elnan went to France last week.* La B è sbagliata perché usa il verbo *to leave* in forma regolare ma il passato di *to leave* è *left*. La C è sbagliata perché usa il *present perfect*, un tempo verbale che indica un'azione che, pur essendosi svolta nel passato, ha ancora qualche rapporto con il presente e il tempo di quando si è svolta l'azione non è espresso (non specifichiamo "quando", contrariamente a qui: *last week*). La D è sbagliata perché il verbo *to arrive* regge le preposizioni *in* oppure *at*.

15) B. *Sorry, I didn't realize you were here.* La A non è corretta perché usa il *past continuous*. Il verbo *to realize* appartiene ai verbi di stato che non possono essere usati nella forma continua. La C è sbagliata perché utilizza un ausiliare al presente con un verbo al passato. L'ultima è completamente sbagliata per l'assenza dell'ausiliare nella forma negativa.

16) A. *I don't like our hotel room. Can I change it?* La B è sbagliata perché usa una forma progressiva con un verbo di stato. La C usa una forma negativa senza l'ausiliare, e la D usa una forma passata non adatta al contesto.

17) A. *Has Sarah gone into town? Yes, she has.* La B è sbagliata perché utilizza anche il verbo principale nella risposta breve, la qual cosa viene ripetuta anche dalla C. La D è del tutto sbagliata.

18) C. *Where did you grow up?* Per formare un'interrogativa è necessario applicare la formula dell'ASI e del QUASI.

19) A. *My sister has been with me for a few days*. La B è sbagliata perché usa il passato per un'azione ancora in corso. La C è sbagliata perché usa un *present perfect continuous* con il verbo essere e ciò non è possibile poiché il verbo essere appartiene ai verbi di stato. La D è sbagliata perché *came* è passato e non participio passato (*come*) che deve essere utilizzato con il *present perfect* (*has/have* + participio passato).

20) B. *The thief got away from the police when he ran into the forest*. La A è sbagliata perché il verbo *run* è al presente o al participio passato e non al passato. La C è sbagliata perché *get on* significa salire. L'ultima è frutto di fantasia.

21) B. *Is he ready? I'm waiting for him!* Is viene utilizzato per la terza persona singolare, il *does* presente nella C e nella D è completamente sbagliato perché con il verbo essere non è necessario utilizzare altri ausiliari.
Il presente del verbo essere (*to be*) consta di 3 uscite: *am* alla 1ª persona singolare, *is* alla 3ª persona singolare, *are* alla 2ª persona singolare, 1ª, 2ª e 3ª persona plurale.

22) C. *I am going to stop smoking*. Il presente usato nella A e il *no* della D sono completamente sbagliati. Il *will* potrebbe essere usato, ma la forma è sbagliata.
Il futuro con *to be going to* si forma così:
- forma affermativa: soggetto + verbo essere [*am* alla 1ª persona singolare; *are* alla 2ª persona singolare e alla 1ª, 2ª e 3ª persona plurale; *is* alla 3ª persona singolare (maschile, femminile e neutro)] + *going to* + verbo (infinito);
- forma negativa: soggetto + verbo essere (*am/are/is*) + *not* + *going to* + verbo (infinito);
- forma interrogativa: verbo essere (*am/are/is*) + soggetto + *going to* + verbo (infinito) + ?;
- forma interro-negativa: verbo essere (*am/are/is*) + soggetto + *not* + *going to* + verbo (infinito) + ?.

23) B. *Do you think it will rain tomorrow?* Si usa *will* per esprimere previsioni non certe per il futuro, di solito introdotte da espressioni verbali come *think, expect, don't know*.
Il futuro con *will* si forma in questo modo:
- forma affermativa: soggetto + *will* + verbo (infinito senza *to*);
- forma negativa: soggetto + *will* + *not* + verbo (infinito senza *to*);
- forma interrogativa: *will* + soggetto + verbo (infinito senza *to*) + ?;
- forma interro-negativa: *will* + soggetto + *not* + verbo (infinito senza *to*) + ?.
Will alla 1ª persona singolare e plurale può essere sostituito con *shall*. Al negativo *will not* può essere contratto in *won't*, e *shall not* in *shan't*.

24) B. *She is studying now and she cannot go out*. Le ipotesi A e C sono grammaticalmente scorrette. La D modificherebbe il significato della frase, rendendo affermativa una frase che, invece, è negativa (ora sta studiando e *non può* uscire).
Le frasi con il verbo modale *can* (che indica "sapere", nel senso di saper fare qualcosa; avere la possibilità di; "potere", quando si chiede il permesso di fare qualcosa o per dire ciò che non è consentito fare; e che, inoltre, si utilizza con i verbi di percezione) si formano così:
- forma affermativa: soggetto + *can* (uguale per tutte le persone);
- forma negativa: soggetto + *can* + *not*;

- forma interrogativa: *can* + soggetto + ?;
- forma interro-negativa: *can* + soggetto + *not* + ?.

25) C. *You were born in Italy, weren't you?* Qui ci troviamo in presenza di una *question tag*. Le *question tags* sono domande brevi poste alla fine di una frase affermativa o negativa e hanno la funzione di rafforzare ciò che si è detto ("vero?", "non è vero?", o per chiedere conferma di un'affermazione). In inglese, se la frase è affermativa - come in questo caso - la *question tag* va messa in forma negativa, e viceversa. Per costruire le *question tags* bisogna ripetere l'ausiliare e il pronome personale corrispondente al soggetto stesso, chiaramente in forma interrogativa o interro-negativa.

26) C. *I used to fly kites when I was young.* La A esprime un'abitudine, non qualcosa che si faceva nel passato e che adesso non si fa più. La B e la D hanno entrambe errori di forma.
Used to è un'espressione che viene utilizzata per indicare un'azione o condizione abituale nel passato, e traduce la frase italiana "ero solito" + infinito (per esempio, *I used to eat a lot of sweets*, "Ero solito mangiare molti dolci"). Se si utilizza la forma soggetto + *be* + *used to* + verbo in *-ing*, si vuole sottolineare l'abitudine di una certa azione, la consuetudine di una data attività.

27) A. *John is studying at the moment. You mustn't disturb him!* Le opzioni C e D indicano un'assenza di necessità non un divieto, come in questo caso.
Must e *have (got) to* indicano entrambi un dovere. *Must* si usa per esprimere un comando diretto, una proibizione, un obbligo, una regola o una deduzione affermativa. Significa, dunque, la necessità o l'obbligo di fare qualcosa. Nella forma negativa - come in questo caso - ha il significato di proibizione. Nella forma affermativa, l'uso di *must* può essere intercambiabile con il presente di *to have to*. Tuttavia, *must* e *to have to*, alla forma negativa, assumono significati totalmente diversi, perché *mustn't* indica proibizione o regola.

28) D. *Susie came here on holiday last month.* Le prime due opzioni sono completamente sbagliate, la terza potrebbe essere usata qualora non ci fosse l'elemento temporale *last month*, che ci obbliga ad usare il *simple past*, trattandosi di un'azione passata finita.

29) D. *I am afraid it is too expensive.* In questa frase vanno sottolineati gli usi particolari del verbo essere. Alcune espressioni che in italiano vengono espresse con il verbo avere, in inglese richiedono il verbo essere. Per esempio, avere caldo (*to be hot*), avere freddo (*to be cold*), *to be afraid* (aver paura, temere).

30) B. *The war reporter has just been injured in an explosion.* Nella A e nella C è sbagliata la posizione dell'avverbio *just* all'interno della frase. L'ultima è completamente sbagliata.
Il *present perfect* si costruisce in questo modo:
- forma affermativa: soggetto + verbo avere (*have* alla 1ª e alla 2ª persona singolare; alla 1ª, 2ª e 3ª persona plurale; *has* alla 3ª persona singolare) + participio passato;
- forma negativa: soggetto + verbo avere (*have/has*) + *not* + participio passato;
- forma interrogativa: verbo avere (*have/has*) + soggetto + participio passato + ?;

- forma interro-negativa: verbo avere (*have/has*) + soggetto + *not* + participio passato + ?.

Si usa il *present perfect* per esprimere azioni capitate di recente (per esempio, *I have just finished*, "Ho appena finito"), un'azione non ancora realizzata (*I haven't done my homework yet*, "Non ho ancora fatto i compiti"), un'azione compiuta in un tempo non ancora terminato (*I have travelled a lot this year*, "Ho viaggiato molto quest'anno"), un'azione rimasta immutata fino al presente (*I have studied Spanish for two years*, "Studio spagnolo da due anni"), un'azione cominciata nel passato e che mantiene ancora qualche tipo di rapporto con il presente (per esempio, *Have you ever been to the UK?*, "Sei mai stato nel Regno Unito?").

31) C. *Sheila wasn't sleeping when I entered the room.* La A è al presente e la frase è al passato. La D è completamente sbagliata.

Il *past continuous* si costruisce in questo modo:
- forma affermativa: soggetto + verbo essere (*was* alla 1ª persona e alla 3ª persona singolare; *were* alla 2ª persona singolare, alla 1ª, 2ª e 3ª persona plurale) + verbo in -*ing*;
- forma negativa: soggetto + verbo essere (*was/were*) + *not* + verbo in -*ing*;
- forma interrogativa: verbo essere (*was/were*) + soggetto + verbo in -*ing* + ?;
- forma interro-negativa: verbo essere (*was/were*) + soggetto + *not* + verbo in -*ing* + ?.

Il *past continuous* viene usato per indicare un'azione in fase di svolgimento in un momento preciso del passato e che è stata interrotta da un'altra azione. In tal caso, viene associato al *simple past*; l'azione lunga è espressa dal *past continuous*, quella breve (che la interrompe) dal *simple past* (così come nella frase succitata).

32) D. *The book I'm reading was written by Henry Fielding.* La A è sbagliata perché usa il passato ma alla forma attiva. Mentre la B e la C sono sbagliate nella forma.

La forma passiva in inglese si forma con il verbo *to be* + il participio passato. Il complemento d'agente viene introdotto da *by*. La forma passiva può essere costruita anche con il verbo *to get*, al posto di *to be*, per mettere in evidenza il passaggio da una condizione a un'altra.

33) A. *My brother likes getting up late in the morning.* La B è sbagliata perché non esiste la forma progressiva per i verbi di stato. La C e la D sono errate anche per la presenza della preposizione *to*.

Esistono in inglese alcuni verbi che non possono essere usati nella forma progressiva e che vengono chiamati "verbi di stato" (*state verbs*). Alcuni di essi sono: *to believe* (credere), *to forget* (dimenticare), *to think* (pensare), *to have* (possedere), *to be* (essere), *to know* (conoscere), *to like* (piacere).

34) A. *Two years ago we had to leave our job.* La B e la D sono al presente. Mentre la C usa una forma che non esiste. Il passato di *must* è sempre *had to*. Infatti, *must* è la forma del *simple present* ed è l'unica forma di questo verbo modale. *To have* + infinito è la forma sostitutiva utilizzata per tutti i tempi verbali di cui *must* manca.

35) C. *Next week we will be able to finish the job.* La A usa una forma di tempo verbale che non si accorda con il senso della frase, posta al futuro. La B e la D sono sbagliate nella struttura.

Il presente indicativo e il condizionale del verbo "potere" vengono espressi in inglese con *can* e *could*. Per gli altri tempi, si usa il verbo *to be able to* (sapere, riuscire, essere in grado) + infinito che, tuttavia, può essere usato anche al presente.

36) B. *What time will you get to the airport? At 7.30. I'll give you a call when I arrive.* La A è sbagliata poiché, stando alla regola delle preposizioni temporali, non si utilizza il verbo al futuro dopo le espressioni di tempo; la C è sbagliata perché utilizza il passato. In inglese, le *time clauses* (preposizioni di tempo) sono introdotte da congiunzioni come *after, as soon as, before, until, when, whenever, while* o da espressioni temporali. La frase principale va al futuro mentre quella temporale al presente. Per esempio, *As soon as I arrive I'll have something to eat* ("Appena arrivo mangerò qualcosa").

37) D. *You should eat more: you look so pale.* Qui ci troviamo davanti ad un problema di significato. Le opzioni A, B e C potrebbero, da un punto di vista grammaticale, essere valide, ma non lo sono per il significato che danno alla frase.
Should è un verbo modale, come *could, might,* corrispondenti al condizionale presente dei verbi "potere", "dovere". *Should* è usato, in particolar modo, per dare consigli non incisivi, per i quali è preferito *must*.

38) A. *When were you born?* In inglese, quando si chiede l'anno e il luogo di nascita, si usa il passato del verbo essere. La B è al presente, la C e la D sono al passato, ma la C presenta anche un errore di coniugazione, la D è errata per l'uso del *did*.
Il passato del verbo *to be* si costruisce in questo modo:
- forma affermativa: soggetto + verbo essere (*was* alla 1ª persona e alla 3ª persona singolare; *were* alla 2ª persona singolare, alla 1ª, 2ª e 3ª persona plurale);
- forma negativa: soggetto + verbo essere (*was/were*) + *not*;
- forma interrogativa: verbo essere (*was/were*) + soggetto + ?;
- forma interro-negativa: verbo essere (*was/were*) + soggetto + *not* + ?.

39) A. *Look at those dark clouds: we are going to have a storm in a few minutes.* La B e la C sono al futuro ma non sono utilizzate per previsioni certe basate su fatti. La D usa il presente, che è completamente sbagliato.
Il futuro con *to be going to* si forma così:
- forma affermativa: soggetto + verbo essere [*am* alla 1ª persona singolare; *are* alla 2ª persona singolare, alla 1ª, 2ª e 3ª persona plurale; *is* alla 3ª persona singolare (maschile, femminile e neutro)] + *going to* + verbo (infinito);
- forma negativa: soggetto + verbo essere (*am/are/is*) + *not* + *going to* + verbo (infinito);
- forma interrogativa: verbo essere (*am/are/is*) + soggetto + *going to* + verbo (infinito) + ?;
- forma interro-negativa: verbo essere (*am/are/is*) + soggetto + *not* + *going to* + verbo (infinito) + ?.

Viene utilizzato per un futuro intenzionale, e per esprimere congetture e previsioni (per esempio, *Look! It's going to rain!*, "Guarda! Sta per piovere!").

40) A. *I haven't seen Mary since I moved away.* La B non esiste come forma. La C e la D sono rispettivamente il passato e il presente del verbo vedere mentre, per formare il *present perfect*, è necessario il participio passato.

Il *present perfect* si forma in tal modo:
- forma affermativa: soggetto + verbo avere [*have* alla 1ª e alla 2ª persona singolare; alla 1ª, 2ª e 3ª persona plurale; *has* alla 3ª persona singolare] + participio passato;
- forma negativa: soggetto + verbo avere (*have/has*) + *not* + participio passato;
- forma interrogativa: verbo avere (*have/has*) + soggetto + participio passato + ?;
- forma interro-negativa: verbo avere (*have/has*) + soggetto + *not* + participio passato + ?.

In italiano, nella formazione dei tempi composti attivi, si usano i verbi ausiliari *essere* e *avere*, in inglese solo il verbo *avere*.

41) A. *I haven't got any photos of my latest holiday*. La forma *don't got* è pura fantasia come pure *don't has*. La D è sbagliata a causa della posizione del *got*.

42) A. *That house was built in 1970*. La B è sbagliata perché usa il verbo costruire come se fosse un verbo regolare, la C e D utilizzano tempi sbagliati.

43) C. *If you heat a metal bar it expands*. Le altre ipotesi sono sbagliate per un uso improprio dei termini. Qui ci troviamo davanti ad un esempio di condizionale. Esso si forma utilizzando il presente sia nella principale sia nella secondaria.

44) A. *She's an old friend; I've known her for years*. La A è corretta non solo perché usa il *present perfect* ma perché lo mette in correlazione al *for*. L'uso di *since e for* dipende dall'espressione di tempo che segue. *For* indica tempo continuato; *since* indica tempo determinato.

45) B. *She is listening to the radio now*. La A è scorretta perché in questa frase occorre il *present continuous* per la presenza del *now*. Le altre forme sono inesistenti.

46) D. *We are going dancing tonight*. Il presente semplice (B) può essere usato per il futuro ma solo quando c'è una correlazione con orari e calendari prestabiliti. Parlando di un'azione futura precedentemente programmata, dobbiamo usare il *present continuous*.

47) A. *I was walking home at eight last night*. Nelle varie opzioni ci sono diversi passati ma in questa frase il *past continuous* è il più adatto poiché parliamo di un'azione svoltasi in un momento specifico nel passato.

48) D. *Sandra has already seen that film*. La B è sbagliata perché usa *have* invece di *has*. La C è sbagliata per l'uso del *was* con il *present perfect*. La A è sbagliata a causa dell'avverbio *yet*.

49) B. *When you arrive home we'll go out*. Ci troviamo qui davanti ad un esempio di *time clause*, cioè ad una frase introdotta da una preposizione di tempo. Dunque, il verbo della proposizione principale va al futuro con *will* e quello della subordinata richiede il *simple present*.

50) A. *She likes windsurfing.* *Like* può essere seguito da un verbo alla forma in *-ing* quando si parla di un'azione in senso generale. La C e la D sono sbagliate perché con *winsurfing* si usa *go*.

51) A. *My parents were at home last night.* La B è sbagliata perché usa il *was* e non il *were*. Le altre sono, rispettivamente, il passato di *to do* e di *to have*.

52) B. *She always writes cards at Christmas.* Qui abbiamo un avverbio di frequenza. Gli avverbi di frequenza sono: *always, usually, often, sometimes, hardly ever, never*. Essi precedono il verbo principale ma se questo è il verbo "essere", lo seguono. Per esempio, *I am often late for school* ("Faccio spesso tardi a scuola").

53) A. *My aunt watches a lot of TV.* La B è sbagliata perché manca la *s* della terza persona singolare, la C è sbagliata perché il verbo, terminando in *ch*, aggiunge *es* non soltanto *s*.

54) A. *You should take care of yourself.* Le altre opzioni sono sbagliate, perché nella frase si intendeva dare un consiglio e *should* è appunto il verbo che in inglese viene usato per formulare consiglio, rimprovero e disapprovazione. Esso è un verbo modale e, quindi, difettivo. Non ha altre forme e non richiede ausiliari.

55) C. *As soon as the concert is over we will leave.* La A è sbagliata perché usa il presente, la B è sbagliata perché usa un participio presente. La frase è al futuro; in inglese, come si è visto, nell'esprimere una subordinata introdotta da una congiunzione come *if, when, until, as soon as*, il verbo della proposizione principale va al futuro con *will*, quello della subordinata va al *simple present*.

56) D. *I do wish the doctor wouldn't be so rude to the patients.* La A e la C sono verbi modali ma non sono adatti per il loro significato. La B è completamente sbagliata perché né *did* né nessun altro ausiliare devono essere usati con il verbo *to be*.
Wish + past simple/past perfect, would + infinitive.
Wish + passato esprime il desiderio che una situazione presente sia diversa da com'è in realtà.
Wish + past perfect esprime il desiderio che qualcosa del passato fosse andato diversamente.
Would + infinito esprime il desiderio di cambiare una situazione presente.

57) B. *When was the last time you saw your brother?* La A è sbagliata perché viene usato il passato progressivo che prevede che l'azione sia continua nel passato. La C è sbagliata per l'uso del *past perfect*, un tempo che serve ad evidenziare che un'azione è avvenuta prima di un'altra nel passato. La D usa il *present perfect*, tempo che delinea diverse possibilità ma sicuramente non passate. Il tempo da usare in questa frase è il *past simple*.

58) C. *If she loses her job, she won't be able to pay her rent.* La frase ci offre un esempio di come strutturare un primo condizionale. Esso esprime possibilità e viene utilizzato in questo modo. *If* + presente, *will/ might/ may* + infinito.

59) C. *I won't be coming to your dinner tomorrow night; I've got to do some research.* Le altre risposte sono tutte sbagliate sia nella forma sia nei contenuti. La frase introduce il *future continuous*. Esso si forma: *will + be + verb* in *-ing form*. Questo tempo viene usato per formulare o chiedere previsioni su che cosa si starà facendo in un determinato momento nel futuro: *This time tomorrow you'll be leaving for the USA* ("A quest'ora domani tu starai partendo per gli Stati Uniti"), oppure per dire che un'azione sarà in corso in un determinato momento nel futuro: *At eight we will be having dinner* ("Alle 8 staremo cenando").

60) D. *By the time I arrive in Paris, my sister will have been there for two weeks.* La B è sbagliata perché usa un condizionale, la C potrebbe essere giusta ma non usa la forma di futuro anteriore (*future perfect*) necessaria in questa frase.
Future perfect: will + have + past participle. Si usa per parlare di un'azione che si sarà conclusa entro un determinato momento nel futuro. Spesso lo troviamo insieme alle espressioni *by the time, before, when*.

61) A. *The nurse is tired of asking the patient not to smoke.* La frase introduce la forma negativa dell'infinito che si forma con *not + to +* forma base. La frase B è negativa e sarebbe stata giusta se ci fosse stato un discorso diretto. Nella C c'è un errore nella posizione del *not*. La D è un esempio di gerundio negativo.

62) C. *If I had known about her earlier I would have told you.* Ci troviamo davanti ad una frase di condizionale di terzo tipo. Nessuna delle altre tre opzioni sarebbe adatta. Il *third conditional* si forma così: *if + past perfect (had + past participle), would have + past participle.*
Si usa questo condizionale per immaginare cosa sarebbe successo in passato se certe condizioni si fossero verificate. Al posto di *would have* possiamo usare *could have* per esprimere capacità e *might have* per esprimere possibilità.

63) A. *My old car is always breaking down.* La lettera A è giusta perché, benché nella frase ci sia un avverbio di frequenza che di solito denota la presenza del presente semplice, in questa tipologia di frase è necessario il presente progressivo. La compresenza di *always* e del presente progressivo indica che l'azione che sta avvenendo continua da molto tempo e che in qualche modo provoca disappunto in chi sta parlando.

64) D. *James didn't see Helen at the party, so he came to the conclusion she wasn't there.* La A è errata perché significa "raggiungere" ma quello che rende l'opzione sbagliata è la presenza del *for*. La B e la C sono sbagliate perché significano "decidere" e non "arrivare ad una conclusione" che è il significato di *come to the conclusion*.

65) A. *Jack the Ripper is said to have extracted the vital organs from some of his victims.* La B, C e D sono sbagliate perché sono rispettivamente: infinito, gerundio passato e infinito. La frase, invece, utilizza un infinito passato che si ottiene con *have +* infinito.

66) D. *Yesterday I was alone, because my girlfriend had been studying all the afternoon.* Questo è un esempio di *past perfect continuous*. La A è un semplice passato, per cui non ci permette di evidenziare la durata dell'azione e il fatto che fosse successa ancora prima dell'altra. La B è grammaticalmente sbagliata. La C sarebbe stata corretta se come opzioni non ci fosse stata offerta la forma di durata che meglio enfatizza il tempo piuttosto che l'azione.

Il *past perfect continuous* si costruisce in questo modo:
- forma affermativa: soggetto + verbo avere (*had*) + *been* + verbo in *-ing*;
- forma negativa: soggetto + verbo avere (*had*) + *not* + *been* + verbo in *-ing*;
- forma interrogativa: verbo avere (*had*) + soggetto + *been* + verbo in *-ing* + ?;
- forma interro-negativa: verbo avere (*had*) + soggetto + *not* + *been* + verbo in *-ing* + ?.

Viene utilizzato per esprimere attività iniziate nel passato e continuate fino ad un momento del passato (per esempio, *How long had he been working?*, "Da quanto tempo stava lavorando?").

67) A. *How long have you been playing the double-bass?* In questa frase è necessario usare il *present perfect continuous* per evidenziare la durata. Le altre forme non sono adatte a questo tipo di struttura grammaticale.

Il *present perfect continuous* si costruisce così:
- forma affermativa: soggetto + verbo avere (*have/has*) + *been* + verbo in *-ing*;
- forma negativa: soggetto + verbo avere (*have/has*) + *not* + *been* + verbo in *-ing*;
- forma interrogativa: verbo avere (*have/has*) + soggetto + *been* + verbo in *-ing* + ?;
- forma interro-negativa: verbo avere (*have/has*) + soggetto + *not* + *been* + verbo in *-ing* + ?.

Viene utilizzato per attività iniziate nel passato e continuate fino al tempo presente (per esempio, *How long have you been living in Naples?*, "Da quanto tempo vivi a Napoli?").

68) B. *I knocked at the door but nobody answered. John can't have been there.* Ci troviamo davanti ad un esempio di "modali di deduzione" (*modals of deduction*). La A potrebbe essere possibile ma altererebbe il significato. La C e la D sono completamente sbagliate.

Usiamo *must, can't, may, might* e *could* più l'infinito senza il *to* per esprimere supposizioni. *He must be American* ("Deve essere Americano"); *She can't be French. She is speaking German* ("Non può essere francese. Sta parlando tedesco"); *Susy may/might/could have a new car. I'm not sure* ("Susy potrebbe avere una macchina nuova. Non ne sono sicuro").

69) A. *You mustn't write on the walls.* Questa frase pone l'accento sulla differenza tra *mustn't* e *don't have to*. Il primo viene usato per i divieti assoluti, mentre il secondo per dire ciò che non è necessario fare.

70) A. *My father wants my sister to study harder.* Questa frase riprende la regola del *want someone to do something*, cioè l'accusativo + infinito con il *to*. Segue la stessa regola anche *would like*. Le altre opzioni sono del tutto sbagliate.

Questionario 2
Nomi, articoli, pronomi e aggettivi

1) Fill in the blank. "The police are looking for ... in his twenties".
   A. an unemployed man
   B. the unemployed
   C. a unemployed man
   D. an unemployed men

2) Complete the following sentence. "I can't remember the name of the museum we visited in Madrid. Was it ...?".
   A. Museum Prado
   B. Prado's Museum
   C. The Prado Museum
   D. Prado

3) Complete the following sentence. "We normally have four lessons ... ".
   A. at week
   B. the week
   C. in the week
   D. a week

4) Fill in the blank. "On his birthday Jason invited ... friends to the cinema".
   A. all
   B. all his
   C. some of
   D. some his

5) Fill in the blank. "How much of ... she says is true?".
   A. what
   B. that
   C. which
   D. things

6) Fill in the blank. "It is surprising how ... little errors of fact are published by journalists".
   A. lots
   B. much
   C. many
   D. few

7) Complete the following sentence. "I don't like the green trousers. I prefer ... ".
   A. the blue ones

B. the ones blue
C. the blue
D. those blue

8) **Complete the following sentence. "I want you to meet ... ".**
    A. this friend of my
    B. this my friend
    C. this mine friend
    D. this friend of mine

9) **Fill in the blank. "I'm ... university student in Naples".**
    A. an
    B. the
    C. a
    D. Nessuna delle opzioni è corretta

10) **Fill in the blank. "I can't stand people ... don't tell the truth".**
    A. who
    B. whom
    C. which
    D. where

11) **Fill in the blanks. "The family ... lives above us is always having parties, ... is annoying".**
    A. who; what
    B. who; which
    C. whom; which
    D. that; what

12) **Fill in the blank. "Tracy, ... husband is a vet, lives on a farm".**
    A. whose
    B. of whom
    C. who
    D. her

13) **Complete the following sentence. "Do you know ... ".**
    A. whose umbrella this is?
    B. the umbrella to whom is?
    C. the umbrella whose this is?
    D. whose umbrella is this?

14) **Fill in the blank. "Has ... seen my rubber?".**
    A. anybody
    B. somebody
    C. everybody
    D. nobody

15) **Complete the following sentence.** "Would you like something … ?".
   A. other
   B. more
   C. else
   D. another

16) **Fill in the blank.** "Does your family sit down together … day to share a meal?".
   A. most
   B. some
   C. all
   D. every

17) **Fill in the blank.** " … one would you like?"
   A. What
   B. Which
   C. Why
   D. How

18) **Fill in the blank.** "Jane and Bob have grown up. Now … are 16".
   A. them
   B. they
   C. we
   D. their

19) **Complete the following sentence.** "This is … ".
   A. the car of James's
   B. car's James
   C. James's car
   D. Jame'ss car

20) **Complete the following dialogue.** A: "Do we need … cheese from the market?". B: "Yes, can you get a piece of parmcsan cheese, please?".
   A. a
   B. the
   C. any
   D. few

21) **Fill in the blank.** "James, I told … not to speak to me like that!".
   A. he
   B. you
   C. your
   D. him

22) **Fill in the blank.** "Sean Connery came in … hotel last year".
   A. yours
   B. ours
   C. all

D. our

23) **Complete the following sentence. "He doesn't have time for his many … ".**
   A. hobbyes
   B. hobbies
   C. hobbys
   D. hobby

24) **Fill in the blank. "I am leaving: I am not staying here … longer".**
   A. any
   B. few
   C. none
   D. some

25) **Fill in the blank. "He thought it was over and he changed … mind".**
   A. him
   B. his
   C. is
   D. the

26) **Complete the following dialogue. "… is the station from the school?". "Just 1 km".**
   A. How much
   B. How far
   C. How many
   D. How long

27) **Fill in the blank. "Men and … were outside".**
   A. womans
   B. woman
   C. women
   D. wimmen

28) **Fill in the blank. "Is … answering?".**
   A. anyone
   B. everyone
   C. each one
   D. none

29) **Fill in the blank. "I have got two sisters but … brothers".**
   A. no
   B. none
   C. any
   D. a little

30) **Complete the following sentence. "I took a lot of …".**
   A. fotos
   B. photoes

C. photos
D. photo

31) **Fill in the blank. "I don't think ... on this website is correct".**
    A. the information
    B. the informations
    C. an information
    D. information

32) **Fill in the blank. "Do you know ... who can speak Spanish?".**
    A. anyone
    B. there is someone
    C. if someone
    D. if anyone

33) **Choose the correct sentence.**
    A. Don't leave children in the kitchen on themselves
    B. Don't leave children in the kitchen on theirs own
    C. Don't leave children in the kitchen on them own
    D. Don't leave children in the kitchen on their own

34) **Choose the correct sentence.**
    A. Good friend respect them other
    B. Good friends respect themselves
    C. Good friends respect each other
    D. Good friends respect them others

35) **Choose the correct reply to this sentence. "We've got a dog".**
    A. So do we
    B. So have we
    C. So we have
    D. So we've got

36) **Fill in the blank. "There are ... things I like more than staying in bed late on Sunday".**
    A. a few
    B. few
    C. some
    D. no

37) **Fill in the blank. "There isn't ... to finish the game now".**
    A. little time
    B. time enough
    C. no time
    D. enough time

38) **Fill in the blank. "This is the shop ... I used to work".**

A. where
B. that
C. which
D. whose

39) Complete the following dialogue. "Would you like chocolate cake or ice cream?". "I don't mind. ... is fine".
A. Each
B. All
C. Both
D. Either

40) Complete the following sentence. "She asked her doctor ... ".
A. some advices
B. an advice
C. for some advice
D. advices

41) Fill in the blank. "Would you like ... pasta?".
A. a little of
B. no
C. a few
D. some more

42) Complete the following sentence. "That's the flat ... last month".
A. at which Christopher stayed at
B. that Christopher stayed
C. where Christopher stayed
D. which Christopher stayed

43) Fill in the blank. "Obesity can be caused by eating ... when you're a child".
A. too much
B. food
C. too many
D. too

44) Choose the alternative which means the same as this sentence. "I didn't see anything strange in the street".
A. It was strange not to see anything in the street
B. The street was not strange
C. There was no stranger in the street
D. I saw nothing strange in the street

45) Fill in the blank. "Alex and Jane are friendly, but ... of them likes talking to strangers".
A. neither
B. none

C. either
D. both

46) **Fill in the blank.** "The test was a disaster because I answered ... of the questions".
    A. most
    B. some
    C. a few
    D. none

47) **Fill in the blank.** "Yesterday it was so sunny that we sunbathed ... afternoon".
    A. every
    B. whole
    C. all
    D. each

48) **Complete the following sentence.** "Many people are scared by ... ".
    A. large spiders
    B. the large spiders
    C. large spider
    D. the big spider

49) **Fill in the blank.** "English children start going ... when they're five".
    A. to the school
    B. to school
    C. school
    D. to some school

50) **Fill in the blank.** "School children don't wear ... uniform in Italy".
    A. an
    B. some
    C. a
    D. the

51) **Fill in the blank.** "They got ... late".
    A. to the school
    B. to school
    C. to a school
    D. school

52) **Complete the following dialogue.** A: "I think class 3 B has some very promising pupils". B: " ... ".
    A. So they have
    B. Neither do I
    C. So do I
    D. Neither are they

53) Fill in the blank. "Keynes warned in the 1930s that ageing societies with high levels of saving, and not ... investment opportunities, face a deflationary nightmare".
   A. lots
   B. much
   C. too much
   D. many

54) Fill in the blank. "Does ... agree with the principal's suggestions?".
   A. everyone
   B. all of you
   C. any people
   D. all persons

55) Fill in the blank. "My parents gave me ... pocket money when I was a child".
   A. very
   B. few
   C. little
   D. too many

56) Fill in the blank. "She doesn't look like ... her father or her mother".
   A. either
   B. neither
   C. or
   D. both

57) Fill in the blank. "This jumper is ... big for me".
   A. too many
   B. too much
   C. too
   D. much

58) Fill in the blank. "Ann and Peter phone ... every day".
   A. them
   B. themselves
   C. themself
   D. each other

59) Fill in the blank. "He has got ... money".
   A. much
   B. many
   C. a lot of
   D. very

60) Fill in the blank. "He was wearing ... riding boots".
   A. red old Spanish leather
   B. old leather red Spanish
   C. old red Spanish leather

D. Spanish red old leather

61) **Fill in the blanks.** "Everyone is hungry. ... all want to have ... breakfast".
   A. She; her
   B. They; their
   C. We; our
   D. He; him

62) **Fill in the blank.** "It's ... ... I told the news".
   A. his; whose
   B. he; whom
   C. him; who
   D. he; whose

63) **Complete the following sentence.** "If you are not in the sun, you are ..."
   A. on the moon
   B. in the shade
   C. in the shadow
   D. at sea

64) **Fill in the blank.** "The first thing we need to do is to find ... location".
   A. a right
   B. a fitful
   C. a suitable
   D. an adapted

65) **Fill in the blanks.** "We have ... time but not ..."
   A. much; a lot
   B. some; much
   C. any; a lot
   D. a lot; much

66) **Fill in the blank.** "... do you like your job?"
   A. What
   B. Who
   C. Where
   D. Why

67) **Fill in the blank.** "Angela told me ... was said at the meeting".
   A. what
   B. which
   C. that which
   D. that what

68) **Fill in the blank.** "My friend Catherine is a journalist. ... job is very interesting".
   A. Their
   B. His

C. She's
D. Her

69) **Fill in the blanks. "She felt ... when she first arrived because she had ... to talk to".**
    A. lone; no one
    B. alone; somebody
    C. lonely; anybody
    D. lonely; nobody

70) **Fill in the blank. "A flashlight is a battery-powered light ... you can carry around with you".**
    A. an order
    B. that
    C. so that
    D. what

Risposte commentate
Nomi, articoli, pronomi e aggettivi

1) **A.** *The police are looking for an unemployed man in his twenties.* La B è sbagliata perché usa un articolo determinativo invece di uno indeterminativo. La C è sbagliata perché usa l'articolo *a* anziché *an*. La regola dice che l'articolo *a* viene posto davanti alle parole inizianti per consonante e *an* davanti a quelle inizianti per vocale. Per quanto riguarda la risposta D viene usato un plurale di *man* che è *men* per cui non può essere usato l'articolo singolare.

2) **D.** *I can't remember the name of the museum we visited in Madrid. Was it Prado?* In inglese, l'uso dell'articolo determinativo *the* segue regole diverse dall'italiano e non sempre viene menzionato all'interno di una frase. La regola prevede che venga utilizzato solo quando si vuole specificare esattamente di cosa si sta parlando facendo riferimento a qualcosa o qualcuno citato in precedenza. Esso traduce il, lo, la, i, gli, le e non ha né genere né numero. Prevede eccezioni e applicazioni particolari a seconda del contesto.

3) **D.** *We normally have four lessons a week.* Gli avverbi di frequenza rispondono alla domanda *how often?* (Ogni quanto? Con quale frequenza?). Ma a questa domanda rispondono anche le locuzioni iterative. Esse sono: *once* (una volta), *twice* (due volte), *three times* (tre volte), e la parola *every* o avverbi derivati da *hour/day/month/year*. Per cui, applicando la regola che prevede una locuzione + *a + day/week/month/year*, le altre opzioni sono del tutto sbagliate. Infatti, l'articolo *a* in inglese traduce l'italiano "al, allo" con il significato di "ogni": per esempio, *four lessons a week*.

4) **B.** *On his birthday Jason invited all his friends to the cinema.* La A è sbagliata perché usa *all* senza l'aggettivo possessivo. La C è sbagliata per lo stesso motivo. La D è sbagliata perché manca *of*. *All* è un quantificatore e viene usato come *every*. Ma mentre *every* è seguito da un sostantivo singolare, *all* viene seguito da un sostantivo plurale. *All* + un sostantivo singolare cambia significato, per esempio, *Yesterday I studied all day* ("Ieri ho studiato tutto il giorno"). La risposta giusta è la B perché spiega che Jason ha invitato *tutti* i suoi amici al cinema e questa frase necessita dell'aggettivo possessivo.

5) **A.** *How much of what she says is true?* La B è sbagliata perché introduce il pronome relativo *that* e la stessa cosa fa la C con il pronome relativo *which*, che non possono assumere il significato di cosa e quindi fungere da complemento. La D è sbagliata completamente. Nella frase, *what* sostituisce un sostantivo e acquisisce il valore di complemento. Le funzioni di *what* sono tantissime e di solito esso viene usato nella forma interrogativa.

6) **C.** *It is surprising how many little errors of fact are published by journalists.* Many è la forma esatta poiché ci troviamo davanti ad un sostantivo plurale numerabile. *Much* sarebbe stato corretto qualora ci fossimo trovati davanti ad un sostantivo non numerabile.

7) A. *I don't like the green trousers. I prefer the blue ones.* Usiamo i dimostrativi *one/ones* per non ripetere un sostantivo singolare o plurale. Di solito non è necessario ripetere *one/ones* dopo *these* e *those* (questi, quelli).

8) D. *I want you to meet this friend of mine.* La B è sbagliata perché usa un aggettivo possessivo. In questa struttura occorre usare invece il pronome possessivo. Essi, per definizione, sottintendono il nome e quindi vengono usati da soli, per esempio, *I haven't got a red pen. Could you lend me yours?* ("Non ho la penna rossa. Potresti prestarmi la tua?"). I pronomi possessivi sono invariabili e non sono mai preceduti dall'articolo.

9) C. *I'm a university student in Naples.* La regola generale prevederebbe che, essendo la *u* una vocale, l'articolo giusto dovrebbe essere *an*. Tuttavia, in inglese, si usa *a* anche quando la parola che segue inizia per il suono "iu" [ju], dato dal dittongo "u" o "eu". Per esempio, *university, European, euro*.

10) A. *I can't stand people who don't tell the truth. Whom* è usato come complemento oggetto, *which* si usa per indicare cosa o cose e animali, *where* per luogo o luoghi. *Who* è invece usato per persona o persone come pronome relativo.

11) B. *The family who lives above us is always having parties, which is annoying.* Le frasi relative determinative forniscono informazioni che sono indispensabili per definire i nomi a cui si riferiscono. In questo tipo di frase *that* è meno frequente. I pronomi relativi soggetto sono: *who, which, that*. I pronomi relativi complemento sono: se riferito a persona *who/whom* (abbastanza raro) /*that*; altrimenti *that* oppure *which*.

12) A. *Tracy, whose husband is a vet, lives on a farm.* Il pronome relativo *whose* (il cui, la cui ecc.) sostituisce *his, her, their*. Si usa per persone o organizzazioni ma non per le cose, per esempio, *This is the band. Their album is in the chart/This is the band whose album is in the chart* ("Questa è la band il cui album è in classifica").

13) D. *Do you know whose umbrella is this? Whose*, oltre ad essere un pronome relativo, viene anche usato come pronome interrogativo e significa "di chi?". Esso può avere due costruzioni: *whose* + oggetto + verbo + pronome dimostrativo, per esempio, *Whose car is this?* ("Di chi è questa macchina?"), oppure *whose* + verbo + pronome dimostrativo + oggetto, per esempio, *Whose is this car?* ("Di chi è questa macchina?").

14) A. *Has anybody seen my rubber?* Nella B viene proposto *somebody* che viene usato nelle affermative. Nella C, *everybody* che significa "tutti". Nella D, *nobody* che è usato nelle negative quando non c'è la negazione nel verbo. In questa frase si intende se vi sia "qualcuno" che abbia visto "qualcosa" (la mia gomma per cancellare) e si deve inserire *anybody*, pronome utilizzato nelle frasi interrogative.

15) C. *Would you like something else?* Dopo i composti di *some, any, no* ed *every* viene usato *else* per esprimere il significato di "qualcun altro", "nient'altro", "ogni altra cosa". L'opzione B indica "di più", la A e la D significano "un'altra" e "altro", ma non vanno usate con queste espressioni.

16) D. *Does your family sit down together every day to share a meal?* Le espressioni *every* e *each* corrispondono a ogni/ciascuno (aggettivo) e spesso possono essere usate sia l'una sia l'altra. *Every* viene spesso utilizzato anche come espressione di frequenza insieme ad espressioni di tempo come *minute/hour/day* ecc.

17) B. *Which one would you like?* What e *which*, rispettivamente, significano "cosa" e "quale", ma il loro uso è abbastanza confuso tanto che talvolta si ha difficoltà a scegliere quello più adatto. *What* di norma si usa quando ci sono diverse risposte possibili, per esempio, *What colour do you like?* ("Che colore ti piace?"); si usa invece *which* quando c'è un numero limitato di risposte, per esempio, *There is a coke and an orange juice. Which one do you want?* ("C'è la coca-cola e l'aranciata. Quale vuoi?").

18) B. *Bob and Jane have grown up. Now they are 16.* Them e *their* sono, rispettivamente, pronome e aggettivo possessivo. *We* è completamente sbagliato rispetto a Bob e Jane.

19) C. *This is James's car.* La prima è sbagliata perché usa una forma che si utilizzerebbe se ci fossero due oggetti, la B e la D sono pura fantasia.
Il genitivo sassone è la forma possessiva del nome: il genitivo, infatti, indica in latino il complemento di specificazione. Il genitivo sassone è una costruzione che serve per esprimere un rapporto di appartenenza, generalmente quando il possessore è una persona o un animale. Si costruisce facilmente apostrofando il possessore, seguito da una *s* ed infine la cosa posseduta: *Peter's car* ("La macchina di Peter"). Se il possessore termina in *s* ed è singolare, la regola è la stessa, *James's brother* ("Il fratello di James"). Se il possessore termina con la *s* ma è plurale, si aggiunge solo l'apostofro e non si mette la *s*. Se il possessore è un plurale ma irregolare, come *children*, si mette l'apostofro e la *s*: *My children's toys* ("I giocattoli dei miei figli").

20) C. *Do we need any cheese from the supermarket? Yes, can you get a piece of parmesan cheese, please? Cheese* è un sostantivo non numerabile e come tale non è mai preceduto da un articolo indeterminativo o da un numerale. *The* non è adatto in questo contesto poiché viene di solito usato quando si fa riferimento a qualcosa menzionato in precedenza. I sostantivi non numerabili (*uncountable nouns*) possono essere preceduti da un indefinito o da un sostantivo che ne specifica la quantità. Per esempio, *a piece of cheese, a litre of wine, a slice of cake* ecc.

21) B. *James, I told you not to speak to me like that! He* è un pronome personale. *Your* è un aggettivo possessivo. *Him* è un pronome complemento. I pronomi complemento vengono usati dopo un verbo oppure dopo una preposizione. A differenza dell'italiano, non è possibile utilizzarli prima del verbo, per esempio, A: *Where's the bag?*. B: *I put it on the table.* ("Dov'è la borsa? L'ho messa sul tavolo"). I pronomi complemento sono: *me, you, him, her, it, us, you, them*.

22) D. *Sean Connery came in our hotel last year.* La A e la B indicano pronomi possessivi. La risposta esatta è invece un aggettivo possessivo, come *our*.
Gli aggettivi possessivi accompagnano i sostantivi e non hanno né genere né numero. Essi sono: *my, your, his, her, its, our, your, their*.

23) B. *He doesn't have time for his many hobbies.* Le parole che terminano con *y* seguono due regole diverse per la formazione del plurale: se la *y* è preceduta da una vocale non c'è alcun cambiamento ortografico, se la *y* è preceduta da consonante essa si trasforma in *i* prima di aggiungere *es*.

24) A. *I am leaving: I am not staying here any longer.* Few significa "alcuni" e si usa davanti ai sostantivi plurali, *none* significa alcuno e si usa per le persone e *some* si usa davanti ai sostantivi plurali oppure non numerabili. *Any* è utilizzato nelle frasi negative e interrogative.

25) B. *He thought it was over and he changed his mind.* His, aggettivo e pronome possessivo, viene qui usato in una tipica costruzione inglese, *to change one's mind* (cambiare idea).

26) B. *How far is the station from the school? Just 1 km.* How much significa "quanto", *how many* significa "quanti", *how long* "per quanto tempo" oppure "da quanto tempo", *how far* "quanto distante".

27) C. *Men and women were outside.* La A è sbagliata perché *woman* ha un plurale irregolare, la forma esatta è *women*. Oltre a *woman*, tra i plurali irregolari più comuni dobbiamo ricordare *child-children* (bambino-bambini), *man-men* (uomo-uomini), *person-people* (persona-gente), *foot-feet* (piede-piedi) ecc.

28) A. *Is anyone answering?* Someone e anyone sono composti di *some* e *any* e si comportano allo stesso modo: *some* si utilizza nelle frasi affermative e *any* nelle interrogative e negative.

29) A. *I have got two sisters but no brothers.* No, in questo caso, è la risposta corretta poiché non abbiamo la negazione nel verbo. *No* significa *not any*.

30) C. *I took a lot of photos.* I plurali in inglese seguono diverse regole. Di solito, le parole che terminano per *o* prendono *es* per formare un plurale, per esempio, *tomato-tomatoes* (pomodoro-pomodori). Quando ci troviamo, invece, di fronte a nomi che terminano in *o* ma che sono o di origine straniera o abbreviazioni, essi prendono solo la *s*, per esempio, *disco-discos* (discoteca-discoteche), *piano-pianos* (pianoforte-pianoforti).

31) A. *I don't think the information on this website is correct.* La B è sbagliata perché *information* non ha plurale. La C perché ha usato davanti ad un sostantivo non numerabile l'articolo indeterminativo. La D perché non ha alcun articolo e in questo caso deve esserci, infatti, quando si fa riferimento a qualcosa di specifico (l'informazione di questo specifico sito) si utilizza *the*.

32) A. *Do you know anyone who can speak Spanish?* I composti di *some, any* e *no* vengono usati per parlare di cose, persone e luoghi indefiniti. Essi si formano con *some, any* oppure *no* + le parole *thing, body/one, where*. *Any* e i suoi composti si usano nelle frasi interrogative e negative. Si possono utilizzare i composti di *any* in frasi affermative quando il significato è "qualunque cosa/chiunque/da qualsiasi parte", per esempio, *You can order anything you like* ("Puoi ordinare qualunque cosa ti piaccia").

33) D. *Don't leave children in the kitchen on their own.* I pronomi riflessivi si usano quando il soggetto e il complemento oggetto di una frase coincidono; seguono sempre il verbo. In alcuni casi, l'aggettivo *own* (proprio, stesso) può seguire un aggettivo possessivo (*my own, your own*) per sottolineare la proprietà di qualcosa, per indicare che è il soggetto a compiere un'azione personalmente o quando si compie un'azione "da soli": in questo caso, il possessivo è preceduto dalla preposizione *on*.

34) C. *Good friends respect each other.* Per esprimere un'azione reciproca in inglese si usa *each other*. Non bisogna confondersi con i pronomi riflessivi che si usano quando chi subisce l'azione è lo stesso di chi la compie. Essi sono: *myself, yourself, himself, herself, itself, ourselves, yourselves, themselves.* Per esempio, *We help each other* ("Noi ci aiutiamo a vicenda"); *The teacher introduced herself* ("L'insegnante si presentò").

35) B. *We have got a dog. So have we.* Le espressioni italiane "anch'io", "anche tu", usate per replicare a una frase affermativa, in inglese si rendono con *so* seguito dall'ausiliare della frase a cui si replica. Per rispondere a una frase negativa si usa *neither/ nor* seguito dall'ausiliare della frase a cui si risponde.

36) B. *There are few things I like more than staying in bed late on Sunday.* La A è sbagliata perché la traduzione di *a few* è "alcune" e la frase vuol dire: ci sono *poche* cose (…). *Some* e *no* altererebbero il significato della frase. *Few* e *a few*, rispettivamente, significano "pochi" e "alcuni". Essi vengono usati con i sostantivi numerabili. Per i sostantivi non numerabili vengono usati *little* e *a little* che, rispettivamente, significano "poco" e "un po'".

37) D. *There isn't enough time to finish the game now.* *Too* e *enough* si usano con aggettivi e avverbi. *Too* significa "troppo" e *enough* "abbastanza". *Enough* viene usato sia per gli aggettivi sia per i sostantivi cambiando la sua posizione. Con i sostantivi *enough* viene posto prima: *There weren't enough people* ("Non c'erano abbastanza persone"), mentre con gli aggettivi viene posto dopo: *This coffee isn't hot enough* ("Questo caffè non è caldo abbastanza").

38) A. *This is the shop where I used to work.* I pronomi relativi sono *who/that* (per persona/persone), *which/that* (cosa o cose), *where* (luogo o luoghi). *Where* viene usato in una frase relativa per indicare il luogo. Al *where* possiamo anche sostituire un *that* oppure *which* ma se accompagnati da una preposizione. Per esempio, *The shop (that) he works in is very elegant.*

39) D. *Would you like chocolate cake or icecream? I don't mind. Either is fine.* La B è sbagliata perché significa "tutto". La C perché significa "entrambe". *Each* è errata perché significa "ogni". *Either*, in questa frase, significa "o l'uno o l'altro".

40) C. *She asked her doctor for some advice.* Ci troviamo davanti ad un sostantivo non numerabile, laddove la B usa l'articolo, la A e la D sono plurali. Gli *uncountable nouns* non prendono l'articolo indeterminativo, richiedono il verbo al singolare, possono usare *some* o *any*. Talvolta, alcuni di essi possono essere resi numerabili con l'aggiunta di *a piece of:* per esempio, *a piece of news* (una notizia), *a piece of advice* (un consiglio).

41) D. *Would you like some more pasta?* Gli aggettivi indefiniti *some* e *any* indicano una quantità indeterminata e corrispondono all'italiano "un po' (di)", "qualche", "alcuni", "ne". Per offrire qualcosa a qualcuno si usano le espressioni *Would you like? Will you have?* Per esempio, *Would you like/Will you have some cheese?*

42) C. *That's the flat where Christopher stayed last month.* I pronomi relativi restrittivi sono essenziali per la comprensione di una frase, poiché forniscono informazioni indispensabili a definire o identificare la persona, l'oggetto, il luogo di cui si parla. Quando vogliamo indicare un luogo relativo a una certa azione, usiamo *where* al posto del pronome relativo.

43) A. *Obesity can be caused by eating too much when you're a child.* La B e la D sono completamente sbagliate. La C potrebbe essere usata qualora *too many* fosse stato seguito da un sostantivo numerabile. Con un sostantivo non numerabile e con un verbo si usa *too much*.

44) D. *I saw nothing strange in the street.* Usiamo i composti di *some*, *any* e *no* per parlare di cose, persone o luoghi indefiniti. Ci sono due modi per esprimere la negazione: il verbo negativo + il composto di *any*, per esempio, *I didn't go anywhere last night* ("Non sono andato da nessuna parte ieri sera"), oppure con il verbo in affermativo + composto in negativo, per esempio, *She ate nothing* ("Lei non mangiò niente").

45) A. *Alex and Jane are friendly, but neither of them likes talking to strangers.* Usiamo *both*, *either* e *neither* per parlare di due cose o persone. Essi si formano così: *both* + sostantivo plurale; *either/ neither* + sostantivo singolare. Esiste anche la costruzione *both/ either/ neither + of +* pronome personale complemento; per esempio, *We watched two films last night but neither of them was interesting* ("Abbiamo visto due film ieri sera, ma nessuno dei due era interessante").

46) D. *The test was a disaster because I answered none of the questions.* Some e any si possono usare anche come pronomi, per riferirsi ad un nome menzionato prima. In questo caso, nelle frasi negative si usano *not... any* o *none*, per esempio, *We need to buy some apples because there aren't any in the fridge*; oppure *We need to by some apples because there are none in the fridge* ("Abbiamo bisogno di comprare delle mele, non ce ne sono in frigo").

47) C. *Yesterday it was so sunny that we sunbathed all afternoon. All* significa "tutto". Tutto in inglese può essere tradotto in diversi modi: *everything*, per esempio, *He told me everything* ("Lui mi disse tutto"); *whole*, che assume il significato di "intero", per esempio, *I studied the whole afternoon yesterday* ("Ieri ho studiato l'intero pomeriggio") e, infine, *all*, che si può usare per parlare di cose e persone in generale, per esempio, *She thinks that all sports are exciting* ("Lei pensa che tutti gli sport siano divertenti"), e si può usare davanti a *morning/afternoon/evening/night* ecc.

48) A. *Many people are scared by large spiders.* In inglese c'è un solo articolo determinativo: *the*. Esso si usa davanti a nomi che sono già stati introdotti nel discorso precedente oppure quando parliamo di cose o persone specifiche facilmente identificabili. Non si usa l'articolo quando si parla di qualcosa in maniera generica, ecco perché la lettera A è l'opzione corretta.

49) B. *English children start going to school when they're five.* *School* è tra quelle parole che non prendono mai l'articolo quando ci si riferisce all'istituzione e non all'edificio. Le altre più comuni sono: *church, university e hospital*.

50) C. *School children don't wear a uniform in Italy.* La C è corretta poiché la "u" di *university* non è considerata una vocale, ma un suono intervocalico. Per questa ragione l'articolo è *a* non *an*.
Usiamo *a/an* davanti ai sostantivi numerabili. *A/an* si usano, tra l'altro, quando si parla di professioni, per esempio, *a doctor* (un medico). *A* si usa davanti alle parole che iniziano per consonante, davanti all'*h* aspirata, e davanti al suono intervocalico /jù:/. *An* si usa davanti alle parole inizianti per vocale e davanti all'*h* muta. Le parole con *h* muta sono le seguenti: *hour, heiress, heir, honour*.

51) B. *They got to school late.* Le parole *school, church, university, prison, bed, hospital* non prendono alcun articolo se ci si riferisce all'attività che vi si svolge. L'articolo viene usato quando ci riferiamo al luogo fisico o edificio. Per esempio, *The students were visiting the university* ("Gli studenti stavano visitando l'università").

52) C. *A: I think class 3 B has some very promising pupils. B: So do I.* Come già detto, le espressioni italiane "anch'io", "anche tu", in inglese, si rendono con *so* + l'ausiliare della frase a cui si replica.

53) D. *Keynes warned in the 1930s that ageing societies with high levels of saving, and not many investment opportunities, face a deflationary nightmare. Many* è corretto perché è usato per i sostantivi numerabili. *Much* è usato, invece, per i sostantivi non numerabili.

54) A. *Does everyone agree with the principal's suggestions?* La A è corretta poiché *does* si accorda solo con *everyone*. Tutte le altre espressioni avrebbero richiesto il verbo al plurale, e cioè *do*.

55) C. *My parents gave me little pocket money when I was a child. Little* viene usato per le parole non numerabili e significa "poco". *Few* viene usato davanti alle parole numerabili con lo stesso significato. *Little* e *few* corrispondono in italiano a "poco/a" e "pochi/e". Essi si usano così: *little* + sostantivo non numerabile e *few* + sostantivo numerabile. *Little* e *few* esprimono un'idea di scarsità. Le espressioni *a little* e *a few*, invece, corrispondono a "un po' di", "qualche", "alcuni"; per esempio, *We have little money to take a taxi* ("Abbiamo pochi soldi per prendere un taxi"). *I still have a little money left. So I can take a taxi.* ("Mi è rimasto ancora un po' di danaro, così posso prendere un taxi").

56) A. *She doesn't look like either her father or her mother.* La A è corretta perché mette in relazione *either* con *or* che significa "o… o". La B è sbagliata perché *neither* è in correlazione con *nor* e significa "né... né". Ed, infine, la D è sbagliata perche *both* è in relazione con *and* e significa "sia... sia".

57) C. *This jumper is too big for me. Too much, too many, too* significano tutti "troppo" ma si usano in diversi costrutti grammaticali. *Too much* si usa con i sostantivi non numerabili, per esempio, *There is too much sugar in this coffee* ("C'è troppo zucchero in questo caffè"); *too many* si usa con i sostantivi numerabili, per esempio, *I've got too many shoes in my wardrobe* ("Ho troppe scarpe nell'armadio"). *Too* viene, invece, usato con gli aggettivi e gli avverbi.

58) D. *Ann and Peter phone each other every day.* Per esprimere un'azione reciproca si usa *each other* oppure *one another*, per esempio, *They helped each other/one another* ("Si aiutavano l'un l'altro"). Attenzione alla differenza tra *ourselves/yourselves/themselves* e *each other/one another*. I primi definiscono un'azione che ricade su colui che la fa, i secondi definiscono un'azione di reciprocità.

59) C. *He has got a lot of money.* Si usa *much* con i sostantivi non numerabili e *many* con i sostantivi numerabili. Ma *much* e *many* sono più comuni nelle interrogative e negative e dopo *so, as, too* e *very*. Nelle frasi affermative sia per i numerabili sia per i non numerabili si preferisce *a lot of*. *Very* si usa davanti agli aggettivi.

60) C. *He was wearing old red Spanish leather riding boots.* In generale, la regola dice che l'aggettivo precede sempre il sostantivo, ma nel loro susseguirsi essi rispettano un certo ordine. Per primi si mettono gli aggettivi che esprimono opinione (*fantastic, cheap*), poi gli aggettivi che descrivono caratteristiche di fatto (*small, modern*).

61) B. *Everyone is hungry. They all want to have their breakfast.* I composti di *every* (*everything/everybody/everyone/everywhere*) si usano con il verbo al singolare ma di solito sono plurali i pronomi e gli aggettivi possessivi che li seguono. Spesso, per evitare di specificare il sesso di una persona si usano *their* e *them* anche in riferimento a *someone, anyone* e *no one*.

62) B. La corretta traduzione della frase è: "È lui (quello) a cui ho raccontato la notizia". In inglese le espressioni italiane "è lui", "è lei" si traducono con *it's* seguito dal pronome soggetto e non dal pronome complemento come in italiano, pertanto avremo: *it's he/ it's she*. In tal caso, poi, il pronome relativo da usare è *whom*, usato con valore di complemento (a cui).

63) B. *Shade* non va confuso con *shadow* che, pur avendo lo stesso significato, in questo caso è lessicalmente errato.

64) C. Sinonimi di *suitable* sono *appropriate, right, fitting, fit, suited, acceptable*.

65) B. L'alternativa corretta è *some* (qualche, del) / *much* (molto), che, inseriti al posto dei puntini, danno alla frase il seguente significato: "Abbiamo del tempo ma non molto".

66) D. L'opzione di risposta corretta è *why* e la traduzione è: "Perché ti piace il tuo lavoro?".

67) A. La risposta esatta è *what* nel senso di "quello che" e la traduzione è: "Angela mi raccontò quello che fu detto all'incontro". *What* e *which* sono pronomi sia relativi che interrogativi: *what* indica possibilità di scelta illimitata, mentre *which* riguarda una scelta limitata e definita di alternative.

68) D. Il quesito richiede di completare la frase proposta con la giusta parola. La traduzione della frase è: "La mia amica Caterina è una giornalista. ... lavoro è molto interessante". La parola mancante è l'aggettivo possessivo che, poiché è associato a un nome femminile alla terza persona singolare, deve essere *her*.

69) D. L'alternativa corretta è *lonely/nobody* e la frase si traduce nel seguente modo: "Lei si sentì sola non appena arrivò perché non aveva nessuno con cui parlare". In questo caso nessuno si traduce con *nobody* o *no one*, in quanto non è già presente nella frase l'avverbio di negazione (in tal caso avremmo dovuto utilizzare *anybody*).

70) B. La parola mancante è il pronome relativo, con la funzione di complemento oggetto, *that*. La frase si tradurrà nel seguente modo: "Una torcia è una luce a batteria che si può portare con sé".

Questionario 3
Aggettivi (qualificativi), avverbi e preposizioni

1) Fill in the blank. "Is there anybody ... home?".
   A. at
   B. in
   C. inside
   D. on

2) Fill in the blank. " ... are you leaving for the summer holidays?".
   A. What
   B. Where
   C. Since
   D. When

3) Choose the alternative which does not change the meaning of the phrase in square brackets in the following sentence. "This car is [cheaper] than that one".
   A. nicer
   B. faster
   C. less expensive
   D. older

4) Complete the following sentence. "More people live in London ... ".
   A. then in Milan
   B. that Milan
   C. than in Milan
   D. which in Milan

5) Fill in the blank. "That hotel is ... town".
   A. the expense in
   B. the most expensive in
   C. the more expensive in
   D. darling

6) Choose the synonym of the word between square brackets. "John was very [glad] about your success".
   A. happy
   B. envious
   C. sad
   D. sorry

7) Fill in the blank. "The books are ... the shelves".
   A. till

B. up
C. on
D. above

8) **Complete the following sentence. "My sister ... you at tennis".**
   A. is better than
   B. is best than
   C. is as goor
   D. is as gooder

9) **Choose the synonym of the word between square brackets. "Henry is very [clever]".**
   A. tall
   B. nice
   C. intelligent
   D. kind

10) **Fill in the blank. "He left ... the 3 o'clock train".**
    A. by
    B. with
    C. from
    D. towards

11) **Fill in the blank. "He is ... teacher in the school".**
    A. goodest
    B. the better
    C. the best
    D. better

12) **Fill in the blank. "I ... go out in the evening: the last time I did was three months ago".**
    A. always
    B. often
    C. seldom
    D. never

13) **Complete the following sentence. "We are ... as you are".**
    A. so rich not
    B. rich
    C. not as rich
    D. richer

14) **Complete the following sentence. "It has been ... experience of my life".**
    A. the worst
    B. the most bad
    C. the worse
    D. worst

15) **Complete the following sentence. "She should drive ... than usual".**
    A. most slowly
    B. more slower
    C. less slower
    D. more slowly

16) **Fill in the blank. "He got ... the car and left!".**
    A. on
    B. into
    C. to
    D. at

17) **Fill in the blanks. "Pietro was born ... 11 am ... the third of March".**
    A. at; on
    B. on; on
    C. at; for
    D. at the; on

18) **Fill in the blank. "What time does the train arrive ... Milan?". "At about 5 o'clock".**
    A. for
    B. from
    C. in
    D. at

19) **Fill in the blank. "I always go to the restaurant ... Saturdays".**
    A. on the
    B. at
    C. on
    D. over

20) **Fill in the blank. "At the dinner party, Patricia sat ... Peter".**
    A. over to
    B. near to
    C. side of
    D. next to

21) **Fill in the blank. "We're going ... Spain for a holiday".**
    A. to
    B. since
    C. in
    D. of

22) **Fill in the blank. "I'm ... than you in English".**
    A. better
    B. good
    C. well
    D. gooder

23) **Fill in the blank. "This car is ... as yours".**
    A. as faster
    B. faster
    C. the fastest
    D. as fast

24) **Complete the following sentence. "I ... to work on Sundays".**
    A. don't never go
    B. never go
    C. go never
    D. not never go

25) **Fill in the blank. "The children were very ... last night".**
    A. tiring
    B. tyred
    C. tired
    D. tiredness

26) **Complete the following sentence. "She speaks French better than ... ".**
    A. you
    B. you are
    C. yours
    D. your

27) **Fill in the blank. "A scooter is ... than a bike".**
    A. heavy
    B. heavier
    C. more heavy
    D. much heavy

28) **Fill in the blank. "Milan is ... larger than Florence".**
    A. very
    B. so
    C. much
    D. more

29) **Complete the following sentence. "She works ... ".**
    A. hardly
    B. more hard
    C. much hard
    D. hard

30) **Fill in the blank. "I haven't been to London ... five years".**
    A. at
    B. in
    C. since
    D. for

31) Fill in the blank. "He was afraid ... his enemies".
   A. of
   B. in
   C. by
   D. on

32) Fill in the blank. "The workers are fed ... with doing overtime".
   A. on
   B. against
   C. out
   D. up

33) Fill in the blank. "They washed their swimsuits ... hand".
   A. with
   B. of
   C. in
   D. by

34) Fill in the blank. "We have been in London ... three months".
   A. during
   B. since
   C. for
   D. on

35) Choose the alternative which does not change the meaning of the phrase in square brackets in the following sentence. "I hope he will be able to do the job [properly]".
   A. in the right way
   B. quickly
   C. alone
   D. his own way

36) Complete the following sentence. "The book I read was ... as I expected".
   A. so through
   B. more touching
   C. less touched
   D. as touching

37) Complete the following sentence. "Chinese is ... language in the world".
   A. the most spoken
   B. the least spoked
   C. the more spoken
   D. not stroke

38) Choose the right synonym of the word between square brackets. "My secretary is very [fast] in doing things".
   A. slow

B. quick
C. precise
D. good

39) Choose the right synonym to the word between square brackets. "The show has been very [amusing]".
   A. entertaining
   B. noisy
   C. long
   D. crowded

40) Fill in the blank. "I haven't seen Rita ... I was 12".
   A. since
   B. from
   C. when
   D. then

41) Fill in the blank. "The teacher explains the lessons ... the students".
   A. to
   B. at
   C. for
   D. above

42) Fill in the blank. "A Viennese journalist, writing ... the end of the eighteenth century, observed that these serenades occurred almost every fine summer evening".
   A. by
   B. adjacent
   C. nearby
   D. towards

43) Complete the following sentence. "My mother speaks French ... than my teacher".
   A. most faster
   B. most fluently
   C. more fluently
   D. much fluenter

44) Fill in the blank. "Robert broke his arm and had to have it put ... plaster".
   A. off
   B. on
   C. away
   D. in

45) Fill in the blank. "The scenery was ... beautiful, I had to take a photograph".
   A. so
   B. such
   C. such a

D. suddenly

46) **Fill in the blank. "It looks ... it is going to rain".**
    A. at
    B. as
    C. like
    D. more

47) **Complete the following sentence. "Their postcard ... ".**
    A. has arrived since three weeks
    B. arrived three weeks ago
    C. arrived since three weeks
    D. has arrived for last Monday

48) **Fill in the blank. "I am very worried ... him".**
    A. onto
    B. around
    C. about
    D. at

49) **Fill in the blank. "I won't go out ... he telephones me".**
    A. unless
    B. even then
    C. for all
    D. if though

50) **Fill in the blank. "How did you find out about the date of the elections?". "I read about it ... the newspaper".**
    A. on
    B. from
    C. at
    D. in

51) **Complete the following sentence. "The traffic in cities is getting ... ".**
    A. more worse
    B. worse and worse
    C. always worser
    D. the worst

52) **Complete the following sentence. "This is a ... bike".**
    A. fantastic old American
    B. old fantastic American
    C. American fantastic old
    D. old American fantastic

53) **Complete the following sentence. "Try to write ... ".**
    A. less clearler

B. the best clearly
  C. a bit more clearly
  D. the clearly

54) **Complete the following sentence. "I told him to come ... possible".**
  A. more soon than
  B. as soon as
  C. the more soon
  D. sooner

55) **Fill in the blanks. " ... school I am going ... ".**
  A. After; to home
  B. After; home
  C. Before; at home
  D. Before; to the home

56) **Fill in the blanks. "They have put ... the meeting ... next week".**
  A. on; by
  B. up; for
  C. ahead; during
  D. off; until

57) **Fill in the blank. "He's very good ... languages!"**
  A. in
  B. about
  C. on
  D. at

58) **Fill in the blank. "Turn ... the lights when you come in, will you?"**
  A. at
  B. out
  C. for
  D. In

59) **Fill in the blank. "I have lived in Worcester ... ten years".**
  A. for
  B. as
  C. since
  D. from

60) **Fill in the blank. "Mr. Smith doesn't work ... Fridays".**
  A. by
  B. at
  C. until
  D. on

61) **Complete the following sentence.** "Choose the best phrase to complete this sentence: Rome is ..."
   A. a city very beautiful
   B. the city very beautiful
   C. a very beautiful city
   D. very beautiful city

62) **Fill in the blank.** "I haven't seen him ... 1989".
   A. since when
   B. from
   C. for
   D. since

63) **Fill in the blank.** "Please, hurry up! I have to call Jim ... 5 o'clock".
   A. by
   B. from
   C. to
   D. until

64) **Fill in the blank.** "The cottage is ... fire".
   A. on
   B. of
   C. at
   D. up

65) **Fill in the blank.** "I have worked here ... 1990".
   A. from
   B. since
   C. for
   D. as

66) **Fill in the blank.** "He's terribly ... He doesn't remember anything you tell him".
   A. stable
   B. easygoing
   C. outgoing
   D. forgetful

67) **Complete the following sentence.** "Tom has just left the office. In other words he's ..."
   A. out
   B. up
   C. in
   D. down

68) **Fill in the blank.** "I work ... Ministry of Agriculture and Forestry".
   A. at
   B. at the

C. in
D. to the

69) Complete the following sentence. "She can't play the piano! In fact, she's ..."
   A. Sly
   B. Hopeless
   C. Artful
   D. Cunning

70) Fill in the blank. "On my first trip abroad, I lived for a month ... a German family".
   A. on
   B. by
   C. with
   D. at

Risposte commentate
Aggettivi (qualificativi), avverbi e preposizioni

1) A. *Is there anybody at home?* Le preposizioni di stato in luogo (*in, at*) seguono sempre un verbo di stato (vivere, essere, trovarsi). *At* viene utilizzato per riferimento ad un luogo preciso o in riferimento alla funzione di un luogo, all'attività svolta in quel luogo. *In* quando si vogliono indicare luoghi o spazi circoscritti. Le altre possibilità sono del tutto sbagliate.

2) D. *When are you leaving for the summer holidays?* When appartiene al gruppo dei pronomi interrogativi *(who/what/where/how much* ecc.) che introducono domande specifiche. Essi vanno posti sempre all'inizio dell'interrogativa e seguiti dall'ausiliare, talvolta possono fungere anche da soggetto dell'interrogativa e in questi casi non sono seguiti dall'ausiliare ma direttamente dal verbo principale nel tempo desiderato, per esempio, *Who wrote Hamlet?* ("Chi ha scritto Amleto?").

3) C. *This car is less expensive than that one.* Cheap significa "economico", per cui un sinonimo poteva solo essere "meno costoso". Gli altri due aggettivi avrebbero alterato il significato della frase. Il comparativo di minoranza si forma con *less* + aggettivo al grado positivo. *Less* è usato per gli aggettivi e per i sostantivi singolari, per esempio, *I have got less money than Paul* ("Io ho meno soldi di Paul"), *fewer* per i sostantivi plurali, per esempio, *Milan has fewer parks than London* ("Milano ha meno parchi di Londra").

4) C. *More people live in London than in Milan.* La A è sbagliata perché usa *then* con la "e" che significa "poi", *than* invece vuol dire "di" che è il termine di paragone per i comparativi di maggioranza. Gli altri due sono pronomi relativi.

5) B. *That hotel is the most expensive in town.* Ci troviamo di fronte alla regola degli aggettivi al grado superlativo e, nello specifico, degli aggettivi plurisillabici.
Il superlativo si forma in due modi: 1) aggiungendo *-est* agli aggettivi con una sola sillaba e a quelli che finiscono in "*y*"; oppure con *most* prima degli aggettivi a due o più sillabe.

6) A. *John was very happy about your success.* L'unico aggettivo positivo delle quattro opzioni è contenuto nella lettera A. Gli altri, rispettivamente, significano "invidioso", "triste", "dispiaciuto".

7) C. *The books are on the shelves.* On è una preposizione che significa "sopra con contatto". *Above* anche significa "sopra" ma non implica contatto, per esempio, *The plane is flying above us* ("L'aereo sta volando su di noi"). *Up* ha il significato di "sopra" ma implica movimento e di solito è preceduto da un verbo di movimento, per esempio, *They climbed up the hill* ("Essi si arrampicarono su per la collina"). Infine, *till* è una preposizione di tempo e significa "fino", per esempio, *They worked till night* ("Hanno lavorato fino a notte").

8) A. *My sister is better than you at tennis.* Il comparativo degli aggettivi irregolari si costruisce in maniera del tutto diversa rispetto alla regola. Gli aggettivi *good, bad, far* e *little* formano il comparativo rispettivamente con *better, worse, further/farther, less*.

9) C. *Henry is very intelligent.* L'unica tra le opzioni che significa "intelligente" è la A. Le altre opzioni rispettivamente significano "alto", "simpatico" e "gentile".

10) A. *He left by the 3 o'clock train. By* in inglese viene utilizzato come complemento di mezzo, per esempio, *by car* ("con la macchina"). *With* è complemento di compagnia e come mezzo viene utilizzato solo in una struttura come questa: *I went with my car* ("Sono andato con la mia macchina").

11) C. *He is the best teacher in the school.* In inglese, come in italiano, esistono aggettivi irregolari. Uno di questi è *good* che, al grado comparativo, è *better* e al grado superlativo *the best*. Altri aggettivi irregolari sono: *bad* che, al grado superlativo, diventa *the worst; far*, che diventa *the furthest/farthest, less,* che diventa *the least*.

12) C. *I seldom go out in the evening: the last time I did was three months ago.* Qui ci troviamo di fronte agli avverbi di frequenza. La problematica è qui relativa al loro significato. Il più adatto è *seldom*, che significa "raramente", per non alterare il significato della frase successiva.

13) C. *We are not as rich as you are.* La A è sbagliata per la posizione dell'aggettivo. La D è un comparativo di maggioranza e in questa frase era necessario un comparativo di uguaglianza. Esso si ottiene con *as* + aggettivo + *as*.
La forma negativa si forma con *not as* + aggettivo + *as*, oppure *not so* + aggettivo + *as*.

14) A. *It has been the worst experience of my life.* Anche *bad* come *good* è irregolare sia al grado comparativo sia al grado superlativo. Il comparativo è *worse*, e il superlativo è *the worst*.

15) D. *She should drive more slowly than usual.* Ci troviamo qui davanti ad un esempio di comparativo dell'avverbio. Esso si ottiene con *more* + l'avverbio. Tuttavia, alcuni avverbi ottengono il comparativo come se fossero degli aggettivi, per esempio, *hard* (difficile, sodo) *harder, fast* (velocemente) *faster; well*(bene) *better*.

16) B. *He got into the car and left!*. Il verbo to get è uno dei più utilizzati e può avere molteplici significati. *Get*, come verbo fraseologico, è particolare quando associato ai mezzi di trasporto. Se il mezzo è una macchina si dice *get into* (salire) e *get out of* (scendere). Se questo mezzo di trasporto è un autobus oppure un treno si usa *get on* (salire) e *get off* (scendere).

17) A. *Pietro was born at 11 am on the third of March.* Le preposizioni di tempo sono *at, in, on*. *At* si usa con l'ora, davanti a *weekend, night* e i periodi dell'anno, come *Christmas*. *In* si usa davanti agli anni in cui non c'è il giorno, le stagioni, i mesi e alle parti della giornata, per esempio, *in the morning*. *On* si usa davanti ai giorni della settimana e alle date in cui è specificato anche il giorno.

18) C. *What time does the train arrive in Milan? At about 5 o'clock.* Il verbo *to arrive* può reggere due preposizioni: *in* quando si arriva in luoghi grandi e *at* quando si arriva in luoghi più circoscritti.

19) C. *I always go to the restaurant on Saturdays.* Le date e i giorni della settimana sono sempre preceduti dalla preposizione *on* con funzione di complemento di tempo. In questa frase, Saturdays è al plurale perché indica "tutti i sabato".

20) D. *At the dinner party, Patricia sat next to Peter.* La A e la C sono completamente sbagliate. La B con *near* potrebbe essere utilizzata qualora non fosse accompagnata dal *to*.

21) A. *We're going to Spain for a holiday.* La B e la D sono completamente sbagliate. In inglese la preposizione che indica moto a luogo è *to*.

22) A. *I'm better than you in English.* *Good* è un aggettivo irregolare e, come tale, forma il comparativo con *better* e il superlativo con *the best*. La C è l'avverbio di *good*.

23) D. *This car is as fast as yours.* Questa è una forma di comparativo di uguaglianza che si forma con *as... as*. La B è il comparativo di *fast* ma prevedeva come termine di paragone *than*. La C è il suo superlativo.

24) B. *I never go to work on Sundays.* Gli avverbi di frequenza hanno una precisa posizione nella frase. Essi vengono posti prima del verbo principale. Nel caso di *never* la difficoltà è duplice poiché, oltre ad essere un avverbio di frequenza, ha un valore negativo. Quando l'avverbio di frequenza è *never* oppure *hardly ever* ("quasi mai") essi non vanno mai accompagnati dalla negazione (*not*).

25) C. *The children were very tired last night.* In inglese, alcuni aggettivi derivano dai verbi con l'aggiunta di *-ing* o di *-ed*. L'aggettivo in *-ing* si riferisce a ciò (cosa o persona) che provoca una sensazione o un'emozione. L'aggettivo in *-ed* si riferisce a chi prova la sensazione o l'emozione.

26) A. *She speaks French better than you.* Nel comparativo di maggioranza, quando *than* è seguito da un pronome personale, di solito si usa la forma del pronome complemento, per esempio, *My sister is taller than me,* oppure *My sister is taller than I am.*

27) B. *A scooter is heavier than a bike.* In generale, per formare un comparativo abbiamo due modi: aggiungiamo *-er* agli aggettivi con una sola sillaba, per esempio, *old-older*, e mettiamo *more* davanti agli aggettivi con più sillabe. Quando abbiamo invece aggettivi di due sillabe che finiscono in "*y*" questa si trasforma in "i" e seguono la regola dei monosillabici, per esempio, *happy-happier*.

28) C. *Milan is much larger than Florence.* I comparativi possono essere rafforzati con alcune espressioni che indicano "molto" oppure "un poco". Quando c'è una grande differenza tra le cose che si stanno paragonando, si usa *much* o *a lot*; quando la differenza è minima, si usa *a little* oppure *a bit*.

29) D. *She works hard.* La maggior parte degli avverbi si forma aggiungendo all'aggettivo *-ly*, per esempio, *slow-slowly*. Se l'aggettivo termina in *"y"* si cambia la "y" in "i" prima di aggiungere *-ly*, per esempio, *easy-easily*. Tuttavia, ci sono alcuni avverbi che restano invariati: *hard, fast, early, late.*

30) D. *I haven't been to London for five years.* La A e B sono completamente sbagliate. La scelta potrebbe ricadere sulla C o la D. *Since* e *for* sono usati con il *present perfect* per indicare che un'azione è iniziata nel passato e che è ancora in corso. Sono preposizioni di tempo e vengono usate in modo diverso: *for* indica il periodo di tempo, la durata di un'azione, per esempio, *I've studied English for three years* ("Studio inglese da tre anni"); *since* indica invece l'inizio del periodo, il momento di inizio dell'azione, per esempio, *I've studied English since October* ("Studio inglese da ottobre").

31) A. *He was afraid of his enemies.* In inglese esistono molti aggettivi seguiti da preposizioni. *Afraid of* è uno di questi e quando è seguito da un verbo esso usa la forma in *-ing*, per esempio, *I'm afraid of flying* ("Ho paura di volare").

32) D. *The workers are fed up with doing overtime.* In inglese esistono espressioni come *fed up with* che significa "essere stufo" di una persona oppure di una situazione. Esso viene seguito dalla forma in *-ing* quando c'è un verbo. Per esempio, *She was fed up with doing always the same things* ("Era stanca di fare sempre le stesse cose").

33) D. *They washed their swimsuits by hand.* Usiamo la preposizione *by:* 1) per indicare un mezzo, per esempio, *We are in touch by e-mail* ("Siamo in contatto via mail"), oppure *We go to school by train* ("Noi andiamo a scuola con il treno"); 2) nella frase passiva per indicare chi compie l'azione, per esempio, *The door was opened by the thieves* ("La porta fu aperta dai ladri"); 3) seguito da un verbo, per indicare come si compie un'azione, per esempio, *You can change the recipe by adding some butter* ("Puoi cambiare la ricetta aggiungendo del burro").

34) C. *We have been in London for three months.* Si usa il *present perfect simple* con *since* e *for* per parlare di azioni iniziate nel passato e che sono ancora in corso.

35) A. *I hope he will be able to do the job in the right way.* L'unica opzione possibile è la lettera A. Le altre, rispettivamente, significano: "velocemente", "da solo", "a modo suo".

36) D. *The book I read was as touching as I expected.* La A e la C sono completamente errate. La B sarebbe possibile qualora ci fosse *than* come termine di paragone. L'unica risposta grammaticalmente corretta è *as touching*.

37) A. *Chinese is the most spoken language in the world.* Ci troviamo davanti ad un esempio di superlativo relativo. Esso si forma con *the most* + aggettivo. In questa frase il verbo *spoken* funge da aggettivo e viene perciò usato nella forma di participio passato.

38) B. *My secretary is very quick in doing things.* La lettera B è l'unica soluzione possibile. Le altre, rispettivamente, significano: "lento", "preciso", "buono".

39) A. *The show has been very entertaining.* Noisy significa "rumoroso", long significa "lungo", crowded significa "affollato".

40) A. *I haven't seen Rita since I was 12.* Abbiamo visto che *since* è usato con il *present perfect* per indicare da quanto tempo dura un'azione. Le altre forme non sono adatte a questo tipo di struttura grammaticale.

41) A. *The teacher explains the lessons to the students.* To appartiene alle preposizioni di moto a luogo e indica la direzione verso la quale si muove qualcosa o qualcuno. Tra le preposizioni di luogo possiamo menzionare: *from* (da, preposizione da moto di luogo e di origine), *into* (preposizione di moto a luogo per indicare entrata in un luogo chiuso o delimitato), *out of* (indica moto verso l'esterno di un luogo), *onto* (indica movimento di salita o discesa da una superficie).

42) D. *A Viennese journalist, writing towards the end of the eighteenth century, observed that these serenades occurred almost every fine summer evening.* Towards appartiene alle preposizioni di movimento e viene qualche volta utilizzato con valore di preposizione di tempo per indicare "verso". Tra le preposizioni di movimento possiamo elencare: *across* (attraverso), *along* (lungo), *over* (al di sopra). Molte di esse sono talvolta usate come espressioni di tempo.

43) C. *My mother speaks French more fluently than my teacher.* Siamo in presenza del comparativo di un avverbio. Esso si ottiene in questo modo: *more* + avverbio regolare. Esistono alcuni avverbi irregolari che nel formare il comparativo seguono la regola degli aggettivi. Ecco i più comuni: *fast (faster), hard (harder), early (earlier)*.

44) D. *Robert broke his arm and had to have it put in plaster.* In inglese, si fa grande uso dei verbi composti, formati da un verbo più una preposizione o un avverbio. *Put* è un verbo fraseologico. Le altre opzioni sono tutte corrette ma hanno altri significati non utili alla frase. *Put off* significa "rimandare", *put on* significa "indossare" e *put away*, "riporre".

45) A. *The scenery was so beautiful, I had to take a photograph.* È necessario evidenziare la differenza tra *so* e *such*. So si usa dinanzi agli aggettivi, *such* davanti ai sostantivi accompagnati da un aggettivo.

46) C. *It looks like it is going to rain.* Il verbo *look like* significa "sembrare" ma può significare anche "assomigliare". Viene in particolar modo usato per dare una descrizione fisica delle persone. Alla domanda *What does he/she look like?* si risponde dando una descrizione dell'aspetto fisico. Se invece vogliamo sapere qualcosa del carattere di una persona, chiederemo *What is he/she like?*

47) B. *Their postcard arrived three weeks ago.* Le preposizioni di tempo rispondono alla domanda "quando?" e indicano quando si verifica qualcosa. Ago si usa nello stesso modo e nella stessa posizione che ha in italiano: *three weeks ago*, "tre settimane fa".

48) C. *I am very worried about him.* Worry, come aggettivo, viene seguito da una preposizione, così come *afraid of, interested in*. Caratteristica di questi aggettivi è quella di essere seguiti dai verbi nella forma in *-ing*.

49) A. *I won't go out unless he telephones me.* La B e la C non hanno alcun significato. *Unless* in inglese è usato con il valore di "se non", per cui con questo avverbio non viene mai usata la forma negativa.

50) D. *How did you find out about the date of the elections? I read about it in the newspaper.* *In*, preposizione di stato in luogo, normalmente esprime il concetto di "all'interno di…", per indicare la posizione in uno spazio delimitato e circoscritto, pur senza un preciso confine fisico. Per esempio, *I live in France* ("Vivo in Francia"). Si utilizza anche quando si fa riferimento a un libro o un testo scritto, come in questo caso.

51) B. *The traffic in the city is getting worse and worse.* Questa è un'espressione idiomatica e significa "sempre peggio". Se si volesse dire "sempre meglio", l'espressione sarebbe *better and better*. Per dire "di male in peggio", *from better to worse*

52) A. *This is a fantastic old American bike.* La posizione degli aggettivi in inglese è molto importante. Di solito gli aggettivi che esprimono un'opinione si mettono per primi. Gli aggettivi che descrivono caratteristiche di fatto vengono dopo. In genere, questo è l'ordine: dimensione, età, forma, colore, provenienza materiale.

53) C. *Try to write a bit more clearly.* *A bit* e *a little* servono per indicare che la differenza tra due cose è minima. Quando invece vogliamo sottolineare una grande differenza, usiamo *much, a lot, far.*

54) B. *I told him to come as soon as possible.* Il comparativo di uguaglianza in inglese si forma con *as* + aggettivo + *as*. La forma negativa con *not as* + aggettivo + *as*, oppure *not so* + aggettivo + *as*. Esistono anche delle espressioni che pur non essendo dei veri comparativi usano le stesse forme. Osserviamo queste espressioni: *as soon as* (non appena), *as far as* (fino a), *as long as* (finché, purché), *as well as* (oltre che).

55) B. *After school I am going home.* Il sostantivo *home* è molto particolare. Esso, quando segue verbi di movimento, non prende alcuna preposizione, per esempio, *I'm coming home* ("Sto tornando a casa"). L'unica preposizione che prende *home* è *at* quando è accompagnata da verbi che non indicano movimento. Poiché il verbo che accompagna *home* in questa frase è *go*, non è necessaria alcuna preposizione.

56) D. Il verbo *to put off* richiede la preposizione *until*. Quindi la risposta esatta richiede di ricostruire la frase in questo modo: *They have put off the meeting until next week.* La traduzione è: "Hanno spostato l'incontro alla settimana prossima".

57) D. L'espressione italiana "essere bravo in qualcosa" si traduce in inglese con *to be good at something*.

58) B. La preposizione da posporre al verbo *to turn* è *out*. Infatti il verbo *to turn out* significa in questo caso "spegnere" e la frase assumerà il seguente significato: "Spegni le luci quando entri, ok?".

59) A. La preposizione corretta in questo caso è *for* e la frase si traduce nel seguente modo: "Ho vissuto a Worcester per dieci anni".

60) D. In inglese il complemento di tempo costruito con i giorni della settimana si rende con la preposizione *on*: *on Friday, on Sunday* (di venerdì, di domenica), ecc.

61) C. L'alternativa corretta è *a very beautiful city*, in quanto in inglese gli aggettivi precedono il sostantivo; di conseguenza, le due alternative *the city very beautiful* e *a city very beautiful* sono errate. L'alternativa *very beautiful city*, pur avendo gli aggettivi che precedono il nome, è manchevole dell'articolo, pertanto è anch'essa errata.

62) D. L'azione proposta dal quesito è iniziata nel passato ma continua nel presente e non è ancora finita nel momento in cui si parla. In inglese il verbo viene messo al *present perfect*, mentre l'espressione di tempo è introdotta da *since* quando è espresso il momento di inizio dell'azione: "da quando?". La risposta corretta quindi, è *since* e la traduzione è: "Non lo vedo dal 1989".

63) A. L'unica preposizione che può essere inserita per completare la frase è *by* che si usa per significare "entro": "Per piacere, fai presto! Devo chiamare Jim entro le 5".

64) A. L'espressione *on fire* significa "in fiamme", quindi la frase si traduce: "Il cottage era in fiamme".

65) B. Per indicare da quando ha avuto inizio l'azione del verbo si usa l'espressione temporale *since*, che significa in tal caso "da/dal".

66) D. Leggendo attentamente la frase, ci si rende conto che l'aggettivo mancante è *forgetful*, che significa "smemorato". La frase, pertanto, si traduce nel seguente modo: "Lui è terribilmente smemorato. Non ricorda niente di quello che gli viene detto".

67) A. Se Tom ha appena lasciato l'ufficio, si può dire in altre parole che Tom è fuori (*he's out*).

68) B. L'alternativa corretta per completare la frase è *at the* e la traduzione è: "lavoro al Ministero dell'agricoltura e silvicotura".

69) B. Quanto espresso nella prima parte del testo ("Lei non sa suonare il piano") ci fa capire che tra le alternative di risposta *sly*, "subdolo"; *artful*, "furbo" e *cunning*, "scaltro" sono fuori contesto, mentre la risposta corretta è *hopeless*, "senza speranze".

70) C. La preposizione *with* introduce il complemento di compagnia e di mezzo. Il periodo completo è *On my first trip abroad, I lived for a month with a German family*, che significa: "Durante il mio primo viaggio all'estero, ho vissuto per un mese con una famiglia tedesca".

Sezione II
Comprensione verbale

SOMMARIO

Questionario 1 — Vocabolario e "phrasal verbs"
Questionario 2 — Comprensione di brani

Questionario 1
Vocabolario e "phrasal verbs"

1) Fill in the blank. "It's cold today. You'll need to wear a ... if you go out".
   A. gloves
   B. coat
   C. trousers
   D. robe

2) Choose the synonym of the word in square brackets. "We spent Sundays on the [couch] watching TV".
   A. chair
   B. table
   C. carpet
   D. sofa

3) Fill in the blank. "Britain's power ... enormously in the nineteenth century".
   A. broke out
   B. grew
   C. sold
   D. paid

4) Choose the odd word out.
   A. Cow
   B. Veal
   C. Beef
   D. Pork

5) Fill in the blank. "I saw him standing ... your door".
   A. up
   B. at
   C. to
   D. through

6) Choose the synonym of the word in square brackets. "Mr Faye designs colourful Christmas [wrapping]".
   A. carts
   B. maps
   C. paper
   D. presents

7) Fill in the blank. "We did not ... the doorbell because the music was too loud".
   A. feel

B. listen
   C. talk
   D. hear

8) Choose the synonym of the word in square brackets. "He believes everything you [tell] him".
   A. show
   B. speach
   C. say to
   D. speak

9) Choose the synonym of the word "beautiful".
   A. Shy
   B. Lazy
   C. Stubborn
   D. Handsome

10) Complete the following sentence. "I dropped my bag on the … just outside the supermarket".
    A. pavement
    B. floor
    C. wall
    D. carpet

11) A "library" is:
    A. a place where books are kept
    B. a store that sells books
    C. a shelf to keep books on
    D. a piece of furniture for keeping books on

12) Complete the following sentence. "The students got a bad … ".
    A. mark
    B. vote
    C. point
    D. punctuation

13) Fill in the blank. "Can you lend me some money, please?". "Sorry, I've got only a few … on me"
    A. notes
    B. tips
    C. cheques
    D. money

14) Choose the synonym of the word "pedestrian".
    A. Horseman
    B. Pavement
    C. Pedantic

D. Walker

15) **Fill in the blank. "Some days she's happy, some days she's sad. What a ... person!".**
    A. intelligent
    B. moody
    C. safe
    D. generous

16) **Fill in the blank. "Before actors start a new show they generally say 'break a ...' for good luck".**
    A. leg
    B. wrist
    C. neck
    D. teeth

17) **Fill in the blank. "The GP wrote a ... for the drug treatment".**
    A. note
    B. prescription
    C. recipe
    D. receipt

18) **Find the opposite of the word "sunny".**
    A. Snow
    B. Sky
    C. Cloudy
    D. Rain

19) **Fill in the blank. "The open source browsers Firefox and Chrome are becoming more and more popular as people want safer and faster ways to ... the Internet".**
    A. surf
    B. sail
    C. cross
    D. look

20) **Choose the synonym of the word in square brackets. "This technique is pretty [outdated]".**
    A. young
    B. modern
    C. old-fashioned
    D. recent

21) **Fill in the blank. "Mrs Brown is being ... by Dr. Williams".**
    A. followed on
    B. followed on from
    C. followed up
    D. followed out

22) Replace the words between square brackets with the correct ones. "You need to [get ready]. They are waiting for us".
   A. dress up
   B. complete
   C. finish
   D. prepare yourself

23) Find the opposite of the word "talkative".
   A. Ignorant
   B. Interesting
   C. Hardspeaking
   D. Tight-lipped

24) Complete the following sentence. "Bill is very forgetful: you'll have to ... or he'll never do all the things you want him to do".
   A. keep on him
   B. keep after him
   C. keep away him
   D. keep down him

25) Choose the correct meaning of the phrase in square brackets. "The boy enjoyed the poem so much that he decided to [learn it by heart]".
   A. write a song about it
   B. translate it into his own language
   C. memorize it
   D. write a new poem himself

26) Complete the following sentence "The widow was all alone when her husband ...".
   A. passed by
   B. passed for
   C. passed away
   D. passed off

27) Choose the synonym of the word in square brackets. "How did you [solve] the problem in the end?".
   A. sort out
   B. stand up for
   C. look after
   D. find out

28) Replace the words between square brackets with the correct ones. "They [are in debt] to the bank".
   A. give money
   B. are in credit
   C. have money
   D. owe money

29) **Fill in the blank. "Montessori ... that teachers should be like 'social engineers'".**
    A. claimed
    B. wanted
    C. made
    D. told

30) **Complete the following sentence. "Blackboards are ... . We need to change them all for interactive whiteboards".**
    A. up to date
    B. out of fashion
    C. backdated
    D. expired

31) **"To get the sack" means:**
    A. to lose your job
    B. to do the shopping
    C. to put things in order
    D. to win a prize

32) **If I ask you to "take my word for it", you should:**
    A. take a message
    B. write it down
    C. copy what I do
    D. believe me

33) **Fill in the blank. "If you don't know the meaning of this word ... in a dictionary!".**
    A. look at
    B. look up
    C. look into
    D. look after

34) **Which is the closest English equivalent of the Italian idiomatic expression «tocca ferro!»?**
    A. Buy iron!
    B. Call it luck!
    C. Hop it!
    D. Touch wood!

35) **Fill in the blank. "I have a lot of responsibility. I also have to deal ... all customer complaints at the department store".**
    A. for
    B. to
    C. with
    D. by

36) **Fill in the blank. "This disease has spread ... in the past few years".**
    A. in

B. out
C. down
D. up

37) **Fill in the blank. "It's about time you made … your mind!".**
    A. out.
    B. in
    C. on.
    D. up

38) **Fill in the blank. "In the US, shares are also known as …".**
    A. securities
    B. stocks
    C. bonds
    D. assets

39) **Fill in the blank. "At 5:00 am he was making … the airport".**
    A. for
    B. to
    C. towards
    D. at

40) **Fill in the blanks. "They have put … the meeting … next week".**
    A. on; by
    B. up; for
    C. ahead; during
    D. off; until

Risposte commentate
Vocabolario e "phrasal verbs"

1) B. *It's cold today. You'll need to wear a coat if you go out.* *Gloves* (guanti) potrebbe essere giusta se non ci fosse l'articolo al singolare; la stessa cosa vale per la risposta C (pantaloni). *Robe* (vestaglia, toga, tonaca) non è adatta al contesto.

2) D. *We spent Sundays on the sofa watching TV.* Il termine *couch* significa divano. È particolarmente usato nell'inglese colloquiale e giovanile. A *couch potato* significa "poltrone, pantofolaio".

3) B. *Britain's power grew enormously in the nineteenth century.* Le altre opzioni sono sbagliate perché significano rispettivamente: "esplodere" (*to break out*), "vendere" (*to sell*), "pagare" (*to pay*), nelle forme al passato.

4) D. Le altre opzioni sono tutte relative alla mucca e alla sua carne. *Cow* significa "mucca", *veal* significa "vitello" e *beef* "carne bovina". *Pork,* invece, significa "carne di maiale" mentre per indicare l'animale si usa *pig*.

5) B. *I saw him standing at your door. Stand at* significa stare fermi, in piedi, davanti a qualcosa. *Stand up* significa solo stare in piedi, ma viene usato anche per invitare qualcuno ad alzarsi, seguito sovente da *please*.

6) C. *Mr Faye designs colourful Christmas paper.* Un sinonimo di *wrapping* (carta da regalo) è *paper; carts* e *maps* si riferiscono alle carte geografiche; invece *present* significa "regalo".

7) D. *We did not hear the doorbell because the music was too loud.* Qui si può evidenziare la differenza tra *hear* e *listen to*. *To hear* è un atto involontario e significa "sentire, percepire un suono, udire". *To listen to* è un atto volontario e significa "ascoltare".

8) C. *He believes everything you say to him. To say* significa "dire" e, se seguito da un complemento, vuole il *to; to tell* ha più il significato di "raccontare" e non viene mai seguito dal *to; to speak* traduce "parlare".

9) D. *Handsome* significa "bello", ma viene usato soprattutto per gli uomini. *Beautiful* ha un valore più ampio e generale. *Lazy* significa "pigro", *shy* "timido" e *stubborn* vuol dire "testardo".

10) A. *I dropped my bag on the pavement just outside the supermarket. Pavement* è un *false friend*, cioè una parola che trae in inganno, come quei numerosi termini della lingua inglese di derivazione latina che hanno cambiato il loro significato in maniera indipendente. *Pavement*, infatti, significa "marciapiede".

11) A. *A library is a place where books are kept.* Ci troviamo qui davanti ad un altro *false friend*. *Library* in inglese significa "biblioteca". La libreria dove si vendono libri si chiama *bookshop*, e quella che noi abbiamo nelle nostre case si chiama *bookcase*.

12) A. *The students got a bad mark.* Vote in inglese è il voto politico, *point* si usa per i numeri decimali (3.4 si legge *three point four*). Infine *punctuation* significa "punteggiatura".

13) A. *Can you lend me some money, please? Sorry, I've got only a few notes on me.* Note significa "banconota". *Tip* significa "mancia". Gli *cheques* sono gli "assegni" e *money* è il termine generico per "soldi".

14) D. *Walker.* Le altre opzioni hanno significati completamente diversi che non hanno niente in comune con "pedone". *Horseman* significa "cavallerizzo", *pedantic*, "pedante" e *pavement*, come già detto, significa "marciapiede".

15) B. *"Some days she's happy, some days she's sad. What a moody person!"*. La lettera A significa "intelligente", la C significa "sicuro", un aggettivo adatto ai luoghi o alle cose non certo alle persone, *generous* significa "generoso".

16) A. *Before actors start a new show they generally say "break a leg" for good luck.* Questo modo di dire augurale, ricorrente nel mondo dello spettacolo, significa "buona fortuna", "in bocca al lupo". Le opzioni B, C e D indicano, rispettivamente, "polso", "collo", "denti".

17) B. *The GP wrote a prescription for the drug treatment.* L'unica opzione esatta è la B. La A significa "banconota, bigliettino, appunto, promemoria", la C "ricetta di cucina", la D "ricevuta fiscale".

18) C. *Cloudy.* Le altre opzioni sono tutte relative al tempo meteorologico ma, rispettivamente, significano: "neve", "cielo" e "pioggia".

19) A. *The open source browsers Firefox and Chrome are becoming more and more popular as people want safer and faster ways to surf the Internet.* Il verbo usato per navigare in Internet è *to surf*. Gli altri verbi significano: "navigare a vela", "attraversare", "guardare".

20) C. *This technique is pretty-old fashioned.* Questa espressione significa "fuori moda". Le altre, rispettivamente, indicano: "moderno", "giovane", "recente".

21) C. *Mrs Brown is being followed up by Dr. Williams.* Il verbo *to follow* può assumere significa abbastanza diversi a seconda della preposizione dalla quale è seguito. *Follow on* significa "susseguirsi"; *follow on from* significa "derivare da"; *follow out* significa "portare a conclusione". *To follow up*, in questo caso, significa "essere in cura, seguire con attenzione", naturalmente alla forma passiva.

22) D. *You need to prepare yourself. They're waiting for us.* To dress up significa "indossare qualcosa di elegante"; *complete* significa "completare" e *finish*, "finire".

23) D. *Find the opposite meaning of the word "talkative"*. *Tight-lipped*, letteralmente, significa "dalle labbra serrate" e indica, dunque, una persona reticente nel parlare, riservata, silenziosa e affatto comunicativa. *Ignorant* significa "ignorante", *interesting* vuol dire "interessante", mentre *hardspeaking* è un vocabolo inesistente.

24) A. *Bill is very forgetful: you'll have to keep on him or he'll never do all the things you want him to do*. To *keep* è un verbo irregolare (*keep-kept-kept*) ma anche fraseologico e, come tale, cambia il suo significato in riferimento alla preposizione che lo segue. *Keep after* significa "rincorrere"; *keep away* significa "tenersi lontano", *keep down* vuol dire "abbassarsi" o "sottomettersi". *Keep on* significa, invece, "continuare, persistere".

25) C. *The boy enjoyed the poem so much that he decided to learn it by heart*. To *learn by heart* significa "imparare a memoria"; dunque, l'unica risposta possibile è la C ("memorizzare"). Le altre opzioni hanno tutt'altro significato.

26) C. *The widow was all alone when her husband passed away*. *Pass by* significa "passare accanto", *pass for*, "essere scambiato per qualcun altro". *Pass off*, "spacciarsi per qualcun altro", *pass away*, in questo caso, significa "morire".

27) A. *How did you sort out the problem in the end?* To *sort out* significa "arrangiare, venire a capo", dunque, in questo caso, "risolvere". *To stand up for* vuol dire "sostenere (qualcuno), battersi (per qualcuno)"; *to look after*, "badare, sorvegliare, aver cura di"; infine, *to find out* significa "scoprire, appurare".

28) D. *They owe money to the bank*. *Give money* significa "donare dei soldi". *Have money* significa "possedere dei soldi" e *to be in credit* vuol dire "pagare a rate" o "avere credito". *To owe* significa, invece, "essere in debito", "dovere dei soldi (a qualcuno)".

29) A. *Montessori claimed that teachers should be like 'social engineers'*. Il verbo *to claim* significa "sostenere, affermare, dichiarare". *To want* significa "volere". Il verbo *to make* vuol dire "fare" e *to tell*, "dire".

30) B. *Blackboards are out of fashion. We need to change them all for interactive whiteboards*. L'opzione A significa "aggiornato". La C significa "retrodatato". La D vuol dire "scaduto". L'espressione *out of fashion*, invece, significa "passato di moda", dunque, non più attuale.

31) A. *To get the sack* significa "essere licenziato", come anche *to be fired*.

32) D. *To take one's word* significa "credere alle parole di qualcuno". *To write down* significa "scrivere". La frase *copy what I do* significa "copia ciò che faccio" e, infine, *to take a message* vuol dire "prendere un messaggio".

33) B. *If you don't know the meaning of this word look up in a dictionary!* Look ha tantissimi significati fraseologici, tra questi i più comuni sono: *look at* che significa "guardare", *look into* che significa "investigare"; *look up* significa, tra l'altro, "consultare (un dizionario)".

34) D. Nella lingua inglese chi è superstizioso tocca il legno (*touch wood*), o bussa sul legno (*knock on wood*) per proteggersi dal male.

35) C. Il verbo appropriato è *to deal with*, che significa "occuparsi di, trattare". Pertanto, la frase si tradurrà nel seguente modo: "Ho molte responsabilità. Devo anche occuparmi dei reclami di tutti i clienti al grande magazzino".

36) B. Il verbo *to spread out* significa "diffondersi, estendersi": "Questa malattia si è diffusa negli ultimi anni".

37) D. L'espressione idiomatica *to make up your mind* significa "decidersi", quindi la risposta esatta è *up* e la traduzione è: "È tempo che tu ti decida".

38) B. Il sostantivo *shares* significa "azioni" (nell'ambito finanziario). Gli americani utilizzano il termine *stocks*.

39) A. Il verbo appropriato a questo contesto è *to make for*, che vuol dire "dirigersi verso": "Alle 5.00 di mattina si stava dirigendo verso l'aeroporto".

40) D. Il verbo *to put off* richiede la preposizione *until*. Quindi la risposta esatta richiede di ricostruire la frase in questo modo: *They have put off the meeting until next week*. La traduzione è: "Hanno spostato l'incontro alla settimana prossima".

Questionario 2
Comprensione di brani

Read through the text below, answer the questions that follow (1-5)
The European Commission yesterday issued a harsh warning to businesses seeking to run cartels by fining eight vitamin producers a total of 855 million Euros (£530 million) for fixing prices for almost a decade. Roche, the Swiss drugs group, was fined 462 million in the highest award to date imposed by the EU on a single company for market abuse. BASF, the German chemical group, was fined 296 million for its part in the cartel, which was known as Vitamins Inc and was exposed in 1999. Both BASF, which described its fine as "inappropriately high", and Roche are considering an appeal. Competition experts said the huge fines underlined the EU's commitment to crackdown on restrictive business practices. Aventis, the French drugs group, escaped fines in connection to two vitamins in return for co-operating with inquiries. Samantha Mobley, EU competition partner at the law firm Baker & McKenzie, said: "It is the first time a company has achieved a 100 per cent reduction in a fine, illustrating the EU's commitment to encourage whistle-blowers".

1) According to the second paragraph of the passage, *vitamin producers* were:
   A. asked to sell up
   B. punished
   C. arrested
   D. convicted

2) *A harsh warning* is:
   A. a severe warning
   B. a sweet warning
   C. an unfounded warning
   D. a legal warning

3) *Roche was fined* means:
   A. Roche lost a market dispute
   B. Roche lost its grip
   C. Roche was made redundant
   D. Roche was penalised

4) According to BASF, the fine was *inappropriately high*. In other words:
   A. it was far too high
   B. it was cool
   C. it was right
   D. it was far too soon

5) **A *law firm* deals with:**
   A. legal matters
   B. grey matters
   C. scientific matters
   D. unknown matters

Read through the text below, answer the questions that follow (6-10)
After the subway bombing last summer, the downturn predicted by so many London watchdogs never happened – if anything, it was just the opposite. Stoic Londoners have carried on with the characteristic stiff upper lip. And with that has come a rapid-fire succession of restaurants from some of the city's (and the world's) most closely watched chefs. Dining out is now one of the capital's favourite pastimes, bringing about the inevitable comparisons to New York. Future openings from heavy hitters like Joël Robuchon, who will make his mark on both London and Manhattan this year, draw the parallel even closer. But London is not just a stage for international players. Everyone passes through Borough Market at some point. It's become a Grand Central Station for food lovers, who stop to marvel at the furred and feathered game, to covet Brindisa's Spanish harms, or to graze at the dozens of stalls serving seared scallops, oysters, chorizo buns.

6) **Here, *heavy-hitter* means:**
   A. well-known
   B. overweight
   C. spacious
   D. wealthy

7) ***Downturn* means:**
   A. demolition
   B. refusal
   C. decline
   D. change

8) **Londoners are described as:**
   A. being indifferent to bombings
   B. people not easily phased
   C. having a sense of superiority
   D. people concerned about safety

9) **A *rapid-fire succession of restaurants* are:**
   A. a series of restaurants opening quickly
   B. a series of restaurants opening near each other
   C. a series of restaurants closing quickly
   D. a series of restaurants burning down

10) ***Furred and feathered game* refers to:**
   A. new recipes
   B. wild animals

C. exotic kitchen utensils
D. culinary sport

Read through the text below, answer the questions that follow (11-15)
In 1999 Jack Straw, then Britain's home secretary, was attacked for being rude about an ethnic minority. There were demands for criminal investigations, appeals to various commissions and public agencies, a fevered debate over whether Mr. Straw was racist. On that occasion, he was accused of demeaning gypsies by saying that people who masqueraded as travellers seemed to think they had a right to commit crimes. In the past few weeks Mr. Straw, now leader of the House of Commons, has triggered a similar response by arguing that the Muslim veil (i.e., the full, face-covering niqab) is an unhelpful symbol of separateness. This week he won the backing of this boss, Tony Blair. These episodes are reminders not that Mr. Straw is hostile to minorities (he ins't) but that any debate in Europe about minority rights soon degenerates into a fight between self-proclaimed community leaders, public agencies, the police, courts and the law. It may be hard to reconcile militant Islam with secular Europe.

11) If you *back someone* you:
   A. vote for them
   B. help them
   C. support them
   D. show friendship towards them

12) The word *demeaning* means:
   A. lowering the dignity
   B. defining
   C. changing the meaning
   D. treating

13) If you *masquerade* you:
   A. assume a false appearance
   B. behave badly
   C. buy strange clothes
   D. dress theatrically

14) To *trigger a response* is to:
   A. publicise a response
   B. repeat a response
   C. shoot a response
   D. initiate a response

15) It is understood that:
   A. Mr. Shaw can't stand minorities
   B. the law sides with minorities
   C. debates in Europe about minority rights turn into free-for-alls
   D. Mr. Shaw has been drawing up a list of minority rights

Read through the text below, answer the questions that follow (16-20)

Japanese expression of regret and atonement are finely tuned to the circumstances. So students of etiquette were quick to note that the apology issued by Sony on Tuesday October 24th, for manufacturing occasionally inflammable laptop batteries, was less than whole-hearted. In a land where shamed executives are not shy of shedding tears during shows of contrition, the seated shallow bow performed by some of the Japanese electronic giant's bosses was deemed a middling act of corporate obeisance. Sony's apology is part of a growing trend for business leaders to say sorry to consumers (and sometimes to workers and shareholders) for corporate shortcomings. Of late, Steve Jobs was widely praised for taking responsibility for Apple's problems over the backdating of share-options. Mark Hurd, Hewlett-Packard's boss, got a critical reaction to his more equivocal "apology" for a recent scandal that swept the American tech firm. As companies appear to be quicker at accepting the blame for failures, the timing and scope of their apologies are coming under ever-greater scrutiny. The oft-touted example of an exemplary corporate reaction to trouble is that of Johnson & Johnson in the early 1980s after several people died after taking a drug called Tylenol. Though the product had been deliberately poisoned with cyanide while on shop shelves the firm's chief executive apologized repeatedly and profusely, production ceased and over 30m bottles were recalled at a cost of some $100m. Despite huge public disquiet about the drug at the time, sales of Tylenol quickly recovered.

16) **In this article, *finely tuned* means:**
    A. high class
    B. low-keyed
    C. musically accompanied
    D. adjusted specifically to

17) **Another word for *whole-hearted* is:**
    A. warm
    B. sincere
    C. hypocritical
    D. cold

18) ***Shortcomings* are:**
    A. faults
    B. low revenues
    C. low sales
    D. lay-offs

19) **The *timing and scope* of their apologies refers to:**
    A. when they apologize and the reason for their apology
    B. at what time of the day they apologize and why they are apologizing
    C. how long the apology lasts and where the press conference is held
    D. how often they apologize and who they apologize to

20) **In this article, *oft-touted* means:**
    A. very old

B. frequently mentioned
C. rarely told
D. the first

Read through the text below, answer the questions that follow (21-25)
Three nights later old Major died peacefully in his sleep. His body was buried at the foot of the orchard. This was early (1) _____ March. During the next three months there was much secret activity. Major's speech had given to the more intelligent animals on the farm a completely new outlook on life. They did not know when the Rebellion predicted by Major would take place, they had no reason for (2) _____ that it would be within their own lifetime, but they saw clearly that it was their duty to prepare for it. The work of teaching and organising the others fell naturally (3) _____ the pigs, who were generally recognised as being the cleverest of the animals. Pre-eminent among the pigs were two young boars named Snowball and Napoleon, whom Mr Jones (4) _____ up for sale. Napoleon was a large, rather fierce-looking Berkshire boar, the only Berkshire on the farm, not much of a talker but with a reputation for (5) _____ his own way. Snowball was a more vivacious pig than Napoleon, quicker in speech and more inventive, but was not considered to have the same depth of character. All the other male pigs on the farm were porkers. ('Animal Farm' by George Orwell, 1945).

21) Which of the given alternatives correctly fills in the gap (1)?
A. in
B. by
C. at
D. on

22) Which of the given alternatives correctly fills in the gap (2)?
A. to think
B. think
C. thinking
D. to thinking

23) Which of the given alternatives correctly fills in the gap (3)?
A. near
B. in
C. by
D. to

24) Which of the given alternatives correctly fills in the gap (4)?
A. will have been breeding
B. was breeding
C. has been breeding
D. were breeding

25) Which of the given alternatives correctly fills in the gap (5)?
A. getting

B. saying
C. pushing
D. convincing

Read through the text below, answer the questions that follow (26-30)
Think of the City of London and you think of Sir Terence Conran; he already has 11 restaurants in or near the area but there's always (1) _____ for one more when it's as good as Sauterelle. Combining the perfect location and clever design has always been Conran's forte, and his latest wins on both scores. Inside the historic Royal Exchange building, Sauterelle's dining room (2) _____ the huge central hall from the mezzanine, but this isn't (3) _____ a "view" restaurant. The menu is full of excellently prepared French classics like rabbit stew and chocolate tarts. While the City area may be hopping, the real action is in London's West End, specifically Mayfair. Not content with one hugely successful branch in the neighbourhood, the Nobu Group recently opened a second on Berkeley Square. But unlike its older sister, Nobu Berkely has taken a beating from many critics. It's not that the food (4) _____ good. What irked these critics (and many diners) when it opened was the strict no-reservation policy that left you waiting in an overpriced bar for an hour or two. Management has wisely changed the policy, but whether the rather ungraceful service has improved remains (5) _____.

26) **Which of the given alternatives correctly fills in the gap (1)?**
   A. area
   B. room
   C. seat
   D. position

27) **Which of the given alternatives correctly fills in the gap (2)?**
   A. looks over
   B. gives out on
   C. overlooks
   D. oversees

28) **Which of the given alternatives correctly fills in the gap (3)?**
   A. not
   B. already
   C. yet
   D. just

29) **Which of the given alternatives correctly fills in the gap (4)?**
   A. cannot be
   B. isn't
   C. is
   D. be

30) **Which of the given alternatives correctly fills in the gap (5)?**
   A. to be seen
   B. seeing

C. seen
D. to see

Read through the text below, answer the questions that follow (31-35)
ITV made its long-awaited debut on digital satellite television last night after an agreement with BSkyB that followed months of negotiations. Until now ITV has been available in digital form only on cable and digital terrestrial TV. But from last night the digital version of ITV1, with its 16 regional variations, was available on Sky Digital. The ITV2 channel will follow in the next few days and will be available for the first time in the 5.5 million homes with digital satellite - an increase of more than 150 per cent on its current audience. The deal between ITV and BSkyB, in which the News Corporation, parent company of The Times, has a 36.3 per cent stake, should give an advertising revenue boost to Granada and Carlton, the two main ITV companies. Advertisers were angered by the fact that ITV was not carried on Sky Digital, the country's most popular digital platform. ITV will pay BSkyB about £13 million a year under the deal. Stuart Prebble, chief executive of ITV, said last night that the deal was "good news for satellite viewers", who will be able to watch ITV1 and ITV2 with digital quality pictures and full programme information.

31) *Under the deal* means:
   A. in compliance with the deal
   B. before the deal
   C. after the deal
   D. prior to the deal

32) **Stuart Prebble said that the deal was:**
   A. a deterrent for viewers
   B. a long way off
   C. near
   D. attractive for satellite viewers

33) **Its current audience will ..... by 150%.**
   A. go on
   B. go astray
   C. go up
   D. go through

34) **"Revenue" is another word for:**
   A. a stock
   B. income
   C. a bond
   D. a share

35) **ITV debut on digital satellite television took:**
   A. quite a while
   B. almost a week
   C. a couple of weeks
   D. a short time

Read through the text below, answer the questions that follow (36-40)
In 1830 baron Bettino Ricasoli, the father of Chianti wine, (1) _____ to industrialize agriculture in order to increase the rate of productivity. Since then many years have gone by giving way to several important social changes which have transformed the Chianti area and economic crises that have alternated with sudden increases in productivity. Let's start (2) _____ the beginning: in the 19th century the Chianti landscape was dotted with a few villages and big farmhouses where the noble families (3) _____ enjoy their holidays. Agriculture was still bound to archaic systems of cultivation. Unlike all other crops that grew here and there and were directly taken by farmers for personal use, wine was sold and exported. The cultivation system on terraces was very complicated but it spurred farmers to (4) _____ higher rates of productivity. More and more land was then brought under crops, new country-houses mushroomed everywhere, special vines were selected and all estates were re-organized according to capitalist principles. This progress (5) _____ place without the marvellous, natural landscape being damaged. ('Chianti' Latest Color Guide – by Carlo Grassetti, 1999).

36) **Which of the given alternatives correctly fills in the gap (1)?**
   A. had decided
   B. decided
   C. has decided
   D. was decided

37) **Which of the given alternatives correctly fills in the gap (2)?**
   A. from
   B. by
   C. of
   D. in

38) **Which of the given alternatives correctly fills in the gap (3)?**
   A. use to
   B. were use to
   C. used to
   D. were used to

39) **Which of the given alternatives correctly fills in the gap (4)?**
   A. reach
   B. fry
   C. aim
   D. goal

40) **Which of the given alternatives correctly fills in the gap (5)?**
   A. taking
   B. was taken
   C. has taken
   D. took

Risposte commentate
Comprensione di brani

1) B. La risposta si trova nel secondo paragrafo del brano: *Roche, the Swiss drugs group, was fined 462 million in the highest award to date imposed by the EU on a single company for market abuse.* Da questa frase si evince che la Roche, il gruppo farmaceutico svizzero, ha ricevuto una multa di 462 milioni per abuso di mercato; esso è stato, quindi, punito (l'alternativa corretta è, dunque, *punished*).

2) A. *Harsh* significa duro, rigido, severo quindi *harsh warning* è un severo avvertimento; in inglese *severe* è un sinonimo di *harsh*. Quindi: *A harsh warning is a severe warning*.

3) D. Il verbo *to fine* significa "multare", "penalizzare"; quindi *penalised* è la risposta più attinente.

4) A. Nel brano è scritto *the fine was inappropriately high*, ossia che la multa era inappropriatamente alta: ciò vuol dire che era davvero molto alta. Pertanto, l'espressione corrispondente è *it was far too high* (era davvero troppo alta).

5) A. Il *law firm* è uno studio legale, nel quale si trattano dunque questioni legali, ossia *legal matters*.

6) A. La parola *heavy-hitter* significa "pezzo grosso, persona importante", per cui il termine che si avvicina maggiormente a questo significato, tra quelli elencati, è *well-known* (famoso, noto).

7) C. Per rispondere correttamente al quesito è necessario individuare tra le alternative di risposta un sinonimo di *downturn*. Tra le opzioni, la risposta corretta è *decline*.

8) B. Nel brano si dice che adesso uno dei passatempi preferiti dei londinesi è mangiare fuori, che Londra non è solo un posto dove si aprono ristoranti di fama internazionale, ma dove tutti, prima o poi, si recano al famoso mercato gastronomico di *Borough Market* ad assaggiare diverse specialità. Da questa descrizione si evince che i londinesi sono persone *not easily phased*, che letteralmente significa "non facilmente sincronizzate". Ciò vuol dire che il modo di vivere di molti londinesi non è più scandito, come accadeva una volta, da ritmi regolari ma si sta avvicinando sempre di più a quello frenetico di altre grandi città, come ad esempio New York.

9) A. La traduzione letterale di *a rapid-fire succession* è "una successione a mitragliata"; in questo caso si può tradurre "la rapida apertura di una serie di ristoranti", quindi la risposta esatta è *a series of restaurants opening quickly*.

10) B. L'espressione *furred and feathered game* significa "selvaggina di pelo e di penna", quindi si riferisce agli animali selvaggi, ossia ai *wild animals*.

11) C. *To back someone/something* è sinonimo di *to support someone/something*, ossia "sostenere, supportare qualcuno/qualcosa".

12) A. Nel testo del quesito si chiede di identificare il significato della parola *demeaning*, che in italiano è tradotta con "umiliante". Tra le alternative di risposta, quella che definisce il termine è *lowering the dignity*, ossia "calo della dignità".

13) A. Il significato del verbo *to masquerade* è "mascherarsi" e in tal senso si può dire che chi si maschera assume un falso aspetto, assume *a false appearance*, potremmo tradurre "una falsa identità".

14) D. Il verbo *to trigger* ha il significato, in italiano, di "innescare", ma anche, come in questo caso, di "introdurre". Nel brano, *to trigger a response* ha il significato di *to initiate a response*.

15) C. La risposta corretta è *debates in Europe about minority rights turn into free-for-alls*, ossia "i dibattiti in Europa sui diritti delle minoranze si trasformano in bolge". Infatti, nel brano è scritto: *any debate in Europe about minority rights soon degenerates into a fight between self-proclaimed community leaders, public agencies, the police, courts and the law*; ossia: "qualsiasi dibattito in Europa sui diritti delle minoranze degenera presto in una lotta tra sedicenti leader delle comunità, enti pubblici, polizia, tribunali e legge".

16) D. L'espressione *finely tuned* significa "ben sintonizzato", pertanto l'alternativa che ha significato affine è *adjusted specifically to*, che vuol dire "regolato/adattato appositamente a".

17) B. L'aggettivo composto *whole-hearted* significa "sincero, di cuore, appassionato"; quindi ne è sinonimo l'aggettivo *sincere*.

18) A. *Shortcomings* e *faults* sono sinonimi, in quanto entrambi significano "difetti, imperfezioni". I termini elencati nelle altre alternative hanno significato diverso: *lay-offs* significa "licenziamenti temporanei", *low revenues* "redditi bassi" e *low sales* "salari bassi".

19) A. Il brano si riferisce alle espressioni giapponesi di rammarico. La risposta fa riferimento al "quando" (*when*) essi chiedono scusa e al "motivo" (*reason why*) delle loro scuse.

20) B. Il termine *oft-touted* è composto dalle due parole *oft* che sta per *often* (spesso) e *touted* che è il participio passato del verbo *to tout*, il cui significato è "pubblicizzare", "menzionare". Pertanto, *oft-touted* significa "spesso menzionato".

21) A. La preposizione mancante è *in*: l'espressione *early in March* significa, infatti, "all'inizio di marzo" o "i primi di marzo".

22) C. Dopo le preposizioni *for, of, in* ecc. (tranne la preposizione *to*) il verbo va al gerundio, pertanto l'alternativa corretta è *thinking*.

23) D. La risposta corretta è *to*. Il periodo può essere tradotto nel modo seguente: "L'opera di propaganda e di organizzazione cadde naturalmente sui maiali, la cui intelligenza superiore era generalmente riconosciuta da tutti gli animali".

24) B. Il *past continuous* si forma con soggetto + verbo essere al passato + verbo in *-ing*. Il verbo *to breed* ha il significato di "allevare". Poiché il soggetto è Mr Jones, terza persona singolare, deve essere usato *was*. Il significato della frase *Pre-eminent among the pigs were two young boars named Snowball and Napoleon, whom Mr Jones was breeding up for sale* è "Preminenti fra i porci erano due giovani verri, chiamati Palla di Neve e Napoleon, che il signor Jones stava allevando per la vendita".

25) A. La risposta corretta è *getting*. Il periodo può essere tradotto nel modo seguente: "Napoleon era un grosso verro del Berkshire dall'aspetto piuttosto feroce, l'unico Berkshire della fattoria, non molto comunicativo, ma in fama di voler sempre fare a modo suo".

26) B. La parola mancante è *room* che in tal caso significa "spazio". La frase contenente il gap (1) si traduce nel modo seguente: "Lui ha già 11 ristoranti in zona ma c'è sempre spazio per uno in più quando è buono come Sauterelle".

27) C. Il verbo to *overlook* significa "tralasciare", "ignorare", ma anche "sovrastare" ed è in questa accezione che può essere usato nella frase indicata nel testo del quesito. Difatti, *look over* significa "controllare", *oversee* "sovraintendere", e *gives out on* non ha un significato specifico.

28) D. La frase in cui va riempito il gap 3 è la seguente: *Inside the historic Royal Exchange building, Sauterelle's dining room and the huge central hall form the mezzanine, but this isn't* (3) ...... *a "view" restaurant*. Essa significa: "All'interno dello storico edificio Royal Exchange, la sala da pranzo di Sauterelle e l'enorme salone centrale formano l'ammezzato, ma questo non è ...... un ristorante panoramico". L'avverbio mancante è *just*, che in tal caso significa "solo" ("ma questo non è solo un ristorante panoramico").

29) B. Per completare la frase indicata l'alternativa è *isn't*. La traduzione, infatti, è: "Non è che il cibo non sia buono".

30) A. L'espressione impersonale "da vedere" si traduce in inglese in forma passiva, pertanto l'alternativa giusta è *to be seen*.

31) A. L'espressione che ha significato affine a *under the deal* è *in compliance with the deal*, che significa "in conformità all'accordo".

32) D. *Good news* significa "una buona notizia/buone notizie", pertanto un suo sinonimo è *attractive*, ossia "piacevole, attraente".

33) C. Nella frase occorre inserire il verbo to go up significa "aumentare", nel senso di "incrementare". La frase completa è *Its current audience will go up by 150%*, che significa "Il suo pubblico aumenterà del 150%".

34) B. Il sostantivo *revenue* ha il significato di "entrata", che in inglese può essere tradotto anche con *income* che, pur avendo il significato di "reddito", "profitto", "utile", può essere utilizzato anche con il significato di "entrata".

35) A. In inglese, l'espressione "un bel po'" (riferito al tempo) è tradotta con *quite a while*.

36) B. Quando, nell'esprimere un'azione nel passato, si specifica il tempo in cui è avvenuta l'azione, si usa il *simple past tense*. Tra le alternative di risposta l'unico *simple past tense* è *decided*.

37) A. La preposizione da usare nella frase è *from*. La frase completa è *Let's start from the beginning*, che significa "Partiamo dal principio".

38) C. Il verbo che riempie correttamente il gap 3 è *used to*, che in quest'accezione si usa solo al passato, seguito da infinito, col significato di "solere, usare, avere l'abitudine di". Pertanto, la frase contenente il gap (3) si traduce nel seguente modo: "nel 19esimo secolo il paesaggio del Chianti fu costellato di alcuni villaggi e di grandi fattorie dove le famiglie nobili erano solite godersi le vacanze".

39) A. Il verbo *to reach* ha il significato di "raggiungere". La traduzione del periodo è la seguente: "Il sistema di coltivazione a terrazze era molto complicato, ma spronò gli agricoltori a raggiungere i più alti tassi di produttività".

40) D. L'unica forma verbale corretta, tra quelle elencate, è *took*: *This progress took place* ...... Il verbo *to take place* significa "aver luogo", "avvenire".

Libro III
Diritto costituzionale

SOMMARIO

Questionario 1	L'ordinamento giuridico
Questionario 2	Lo Stato
Questionario 3	La Costituzione italiana
Questionario 4	Gli organi costituzionali
Questionario 5	La magistratura
Questionario 6	Gli organi ausiliari e le autorità indipendenti
Questionario 7	Le Regioni e gli enti territoriali
Questionario 8	Le fonti del diritto

Questionario 1
L'ordinamento giuridico

1) L'ordinamento giuridico è:
   A. un'organizzazione stabile
   B. una branca del diritto
   C. sempre caratterizzato da norme scritte
   D. sempre subordinato agli interessi privati

2) Le norme giuridiche si distinguono dalle norme sociali soprattutto per la loro:
   A. vigenza
   B. coercibilità
   C. attendibilità
   D. validità

3) Caratteristica della norma giuridica è:
   A. la vincolatività parziale
   B. la legittimità parziale
   C. l'inoppugnabilità
   D. l'astrattezza

4) Il complesso delle norme giuridiche che in un determinato periodo storico sono poste da uno Stato è indicato come:
   A. diritto vivente
   B. diritto naturale
   C. diritto positivo
   D. diritto cogente

5) Le fonti del diritto possono essere:
   A. fatti o atti
   B. solo scritte
   C. solo di rango primario
   D. solo consuetudinarie

6) Una caratteristica della consuetudine è:
   A. il comportamento mai reiterato
   B. il comportamento ripetuto nel tempo
   C. la vincolatività della disposizione
   D. l'antigiuridicità del precetto

7) Le fonti atto sono:
   A. fonti di produzione
   B. consuetudini

C. prassi
D. atti reiterati nel tempo

8) **La retroattività della legge deve considerarsi:**
   A. eccezionale
   B. ordinaria
   C. speciale
   D. illegittima costituzionalmente

9) **La norma giuridica può essere oggetto di:**
   A. abrogazione implicita
   B. abrogazione immotivata
   C. dichiarazione di illegittimità da parte del giudice amministrativo
   D. abrogazione involontaria

10) **Il diritto soggettivo è:**
    A. una situazione giuridica che dipende dall'operato della Pubblica Amministrazione
    B. una situazione giuridica di svantaggio
    C. una situazione giuridica sfavorevole
    D. una situazione giuridica favorevole

Risposte commentate
L'ordinamento giuridico

1) A. Un'organizzazione stabile di individui, per potersi definire tale, deve garantire il rispetto di un insieme di regole di condotta alle quali il gruppo assicura una determinata adesione, tale da consentire il perseguimento di finalità comuni e la tutela di interessi generali. Le regole che disciplinano un ordinamento giuridico sono dette norme giuridiche. L'insieme delle norme giuridiche che caratterizzano un dato ordinamento costituiscono il diritto. Gli elementi costitutivi di un ordinamento giuridico sono: una pluralità di soggetti che compongono il corpo sociale, che persegue determinati obiettivi; un'organizzazione, consistente in strutture e attività funzionali al perseguimento degli obiettivi prefissi. L'organizzazione rende possibile il funzionamento di strutture anche complesse; un sistema di norme che definisce l'organizzazione dell'ordinamento e i rapporti dei vari soggetti che lo compongono.

2) B. Le norme giuridiche sono quelle disposizioni testuali o quei comportamenti rituali che disciplinano in modo vincolante le azioni e i comportamenti delle persone in quanto appartenenti ad una determinata comunità (ordinamento), così assicurando una convivenza ordinata. I consociati riconoscono alle norme giuridiche l'attitudine a regolare i loro rapporti e la violazione di tali norme provoca una sanzione nei confronti del trasgressore volta a ripristinare l'ordine violato. Le norme giuridiche si differenziano dalle regole sociali, che sono precetti di condotta che disciplinano le relazioni tra persone appartenenti ad una determinata collettività di riferimento senza essere assistite da un obbligo di rispetto imponibile anche con la coercizione, come avviene, invece, per le norme giuridiche. Caratteristiche della norma giuridica sono: la generalità (essa si riferisce alla generalità dei consociati); l'astrattezza (si applica indistintamente a soggetti non preventivamente individuabili e fattispecie che possono ripetersi nel tempo); la coercibilità (può essere attuata ed imposta anche andando contro la volontà di chi dovrebbe spontaneamente osservarla, e ciò a maggior ragione quando la sua applicazione coatta è necessaria per ripristinare l'ordine violato); l'esteriorità (si riferisce sempre a comportamenti esplicitamente riscontrabili – non rileva, ad es., uno stato d'animo); la novità (introduce sempre elementi di novità nell'ordinamento giuridico); l'intersoggettività (disciplina sempre le relazioni fra cittadini e fra i cittadini e lo Stato); la positività (è posta dallo Stato o dagli organi da esso delegati).

3) D. Sono caratteristiche della norma giuridica: la *generalità* (essa si rivolge a tutti gli appartenenti ad una determinata comunità o ai soggetti ad essi assimilati – si pensi ai cittadini, ma anche ai turisti che soggiacciono alle norme del paese in cui alloggiano); l'*astrattezza* (si applica a comportamenti replicabili nel tempo e nello spazio); la *coercibilità* (può essere attuata ed imposta anche andando contro la volontà di chi dovrebbe spontaneamente osservarla); l'*esteriorità* (si riferisce sempre a comportamenti esteriorizzati – non rileva, ad es., un determinato stato d'animo); la *novità* (introduce sempre elementi di novità nell'ordinamento giuridico); l'*intersoggettività* (disciplina sempre le relazioni fra cittadini e fra i cittadini e lo Stato); la *positività* (è posta dallo Stato, o dagli altri enti ai quali la Costituzione riconosce tale potere).

4) C. Il diritto positivo è il complesso di norme giuridiche che in un determinato periodo storico sono state poste dallo Stato attraverso l'adozione di particolari atti, che rilevano tra le fonti del diritto (come, ad es., le leggi) e vigono per la collettività di riferimento. Il diritto positivo si differenzia dal *diritto naturale* che, invece, corrisponde a ciò che è oggettivamente buono e giusto. Tale formulazione, e la stessa esistenza di un diritto naturale, sono state oggetto sia di adesione sia di critica e a vario titolo nel corso dei secoli. Mentre il diritto naturale non muta nel tempo, essendo tendenzialmente permanente, il diritto positivo è mutevole, perché su di esso si riverberano i cambiamenti ideologici, storici, sociali, culturali.

5) A. Sono "fonti del diritto" i fatti o gli atti che l'ordinamento giuridico riconosce come idonei a fissare una nuova regola, alla quale viene riconosciuta l'attitudine di modificare l'ordinamento stesso, e che diviene vincolante per tutti gli appartenenti ad un determinato gruppo di individui. Fonti di produzione sono le norme, i precetti e le regole che si ricavano da un testo normativo o da un comportamento o un accadimento. Tali fonti possono essere desumibili dall'ordinamento dell'Unione europea che, ai sensi dell'art. 11 della Costituzione, è idoneo a modificare l'ordinamento giuridico italiano (con i regolamenti e le direttive europee).

6) B. La consuetudine è una fonte del diritto "non scritta" che viene a formarsi a seguito del costante ripetersi di un dato comportamento nell'ambito di una determinata collettività; si distingue dal generico fatto per la ripetizione del comportamento per un certo tempo (*diuturnitas*), in maniera uniforme (*usus*), che infonde ai consociati la convinzione di dover rispettare una determinata regola (*opinio iuris sive necessitatis*). Si sostanzia, così, il convincimento dell'obbligatorietà giuridica del comportamento. La consuetudine è caratterizzata da: elemento materiale (il comportamento esteriore è osservato e ripetuto nel tempo) ed elemento psicologico (i membri della comunità osservano lo stesso comportamento convinti della loro doverosità). Le consuetudini possono essere: *secundum legem* (richiamate dalle leggi); *praeter legem* (che disciplinano materie e fattispecie non disciplinate da fonti scritte); *contra legem* (che vanno contro le fonti atto dell'ordinamento). Tali ultime tipologie di consuetudini non sono ammesse nell'ordinamento italiano.

7) A. Le fonti atto sono quelle fonti del diritto che si concretizzano in atti scritti, dai quali è possibile desumere la volontà di un soggetto al quale l'ordinamento riconosce il potere di produrre delle norme giuridiche. Gli ordinamenti giuridici caratterizzati da fonti atto sono detti "codificati", ovvero le norme sono desumibili da documenti ai quali è riconosciuta la qualità di fonti di produzione del diritto. La disposizione è la proposizione normativa inserita nel testo di legge o di regolamento, ovvero nel documento, al quale la collettività riconosce "forza normativa". La norma è, invece, il risultato del processo interpretativo della disposizione medesima e detta la regola che deve essere rispettata.

8) A. Quando la norma giuridica dispiega i propri effetti andando a modificare l'ordinamento giuridico si dice che essa è efficace. La norma entra in vigore, e inizia ad avere efficacia, nel momento successivo a quello in cui è portata a conoscenza dei cittadini, tramite la sua pubblicazione all'interno della Gazzetta Ufficiale della Repubblica italiana. La retroattività di una legge è da considerarsi evento eccezionale, perché la norma giuridica "non dispone che per l'avvenire: essa non ha effetto retroattivo", come previsto dall'art. 11 delle Preleggi al codice civile. La retroattività in materia penale è proibita, poi, espressamente dall'art. 25, comma 2, della Costituzione, poiché nessuno può essere punito sulla base di una norma penale che non esisteva al momento della commissione di un comportamento che non era considerato come reato.

9) A. La norma giuridica è efficace e dispiega i propri effetti giuridici finché non viene adottato un nuovo atto normativo che disciplina diversamente i rapporti da essa regolati; in tal caso è possibile parlare di "abrogazione implicita". Quando, invece, una disposizione di legge prevede direttamente che una norma precedente sia espunta dall'ordinamento si è in costanza di una "abrogazione espressa". In tale ultimo caso non è necessario che la norma abrogante debba necessariamente disciplinare la materia prima regolamentata dalla norma abrogata. Dunque, le leggi sono "abrogate da leggi posteriori per dichiarazione espressa del legislatore, o per incompatibilità tra le nuove disposizioni e le precedenti, o perché la nuova legge regola l'intera materia già regolata dalla legge anteriore" (art. 15, Preleggi).

10) D. Ai soggetti di diritto possono essere imputate due distinte situazioni giuridiche: situazioni giuridiche favorevoli (i poteri – astratta possibilità di ottenere determinati effetti giuridici con il loro esercizio; i diritti soggettivi – situazione attiva, concreta e attuale di vantaggio che fa riferimento a un bene particolare, ad esempio il diritto di proprietà, il diritto alla protezione dei dati personali, ecc.; gli interessi legittimi – situazione attiva, attuale e concreta, concernente nella legittima pretesa da parte del cittadino che la pubblica amministrazione operi secondo canoni e criteri previsti dalle norme costituzionali e ordinarie) e situazioni giuridiche sfavorevoli (gli obblighi – comportamenti da tenere necessariamente per il rispetto di un diritto altrui; i doveri – comportamenti da tenere necessariamente che prescindono dall'esistenza di un corrispettivo diritto altrui, ad esempio i doveri costituzionali a tutela di un interesse generale; le soggezioni – comportamenti propri di chi è soggetto ad un potere, ad esempio dei figli minori verso i genitori).

Questionario 2
Lo Stato

1) **Quale tra i seguenti non è un elemento costitutivo dello Stato?**
   A. Governo
   B. Popolo
   C. Territorio
   D. Sovranità

2) **La cittadinanza italiana si acquista:**
   A. anche per concessione dello Stato
   B. solo per nascita sul territorio dello Stato italiano
   C. solo per nascita da padre italiano
   D. solo per nascita da madre italiana

3) **La sovranità appartiene al:**
   A. popolo
   B. Parlamento
   C. Governo
   D. Presidente della Repubblica

4) **La superficie terrestre su cui un popolo è stabilmente stanziato e uno Stato esercita il suo potere di imperio rappresenta:**
   A. la nazione
   B. il territorio dello Stato
   C. il confine di uno Stato
   D. il governo

5) **La forma di Stato concerne:**
   A. i rapporti tra Parlamento e Governo
   B. i rapporti tra consociati
   C. i rapporti tra Presidente della Repubblica e Governo
   D. i rapporti tra gli elementi costitutivi dello Stato

6) **Uno Stato assoluto è:**
   A. di ispirazione democratica
   B. soggetto al potere di un sovrano o di un gruppo ristretto di persone
   C. soggetto al potere parlamentare
   D. soggetto a regole religiose

7) **La forma di Governo concerne:**
   A. i rapporti tra i diversi organi dello Stato, in particolare tra Parlamento e Governo
   B. i rapporti tra gli elementi costitutivi dello Stato

C. i rapporti tra Parlamento e Gruppi parlamentari
D. i rapporti tra Parlamento e Presidente del Consiglio dei ministri

8) **Quale delle seguenti caratteristiche non è propria dello Stato italiano?**
   A. È uno Stato democratico
   B. È uno Stato pluralista
   C. È uno Stato federale
   D. È uno Stato repubblicano

9) **La forma di governo italiana è:**
   A. monarchica
   B. democratica
   C. parlamentare
   D. presidenziale

10) **L'Italia è membro dell'Organizzazione delle Nazioni Unite (ONU):**
    A. dal 1946
    B. dal 1950
    C. dal 1945
    D. dal 1955

Risposte commentate
Lo Stato

1) A. La dottrina tradizionale intende lo Stato come un popolo, organizzato stabilmente su di un territorio, soggetto ad un potere pubblico (sovranità) originario finalizzato al raggiungimento di fini (pubblici) della collettività. Sono, perciò, elementi essenziali dello Stato: il popolo, il territorio e la sovranità.

2) A. È cittadino italiano chi nasce da genitori italiani, ovunque la sua nascita avvenga (*ius sanguinis*), ma la cittadinanza può essere acquistata anche per concessione dello Stato, nonché per estensione a seguito del verificarsi di determinati eventi (v. L. 91/1992). Il possesso della cittadinanza comporta diritti e doveri. Ai cittadini si contrappongono gli apolidi (che non hanno cittadinanza in alcuno Stato).

3) A. La sovranità è l'elemento giuridico o formale dello Stato secondo il quale a esso è riconosciuta l'attitudine ad imporre la sua volontà a tutti coloro che sono cittadini sul suo territorio o che, seppur privi della cittadinanza, vi dimorano o vi soggiornano. In tal senso la sovranità è incondizionata, perché non esiste materia che lo Stato non possa regolare con le sue leggi, ed è coattiva, perché gli organi dello Stato dispongono comandi e li fanno osservare anche con il ricorso alla forza e alle sanzioni. In condizioni di parità, l'Italia ha consentito una limitazione della propria sovranità (art. 11 Cost.) al fine di partecipare ad organizzazioni internazionali come l'ONU e l'Unione europea. L'art. 1 Cost. chiarisce che titolare della sovranità non è né il Sovrano né la Nazione, ma il popolo, ossia il complesso dei soggetti che sono legati allo Stato dal rapporto di cittadinanza.

4) B. Il territorio è quella parte della superficie terrestre su cui il popolo è stabilmente stanziato e sulla quale lo Stato esercita il suo potere di imperio; esso è delimitato dai suoi confini che risultano da un atto di riconoscimento degli Stati confinanti o da un lungo e incontestato possesso. Talora i confini coincidono con divisioni naturali tra due o più parti della superficie terrestre (fiumi, catene di montagne).
La stabilità territoriale di una comunità è condizione necessaria per la nascita e la sopravvivenza dello Stato.
Lo Stato italiano, per norma consuetudinaria di diritto internazionale, rinuncia invece alla sovranità sulle sedi e rappresentanze diplomatiche di altri Stati in Italia (immunità territoriale).

5) D. La forma di Stato concerne i complessivi rapporti che vengono ad intercorrere, in un dato ordinamento, tra chi governa (cd. Stato-apparato) e chi è governato, inteso quest'ultimo sia come individuo sia in riferimento alle articolazioni sociali che nel loro insieme concorrono a formare la società civile (si pensi alle associazioni). La forma di Stato identifica, altresì, i rapporti fra i diversi livelli di governo (che insistono sullo stesso territorio), venendo così a sintetizzare il complesso dei rapporti fra gli elementi costitutivi dello Stato (ordinamento, popolo, territorio). In Italia vige una forma di Stato repubblicana ed una forma di governo parlamentare, che vede legati il Parlamento ed il Governo da un rapporto di tipo fiduciario.

6) B. In funzione dell'esercizio dei poteri da parte dei supremi organi dello Stato, è possibile distinguere tra Stati assoluti (allorquando il potere è esercitato da una sola persona o da un collegio ristretto) e Stati costituzionali (allorquando la sovranità è esercitata da più organi le cui funzioni sono soggette alla disciplina di una carta costituzionale, che ha la finalità di contemperare l'esercizio dei diversi poteri dello Stato, al fine di evitare fenomeni totalitaristici a danno del popolo).

7) A. La forma di governo concerne i rapporti che intercorrono tra i poteri dello Stato. In relazione alla forma di governo, per la Repubblica, possono aversi forme di governo:
- *presidenziale*, come ad esempio negli Stati Uniti dove il Capo dello Stato (Presidente) è eletto direttamente dal popolo e, in quanto tale, è anche Capo dell'esecutivo, con effettivi poteri decisionali;
- *parlamentare* dove il Parlamento decide la sorte del Governo, con il quale instaura un rapporto di tipo fiduciario;
- *semi-presidenziale* che si caratterizza per essere una forma intermedia tra quella parlamentare e quella presidenziale, il Presidente è eletto direttamente dal popolo ed è responsabile del potere esecutivo, quindi nomina e revoca i ministri e può sciogliere il Parlamento ma non è da quest'ultimo sfiduciabile. Esiste, tuttavia, un Primo ministro, che può essere revocato dal Presidente. Il Governo deve ottenere la fiducia o almeno il tacito consenso del Parlamento. È vigente in Francia dal 1958.

8) C. Lo Stato italiano, alla luce dei principi e delle disposizioni contenuti nella Costituzione della Repubblica italiana (che è fonte del diritto sovraordinata alla stessa legge ordinaria e per alcune disposizioni non modificabile neppure da legge di revisione costituzionale), è uno Stato:
- *repubblicano*, dal momento che il Capo dello Stato è persona eletta periodicamente e la forma repubblicana è immodificabile, come da indicazione dell'art. 139 Cost.;
- *democratico*, in quanto la sovranità è attribuita al popolo, sono riconosciuti ai cittadini diritti civili e politici ed è garantita la libertà per lo sviluppo della persona;
- *regionale*, poiché la Repubblica è costituita da più soggetti come Regioni, Province, Città metropolitane e Comuni (art. 114, Cost.);
- *pluralista*, ponendosi lo Stato italiano l'obiettivo di tutelare non solo i cittadini come singoli, ma anche le "formazioni sociali" (come la famiglia, i partiti politici, i sindacati, le associazioni, etc.) costituite per lo sviluppo della loro personalità. L'art. 2 della Costituzione dispone che "la Repubblica riconosce e garantisce i diritti inviolabili dell'uomo, sia come singolo, sia nelle formazioni sociali ove si svolge la sua personalità";
- *sociale*, mettendo l'uguaglianza sostanziale a base del proprio ordinamento e imponendosi il dovere di "rimuovere gli ostacoli di ordine economico e sociale, che … impediscono il pieno sviluppo della persona umana e l'effettiva partecipazione di tutti i lavoratori all'organizzazione politica, economica e sociale del Paese" (art. 3, comma 2, Cost.). Lo Stato vincola anche i cittadini all'osservanza dei "doveri inderogabili di solidarietà politica economica e sociale" (art. 2 Cost.).

9) C. La forma di governo prevista dalla Costituzione italiana è di tipo parlamentare, essendo il Governo diretta emanazione del Parlamento, dal quale deve ottenere la fiducia al fine di poter esercitare le proprie prerogative.

Il Governo estrinseca la sua attività nella funzione di direzione politica dello Stato, da attuare: attraverso il perseguimento del proprio programma di governo, con la presentazione in Parlamento di disegni di legge, con l'adozione, nei casi di necessità ed urgenza, dei decreti-legge e con l'adozione dei decreti legislativi nel caso di delega del Parlamento all'esercizio di funzioni legislative; con l'esercizio del potere esecutivo, cioè delle funzioni amministrative mediante le quali la pubblica amministrazione, nel rispetto delle autonomie, garantisce l'applicazione della legge. I Ministri che compongono il Governo sono i vertici politici delle amministrazioni dello Stato (i ministeri).

10) D. L'Organizzazione delle Nazioni Unite (ONU) è la più importante organizzazione internazionale, istituita nel 1945, con sede a New York, alla quale hanno aderito sinora 193 Stati. L'Organizzazione si fonda sull'uguaglianza dei popoli e delle nazioni e sui principi etico-sociali dei diritti inviolabili dell'uomo e del rispetto della dignità umana, e mira a realizzare in via permanente una coesistenza pacifica tra i suoi appartenenti. L'Italia è membro delle Nazioni Unite dal 1955. L'adesione all'ONU è stata ratificata dall'Italia con la L. 848/1957. La partecipazione italiana all'ONU è consentita grazie all'interpretazione dell'art. 11 della Costituzione, che prevede che l'Italia consenta, in condizioni di parità con gli altri Stati, alle limitazioni di sovranità necessarie ad un ordinamento che assicuri la pace e la giustizia fra le Nazioni e promuove e favorisce le organizzazioni internazionali rivolte a tale scopo.

Questionario 3
La Costituzione italiana

1) Lo Statuto albertino era una Costituzione:
   A. lunga
   B. rigida
   C. ottriata
   D. immodificabile

2) La Costituzione italiana è:
   A. flessibile
   B. rigida
   C. ottriata
   D. immodificabile

3) A quale generazione di diritti si è soliti ricondurre il riconoscimento dei diritti sociali?
   A. Quarta generazione
   B. Seconda generazione
   C. Terza generazione
   D. Prima generazione

4) La formazione dello Stato moderno è stata caratterizzata dall'affermazione:
   A. dei diritti dell'uomo al fine di tutelare il popolo da possibili abusi da parte del Sovrano
   B. degli interessi legittimi
   C. dei diritti dell'uomo al fine di tutelare le minoranze etniche
   D. dei diritti dell'uomo al fine di prevenire disparità di genere

5) I diritti inviolabili dell'uomo sono riconosciuti e garantiti:
   A. in numerose leggi speciali
   B. dai regolamenti governativi
   C. dai giudici speciali
   D. dalla Costituzione

6) La promozione della cd. "uguaglianza sostanziale" tra i cittadini è un obiettivo riportato:
   A. nell'articolo 1 della Costituzione
   B. nell'articolo 3 della Costituzione
   C. nell'articolo 2 della Costituzione
   D. nell'articolo 4 della Costituzione

7) **Ai sensi dell'art. 15 Cost., la corrispondenza, così come ogni altra forma di comunicazione, è:**
   A. segreta ma non può essere completamente libera per motivi di sicurezza nazionale
   B. libera e segreta
   C. libera ma non può essere segreta per motivi di sicurezza nazionale
   D. libera, ma entro i limiti stabiliti dalla legge

8) **In materia di restrizione di libertà personale, l'autorità di pubblica sicurezza può adottare provvedimenti provvisori che devono essere comunicati:**
   A. all'autorità giudiziaria entro 48 ore
   B. all'autorità giudiziaria immediatamente
   C. alla parte lesa e ai suoi familiari
   D. al Ministro dell'Interno

9) **Le riunioni in luogo pubblico, ai sensi dell'art. 17 Cost., possono essere vietate:**
   A. per evitare ostacoli alla circolazione
   B. solo se non autorizzate
   C. solo per ragioni di sanità pubblica
   D. per comprovati motivi di sicurezza o di incolumità pubblica

10) **L'istruzione inferiore, ai sensi dell'art. 34 Cost., è:**
    A. obbligatoria e non gratuita
    B. gratuita e non obbligatoria
    C. obbligatoria e a spese dell'esercente la responsabilità genitoriale
    D. obbligatoria e gratuita

11) **I cittadini hanno diritto di associarsi liberamente?**
    A. No, assolutamente
    B. Sì, senza autorizzazione, per fini che non sono vietati ai singoli dalla legge penale
    C. Sì, previa autorizzazione del giudice
    D. Sì, ma non per perseguire scopi politici

12) **Quali sono le condizioni per la registrazione dei sindacati?**
    A. Un giuramento di fedeltà alla Repubblica degli aderenti
    B. La presenza di un ordinamento interno a base democratica
    C. L'obbligo di trasparenza dei documenti contabili interni
    D. L'obbligo di elezione diretta dei vertici dell'organizzazione sindacale

13) **Il diritto di sciopero:**
    A. deve essere previsto per legge
    B. è riservato ai lavoratori privati
    C. può essere soggetto a limitazioni
    D. non può essere soggetto a limitazioni

14) La Carta dei diritti fondamentali dell'Unione europea:
   A. non ha valore vincolante
   B. ha valore vincolante
   C. ha valore vincolante solo se recepita dallo Stato membro con atto interno
   D. è un atto di indirizzo

Risposte commentate
La Costituzione italiana

1) C. Lo Statuto albertino è stata la Costituzione dell'Italia unita dal 1861 al 1948. Era una Costituzione "ottriata", cioè concessa dal Sovrano (Carlo Alberto, re di Sardegna), che nel 1848 riconobbe ai sudditi prerogative particolari che limitavano il suo potere garantendo una serie di diritti. Lo Statuto fu recepito dallo Stato unitario nel 1861. Si trattava di una Costituzione breve e flessibile. Lo Statuto albertino è una Costituzione breve perché si limita ad enunciare diritti e libertà e ad individuare la forma di governo, ma non pone disposizioni programmatiche, né disciplina i rapporti fra i consociati e fra questi e lo Stato. Lo Statuto è una Costituzione flessibile perché ha valore di legge ordinaria ed è, pertanto, modificabile da fonte normativa di pari rango.

2) B. La Costituzione italiana è rigida. Ciò significa che le disposizioni in essa contenute prevalgono sulle disposizioni aventi forza di legge in contrasto con la Costituzione, e che per modificare la Costituzione è necessario un procedimento parlamentare cd. "aggravato" (disciplinato dall'art. 138 Cost.). Costituzione rigida, infatti, non significa immodificabile, ma solo che per la riforma o la revisione dei suoi contenuti è prevista una procedura diversa e maggiormente garantista rispetto alla procedura prevista per l'approvazione parlamentare di una legge ordinaria.

3) C. I *diritti di prima generazione*, affermatisi con le rivoluzioni borghesi e con le connesse Dichiarazioni dei secoli XVII e XVIII, comprendono i *diritti civili (o libertà individuali)* e le *libertà economiche*. A partire dalla seconda metà dell'Ottocento si affermano i *diritti di seconda generazione* che includono i *diritti politici o libertà nello Stato* (il diritto di voto e diritto di accedere alle cariche elettive, senza pregiudizio di ricchezza o di ceto) i *diritti associativi* (il diritto di riunione, di associazione, di costituzione e di adesione ai partiti politici e sindacati) e i *diritti economici* (il diritto di sciopero e il diritto alla tutela sindacale).
Nella prima metà del Novecento si affermano i *diritti di terza generazione*, con i quali si chiede allo Stato un'incisiva azione per riequilibrare le disparità sociali e rendere le libertà accessibili alla collettività mediante l'azione attiva dello Stato. Nascono i *diritti sociali*: il diritto al lavoro, alla salute, all'istruzione, all'assistenza e alla previdenza, all'abitazione. I *diritti di quarta generazione* si affermano nella seconda metà del Novecento, allorquando lo sviluppo economico e tecnologico su scala mondiale comincia a porre nuove domande di tutela della dignità umana. Vi rientrano il *diritto alla tutela dell'ambiente*, il *diritto ad uno sviluppo sostenibile*, il *diritto al controllo delle risorse nazionali*, il *diritto dei popoli all'autodeterminazione*, il *diritto alla salvaguardia della propria identità culturale*, la *tutela della dignità umana* in ordine ai problemi posti dalle manipolazioni genetiche, dalla bioetica e dalle nuove tecnologie della comunicazione.

4) A. La formazione dello Stato moderno è stata caratterizzata dalla affermazione dei diritti dell'uomo, al fine di tutelare il popolo da possibili abusi da parte del Sovrano o dei poteri pubblici.

I diritti e le libertà fondamentali dell'uomo (ossia le posizioni giuridiche soggettive di vantaggio riconosciute e protette dall'ordinamento giuridico di uno Stato) hanno trovato il loro primo riconoscimento nelle Carte costituzionali e nelle Dichiarazioni dei diritti dell'uomo redatte tra il XVII e XVIII secolo, in concomitanza con le rivoluzioni borghesi.

5) D. I diritti inviolabili dell'uomo sono riconosciuti e garantiti direttamente dalla Costituzione italiana. L'art. 2 recita, infatti, che: "La Repubblica riconosce e garantisce i diritti inviolabili dell'uomo, sia come singolo, sia nelle formazioni sociali ove si svolge la sua personalità".
La garanzia dei diritti inviolabili comporta il dovere da parte degli organi della Repubblica di assicurare la loro tutela attraverso appositi strumenti giuridici:
> la *riserva di legge* (ovvero l'obbligo di disciplinare una determinata materia con fonti di rango primario);
> la *riserva di giurisdizione* e il *principio del giudice naturale precostituito per legge* (ovvero l'obbligo di predeterminare gli ambiti giurisdizionali e gli organi competenti per giudicare);
> il *diritto ad agire* in ogni ordine e grado di giudizio;
> il *diritto alla difesa* e la *presunzione di innocenza*.

6) B. L'art. 3 della Costituzione italiana dispone che tutti i cittadini hanno pari dignità sociale e sono eguali davanti alla legge, senza distinzione di sesso, di razza, di lingua, di religione, di opinioni politiche, di condizioni personali e sociali, e che è compito della Repubblica rimuovere gli ostacoli di ordine economico e sociale che, limitando di fatto la libertà e l'eguaglianza dei cittadini, impediscono il pieno sviluppo della persona umana e l'effettiva partecipazione di tutti i lavoratori all'organizzazione politica, economica e sociale del Paese. Il primo comma dell'articolo è una norma volta al riconoscimento "passivo" dell'uguaglianza sostanziale di tutti i cittadini, mentre nel secondo comma viene affidato alla Repubblica (dunque al cosiddetto Stato ordinamento, da intendersi con questa espressione tutte le istituzioni pubbliche centrali e locali) il perseguimento concreto delle condizioni che possano rendere effettivo il principio dell'uguaglianza.

7) B. La libertà e la segretezza della corrispondenza attiene non solo alla corrispondenza cartacea ma a tutte le *forme di comunicazione*, per esempio telefonica e telematica (chat tra due soggetti, posta elettronica ad un destinatario o ad una *mailing list* chiusa, videoconferenza *one-to-one*) e ha la funzione di assicurare a ciascun cittadino la libertà e la segretezza dei suoi contatti con gli altri membri della collettività sociale. Limitazioni sono ammesse soltanto per atto motivato dell'autorità giudiziaria con le garanzie stabilite dalla legge. Le intercettazioni sono consentite solo per talune categorie di reato (art. 266 c.p.p.).

8) A. Il diritto di libertà personale è riconosciuto come diritto naturale di ciascun individuo ed è tutelato anche nei confronti dei pubblici poteri: la Costituzione, infatti, memore delle persecuzioni perpetrate durante il periodo fascista, ha voluto a chiare lettere scongiurare il pericolo di arresti arbitrari o di abusi da parte dello Stato. Solo in *casi eccezionali di necessità e urgenza*, indicati tassativamente dalla legge, l'autorità di pubblica sicurezza può adottare provvedimenti provvisori restrittivi della libertà personale, da comunicare entro 48 ore all'autorità giudiziaria: se questa non li convalida nelle successive 48 ore, si intendono revocati e restano privi di ogni effetto.

9) D. Il diritto di riunirsi in luoghi pubblici è garantito a tutti i cittadini purché sia esercitato pacificamente e senza uso di armi. Infatti, presupposto necessario di qualsiasi confronto è che lo scambio di opinioni avvenga in maniera democratica.
La Costituzione distingue tra *riunioni in luogo aperto al pubblico* (es. un teatro), per le quali non occorre preavviso alle autorità di pubblica sicurezza, e *riunioni in luogo pubblico* (es. una piazza) per il cui svolgimento occorre dare preavviso alle autorità di pubblica sicurezza.
La riunione può essere vietata soltanto per comprovati motivi di sicurezza o di incolumità pubblica.

10) D. Il grado d'istruzione rappresenta senza dubbio un fattore determinante dell'uguaglianza, perché le persone senza istruzione sono svantaggiate rispetto a quelle istruite, che possono meglio sviluppare la propria personalità e adempiere coscientemente i compiti sociali.
Il diritto all'istruzione si articola:
> nel *diritto di iscrizione a qualsiasi scuola*, avendone i requisiti di età e di studio («*la scuola è aperta a tutti*»: art. 34 comma 1 Cost.);
> nel *diritto-dovere all'istruzione obbligatoria*, che è della durata di almeno otto anni (nella Carta costituzionale del 1948);
> nel *diritto ad avanzare negli studi* se «*capaci e meritevoli*», pur in mancanza di mezzi economici; la Repubblica rende effettivo questo diritto con borse di studio, assegni alle famiglie ed altre provvidenze, da attribuire per concorso.

11) B. La libertà di associazione è prevista direttamente nella Costituzione (artt. 2 e 18, Cost.). Si tratta del diritto dei cittadini di associarsi liberamente, senza autorizzazione, per fini non vietati dalla legge penale. Tale diritto rappresenta una libertà strumentale alla realizzazione dell'obiettivo dello sviluppo della personalità umana anche nelle formazioni sociali sancito all'art. 2, Cost. L'unico limite a tale diritto è rappresentato dal divieto di costituire associazioni segrete o associazioni che perseguono, anche indirettamente, scopi politici mediante organizzazioni di carattere militare o paramilitare, oltre al succitato divieto di costituire associazioni per scopi vietati dalla legge penale.

12) B. Secondo l'art. 39 Cost. l'organizzazione sindacale è libera e ai sindacati non può essere imposto altro obbligo se non la loro registrazione presso uffici locali o centrali, secondo le norme di legge. Condizione necessaria per la registrazione è che gli statuti dei sindacati sanciscano un ordinamento interno a base democratica. I sindacati registrati hanno personalità giuridica. Possono, rappresentati unitariamente in proporzione dei loro iscritti, stipulare contratti collettivi di lavoro con efficacia obbligatoria per tutti gli appartenenti alle categorie alle quali il contratto si riferisce. Con la sentenza n. 30/1995, la Corte costituzionale ha affermato che "la maggiore rappresentatività risponde ad un criterio di meritevolezza e alla ragionevole esigenza di far convergere condizioni più favorevoli o mezzi di sostegno operativo verso quelle organizzazioni che sono maggiormente in grado di tutelare gli interessi dei lavoratori".

13) C. Il diritto di sciopero è riconosciuto direttamente dalla Costituzione ma può essere soggetto a limitazione con legge ordinaria. Ai sensi dell'art. 40, Cost., lo sciopero consiste nell'astensione dal lavoro e si esercita nell'ambito delle leggi che lo regolano, ponendo limiti a tutela dei diritti altrui. Si pensi, ad es., alla garanzia dei servizi pubblici essenziali posta dalla L. 146/1990, come modificata e integrata dalla L. 83/2000.

14) B. La Carta dei diritti fondamentali dell'Unione europea è stata solennemente proclamata per la prima volta il 7 dicembre 2000 a Nizza (e, una seconda volta, il 12 dicembre 2007 a Strasburgo in vista della firma del Trattato di Lisbona) da Parlamento, Consiglio e Commissione. Con l'entrata in vigore del trattato di Lisbona, la Carta di Nizza ha assunto carattere pienamente vincolante per le istituzioni europee e gli Stati membri, in quanto gode del medesimo valore giuridico dei trattati, ai sensi dell'art. 6 del Trattato sull'Unione europea (come modificato dal Trattato di Lisbona del 2007).

Questionario 4
Gli organi costituzionali

1) **Sono organi costituzionali:**
   A. il Parlamento e il Governo
   B. il Governo e la Corte dei conti
   C. il Parlamento e il Consiglio superiore della magistratura
   D. la Corte costituzionale e il Consiglio di Stato

2) **Come si configura il bicameralismo italiano?**
   A. Bicameralismo perfetto
   B. Bicameralismo recessivo
   C. Bicameralismo asimmetrico
   D. Bicameralismo imperfetto

3) **La Camera dei deputati è eletta:**
   A. esclusivamente da cittadini italiani residenti in Italia
   B. da cittadini italiani e di Stati dell'Unione europea (residenti in Italia da almeno 5 anni)
   C. da cittadini italiani residenti in Italia e all'estero
   D. da cittadini italiani e di Stati dell'Unione europea (residenti in Italia da almeno 10 anni)

4) **I membri del Senato sono tutti elettivi?**
   A. No, ai senatori eletti si aggiungono gli ex Presidenti della Corte costituzionale
   B. No, sono presenti anche senatori nominati dal Governo
   C. No, sono presenti anche senatori a vita e di diritto
   D. No, a quelli eletti si aggiungono 3 senatori di diritto eletti dal Presidente della Repubblica

5) **Il Parlamento si riunisce in seduta comune:**
   A. nei soli casi stabiliti dalla Costituzione
   B. nei soli casi in cui è richiesto dal Presidente della Repubblica
   C. nei casi stabiliti dai rispettivi regolamenti
   D. qualora lo richiedano i Presidenti delle due Camere, il Presidente della Repubblica o il Presidente del Consiglio dei Ministri

6) **Una risoluzione parlamentare:**
   A. impegna il Governo su determinate questioni
   B. si utilizza per chiedere la sfiducia del Governo
   C. manifesta orientamenti dei parlamentari o definisce indirizzi su specifici argomenti
   D. provoca la crisi di Governo

7) **Il Presidente della Repubblica può essere rieletto?**
    A. No, non può essere rieletto al termine del mandato
    B. Sì, non esiste alcun divieto costituzionale in tal senso
    C. Sì può essere rieletto ma non per due mandati consecutivi
    D. Sì può essere rieletto, ma solo se tra le due elezioni è stato rinnovato il Parlamento

8) **Il Presidente della Repubblica è responsabile politicamente dei propri atti?**
    A. Parzialmente
    B. Mai
    C. Solo di quelli controfirmati
    D. Solo di quelli non controfirmati

9) **In caso di impedimento, il Presidente della Repubblica è sostituito dal:**
    A. Presidente del Senato
    B. vice Presidente della Repubblica
    C. Presidente della Camera
    D. Presidente del Consiglio dei ministri

10) **Chi controfirma il decreto di nomina del Presidente del Consiglio dei Ministri e dei Ministri?**
    A. Il Presidente del Consiglio uscente
    B. Il Presidente della Camera
    C. I Presidenti delle Camere
    D. Il Presidente del Consiglio entrante

11) **Entro quanti giorni il Presidente del Consiglio deve presentarsi alle Camere per illustrare il programma di Governo e ottenere la fiducia?**
    A. Entro 10 giorni dalla sua formazione
    B. Entro 10 giorni dalla nomina
    C. Entro 10 giorni dalla prima riunione del Consiglio dei Ministri
    D. Entro 10 giorni dalla richiesta dei Presidenti delle Camere

12) **La questione di fiducia è posta su:**
    A. un progetto di legge o alcuni articoli di esso
    B. un decreto del Governo
    C. un decreto del Ministro
    D. una mozione di sfiducia

13) **Il Presidente del Consiglio dei ministri:**
    A. è gerarchicamente sovraordinato ai Ministri del suo Governo
    B. deve necessariamente essere un parlamentare
    C. assicura l'unità dell'indirizzo politico ed amministrativo del Governo
    D. firma tutti i decreti approvati dai singoli Ministri

14) **I ministri senza portafoglio:**
    A. svolgono compiti loro delegati dal Presidente della Repubblica
    B. svolgono compiti loro delegati dal Consiglio dei ministri
    C. svolgono compiti loro delegati dal Presidente del Consiglio dei ministri
    D. non giurano dinnanzi al Presidente della Repubblica

15) **L'organizzazione dei ministeri è coperta da:**
    A. riserva di legge per i soli ministeri degli interni e degli esteri
    B. nessuna riserva di legge
    C. riserva assoluta di legge
    D. riserva relativa di legge

16) **Ai sensi dell'art. 134 Cost., la Corte costituzionale giudica:**
    A. sulla legittimità costituzionale delle leggi e degli atti aventi forza di legge dello Stato e delle Regioni
    B. sulla legittimità costituzionale delle leggi dello Stato e delle Regioni ma non degli atti aventi forza di legge
    C. sulla legittimità costituzionale degli atti legislativi e regolamentari adottati dagli organi dello Stato
    D. sulla legittimità costituzionale degli atti legislativi e regolamentari adottati dagli organi delle Regioni

17) **Da quanti giudici è composta la Corte costituzionale?**
    A. 10 giudici
    B. 9 giudici
    C. 15 giudici
    D. 12 giudici

18) **Le sentenze interpretative di rigetto della Corte costituzionale:**
    A. sopperiscono ad un vuoto legislativo
    B. offrono un'interpretazione della norma diversa da quella offerta dalle parti o dal giudice
    C. abrogano la norma in esame
    D. non esistono

Risposte commentate
Gli organi costituzionali

1) **A.** Gli organi costituzionali sono previsti dalla Costituzione e svolgono funzioni necessarie e irrinunciabili all'interno dell'ordinamento giuridico. Di essi non si può fare a meno, poiché la loro assenza metterebbe a rischio la tenuta complessiva dell'intero ordinamento repubblicano. Detti organi si distinguono da quelli di rilievo costituzionale, ovvero previsti in Costituzione ma di un'importanza istituzionale minore, e pertanto non disciplinati in modo organico dalla Costituzione stessa; gli organi costituzionali hanno una spiccata autonomia organizzativa, che conduce a considerare i loro regolamenti interni alla stregua di vere e proprie norme "speciali". Gli organi costituzionali sono: il Presidente della Repubblica, il Parlamento (Camera dei Deputati e Senato della Repubblica), il Governo e la Corte costituzionale.
Sono organi di rilevanza costituzionale il Consiglio di Stato, il Consiglio superiore della magistratura (CSM), la Corte dei conti, il Consiglio nazionale dell'economia e del lavoro (CNEL) e il Consiglio supremo di difesa (CSD.).

2) **A.** Il bicameralismo parlamentare italiano è un bicameralismo "perfetto", in quanto ai due rami del Parlamento (Camera dei deputati e del Senato della Repubblica) sono attribuiti i medesimi poteri e le stesse funzioni. In relazione all'approvazione delle leggi, per esempio, un progetto di legge, dopo essere stato approvato da uno dei dure rami del Parlamento, viene trasmesso all'altra Camera (cd. "navetta") che, per sancirne la definitiva approvazione, deve votarlo nel testo identico a quello approvato dalla prima Camera. Anche in relazione all'instaurazione del rapporto di fiducia con il Governo, la fiducia deve essere votata da entrambe le Camere (sia con riferimento alla mozione di fiducia, che alla mozione di sfiducia, che alla questione di fiducia) e anche se una sola di esse non la accorda il Governo è tenuto a dimettersi.

3) **C.** La Camera dei Deputati, ai sensi dell'art. 56, co. 1, Cost., è eletta a suffragio universale e diretto (da tutti i cittadini italiani che hanno compiuto il diciottesimo anno di età) ed è composta da 630 deputati, di cui 12 eletti nella circoscrizione Estero (art. 56, co. 2, Cost.). Per effetto di quanto disposto dalla legge costituzionale approvata in via definitiva dal Parlamento l'8 ottobre 2019 (che entrerà in vigore solo in seguito ad esito positivo del referendum confermativo) dalla XIX legislatura il numero dei deputati sarà ridotto a 400, di cui 8 eletti nella circoscrizione Estero. Le modalità di svolgimento delle elezioni della Camera dei Deputati sono disciplinate dal D.P.R. 30-3-1957, n. 361, così come modificato dalla L. 3-11-2017, n. 165, mentre le norme per l'esercizio del diritto di voto dei cittadini italiani residenti all'estero sono contenute nella L 27-12-2001, n. 459, e nel relativo regolamento di attuazione, D.P.R. 2-4-2003, n. 104.
Sono eleggibili a deputati tutti gli elettori che nel giorno delle elezioni hanno compiuto i venticinque anni di età (elettorato "passivo" – art. 56, co. 3, Cost.).

4) C. Il Senato della Repubblica è *eletto su base regionale*, salvi i seggi assegnati alla circoscrizione Estero (art. 57, co. 1, Cost.).
Il numero dei senatori elettivi è di 315, di cui 6 eletti nella circoscrizione Estero (art. 57, co. 2, Cost.). Per effetto di quanto disposto dalla legge costituzionale approvata in via definitiva dal Parlamento l'8 ottobre 2019 (che entrerà in vigore solo in seguito ad esito positivo del referendum confermativo) dalla XIX legislatura il numero dei senatori sarà ridotto a 200, di cui 4 eletti nella circoscrizione Estero. La ripartizione dei seggi tra le diverse Regioni avviene con un procedimento analogo a quello per l'elezione della Camera (art. 57, co. 4, Cost.).
I senatori sono eletti a suffragio universale e diretto dagli elettori che hanno superato il venticinquesimo anno di età (art. 58, co. 1, Cost.). Sono eleggibili a senatori gli elettori che hanno compiuto il quarantesimo anno (art. 58, co. 2, Cost.).
Chi è stato Presidente della Repubblica è *senatore di diritto e a vita*, salvo rinunzia (art. 59, co. 1, Cost.).
Il Presidente della Repubblica può nominare *senatori a vita* cinque cittadini che hanno illustrato la Patria per altissimi meriti nel campo sociale, scientifico, artistico e letterario (art. 59, co. 2, Cost.). La Legge costituzionale di cui sopra ha precisato che il numero complessivo dei senatori in carica non può in alcun caso essere superiore a cinque.

5) A. Le due assemblee lavorano autonomamente, ma per alcune situazioni o deliberazioni, la Costituzione richiede che le Camere si riuniscano in *seduta comune* (le ipotesi sono tassative). Ciò avviene nei casi di:
> elezione del Presidente della Repubblica (art. 83 Cost.);
> giuramento di fedeltà alla Repubblica e di osservanza della Costituzione da parte del Presidente della Repubblica (art. 91 Cost.);
> messa in stato d'accusa del Presidente della Repubblica, per alto tradimento o per attentato alla Costituzione (art. 90 Cost.);
> elezione di un terzo dei giudici della Corte costituzionale (art. 135 Cost.);
> elezione di un terzo dei membri del Consiglio superiore della magistratura (art. 104 Cost.);
> compilazione dell'elenco dei cittadini tra cui devono essere sorteggiati i sedici membri chiamati ad integrare la composizione della Corte costituzionale nei giudizi d'accusa contro il Presidente della Repubblica (art. 135 Cost.).

6) C. La funzione di controllo e di informazione sull'attività del Governo si estrinseca in un insieme di atti che sono: l'interrogazione, l'interpellanza, la mozione, la risoluzione, le inchieste parlamentari. L'interrogazione consiste in domande orali o scritte, rivolte al Governo o al singolo Ministro da parte di un parlamentare, per conoscere se un fatto sia vero o se su quel fatto il Governo sia in possesso di specifiche informazioni. L'interpellanza è una domanda scritta rivolta al Governo o al singolo Ministro competente sui motivi della loro condotta in relazione a fatti che investono la loro azione politica; se l'interpellante dovesse dichiararsi insoddisfatto della risposta ottenuta, potrebbe trasformare l'interpellanza in mozione. Le mozioni mirano a promuovere discussioni e deliberazioni dell'assemblea su di un determinato argomento. Le mozioni più importanti sono quelle di fiducia e di sfiducia. La risoluzione manifesta orientamenti dei parlamentari o definisce indirizzi su specifici argomenti. Le inchieste parlamentari possono essere disposte, a norma dell'art. 82 Cost., da ciascuna Camera su materie di pubblico interesse: sono svolte da commissioni d'inchiesta istituite con legge. In taluni casi la commissione d'inchiesta ha i poteri propri dell'autorità giudiziaria (poteri di indagine e di ricerca della prova, garanzia dei diritti processuali).

7) B. Il Presidente della Repubblica è un organo costituzionale, monocratico, autonomo e indipendente, che non è soggetto ad alcun potere ad esso superiore ed è chiamato al solo rispetto della Costituzione italiana. È un potere dello Stato, neutrale e *super partes*, che esercita funzioni di garanzia (quale tutore della Costituzione), controllo e collegamento tra gli organi costituzionali dello Stato e di rappresentanza dello Stato e dell'unità nazionale. Le norme costituzionali sul Presidente della Repubblica sono contenute nella Parte seconda, Titolo II, della Carta fondamentale, dall'art. 83 all'art. 91. Il Presidente della Repubblica è eletto dal Parlamento in seduta comune dei suoi membri (alla seduta partecipano tre delegati per ogni regione indicati dal consiglio regionale – la Valle d'Aosta ha un solo delegato) per scrutinio segreto a maggioranza dei due terzi dell'assemblea (dopo il terzo scrutinio è sufficiente per l'elezione la maggioranza assoluta). Il Presidente della Repubblica dura in carica sette anni e il suo ufficio è incompatibile con qualsiasi altra carica. In un solo caso nella storia della Repubblica si è verificata la rielezione di un Presidente (Napolitano, nel 2013).

8) B. Il Presidente della Repubblica non è responsabile degli atti compiuti nell'esercizio delle sue funzioni, tranne che per alto tradimento o per attentato alla Costituzione, fattispecie per le quali è sottoposto al giudizio della Corte costituzionale in composizione integrata con giudici laici, previa messa in stato di accusa da parte del Parlamento. Nessun atto del Presidente della Repubblica è valido se non è controfirmato dai ministri proponenti, che ne assumono la responsabilità (politica). La ragione di tale irresponsabilità risiede nella delicatezza dei compiti spettanti al Capo dello Stato, che deve perciò poter operare in posizione di indipendenza dagli altri poteri statali. Gli atti che hanno valore legislativo e gli altri indicati dalla legge sono controfirmati anche dal Presidente del Consiglio dei ministri (art. 89, comma 1, Cost.). L'istituto della controfirma è un residuo del periodo monarchico: serviva allora per lasciare indenne il re dalla responsabilità degli atti di Governo. Gli atti che necessitano di controfirma sono di due tipi: atti governativi, predisposti dal Governo o dai singoli ministri per i quali la controfirma assolve una forma di controllo di legittimità costituzionale; gli atti presidenziali o atti propri, cioè spettanti al solo Presidente (es. nomina dei senatori a vita) per i quali la controfirma assolve la funzione di accertamento della costituzionalità formale dell'azione del Presidente e di autenticazione della sua firma.

9) A. Ai sensi dell'art. 86, co. 1, Cost., le funzioni del Presidente della Repubblica, in ogni caso che egli non possa adempierle, sono esercitate dal Presidente del Senato tramite l'istituto della supplenza, che ha lo scopo di garantire la continuità delle funzioni presidenziali in tutti i casi di impedimento del Presidente della Repubblica, sia esso *temporaneo* (es. sospensione della carica disposta dalla Corte costituzionale in pendenza di giudizio d'accusa per alto tradimento o attentato alla Costituzione; malattia di non breve durata; assenza dal territorio nazionale) o *permanente* (morte; dimissioni; decadimento dalla carica per sentenza di condanna della Corte costituzionale per alto tradimento o attentato alla Costituzione; infermità irreversibile; perdita del godimento dei diritti civili e politici).

10) D. La Costituzione prevede che il Presidente della Repubblica nomini il Presidente del Consiglio dei ministri e, su proposta di questo, i ministri. Il Presidente del Consiglio dei ministri e i ministri, prima di assumere le funzioni, prestano giuramento nelle mani del Presidente della Repubblica. Il Presidente della Repubblica avvia le consultazioni preliminari prima di conferire l'incarico: incontra i presidenti dei gruppi parlamentari, i segretari o le delegazioni dei partiti politici, i Presidenti delle Camere, e gli ex Presidenti della Repubblica. Tale procedura è frutto di prassi consolidate è può subire anche delle modifiche marginali, a seconda della diversa sensibilità del Presidente della Repubblica *pro tempore*. Quest'ultimo, terminate le consultazioni, conferisce l'incarico di Presidente del Consiglio dei ministri al soggetto prescelto, il quale accetta con riserva (ovvero subordina l'investitura alla verifica con le parti politiche circa l'appoggio al costituendo Governo). Il Presidente incaricato scioglie la riserva nel momento in cui è in grado di assicurare un nuovo esecutivo e di poter ottenere la fiducia in Parlamento. Il Presidente della Repubblica, con proprio decreto, nomina il Presidente del Consiglio e, su proposta di questi, i singoli ministri e riceve da essi formale giuramento. Tutti gli atti del Capo dello Stato sono controfirmati dal Presidente del Consiglio entrante.

11) A. Il programma di Governo è l'atto con il quale il Governo indica gli obbiettivi che si propone di raggiungere nel periodo in cui guiderà il paese e i mezzi di cui si servirà per raggiungerli.
Non oltre dieci giorni dalla sua formazione (art. 94 Cost.), il Governo deve dunque presentarsi alle Camere per ottenere la fiducia illustrando il proprio programma.

12) A. La questione di fiducia può essere posta dal Governo su un intero progetto di legge o su uno o più articoli di esso. Attraverso la questione di fiducia, il Governo può chiamare l'Assemblea ad una verifica della permanenza del rapporto fiduciario con riferimento alla votazione di uno specifico testo all'esame dell'Aula (con le sole limitazioni, per la Camera, previste dall'art. 116 del Regolamento). La questione di fiducia si vota per appello nominale: tra la posizione della questione di fiducia e la sua votazione devono intercorrere, alla Camera, almeno 24 ore.

13) C. Ai sensi dell'art. 95, co. 1, Cost. il Presidente del Consiglio dei ministri mantiene l'unità di indirizzo politico ed amministrativo, promuovendo e coordinando l'attività dei ministri. Egli non è gerarchicamente sovraordinato agli altri ministri, ma svolge un'azione di impulso e di indirizzo volta a garantire l'unità dell'azione di Governo. Il Presidente rappresenta il Governo nei rapporti con gli altri organi costituzionali e assicura l'unità dell'indirizzo politico ed amministrativo; ha pertanto poteri di direzione della politica generale del Governo (art. 95, co. 1, Cost.), di promozione e di coordinamento dell'attività dei ministri, di esternazione della volontà del Governo, e normativi dal 1999 (decreti del Presidente del Consiglio dei ministri – D.P.C.M.); controfirma le leggi e gli atti aventi forza di legge.
Insieme ai singoli ministri forma l'organo collegiale Consiglio dei Ministri.

14) C. I Ministri senza portafoglio svolgono i compiti loro delegati dal Presidente del Consiglio dei ministri. Si tratta di funzioni attribuite per legge al Presidente del Consiglio dei ministri che lo stesso decide discrezionalmente di delegare. Solitamente si tratta di: rapporti con le Regioni, attuazione del programma di Governo, pubblica amministrazione e semplificazione, pari opportunità, rapporti con il Parlamento, politiche europee, riforme istituzionali, gioventù, turismo. A differenza di quelli con portafoglio, i ministri senza portafoglio non sono a capo di un Ministero ma si avvalgono di apposite strutture operanti presso la Presidenza del Consiglio dei ministri.

15) C. L'art. 95 della Costituzione assegna alla legge ordinaria il compito di determinare il numero, le attribuzioni e l'organizzazione dei ministri, configurando così una riserva di legge assoluta (a differenza di quanto previsto dall'art. 97, Cost. in materia di organizzazione dei pubblici uffici, per cui vige una riserva relativa di legge).

16) A. Alla Corte costituzionale compete il giudizio:
> sulle controversie relative alla legittimità costituzionale delle leggi e degli atti che hanno forza di legge dello Stato e delle Regioni (art. 134 Cost.);
> sui conflitti di attribuzione tra i poteri dello Stato, tra lo Stato e le Regioni e tra le Regioni (art. 134 Cost.);
> sulle accuse promosse contro il Presidente della Repubblica, a norma della Costituzione (art. 134. Cost.);
> sull'ammissibilità delle richieste di referendum abrogativo (art. 2 legge cost. n. 1/1953; art. 33 legge n. 352/1970).

Le condizioni, le forme, i termini di proponibilità dei giudizi di legittimità costituzionale sono stabiliti da apposita legge costituzionale (art. 137 comma 1 Cost.). La disciplina della Corte costituzionale è coperta, infatti, da *riserva assoluta di legge*.

17) C. Ai sensi dell'art. 135, co. 1, della Costituzione, la Corte costituzionale è composta da 15 giudici, nominati per un terzo dal Presidente della Repubblica, per un terzo dal Parlamento in seduta comune e per un terzo dalle supreme magistrature ordinaria e amministrativa. Questa composizione è destinata a conferire una struttura che contemperi l'elevata preparazione tecnico-giuridica con la necessaria sensibilità politica. Si precisa che, ai sensi dell'art. 135, ultimo comma, della Costituzione, nei giudizi d'accusa contro il Presidente della Repubblica, intervengono, oltre ai 15 giudici ordinari della Corte, 16 membri tratti a sorte da un elenco di cittadini aventi i requisiti per l'eleggibilità a senatore, che il Parlamento compila ogni nove anni mediante elezione con le stesse modalità stabilite per la nomina dei giudici ordinari.

18) B. Le sentenze interpretative di rigetto della Corte costituzionale offrono un'interpretazione della norma diversa da quella fornita dalle parti o dal giudice, e rappresentano una tipologia di decisioni creata dalla Corte per sottrarsi all'alternativa secca tra fondatezza e infondatezza della questione. Con le sentenze interpretative di rigetto la Corte giunge ad una dichiarazione di infondatezza della questione di costituzionalità sollevata fornendo, al contempo, un'interpretazione della disposizione impugnata tale da salvarla dall'incostituzionalità. In sintesi, la disposizione è ritenuta conforme a Costituzione a patto che di essa sia data l'interpretazione individuata dalla Corte nella sua decisione. Con le sentenze interpretative di accoglimento, invece, la Consulta dichiara l'incostituzionalità di una delle interpretazioni possibili di una determinata norma. In sintesi, le decisioni interpretative di accoglimento sono quelle in cui la Corte dichiara l'illegittimità costituzionale della norma se interpretata in un certo modo, perché ritenuto incompatibile con la Costituzione per le motivazioni indicate nella medesima sentenza o in una precedente sentenza interpretativa di rigetto.

Questionario 5
La magistratura

1) **La magistratura può essere:**
   A. civile, penale e amministrativa, contabile e militare
   B. ordinaria e straordinaria
   C. ordinaria e fiduciaria
   D. soggetta al potere politico

2) **La finalità del potere giurisdizionale è:**
   A. assicurare la corretta applicazione del diritto
   B. punire i soggetti contrari all'ordinamento
   C. temperare l'esercizio del potere esecutivo
   D. garantire l'ordine pubblico

3) **Ai sensi di quanto dispone la Costituzione, la funzione giurisdizionale può essere esercitata da giudici straordinari?**
   A. No. La funzione giurisdizionale è esercitata da magistrati ordinari istituiti e regolati dalle norme sull'ordinamento giudiziario
   B. No. La funzione giurisdizionale è esercitata da magistrati ordinari o speciali
   C. No. La funzione giurisdizionale è esercitata solo da magistrati speciali
   D. Sì. La funzione giurisdizionale è esercitata solo da magistrati straordinari

4) **Chi ha giurisdizione in materia pensionistica?**
   A. La Corte costituzionale
   B. Il Consiglio di Stato
   C. Il Parlamento in seduta comune
   D. La Corte dei conti

5) **Recita la Costituzione che la giustizia è amministrata in nome:**
   A. della Repubblica
   B. del popolo
   C. del Presidente della Repubblica
   D. della Nazione

6) **Il Presidente del Consiglio superiore della magistratura:**
   A. è eletto tra i membri di nomina presidenziale
   B. è eletto tra i membri nominati dalla magistratura
   C. è eletto tra i membri di nomina parlamentare
   D. non è eletto

7) **In materia di ordinamento giurisdizionale, l'art. 103 Cost. stabilisce che:**
   A. i Tribunali militari in tempo di guerra hanno la giurisdizione stabilita dalla legge
   B. i Tribunali militari hanno giurisdizione soltanto in tempo di pace
   C. i Tribunali militari in tempo di guerra hanno giurisdizione solo per i reati commessi da militari
   D. il Consiglio di Stato ha giurisdizione solo per la tutela degli interessi legittimi nei confronti della p.a.

8) **Indicare quale delle seguenti affermazioni esprime il principio dell'inamovibilità del giudice, sancito dalla Costituzione.**
   A. I magistrati non possono essere dispensati o sospesi dal servizio né destinati ad altre sedi o funzioni se non in seguito a decisione del Consiglio Superiore della Magistratura
   B. Nessuno può essere distolto dal giudice naturale precostituito per legge
   C. I giudici sono soggetti soltanto alla legge
   D. Tutti i provvedimenti giurisdizionali devono essere motivati

9) **L'azione penale è:**
   A. obbligatoria
   B. facoltativa
   C. discrezionale
   D. obbligatoria per reati che prevedono una reclusione superiore ad 1 anno

10) **In osservanza del principio del giusto processo, ai sensi dell'art. 111 Cost., il processo deve svolgersi:**
    A. nel contraddittorio fra le parti, in condizione di parità, davanti a un giudice speciale
    B. a porte chiuse per tutelare la privacy delle parti coinvolte
    C. nel contraddittorio fra le parti, in condizione di parità, davanti a un giudice terzo e imparziale
    D. in un'unica udienza per garantirne una ragionevole durata e l'esame contestuale di tutte le ragioni esposte

11) **L'art. 111 Cost. dispone che tutti i provvedimenti giurisdizionali:**
    A. devono essere controfirmati dal Consiglio di Stato
    B. devono essere riportati per iscritto e sintetizzati in massime
    C. devono essere motivati
    D. devono essere riportati in formato digitale e pubblicati su appositi siti istituzionali

12) **Ai sensi dell'art. 102 Cost., possono essere istituite presso gli organi giudiziari ordinari:**
    A. sezioni straordinarie di lavoro
    B. giudici speciali per determinate materie
    C. giudici straordinari per determinate materie
    D. sezioni specializzate per determinate materie

Risposte commentate
La magistratura

1) A. La magistratura è espressione del terzo potere dello Stato (insieme con quello esecutivo e quello legislativo) ed è l'insieme degli organi della giustizia civile, penale e amministrativa, contabile e militare che esercitano, in maniera autonoma e indipendente, il potere giudiziario (o, meglio, la funzione giurisdizionale). Quest'ultima si sostanzia nella garanzia della corretta e uniforme applicazione del diritto e nell'adozione di misure sanzionatorie nei casi di violazione di esso. Con il termine "ordinamento giudiziario" si intende, invece, l'insieme delle norme che disciplinano l'organizzazione degli apparati e delle persone preposti al funzionamento della giustizia.

2) A. L'espressione "funzione giurisdizionale" deriva dal latino *ius dicere* (o *iuris dictio*) e trova la sua essenza nella individuazione del diritto da applicare in determinate situazioni, oltre che nella funzione di costringere i destinatari ad assoggettarsi alla decisione emessa a fronte dell'adozione di adeguate sanzioni. L'esercizio della giurisdizione presuppone l'esistenza di una controversia sull'applicazione del diritto dovuta a incertezza della norma giuridica o ad un rifiuto di un soggetto dell'ordinamento a osservare tale norma. La controversia può sorgere tra soggetti privati nonché fra privati e pubblica amministrazione (o, anche, tra pubbliche amministrazioni).

3) A. L'art. 102 Cost. afferma che la funzione giurisdizionale è esercitata da magistrati ordinari istituiti e regolati dalle norme sull'ordinamento giudiziario. Non possono essere istituiti giudici straordinari o giudici speciali. Possono soltanto istituirsi presso gli organi giudiziari ordinari sezioni specializzate per determinate materie, anche con la partecipazione di cittadini idonei estranei alla magistratura

4) D. La Corte dei conti è la suprema magistratura di controllo, con compiti anche di consulenza; agisce come giudice, in un certo senso, specializzato per materia, in relazione a tutto ciò che abbia a che fare con la gestione del patrimonio pubblico.
La funzione giurisdizionale della Corte dei conti è ora disciplinata dal D.Lgs. 26-8-2016, n. 174 con il quale è stato approvato il Codice di giustizia contabile. Ai sensi dell'art. 1 di tale provvedimento la Corte ha giurisdizione:
> nei giudizi di conto, di responsabilità amministrativa per danno all'erario e negli altri giudizi in materia di contabilità pubblica;
> nei giudizi in materia pensionistica, i giudizi aventi per oggetto l'irrogazione di sanzioni pecuniarie e gli altri giudizi nelle materie specificate dalla legge.

5) B. Nell'ordinamento giuridico italiano, come nella maggior parte degli ordinamenti basati sul principio della separazione dei poteri, *i giudici sono soggetti soltanto alla legge* e, coerentemente con il principio della sovranità popolare, *amministrano la giustizia in nome del popolo* (art. 101 Cost.).
La soggezione alla legge va intesa nel senso che il giudice ha il dovere di applicare la legge, con autonomia e imparzialità, senza subire condizionamenti da parte di nessuno.

6) D. La carica di Presidente del CSM è ricoperta di diritto dal Presidente della Repubblica.
Il Consiglio superiore della magistratura è l'*organo di governo della magistratura ordinaria*. Esso ha essenzialmente il compito di rendere effettiva l'indipendenza dei giudici, che costituiscono nel loro insieme un ordine autonomo e, appunto, indipendente da ogni altro potere (art. 104 comma 1 Cost.).
Il Consiglio superiore della magistratura è formato da *3 membri di diritto* (il Presidente della Repubblica, il primo Presidente della Corte di Cassazione e il Procuratore generale della stessa Corte), *16 membri togati*, eletti tra i magistrati ordinari, e *8 membri laici*, eletti dal Parlamento in seduta comune tra professori ordinari di Università in materie giuridiche e avvocati che esercitano la professione da almeno15 anni (art. 104 comma 4 Cost.).
Tra i membri designati dal Parlamento il Consiglio elegge un *Vicepresidente* (art. 104 comma 5 Cost.).
Al Consiglio superiore della magistratura compete qualsiasi potestà deliberativa in merito alla carriera e alle funzioni dei magistrati: segnatamente, spettano al Consiglio, secondo le norme dell'ordinamento giudiziario, le decisioni in merito alle *assunzioni*, alle *assegnazioni*, ai *trasferimenti*, alle *promozioni* dei magistrati e ai *provvedimenti disciplinari* che li riguardano (art. 105 Cost.).
La promozione dell'azione disciplinare spetta al Ministro della Giustizia (art. 107 comma 2 Cost.) e al procuratore generale presso la Corte di Cassazione.

7) A. I Tribunali militari in tempo di guerra hanno la giurisdizione stabilita dalla legge. In tempo di pace hanno giurisdizione soltanto per i reati militari commessi da appartenenti alle Forze armate (art. 103, co. 3, Cost.).

8) A. Le nomine dei magistrati hanno luogo per pubblico concorso (art. 106 Cost.). Una volta nominati e insediatisi nella sede loro assegnata, i magistrati godono della *inamovibilità*: non possono essere dispensati o sospesi dal servizio, né destinati ad altre sedi o funzioni se non in seguito a decisione del Consiglio superiore della magistratura, o per i motivi e con le garanzie di difesa stabilite dall'ordinamento giudiziario o con il loro consenso (art. 107 Cost.).
Ciò significa che i giudici non possono, senza o contro la loro volontà, essere estromessi dall'ordine giudiziario (cd. *inamovibilità dalla funzione*), né possono, senza il loro consenso, essere trasferiti da una sede ad un'altra (cd. *inamovibilità dalla sede*).
I casi in cui è possibile derogare a tale prerogativa sono tassativamente stabiliti dalla legge (es. incompatibilità, soppressione dell'ufficio, assegnazione a nuove funzioni per promozione, sanzione disciplinare accessoria).

9) A. L'esercizio dell'azione penale, ovvero dell'intervento della magistratura in costanza della violazione di una norma del codice penale o delle leggi collegate, è obbligatoria. La giurisdizione penale, a differenza di quella civile, è competente per le violazioni delle norme contenute nel codice penale (R.D. 19-10-1930, n. 1398) ed è volta ad accertare, attraverso il processo penale (disciplinato dal D.P.R. 22-9-1988, n. 447), la responsabilità della persona accusata di un determinato reato. Il sistema penale si fonda sul principio del *nullum crimen sine legem*, ovvero non si può essere imputati di aver compiuto un reato (e di conseguenza subire una pena), in assenza di una preesistente legge che specificatamente disciplina la materia penale e che proibisce un dato comportamento.

10) C. Fondamento del diritto di difesa, il principio del contraddittorio ha lo scopo di assicurare la facoltà, di fornire al giudice ogni elemento ritenuto necessario per la difesa della propria posizione.
L'art. 111 Cost., infatti, recita al comma 2 che «*ogni processo si svolge nel contraddittorio tra le parti, in condizioni di parità*» e al comma 4 che «*il processo penale è regolato dal principio del contraddittorio nella formazione della prova*».

11) C. Dispone l'art. 111, co. 7, Cost. che tutti i provvedimenti giurisdizionali – qualunque sia la loro forma (sentenza, decreto, ordinanza) – devono essere motivati.
L'obbligo della motivazione costituisce una fondamentale garanzia per il cittadino, che altrimenti sarebbe esposto al pericolo di abusi da parte dei poteri statali e si troverebbe nell'impossibilità di impugnare i provvedimenti a lui sfavorevoli.
Nella motivazione, infatti, il giudice espone l'*iter logico* che ha seguito per giungere alla decisione, rendendo note le *ragioni di fatto e di diritto* che l'hanno determinata.
La motivazione, perciò, rende trasparente l'azione giudiziaria e costituisce uno strumento di difesa strutturale per le parti in causa nel processo, nel senso che queste possono chiedere il riesame del provvedimento giurisdizionale ad un giudice di grado superiore.

12) D. L'art. 102, co. 1, Cost. vieta l'istituzione di *giudici straordinari*, mentre permette di costituire presso gli organi giurisdizionali ordinari *sezioni specializzate* per giudicare in merito a materie di elevata tecnicità (questo spiega perché a tali sezioni possono accedere esperti estranei alla magistratura).

Questionario 6
Gli organi ausiliari e le autorità indipendenti

1) **Ai sensi dell'art. 100 Cost., il Consiglio di Stato è:**
   A. organo di consulenza contabile tributaria e di tutela della giustizia nell'amministrazione
   B. organo costituzionale di controllo
   C. organo giurisdizionale di primo grado
   D. organo di consulenza giuridico-amministrativa e di tutela della giustizia nell'amministrazione

2) **Per l'emanazione degli atti normativi del Governo e dei singoli Ministri, il parere del Consiglio di Stato è:**
   A. eventuale
   B. a discrezione del Governo
   C. facoltativo
   D. obbligatorio

3) **La Corte dei conti:**
   A. esercita il controllo preventivo di legittimità sugli atti del Governo
   B. esercita l'iniziativa legislativa in materia economica
   C. esprime pareri vincolanti alle Camere in materia finanziaria
   D. adotta il decreto legge in materia di gestione finanziaria

4) **La Corte dei conti può rifiutare il visto ad un provvedimento del Governo?**
   A. No
   B. Solo in determinati casi
   C. Sì
   D. Solo con riserva

5) **Il giudizio che attesta la corrispondenza tra previsioni e risultati sull'attività finanziaria dello Stato è denominato:**
   A. di corrispondenza
   B. di equilibrio
   C. di parificazione
   D. di discarico

6) **Il Consiglio Nazionale dell'Economia e del Lavoro ha iniziativa legislativa?**
   A. Sì, ha iniziativa legislativa e può contribuire all'elaborazione della legislazione economica e sociale entro i limiti stabiliti dalla legge
   B. Assolutamente no
   C. Solo se autorizzato dal Parlamento
   D. No, ma può contribuire all'elaborazione della legislazione economica e sociale

7) **Le Autorità amministrative indipendenti possono avere potere:**
   A. legislativo
   B. esecutivo
   C. giudiziario
   D. sanzionatorio

8) **A chi spetta la nomina del Presidente del Consiglio superiore della difesa (CSD)?**
   A. Al Parlamento in seduta comune
   B. Al Governo
   C. A nessuno dal momento che tale funzione è svolta dal Presidente della Repubblica
   D. Al Presidente della Repubblica

9) **Quale tra le seguenti non è una delle Autorità amministrative indipendenti?**
   A. L'Autorità nazionale anticorruzione (ANAC)
   B. L' Autorità di regolazione per energia, reti e ambiente (ARERA)
   C. L'Unione Nazionale Consumatori (UNC)
   D. Il Garante per la sorveglianza dei prezzi o "Mister prezzi"

10) **La vigilanza sul settore assicurativo è esercitata:**
    A. dalla Consob
    B. dall'IVASS
    C. dalla Banca d'Italia
    D. dalla COVIP

Risposte commentate
Gli organi ausiliari e le autorità indipendenti

1) D. Il Consiglio di Stato è organo consultivo dello Stato, ma soprattutto organo giurisdizionale di secondo grado della giustizia amministrativa. Esso si compone di 7 sezioni ordinarie (la settima sezione è stata aggiunta dall'art. 22 D.L. 162/2019, cosiddetto decreto milleproroghe) ed una specifica sezione consultiva per gli atti normativi. Per cause di particolare complessità il Consiglio di Stato si riunisce in Adunanza generale o plenaria. In maniera distinta dal Consiglio di Stato opera il Consiglio di giustizia amministrativa per la regione siciliana, al quale sono attribuite le stesse funzioni (consultive e giurisdizionali), ma limitatamente agli atti delle Autorità amministrative della regione Sicilia.

2) D. L'attività consultiva si esprime attraverso pareri che possono essere facoltativi o obbligatori. I *pareri facoltativi* sono quelli che l'autorità amministrativa può chiedere al Consiglio di Stato, ma non ha l'obbligo di farlo, ogni qualvolta lo ritenga opportuno. I *pareri obbligatori*, invece, sono quelli che l'autorità amministrativa è obbligata a chiedere perché è la legge che glielo impone in determinate materie.
I principali pareri obbligatori riguardano (art. 17, co. 25, L. 127/1997):
> gli atti normativi (regolamenti) del Governo e dei singoli Ministri di cui all'art. 17 L. 400/1988;
> i ricorsi straordinari del Presidente della Repubblica;
> il coordinamento di leggi e regolamenti in testi unici (art. 17-*bis* L. 400/1988);
> gli schemi generali di contratti-tipo, accordi e convenzioni predisposti dai Ministeri.

3) A. La funzione di controllo, prevista dall'art. 100, co. 2, Cost., è disciplinata dalla L. 20/1994.
In particolare, la Corte:
> esercita il controllo preventivo di legittimità sugli atti del Governo;
> esercita il controllo successivo sul rendiconto annuale dello Stato;
> partecipa al controllo sulla gestione finanziaria degli enti a cui lo Stato contribuisce in via ordinaria.

4) C. Attraverso il controllo preventivo di legittimità, la Corte dei conti mira a verificare la rispondenza degli atti del Governo, o degli organi cui siano state decentrate funzioni governative, alle norme di legge sotto il profilo amministrativo-contabile. Detto controllo si esercita preventivamente all'acquisizione dell'efficacia dell'atto e ne è il presupposto. La Corte appone sull'atto ritenuto legittimo il cd. "visto", e ad esso segue l'annotazione negli appositi registri tenuti dalla stessa Corte (cd. "registrazione"). A seguito di tali operazioni l'atto diviene efficace dalla data di adozione dell'atto medesimo, o da altra data se espressamente previsto nell'atto stesso. La Corte può rifiutare il visto ad un atto se non lo ritiene conforme alle regole amministrativo-contabili, ma il Consiglio dei ministri può decidere che l'atto debba ugualmente essere portato ad esecuzione per superiori interessi pubblici: in tal caso, la Corte appone il cd. "visto con riserva" e ordina la registrazione. Ogni 15 giorni, la Corte trasmette al Parlamento un elenco degli atti registrati con riserva, affinché le Camere possano esercitare il loro controllo politico sull'operato dell'esecutivo.

5) C. Il *controllo successivo sul rendiconto annuale dello Stato* è volto a verificare la corrispondenza tra *previsione* e *risultati* (cd. *giudizio di parificazione*) e si esercita sul documento contabile relativo all'esercizio finanziario che il Ministro dell'Economia e delle Finanze trasmette alla Corte ogni anno.
La legislazione degli ultimi anni ha peraltro ampliato l'ambito di tale controllo, che riguarda tutte le Amministrazioni pubbliche e non è più esercitato su singoli atti, ma sull'intera attività finanziaria dell'ente controllato. I risultati del controllo sono raccolti in una relazione inviata al Parlamento.

6) A. Il CNEL è titolare di un *potere di iniziativa legislativa*, in virtù del quale può proporre al Parlamento disegni di legge (art. 99, co. 3, Cost.). Inoltre, può contribuire all'elaborazione della legislazione economica e sociale secondo i principi ed entro i limiti stabiliti dalla legge: tale funzione è svolta attraverso la formulazione di osservazioni e proposte.

7) D. Le Autorità amministrative indipendenti (cd. *Authorities*) sono enti o organi pubblici caratterizzati dall'indipendenza dal potere politico (Governo), dotati di autonomia organizzativa, finanziaria e contabile, non soggetti a controllo e privi di soggezione all'indirizzo politico.
I poteri che le autorità indipendenti esercitano possono essere: d'ispezione e conoscitivi, sanzionatori e di sollecitazione, di decisione e regolamentari. Le loro funzioni sono astrattamente riconducibili a tutti e tre i poteri pubblici (legislativo, amministrativo e giurisdizionale) ma, al contempo, non fanno parte di nessuno dei tre tradizionali apparati del pubblico potere.

8) C. Il Consiglio supremo di difesa (CSD), presieduto dal Presidente della Repubblica, è l'organo che coordina tutte le attività relative alla difesa dello Stato. Ne fanno parte il Presidente del Consiglio e il Capo di Stato Maggiore della Difesa, nonché i Ministri degli Esteri, dell'Interno, della Difesa e dello Sviluppo economico.
Il *Capo di Stato Maggiore* traccia le linee fondamentali dei piani militari operativi e determina i criteri generali per la difesa del territorio dagli attacchi aerei e la protezione del traffico marittimo, mentre il Governo ha il compito di determinare le linee generali dell'ordinamento delle forze armate e risolvere le principali questioni relative alla loro organizzazione e preparazione.

9) C. Le Autorità amministrative indipendenti o *Authorities* sono enti od organi pubblici caratterizzati dall'indipendenza dal potere politico (Governo), dotati di autonomia organizzativa, finanziaria e contabile, non soggetti a controllo e privi di soggezione all'indirizzo politico.
Attualmente sono considerate autorità amministrative indipendenti: la Commissione nazionale per le società e la borsa (Consob), l'Istituto per la vigilanza sulle assicurazioni (IVASS), l'Autorità per le garanzie nelle comunicazioni (AGCOM),

l'Autorità garante della concorrenza e del mercato (o Antitrust), l'Autorità nazionale anticorruzione (ANAC), l'Autorità di regolazione per energia, reti e ambiente (ARERA), l'Autorità per la regolazione dei trasporti, il Garante per la protezione dei dati personali, la Commissione di garanzia per l'attuazione della legge sul diritto di sciopero, la Commissione di vigilanza sui fondi pensione (COVIP) e il Garante per la sorveglianza dei prezzi o "Mister prezzi".

Controversa è l'inclusione, in questo elenco, anche della *Banca d'Italia*, la quale, pur svolgendo attività di controllo e avendo caratteristiche analoghe a quelle delle altre autorità indipendenti, se ne differenzia per la molteplicità e complessità delle funzioni svolte, per le particolari garanzie che rafforzano la sua indipendenza (fissate anche da atti giuridici emanati dall'Unione europea) e per la sua completa autonomia finanziaria, che le consente di operare senza oneri per il bilancio dello Stato e per i soggetti vigilati.

10) B. Nel settore finanziario, inteso in senso lato, operano diverse autorità di controllo: la *Banca d'Italia* che esercita la vigilanza sul settore bancario, la *Consob* alla quale spetta la tutela degli investitori, della vigilanza sugli intermediari finanziari, dell'efficienza, trasparenza e sviluppo del mercato mobiliare italiano, l'*IVASS* che esercita funzioni di regolamentazione e vigilanza nel settore assicurativo, attuando uno stretto collegamento con la vigilanza bancaria, e la *COVIP* il cui compito è garantire la tutela del risparmio, la trasparenza e il corretto funzionamento del sistema dei fondi pensione.

Questionario 7
Le Regioni e gli enti territoriali

1) **Ai sensi dell'art. 114 Cost., la Repubblica italiana è costituita da:**
   A. Comuni, Province e Stato
   B. Stato e Regioni, che hanno competenza legislativa
   C. Comuni, Province, Città metropolitane, Regioni e Stato
   D. Comuni, Province, Regioni e Stato

2) **Le Regioni a statuto speciale sono:**
   A. quattro
   B. sei
   C. cinque
   D. tre

3) **Lo statuto della Regione regola, fra l'altro:**
   A. la durata in carica degli organi elettivi della Regione
   B. la determinazione delle materie nelle quali la Regione può emanare norme legislative
   C. le particolari forme e condizioni di autonomia di cui la Regione a statuto ordinario è dotata
   D. l'esercizio del diritto di iniziativa e del referendum su leggi e provvedimenti amministrativi della Regione

4) **Le leggi regionali sono promulgate:**
   A. dal Presidente del Consiglio regionale
   B. dal Presidente della Regione
   C. dal Presidente della Repubblica
   D. dal Presidente della Giunta regionale

5) **Nelle materie di competenza residuale *ex* art. 117 Cost., la competenza spettante alle Regioni è:**
   A. delegata
   B. concorrente
   C. ripartita
   D. esclusiva

6) **Quale dei seguenti principi non presiede all'attribuzione di funzioni amministrative?**
   A. Principio di sussidiarietà
   B. Principio di adeguatezza
   C. Principio di efficacia
   D. Principio di differenziazione

7) **La legge Delrio (L. 56/2014) ha abolito le Province?**
   A. Sì, sostituendole ovunque con le Città metropolitane
   B. Sì, attribuendo le loro funzioni ai Comuni, alle Città metropolitane e alle Regioni
   C. No, la legge non contiene disposizioni riguardanti le Province
   D. No, ma le ha trasformate in enti a rappresentanza indiretta

8) **Sono organi del Comune:**
   A. Consiglio comunale, Giunta e Sindaco
   B. Consiglio comunale, Sindaco e Assemblea comunale
   C. Consiglio comunale, Sindaco e Conferenza comunale
   D. Sindaco, Assemblea comunale e Giunta comunale

9) **Sono organi della Città metropolitana:**
   A. Sindaco metropolitano, Consiglio metropolitano e Conferenza metropolitana
   B. Sindaco metropolitano, Conferenza metropolitana e Assemblea metropolitana
   C. Sindaco metropolitano, Consiglio metropolitano e Assemblea metropolitana
   D. Sindaco metropolitano, Consiglio metropolitano e Giunta metropolitana

10) **Il Consiglio delle autonomie locali:**
    A. può essere disciplinato dallo Statuto
    B. deve essere disciplinato con legge regionale
    C. è disciplinato direttamente dalla Costituzione
    D. deve essere disciplinato dallo Statuto

11) **Gli statuti delle Regioni ad autonomia ordinaria:**
    A. sono adottati dai Consigli regionali e approvati con legge statale ordinaria
    B. sono approvati con legge regionale
    C. sono deliberati dai Consigli regionali e adottati con legge costituzionale
    D. sono adottati dalle Giunte regionali e promulgati dai Presidenti delle Regioni

12) **Quale norma costituzionale prevede l'elenco delle Regioni?**
    A. L'art. 120
    B. L'art. 121
    C. L'art. 131
    D. L'art. 139

13) **Secondo l'art. 121 Cost., sono organi della Regione:**
    A. il Consiglio regionale, la Giunta e il suo Presidente
    B. il Consiglio delle autonomie locali e il Presidente del Consiglio regionale
    C. il Consiglio regionale, il Presidente del Consiglio regionale e la Giunta regionale
    D. il Consiglio regionale, la Giunta regionale e i Sindaci dei Comuni capoluogo di Provincia

14) **Il Consiglio regionale può sfiduciare il Presidente della Giunta?**
    A. No, in nessun caso

B. Sì, ma solo su richiesta di un quinto degli assessori
C. No, tranne nell'ipotesi di attentato alla Costituzione
D. Sì, ma solo con mozione sottoscritta da almeno un quinto dei consiglieri

15) **Il Governo può promuovere la questione di legittimità costituzionale della legge regionale entro:**
    A. 20 giorni dalla sua pubblicazione
    B. 30 giorni dalla sua pubblicazione
    C. 40 giorni dalla sua pubblicazione
    D. 60 giorni dalla sua pubblicazione

16) **Il Comune, ai sensi dell'art. 3, co. 2, TUEL è l'ente locale:**
    A. che raccoglie le istanze dei cittadini e le trasmette agli organi di governo di livello superiore
    B. di riferimento per tutte le attività che lo Stato e le Regioni devono svolgere sul suo territorio
    C. che deve dare attuazione a livello locale alle disposizioni emanate dallo Stato e dalle Regioni
    D. che rappresenta la propria comunità, ne cura gli interessi e ne promuove lo sviluppo

17) **Quale tra queste funzioni non è da attribuire alla Provincia?**
    A. Tutela e valorizzazione dell'ambiente
    B. Gestione dei servizi elettorali
    C. Programmazione della rete scolastica
    D. Controllo dei fenomeni discriminatori in ambito occupazionale

18) **La gestione dell'edilizia scolastica è una competenza interamente attribuita alle Province?**
    A. Sì, la Provincia deve provvedere alla gestione di tutti gli edifici scolastici, di ogni ordine e grado
    B. No, si tratta di una competenza condivisa con le Regioni
    C. No, si tratta di una competenza condivisa con i Comuni
    D. No, si tratta di una competenza condivisa con lo Stato

19) **Quale tra queste funzioni fondamentali non è di competenza della Provincia?**
    A. Tutela e valorizzazione dell'ambiente
    B. Autorizzazione e controllo in materia di trasporto privato
    C. Gestione dell'edilizia scolastica
    D. Tenuta dei registri di stato civile

20) **A quali Province sono attribuite ulteriori funzioni rispetto alla generalità delle Province?**
    A. Alle Province capoluogo di Regione
    B. Alle Province montane
    C. Alle Province con oltre 1 milione di abitanti
    D. Alle Province della Sicilia e della Sardegna

Risposte commentate
Le Regioni e gli enti territoriali

1) C. Ai sensi dell'art. 114 della Costituzione, la Repubblica è costituita dai Comuni, dalle Province, dalle Città metropolitane, dalle Regioni e dallo Stato. L'ordine di elencazione degli enti non è casuale, poiché risponde e si riaggancia al principio di sussidiarietà, secondo il quale è l'ente più vicino al cittadino quello che deve per primo essere interessato al perseguimento degli interessi pubblici (vedi art. 118 Cost.). I Comuni, le Province, le Città metropolitane e le Regioni sono enti autonomi con propri statuti, poteri e funzioni secondo i principi fissati dalla Costituzione. Roma è la capitale della Repubblica e con legge dello Stato viene disciplinato il suo ordinamento.

2) C. Il territorio italiano è suddiviso in 20 partizioni politico-amministrative denominate "Regioni", aventi potestà legislativa e amministrativa, disciplinate, rispettivamente, dagli articoli 117 e 118 della Costituzione. Ai sensi dell'art. 116 Cost., il Friuli Venezia Giulia, la Sardegna, la Sicilia, il Trentino-Alto Adige/Südtirol e la Valle d'Aosta/Vallée d'Aoste dispongono di forme e condizioni particolari di autonomia, secondo i rispettivi statuti speciali adottati con legge costituzionale. In particolare, la Regione Trentino-Alto Adige/Südtirol è costituita dalle Province autonome di Trento e di Bolzano che, a loro volta, hanno competenze simili a quelle di una Regione. Ulteriori forme e condizioni particolari di autonomia, concernenti le materie indicate nel terzo comma dell'articolo 117 Cost. e le materie indicate dal secondo comma del medesimo articolo alle lettere l), limitatamente all'organizzazione della giustizia di pace, n) e s), possono essere attribuite ad altre Regioni, con legge dello Stato, su iniziativa della Regione interessata, sentiti gli enti locali, nel rispetto dei principî di cui all'articolo 119. La legge è approvata dalle Camere a maggioranza assoluta dei componenti, sulla base di intesa fra lo Stato e la Regione interessata.

3) D. La Costituzione (art. 123) prevede che ogni Regione abbia un proprio statuto che stabilisce le norme generali di organizzazione e funzionamento della Regione. Sono previsti due tipi di statuto: speciale, a favore delle 5 Regioni che godono di un'autonomia speciale (Sicilia, Sardegna, Friuli Venezia Giulia, Trentino-Alto Adige e Valle D'Aosta) e ordinario, per tutte le altre Regioni.
Lo statuto deve essere in armonia con la Costituzione, determina la forma di governo e i principi fondamentali di organizzazione e funzionamento. Lo statuto regola l'esercizio del diritto di iniziativa e del referendum su leggi e provvedimenti amministrativi della Regione e la pubblicazione delle leggi e dei regolamenti regionali.
L'atto legislativo fondamentale delle Regioni è approvato e modificato dal Consiglio regionale con legge approvata a maggioranza assoluta dei suoi componenti, con due deliberazioni successive adottate ad intervallo non minore di due mesi. Il Governo della Repubblica può promuovere la questione di legittimità costituzionale sugli statuti regionali dinanzi alla Corte costituzionale entro trenta giorni dalla loro pubblicazione. Lo statuto è sottoposto a referendum popolare qualora entro tre mesi dalla sua pubblicazione ne faccia richiesta un cinquantesimo degli elettori della Regione o

un quinto dei componenti il Consiglio regionale. Lo statuto sottoposto a referendum non è promulgato se non è approvato dalla maggioranza dei voti validi.

4) B. L'art. 117 prevede la ripartizione del potere legislativo nazionale tra lo Stato e le Regioni, nell'ambito di una distinzione competenziale funzionale e non gerarchica. Vi sono materie riservate al potere legislativo esclusivo statale, materie in cui lo Stato detta con proprie leggi i principi fondamentali e le Regioni disciplinano i dettagli con proprie leggi e materie (residuali, cioè non ricomprese tra la competenza esclusiva statale e la competenza ripartita) riservate alla competenza esclusiva regionale.
Le leggi regionali sono approvate dal Consiglio regionale e promulgate dal Presidente della Regione. Se lo Stato ritiene che la Regione abbia emanato una legge al di fuori della sua competenza può ricorrere alla Corte costituzionale, entro 60 giorni dalla pubblicazione della legge stessa e lo stesso possono fare le Regioni contro le leggi dello Stato (cosiddetta *impugnazione diretta*).

5) D. Nelle materie di competenza residuale *ex* art. 117 Cost., le Regioni hanno competenza esclusiva. A seguito della riforma costituzionale operata con la L. cost. 3/2001, alle Regioni è stata conferita una potestà legislativa esclusiva estesa a tutte le materie non incluse fra quelle di competenza esclusiva dello Stato ovvero in quelle in cui sussiste una competenza concorrente tra Stato e Regioni.
L'art. 117 Cost. elenca, al secondo comma, le materie per le quali lo Stato ha competenza esclusiva, e al terzo comma le materie per le quali la competenza tra Stato e Regioni è di tipo concorrente. Il quarto comma del medesimo articolo stabilisce la competenza esclusiva delle Regioni su tutte le altre materie non presenti nei due elenchi di cui sopra. Per tale motivo, la competenza legislativa esclusiva delle Regioni viene definita anche come competenza residuale.

6) C. Ai sensi dell'art. 118 della Costituzione le funzioni amministrative sono attribuite ai Comuni salvo che, per assicurarne l'esercizio unitario, siano conferite a Province, Città metropolitane, Regioni e Stato, sulla base dei principi di *sussidiarietà*, *differenziazione* e *adeguatezza*. Ciò significa che la cura diretta degli interessi pubblici deve essere attribuita agli enti più "vicini" ai cittadini (*sussidiarietà*), fatta salva la necessità di assegnarne la competenza ad enti territoriali maggiori che hanno mezzi e strutture idonee al loro perseguimento (*differenziazione* e *adeguatezza*).
Quella appena enunciata è la cosiddetta "sussidiarietà verticale", ovvero il principio di surrogazione dell'ente più grande rispetto a quello più piccolo e meno adeguato alla cura di determinati interessi pubblici. Quando è, invece, il cittadino a surrogare la P.A. nella cura degli interessi generali, allora si è in presenza della cosiddetta "sussidiarietà orizzontale". Stato, Regioni, Città metropolitane, Province e Comuni favoriscono, infatti, l'autonoma iniziativa dei cittadini, singoli e associati, per lo svolgimento di attività di interesse generale.

7) D. La L. 7-4-2014, n. 56 (legge Delrio) ha riformato l'ordinamento delle Città metropolitane e delle Province, trasformando queste ultime in enti a rappresentanza indiretta (gli organi politici non sono eletti direttamente dai cittadini). La struttura istituzionale della Provincia è ora formata dal Presidente, dal Consiglio provinciale e dall'Assemblea dei Sindaci. Sono tutti eletti in via indiretta, da parte dei rappresen-

tanti dei Comuni che formano la Provincia. Gli incarichi sono svolti a titolo gratuito (art. 1, co. 84, L. 56/2014).
La Provincia è definita dal TUEL come *ente locale intermedio fra Comune e Regione*, che rappresenta la propria Comunità, ne cura gli interessi, ne promuove e ne coordina lo sviluppo (art. 3, co. 2, D.Lgs. 267/2000); nell'art. 1, co. 3, L. 56/2014 è, invece, definita come *ente territoriale di area vasta*, per sottolineare la volontà legislativa di sottrarre la Provincia all'esercizio di specifiche funzioni amministrative e limitarne l'intervento a funzioni che, per loro natura, necessitano di essere svolte in un ambito territoriale sovracomunale.

8) A. Le funzioni del Comune sono svolte attraverso gli organi dell'ente, che, ai sensi dell'art. 36 D.Lgs. 267/2000, sono:
> il *Consiglio comunale*, organo di indirizzo e di controllo politico-amministrativo, che partecipa alla definizione, all'adeguamento e alla verifica periodica dell'attuazione delle linee programmatiche da parte del Sindaco. I suoi componenti sono eletti direttamente dai cittadini residenti nel Comune;
> il *Sindaco*, eletto direttamente dai cittadini. È il responsabile dell'amministrazione del Comune, rappresenta l'ente, convoca e presiede la Giunta, cura il funzionamento dei servizi e degli uffici e l'esecuzione degli atti, nonché l'esercizio delle funzioni amministrative proprie e quelle delegate dallo Stato o dalle Regioni;
> la *Giunta*, i cui componenti sono nominati direttamente dal Sindaco. Ha compiti di amministrazione dell'ente, di attuazione ed esecuzione degli indirizzi del Consiglio e propositivi o d'impulso.

9) A. Gli organi di governo della Città metropolitana sono:
> il *Sindaco metropolitano*, che è di diritto il Sindaco del Comune capoluogo. Lo statuto può, tuttavia, prevederne l'elezione diretta;
> il *Consiglio metropolitano*, costituito con procedimento elettorale di secondo grado e formato da un numero variabile di soggetti (da 14 a 24 in relazione alla popolazione della Città metropolitana) che già ricoprono la carica di consiglieri nei rispettivi Comuni;
> la *Conferenza metropolitana*, composta dal Sindaco metropolitano, che la convoca e la presiede, e dai Sindaci dei Comuni appartenenti alla Città metropolitana.
Le funzioni sono svolte a titolo gratuito, in quanto gli organi sono composti da persone che già ricoprono un ruolo istituzionale nei Comuni (consiglieri e Sindaci).

10) D. Tra gli aspetti che devono necessariamente essere disciplinati dallo statuto delle Regioni ordinarie, l'art. 123 Cost. esplicitamente indica l'obbligo di disciplinare il *Consiglio delle autonomie locali* quale organo di consultazione fra la Regione e gli enti locali. Lo statuto regionale deve, inoltre, disciplinare le modalità di consultazione col Consiglio, considerando che la necessità di ascoltare gli enti locali non può essere a scapito dei tempi del procedimento legislativo regionale.
Lo stesso articolo 123 Cost. demanda allo statuto il compito di determinare la *forma di governo regionale* (assetto dei rapporti fra gli organi di governo della Regione) e i *principi fondamentali* di organizzazione e funzionamento della Regione, regolare l'esercizio del *diritto di iniziativa* e del *referendum* su leggi e provvedimenti amministrativi regionali, regolare la *pubblicazione delle leggi e dei regolamenti* regionali.

11) B. Lo statuto è l'atto con il quale la Regione disciplina la propria organizzazione e il proprio funzionamento per tutti gli aspetti non regolati direttamente dalla Costituzione. Si tratta, però, di una categoria normativa che non ha contenuti unitari, in quanto risulta divisa al suo interno in due tipologie profondamente differenti:
> gli statuti delle Regioni ordinarie (art. 123 Cost.), approvati dal Consiglio regionale con legge regionale;
> gli statuti delle cinque Regioni speciali (Sicilia, Sardegna, Valle d'Aosta, Trentino-Alto Adige, Friuli-Venezia Giulia), che non sono espressione di vera e propria *autonomia statutaria*, in quanto hanno forma e sostanza di leggi costituzionali statali (art. 116 Cost.) e sono in grado di derogare alla Costituzione per garantire forme e condizioni particolari di autonomia.

Per quanto riguarda le Regioni a statuto ordinario, invece, sulla base delle indicazioni della Costituzione (art. 123 Cost.), spetta a tale atto:
> determinare la *forma di governo regionale* (assetto dei rapporti fra gli organi di governo della Regione) e i *principi fondamentali* di organizzazione e funzionamento della Regione;
> regolare l'esercizio del *diritto di iniziativa* e del *referendum* su leggi e provvedimenti amministrativi regionali;
> regolare la *pubblicazione delle leggi e dei regolamenti* regionali;
> disciplinare il *Consiglio delle autonomie locali (CAL)* quale organo di consultazione fra la Regione e gli enti locali.

Secondo quanto prevede l'art. 123 Cost., lo statuto deve porsi in armonia con la Costituzione. La Corte costituzionale ha precisato che tale obbligo va inteso, in chiave garantistica, nel senso che l'autonomia statutaria non può essere limitata in mancanza di una disciplina costituzionale chiaramente riconoscibile, ad esempio desumendo interferenze da concetti generali, assunti a *priori* (sent. n. 313/2003), e che le previsioni dello statuto devono non solo rispettare puntualmente ogni disposizione della Costituzione, ma anche lo spirito della stessa (sent. n. 2/2004).

12) B. L'elenco delle Regioni è previsto direttamente dall'art. 131 Cost. Una modifica territoriale che importi fusione di Regioni esistenti o creazione di nuove Regioni deve, quindi, essere disposta da legge costituzionale, dar vita ad un ente con una popolazione non inferiore ad 1 milione di abitanti, essere preceduta dalla richiesta di tanti Consigli comunali che rappresentino almeno un terzo delle popolazioni interessate ed essere approvata con referendum dalla maggioranza delle popolazioni interessate (art. 132 Cost.).

13) A. Il quadro complessivo degli organi regionali è delineato dall'art. 121 Cost., che ne individua sommariamente anche i compiti. Il citato articolo afferma che sono organi della Regione: il Consiglio regionale, la Giunta e il suo Presidente.
Il Consiglio regionale esercita le potestà legislative attribuite alla Regione e le altre funzioni conferitegli dalla Costituzione e dalle leggi. Può fare proposte di legge alle Camere. La potestà legislativa delle Regioni è meglio specificata all'art. 117, laddove sono elencate le materie riservate in via esclusiva allo Stato, quelle concorrenti e quelle di competenza esclusiva delle Regioni.
La Giunta regionale è l'organo esecutivo delle Regioni. Il suo Presidente, invece, rappresenta la Regione, dirige la politica della Giunta e ne è responsabile, promulga

le leggi ed emana i regolamenti regionali, dirige le funzioni amministrative delegate dallo Stato alla Regione (conformandosi alle istruzioni del Governo della Repubblica). In pratica il Presidente ricopre il doppio ruolo di organo di vertice dell'esecutivo regionale (Presidente della Giunta) e di organo di rappresentanza dell'intera Regione (Presidente della Regione). Rispetto al Governo nazionale, nell'esecutivo regionale è sicuramente più incisivo il ruolo del suo Presidente, al quale spetta un potere di nomina e revoca degli assessori.

14) D. Il Consiglio regionale può esprimere la sfiducia nei confronti del Presidente della Giunta. Tale potere è esercitato mediante mozione motivata, sottoscritta da almeno un quinto dei componenti il Consiglio e approvata per appello nominale a maggioranza assoluta. La mozione non può essere messa in discussione prima di 3 giorni dalla presentazione e, una volta approvata, comporta le dimissioni della Giunta e lo scioglimento del Consiglio (clausola dell'*aut simul stabunt, aut simul cadent*). Analoga conseguenza determinano la rimozione, l'impedimento permanente, la morte o le dimissioni volontarie del Presidente e le dimissioni contestuali della maggioranza dei componenti il Consiglio (art. 126, co. 2 e 3, Cost.).

15) D. La L. cost. 3/2001 ha eliminato le forme di controllo preventivo dello Stato nei confronti della legislazione regionale, riformulando l'art. 127 Cost.
Attualmente, quindi, il Governo può promuovere la questione di legittimità costituzionale della legge regionale entro 60 giorni dalla sua pubblicazione, quindi dopo che il suo iter di approvazione si sia concluso. Inoltre il Governo può soltanto sollevare questione di legittimità costituzionale dinanzi alla Corte e non questioni di merito della legge dinanzi alle Camere per contrasto con l'interesse nazionale o di altre Regioni.

16) D. Il Comune "è l'ente locale che rappresenta la propria comunità, ne cura gli interessi e ne promuove lo sviluppo"; questa è la sintetica definizione data dall'art. 3, co. 2, TUEL.
Da tale definizione si desume che il Comune rappresenta il *primo e più efficace livello di governo* per la sua vicinanza alle popolazioni interessate e per la diretta conoscenza delle specificità del territorio di riferimento; questi punti di forza, però, possono diventare anche dei fattori di debolezza laddove la carenza di risorse finanziarie e materiali non consente di svolgere in modo efficace funzioni di maggiore complessità, che impongono l'intervento di un livello di governo superiore.

17) B. Le funzioni fondamentali attualmente attribuite alle Province sono individuate dall'art. 1, co. 85, L. 56/2014. La norma riporta un elenco di oggetti/materie che vanno a costituire il nucleo intangibile delle competenze di questo ente, provvedendo anche ad introdurre un criterio espresso per la disciplina del loro esercizio (co. 87). Si tratta, infatti, di attribuzioni che devono essere esercitate nei limiti e secondo le modalità stabilite dalla legislazione statale e regionale di settore.
Ciò detto, sono funzioni fondamentali di competenza della generalità delle Province:

> la pianificazione territoriale provinciale di coordinamento, nonché la tutela e la valorizzazione dell'ambiente, per gli aspetti di competenza;

> la pianificazione dei servizi di trasporto in ambito provinciale, l'autorizzazione e il controllo in materia di trasporto privato, in coerenza con la programmazione regionale, nonché la costruzione e la gestione delle strade provinciali e la regolazione della circolazione stradale ad esse inerente;
> la programmazione provinciale della rete scolastica, nel rispetto della programmazione regionale;
> la raccolta ed elaborazione di dati, l'assistenza tecnico-amministrativa agli enti locali;
> la gestione dell'edilizia scolastica;
> il controllo dei fenomeni discriminatori in ambito occupazionale e la promozione delle pari opportunità sul territorio provinciale.

La gestione dei servizi elettorali è una competenza del Comune, nello specifico attribuita al Sindaco nella sua qualità di ufficiale del Governo.

18) C. La L. 3/1996 disciplina in maniera organica le competenze degli enti locali in materia di edilizia scolastica. In particolare, ai sensi dell'art. 3, co. 1, lett. *a*), della citata legge, i Comuni provvedono alla fornitura ed alla manutenzione ordinaria e straordinaria degli edifici da destinare a sede di scuole dell'infanzia e del primo ciclo (primaria e secondaria primo ciclo) materne, elementari e medie. Alle Province, invece, in forza dello stesso articolo, co. 1, lett. *b*), compete la fornitura e relativa manutenzione degli edifici da destinare a sede di istituti e scuole del secondo ciclo di istruzione.

19) D. La tenuta dei registri dello stato civile è una competenza attribuita ai Comuni, unitamente alle competenze in materia di servizi elettorali, di anagrafe, di leva militare e di statistica (art. 14 TUEL). Si tratta di funzioni delegate dallo Stato ed esercitate dal Sindaco quale ufficiale del Governo.

20) B. La legge Delrio attribuisce alle sole Province montane altre funzioni fondamentali. Secondo l'art. 1, co. 86, L. 56/2014 ad esse spetta anche:
> la *cura dello sviluppo strategico del territorio;*
> la *gestione dei servizi in forma associata in base alle specificità del territorio medesimo;*
> la *cura delle relazioni con gli enti territoriali, nazionali e stranieri con analoghe caratteristiche montane, anche a mezzo di accordi e convenzioni.*

Si tratta, a ben vedere, di competenze che per certi profili potrebbero considerarsi inaccessibili alle stesse Regioni ordinarie.

Questionario 8
Le fonti del diritto

1) **La Costituzione può essere intesa:**
   A. solo in senso sostanziale
   B. in senso formale o sostanziale
   C. mai in senso materiale
   D. solo in senso formale

2) **Per non essere soggette a referendum confermativo, le leggi costituzionali devono essere approvate, in seconda deliberazione con la maggioranza:**
   A. assoluta della Camera dei deputati
   B. dei 2/3 nei due rami del Parlamento
   C. relativa nei due rami del Parlamento
   D. assoluta nei due rami del Parlamento

3) **Le fasi del procedimento di approvazione delle leggi sono:**
   A. tre
   B. cinque
   C. quattro
   D. disciplinate da accordi parlamentari

4) **L'esame di un progetto di legge può essere svolto in Commissione:**
   A. in sede referente o redigente
   B. in sede referente, redigente o deliberante
   C. solo in sede referente
   D. solo in sede deliberante

5) **L'obbligo di rispettare i vincoli internazionali e quelli derivanti dall'ordinamento dell'Unione europea si impone:**
   A. solo nell'esercizio dell'attività legislativa in materia finanziaria
   B. solo nell'esercizio della potestà legislativa delle Regioni
   C. solo nell'esercizio della potestà legislativa statale, non potendo le Regioni legiferare in materie disciplinate da norme europee e internazionali
   D. si impone sia nell'esercizio della potestà legislativa statale che in quella regionale

6) **Le leggi entrano in vigore, salvo se diversamente previsto nelle leggi medesime:**
   A. decorsi 15 giorni dalla pubblicazione in Gazzetta Ufficiale
   B. a decorrere dalla data di adozione
   C. decorsi 30 giorni dalla pubblicazione in Gazzetta Ufficiale
   D. successivamente al controllo della Corte dei conti

7) **La riserva di legge può essere:**
   A. parziale o rinforzata
   B. temporanea o definitiva
   C. assoluta o relativa
   D. vincolante o facoltativa

8) **Gli atti aventi forza di legge sono:**
   A. fonti del diritto secondarie
   B. non sono fonti del diritto
   C. fonti fatto
   D. fonti del diritto primarie

9) **La mancata conversione di un decreto-legge comporta la sua decadenza:**
   A. dal termine dei 60 giorni di validità (ex nunc)
   B. dalla data di emanazione (ex tunc)
   C. mai
   D. solo per le disposizioni non urgenti

10) **Un decreto legislativo è:**
    A. un atto legislativo adottato su delega
    B. una legge d'iniziativa governativa
    C. un atto amministrativo
    D. soggetto a conversione parlamentare

11) **I testi unici possono essere:**
    A. confermativi
    B. riorganizzativi
    C. riepilogativi
    D. ricognitivi

12) **L'abrogazione di una legge tramite l'istituto del referendum:**
    A. deve sempre essere totale
    B. può essere totale o parziale
    C. deve sempre essere parziale
    D. deve sempre essere confermata dal Presidente della Repubblica

13) **Quali dei seguenti atti non possono essere oggetto di referendum *ex* art. 75 Cost.?**
    A. I decreti-legge
    B. I decreti legislativi
    C. Le leggi delega
    D. Le leggi di bilancio

14) **Oltre al referendum abrogativo esiste anche il referendum:**
    A. suppletivo
    B. di verifica
    C. sospensivo

D. confermativo

15) **Sono istituzioni dell'Unione europea:**
    A. il Parlamento, il Consiglio dell'Unione europea, la Commissione, il Consiglio europeo, la Corte di giustizia, la Corte dei conti, la Banca centrale
    B. il Parlamento, il Consiglio dell'Unione europea, la Commissione, la Banca centrale europea, il Comitato delle Regioni
    C. il Parlamento, il Consiglio europeo, il Consiglio dell'Unione europea, la Corte di giustizia, la Corte dei conti, il Comitato economico e sociale
    D. il Parlamento, il Consiglio europeo, il Consiglio dell'Unione europea, la Corte di giustizia, la Commissione europea, il Comitato delle Regioni, il Comitato economico e sociale

16) **Sono fonti del diritto dell'Unione europea:**
    A. le leggi di delegazione europea
    B. le decisioni quadro
    C. le direttive
    D. le leggi europee

17) **Il regolamento dell'Unione europea:**
    A. non necessita di atti nazionali di recepimento
    B. può essere recepito solo attraverso legge formale
    C. può essere recepito solo attraverso decreto legislativo
    D. può essere recepito con la legge europea

18) **Le direttive dell'Unione europea:**
    A. sono direttamente applicabili nell'ordinamento interno
    B. devono essere recepite nell'ordinamento interno
    C. sono eseguibili su richiesta degli interessati
    D. non sono fonti del diritto

19) **I regolamenti del potere esecutivo:**
    A. sono fonti primarie
    B. sono fonti secondarie
    C. sono provvedimenti amministrativi del Governo
    D. non sono fonti del diritto

20) **Quali sono i caratteri dei regolamenti del potere esecutivo?**
    A. Autoritatività e innovazione
    B. Legittimità e razionalità
    C. Personalità e astrattezza
    D. Generalità, astrattezza, innovatività

21) **Esistono i regolamenti delegati o di delegificazione?**
    A. Sì, ma sono ammessi solo nelle materie non coperte da riserva di legge assoluta

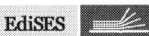

B. Sì, ma devono essere autorizzati con legge approvata a maggioranza assoluta dei componenti le Camere
C. Sì, ma sono ammessi solo nelle materie coperte da riserva assoluta di legge
D. Sì, possono essere approvati anche nelle materie coperte da riserva assoluta di legge

22) L'interpretazione giuridica può essere:
A. personale
B. assoluta
C. letterale
D. contestuale

23) A quali atti si riferisce l'art. 10 Cost. laddove afferma che lo Stato italiano si conforma alle norme del diritto internazionale generalmente riconosciute?
A. Ai trattati internazionali
B. Agli atti delle Nazioni Unite
C. Alle consuetudini internazionali
D. Ai principi contenuti nella Carta delle Nazioni Unite

Risposte commentate
Le fonti del diritto

1) B. La Costituzione può essere intesa in senso formale (come atto contenente le disposizioni costituzionali), oppure in senso materiale (come insieme dei rapporti e degli equilibri fra i diversi attori politici in un determinato momento storico). La Costituzione materiale si identificherebbe nelle forze politiche organizzate, che in un determinato momento storico interpretano l'interesse generale della comunità. La funzione della Costituzione materiale è quella di identificare quelle norme nelle quali sono sanciti i principi fondamentali di un determinato ordinamento, principi talmente importanti che se vengono sovvertiti lo stesso ordinamento cessa di esistere. La Costituzione materiale e quella formale possono in tutto o in parte divergere, allora bisogna eliminare la ragione del contrasto, modificando la Costituzione formale per adeguarla a quella materiale, se quest'ultima per la sua permanenza nel tempo e il diffuso consenso che riceve sia divenuta espressione di un diverso modo di intendere l'assetto dello Stato; quindi è la costituzione materiale che dà vita alla costituzione effettivamente vigente.

2) B. Per non essere soggette a referendum confermativo, le leggi costituzionali devono essere approvate, in seconda deliberazione, con la maggioranza dei due terzi nei due rami del Parlamento. Ai sensi dell'art. 138 della Costituzione, infatti, qualora le leggi costituzionali non siano approvate in seconda deliberazione con la maggioranza dei due terzi dei due rami del Parlamento (Camera e Senato), esse possono essere sottoposte a referendum confermativo entro 3 mesi dalla loro pubblicazione qualora ne facciano richiesta un quinto dei membri di una delle due camere o cinquecentomila elettori. La legge sottoposta a referendum, in tal caso, non è promulgata dal Presidente della Repubblica se non è approvata dalla maggioranza dei voti validi. Si rammenta che, in tal caso, non è previsto un *quorum* minimo come nel caso del referendum *ex* art. 75 Cost.

3) C. Il procedimento di formazione delle leggi ordinarie (cosiddetto *iter legis*) consta di quattro fasi (iniziativa, istruttoria, costitutiva, integrativa dell'efficacia). Nella fase dell'iniziativa viene proposto un testo di legge da sottoporre all'approvazione dei due rami del Parlamento (Camera dei deputati e Senato della Repubblica). L'iniziativa legislativa spetta al Governo, al popolo (50.000 elettori; il progetto di legge deve essere redatto in articoli e non decade al cambio di legislatura), ai Consigli regionali, al Consiglio nazionale dell'economia e del lavoro (CNEL), ad ogni singolo parlamentare. Nella fase dell'istruttoria, dopo essere stato presentato in Parlamento ad una delle due Camere, il progetto di legge è affidato ad una delle commissioni (organizzate per materia – es. Commissione affari costituzionali) in cui sono articolate le Camere medesime per l'esame preliminare prima del passaggio in aula (che può essere solo eventuale, se la commissione è autorizzata ad esprimersi in sede deliberante). Al termine della fase istruttoria, il progetto di legge viene votato da entrambi i rami del

Parlamento e per sancirne la definitiva approvazione deve essere approvato nel testo identico a quello approvato dalla prima Camera, con ciò concretizzando la fase costitutiva. Nella fase integrativa dell'efficacia, dopo essere stata approvata da entrambi i rami del Parlamento, la legge viene inviata al Presidente della Repubblica (entro 30 giorni dall'approvazione) per la successiva promulgazione. A seguito della promulgazione presidenziale, la legge viene pubblicata sulla Gazzetta Ufficiale della Repubblica italiana ed entra in vigore (diviene efficace) dopo il 15° giorno dalla pubblicazione (la cosiddetta *vacatio legis*), salvo diversa previsione indicata nella medesima legge.

4) B. L'esame in commissione può essere svolto in *sede referente*, allorquando la commissione competente formula il proprio parere relativamente al testo esaminato, che deve essere comunque votato articolo per articolo e nella sua interezza dall'Assemblea (della Camera o del Senato); in *sede redigente*, allorquando la commissione competente, oltre a svolgere l'istruttoria del progetto di legge, vota anche i singoli articoli di cui esso è composto, rinviando all'Assemblea l'approvazione finale del testo di legge; in *sede deliberante*, allorquando la commissione competente non solo svolge l'istruttoria al progetto di legge, ma ne vota i singoli articoli e procede anche alla votazione finale complessiva.

5) D. L'art. 117 Cost. prevede che la potestà legislativa è esercitata dallo Stato e dalle Regioni nel rispetto della Costituzione, nonché dei vincoli derivanti dall'ordinamento dell'Unione europea e dagli obblighi internazionali. Con tale articolo viene ancor più rafforzata la previsione dell'art. 11 della Costituzione, che prevede una limitazione della sovranità nazionale per partecipare ad organizzazioni internazionali.

6) A. Ai sensi dell'art. 73, co. 3, della Costituzione, le leggi entrano in vigore il quindicesimo giorno successivo alla loro pubblicazione, salvo che le leggi stesse stabiliscano un termine diverso (efficacia anticipata o differita rispetto ai quindici giorni ordinari). La legge, infatti, entra in vigore, e inizia ad avere efficacia, nel momento successivo a quello in cui è portata a conoscenza dei cittadini, tramite la sua pubblicazione. Il tempo intercorrente tra la pubblicazione e l'entrata in vigore viene definito *vacatio legis*, e dura quindici giorni.

7) C. La riserva di legge è un limite che la Costituzione ha posto per la disciplina di determinate materie, che non possono essere oggetto di regolazione per mezzo di fonti del diritto secondarie (come i regolamenti).
La riserva di legge può essere assoluta o relativa. La riserva di legge di tipo assoluto si configura quando l'intera materia deve essere disciplinata con legge (vedi, ad esempio, art. 13, co. 2, art. 25, art. 65, art. 137, co. 2, Cost.). La riserva di legge assoluta può essere anche di tipo costituzionale (vedi, ad esempio, l'art. 137, co. 12, Cost.). Nella riserva di legge relativa, invece, i principi fondamentali che disciplinano la materia devono essere stabiliti con legge, mentre la disciplina puntuale della stessa può essere disposta a mezzo di regolamenti (art. 97, co. 1, Cost.).

8) D. Gli atti aventi forza di legge, ovvero i decreti-legge e i decreti legislativi, sono atti legislativi adottati dal Governo da annoverare tra le fonti di rango primario. In particolare, i decreti legislativi delegati sono adottati dal Governo sulla base di una legge di delega ai sensi dell'art. 76 Cost. Possono, tra l'altro, essere emanati decreti legislativi in attuazione di direttive dell'Unione europea (in particolare su deleghe contenute nella *Legge di delegazione europea*) e degli statuti di quelle Regioni alle quali la Costituzione riconosce un ordinamento "speciale" dettato da leggi costituzionali. I decreti-legge, invece, sono emanati dal Governo in base all'art. 77 Cost., solo in casi straordinari di urgenza e necessità, e sono da convertire in legge da parte del Parlamento entro 60 giorni dalla loro adozione, pena la decadenza del decreto-legge in ipotesi di mancata conversione e la cassazione di tutti gli effetti giuridici prodotti.

9) B. La mancata conversione di un decreto-legge da parte del Parlamento comporta la mancanza di efficacia sin dalla sua emanazione (con effetti giuridici *ex tunc*, da allora). La Corte costituzionale (sent. n. 360/1996) ha stabilito che in caso di mancata conversione di un decreto in legge non è data facoltà al Governo di "riprodurre, con un nuovo decreto, il contenuto normativo dell'intero testo o di singole disposizioni del decreto non convertito, ove il nuovo decreto non risulti fondato su autonomi (e pur sempre straordinari) motivi di necessità ed urgenza, motivi che in ogni caso non potranno essere ricondotti al solo fatto del ritardo derivante dalla mancata conversione del precedente decreto".

10) A. I decreti legislativi sono atti normativi aventi forza di legge (fonte del diritto primaria) adottati dal Governo su delega (fornita per mezzo dell'approvazione di una legge) del Parlamento. In tale contesto vengono a confondersi due dei tre poteri fondamentali dello Stato, quello esecutivo e quello legislativo (il terzo è quello giudiziario). Peraltro, il Governo, nell'esercizio della delega conferitagli dalle Camere, deve seguire una serie di principi e criteri direttivi dettati dalla cosiddetta "legge delega", e non è possibile procedere con una "delega in bianco", ovvero con una legge che conferisca un indeterminato potere legislativo al Governo. L'adozione del decreto legislativo delegato deve concretizzarsi entro termini determinati dal Parlamento, decorsi i quali decade il potere legislativo del Governo.

11) D. I testi unici sono atti normativi che raccolgono e, nella quasi totalità dei casi, riformulano disposizioni di molteplici testi normativi succedutisi nel tempo, disciplinanti la medesima materia (es. D.Lgs. 267/2000 – Testo unico sugli enti locali). I testi unici possono essere: *di coordinamento* (hanno capacità innovativa ed abrogativa), *di mera compilazione*, semplicemente *ricognitivi della disciplina esistente*, di *riordino* (garantiscono sistematicità e maggiore ordine alle norme e distinguono le disposizioni legislative da quelle regolamentari).

12) B. Le norme contenute nelle leggi possono essere abrogate anche in conseguenza di un referendum abrogativo, ai sensi dell'art. 75 Cost., o per la dichiarazione d'incostituzionalità da parte della Corte costituzionale. Secondo tale articolo è indetto referendum popolare per deliberare l'abrogazione, totale o parziale, di una legge o di un atto avente valore di legge (decreti-legge e decreti legislativi), quando lo richiedono cinquecentomila elettori o cinque consigli regionali. Alla votazione partecipano i cittadini che siano in possesso dei requisiti per eleggere la Camera dei Deputati (requisito per l'elettorato attivo: 18 anni di età). La proposta referendaria è approvata se alla votazione partecipa la maggioranza degli aventi diritto (*quorum* strutturale) e se è raggiunta la maggioranza dei voti validamente espressi. La norma eventualmente abrogata viene espunta dall'ordinamento con un successivo decreto del Presidente della Repubblica.

13) D. L'art. 75, co. 2, Cost., nel disciplinare il referendum abrogativo, stabilisce che lo stesso non è ammesso per le leggi tributarie e di bilancio, di amnistia e di indulto, di autorizzazione a ratificare trattati internazionali.

14) D. Il referendum confermativo fa parte del procedimento legislativo cosiddetto "aggravato" (ovvero proceduralmente più garantista di quello ordinario) necessario per modificare la Costituzione italiana. Ai sensi dell'art. 138, infatti, le leggi di revisione della Costituzione e le altre leggi costituzionali sono adottate da ciascuna Camera con due successive deliberazioni ad intervallo non minore di tre mesi, e sono approvate a maggioranza assoluta dei componenti di ciascuna Camera nella seconda votazione. Le leggi stesse sono sottoposte a referendum popolare quando, entro tre mesi dalla loro pubblicazione, ne facciano domanda un quinto dei membri di una Camera o cinquecentomila elettori o cinque Consigli regionali (cd. "referendum confermativo"). La legge sottoposta a referendum non è promulgata, se non è approvata dalla maggioranza dei voti validi. Non si fa luogo a referendum se la legge è stata approvata nella seconda votazione da ciascuna delle Camere a maggioranza di due terzi dei suoi componenti.

15) A. Le istituzioni dell'Unione europea sono il Consiglio europeo, il Parlamento, il Consiglio dell'Unione europea, la Commissione, la Corte di Giustizia, la Corte dei conti e la Banca centrale europea (BCE).
Il *Consiglio europeo* dà all'Unione gli impulsi necessari al suo sviluppo e ne definisce gli orientamenti e le priorità delle politiche generali; non esercita funzioni legislative.
Il *Parlamento europeo* è eletto a suffragio universale ogni 5 anni, esercita il controllo politico sulla Commissione (che può essere sfiduciata e obbligata a dimettersi), partecipa al processo legislativo e adotta il bilancio dell'UE congiuntamente al Consiglio.
Il *Consiglio dell'Unione europea* è composto dai ministri degli Stati membri che hanno competenza per una specifica materia, esercita la competenza legislativa e approva il bilancio dell'Unione insieme al Parlamento europeo; inoltre coordina le politiche economiche generali dei Paesi membri e firma accordi fra l'UE e i Paesi terzi.
La *Commissione europea* rappresenta e tutela gli interessi dell'UE nel suo insieme e si distingue dal Consiglio dell'Unione che invece rappresenta gli Stati membri; ha il potere di iniziativa legislativa; esercita il potere esecutivo, per cui risponde dell'attuazione delle politiche e della legislazione dell'Unione; predispone e gestisce il bilancio dell'Unione e attribuisce i finanziamenti; vigila sull'applicazione del diritto dell'UE (congiuntamente alla Corte di giustizia); rappresenta l'Unione europea a livello internazionale.
La *Corte di giustizia* ha il compito di assicurare l'osservanza del diritto dell'Unione attraverso il controllo giurisdizionale sugli atti e sui comportamenti delle istituzioni, nonché fornendo l'interpretazione formale del diritto dell'UE perché esso venga applicato allo stesso modo in tutti i paesi dell'Unione.

La *Banca centrale europea (BCE)* gestisce la politica monetaria degli Stati aderenti all'euro e garantisce la stabilità dei prezzi. La *Corte dei conti*, infine, esamina e verifica i documenti contabili dell'Unione.

16) C. Gli atti giuridici dell'Unione europea, come si evince dall'art. 288 del Trattato sul funzionamento dell'Unione europea (TFUE), si distinguono in cinque tipologie: il *regolamento*, che ha portata generale, è obbligatorio in tutti i suoi elementi e direttamente applicabile in ciascuno degli Stati membri; la *direttiva*, anch'essa a portata generale, che vincola lo Stato membro cui è rivolta per quanto riguarda il risultato da raggiungere, salva restando la competenza degli organi nazionali in merito alla forma e ai mezzi di attuazione; la *decisione*, che è obbligatoria in tutti i suoi elementi e se designa i destinatari è obbligatoria soltanto nei confronti di questi; la *raccomandazione*, che è atto non vincolante: si tratta di esortazione o monito diretto ai singoli Stati membri; il *parere* che, come la raccomandazione, non ha valore precettivo per il destinatario, trattandosi di indicazioni o di considerazioni su questioni determinate.

17) A. Un regolamento è un atto legislativo europeo direttamente vincolante che non necessita di procedimenti di ricezione nell'ambito degli ordinamenti interni dei diversi Stati membri. Deve essere applicato in tutti i suoi elementi nell'intera Unione europea. I regolamenti si caratterizzano per i seguenti aspetti: hanno portata generale, ossia i destinatari sono soggetti individuati in modo astratto e generico (ad es. tutti i cittadini dell'Unione europea); sono obbligatori in tutti i loro elementi, ossia il contenuto del regolamento è obbligatorio per i destinatari nella sua interezza; sono direttamente applicabili, ossia l'entrata in vigore e l'applicazione nei confronti dei destinatari non necessita di alcun atto di ricezione interna da parte degli Stati membri.

18) B. Le direttive europee sono atti legislativi previsti dal Trattato sul funzionamento dell'Unione europea (TFUE). Si tratta di documenti vincolanti nel loro complesso che gli Stati membri sono obbligati a recepire nella legislazione nazionale entro il termine stabilito. L'entrata in vigore di una direttiva è segnata dalla sua pubblicazione sulla Gazzetta Ufficiale dell'UE. Il mancato recepimento delle direttive negli ordinamenti degli Stati membri può essere fatto valere dagli interessati per tutelare le proprie situazioni giuridiche soggettive nei confronti degli Stati inadempienti.

19) B. I regolamenti del potere esecutivo sono fonti secondarie del diritto in quanto gerarchicamente sotto ordinate alle fonti primarie. In particolare, i regolamenti non possono contrastare con la Costituzione, derogare o essere in contrasto con leggi (salvo espressa previsione di legge che autorizzi alla delegificazione); disciplinare materie coperte da riserva di legge assoluta (ad es., non possono contenere sanzioni di tipo penale); non possono derogare al principio di irretroattività dell'efficacia di una norma.

20) D. I caratteri precipui dei regolamenti del potere esecutivo sono la generalità, intesa come attitudine a rivolgersi ad un numero indeterminato di destinatari, l'astrattezza, ossia l'idoneità a disciplinare un numero non definito di casi e l'innovatività, ovvero la capacità di innovare l'ordinamento giuridico mediante inserimento di nuove norme o modifica di norme esistenti. I regolamenti, infatti, introducono nell'ordinamento norme giuridiche.

21) A. I regolamenti delegati (di delegificazione) esistono e sono ammessi esclusivamente nelle materie per le quali non è stabilita la riserva assoluta di legge. Si tratta dei casi in cui il legislatore, per mezzo di una legge (e, dunque, una fonte primaria), autorizza il Governo a disciplinare una materia, che prima era regolamentata con legge, mediante regolamento (denominato, per l'appunto, di delegificazione), previa abrogazione da parte della stessa legge autorizzatrice delle norme di rango primario. Si pensi, ad esempio, al caso del D.P.R. 445/2000 recante "Testo unico della documentazione amministrativa".

22) C. L'interpretazione giuridica consiste nell'attività mediante la quale si procede a fornire di significato una o più disposizioni normative, estrapolando da esse la regola (norma) da applicare concretamente (cfr. art. 12 disp. prel. c.c.). Essa può essere:
> *letterale* (o dichiarativa), laddove è ricavabile dalla mera lettura della disposizione);
> *correttiva* (estensiva o restrittiva), cioè desumibile da un'interpretazione complessa del testo della disposizione, che può anche portare ad una correzione della formulazione letterale, ampliandone o restringendone il significato;
> *sistematica*, quando è il frutto di una comparazione della disposizione con disposizioni analoghe o con essa connesse all'interno dell'ordinamento;
> *adeguatrice*, allorquando l'interpretazione si uniforma alle norme di rango superiore;
> *evolutiva*, quanto è frutto di un necessario adeguamento della norma alle condizioni sociali del momento.

23) C. L'art. 10 della Costituzione prevede che l'ordinamento giuridico italiano si conformi alle norme del diritto internazionale generalmente riconosciute. Si tratta di norme prodotte in via consuetudinaria che trovano diretta applicazione nel nostro ordinamento grazie alla previsione dell'art. 10 (che viene anche indicato come adattatore automatico del diritto interno a quello internazionale). Una di queste norme è, ad esempio, il principio *pacta sunt servanda*, che è alla base del diritto internazionale pattizio. Grazie a tale norma è possibile sottoscrivere trattati internazionali che impegnano l'Italia nei confronti della comunità internazionale. I trattati internazionali sono ratificati dal Presidente della Repubblica italiana che rappresenta l'Italia in ambito internazionale (art. 87 Cost.). Ai sensi, però, dell'art. 80 della Costituzione, le Camere devono autorizzare con legge la ratifica dei trattati internazionali che sono di natura politica, o prevedono arbitrati o regolamenti giudiziari, o importano variazioni del territorio od oneri alle finanze o modificazioni di leggi. In tale evenienza è richiesta la procedura normale di esame e di approvazione diretta da parte del Parlamento, che non può delegare il Governo ad adottare un decreto legislativo, né può consentire l'approvazione della legge di ratifica da parte di una Commissione in sede deliberante. Non è ammesso il referendum abrogativo ai sensi dell'art. 75 Cost. per le leggi di autorizzazione a ratificare trattati internazionali, mentre a tenore dell'art. 120 Cost., il Governo può sostituirsi a organi delle Regioni, delle Città metropolitane, delle Province e dei Comuni nel caso di mancato rispetto di norme e trattati internazionali.

Libro IV
Diritto amministrativo

SOMMARIO

Sezione 1	Organizzazione, atti e responsabilità della P.A.
Sezione 2	Attività amministrativa, procedimento e tutela della privacy
Sezione 3	Il rapporto di lavoro nella P.A.
Sezione 4	Trasparenza e misure anticorruzione
Sezione 5	L'attività contrattuale

Sezione I
Organizzazione, atti e responsabilità della P.A.

SOMMARIO

Questionario 1	La Pubblica Amministrazione e il diritto amministrativo
Questionario 2	Le situazioni giuridiche soggettive
Questionario 3	L'organizzazione amministrativa
Questionario 4	Atti e provvedimenti amministrativi
Questionario 5	La patologia dell'atto amministrativo
Questionario 6	I beni pubblici e l'espropriazione per pubblica utilità
Questionario 7	I controlli
Questionario 8	La responsabilità della Pubblica Amministrazione
Questionario 9	Il sistema delle tutele

Questionario 1
La Pubblica Amministrazione e il diritto amministrativo

1) Quale dei seguenti soggetti non è incluso nella definizione di Pubblica Amministrazione riportata nel D.Lgs. 165/2001?
   A. Le istituzioni universitarie
   B. Le Autorità amministrative indipendenti
   C. Le Camere di commercio
   D. Le Comunità montane

2) I soggetti privati possono essere preposti all'esercizio di attività amministrative?
   A. Sì, se lo prevede la legge
   B. Sempre
   C. Mai
   D. Sì, tramite autorizzazione

3) Si esternalizza una funzione amministrativa quando:
   A. un privato svolge funzioni formalmente private ma sostanzialmente amministrative
   B. l'organo amministrativo delega a soggetti privati poteri amministrativi
   C. la Pubblica Amministrazione non è in grado di svolgerla
   D. la Pubblica Amministrazione non ha interesse a svolgerla

4) Quale delle seguenti affermazioni non è corretta?
   A. I regolamenti sono atti formalmente amministrativi
   B. I regolamenti sono fonti subordinate alla legge
   C. I regolamenti sono atti sostanzialmente normativi
   D. I regolamenti sono fonti di rango primario

5) I regolamenti governativi sono adottati ai sensi:
   A. dell'art. 17 della L. 400/1988
   B. dell'art. 27 della L. 400/1988
   C. dell'art. 17 della L. 241/1990
   D. dell'art. 1 della L. 241/1990

6) I regolamenti indipendenti, ai sensi dell'art. 17 L. 400/1988, regolano le materie in cui manchi la disciplina da parte di leggi o di atti aventi forza di legge, sempre che:
   A. si tratti di materie riservate alla legge, ma il legislatore ha conferito specifica delega
   B. si tratti di materie riservate alla legge

C. non si tratti di materie comunque riservate alla legge
D. si tratti di materie riservate alla legge, ma il legislatore ha conferito specifica delega

7) **Quale elemento accomuna gli atti amministrativi generali agli atti normativi?**
   A. L'astrattezza
   B. L'innovatività
   C. La generalità
   D. La puntualità

8) **Il potere di emanare ordinanze di necessità e urgenza:**
   A. può essere attribuito da una legge o da un regolamento governativo
   B. può essere attribuito solo da un regolamento governativo
   C. può essere attribuito solo da una legge
   D. non richiede alcuna autorizzazione

9) **Le ordinanze di necessità e urgenza:**
   A. devono essere motivate
   B. non devono essere motivate
   C. possono essere motivate
   D. sono motivate su richiesta degli interessati

10) **Le circolari costituiscono:**
    A. fonti primarie del diritto
    B. norme interne alla Pubblica Amministrazione
    C. atti capaci di innovare l'ordinamento giuridico
    D. fonti giuridiche se contengono statuizioni generali

11) **Gli atti politici sono:**
    A. atti liberi nel fine
    B. atti vincolati nel fine
    C. atti che devono essere motivati
    D. espressione del potere discrezionale dell'amministrazione

12) **Gli atti di alta amministrazione:**
    A. sono atti normativi
    B. sono connotati da un margine di discrezionalità amministrativa molto ampio di carattere politico
    C. sono connotati da un margine di discrezionalità amministrativa molto ampio che non assurge, però, a discrezionalità politica
    D. non sono atti amministrativi

13) **Il giudice amministrativo può censurare atti di alta amministrazione:**
    A. solo laddove risultino essere state assunte decisioni palesemente illogiche o arbitrarie
    B. sempre

C. solo se adottati in casi di necessità e urgenza
D. solo se non risultino essere liberi nel fine

14) I pubblici uffici devono essere organizzati in modo che siano assicurati:
A. adeguatezza e differenziazione
B. buon andamento e imparzialità
C. pari opportunità per ambo i sessi
D. uguaglianza per tutti i dipendenti

15) Ai sensi dell'art. 97 Cost. i pubblici uffici devono essere organizzati:
A. secondo regolamenti indipendenti
B. secondo le linee guida dettate dai singoli ministeri
C. secondo disposizioni di legge
D. secondo le direttive del Presidente del Consiglio dei Ministri

Risposte commentate
La Pubblica Amministrazione
e il diritto amministrativo

1) B. Ai sensi dell'art. 1, co. 2, D.Lgs. 165/2001, per amministrazioni pubbliche si intendono tutte le amministrazioni dello Stato, ivi compresi gli istituti e scuole di ogni ordine e grado e le istituzioni educative, le aziende ed amministrazioni dello Stato ad ordinamento autonomo, le Regioni, le Province, i Comuni, le comunità montane, e loro consorzi e associazioni, le istituzioni universitarie, gli istituti autonomi case popolari, le Camere di commercio, industria, artigianato e agricoltura e loro associazioni, tutti gli enti pubblici non economici nazionali, regionali e locali, le amministrazioni, le aziende e gli enti del Servizio sanitario nazionale, l'Agenzia per la rappresentanza negoziale delle pubbliche amministrazioni (ARAN) e le Agenzie di cui al D.Lgs. 30-7-1999, n. 300. Ai sensi dell'art. 22, co. 1, lett. *e*), L. 241/1990 si intende per «Pubblica Amministrazione», tutti i soggetti di diritto pubblico e i soggetti di diritto privato limitatamente alla loro attività di pubblico interesse disciplinata dal diritto nazionale o europeo.
Le Autorità amministrative indipendenti non sono riportate nella definizione data dal D.Lgs. 165/2001.

2) A. La legge può prevedere che l'esercizio di alcune funzioni amministrative venga affidato ai privati (si pensi alle attività di certificazione come, ad esempio, la revisione periodica degli autoveicoli). La titolarità della funzione rimane, peraltro, in capo all'amministrazione pubblica competente. In genere, per l'esternalizzazione delle funzioni amministrative si adottano dei provvedimenti di concessione che consentono ai privati (concessionari) di svolgere attività che l'ordinamento giuridico non prevede siano inizialmente riconducibili alla loro sfera giuridica soggettiva.

3) B. L'esercizio di poteri amministrativi delegati a privati può comportare il fatto che gli stessi privati diventino centro di imputazione di fattispecie tipiche degli organi amministrativi. Si pensi, ad esempio ai procedimenti di espropriazione per pubblica utilità svolti dalle imprese contraenti con la P.A. per l'esecuzione di appalti di lavori (ai sensi dell'art. 3 D.P.R. 327/2001, per *autorità espropriante*, si intende l'autorità amministrativa titolare del potere di espropriare e che cura il relativo procedimento, ovvero il soggetto privato, al quale sia stato attribuito tale potere, in base ad una norma).

4) D. Le fonti di produzione del diritto sono suddivise principalmente secondo la loro capacità di innovare l'ordinamento giuridico. In particolare, se primarie sono dette le leggi e gli atti aventi forza di legge, in quanto trattasi di espressione della sovranità popolare e pertanto frutto delle decisioni assunte a livello parlamentare, secondarie sono definite le fonti normative contenute in atti espressione del potere normativo della Pubblica Amministrazione.

I regolamenti, nello specifico, sono atti non capaci di modificare le leggi, ma che operano nei limiti da esse dettati, e si qualificano come atti formalmente amministrativi, ma sostanzialmente normativi; per questa ragione non possono equipararsi alle leggi, pur avendo la forza giuridica *erga omnes* che le rende fonti di diritto.

5) **A.** Il procedimento di adozione dei regolamenti governativi è disciplinato dall'art. 17 L. 400/1988 e prevede i seguenti passaggi: deliberazione del Consiglio dei ministri, assunzione del parere del Consiglio di Stato (da rendersi entro 90 giorni dalla richiesta), emanazione da parte del Capo dello Stato (assumono la denominazione di decreti del Presidente della Repubblica), visto e registrazione della Corte dei conti e successiva pubblicazione in Gazzetta Ufficiale.

6) **C.** L'art. 17 L. 400/1988 disciplina il potere regolamentare delle amministrazioni statali.
I regolamenti possono essere:
> *esecutivi*: pongono in genere norme di dettaglio rispetto alle norme di legge o fonte equiparata;
> *di attuazione o integrativi*: per quanto possa sembrare ardua la distinzione rispetto ai regolamenti esecutivi, essa ha una base essenzialmente quantitativa, vale a dire che l'attuazione/integrazione consiste nello *sviluppo* dei principi legislativi;
> *indipendenti*: regolano materie in cui non esiste una disciplina dettata dalla legge e finché questa non intervenga. La materia non deve, però, essere coperta da riserva assoluta o relativa di legge;
> *di organizzazione*: disciplinano l'organizzazione e il funzionamento delle amministrazioni pubbliche secondo disposizioni di legge;
> *di delegificazione*: è una categoria molto discussa. Sono delegati dalla legge a dettare una nuova disciplina della materia, eventualmente anche in contrasto con quella previgente di fonte primaria. Contemporaneamente, la legge abroga le disposizioni legislative incompatibili *con effetto dall'entrata in vigore del regolamento*;
> *per l'organizzazione e la disciplina dei ministeri*: sono proposti dal Ministro competente d'intesa con il Presidente del Consiglio e con il Ministro dell'Economia;
> *di riordino*. Provvedono al *riordino delle disposizioni regolamentari*, non che alla ricognizione di quelle oggetto di abrogazione implicita e all'espressa abrogazione di quelle che hanno esaurito la loro funzione o sono prive di effettivo contenuto normativo o obsolete.

7) **C.** In genere gli atti amministrativi hanno contenuto puntuale e concreto, in contrapposizione al contenuto generale e astratto degli atti normativi. Tuttavia, in alcuni casi, gli atti amministrativi hanno apparente contenuto generale, in quanto hanno per destinatari non soggetti singoli, ma categorie di soggetti indeterminati e indeterminabili. Un esempio di atto amministrativo generale è il bando di gara o di concorso: esso si riferisce ad una pluralità di destinatari non determinati e non determinabili, ma non per questo «astratti».

8) **C.** Le ordinanze di necessità e urgenza appartengono ad una particolare categoria di atti amministrativi, con cui si creano obblighi o divieti. Non promanano dalla sola autorità amministrativa, in quanto il potere di ordinanza deriva dalla legge ed è

finalizzato a fronteggiare situazioni di necessità e urgenza pur senza una preventiva determinazione del contenuto in cui il potere potrà concretizzarsi. Essi trovano nella legge autorizzativa l'indicazione dei presupposti (necessità e urgenza) e del fine (*igiene, ordine pubblico, sicurezza* e *incolumità pubblica, protezione di diritti costituzionalmente riconosciuti,* etc.). Tipicamente, tali ordinanze sono adottate ai sensi del T.U. sugli enti locali (artt. 50 e 54 D.Lgs. 267/2000) e del D.Lgs. 1/2018 (protezione civile).

9) A. Le ordinanze di necessità e urgenza sono atti impugnabili e soggetti a obbligo di motivazione e pubblicazione.
L'impugnabilità è prevista esplicitamente dall'art. 25, co. 9, D.Lgs. 1/2018 con riferimento alle ordinanze di protezione civile laddove specifica che la tutela giurisdizionale davanti al giudice amministrativo è disciplinata dal codice del processo amministrativo (l'art. 119 D.Lgs. 104/2010 prevede il rito abbreviato per tali controversie). Anche quelle adottate dal Sindaco possono essere oggetto di impugnazione dinanzi alla giurisdizione amministrativa.

10) B. Per «circolare» autorevole dottrina ha inteso indicare «un documento contenente un'enunciazione discorsiva, che da un ufficio viene comunicato ad altri uffici», così volendo rimarcare il concetto che di essa non debba trattarsi come di un atto amministrativo, ma solo come «misura di conoscenza» relativa ad un atto amministrativo od all'interpretazione di un provvedimento normativo. La quasi totalità della dottrina amministrativistica italiana ha, invece, storicamente collocato le circolari tra gli atti interni della Pubblica Amministrazione, attesa la loro attitudine ad incidere direttamente ed esclusivamente nell'ambito di rapporti interni alle amministrazioni pubbliche. Le circolari non costituirebbero, dunque, un «semplice» strumento di conoscenza di altri atti amministrativi in esse sottesi, ma rappresenterebbero atti interni della P.A. capaci di intervenire nei rapporti tra organi (circolari interorganiche) o soggetti (circolari intersoggettive) di essa, con una graduazione di efficacia che va dalla mera notifica o dal semplice condizionamento del comportamento degli stessi, sino all'apposizione di vere e proprie norme atte a vincolarne l'attività. La giurisprudenza, aderendo alla tesi della circolare come «atto interno», è incline a non prevedere un'efficacia diretta nella sfera di terzi, «se non attraverso atti amministrativi adottati dagli organi che ne recepiscono o riproducono il contenuto». In considerazione della loro natura di atti interni, dunque, le circolari sarebbero non suscettibili di autonoma impugnazione, poiché verrebbe a mancare l'interesse ad agire che è *condicio sine qua non* per richiedere il giudizio su di un atto amministrativo. Secondo il Cons. St., Sez. IV, 12 giugno 2012, n. 3457, «le circolari amministrative costituiscono atti interni, diretti agli organi ed agli uffici periferici, al fine di disciplinarne l'attività, e vincolano, conseguentemente, i comportamenti degli organi operativi sottordinati, ma non i soggetti destinatari estranei all'Amministrazione, che non hanno neppure l'onere dell'impugnativa, potendo direttamente contestare la legittimità dei provvedimenti applicativi».

11) A. Gli atti politici sono atti in cui si esprimono le scelte fondamentali di direzione della cosa pubblica, quindi sono sia gli atti di espressione dell'indirizzo politico dello Stato o della Regione sia gli atti di coordinamento e controllo delle determinazioni assunte in esercizio di tale potere. Si parla, per definirli, di atti tipicamente liberi nel fine, il che li distingue dagli atti amministrativi, che invece devono necessariamente rispettare il vincolo del perseguimento della finalità di interesse pubblico sottesa alla legittimazione del potere che li adotta. La determinazione dell'indirizzo politico, quindi, rappresenta l'individuazione dei fini che, nel rispetto dei principi costituzionali, uno Stato decide di perseguire in un dato momento storico.

12) C. Gli atti di alta amministrazione esprimono il livello più elevato di esercizio della potestà amministrativa, costituendo dei veri e propri punti di confluenza in cui si compendiano la funzione politica e quella amministrativa. Gli atti di alta amministrazione sono connotati da un margine di discrezionalità amministrativa molto ampio che non assurge, però, a discrezionalità politica, in quanto simili atti costituiscono il primo livello di attuazione dell'indirizzo politico già predeterminato.

13) A. Gli atti di alta amministrazione, nonostante l'ampia discrezionalità che li caratterizza, sono comunque soggetti al sindacato giurisdizionale sull'esercizio di detto potere discrezionale: sindacato limitato al riscontro dell'esistenza dei presupposti e alla congruità della motivazione, nonché all'esistenza del nesso logico di consequenzialità fra presupposti e conclusioni.

14) B. Agli articoli 97 e 98 della Costituzione sono sanciti i principi cardine sui quali deve reggersi la Pubblica Amministrazione. I pubblici uffici devono essere, infatti, organizzati in modo che siano assicurati il buon andamento e l'imparzialità dell'amministrazione. Il principio del buon andamento riguarda la necessità che gli uffici pubblici agiscano, oltre che nel rispetto della legge, secondo principi di economicità, efficienza ed efficacia. L'imparzialità della Pubblica Amministrazione concerne, invece, la sua organizzazione e consiste nella non discriminazione dei soggetti coinvolti nell'azione amministrativa. In senso attivo, il principio di imparzialità si esplica in riferimento all'attività della Pubblica Amministrazione, che deve perseguire i propri obiettivi in maniera imparziale, traducendo sul piano amministrativo il generale principio di eguaglianza sancito dall'art. 3 Cost. Questo, tuttavia, non esclude che la Pubblica Amministrazione possa esprimere valutazioni discrezionali circa interessi diversi, ma impone che le sue decisioni vengano prese nell'osservanza della legge e senza alcuna arbitraria discriminazione tra i soggetti coinvolti.

15) C. Ai sensi dell'art. 97 Cost. i pubblici uffici sono organizzati secondo disposizioni di legge, in modo che siano assicurati il buon andamento e l'imparzialità dell'amministrazione. La disposizione citata costituisce la sintesi del principio di legalità: il principio stabilisce (in positivo) che la Pubblica Amministrazione trova nella legge i fini della propria azione e i poteri giuridici che può esercitare, mentre (in negativo) non può esercitare alcun potere al di fuori di quelli che la legge le attribuisce.
Difatti, come riconosciuto pacificamente in dottrina, le singole amministrazioni sono deputate all'assolvimento di un compito, che viene loro attribuito proprio dalla legge che le ha istituite; detto corpo normativo, inoltre, prevede struttura e funzionamento dell'ente, per cui rappresenta il fondamento sia della sua azione autoritativa, che della sua eventuale attività contrattuale e/o potestà autoritativa nei confronti dei terzi, che

del suo potere direttivo e sanzionatorio nei confronti del personale operante nella sua struttura. Tuttavia, i fondamenti sopradescritti, proprio in quanto rappresentano dei criteri operativi, costituiscono anche il limite oltre il quale la p.a. non può spingersi, per cui la stessa non può perseguire fini diversi e non può esercitare poteri oltre i margini e le finalità che le sono state assegnate, pena l'illegittimità o l'invalidità dei suoi atti.

Questionario 2
Le situazioni giuridiche soggettive

1) **Quale delle seguenti non rientra tra le situazioni giuridiche soggettive attive?**
   A. Aspettativa di diritto
   B. Diritto potestativo
   C. Potestà
   D. Obbligo

2) **La principale caratteristica dei diritti assoluti e quella di avere per contenuto una pretesa che può essere fatta valere:**
   A. nei confronti della Pubblica Amministrazione
   B. nei confronti della generalità dei consociati
   C. nei confronti di specifici soggetti
   D. nei confronti della generalità dei consociati ma non della Pubblica Amministrazione

3) **Quale articolo della Costituzione riporta una definizione di interesse legittimo?**
   A. L'art. 113
   B. Nessun articolo della Costituzione riporta una definizione di interesse legittimo
   C. Nessun articolo della Costituzione parla di interesse legittimo
   D. L'art. 103

4) **Un interesse legittimo può essere qualificato come:**
   A. un interesse giuridicamente protetto, individuale, qualificato e differenziato
   B. un interesse tutelato esclusivamente in via amministrativa
   C. un interesse suscettibile di essere immediatamente soddisfatto dal titolare
   D. un interesse riconosciuto ma non risarcibile

5) **Nell'ambito dell'interesse legittimo è possibile distinguere tra:**
   A. interesse forte e interesse debole
   B. interesse primario e interesse secondario
   C. interesse principale e interesse subordinato
   D. interesse pretensivo e interesse oppositivo

6) **L'interesse diffuso è:**
   A. un interesse privo di titolare
   B. un interesse che fa capo a un ente esponenziale di un gruppo non occasionale
   C. un interesse cui l'ordinamento non accorda alcun tipo di tutela
   D. un interesse che fa capo ad una schiera di persone organizzate

7) **L'interesse che ciascun cittadino vanta a che la Pubblica Amministrazione operi nel rispetto delle regole di opportunità e di convenienza che ispirano l'azione dei pubblici poteri è detto:**
   A. interesse di fatto
   B. interesse privo di qualificazione
   C. interesse collettivo
   D. interesse amministrativamente protetto

8) **Secondo l'art. 103 Cost., la tutela degli interessi legittimi è attribuita:**
   A. agli organi della giustizia amministrativa
   B. agli organi della giustizia ordinaria
   C. agli organi della giustizia costituzionale
   D. agli organi della giustizia civile

Risposte commentate
Le situazioni giuridiche soggettive

1) D. Le situazioni giuridiche soggettive sono il risultato della valutazione discrezionale che l'ordinamento giuridico fa dei vari interessi ritenuti meritevoli di tutela e, a seconda che attribuiscano al soggetto un vantaggio o uno svantaggio, sono classificabili in *attive* e *passive*.
Le situazioni giuridiche soggettive attive attribuiscono al soggetto titolare determinati vantaggi, consistenti nell'attribuzione di poteri e facoltà, più o meno intensi, che consentono di realizzare l'interesse ad esse sotteso. A ogni situazione giuridica soggettiva attiva (facente capo al titolare di poteri e facoltà) ne corrisponde una passiva (facente capo ad un soggetto individuato o alla collettività), che impone al soggetto un dovere, un obbligo, un onere ecc. Rientrano in questa categoria il *diritto soggettivo*, l'*aspettativa di diritto*, la *potestà*, il *diritto potestativo*, la *facoltà* e l'*interesse legittimo*.
L'obbligo, unitamente al dovere, alla soggezione e all'onere, rientra tra le situazioni giuridiche passive.

2) B. Si definiscono *diritti assoluti* quelli che hanno per contenuto una pretesa che *può essere fatta valere nei confronti della generalità dei consociati*, i quali devono astenersi dal tenere comportamenti che ledano o minaccino quella pretesa. Sono diritti assoluti, oltre alla proprietà, quello alla vita, all'integrità fisica, all'onore e, più in generale, tutte le libertà costituzionali.
Sono, invece, *diritti relativi* quelli che attribuiscono al titolare un potere di azione solo verso una o più persone determinate, a carico delle quali sussiste un obbligo di dare, fare o non fare qualcosa (es. i crediti di denaro o il diritto di ottenere dal debitore l'adempimento dell'obbligazione).

3) B. Come situazione giuridica individuale, l'interesse legittimo ha trovato riconoscimento nel nostro ordinamento con la L. 5992/1889 istitutiva della *Quarta Sezione* (giurisdizionale) del Consiglio di Stato. La Carta costituzionale lo inserisce, nell'art. 24, al fianco dei diritti soggettivi, assicurandogli la massima tutela davanti alla giustizia amministrativa.
La Costituzione lo richiama, inoltre, in altre due norme:
> nell'art. 113, in riferimento alla possibilità di impugnare gli atti della Pubblica Amministrazione dinanzi alla giurisdizione ordinaria o amministrativa;
> nell'art. 103, dove si afferma che gli organi della giustizia amministrativa hanno giurisdizione per la tutela degli interessi legittimi.

Ciò nondimeno, nessuno dei menzionati precetti si occupa di dare un'espressa definizione di interesse legittimo. La dottrina più autorevole parla di «*situazione giuridica di vantaggio, costituita dalla protezione giuridica di interessi finali che si attua non direttamente e autonomamente, ma attraverso la protezione indissolubile e intermediata di un altro interesse del soggetto, meramente strumentale, alla legittimità dell'atto amministrativo e soltanto nei limiti della realizzazione di tale interesse strumentale*» (così Casetta).

4) A. Principale caratteristica dell'interesse legittimo è la differenziazione: il suo titolare, cioè, vanta verso la Pubblica Amministrazione una situazione *differenziata*, ben distinguibile rispetto a quella di altri soggetti. Inoltre tale situazione è *qualificata*, in quanto presa in considerazione, sia pure indirettamente, dalla norma che disciplina l'esercizio del potere pubblico.

5) D. L'interesse legittimo può essere definito come una situazione giuridica soggettiva alla pretesa o al mantenimento di un determinato bene della vita: nel primo senso si parla di *interesse pretensivo* mentre nel secondo si definisce l'*interesse oppositivo*.
Nella prima ipotesi il privato chiede alla Pubblica Amministrazione l'attribuzione o il riconoscimento di un *quid* e si trova di fronte, come situazione correlata, la situazione giuridica attiva dell'amministrazione (il potere della Pubblica Amministrazione) di accogliere o rifiutare la sua richiesta. Egli dunque ha un interesse legittimo alla pretesa di ottenere.
Nella seconda ipotesi il soggetto chiede il mantenimento di un determinato bene della vita: si pensi al soggetto espropriato che è titolare di un interesse legittimo oppositivo, perché si *oppone all'adozione di un atto pregiudizievole per la propria sfera giuridica* (cioè si oppone all'adozione del provvedimento che lo priva del suo diritto di proprietà).

6) A. L'interesse diffuso è un interesse, come definito in giurisprudenza, "latente nella comunità e ancora allo stato fluido, in quanto comune a tutti gli individui di una formazione sociale non organizzata e non individuabile autonomamente". L'interesse collettivo, invece, è quell'interesse che fa capo a un ente esponenziale di un gruppo non occasionale, della più varia natura giuridica (si pensi alle associazioni riconosciute e non, ai comitati, agli ordini professionali), ma autonomamente individuabile. Questo interesse, in altre parole, sussiste quando una pluralità di interessi, riferibili ad una intera categoria di soggetti, si neutralizza per capo ad una collettività determinata ed organizzata. Si può pertanto sostenere che fino a quando gli interessi non si soggettivizzano si è in presenza di interessi diffusi.

7) D. L'*interesse amministrativamente protetto*, detto anche interesse semplice, è quello che ciascun cittadino vanta a che la Pubblica Amministrazione operi nel rispetto delle regole di opportunità e di convenienza che ispirano l'azione dei pubblici poteri.
Questi interessi godono di una tutela puramente amministrativa e per tale ragione sono denominati interessi amministrativamente protetti: di conseguenza l'unica via perseguibile nel caso di lesione di tali situazioni soggettive da parte dei pubblici poteri è quella dei ricorsi amministrativi. Soltanto in via eccezionale è consentita la tutela giurisdizionale per vizi di merito dell'atto amministrativo.
Gli *interessi di fatto*, invece, sono interessi privi di qualificazione giuridica e come tali del tutto irrilevanti per il diritto (es. l'interesse all'illuminazione delle strade). L'unica possibilità che i privati hanno di far valere tali interessi è quella di presentare denunce che tuttavia non sono giuridicamente vincolanti per la Pubblica Amministrazione.

8) A. Secondo l'art. 24, co. 1, Cost. tutti possono agire in giudizio per la tutela dei propri diritti e *interessi legittimi*; il successivo articolo 103 chiarisce che il Consiglio di Stato e gli altri organi di giustizia amministrativa hanno *giurisdizione per la tutela nei* *confronti della Pubblica Amministrazione degli interessi legittimi* e, in particolari materie indicate dalla legge, anche dei diritti soggettivi.

Di particolare rilevanza è anche l'art. 113 in virtù del quale contro gli atti della Pubblica Amministrazione è sempre ammessa la tutela giurisdizionale dei diritti e degli interessi legittimi dinanzi agli organi di giurisdizione ordinaria (per i diritti) o amministrativa (per gli interessi legittimi).

Questionario 3
L'organizzazione amministrativa

1) **L'ufficio amministrativo può essere definito come:**
   A. un complesso di persone fisiche (aspetto soggettivo) e mezzi tecnici e organizzativi (aspetto oggettivo) funzionalmente coordinati e collegati per lo svolgimento di un determinato compito in seno alla persona giuridica pubblica
   B. un complesso di persone fisiche (ambito soggettivo) e mezzi tecnici e organizzativi (ambito oggettivo) funzionalmente coordinati e collegati per il perseguimento di interessi privati
   C. un complesso di persone giuridiche (aspetto soggettivo) e immobili (aspetto oggettivo) funzionalmente coordinati e collegati per lo svolgimento di un determinato compito in seno alla persona giuridica pubblica
   D. è sinonimo di organo amministrativo

2) **L'organo amministrativo si caratterizza rispetto all'ufficio per:**
   A. l'aspetto esclusivamente formale, in quanto esso non svolge compiti amministrativi
   B. l'aspetto propriamente funzionale, in quanto ad esso non sono riconosciuti compiti decisionali e deliberativi
   C. l'aspetto propriamente funzionale, in quanto ad esso sono riconosciuti compiti decisionali e deliberativi
   D. essere una persona giuridica di diritto pubblico

3) **Il rapporto di immedesimazione organica è una peculiare forma di rapporto di organizzazione tra:**
   A. i dipendenti e gli uffici dirigenziali
   B. il titolare dell'organo e l'ente del quale l'organo manifesta la volontà
   C. il titolare di un ufficio e il suo superiore
   D. il titolare dell'ente e gli organi in cui questo si dirama

4) **La competenza:**
   A. riguarda solo i soggetti privati e non quelli pubblici
   B. è il complesso dei poteri esercitabili da un privato
   C. è il complesso dei poteri esercitabili da un ufficio
   D. è il complesso dei poteri esercitabili da un organo

5) **Quando due o più organi affermano contemporaneamente la propria competenza si parla di:**
   A. conflitto positivo
   B. conflitto interno
   C. conflitto rivendicativo
   D. conflitto pretensivo

6) **Quando si verifica lo spostamento nell'esercizio della competenza?**
   A. In nessun caso
   B. Nei soli casi di delega ad un soggetto estraneo all'amministrazione
   C. Nei casi di delega, sostituzione, supplenza
   D. Nei casi di delega, avocazione, sostituzione

7) **L'incompetenza può essere:**
   A. parziale
   B. assoluta o relativa
   C. ordinaria o speciale
   D. retroattiva

8) **In quali casi si parla di acompetenza?**
   A. Quando l'atto amministrativo è posto in essere da soggetti privati legittimati a farlo per motivi di urgenza
   B. Quando l'atto amministrativo è posto in essere da più soggetti che ne hanno contemporaneamente la competenza
   C. Quando l'atto amministrativo è posto in essere da un soggetto privo della qualifica di organo amministrativo
   D. Quando l'atto è posto in essere da soggetti stranieri

9) **Il funzionario di fatto è colui che:**
   A. preposto ad un organo con atto di investitura viziato o inesistente abbia svolto attività spontanea
   B. preposto legittimamente ad un organo abbia svolto attività anche in seguito alla scadenza del suo mandato
   C. preposto illegittimamente ad un organo abbia svolto attività in quanto autorizzata da un ministro
   D. preposto illegittimamente ad un organo abbia svolto attività anche in seguito alla scadenza del suo mandato

10) **Con la *prorogatio* un organo:**
    A. svolge funzioni amministrative pur senza alcuna investitura formale
    B. è legittimato ad esercitare le sue funzioni anche se si è già insediato il suo successore
    C. è legittimato ad esercitare le sue funzioni finché non si insedi il successore senza necessità di un atto di conferma o di proroga
    D. non è legittimato ad esercitare le sue funzioni finché non si insedi il successore senza necessità di un atto di conferma o di proroga

11) **Il decentramento amministrativo consiste:**
    A. nella possibilità di avvalersi del principio di sussidiarietà
    B. nel decentramento della potestà legislativa ai sensi dell'art. 117 Cost.
    C. nel trasferimento dei compiti e delle funzioni proprie di una certa organizzazione verso le sue articolazioni periferiche o verso gli enti territoriali
    D. nel disgiungere la capacità amministrativa da quella giuridica

12) **Come è definito il trasferimento di funzioni amministrative da organi centrali a organi periferici dello Stato?**
   A. Decentramento funzionale
   B. Decentramento autarchico
   C. Decentramento territoriale
   D. Decentramento burocratico

13) **Laddove si attua una ripartizione orizzontale delle funzioni amministrative si parla di:**
   A. decentramento gerarchico
   B. decentramento funzionale
   C. deconcentrazione
   D. decentramento burocratico

14) **Nell'ambito delle relazioni tra organi, il rapporto di gerarchia implica:**
   A. subordinazione di un organo ad un altro superiore con minore competenza
   B. subordinazione di un organo ad un altro superiore con maggiore competenza per materia
   C. subordinazione di un organo ad un altro superiore con maggiore competenza per grado
   D. coordinamento tra due organi

15) **Si ha avvalimento quando:**
   A. un ente si serve degli uffici di un altro ente
   B. un ente è sovraordinato ad un altro
   C. un ente esercita diritti o attribuzioni spettanti ad altro soggetto
   D. un ente è sottordinato ad un altro

16) **Gli enti pubblici sono:**
   A. soggetti di diritto privato non dotati di capacità giuridica
   B. soggetti di diritto pubblico dotati di capacità giuridica
   C. soggetti di diritto privato dotati di capacità giuridica
   D. soggetti di diritto pubblico non dotati di capacità giuridica

17) **Gli enti privati di interesse pubblico:**
   A. non sono contemplati nel nostro ordinamento
   B. possono essere soggetti alla vigilanza dello Stato
   C. non sono soggetti alla vigilanza dello Stato
   D. sono soggetti alla vigilanza dello Stato

18) **L'organismo di diritto pubblico è istituito per soddisfare esigenze:**
   A. di enti pubblici minori
   B. di interesse locale
   C. di interesse generale
   D. di enti pubblici con attività pluriregionale

19) **L'attività dell'organismo di diritto pubblico deve essere finanziata in modo maggioritario:**
   A. da enti privati di interesse pubblico
   B. dallo Stato, dagli enti pubblici territoriali o da altri organismi di diritto pubblico
   C. esclusivamente dallo Stato
   D. da altri organismi di diritto pubblico

20) **Cosa sono le Agenzie pubbliche?**
   A. Strutture che svolgono attività di mera consulenza
   B. Strutture che svolgono attività a carattere tecnico-operativo di interesse locale
   C. Strutture che svolgono attività a carattere tecnico-operativo di interesse nazionale
   D. Organi giurisdizionali

Risposte commentate
L'organizzazione amministrativa

1) A. Sotto il profilo organizzativo, l'unità organizzativa minima degli enti pubblici è costituita dall'ufficio amministrativo; questo può definirsi come un complesso di persone fisiche (*aspetto soggettivo*) e mezzi tecnici e organizzativi (*aspetto oggettivo*) funzionalmente coordinati e collegati per lo svolgimento di un determinato compito in seno alla persona giuridica pubblica (dal Ministero alla Prefettura, al Comune, al singolo istituto scolastico etc.).

2) C. L'organo amministrativo si caratterizza rispetto all'ufficio per l'aspetto propriamente funzionale, in quanto ad esso sono riconosciuti compiti decisionali e deliberativi.
Gli elementi strutturali dell'organo amministrativo sono:
> il titolare (il funzionario) che ha, con l'organo medesimo, un rapporto di immedesimazione organica e che esercita la funzione di esprimerne e/o di manifestarne la volontà all'esterno e la potestà che individua le concrete attribuzioni (la sfera di competenza) dell'organo amministrativo;
> i poteri per lo svolgimento dell'attività di competenza.

Tra gli organi amministrativi ve ne sono taluni titolari della legale rappresentanza dell'ente, ossia dell'attitudine a manifestare la volontà dell'ente nei rapporti con i terzi.

3) B. Il rapporto di immedesimazione organica è una peculiare *forma di rapporto di organizzazione tra il titolare dell'organo e l'ente del quale l'organo manifesta la volontà*. La dottrina lo ha elaborato per superare le difficoltà connesse alla tradizionale ricostruzione di tale rapporto come riconducibile alla figura della rappresentanza. Tale ultimo istituto, infatti, non consentiva l'imputazione dell'attività del titolare all'ente, cui erano riferibili solo gli effetti giuridici. Attraverso il rapporto di immedesimazione organica, invece, il titolare dell'organo, nell'esercizio dell'attività rientrante nella sua sfera di attribuzioni, esprime direttamente la volontà dell'ente e non una volontà propria; ne consegue che all'ente pubblico sono direttamente riferibili sia l'attività, sia i relativi effetti, favorevoli o sfavorevoli che siano.

4) D. La competenza è il complesso dei poteri esercitabili da un organo: in particolare, è la sua capacità di esercitare un potere e di emanare un atto. L'incompetenza, essendo il suo opposto, rende non esercitabile un potere e pertanto vizia gli atti eventualmente emanati.

5) A. La competenza, indicando la misura dei poteri attribuiti ad un organo amministrativo, può essere distinta in base al territorio, alla materia, al valore o al grado. Si possono avere sia conflitti di competenza tra organi aventi la stessa funzione (*conflitti interni*) sia tra organi con funzioni differenti (*conflitti esterni*) e possono essere di contemporanea affermazione o negazione della propria competenza (*positivi o negativi*), effettivi o potenziali (*reali o virtuali*). La soluzione dei conflitti interni avviene ad opera del capo dell'ufficio di cui fanno parte gli organi in conflitto, mentre di quelli esterni si ha con l'intervento del superiore gerarchico o di un'autorità esterna individuata dalla legge o con funzioni di controllo sui contendenti.

6) D. Nelle ipotesi di spostamento dell'esercizio della competenza in capo ad altri soggetti, diversi da quello che ne è titolare, è possibile individuare le seguenti situazioni:
> la *delega*, ovvero la derivazione della competenza in capo ad altro organo (*organica*) o soggetto (*intersoggettiva*), che tuttavia non assume la titolarità del potere. Trattasi di un *atto amministrativo discrezionale*, adottato per ragioni di carattere organizzativo e il cui effetto è quello di ampliare le attribuzioni del *delegato* (cioè del soggetto che riceve la delega); per tale ragione, il *delegante* può impartire *direttive* per l'esercizio della delega e inoltre, in caso di *inerzia*, può sostituirsi al delegato, oltre a poter annullare eventuali atti illegittimi e, in ultima analisi, *revocare* la delega stessa;
> l'*avocazione*, la quale prevede – in casi individuati dalla legge – che un organo sovraordinato attiri a sé l'esercizio di una competenza dell'organo gerarchicamente subordinato;
> la *sostituzione*, che è simile nella struttura all'avocazione ma presuppone l'ingiustificata *inerzia* dell'organo sostituito (che persiste nella sua inattività anche dopo la diffida a provvedere) e il *carattere vincolato* dell'atto da emanarsi (deve trattarsi, cioè, di un atto la cui emanazione è prevista dalla legge come obbligatoria).

7) B. L'incompetenza, in quanto difetto di attribuzione, si traduce in vizio per gli atti emanati. Si distingue in assoluta e relativa.
L'*incompetenza assoluta* si configura quando l'organo amministrativo emana un atto:
> in una materia sottratta alla competenza amministrativa e riservata ad un altro potere dello Stato (*straripamento di potere*);
> riservato alla competenza di un settore dell'amministrazione completamente diverso (*difetto di attribuzione*);
> relativo ad un oggetto che si trova nella circoscrizione territoriale di un altro organo amministrativo.
L'*incompetenza relativa* si verifica quando l'organo che emana l'atto appartiene allo stesso settore di amministrazione dell'organo che sarebbe competente secondo le regole generali. Si può distinguere un'incompetenza per materia (nel caso in cui l'atto emanato sia riservato per materia ad altro organo dello stesso settore amministrativo) o per territorio (nel caso in cui l'atto sia emanato da un organo che, sebbene competente per materia, non lo è per territorio).

8) C. Si ha acompetenza quando l'atto viene posto in essere da un soggetto privo della qualifica di organo amministrativo, o perché manca la relativa investitura o perché quest'ultima risulta viziata (Militerni).

9) A. La titolarità dell'organo può risultare essere puramente apparente, ovvero, quando le funzioni sono esercitate senza che vi sia stata una formale investitura preventiva del soggetto che rappresenta l'amministrazione, senza che ciò sia noto.
Varie ragioni consigliano di far funzionare egualmente il meccanismo di imputazione tipico dell'organo e, cioè, di ritenere l'atto ugualmente valido ed efficace come se fosse

stato emesso da un organo legalmente legittimato a porlo in essere. Ciò accade, pur in assenza di un atto di investitura, quando l'esercizio delle funzioni risulti urgente e indifferibile, ovvero quando lo richieda la tutela della buona fede e dell'affidamento dei privati.

10) C. Ai sensi del D.L. 293/1994, come conv. dalla L. 444/1994, gli organi amministrativi svolgono le funzioni loro attribuite sino alla scadenza del termine di durata per ciascuno di essi previsto, ed entro tale termine debbono essere ricostituiti e, ove non ricostituiti nel predetto termine, sono prorogati per non più di quarantacinque giorni, decorrenti dal giorno della scadenza del termine medesimo. Decorso tale termine, qualora non si sia provveduto alla relativa sostituzione, gli organi decadono e gli atti ulteriormente adottati sono nulli, quindi non operano i principi in materia di funzionario di fatto. Sono parimenti nulli gli atti adottati nel periodo di proroga che eccedano l'ordinaria amministrazione o che manchino dei requisiti di urgenza e indifferibilità.

11) C. Il decentramento amministrativo, ai sensi dall'art. 5 Cost., consiste nell'organizzare l'esercizio della funzione amministrativa mediante la ripartizione di competenze tra più figure soggettive. Tale formula organizzativa consiste nel trasferimento dei compiti e delle funzioni proprie di una certa organizzazione verso le articolazioni periferiche della medesima struttura oppure mediante l'attribuzione di tali funzioni agli enti territoriali.

12) D. Il decentramento burocratico prevede la *traslazione delle competenze dagli uffici centrali di una certa organizzazione verso gli uffici periferici* della medesima organizzazione, appositamente istituiti. Ciò significa che – nel caso dello Stato – le funzioni amministrative, incluse quelle decisionali, non sono attribuite a enti separati dallo Stato ma sono mantenute in capo all'apparato statale, realizzando semplicemente una modalità organizzativa interna all'esercizio di un medesimo potere. Il necessario presupposto è l'esistenza di una pluralità di livelli decisionali esercitabili autonomamente dall'organizzazione amministrativa centrale.

13) B. Il decentramento funzionale (o istituzionale o per servizi) comporta una *ripartizione orizzontale delle funzioni amministrative*, al posto della tradizionale organizzazione verticale. In pratica vi è una distribuzione di vere e proprie funzioni di cura di interessi pubblici in favore di enti diversi dallo Stato (soggetti di diritto, tendenzialmente dotati di personalità giuridica autonoma).

14) C. L'esistenza di un rapporto gerarchico implica che tra i due organi si instauri un rapporto di subordinazione, così che un organo detto *superiore gerarchico* abbia poteri diversi e ulteriori rispetto ad un altro detto *subordinato,* con il vincolo per quest'ultimo di eseguire le istruzioni impartite dal primo.

15) A. Nell'ambito delle relazioni tra soggetti pubblici è possibile distinguere tra:
> la *strumentalità*: è una relazione che implica l'esistenza di poteri di ingerenza, direttiva, indirizzo, vigilanza, approvazione di atti fondamentali e verifica nei confronti dell'ente subordinato;

> la *vigilanza*: implica poteri di ingerenza, di informazione, di indirizzo e controlli di legittimità dell'ente vigilante sugli atti dell'ente vigilato;
> la *tutela*: consente controlli di merito sull'attività dell'ente che vi e sottoposto;
> la direzione: postula un rapporto di sovraordinazione di un ente all'altro, ma pur sempre nel rispetto di una sfera di autonomia dell'ente subordinato;
> l'*avvalimento*: si ha quando un ente si serve degli uffici di un altro ente, che di norma svolgeranno compiti preparatori ed esecutivi, senza che ciò comporti un trasferimento di funzioni;
> la *sostituzione*: si ha quando un ente esercita diritti o attribuzioni spettanti ad altro soggetto, ma in nome proprio e sotto la propria responsabilità;
> la *delega di funzioni*, da distinguere dalla *delega nei rapporti interorganici*. È una delle principali manifestazioni del principio di sussidiarietà e opera tra Stato e Regioni e tra Regioni ed enti locali.

16) B. Gli enti pubblici sono persone giuridiche che perseguono fini rilevanti per l'ordinamento dello Stato. Essi costituiscono una categoria non unitaria ma alquanto varia e complessa, unita dal solo regime giuridico, ovvero dall'inserimento nell'apparato di potere pubblico e dal complesso di norme e principi che ne informano l'attività (Sandulli). Sotto l'aspetto organizzativo e funzionale, perciò, gli enti pubblici risentono del fatto di essere degli enti creati dallo Stato per il perseguimento di scopi che stanno particolarmente a cuore alla comunità statale.

17) D. Sono enti privati, tali fin dalla loro istituzione o per trasformazione di enti pubblici, soggetti alla vigilanza dello Stato e che possono beneficiare di sovvenzioni o esenzioni tributarie.
Gli aiuti finanziari sono, nella generalità dei casi, attribuiti a fronte dell'esercizio di funzioni di "compartecipazione" nella prestazione di servizi assistenziali o di rilevante finalità sociale (si pensi alle *istituzioni di assistenza e beneficenza pubblica*, IPAB, ai *patronati*, alle *varie istituzioni culturali*, alle *federazioni sportive*, agli *enti ecclesiastici* ecc.) oppure perché "collaborano" nel *perseguimento di interessi pubblici* mediante la tutela di interessi diffusi o collettivi (associazioni di tutela dei consumatori, di protezione ambientale ecc.).

18) C. Secondo la definizione attualmente riportata nell'art. 3, co. 1, lett. *d*, D.Lgs. 50/2016 (Codice dei contratti pubblici), l'organismo di diritto pubblico è un organismo, anche in forma societaria, istituito per soddisfare esigenze di interesse generale, avente carattere non industriale o commerciale, dotato di personalità giuridica e la cui attività sia finanziata in modo maggioritario dallo Stato, dagli enti pubblici territoriali o da altri organismi di diritto pubblico oppure la cui gestione sia soggetta al controllo di questi ultimi oppure il cui organo d'amministrazione, di direzione o di vigilanza sia costituito da membri dei quali più della metà è designata dallo Stato, dagli enti pubblici territoriali o da altri organismi di diritto pubblico.

19) B. Condizione essenziale per poter essere qualificato come organismo di diritto pubblico (art. 3, co. 1, lett. *d*, D.Lgs. 50/2016) è il *finanziamento dell'attività in modo maggioritario* da parte dello Stato, dagli enti pubblici territoriali o da altri organismi di diritto pubblico oppure la cui gestione sia *soggetta al controllo* di questi ultimi oppure il cui organo d'amministrazione, di direzione o di vigilanza sia costituito da membri dei quali più della metà è designata dallo Stato, dagli enti pubblici territoriali o da altri organismi di diritto pubblico.

20) C. Le Agenzie sono strutture pubbliche con *compiti di carattere tecnico-operativo di rilievo nazionale* che operano in generale al servizio delle Amministrazioni Pubbliche e possono essere dotate di autonomia organizzativa e contabile.
I rapporti con le Agenzie, alle quali è preposto un Direttore generale, e l'Amministrazione Pubblica di riferimento (es. un Ministero) sono disciplinati per mezzo di una convenzione.
Il Ministro competente (o l'organo politico territoriale) di riferimento esercita poteri di indirizzo e di vigilanza sulle Agenzie.

Questionario 4
Atti e provvedimenti amministrativi

1) **L'atto amministrativo che incide sulla sfera giuridica dei terzi è definito:**
   A. procedimento amministrativo
   B. atto amministrativo vincolante
   C. atto amministrativo incidente
   D. provvedimento amministrativo

2) **L'amministrazione attiva è:**
   A. l'attività consultiva svolta dalla P.A.
   B. l'attività con la quale la P.A. dispone un'azione di risarcimento danni
   C. l'attività in cui la P.A. non subisce passivi
   D. quel tipo di attività con la quale la P.A., a mezzo dei suoi organi, incide nella sfera giuridica dei terzi

3) **Quale dei seguenti non è un elemento essenziale del provvedimento amministrativo?**
   A. Il soggetto emanante
   B. L'oggetto
   C. Il soggetto destinatario
   D. Il termine

4) **I provvedimenti amministrativi possono essere dotati del carattere dell'esecutorietà, vale a dire:**
   A. non sono più suscettibili di annullamento o revoca su ricorso dell'interessato, decorsi i termini perentori
   B. sono preordinati al conseguimento esclusivo dell'interesse definito dalla legge
   C. sono immediatamente e direttamente eseguibili, anche contro il volere del soggetto destinatario del provvedimento sfavorevole, senza previa pronunzia giurisdizionale
   D. impongono unilateralmente modificazioni nella sfera giuridica dei destinatari

5) **Il provvedimento amministrativo è inoppugnabile, nel senso che:**
   A. non può essere impugnato da parte dell'interessato con ricorso giurisdizionale
   B. non gli può essere data immediata esecuzione
   C. non può essere impugnato da parte dell'interessato con ricorso amministrativo
   D. dopo la scadenza dei termini di proposizione del ricorso non è più impugnabile da parte degli interessati tramite ricorsi amministrativi o giurisdizionali

6) **Il provvedimento amministrativo può produrre:**
   A. solo vantaggi
   B. solo svantaggi
   C. vantaggi e svantaggi
   D. conseguenze di vantaggio economico in funzione del reddito del soggetto destinatario

7) **In cosa consiste la motivazione?**
   A. Nell'esplicazione dei motivi di merito che hanno determinato le ragioni dell'amministrazione
   B. Nell'esplicazione dei soli presupposti di fatto che hanno determinato le ragioni dell'amministrazione, in relazione alle risultanze dell'istruttoria
   C. Nell'esplicazione delle sole ragioni giuridiche che hanno determinato le ragioni dell'amministrazione, in relazione alle risultanze dell'istruttoria
   D. Nell'esplicazione dei presupposti di fatto e delle ragioni giuridiche che hanno determinato le ragioni dell'amministrazione, in relazione alle risultanze dell'istruttoria

8) **In base agli effetti prodotti, gli atti amministrativi si distinguono in:**
   A. atti ampliativi e atti restrittivi
   B. atti costitutivi e atti dichiarativi
   C. atti ampliativi e atti ablatori
   D. atti ampliativi e atti conformativi

9) **In base alla loro efficacia, gli atti amministrativi si distinguono in:**
   A. atti ampliativi e atti restrittivi
   B. atti costitutivi e atti dichiarativi
   C. atti ampliativi e atti ablatori
   D. atti ampliativi e atti conformativi

10) **L'efficacia di un atto recettizio è:**
    A. sempre immediata
    B. subordinata alla sua comunicazione
    C. immediata nei casi di atti sanzionatori
    D. immediata nei casi di atti ablatori

11) **Il termine della sospensione di un provvedimento:**
    A. non può essere differito
    B. non può essere ridotto
    C. non può essere prorogato
    D. può essere ridotto per sopravvenute esigenze

12) **Ai sensi dell'art. 21-*ter* L. 241/1990, l'atto costitutivo di obblighi deve indicare:**
    A. il responsabile del procedimento
    B. il termine e le modalità di esecuzione da parte del privato obbligato
    C. le modalità di esecuzione cui è tenuto il dirigente competente
    D. il termine entro il quale può proporsi ricorso

13) **L'autorizzazione è:**
    A. un atto di stato civile
    B. quel particolare provvedimento con il quale la P.A. provvede alla rimozione di un limite sostanziale che vincolava il destinatario
    C. una particolare forma di concessione amministrativa
    D. quel particolare provvedimento con il quale la P.A. provvede alla rimozione di un limite legale che vincolava parte della sfera giuridica soggettiva del destinatario

14) **Quali sono le figure affini all'autorizzazione?**
    A. Abilitazione, approvazione, registrazione, dispensa, parere positivo, nulla osta
    B. Abilitazione, approvazione, licenza, nulla osta
    C. Abilitazione, approvazione, registrazione, dispensa, nulla osta
    D. Approvazione, visto, dispensa, nulla osta

15) **La patente di guida è:**
    A. una concessione
    B. un'abilitazione
    C. un nulla osta
    D. un'autorizzazione

16) **Dopo la presentazione della SCIA, l'attività oggetto della stessa può essere:**
    A. iniziata decorsi 10 giorni
    B. iniziata decorsi 30 giorni
    C. iniziata immediatamente
    D. iniziata solo in seguito all'assenso della amministrazione coinvolta

17) **In quale dei seguenti casi è possibile intimare la sospensione dell'attività avviata in seguito a presentazione della SCIA?**
    A. Per l'incompletezza della documentazione presentata
    B. Per il mancato versamento dei tributi dovuti
    C. Per la presenza di attestazioni non veritiere
    D. Per la mancata presentazione della documentazione integrativa richiesta

18) **Con la concessione la Pubblica Amministrazione conferisce *ex novo* posizioni giuridiche attive al destinatario, ampliandone così la sfera giuridica. Per questo motivo si parla di:**
    A. atto ampliativo
    B. atto estensivo
    C. atto confermativo
    D. atto conferitivo

19) **La concessione può essere:**
    A. interruttiva
    B. correttiva
    C. traslativa
    D. requisitiva

20) **Gli atti cosiddetti "ablatori" o "ablativi":**
    A. ampliano la sfera giuridica del destinatario
    B. rimuovono un vizio di forma
    C. restringono la sfera giuridica del destinatario
    D. sono diversi da quelli di espropriazione

21) **Attraverso quale atto formale è riconosciuta al richiedente la possibilità di edificare?**
    A. Il permesso di costruire
    B. Il nulla osta edilizio
    C. La licenza edilizia
    D. L'autorizzazione edilizia

Risposte commentate
Atti e provvedimenti amministrativi

1) D. Si definisce provvedimento amministrativo quel particolare atto, adottato da un'autorità amministrativa a conclusione di un procedimento, per mezzo del quale viene esercitato il potere amministrativo e con il quale vengono prodotte delle modificazioni nella sfera giuridica dei destinatari sia di tipo *ampliativo* (si pensi alle concessioni) sia di tipo *ablativo* (si pensi alle espropriazioni).

2) D. L'amministrazione attiva si configura come quel tipo di attività con la quale la Pubblica Amministrazione, a mezzo dei suoi organi, incide nella sfera giuridica dei terzi, ovvero porta ad esecuzione quanto già statuito, sempre in vista della realizzazione dei fini istituzionali verso cui è diretta l'azione amministrativa. In questa categoria rientrano i provvedimenti, che differiscono, ad esempio, dai pareri e dalle valutazioni tecniche.

3) D. Gli elementi essenziali del provvedimento amministrativo sono il soggetto emanante, il soggetto destinatario, l'oggetto e la forma.
Il termine, al pari della condizione, dell'onere o delle riserve, è un elemento accidentale. Si tratta, cioè, di elementi del provvedimento che *non devono necessariamente sussistere affinché l'atto possa considerarsi giuridicamente esistente* ma che, se inseriti, diventano parte integrante del suo contenuto.

4) C. Tra le caratteristiche del provvedimento amministrativo vi è quella dell'esecutorietà. Un atto è definito esecutorio quando le autorità pubbliche ne possono dare immediata e diretta esecuzione, senza che sia necessaria una preventiva pronuncia giurisdizionale.

5) D. L'inoppugnabilità è una delle caratteristiche del provvedimento amministrativo e comporta che non è possibile procedere ad impugnazione una volta scaduti i termini di proposizione del ricorso.

6) C. L'attività provvedimentale delle Amministrazioni Pubbliche può comportare delle modificazioni nella sfera giuridica dei destinatari sia di vantaggio che di svantaggio. Infatti, se il provvedimento viene adottato con favore su istanza di parte esso produrrà, in genere, delle conseguenze di vantaggio per il richiedente (si pensi alla richiesta di un permesso di costruire). Esistono, peraltro, dei provvedimenti che possono produrre delle conseguenze di vantaggio per alcuni e, contemporaneamente, di svantaggio per altri (si pensi al medesimo esempio del permesso di costruire che, nei confronti dei cd. "controinteressati" – coloro che abitano nelle vicinanze dell'edificio da costruire –, può produrre delle conseguenze negative – ad es. oscuramento di un panorama di particolare pregio). I provvedimenti che, invece, producono effetti esclusivamente di svantaggio sono detti "ablativi" (si pensi a quelli di espropriazione).

7) D. La motivazione, a mente dell'articolo 3 L. 241/1990, costituisce un elemento che ogni provvedimento amministrativo deve riportare, ad esclusione degli atti normativi e di quelli a contenuto generale. La motivazione deve indicare i presupposti di fatto e le ragioni giuridiche che hanno determinato le ragioni dell'amministrazione, in relazione alle risultanze dell'istruttoria. La motivazione non può consistere in una formula stereotipata o generica, come ad esempio *per motivi di servizio*.

8) A. È possibile distinguere tra atti che producono *effetti ampliativi* nella sfera giuridica dei destinatari, in quanto conferiscono ad essi nuove posizioni giuridiche attive o di vantaggio (es. *concessioni, autorizzazioni*), da quelli che producono *effetti restrittivi*, rivolti a estinguere delle posizioni di vantaggio ovvero a creare situazioni di obbligo (quindi posizioni passive) in capo al destinatario; in questa categoria di atti si annoverano *ordini, sanzioni* e i cd. *atti ablatori* quali la *requisizione* e l'*espropriazione*.

9) B. Gli atti cosiddetti "costitutivi" creano, modificano o estinguono un rapporto giuridico preesistente, Nella generalità dei casi i provvedimenti amministrativi hanno efficacia e, quindi, producono conseguenze di tipo giuridico, dalla data in cui sono posti in essere, ovvero emanati (firmati dall'organo competente), previo eventuale controllo di regolarità che sospende l'efficacia e la fa retroagire dalla data di adozione una volta verificata la correttezza dell'atto.
Gli atti "dichiarativi", a differenza di quelli "costitutivi", si limitano ad accertare una data situazione senza influire su di essa.

10) B. In alcuni casi i provvedimenti amministrativi, per acquisire efficacia, devono essere notificati, ovvero portati a conoscenza dei destinatari (per questo motivo sono detti "recettizi"). Tali sono i provvedimenti aventi un effetto restrittivo della sfera giuridica dei destinatari. Ai sensi dell'art. 21-*bis* L. 241/1990, il provvedimento limitativo della sfera giuridica dei privati acquista efficacia nei confronti di ciascun destinatario con la comunicazione allo stesso effettuata anche nelle forme stabilite per la notifica agli irreperibili nei casi previsti dal codice di procedura civile; qualora per il numero dei destinatari la comunicazione non sia possibile o risulti particolarmente gravosa, la Pubblica Amministrazione può provvedere mediante forme di pubblicità idonee, di volta in volta stabilite dall'Amministrazione medesima.

11) D. I provvedimenti efficaci sono eseguiti immediatamente, sempre che non sia diversamente stabilito. L'esecuzione può essere sospesa per gravi ragioni e per il tempo necessario dall'organo che lo ha emesso o da altro organo individuato dalla legge. Il termine della sospensione (esplicitamente indicato nell'atto che la dispone) può essere prorogato o differito una sola volta nonché ridotto per sopravvenute esigenze (art. 21-*quater* L. 241/1990, introdotto dalla L. 15/2005).

12) B. L'atto costitutivo di obblighi deve indicare *termine* e *modalità* di esecuzione da parte del privato obbligato. Qualora quest'ultimo non ottemperi, le Pubbliche Amministrazioni, previa diffida, possono provvedere all'esecuzione coattiva nelle ipotesi e secondo le modalità previste dalla legge (art. 21-*ter* L. 241/1990, inserito dalla L. 15/2005).

13) D. L'autorizzazione è quel particolare provvedimento con il quale la Pubblica Amministrazione, nell'esercizio di un'attività discrezionale, in funzione preventiva, di controllo o di programmazione, provvede alla rimozione di un limite legale che vincolava parte della sfera giuridica soggettiva del destinatario. Con tale atto si consente ai destinatari di compiere attività che, per motivi di interesse pubblico, è necessario contingentare o limitare e che, quindi, non possono essere svolte da chiunque.

14) C. Tra le *figure affini* all'autorizzazione si annoverano:
> l'*abilitazione*, che si differenzia dall'autorizzazione in relazione alla discrezionalità che ne è alla base, di tipo tecnico e non amministrativo (es. patente di guida);
> l'*approvazione*, un atto di controllo che a differenza dell'autorizzazione non condiziona in via preventiva la legittimità di un atto, ma ne condiziona solo l'operatività in un momento successivo;
> la *registrazione*, che è un'*autorizzazione vincolata*, in quanto la rimozione del limite legale avviene se sussistono le condizioni previste dalla legge;
> la *dispensa*, che è un provvedimento mediante il quale la Pubblica Amministrazione, sulla base di una valutazione discrezionale, consente ad un soggetto di esercitare una data attività o compiere un determinato atto in deroga ad un divieto di legge, ovvero esonera il soggetto dall'adempimento di un obbligo di legge;
> il *nulla osta*: è un atto con cui la Pubblica Amministrazione dichiara di non avere osservazioni da fare in ordine all'adozione di un provvedimento da parte di un'altra autorità.

15) B. La patente di guida è un provvedimento amministrativo riconducibile alla categoria delle *abilitazioni*. Queste ultime si differenziano dalle autorizzazioni in relazione alla discrezionalità che ne è alla base, che è di tipo tecnico e non amministrativo (ad es. è necessario verificare la capacità di un soggetto di saper condurre un autoveicolo, piuttosto che verificare che un dato soggetto abbia acquisito tutta la documentazione per svolgere una determinata attività).

16) C. La segnalazione certificata di inizio attività (SCIA) è un provvedimento di liberalizzazione e di semplificazione dell'attività amministrativa che ha la funzione di sostituire ogni atto di autorizzazione, licenza, concessione non costitutiva, permesso o nulla osta, incluse le domande per iscrizioni in albi o ruoli richieste per l'esercizio di attività imprenditoriale, commerciale o artigianale il cui rilascio dipenda esclusivamente dall'accertamento di requisiti e presupposti richiesti dalla legge o di atti amministrativi a contenuto generale, nei casi in cui non sia previsto alcun limite o contingente complessivo. L'attività può essere iniziata immediatamente dalla data di presentazione della SCIA all'amministrazione competente, mentre tutti i controlli amministrativi atti ad accertare la sussistenza dei requisiti necessari allo svolgimento dell'attività sono svolti successivamente.
La SCIA è disciplinata dall'art. 19 L. 241/1990, nel testo introdotto dall'art. 49 L. 78/2010.

17) C. Nei casi di accertata carenza dei requisiti o dei presupposti per la presentazione della SCIA l'art. 19, co. 3, L. 241/1990 prescrive che l'amministrazione competente debba adottare motivati provvedimenti di divieto di prosecuzione dell'attività e di rimozione degli eventuali effetti dannosi di essa. Tale attività di verifica deve essere svolta entro 60 giorni dal ricevimento della segnalazione.

Nel caso in cui sia possibile *conformare l'attività intrapresa e i suoi effetti alla normativa vigente*, possono essere prescritte le misure necessarie con la fissazione di un termine non inferiore a 30 giorni per la loro adozione. Se il privato non provvede entro il termine fissato l'attività si intende vietata; se, invece, si adegua, all'amministrazione sono concessi ulteriori 60 giorni per effettuare le necessarie verifiche. Non è comunque prevista la *sospensione dell'attività*, che può essere disposta solo in due casi: in presenza di *attestazioni non veritiere* o qualora vi sia un *pericolo per la tutela dell'interesse pubblico* in materia di ambiente, paesaggio, beni culturali, salute, sicurezza pubblica, difesa nazionale.

18) A. La concessione è considerata un atto ampliativo in quanto per il suo tramite la Pubblica amministrazione conferisce *ex novo* posizioni giuridiche attive al destinatario, ampliandone così la sfera giuridica.

Pur presentando elementi di affinità con l'autorizzazione – entrambi sono provvedimenti ampliativi della sfera soggettiva – la concessione se ne differenzia profondamente in quanto non si limita a rimuovere un limite di una posizione soggettiva preesistente, ma attribuisce o trasferisce posizioni o facoltà nuove al privato.

19) C. È possibile distinguere le concessioni *traslative* da quelle *costitutive*. Con le *concessioni traslative* si trasferisce al destinatario del provvedimento un diritto soggettivo o un potere di cui la Pubblica Amministrazione è titolare, ma che la stessa non intende esercitare direttamente, pur conservandone la titolarità (es. concessione su beni demaniali o patrimoniali indisponibili, concessioni di servizi pubblici, concessioni di pubbliche potestà, come esattoria e tesoreria, concessioni di attività edilizia). Con le *concessioni costitutive*, invece, vengono conferiti al privato diritti o facoltà che non trovano corrispondenza in precedenti diritti o facoltà dell'amministrazione.

20) C. Il potere "ablatorio" è quel potere attraverso cui, al fine di attribuire un vantaggio della collettività, la Pubblica Amministrazione sacrifica un interesse ad un bene della vita di un privato cittadino. Tra gli atti ablatori è possibile distinguere i provvedimenti ablatori personali (con i quali la Pubblica Amministrazione limita un diritto di natura personale costituzionalmente garantito nei casi previsti dalla legge). Si tratta per lo più di ordini amministrativi che incidono sul godimento di diritti personali, come ad esempio gli ordini dell'autorità sanitaria o di polizia. Si distinguono inoltre: provvedimenti ablatori obbligatori (con i quali la Pubblica Amministrazione obbliga il privato ad una determinata prestazione – tipico esempio di provvedimento ablatorio obbligatorio è l'imposizione tributaria, che rinviene il suo fondamento nell'art. 23 Cost.: la legge obbliga i soggetti dell'ordinamento a pagare le tasse e riconosce allo Stato il diritto di esigerle); i provvedimenti ablatori reali (che incidono sui diritti reali, limitandoli o addirittura estinguendoli. Tra questi rientra anche l'espropriazione per pubblica utilità).

21) A. Nell'ordinamento italiano il permesso di costruire rimane l'unico titolo autorizzativo "espresso", ovvero per il quale occorre attendere il rilascio da parte del Comune. Il permesso va richiesto per interventi edilizi rilevanti (come nuove costruzioni, ampliamenti e sopraelevazioni, ristrutturazione urbanistica, varianti essenziali a titoli autorizzativi già rilasciati).

Questionario 5
La patologia dell'atto amministrativo

1) **Nell'ambito della categoria dell'invalidità dell'atto è possibile distinguere tra:**
   A. irregolarità e inefficacia
   B. nullità e annullabilità
   C. irregolarità totale e mera irregolarità
   D. imperfezione e irregolarità

2) **In cosa consiste l'inopportunità di un provvedimento?**
   A. Nella violazione di una norma di legge
   B. Nel contrasto con un precedente giurisdizionale
   C. Nella mancata rispondenza dell'assetto degli interessi consacrato nell'atto ai principi di buona amministrazione
   D. Nella mancata corrispondenza tra il chiesto e il giudicato

3) **Quale delle seguenti non è un'ipotesi di nullità dell'atto amministrativo indicato nell'art. 21-*septies* della L. 241/1990?**
   A. Mancanza degli elementi essenziali
   B. Difetto assoluto di attribuzione
   C. Adozione in violazione o elusione del giudicato
   D. Incompetenza relativa dell'organo emanante

4) **La domanda volta all'accertamento delle nullità previste dalla legge, secondo quanto prescritto dall'art. 31, co. 4, D.Lgs. 104/2010, si propone entro il termine di decadenza di:**
   A. 180 giorni
   B. 120 giorni
   C. 60 giorni
   D. 1 anno

5) **L'atto amministrativo annullabile:**
   A. è inesistente
   B. non può essere convalidato
   C. è inesecutorio
   D. esiste giuridicamente

6) **Quale dei seguenti vizi determina la nullità (e non l'annullabilità) dell'atto?**
   A. Eccesso di potere
   B. Incompetenza relativa
   C. Violazione di legge
   D. Incompetenza assoluta

7) **L'illegittimità dell'atto non può essere:**
   A. parziale
   B. totale
   C. successiva
   D. derivata

8) **Il provvedimento adottato in violazione di norme sul procedimento:**
   A. è sempre annullabile
   B. non è annullabile se ha natura vincolata
   C. è nullo
   D. non può essere convalidato

9) **L'azione di annullamento per eccesso di potere si propone nel termine di decadenza di:**
   A. 60 giorni
   B. 120 giorni
   C. 6 mesi
   D. 1 anno

10) **In cosa consiste il potere di autotutela della Pubblica Amministrazione?**
    A. Nel potere di sottoporre a nuova valutazione di legittimità l'interesse pubblico sottostante a una sua precedente attività provvedimentale, per poter eventualmente esprimere una diversa volontà
    B. Nel potere di sottoporre a nuova valutazione di merito l'interesse pubblico sottostante a una sua precedente attività provvedimentale, al fine di confermare una volontà già espressa
    C. Nel potere di sottoporre a nuova valutazione l'interesse pubblico sottostante a una sua precedente attività provvedimentale, per poter eventualmente esprimere una diversa volontà
    D. Nel potere di sottoporre a nuova valutazione l'interesse collettivo sottostante a una sua precedente attività provvedimentale, per poter eventualmente esprimere una diversa volontà

11) **Si può definire l'autotutela esecutiva come un complesso di attività attuative di:**
    A. una decisione amministrativa
    B. una sentenza amministrativa
    C. una legge
    D. un rimedio giurisdizionale

12) **Qual è la differenza tra autotutela diretta e autotutela indiretta?**
    A. Nel primo caso è l'amministrazione che si attiva spontaneamente, nel secondo vi è un'istanza dell'interessato
    B. Nel primo caso è il soggetto che ha emanato l'atto ad attivarsi, nel secondo è sollecitato da un superiore gerarchico
    C. Nel primo caso vi è un'istanza dell'interessato mentre nel secondo caso è l'organo gerarchicamente superiore ad attivarsi

D. Nel primo caso il cittadino si rivolge direttamente al soggetto che ha emanato l'atto mentre nel secondo si rivolge al soggetto gerarchicamente superiore

13) **L'annullamento d'ufficio:**
   A. non ha efficacia retroattiva
   B. non è un provvedimento di secondo grado
   C. non è un provvedimento amministrativo
   D. ha efficacia retroattiva

14) **L'annullamento d'ufficio:**
   A. riguarda vizi di merito
   B. è un provvedimento di primo grado
   C. è un atto ricognitivo
   D. riguarda vizi di legittimità

15) **La revoca è un atto:**
   A. di ritiro privo di efficacia retroattiva
   B. amministrativo di primo grado
   C. amministrativo sospensivo
   D. di ritiro con efficacia retroattiva

16) **Un provvedimento amministrativo ad efficacia durevole può essere revocato?**
   A. No
   B. Solo le concessioni
   C. Sì
   D. Solo le autorizzazioni

17) **È previsto un indennizzo per i soggetti interessati dal provvedimento di revoca?**
   A. Sì, se la revoca comporta pregiudizi in loro danno
   B. No, in nessun caso
   C. Sì, ma solo se si tratta di atti discrezionali
   D. Sì, ma solo se si tratta di atti vincolati

18) **Il provvedimento amministrativo illegittimo può essere annullato d'ufficio dallo stesso organo che lo ha emanato?**
   A. No, il provvedimento amministrativo illegittimo non può essere annullato d'ufficio dallo stesso organo che lo ha emanato, ovvero da altro organo previsto dalla legge
   B. Sì, il provvedimento amministrativo illegittimo può essere annullato d'ufficio dallo stesso organo che lo ha emanato, ovvero da altro organo previsto dalla legge. È fatta salva la convalida del provvedimento annullabile sussistendone le ragioni di interesse pubblico ed entro un termine ragionevole
   C. No, ma viene fatta salva la convalida del provvedimento annullabile sussistendone le ragioni di interesse pubblico ed entro un termine ragionevole
   D. No, il provvedimento amministrativo illegittimo può essere solo revocato dallo stesso organo che lo ha emanato, ovvero da altro organo previsto dalla leg-

ge, ed è fatta salva la convalida del provvedimento annullabile sussistendone le ragioni di interesse pubblico ed entro un termine ragionevole

19) **La convalida è:**
   A. un atto amministrativo generale
   B. un provvedimento ablativo
   C. un provvedimento che rende valido un vizio di legittimità
   D. un provvedimento nuovo, autonomo, costitutivo, che elimina i vizi di legittimità di un atto invalidato precedentemente emanato dalla stessa autorità

20) **In cosa consiste la ratifica?**
   A. In un provvedimento nuovo, dichiarativo, che consente l'eliminazione del vizio di incompetenza relativa da parte dell'autorità astrattamente competente la quale si appropria di un atto adottato da autorità incompetente dello stesso ramo
   B. In un provvedimento nuovo, costitutivo, che consente l'eliminazione del vizio di violazione di legge da parte dell'autorità astrattamente competente la quale si appropria di un atto adottato da autorità incompetente dello stesso ramo
   C. In un provvedimento nuovo, costitutivo, che consente l'eliminazione del vizio di incompetenza relativa da parte dell'autorità astrattamente competente la quale si appropria di un atto adottato da autorità incompetente dello stesso ramo
   D. In un provvedimento nuovo, costitutivo, che consente l'eliminazione del vizio di eccesso di potere da parte dell'autorità astrattamente competente la quale si appropria di un atto adottato da altra autorità dello stesso ramo

21) **Quando un atto o un presupposto di legittimità del procedimento, mancante al momento dell'emanazione dell'atto amministrativo, viene adottato successivamente in modo da perfezionare *ex post* l'atto illegittimo, si parla di:**
   A. convalida
   B. sanatoria
   C. riforma
   D. conversione

22) **Con gli atti di conservazione:**
   A. si reiterano gli effetti di un provvedimento divenuto inefficace
   B. si confermano gli effetti di un provvedimento annullato
   C. si cerca di conservare gli effetti di un provvedimento revocato
   D. si cerca di perseguire il raggiungimento dello scopo di un atto ove l'atto, pur viziato, sia egualmente in grado di soddisfare l'interesse pubblico

23) **Quando l'amministrazione conserva gli effetti di un atto viziato attraverso un processo interpretativo che sana l'originario provvedimento invalido, trasformandolo in un atto diverso, si parla di:**
   A. convalida
   B. conversione

C. sanatoria
D. riforma

24) La conferma di un provvedimento:
   A. ribadisce gli effetti di un provvedimento ritirato
   B. conferma gli effetti di un provvedimento annullato
   C. non esiste
   D. è una manifestazione di volontà non innovativa con cui l'autorità ribadisce una sua precedente determinazione

Risposte commentate
La patologia dell'atto amministrativo

1) B. La patologia dell'atto amministrativo riguarda il riscontro di eventuali indici di una sua non conformità alle regole sulla produzione dei provvedimenti. Essa può ricondursi alle seguenti figure:
> *imperfezione*: si configura nel caso di mancata conclusione della procedura di formazione dell'atto (ad esempio è imperfetto il provvedimento firmato dal dirigente ma non registrato dall'ufficio di riscontro amministrativo-contabile);
> *irregolarità*: s'intende con questa locuzione lo stato patologico di un provvedimento caratterizzato dal difetto di elementi formali marginali, tali da non comportarne l'annullabilità (ad esempio la mancanza di informazioni non sostanziali e indispensabili);
> *inefficacia*: un atto è inefficace quando non può produrre i suoi effetti, cioè quando non è ancora stato sottoposto ai controlli previsti dalla legge o quando è sottoposto a condizione o a termine iniziale (ad esempio è inefficace il provvedimento di espropriazione non notificato all'interessato);
> *invalidità*: ritenuta la «categoria estrema della patologia», può assumere la configurazione della *nullità*, se l'atto difetta di un elemento essenziale o è adottato da un organo "assolutamente" incompetente, ovvero dell'*annullabilità*, che si determina quando l'atto è inficiato da uno dei tre vizi di legittimità (violazione di legge, incompetenza ed eccesso di potere).

2) C. L'inopportunità di un provvedimento amministrativo è la mancata rispondenza di esso ai canoni di buona amministrazione, intesa come efficiente, efficace, economico e proporzionale (minor sacrificio degli interessi privati) perseguimento dell'interesse pubblico. Dalla presenza di tale vizio, che investe il merito dell'azione amministrativa, discende la possibilità per la Pubblica Amministrazione di revocare in autotutela il provvedimento ovvero – nei casi di giurisdizione estesa al merito – la possibilità per l'interessato di ottenerne l'annullamento ad opera del giudice.

3) D. Secondo il dispositivo dell'art. 21-*septies* L. 241/1990 è nullo il provvedimento amministrativo che *manca degli elementi essenziali,* viziato da *difetto assoluto di attribuzione,* stato *adottato in violazione o elusione del giudicato* nonché negli *altri casi* espressamente previsti dalla legge.
In tali situazioni si ritiene sussistere in capo al privato l'interesse a eliminare dall'ordinamento giuridico (mediante un'*azione di accertamento* finalizzata a ottenere la mera *declaratoria di inidoneità di un atto a produrre i suoi effetti*) un provvedimento improduttivo di effetti: questo, infatti, pur improduttivo di effetti giuridici, è in grado di produrre effetti materiali.

4) A. Gli effetti della nullità dell'atto amministrativo sono i seguenti:
> il terzo che era obbligato dall'atto nullo può legittimamente rifiutarsi di adempiere alle previsioni dell'atto;

> la nullità dell'atto può essere fatta valere da chiunque, non solo da chi sia leso in un suo diritto soggettivo o in un suo interesse legittimo. La domanda volta all'accertamento delle nullità si propone entro il *termine di decadenza di 180 giorni*. La nullità può sempre essere opposta dalla parte resistente o essere rilevata d'ufficio dal giudice (art. 31, co. 4, D.Lgs. 104/2010);
> se in relazione all'atto amministrativo nullo siano state modificate delle situazioni giuridiche, sorge l'obbligo per chi le ha poste in essere di ripristinare la situazione esistente antecedente all'atto amministrativo nullo.

5) D. L'atto amministrativo illegittimo è un atto giuridicamente esistente ed efficace che si presenta, tuttavia, *difforme dalla normativa che disciplina i requisiti richiesti per la sua validità*, senza che però ricorrano le più gravi patologie comportanti la *nullità* ai sensi dell'art. 21-*septies* L. 241/1990.
L'atto illegittimo produce gli stessi effetti dell'atto legittimo: si tratta tuttavia di effetti «*precari*» posto che la legge prevede strumenti giuridici per eliminarli contestualmente all'atto che li pone in essere.
Tra i concetti di illegittimità e annullamento ricorre pertanto un rapporto di cd. *consequenzialità necessaria*: da un lato, è illegittimo il provvedimento amministrativo emesso in violazione delle norme giuridiche che lo disciplinano, dall'altro, il provvedimento illegittimo è suscettibile di annullamento.
L'atto amministrativo annullabile è giuridicamente esistente, efficace e sanabile.

6) D. Ai sensi dell'art. 21-*octies* L. 241/1990 è annullabile il provvedimento amministrativo adottato in *violazione di legge, viziato da eccesso di potere* o da *incompetenza relativa*.
L'incompetenza assoluta, invece, determina la nullità (e non l'annullabilità) dell'atto.

7) C. L'illegittimità dell'atto che determina la sua annullabilità può essere:
> *totale* o *parziale*, a seconda che investa l'intero provvedimento o si limiti ad una parte soltanto di esso senza comunicarsi alle altre;
> *originaria*, giammai può invece delinearsi come successiva, quando la legittimità del provvedimento va valutata con riferimento alla situazione di fatto e di diritto esistente al momento della sua emanazione, senza che possano essere invocati – per sostenerne l'illegittimità – i successivi mutamenti della normativa;
> *derivata*, quando risulta invalido un altro atto che ne costituisce il presupposto.

8) B. Per violazione di legge non s'intende la sola difformità dell'atto amministrativo rispetto alle norme di legge bensì la *violazione di qualunque norma vigente* e quindi tutti gli atti normativi, inclusi i regolamenti, e tutti gli atti di autonomia normativa delle amministrazioni. Essa assume *valenza residuale rispetto alle altre due categorie che determinano l'annullabilità dell'atto* (eccesso di potere e incompetenza relativa).
L'entrata in vigore della legge sul procedimento amministrativo, avendo tradotto in puntuali precetti gran parte dei principi e dei canoni dell'azione amministrativa, precedentemente dedotti in via interpretativa, ha esteso i confini del presente vizio, assorbendo anche gran parte delle figure sintomatiche dell'eccesso di potere.
L'art. 21-*octies*, co. 2, L. 241/1990 introduce due importanti eccezioni rispetto alla violazione di legge, stabilendo che *non è annullabile* «*il provvedimento adottato in*

violazione di norme sul procedimento o sulla forma degli atti qualora, per la natura vincolata del provvedimento, sia palese che il suo contenuto dispositivo non avrebbe potuto essere diverso da quello in concreto adottato». Il provvedimento amministrativo non è comunque annullabile per mancata comunicazione dell'avvio del procedimento *«qualora l'Amministrazione dimostri in giudizio che il contenuto del provvedimento non avrebbe potuto essere diverso da quello in concreto adottato».*

9) A. Ai sensi dell'art. 29 del Codice del processo amministrativo, l'azione di annullamento per violazione di legge, incompetenza ed eccesso di potere si propone nel *termine di decadenza di 60 giorni.*
L'annullabilità non opera di diritto, ma solo se fatta valere da chi ne abbia interesse. L'atto amministrativo annullabile può anche essere *sanato* o soggetto a *consolidazione.*

10) A. L'esercizio del potere di autotutela della P.A. è volto ad assicurare che la stessa possa, ove lo ravvisi in vista del migliore perseguimento dell'interesse pubblico primario affidato alle sue cure, esercitare il cd. *ius poenitendi*, cioè il diritto di ripiegarsi su se stessa al fine di procedere al riesame critico della precedente sua attività provvedimentale ed eventualmente correggerla. Tutto ciò al fine di tenere costantemente adeguata, nei limiti del possibile, la propria attività provvedimentale alla reale ed effettiva cura di quell'interesse pubblico che rappresenta sempre l'obiettivo principale dell'esercizio dei pubblici poteri (Quaranta).
L'esercizio di tale potere, comunque, incontra un limite insuperabile consistente nell'esigenza di salvaguardare le situazioni di soggetti privati che, confidando nella legittimità dell'atto rimosso, hanno acquisito il consolidamento delle posizioni di vantaggio loro attribuite (Cons. Stato, sez. IV, sent. n. 564/2006).

11) A. L'autotutela esecutiva consiste nel complesso di attività attuative di una decisione amministrativa (es. operazioni materiali di sgombero a seguito di un ordine della pubblica amministrazione di sgomberare un edificio abusivo). Per tale fattispecie serve una norma specifica che attribuisca alla Pubblica Amministrazione il potere di agire in via diretta e immediata per l'attuazione dei propri interessi.

12) A. Nell'ambito dell'*autotutela decisoria* è possibile distinguere tra autotutela *diretta* (o non contenziosa) e autotutela *indiretta* (o contenziosa).
Con l'*autotutela diretta*, l'Amministrazione esercita i suoi poteri spontaneamente, attraverso l'annullamento cd. d'ufficio, cioè posto in essere in esecuzione di un dovere stabilito dalla legge.
L'*autotutela indiretta* si fonda sull'azione, o ricorso, dell'interessato. Assume, quindi, una connotazione fortemente giurisdizionale anche sul piano formale, proprio a causa della presenza di una controversia, la quale si conclude con un atto che tende a soddisfare, accanto a quello del privato ricorrente, altresì l'interesse pubblico dell'amministrazione, questo è il motivo per cui si parla di autotutela indiretta

13) D. L'annullamento d'ufficio è un provvedimento amministrativo di secondo grado, adottato in autotutela, con cui viene ritirato dall'ordinamento, con efficacia retroattiva, un atto amministrativo illegittimo allorquando si concretizzi un interesse pubblico che giustifichi tale annullamento. Questa forma di autotutela è disciplinata dall'art. 21-*nonies* L. 241/1990 e consiste in un provvedimento discrezionale adottato dallo stesso organo che lo ha emanato, ovvero da altro organo previsto dalla legge. Elementi imprescindibili per l'adozione dell'annullamento d'ufficio sono: l'obbligo della motivazione; la presenza di concrete ragioni di pubblico interesse, non riducibili alla mera esigenza di ripristino della legalità; la valutazione dell'affidamento delle parti private destinatarie del provvedimento oggetto di riesame; il rispetto delle regole del contraddittorio procedimentale; l'adeguata istruttoria.

14) D. La presenza di vizi di legittimità originari è una condizione essenziale per poter procedere all'annullamento d'ufficio. Quest'ultimo, infatti, è un provvedimento amministrativo di secondo grado con cui viene ritirato dall'ordinamento un atto amministrativo illegittimo allorquando si concretizzi un interesse pubblico che giustifichi il suo annullamento (21-*nonies* L. 241/1990).

15) A. La revoca è un atto amministrativo di secondo grado, con cui la Pubblica Amministrazione ritira con efficacia non retroattiva un atto inficiato da vizi di merito, in base ad una nuova valutazione degli interessi. È disciplinata dall'art. 21-*quinquies* L. 241/1990.

16) C. Per *sopravvenuti motivi di pubblico interesse* ovvero nel caso di *mutamento della situazione di fatto* non prevedibile al momento dell'adozione del provvedimento o (salvo che si tratti di provvedimenti di autorizzazione o di attribuzione di vantaggi economici) di *rinnovata valutazione dell'interesse pubblico originario*, il *provvedimento amministrativo a efficacia durevole* può essere revocato da parte dell'organo che lo ha emanato ovvero da altro organo previsto dalla legge (art. 21-*quinquies* L. 241/1990).

17) A. La revoca determina l'inidoneità del provvedimento revocato a produrre ulteriori effetti. Se comporta pregiudizi in danno dei soggetti direttamente interessati, l'Amministrazione ha l'obbligo di provvedere al loro indennizzo.

18) B. L'*annullamento d'ufficio* è disciplinato dall'art. 21-*nonies* L. 241/1990 e costituisce un *provvedimento amministrativo di secondo grado*, con cui viene ritirato dall'ordinamento, con *efficacia retroattiva*, un atto amministrativo illegittimo, per la presenza di vizi di legittimità originari.
L'annullamento è un provvedimento discrezionale e, come tale, non è mai un atto dovuto (salvo il caso di annullamento doveroso). È adottato dallo *stesso organo che l'ha emanato*, ovvero da altro organo previsto dalla legge.
Alla luce di quanto statuito dall'art. 21-*nonies*, l'esercizio di tale forma di autotutela è assoggettato a regole rigorose: l'*obbligo della motivazione*, la presenza di *concrete ragioni di pubblico interesse*, non riducibili alla mera esigenza di ripristino della legalità, la *valutazione dell'affidamento delle parti private* destinatarie del provvedimento oggetto di riesame, il rispetto delle *regole del contraddittorio procedimentale* e l'*adeguata istruttoria*.

19) D. L'atto di convalida è un provvedimento nuovo, autonomo, costitutivo, che elimina i vizi di legittimità di un atto invalidato precedentemente emanato dalla stessa autorità (es. integrazione della motivazione insufficiente, eliminazione delle clausole invalidanti, ecc.).

20) C. La *ratifica* è un provvedimento nuovo, autonomo, costitutivo, con cui viene eliminato il vizio di incompetenza relativa da parte dell'autorità astrattamente competente, la quale si appropria di un atto adottato da autorità incompetente dello stesso ramo. Quest'ultimo elemento lo differenzia dalla convalida.

21) B. La sanatoria opera quando un atto o un presupposto di legittimità del procedimento, mancante al momento dell'emanazione dell'atto amministrativo da sanare, viene emesso successivamente in modo da perfezionare a posteriori un atto altrimenti illegittimo.

22) D. Con gli atti di conservazione si cerca di perseguire il raggiungimento dello scopo di un atto ove l'atto, pur viziato, sia egualmente in grado di soddisfare l'interesse pubblico. La conservazione può assumere la forma della *consolidazione-inoppugnabilità* (causa di conservazione oggettiva dell'atto amministrativo, che dipende dal decorso del termine perentorio entro il quale l'interessato avrebbe dovuto proporre ricorso contro l'atto invalido); dell'*acquiescenza* (causa di conservazione soggettiva dell'atto amministrativo, che dipende da un comportamento con cui il soggetto privato dimostra espressamente o per fatti concludenti di essere d'accordo con l'operato della pubblica amministrazione, precludendosi la possibilità di impugnare nuovamente l'atto); della *conversione* (atto in virtù del quale un provvedimento invalido, sia esso annullabile o nullo, viene considerato come appartenente ad altra tipologia di cui presenta gli stessi requisiti di forma e sostanza); della *conferma* (manifestazione di volontà non innovativa con cui l'autorità ribadisce una sua precedente determinazione, eventualmente ripetendone il contenuto).

23) B. Con la conversione un provvedimento invalido (sia esso annullabile o nullo) viene considerato come appartenente ad altra tipologia di cui presenta gli stessi requisiti di forma e sostanza, conservando in tal modo la sua validità.

24) D. La conferma rientra tra gli atti di conservazione ed è costituita dalla manifestazione di volontà non innovativa con cui l'autorità ribadisce una sua precedente determinazione, eventualmente ripetendone il contenuto. Non è previsto né il ritiro né l'annullamento dell'atto confermato.

Questionario 6
I beni pubblici e l'espropriazione per pubblica utilità

1) **I beni pubblici:**
   A. non sono mai pignorabili
   B. costituiscono la dotazione di carattere materiale di cui le amministrazioni si servono per svolgere i loro compiti, così come le persone titolari del rapporto di servizio costituiscono le risorse umane
   C. sono sempre incommerciabili
   D. costituiscono la dotazione di carattere materiale di cui le amministrazioni si servono per perseguire interessi privati, così come le persone titolari del rapporto di servizio costituiscono le risorse umane

2) **I beni pubblici possono essere:**
   A. demaniali necessari e patrimoniali eventuali
   B. patrimoniali, demaniali indisponibili, demaniali disponibili
   C. demaniali, patrimoniali, extra-patrimoniali
   D. demaniali, patrimoniali indisponibili, patrimoniali disponibili

3) **I beni demaniali possono essere oggetto di espropriazione forzata?**
   A. Sì, in ogni caso
   B. Sì, ad eccezione dei beni del demanio militare
   C. No, tranne che nelle ipotesi tassativamente elencate
   D. No, salvo che ne sia stata pronunciata la sdemanializzazione

4) **I beni patrimoniali indisponibili sono:**
   A. vincolati ad una destinazione di pubblica utilità
   B. possono essere sottratti alla loro destinazione
   C. inalienabili
   D. commerciabili

5) **I beni appartenenti al patrimonio indisponibile dello Stato:**
   A. possono essere espropriati per perseguire un interesse pubblico di rilievo superiore a quello soddisfatto con la precedente destinazione
   B. sono inespropriabili
   C. sono esclusivamente beni immobili
   D. possono essere sottratti alla loro destinazione

6) **Gli edifici destinati a sede di uffici pubblici fanno parte del:**
   A. patrimonio indisponibile dello Stato
   B. demanio necessario

C. demanio accidentale
D. patrimonio disponibile dello Stato

7) **Il demanio necessario comprende:**
   A. le universalità di beni mobili che appartengono alle Città metropolitane
   B. i beni immobili che non devono appartenere necessariamente a enti pubblici territoriali
   C. i beni immobili che appartengono ai Comuni
   D. i beni del demanio militare

8) **I beni che fanno parte del demanio necessario pubblico sono:**
   A. inalienabili
   B. immateriali
   C. commerciabili
   D. vendibili a privati

9) **Il demanio accidentale comprende:**
   A. beni mobili che devono necessariamente appartenere a enti pubblici territoriali
   B. esclusivamente beni mobili
   C. sia beni immobili che universalità di beni mobili che non devono necessariamente appartenere ad enti pubblici territoriali
   D. sia beni mobili che beni immobili che devono necessariamente appartenere ad enti pubblici territoriali

10) **Cosa è l'espropriazione per pubblica utilità?**
    A. L'istituto mediante il quale l'amministrazione può, con un provvedimento adottato a seguito di un iter definito dalla legge, attribuire esclusivamente ad un soggetto terzo, per esigenze di interesse pubblico, la proprietà o altro diritto reale su di un bene, indipendentemente dalla volontà del suo proprietario, dietro corresponsione di un indennizzo
    B. L'istituto mediante il quale l'amministrazione può, con un provvedimento adottato a seguito di un iter definito dalla legge, acquisire o far acquisire ad un altro soggetto, per esigenze di interesse pubblico, la proprietà o altro diritto reale su di un bene, indipendentemente dalla volontà del suo proprietario, dietro corresponsione di un indennizzo
    C. L'istituto mediante il quale l'amministrazione può, con un provvedimento adottato a seguito di un iter definito dalla legge, acquisire o far acquisire ad un altro soggetto, per sue esigenze documentate, la proprietà o altro diritto reale su di un bene, indipendentemente dalla volontà del suo proprietario e senza la necessaria dietro corresponsione di un indennizzo
    D. L'istituto mediante il quale l'amministrazione può, con un provvedimento adottato a seguito di un iter definito dalla legge, acquisire o far acquisire ad un altro soggetto, per esigenze di interesse pubblico, la proprietà su di un bene con il consenso del suo proprietario e dietro corresponsione di un indennizzo

11) **L'espropriazione per pubblica utilità è:**
    A. un provvedimento ablatorio personale
    B. un provvedimento ablatorio obbligatorio
    C. un provvedimento ablatorio reale
    D. un provvedimento ablatorio recettivo

12) **Quale delle seguenti non è una fase del procedimento espropriativo?**
    A. Dichiarazione di pubblica utilità
    B. Apposizione del vincolo
    C. Pubblicazione del decreto espropriativo
    D. Consegna dell'area per la realizzazione dell'opera pubblica o di pubblica utilità

13) **Cosa prevede l'istituto della retrocessione nell'ambito del procedimento espropriativo?**
    A. La destinazione del bene espropriato ad un'opera diversa da quella per la quale si è proceduto all'espropriazione
    B. La facoltà attribuita al soggetto espropriato di cedere volontariamente il bene oggetto di procedura espropriativa ottenendo un indennizzo maggiorato
    C. La possibilità per l'amministrazione espropriante di cedere ad altra amministrazione il bene espropriato
    D. La restituzione del bene espropriato nelle ipotesi in cui non si proceda alla realizzazione dell'opera pubblica o di pubblica utilità

14) **In cosa consiste la requisizione?**
    A. In un provvedimento con cui si priva un soggetto, in via temporanea e senza indennizzo, dei suoi diritti di possesso (o di proprietà) su di un bene mobile o immobile, in vista di un imprevisto superiore interesse pubblico
    B. In un provvedimento con cui si priva un soggetto, in via temporanea o definitiva, dei suoi diritti di possesso (o di proprietà) su di un bene, in vista di un imprevisto superiore interesse pubblico. Può riguardare solo beni immobili.
    C. In un provvedimento con cui si priva un soggetto, in via temporanea o definitiva ma dietro indennizzo, dei suoi diritti di possesso (o di proprietà) su di un bene mobile o immobile, in vista di un imprevisto superiore interesse pubblico
    D. In un provvedimento con cui si priva un soggetto dei suoi diritti di possesso (o di proprietà) su di un bene mobile, in vista di un imprevisto superiore interesse pubblico. Può essere solo temporanea, mai definita.

Risposte commentate
I beni pubblici e l'espropriazione per pubblica utilità

1) B. I beni pubblici costituiscono la dotazione di carattere materiale di cui le Pubbliche Amministrazioni si servono per svolgere i loro compiti, così come le persone titolari del rapporto di servizio costituiscono le risorse umane.
Vengono individuati in base ad un semplice criterio formale – sono, infatti, beni pubblici quelli che il codice civile definisce e classifica come tali – e, in quanto pubblici, rientrano nella categoria giuridica della proprietà pubblica menzionata dall'art. 42 Cost. e presentano una disciplina molto peculiare rispetto ai beni privati sotto il profilo dell'uso, della circolazione e della tutela.

2) D. I beni pubblici si dividono in due categorie: *beni demaniali* e *beni patrimoniali*.
I beni demaniali sono individuati dall'art. 822 c.c. in un'elencazione che, per dottrina e giurisprudenza, è da considerarsi tassativa e comprende beni immobili e universalità di mobili.
I beni patrimoniali sono distinti in beni del *patrimonio indisponibile* e beni del *patrimonio disponibile*.

3) D. I beni demaniali sono individuati dall'art. 822 c.c. in un'elencazione da considerarsi tassativa, che comprende beni immobili e universalità di mobili.
Appartengono allo Stato e fanno parte del demanio pubblico: il *lido del mare*, la *spiaggia*, le *rade* e i *porti*; i *fiumi*, i *torrenti*, i *laghi* e le altre acque definite pubbliche dalle leggi in materia; le *opere destinate alla difesa nazionale*.
Fanno parimenti parte del demanio pubblico, se appartengono allo Stato, le *strade*, le *autostrade* e le *strade ferrate*; gli *aerodromi*, gli *acquedotti*; gli *immobili riconosciuti d'interesse storico, archeologico e artistico* a norma delle leggi in materia, le raccolte dei *musei*, delle *pinacoteche*, degli *archivi*, delle *biblioteche*; e infine gli altri beni che sono dalla legge assoggettati al regime proprio del demanio pubblico.
I beni appartenenti al demanio pubblico non possono essere espropriati fino a quando non ne viene pronunciata la sdemanializzazione.

4) A. Ai sensi dell'art. 826 c.c., fanno parte del *patrimonio indisponibile dello Stato* le *foreste*, le *miniere*, le *cave* e le *torbiere* quando la disponibilità ne è sottratta al proprietario del fondo, le *cose d'interesse storico, archeologico, paletnologico e artistico*, da chiunque e in qualunque modo ritrovate nel sottosuolo, i beni costituenti la *dotazione della Presidenza della Repubblica*, le *caserme*, gli *armamenti*, gli *aeromobili militari* e le *navi da guerra*.
Fanno parte del patrimonio indisponibile dello Stato o delle autonomie territoriali gli *edifici destinati a sede di uffici pubblici*, con i loro arredi, e gli *altri beni destinati a un pubblico servizio*.
I beni patrimoniali indisponibili sono vincolati ad una *destinazione di pubblica utilità*, alla quale non possono essere sottratti se non nei modi stabiliti dalle leggi che li ri-

guardano (art. 828 c.c.). Ne costituisce conferma l'art. 514 c.p.c., che dispone l'*impignorabilità* degli oggetti che il debitore ha l'obbligo di conservare nell'adempimento di un pubblico servizio.

5) **A.** I beni del patrimonio indisponibile:
> *sono incommerciabili* (art. 828 c.c.): alcuni lo sono in senso assoluto in quanto riservati (es. le miniere), altri solo in quanto perduri la destinazione pubblica; altri beni ancora possono essere alienati solo previo permesso amministrativo (es. beni forestali);
> *possono formare oggetto di diritti parziari a favore di terzi* (es. diritti di servitù), purché compatibili con la destinazione e le prescrizioni di legge;
> *sono suscettibili di espropriazione* per il perseguimento di un interesse superiore rispetto a quello soddisfatto con l'originaria destinazione. L'esercizio del potere ablatorio con riguardo a questi beni deve essere sorretto da un accertamento motivato, compiuto dall'autorità procedente, circa la maggiore utilità da conseguire rispetto a quella derivante dall'uso in atto degli stessi.

6) **A.** Gli *edifici destinati a sede di uffici pubblici*, con i loro arredi, e gli *altri beni destinati a un pubblico servizio* fanno parte del patrimonio indisponibile dello Stato o delle autonomie territoriali.

7) **D.** I beni demaniali possono essere ripartiti in alcune tipologie fondamentali: *demanio necessario*, che a sua volta si distingue in *demanio marittimo, idrico* e *militare*, e *demanio accidentale*, nell'ambito del quale occorre distinguere tra *beni demaniali naturali* e *beni demaniali artificiali*.

8) **A.** L'art. 823, co. 1, c.c. afferma che i "beni che fanno parte del demanio pubblico sono inalienabili e non possono formare oggetto di diritti a favore di terzi, se non nei modi e nei limiti stabiliti dalle leggi che li riguardano" (ad esempio tramite concessione).

9) **D.** Ciò che caratterizza i beni del *demanio accidentale* è la loro titolarità: possono appartenere anche a soggetti non pubblici ma, se appartengono ad un ente pubblico territoriale, il relativo regime è quello del demanio accidentale.
Il *demanio necessario* è solo statale o regionale. Il *demanio accidentale* può essere anche provinciale o comunale.
Un'ulteriore differenza dei beni del demanio accidentale rispetto a quelli del demanio necessario deriva dal fatto che essi non sono costituiti esclusivamente da beni immobili, potendo consistere anche in *universalità di mobili* (raccolte dei musei e pinacoteche).

10) **B.** L'espropriazione è un procedimento mediante il quale l'amministrazione acquisisce o fa acquisire ad altro soggetto la proprietà o altro diritto reale su un bene appartenente ad un privato, indipendentemente dalla volontà di quest'ultimo e giustificando tale attività sulla base della *prevalenza dell'interesse pubblico su quello privato*.
L'espropriazione è preordinata alla realizzazione di opere, edifici o strutture di interesse pubblico e costituisce l'esito di un procedimento amministrativo nel quale assume

rilievo centrale la *dichiarazione di pubblica utilità* da parte dell'autorità espropriante, seguita dall'emanazione del *decreto di espropriazione*, con cui si sancisce definitivamente l'effetto traslativo del bene privato in favore dell'autorità espropriante.
Il provvedimento espropriativo genera comunque, in favore del proprietario, il diritto a percepire un *indennizzo*.
L'istituto è oggi disciplinato dal D.P.R. 8-6-2001, n. 327, che costituisce il Testo unico della materia, con il quale si è cercato di porre una disciplina organica del procedimento espropriativo.

11) C. L'espropriazione è espressione del potere ablatorio che, in varia misura, tutti gli ordinamenti riconoscono alla Pubblica Amministrazione e che le consente, conformemente a quanto previsto dalla stessa Costituzione all'art. 42, di sacrificare un interesse ed un diritto privato in vista di un superiore interesse pubblico.
È un provvedimento ablatorio reale perché impone il sacrificio di un diritto reale (la proprietà di un immobile o di un terreno).

12) D. L'espropriazione di beni immobili è subordinata alla sussistenza di determinati presupposti, che sono l'apposizione del vincolo, la pubblica utilità dell'opera e la corresponsione di un'indennità. Il T.U. sulle espropriazioni (D.P.R. 327/2001) ha ribadito che il primo momento della procedura espropriativa è rappresentato dall'apposizione del vincolo sul bene da espropriare per la realizzazione di un'opera pubblica o di pubblica utilità nonché dal conseguimento della piena efficienza giuridica da parte dello strumento attraverso cui può avvenire la determinazione vincolistica.
La consegna dell'area avviene solo a conclusione del procedimento espropriativo.

13) D. Si tratta di un istituto che consente all'espropriato di ottenere la restituzione del bene nel caso in cui la Pubblica Amministrazione non abbia realizzato, in tutto o in parte, l'opera pubblica o di pubblica utilità per la quale si era proceduto all'emanazione del decreto di esproprio.
Con la retrocessione l'espropriato riacquista la proprietà del bene: non si tratta di una risoluzione dell'originario acquisto della proprietà in capo alla Pubblica Amministrazione, ma di un nuovo trasferimento con efficacia *ex nunc* (cioè da quando si dispone la retrocessione).
La retrocessione può essere totale o parziale.

14) C. Le requisizioni sono espressione del potere ablatorio della Pubblica Amministrazione, per loro natura provvedimenti eccezionali, contemplati dall'ordinamento per cercare di contrastare eventi critici imprevisti; permettono all'amministrazione di operare efficacemente imponendo un sacrificio definitivo o temporaneo del diritto di proprietà di un soggetto privato, per il soddisfacimento *immediato* di un pressante interesse pubblico.
Per l'ordinamento italiano, la requisizione è legittima solo quando ricorrano gravi e urgenti necessità pubbliche, militari o civili, contro una giusta indennità e sulla base di norme determinate da leggi speciali (art. 835 c.c.).

Questionario 7
I controlli

1) **I controlli sugli atti possono essere:**
   A. preventivi o successivi
   B. di efficacia o di efficienza
   C. discrezionali o vincolati
   D. d'urgenza o di necessità

2) **Il controllo di ragioneria è:**
   A. un controllo esclusivamente di legittimità
   B. un controllo di merito
   C. un controllo contabile e di legittimità
   D. un controllo puramente contabile

3) **Come si attua la funzione di controllo sugli organi?**
   A. Attraverso ispezioni a sorpresa sul personale
   B. Attraverso delle semplici ispezioni o mediante l'adozione di provvedimenti
   C. Mediante l'adozione di misure disciplinari
   D. Tramite l'adozione di atti volti a disciplinare i comportamenti dei dipendenti

4) **Cosa mira a verificare il controllo strategico?**
   A. L'attuazione delle direttive di efficienza
   B. L'efficacia dell'azione della Pubblica Amministrazione
   C. L'effettiva attuazione delle scelte contenute nelle direttive ed altri atti di indirizzo politico
   D. La dimensione della qualità dei servizi offerti dalla Pubblica Amministrazione

5) **Quale ufficio non provvede al controllo di ragioneria?**
   A. La Ragioneria generale dello Stato
   B. Gli Uffici centrali del bilancio
   C. Le Ragionerie territoriali
   D. Gli uffici del tesoro

6) **Il controllo della Corte dei Conti ha:**
   A. carattere interno e di rilievo legislativo
   B. carattere preclusivo e di rilievo endoprocedimentale
   C. carattere esterno e di rilievo costituzionale
   D. carattere interno e di rilievo regolamentare

7) **Quale conseguenza non è propria dell'attività di controllo?**
   A. L'annullamento dell'atto

B. L'adozione di misure impeditive
C. L'avvio di azioni sostitutive
D. L'adozione di misure disciplinari

8) **Ai fini del controllo di gestione, cosa non deve definire l'Amministrazione?**
   A. L'effettiva attuazione delle scelte contenute nelle direttive ed altri atti di indirizzopolitico
   B. L'insieme dei prodotti e delle finalità dell'azione amministrativa, con riferimento all'intera Amministrazione o a singole unità organizzative
   C. Le modalità di rilevazione e ripartizione dei costi tra le unità organizzativee di individuazione degli obiettivi per cui i costi sono sostenuti
   D. Gli indicatori specifici per misurare efficacia, efficienza ed economicità

9) **Quale provvedimento ha previsto il controllo sulla dimensione della qualità dei servizi offerti dalla Pubblica Amministrazione?**
   A. Il D.Lgs. 286/1999
   B. Il D.Lgs. 165/2001
   C. Il D.L. 90/1993
   D. Il D.Lgs. 150/2009

Risposte commentate
I controlli

1) A. I controlli sugli atti sono essenzialmente:
> *preventivi*, nel qual caso l'eventuale esito negativo dell'attività di controllo impedisce all'atto controllato di produrre gli effetti programmati;
> *successivi*, se intervengono quando gli effetti si sono già prodotti;
> *mediante riesame*, quando l'autorità che ha già deliberato è chiamata ad una nuova deliberazione condizionante l'efficacia dell'atto.

2) C. Il controllo di ragioneria è un *controllo contabile*, cioè diretto a verificare che l'atto soggetto a controllo abbia una copertura di spesa e di legittimità, ovvero della relativa conformità ai parametri normativi.

3) B. I controlli sugli organi hanno a oggetto il comportamento delle persone fisiche preposte agli uffici, o la condotta degli organi come tali, e mirano ad assicurarne il buon funzionamento, in ossequio al generale principio di buon andamento ed imparzialità dell'azione amministrativa sancito dall'art. 97 Cost. La funzione di controllo sugli organi può attuarsi attraverso delle semplici ispezioni oppure mediante l'adozione di provvedimenti. Questi ultimi possono consistere nella sostituzione dell'organo sottoposto a controllo ovvero nell'irrogazione di sanzioni amministrative o disciplinari in danno del loro titolare. Per quanto riguarda, in particolare, i controlli sugli enti territoriali, va ricordato che alla luce della riforma costituzionale realizzata con L. cost. 3/2001, la materia non è più riservata allo Stato: perciò, i controlli esterni statali sembrerebbero compatibili con il nuovo assetto costituzionale solo se limitati alle Amministrazioni statali decentrate e non anche se indirizzati agli enti territoriali.

4) C. L'attività di valutazione e controllo strategico mira a verificare, in funzione dell'esercizio dei poteri di indirizzo da parte dei competenti organi, l'effettiva attuazione delle scelte contenute nelle direttive ed altri atti di indirizzo politico.

5) D. Gli uffici che provvedono al controllo di ragioneria nei confronti delle Amministrazioni statali decentrate sono così organizzati:
> la Ragioneria generale dello Stato, presso il Ministero dell'Economia e delle Finanze;
> gli Uffici centrali del bilancio, presso i singoli Ministeri;
> le Ragionerie territoriali, che controllano le Amministrazioni statali decentrate.

6) C. Il controllo della Corte de Conti ha carattere esterno e di rilievo costituzionale.

7) D. In relazione all'atto o all'attività controllata, il controllo può produrre i seguenti esiti:
> l'annullamento dell'atto, misura repressiva che consiste nell'esercizio di un potere vincolato;

> l'adozione di misure impeditive, che precludono l'efficacia dell'atto (dinieghi di visti o di approvazioni);
> l'avvio di azioni sostitutive, con la conseguenza che al controllato è inibito di agire e in sua vece interviene il controllante o un soggetto da lui designato (spesso un organo straordinario);
> lo scioglimento dell'organo;
> l'irrogazione di sanzioni, applicate ai componenti l'organo.

8) A. Il controllo di gestione si sostanzia in un'attività strettamente connessa a quella di pianificazione. La pianificazione riceve gli elementi di indirizzo dal governo, determina il programma dell'Amministrazione e ne ricava informazioni sulla gestione che, opportunamente sintetizzate e integrate, consentono di monitorare gli obiettivi.
Ai fini del controllo di gestione, l'Amministrazione deve definire:
> l'unità o le unità responsabili della progettazione e della gestione del controllo di gestione;
> le unità organizzative a livello delle quali si intende misurare l'efficacia, efficienza ed economicità dell'azione amministrativa;
> le procedure di determinazione degli obiettivi gestionali e dei soggetti responsabili;
> l'insieme dei prodotti e delle finalità dell'azione amministrativa, con riferimento all'intera Amministrazione o a singole unità organizzative;
> le modalità di rilevazione e ripartizione dei costi tra le unità organizzative e di individuazione degli obiettivi per cui i costi sono sostenuti;
> gli indicatori specifici per misurare efficacia, efficienza ed economicità.

9) A. Il D.Lgs. 286/1999 ha introdotto la riforma dei sistemi di valutazione e controllo interno, permettendo di:
> operare una distinzione tra le varie attività di controllo interno, così da rispettare la linea di demarcazione tra attività di indirizzo politico, da un lato, e attività gestionale, dall'altro;
> creare i presupposti per una forte interrelazione tra valutazione dell'azione amministrativa e responsabilità dirigenziale per i risultati;
> impedire la commistione paralizzante tra controlli tradizionali, di tipo repressivo, finalizzati a garantire la regolarità e legittimità dell'agire amministrativo, e controlli di tipo valutativo, finalizzati ad ottimizzare la funzione amministrativa.

Il decreto ha ridefinito l'articolazione dei controlli interni sia con riguardo ai contenuti sia in merito ai profili organizzativi, così da giungere ad una corretta ed univoca attribuzione della responsabilità esecutiva delle diverse forme di controllo a distinte unità organizzative.

Questionario 8
La responsabilità della Pubblica Amministrazione

1) L'art. 2043 del codice civile, in tema di responsabilità extracontrattuale, si applica anche alle amministrazioni pubbliche?
   A. Assolutamente no
   B. Sì
   C. Solo in casi eccezionali
   D. Solo se le amministrazioni non hanno rispettato i termini di conclusione del procedimento

2) Se l'amministrazione pubblica non esegue esattamente la prestazione dovuta:
   A. è tenuta a recedere dal contratto
   B. non sono previste conseguenze in caso di inadempimento contrattuale dell'amministrazione
   C. è tenuta a concludere altro contratto
   D. è tenuta al risarcimento del danno

3) Quale importante principio è stato affermato con la famosa sentenza n. 500/1999 del Consiglio di Stato?
   A. Si è riconosciuto il diritto al risarcimento anche per lesione di interessi legittimi
   B. Si è stabilito l'obbligo di versare un indennizzo per il ritardo nella conclusione del procedimento
   C. Si è riconosciuto il diritto di avviare azioni collettive, e non solo individuali, per inadempienze delle pubbliche amministrazioni
   D. Si è stabilito l'obbligo di annullare l'atto illegittimo prima di poter chiedere il risarcimento del danno

4) Quali sono le tipologie di responsabilità della Pubblica Amministrazione?
   A. Contrattuale ed extracontrattuale
   B. Contrattuale, precontrattuale, extracontrattuale
   C. Solo extracontrattuale
   D. Contrattuale e precontrattuale

5) Nella fase precontrattuale, la Pubblica Amministrazione è tenuta ad osservare i principi di correttezza e di buona fede?
   A. Assolutamente no
   B. Assolutamente sì
   C. Solo se il contratto deve essere concluso tra due o più soggetti pubblici
   D. Solo in materia di appalti pubblici

6) **Quali sono gli elementi della responsabilità extracontrattuale della Pubblica Amministrazione?**
   A. La condotta, il danno ed il nesso di causalità
   B. Il danno, l'elemento psicologico ed il nesso di causalità
   C. La condotta, il danno, l'elemento psicologico ed il nesso di causalità
   D. La condotta, la colpa ed il nesso di causalità

7) **La responsabilità extracontrattuale della Pubblica Amministrazione sussiste quando il fatto che ha causato il danno è stato compiuto:**
   A. esclusivamente con colpa
   B. esclusivamente con dolo
   C. con dolo o colpa
   D. non è configurabile una responsabilità extracontrattuale in capo alla Pubblica Amministrazione

8) **Il danno cagionato in conseguenza dell'inosservanza dolosa o colposa del termine di conclusione del procedimento:**
   A. va risarcito in ogni caso
   B. non può essere risarcito
   C. va risarcito solo se di rilevante entità
   D. va risarcito solo se di lieve entità

9) **In cosa consiste il danno da disturbo?**
   A. Nel danno che un soggetto subisce per effetto del ritardo con cui la Pubblica Amministrazione esercita l'attività ad essa funzionale
   B. Nel danno arrecato dalla Pubblica Amministrazione in ragione dell'adozione di un atto illegittimo
   C. Nella caducazione, senza giustificazione o con motivazione illegittima, di determinati poteri di cui è titolare il privato
   D. Nell'illegittima compromissione, da parte della Pubblica Amministrazione, dell'esercizio da parte del privato delle facoltà inerenti all'esercizio di diritti di cui è titolare

10) **Quali sono le conseguenze della responsabilità da atto lecito?**
    A. La corresponsione di un indennizzo
    B. Il ripristino dello *status quo ante*
    C. La condanna al risarcimento del danno
    D. Trattandosi di atto lecito, non vi è alcuna conseguenza

Risposte commentate
La responsabilità della Pubblica Amministrazione

1) B. Qualora ponga in essere atti lesivi delle posizioni soggettive degli amministrati, la Pubblica Amministrazione è tenuta a risarcire i danni arrecati.
La responsabilità risarcitoria della Pubblica Amministrazione si basa sui principi di diritto privato (art. 2043 c.c.). Pertanto, ne sono elementi costitutivi: una *condotta attiva od omissiva*, l'*antigiuridicità di tale condotta*, la *colpevolezza dell'agente*, l'*evento dannoso* e il *nesso di causalità fra condotta ed evento*.

2) D. La responsabilità della Pubblica Amministrazione per lesione di diritti soggettivi può anche essere di natura contrattuale: com'è noto, infatti, l'Amministrazione, per perseguire i propri fini, può avvalersi, oltre che dei tradizionali strumenti propri del diritto pubblico, anche delle forme proprie del diritto privato e, in particolare, dei negozi giuridici di diritto comune. Sebbene la fase antecedente la stipula del contratto sia regolata dalle regole di evidenza pubblica, la fase successiva è assoggettata alla disciplina propria del diritto privato, con conseguente applicabilità – in caso di inadempimento della Pubblica Amministrazione – della disciplina di cui all'art. 1218 c.c., ai sensi del quale il debitore «*che non esegue esattamente la prestazione dovuta è tenuto al risarcimento del danno, se non prova che l'inadempimento o il ritardo è stato determinato da impossibilità della prestazione derivante da causa a lui non imputabile*».

3) A. La storica sentenza 22 luglio 1999, n. 500, emessa dalle Sezioni Unite della Cassazione, ha operato un'epocale inversione di rotta, ammettendo la risarcibilità dei danni da lesione di interessi legittimi, superando l'argomento diretto a ravvisare nell'art. 2043 c.c. il principale referente normativo a sostegno della loro irrisarcibilità. L'art. 2043 c.c. – a dire delle Sezioni Unite – non costituisce una norma secondaria ma racchiude una clausola generale primaria che attribuisce il diritto al risarcimento ogni volta che è cagionato un danno ingiusto, sicché non è fondato l'assunto che limita alle sole posizioni di diritto soggettivo il funzionamento del meccanismo risarcitorio. È, invece, risarcibile il danno che presenta le caratteristiche dell'ingiustizia intesa come lesione di qualsiasi interesse al quale l'ordinamento attribuisce rilevanza.

4) B. È pacifico da tempo il riconoscimento della responsabilità della Pubblica Amministrazione in caso di lesione di diritti soggettivi, sia nella forma della *responsabilità extracontrattuale o aquiliana* (ai sensi dell'art. 2043 c.c.), sia nella forma della *responsabilità contrattuale* (art. 1218 c.c.), sia nella forma della *responsabilità precontrattuale* (artt. 1337 e 1338 c.c.).

5) B. Nelle trattative negoziali e nelle relazioni con i terzi, l'ente pubblico è tenuto ad avere un comportamento rispettoso dei principi di correttezza e buona fede, pena la configurazione a suo carico di una responsabilità di tipo precontrattuale. In tali ipotesi, il giudice (di regola, salve le ipotesi di giurisdizione esclusiva, quello ordinario) dovrà accertare se il comportamento dell'Amministrazione abbia ingenerato nei terzi un ragionevole affidamento, poi andato deluso inordine alla conclusione del contratto. Si tratterà dunque di accertare se l'ente pubblico abbia tenuto – alla stregua dei parametri civilistici (artt. 1337 e 1338 c.c.) – il contegno esigibile dal corretto contraente, e non già di verificare l'osservanza dei doveri del corretto amministratore.

I casi paradigmatici in cui si è ravvisata una responsabilità precontrattuale della Pubblica Amministrazione sono quelli dell'ingiustificata rottura delle trattative nonché delle ipotesi di mancata comunicazione delle cause di invalidità del contratto.

6) C. La responsabilità risarcitoria della Pubblica Amministrazione si basa sui principi di diritto privato (art. 2043 c.c.). Pertanto, ne sono elementi costitutivi: una *condotta attiva od omissiva*; l'*antigiuridicità di tale condotta*; la *colpevolezza dell'agente*; l'*evento dannoso*; il *nesso di causalità fra condotta ed evento*.

La riferibilità della condotta alla Pubblica Amministrazione ricorre quando l'attività del dipendente si possa considerare come esplicazione dell'attività dell'ente e sia rivolta al conseguimento dei fini istituzionali dell'ente medesimo nell'ambito delle attribuzioni dell'ufficio o del servizio al quale il dipendente è addetto.

In particolare:
> la condotta antigiuridica (fatto illecito) può concretizzarsi in azioni omissive o commissive. La *condotta omissiva* può consistere sia nel mancato compimento di un comportamento doveroso, sia nell'omissione di un atto dovuto; viceversa, la *condotta commissiva o attiva* può configurarsi come comportamento materiale del dipendente o emanazione di un atto amministrativo illegittimo;
> la colpevolezza dell'agente (dolo o colpa) può connotarsi come intenzione di cagionare l'evento dannoso con la consapevolezza della sua ingiustizia (dolo), oppure come violazione dei doveri di diligenza, cautela o perizia nei confronti dei terzi (colpa generica) o, ancora, come inosservanza di leggi, regolamenti, ordini o discipline (colpa specifica);
> l'evento dannoso (ingiusto) è il fatto illecito; in assenza di danno non dà luogo a responsabilità civile. Il danno, per essere *ingiusto*, deve essere prodotto in assenza di cause giustificative del fatto dannoso e deve incidere negativamente su di una posizione giuridica tutelata;
> il nesso di causalità fra la condotta antigiuridica e l'evento dannoso è un elemento imprescindibile per l'affermazione della responsabilità. Al fine di imputare l'obbligazione risarcitoria all'Amministrazione cui appartiene l'agente che ha posto in essere l'attività materiale dannosa, è necessario appurare che la condotta antigiuridica sia stata da lui realizzata nell'ambito dei suoi compiti istituzionali.

7) C. Occorre precisare che la colpevolezza dell'agente (dolo o colpa) può connotarsi come intenzione di cagionare l'evento dannoso con la consapevolezza della sua ingiustizia (dolo), oppure come violazione dei doveri di diligenza, cautela o perizia nei confronti dei terzi (*colpa generica*) o, ancora, come inosservanza di leggi, regolamenti, ordini o discipline (*colpa specifica*).

8) A. Attualmente il danno da ritardo da parte della Pubblica Amministrazione è contemplato dall'art. 2, co. 2-*bis*, L. 241/1990, introdotto dalla L. 69/2009, il quale prevede l'obbligo di risarcimento, a carico delle Pubbliche Amministrazioni e dei soggetti privati preposti all'esercizio di attività amministrative, del danno ingiusto cagionato in conseguenza dell'inosservanza dolosa o colposa del termine di conclusione del procedimento.

Dal danno da ritardo differisce l'indennizzo da ritardo, conseguente al vano decorso del tempo previsto dalla legge senza che la Pubblica Amministrazione si sia pronunciata, indipendentemente dal verificarsi o meno di un vero e proprio danno.

9) D. Il danno da disturbo consiste nell'illegittima compromissione, da parte della Pubblica Amministrazione, dell'esercizio da parte del privato delle facoltà inerenti all'esercizio di diritti di cui è titolare. Esso differisce dal danno da ritardo, in quanto mentre quest'ultimo è normalmente individuato nella lesione di un interesse legittimo pretensivo, cagionata dal ritardo con cui l'Amministrazione ha emesso il provvedimento finale inteso ad ampliare la sfera giuridica del privato, il danno da disturbo è caratterizzato dalla lesione di un interesse legittimo di tipo oppositivo e consiste nel ristoro del pregiudizio asseritamene subito in conseguenza dell'illegittima compressione delle facoltà di cui il privato cittadino era già titolare.

In ogni caso perché il risarcimento possa essere riconosciuto è necessario che la Pubblica Amministrazione abbia agito in violazione di norme e principi dell'ordinamento, nonché con dolo o colpa e che vi sia un nesso di causalità fra la condotta della Pubblica Amministrazione e il danno prodotto.

10) A. Il danno non può considerarsi antigiuridico quando la Pubblica Amministrazione, pur arrecando un pregiudizio o comunque un "disagio" ai privati cittadini, abbia agito attraverso atti legittimamente adottati nell'interesse della collettività: in tali ipotesi, proprio al fine di compensare il disagio subito dal privato, a fronte di un beneficio concreto della collettività, è prevista la possibilità di corrispondergli un indennizzo.

Il ristoro del danno non antigiuridico si realizza, perciò, a titolo indennitario, e non risarcitorio, in modo da evitare che gli effetti dannosi gravino sul titolare del diritto leso anziché su chi tragga vantaggio dall'attività legittimamente espletata. Si pensi, a titolo esemplificativo, agli indennizzi per causa di espropriazione, all'indennità per l'occupazione di beni strumentali all'esecuzione di opere pubbliche, a quelle dovute per le requisizioni in proprietà di cose mobili (per ragioni militari) o per le requisizioni in uso di beni immobili o mobili (per calamità naturali) ecc.

Diversa è, dunque, la funzione del risarcimento da quella dell'indennizzo. Infatti, mentre il risarcimento consiste nella sanzione della specifica obbligazione di reintegrare il patrimonio nelle condizioni in cui si trovava prima di subire il danno (*status quo ante*), l'indennizzo (o indennità), derivando da una lesione senza colpa, si concretizza nell'obbligo di versare al soggetto danneggiato un compenso uguagliato al valore del bene colpito e, in ogni caso, diverso o inferiore al risarcimento.

Questionario 9
Il sistema delle tutele

1) In base all'art. 113 Cost., contro gli atti della Pubblica Amministrazione è ammessa:
   A. la tutela giurisdizionale dei diritti e degli interessi legittimi solo dinanzi agli organi della giurisdizione amministrativa
   B. la tutela giurisdizionale dei diritti e degli interessi legittimi dinanzi agli organi della giurisdizione ordinaria
   C. solo la tutela giurisdizionale dei diritti dinanzi agli organi della giurisdizione ordinaria o amministrativa
   D. la tutela giurisdizionale dei diritti e degli interessi legittimi dinanzi agli organi della giurisdizione ordinaria o amministrativa

2) Ai sensi dell'art. 103 della Costituzione, gli organi di giustizia amministrativa hanno giurisdizione per la tutela, nei confronti della Pubblica Amministrazione:
   A. degli interessi legittimi e, nei casi indicati dalla legge, anche dei diritti soggettivi
   B. dei diritti soggettivi e nei casi indicati dalla legge, anche di interessi legittimi
   C. indifferentemente di interessi legittimi e diritti soggettivi
   D. solo dei diritti costituzionalmente garantiti

3) I ricorsi amministrativi si distinguono dai rimedi giurisdizionali:
   A. perché i primi sono rivolti ad autorità giudiziarie
   B. perché i secondi sono rivolti ad autorità amministrative
   C. perché i primi sono rivolti ad autorità amministrative
   D. perché i primi sono rivolti al TAR e i secondi al Consiglio di Stato

4) Quali sono i ricorsi amministrativi?
   A. Il ricorso gerarchico proprio, il ricorso gerarchico improprio, il ricorso in opposizione, il ricorso per l'ottemperanza e il ricorso straordinario al Capo dello Stato
   B. Il ricorso gerarchico proprio, il ricorso gerarchico improprio, il ricorso in opposizione, il ricorso per l'ottemperanza e le domande cautelari
   C. Il ricorso gerarchico proprio, il ricorso gerarchico improprio, il ricorso in opposizione e il ricorso straordinario al Capo dello Stato
   D. Il ricorso gerarchico proprio, il ricorso in opposizione e il ricorso straordinario al Capo dello Stato

5) Qual è l'elemento di differenziazione tra il ricorso gerarchico proprio e quello improprio?
   A. I diversi termini per proporre ricorso
   B. La presenza o meno di un rapporto gerarchico tra l'organo che ha emanato l'atto e quello al quale è indirizzato il ricorso

C. La diversa valenza da attribuire al silenzio dell'amministrazione, di accettazione del ricorso nel primo caso e di rigetto nel secondo
D. Con il primo si provvede alla tutela di diritti soggettivi, con il secondo di interessi legittimi

6) **Il ricorso in opposizione è presentato:**
   A. all'organo superiore a quello che ha emanato l'atto impugnato
   B. all'organo che ha emanato l'atto impugnato
   C. all'organo che ha eseguito l'atto impugnato
   D. al Capo dello stato

7) **Il ricorso straordinario al Capo dello Stato è ammesso anche per impugnare atti definitivi?**
   A. Sì, ma solo se affetti da palese illegittimità
   B. Sì, ma solo in casi di urgenza
   C. Sì, è rimedio di carattere generale
   D. No, il ricorso è ammesso solo avverso atti non definitivi

8) **Tra il ricorso straordinario al Capo dello Stato ed il ricorso giurisdizionale sussiste un rapporto:**
   A. di subordinazione
   B. di cooperazione
   C. di contemporaneità
   D. di alternatività

9) **Il ricorso al Capo dello Stato deve essere proposto nel termine di:**
   A. 30 giorni dalla data della notificazione o della comunicazione dell'atto impugnato o da quando l'interessato ne abbia avuto piena conoscenza
   B. 60 giorni dalla data della notificazione o della comunicazione dell'atto impugnato o da quando l'interessato ne abbia avuto piena conoscenza
   C. 120 giorni dalla data della notificazione o della comunicazione dell'atto impugnato o da quando l'interessato ne abbia avuto piena conoscenza
   D. 90 giorni dalla data della notificazione o della comunicazione dell'atto impugnato o da quando l'interessato ne abbia avuto piena conoscenza

10) **Il provvedimento che nel 2010 ha riordinato la disciplina in materia di giurisdizione amministrativa è:**
    A. il Codice della giustizia amministrativa
    B. il Codice della giurisdizione amministrativa
    C. il Codice di procedura amministrativa
    D. il Codice del processo amministrativo

11) **Qual è l'organo di primo grado della giurisdizione amministrativa?**
    A. Il Giudice di pace in sede amministrativa
    B. Il Tribunale della funzione pubblica
    C. Il Tribunale amministrativo regionale
    D. Il Consiglio di Stato

12) **L'azione di condanna, ai sensi del Codice del processo amministrativo, può essere chiesta:**
   A. solo contestualmente ad altra azione
   B. sempre in via autonoma
   C. contestualmente ad altra azione o, nei casi di giurisdizione esclusiva, in via autonoma
   D. non può essere proposta in nessun caso azione di condanna nei confronti di una Pubblica Amministrazione

13) **Quali sono gli elementi del ricorso giurisdizionale amministrativo?**
   A. L'identificazione delle parti, dell'oggetto della domanda, l'esposizione sommaria di fatti, motivi, nonché la sottoscrizione del ricorrente o del suo difensore
   B. L'identificazione delle parti, dell'oggetto della domanda, l'esposizione sommaria di fatti, motivi, mezzi di prova e provvedimenti chiesti al giudice, nonché la sottoscrizione del ricorrente o del suo difensore
   C. L'identificazione delle parti, l'esposizione sommaria di fatti, motivi, mezzi di prova e provvedimenti chiesti al giudice, nonché la sottoscrizione personale del ricorrente
   D. L'identificazione delle parti, dell'oggetto della domanda, l'esposizione sommaria di fatti, motivi e di mezzi di prova

14) **Con il giudizio di merito il giudice amministrativo:**
   A. giudica la corrispondenza dell'atto alle norme di legge
   B. giudica l'attività discrezionale che l'autorità amministrativa pone in essere con riguardo al provvedimento da adottare
   C. giudica la competenza di un organo ad adottare un provvedimento
   D. esorta l'amministrazione competente a ritirare il provvedimento

15) **Nell'esercizio di quale tipo di giurisdizione il giudice amministrativo può sostituirsi all'amministrazione?**
   A. Giurisdizione esclusiva
   B. Giurisdizione con cognizione estesa al merito
   C. Giurisdizione generale di legittimità
   D. Giurisdizione generale cognitiva

16) **Il giudizio di ottemperanza è proposto al fine di:**
   A. ottenere una condanna dell'amministrazione
   B. ottenere che l'amministrazione si conformi al giudicato dei tribunali
   C. sollevare il difetto di competenza
   D. impugnare una sentenza di primo grado

17) **Nel processo amministrativo è possibile esperire un'azione di condanna al rilascio di un provvedimento richiesto?**
   A. Sì, solo contestualmente all'azione di annullamento del provvedimento di diniego
   B. No, in nessun caso

C. Sì, anche non contestualmente all'azione di annullamento del provvedimento di diniego
D. Sì, sempre

18) **Quale delle seguenti non rientra tra le sentenze di accoglimento nel processo amministrativo?**
    A. Sentenze costitutive
    B. Sentenze di accertamento
    C. Sentenze di condanna
    D. Sentenze di sospensione

19) **Cosa sono le decisioni in forma semplificata?**
    A. Decisioni in cui la motivazione consiste in un sintetico riferimento al punto di fatto o di diritto del ricorso stesso, ritenuto risolutivo
    B. Decisioni emesse subito dopo l'udienza
    C. Decisioni in cui si fa unicamente riferimento ad una consolidata giurisprudenza per la soluzione del caso
    D. Decisioni emesse subito dopo il deposito del ricorso

20) **I titolari di interessi giuridicamente rilevanti ed omogenei per una pluralità di utenti e consumatori possono agire collettivamente in giudizio (*class action*) nei confronti della Pubblica Amministrazione se dalla violazione di obblighi deriva:**
    A. una lesione diretta, concreta ed attuale dei propri interessi
    B. una lesione di rilevante entità economica
    C. una lesione di interessi pubblici
    D. una lesione dei propri interessi, pur se indiretta

21) **Il giudice ordinario è sempre competente per i ricorsi avverso la lesione di diritti soggettivi?**
    A. Sì, la competenza è assoluta e non prevede eccezioni
    B. Sì, ad eccezione di quelli già oggetto di ricorso amministrativo
    C. No, il legislatore attribuisce la tutela di alcune posizioni di diritto soggettivo alla giurisdizione esclusiva del giudice amministrativo
    D. No, al contrario quando in una controversia è parte la Pubblica Amministrazione la giurisdizione è sempre degli organi di giustizia amministrativa, sia per la lesione di diritti soggettivi che di interessi legittimi

22) **Cosa significa disapplicare l'atto amministrativo?**
    A. Revocare l'atto amministrativo illegittimo
    B. Decidere la controversia senza considerare l'atto amministrativo illegittimo
    C. Modificare l'atto amministrativo illegittimo
    D. Sanare l'atto amministrativo illegittimo

Risposte commentate
Il sistema delle tutele

1) D. Gli articoli di maggiore rilevanza della Carta costituzionale in materia di giustizia amministrativa sono il 24 («*Tutti possono agire in giudizio per la tutela dei propri diritti e interessi legittimi*») e 113 («*Contro gli atti della Pubblica Amministrazione è sempre ammessa la tutela giurisdizionale dei diritti e degli interessi legittimi dinanzi agli organi di giurisdizione ordinaria o amministrativa. Tale tutela non può essere esclusa o limitata a particolari mezzi di impugnazione o per particolari categorie di atti. La legge determina quali organi di giurisdizione possono annullare gli atti della Pubblica Amministrazione nei casi e con gli effetti previsti dalla legge stessa*»).
Consacrando il diritto alla tutela giurisdizionale tra i fondamenti dell'ordinamento costituzionale, l'art. 24, in connessione con il principio democratico, afferma il principio di azionabilità delle situazioni giuridiche soggettive (diritti e interessi) dei cittadini nei confronti della Pubblica Amministrazione. Il comma 1 trova applicazione nell'art. 113 Cost., definito *clausola generale di impugnabilità degli atti amministrativi* a garanzia della *giurisdizione amministrativa generale di legittimità* a tutela di interessi legittimi, parallela a quella della magistratura ordinaria a tutela dei diritti soggettivi.

2) A. Il primo comma dell'art. 103 Cost. attribuisce agli organi di giustizia amministrativa la giurisdizione per la *tutela nei confronti della Pubblica Amministrazione degli interessi legittimi* e, in particolari materie indicate dalla legge, *anche dei diritti soggettivi*. L'espressione è richiamata quasi letteralmente dall'art. 7 del D.Lgs. 104/2010 il quale afferma che sono devolute alla giurisdizione amministrativa le controversie, nelle quali si faccia questione di interessi legittimi e, nelle particolari materie indicate dalla legge, di diritti soggettivi, concernenti l'esercizio o il mancato esercizio del potere amministrativo, riguardanti provvedimenti, atti, accordi o comportamenti riconducibili anche mediatamente all'esercizio di tale potere, posti in essere da pubbliche amministrazioni. Non sono impugnabili gli atti o provvedimenti emanati dal Governo nell'esercizio del potere politico.
Ai commi 4 e 5 dello stesso art. 7 si specifica che "sono attribuite alla giurisdizione generale di legittimità del giudice amministrativo le controversie relative ad atti, provvedimenti o omissioni delle pubbliche amministrazioni, comprese quelle relative al risarcimento del danno per lesione di interessi legittimi e agli altri diritti patrimoniali consequenziali, pure se introdotte in via autonoma. Nelle materie di giurisdizione esclusiva, indicate dalla legge e dall'articolo 133 D.Lgs. 104/2010, il giudice amministrativo conosce, pure ai fini risarcitori, anche delle controversie nelle quali si faccia questione di diritti soggettivi".

3) C. Con la nozione di "ricorsi amministrativi" si indicano quelle istanze che i soggetti interessati possono presentare ad un'autorità amministrativa perché questa risolva una controversia insorta nell'ambito del sistema della Pubblica Amministrazione, ovvero sono istanze rivolte dai soggetti interessati ad una Pubblica Amministrazione per ottenere la tutela di una situazione giuridica soggettiva che si assume essere lesa da un provvedimento o da un comportamento amministrativo.

Tali ricorsi si diversificano dai ricorsi giurisdizionali, proprio perché sono rivolti ad autorità appartenenti all'Amministrazione, le quali si pronunciano su di essi con un provvedimento amministrativo. La questione non viene, dunque, demandata ad un giudice "terzo" ma viene decisa da un organo amministrativo.

I ricorsi amministrativi si distinguono dai rimedi giurisdizionali perché:
> vengono proposti dinnanzi ad un'autorità amministrativa;
> sono decisi da un'autorità amministrativa con un atto amministrativo (stessi caratteri, forma, efficacia e natura) della categoria delle "decisioni amministrative" al termine di un procedimento amministrativo di "secondo grado".

4) C. Il ricorso amministrativo è quella "istanza rivolta ad una Pubblica Amministrazione e diretta a conseguire la tutela di una situazione giuridica soggettiva che si suppone lesa da un atto amministrativo o da un comportamento della P.A." (Casetta).

Esso mira ad ottenere la revoca, l'annullamento o la riforma dell'atto impugnato.

Esistono quattro tipi di ricorso: gerarchico proprio, gerarchico improprio, per opposizione o straordinario (al Capo dello Stato).

5) B. Il ricorso gerarchico si può distinguere in *ricorso gerarchico proprio* e *improprio*. Il primo è un rimedio a carattere generale, proponibile contro atti non definitivi indipendentemente da un'esplicita previsione di legge, indirizzato all'autorità gerarchicamente superiore a quella che ha adottato l'atto ritenuto lesivo dal suo destinatario a tutela di un interesse legittimo o di un diritto soggettivo. Il *ricorso gerarchico improprio*, invece, è un rimedio di carattere eccezionale, esperibile cioè nei soli casi espressamente previsti dalla legge, che si caratterizza per la mancanza di un rapporto gerarchico tra l'autorità che ha adottato l'atto impugnato e quella decidente. È esperibile innanzi ad un organo monocratico o collegiale avverso delibere di organi collegiali o monocratici indifferentemente, nonché ad un organo statale avverso provvedimenti di altro ente pubblico.

6) B. Il ricorso in opposizione è basato su motivi di legittimità e di merito ed è esperibile nei soli casi previsti dalla legge con presentazione allo stesso organo che ha emanato l'atto, solo contro atti non definitivi.

7) C. Il ricorso straordinario al Capo dello Stato è un rimedio di carattere generale, esperibile cioè in tutti i casi in cui non sia escluso dalla legge ovvero incompatibile con il sistema, proponibile contro atti nei cui confronti, in ragione del loro carattere definitivo, non sono esperibili altri rimedi amministrativi.

8) D. Il ricorso straordinario al Capo dello Stato è caratterizzato dall'alternatività rispetto al ricorso al giudice amministrativo. In virtù di tale principio una volta intrapresa la strada del ricorso straordinario non è più possibile esperire ricorso giurisdizionale davanti al giudice amministrativo e viceversa.

9) C. Il *ricorso straordinario al Presidente della Repubblica* deve essere proposto entro il termine di 120 giorni; il *ricorso amministrativo gerarchico e in opposizione*, invece, deve essere proposto *entro 30 giorni* dalla notificazione del provvedimento o dalla data della pubblicazione del provvedimento (ove prevista) o, infine, dalla data della piena conoscenza dell'atto.

Il diritto a proporre il ricorso amministrativo si estingue per il decorso dei termini (*decadenza*) oppure in caso di *acquiescenza*, allorché l'interessato compia atti positivi o negativi incompatibili con la volontà di proporre il ricorso medesimo.

La decisione deve essere comunicata sia al ricorrente che ai controinteressati e all'autorità che ha emanato l'atto impugnato. Per quest'ultima, l'eventuale accoglimento preclude la possibilità di adottare un atto identico a quello annullato ma non la possibilità di regolare in altro modo la medesima situazione.

10) D. Con il D.Lgs. 2-7-2010, n. 104, in attuazione della delega di cui all'art. 44 L. 69/2009, e stato approvato il *Codice del processo amministrativo* (*CPA*). Il provvedimento ha, da un lato, una finalità di semplificazione normativa, attraverso l'inserimento in un unico testo di disposizioni, anche risalenti, sparse in una pluralità di fonti, e dall'altro una funzione di sistemazione complessiva della materia anche mediante interventi di natura innovativa.

Il Codice fa propri i principi generali del codice di procedura civile e, nei casi in cui il processo amministrativo presenta peculiarità specifiche, detta regole autonome. Il Codice del processo amministrativo disciplina espressamente le azioni esercitabili innanzi al giudice amministrativo. Accanto all'azione di condanna, all'azione di annullamento e all'azione avverso il silenzio, esso introduce l'azione volta all'accertamento della nullità, da proporre entro il termine di decadenza di centottanta giorni.

Fra le novità da esso introdotte, il Codice opera un ampliamento delle materie di giurisdizione esclusiva (nelle quali il giudice amministrativo conosce anche di diritti soggettivi) e, viceversa, un ridimensionamento delle materie attribuite alla giurisdizione di merito (nell'ambito della quale il giudice amministrativo può sostituirsi all'amministrazione, eventualmente nominando un commissario *ad acta*).

11) C. La giurisdizione amministrativa è esercitata dai tribunali amministrativi regionali (TAR) e dal Consiglio di Stato secondo le norme del Codice del processo amministrativo (D.Lgs. 104/2010).

Sono organi di giurisdizione amministrativa di primo grado i TAR e il Tribunale regionale di giustizia amministrativa per la Regione autonoma del Trentino-Alto Adige. Il TAR decide con l'intervento di tre magistrati, compreso il presidente. In mancanza del presidente, il collegio è presieduto dal magistrato con maggiore anzianità nel ruolo.

12) C. Le *azioni di condanna* nei confronti della Pubblica Amministrazione si distinguono in:
> *azioni risarcitorie*, mediante le quali il ricorrente mira a ottenere una decisione del giudice che ordini all'amministrazione di pagare una somma di denaro. In passato ammesse solo nella giurisdizione esclusiva, ora sono estese anche alla giurisdizione di legittimità (D.Lgs. 104/2010);
> *azioni reintegratorie*, previste sia per la giurisdizione esclusiva sia per la giurisdizione di legittimità (D.Lgs. 104/2010).

L'azione di condanna al rilascio di un provvedimento richiesto (cosiddetta azione di adempimento) *può essere proposta contestualmente all'azione di annullamento o all'azione avverso il silenzio*, specificando che in ogni caso l'accertamento della fondatezza della pretesa potrà essere effettuato solo nei limiti rigorosi stabiliti dall'art. 31, co. 3, D.Lgs. 104/2010, a proposito dell'azione avverso il silenzio che tendono a garantire il principio della separazione dei poteri. L'azione di condanna può essere proposta anche in via autonoma nelle ipotesi di giurisdizione esclusiva o nei casi disciplinati dall'art. 30, co. 1, D.Lgs. 104/2010.

13) B. Le domande s'introducono con ricorso al Tribunale Amministrativo Regionale competente.
Il ricorso deve contenere:
> gli elementi identificativi del ricorrente, del suo difensore e delle parti nei cui confronti il ricorso è proposto;
> l'indicazione dell'oggetto della domanda, ivi compreso l'atto o il provvedimento eventualmente impugnato, e la data della sua notificazione, comunicazione o comunque della sua conoscenza;
> l'esposizione sommaria dei fatti, i motivi specifici su cui si fonda il ricorso, l'indicazione dei mezzi di prova e dei provvedimenti chiesti al giudice;
> la sottoscrizione del ricorrente, se esso sta in giudizio personalmente, oppure del difensore, con indicazione, in questo caso, della procura speciale.

14) B. Il merito può essere fatto coincidere con l'opportunità (intesa come necessità di rendere il provvedimento il più conforme possibile alle regole di equità, imparzialità e buona amministrazione, inerenti alla cura degli interessi pubblici), oppure può essere riferito al contenuto sostanziale del provvedimento, il quale comprende l'opportunità, le valutazioni tecniche e le qualificazioni giuridiche applicate. In questo secondo caso, il merito non comprende solo la ponderazione comparativa degli interessi nel momento che precede la decisione amministrativa, ma tutto il percorso che va dal momento in cui si propone un'istanza sino al momento finale dell'emanazione del provvedimento, che è l'espressione della cura concreta dell'interesse pubblico dato in attribuzione.

15) B. L'art. 7 D.Lgs. 104/2010 afferma che la giurisdizione amministrativa si articola in giurisdizione generale di legittimità, esclusiva ed estesa al merito. In particolare:
> sono attribuite alla *giurisdizione generale di legittimità* del giudice amministrativo le controversie relative ad atti, provvedimenti o omissioni delle Pubbliche Amministrazioni, comprese quelle relative al risarcimento del danno per lesione di interessi legittimi e agli altri diritti patrimoniali consequenziali, pure se introdotte in via autonoma;
> nelle materie di *giurisdizione esclusiva*, indicate dalla legge e dall'articolo 133 del Codice il giudice amministrativo conosce, pure ai fini risarcitori, anche delle controversie nelle quali si faccia questione di diritti soggettivi;
> il giudice amministrativo esercita invece *giurisdizione con cognizione estesa al merito* nelle controversie indicate dalla legge e dall'articolo 134. Nell'esercizio di questa ultima giurisdizione il giudice amministrativo può sostituirsi all'amministrazione.

16) B. Nell'ipotesi in cui l'amministrazione eluda l'attuazione del giudicato amministrativo o ordinario, omettendo di adattare la realtà materiale al *decisum* del giudice (mediante, appunto, l'omissione degli atti necessari a dare esecuzione alla sentenza nei suoi effetti ripristinatori e conformativi), è possibile utilizzare il giudizio di ottemperanza. L'oggetto del giudizio di ottemperanza è, dunque, la puntuale verifica, da parte del giudice, dell'esatto adempimento da parte dell'amministrazione dell'obbligo di conformarsi al giudicato, per far conseguire concretamente all'interessato l'utilità o il bene della vita già riconosciutogli in sede di cognizione.
L'azione di ottemperanza, alla luce delle novità *ex* D.Lgs. 104/2010 (articolo 112 e seguenti), si propone ora, anche senza previa diffida, con ricorso notificato alla Pubblica Amministrazione e a tutte le altre parti del giudizio definito dalla sentenza o dal lodo della cui ottemperanza si tratta.
Essa si prescrive con il decorso di 10 anni dal passaggio in giudicato della sentenza.

17) A. Il D.Lgs. 160/2012 (secondo correttivo al codice del processo amministrativo) ha introdotto in modo esplicito l'azione di condanna al rilascio di un provvedimento richiesto (art. 34 D.Lgs. 104/2010), che può essere proposta solo "*contestualmente all'azione di annullamento del provvedimento di diniego o all'azione avverso il silenzio*" e "*nei limiti di cui all'articolo 31, comma 3*". Quest'ultimo riferimento, in relazione all'azione diretta all'accertamento della pretesa nel rito avverso il silenzio (ossia "in caso di attività vincolata o quando risulta che non residuano ulteriori margini di esercizio della discrezionalità e non sono necessari adempimenti istruttori che debbano essere compiuti dall'amministrazione"), e volto ad impedire la sostituzione del giudice all'esercizio del potere discrezionale della P.A., lasciando tuttavia un ampio margine di intervento all'organo giudicante, anche mediante l'esercizio di poteri sollecitatori degli adempimenti istruttori e la valutazione dell'esaurimento della discrezionalità (M.A. Sandulli).
La nuova azione (tipica) di adempimento si pone, in conclusione, in rapporto di specialità rispetto alla più generale azione di condanna, per il quale il legislatore delegato si è semplicemente preoccupato di ridefinirne i binari sostanziali e processuali.

18) D. Le *sentenze di accoglimento* possono suddividersi in:
> *sentenze costitutive*: tipiche del giudizio di legittimità, hanno come effetto il totale o parziale annullamento dell'atto amministrativo con efficacia *ex tunc* (eliminando quindi i suoi effetti dalla emanazione);
> *sentenze di accertamento*: sono quelle che risolvono uno stato di incertezza circa la spettanza o meno di una situazione giuridica soggettiva;
> *sentenze di condanna*: comportano non solo l'accertamento del diritto, ma anche l'obbligo per l'Amministrazione Pubblica di ottemperare a quanto stabilito dalla pronuncia, sia che si tratti di corrispondere la somma oggetto dell'accertamento sia che si debba tenere un determinato comportamento.

19) A. È molto ricorrente nel giudizio amministrativo il ricorso a sentenze che vengono adottate in una forma semplificata. Trattasi, in specie, di un *procedimento a cognizione sommaria* che si innesta d'ufficio sulla causa che era stata invece portata in camera di consiglio solo per l'esame della fase cautelare.

È caratterizzata dal fatto che la motivazione può consistere in un sintetico riferimento al punto di fatto o di diritto ritenuto risolutivo. Le uniche condizioni poste dalla legge al giudice amministrativo per la legittima emissione di una sentenza con motivazione resa in forma semplificata sono la verifica di *integrità del contraddittorio* e la scadenza del termine di *dieci giorni dal deposito del ricorso* (cfr. art. 74, D.Lgs. 104/2010).

20) A. Il nostro ordinamento prevede varie azioni a tutela dei diritti dei consumatori e dei portatori di interessi diffusi, che si possono spingere fino alla richiesta di risarcimento danni in caso di comprovate lesioni di interessi individuali o collettivi.
Per quanto riguarda il settore pubblico, il D.Lgs. 198/2009 ha attribuito il diritto di avviare azioni collettive (*class action*) anche nei confronti delle Pubbliche Amministrazioni e dei concessionari di servizi pubblici; tale azione è proponibile dai titolari di interessi giuridicamente rilevanti ed omogenei per una *pluralità di utenti e consumatori*, che possono agire in giudizio se derivi una *lesione diretta, concreta ed attuale dei propri interessi*. Le attività che possono determinare tali effetti sono:
> la *violazione di termini o la mancata emanazione di atti* amministrativi generali obbligatori e non aventi contenuto normativo da approvare obbligatoriamente entro e non oltre un termine fissato da una legge o da un regolamento;
> la violazione degli *obblighi contenuti nelle Carte di servizi*;
> la *violazione di standard qualitativi ed economici* stabiliti, per i concessionari di servizi pubblici, dalle autorità preposte alla regolazione ed al controllo del settore e, per le pubbliche amministrazioni, definiti dalle stesse.

Il ricorso è devoluto alla giurisdizione esclusiva del giudice amministrativo e le questioni di competenza sono rilevabili anche d'ufficio.

21) C. Al giudice ordinario è riconosciuta giurisdizione per le controversie involgenti posizioni di diritto soggettivo, non affidate dal legislatore ordinario alla giurisdizione esclusiva del giudice amministrativo (cfr. art. 133 D.Lgs. 104/2010).

22) B. La L. 2248/1865, All. E (L.A.C.), all'art. 4 disciplina i poteri di decisione del giudice ordinario, escludendo che lo stesso possa "revocare" o "modificare" l'atto amministrativo illegittimo.
Il divieto è inteso nel senso che al giudice ordinario non è consentito *annullare o modificare* l'atto autoritativo dell'amministrazione la cui incisione è rimessa alla stessa amministrazione tenuta a conformarsi al giudicato.
L'art. 5 L.A.C. statuisce il principio che il giudice ordinario non deve applicarlo: una volta accertata l'illegittimità dell'atto amministrativo quest'ultimo deve definire la controversia ritenendo l'atto *tamquam non esset* (cioè *"come se non esistesse"*). Disapplicare, quindi, significa per il giudice *considerare l'atto amministrativo illegittimo come se non esistesse ai fini della decisione della causa*, senza quindi efficacia di giudicato.

Sezione II
Attività amministrativa, procedimento e tutela della privacy

SOMMARIO

Questionario 1	L'attività della Pubblica Amministrazione
Questionario 2	I documenti amministrativi: dal cartaceo al digitale
Questionario 3	Il procedimento amministrativo
Questionario 4	Il diritto di accesso e l'accesso civico
Questionario 5	La tutela della privacy

Questionario 1
L'attività della Pubblica Amministrazione

1) **In base al principio di legalità, la Pubblica Amministrazione:**
   A. può farsi giustizia da sé
   B. può esercitare qualsiasi potere purché volto ad un giusto fine
   C. può legiferare
   D. può esercitare solo i poteri che le siano stati conferiti dalla legge

2) **Il principio di imparzialità comporta:**
   A. la conclusione entro un certo termine del procedimento amministrativo
   B. la partecipazione di tutti i soggetti coinvolti nel procedimento amministrativo
   C. l'accesso di tutti gli interessati agli atti della Pubblica Amministrazione
   D. la ponderazione di tutti gli elementi coinvolti dall'agire della Pubblica Amministrazione

3) **Secondo quale principio la Pubblica Amministrazione è tenuta, nel perseguimento dell'interesse pubblico, ad impiegare mezzi commisurati e tempi idonei allo scopo da perseguire?**
   A. Principio di economicità
   B. Principio di proporzionalità
   C. Principio di adeguatezza
   D. Principio di efficacia

4) **Il principio di proporzionalità costituisce una manifestazione:**
   A. del principio di sussidiarietà
   B. del principio di ragionevolezza
   C. del principio di trasparenza
   D. del principio di pubblicità

5) **Quando il cittadino coopera con le istituzioni nel definire gli interventi che incidono sulle realtà sociali a lui prossime si parla di:**
   A. sussidiarietà verticale
   B. sussidiarietà locale
   C. sussidiarietà sociale
   D. sussidiarietà orizzontale

6) **Quale legge impone alla Pubblica Amministrazione di svolgere la propria attività secondo i criteri di pubblicità e trasparenza?**
   A. La legge sul pubblico impiego (L. 15/2009)
   B. La legge sul diritto di accesso (L. 141/2000)
   C. La legge anticorruzione (L. 190/2012)
   D. La legge sul procedimento amministrativo (L. 241/1990)

7) **Il potere discrezionale della Pubblica Amministrazione:**
   A. è totalmente libero
   B. è compiutamente disciplinato dalla legge
   C. è limitato dal legislatore quanto al fine da raggiungere
   D. è libero quanto al fine da raggiungere

8) **Il cattivo uso del potere discrezionale:**
   A. rende nullo l'atto emanato
   B. configura un vizio di legittimità
   C. rende l'atto inesecutorio
   D. non è sindacabile

9) **Con l'espressione merito amministrativo, s'intende indicare:**
   A. un giudizio di conformità sull'apprezzamento compiuto dalla Pubblica Amministrazione in rapporto a regole di tipo non giuridico (cd. regole di buona amministrazione)
   B. un giudizio di conformità sull'apprezzamento compiuto dalla Pubblica Amministrazione in rapporto a regole di tipo giuridico
   C. un giudizio di legittimità sulla valutazione degli interessi compiuta dalla Pubblica Amministrazione
   D. un giudizio di legittimità sulla progressione di carriera dei dipendenti pubblici

10) **Cosa si intende per attività vincolata?**
    A. Nell'attività vincolata la legge lascia alla P.A. un certo margine di apprezzamento in ordine alla decisione da prendere
    B. Nell'attività vincolata la P.A. deve effettuare una comparazione tra i diversi interessi in gioco
    C. Nell'attività vincolata la P.A. deve valutare tenuto conto delle peculiarità del caso, quale sia l'atto idoneo da adottare
    D. Nell'attività vincolata tutti gli elementi da acquisire e valutare, ai fini di una decisione amministrativa, sono già prefigurati rigidamente dalla legge.

Risposte commentate
L'attività della Pubblica Amministrazione

1) D. L'art. 97 Cost. è la norma maggiormente invocata a fondamento del principio di legalità dell'organizzazione e dell'azione amministrativa. Si stabilisce, al comma 2, che *i pubblici uffici sono organizzati secondo disposizioni di legge*, in modo che siano assicurati il *buon andamento* e l'*imparzialità* dell'Amministrazione.
Sulla base di tale disposizione, l'azione dei pubblici poteri deve avere un fondamento normativo, e se del caso la legge provvede a dettare la disciplina fondamentale della materia, cioè le direttrici lungo le quali l'azione amministrativa dovrà muoversi.

2) D. Il principio di imparzialità è riconducibile al principio di eguaglianza (art. 3 Cost.) e indica che la Pubblica Amministrazione, nella cura degli interessi che le sono affidati, deve essere equidistante dagli interessi in competizione. Il concetto postula un comportamento diretto alla realizzazione di un assetto di interessi non parziale, in modo che tutti gli interessi siano adeguatamente rappresentati e considerati (es. un'applicazione del principio di imparzialità è la selezione del personale delle amministrazioni tramite concorsi pubblici).

3) B. Il principio di proporzionalità impone alla Pubblica Amministrazione, nel perseguimento dell'interesse pubblico, di *impiegare mezzi commisurati e tempi idonei allo scopo da perseguire*, in maniera efficace proporzionatamente.
La proporzionalità consiste nell'*esercitare la giusta misura del potere* in modo da assicurare un'azione idonea ed adeguata alle circostanze di fatto, che non alteri il giusto equilibrio fra i valori, gli interessi e le situazioni giuridiche.
Questo principio prevede che gli organi amministrativi tengano in debita considerazione le esigenze dei soggetti titolari di interessi compresenti nell'azione amministrativa al fine di ricercare la soluzione che comporti il minor sacrificio possibile per gli stessi interessi rispetto al fine pubblico da perseguire.

4) B. Il principio di ragionevolezza è un principio elaborato da diversi tribunali costituzionali attraverso l'interpretazione delle disposizioni costituzionali che stabiliscono il principio di eguaglianza, ossia il divieto per il legislatore di distinguere (o discriminare) tra cittadini. Con riferimento all'attività amministrativa la ragionevolezza equivale al rispetto dei parametri di correttezza ed adeguatezza della funzione, e per converso, la irragionevolezza equivale a vizio della funzione.
Il principio di proporzionalità nel nostro ordinamento è presente come *una delle possibili manifestazioni del principio di ragionevolezza*: ogni misura adottata dalla Pubblica Amministrazione che va ad incidere su posizioni private deve essere proporzionale rispetto a quanto richiesto dagli obiettivi perseguiti. Irragionevole, e perciò sanzionabile sotto il profilo dell'eccesso di potere, sarebbe una misura incidente sulla sfera privata, non giustificata da specifiche e motivate esigenze di interesse pubblico.

5) D. Il principio di sussidiarietà "verticale" è stato disciplinato nell'ordinamento italiano con la sua introduzione all'interno dell'art. 118 della Costituzione. Secondo tale norma "le funzioni amministrative sono attribuite ai Comuni salvo che, per assicurarne l'esercizio unitario, siano conferite a Province, Città metropolitane, Regioni e Stato, sulla base dei principi di sussidiarietà, differenziazione ed adeguatezza". Nel medesimo articolo della Costituzione è formalizzato anche il principio di sussidiarietà "orizzontale" secondo cui Stato, Regioni, Città metropolitane, Province e Comuni *favoriscono l'autonoma iniziativa dei cittadini, singoli e associati, per lo svolgimento di attività di interesse generale*. Viene, cioè, prevista per i cittadini la possibilità di surrogare i pubblici poteri nell'esercizio di attività utili alla collettività.

6) D. L'art. 1, co. 1, L. 241/1990, come modificato dalla L. 15/2005, ha introdotto espressamente il principio di trasparenza quale regola di condotta della Pubblica Amministrazione. Tale principio impone all'Amministrazione il dovere di rendere visibile, controllabile e accessibile dall'esterno il proprio operato. Esso si concretizza nell'attribuzione ai cittadini del potere di esercitare un controllo democratico sullo svolgimento dell'attività amministrativa e sulla conformità della stessa agli interessi sociali e ai principi costituzionali.

La legge anticorruzione, sulla base della cui delega è stato emanato il D.Lgs. 33/2013, ha notevolmente esteso la nozione di trasparenza amministrativa. Secondo l'art. 1, co. 15, L. 190/2012, la trasparenza dell'attività amministrativa è assicurata mediante la pubblicazione, nei siti web istituzionali delle Pubbliche Amministrazioni, di tutte le informazioni relative ai procedimenti amministrativi, con criteri di facile accessibilità, completezza e semplicità di consultazione (sia pure nel rispetto delle disposizioni in materia di segreto di Stato, di segreto d'ufficio e di protezione dei dati personali).

7) C. La discrezionalità amministrativa è l'ambito decisionale entro il quale la Pubblica Amministrazione può operare, nei limiti tracciati dalla legge e *per il raggiungimento delle finalità da questa stabilite*.

L'attività amministrativa è discrezionale allorquando il potere di scelta in capo all'organo agente è esercitabile sulla scorta di due o più soluzioni tutte astrattamente applicabili, ed idonee a realizzare l'obiettivo dell'imparzialità enunciato nella Costituzione. La Pubblica Amministrazione esercita un'attività discrezionale allorché la fase prodromica di elaborazione degli interessi non sfocia in un esito unico ed immutabile, bensì quando ad essa segua un ulteriore momento valutativo rimesso alla libertà di scelta dell'organo procedente. L'attività priva di esercizio della discrezionalità amministrativa è detta "vincolata".

8) B. Il cattivo uso del potere discrezionale *configura un vizio di legittimità*, nella forma dell'eccesso di potere. L'elaborazione di tale vizio, peraltro modificato dall'art. 21-*octies* L. 241/1990, ha rappresentato un decisivo strumento per vincolare le amministrazioni pubbliche al rispetto non meramente formalistico del principio di legalità, pur senza sconfinare in una valutazione dell'opportunità dell'atto. Esso, comunque, consente di sindacare la sussistenza degli interessi su cui si fonda l'atto e la logicità e ragionevolezza della valutazione operata dalla P.A. Diverse sono le figure sintomatiche dell'eccesso di potere, e tra esse si segnalano lo sviamento di potere (utilizzo del potere per un fine diverso da quello che gli e proprio), la disparità di trattamento, l'inosservanza di circolari, l'illogicità manifesta.

9) A. Il merito amministrativo si sostanzia in un giudizio di conformità sull'apprezzamento compiuto dalla P.A. in rapporto a regole di tipo non giuridico di cd. buona amministrazione (riconducibili al criterio di buon andamento di cui all'art. 97 Cost.). Ad esempio, decidere in quali ore il centro storico diventa isola pedonale implica una valutazione di merito, perche non esiste una disciplina giuridica che regolamenti la chiusura al traffico di un qualsivoglia centro storico, ma solo dei criteri generali cui la decisione si deve informare.
La discrezionalità è liberta di mezzi, ma non di fini, in quanto questi ultimi sono prefissati dal legislatore.
La scelta di merito, relativa al mezzo, proprio per la totale liberta di cui gode l'amministrazione, non e sindacabile ne dal giudice ordinario ne dal giudice amministrativo.
Raramente è sindacabile dagli organi di controllo. La scelta discrezionale, invece, essendo incanalabile entro precisi binari legislativi, e sindacabile sia dal giudice amministrativo sia dagli organi di controllo.

10) D. Nell'attività vincolata tutti gli elementi da acquisire e valutare, ai fini di una decisione amministrativa, sono già prefigurati rigidamente dalla legge, di modo che l'autorità amministrativa è chiamata a svolgere solo una verifica tra quanto disposto dalla legge e quanto presente nella realtà, sicché il *modus procedendi* è quasi meccanico e ha un esito certo.
Molto spesso gli atti vincolati implicano l'applicazione di conoscenze tecniche e in questi casi la norma attributiva del potere fa discendere automaticamente da un accertamento tecnico una predeterminata conseguenza giuridica.
Dunque, quando adotta un provvedimento vincolato, la Pubblica Amministrazione non ha alcun margine di apprezzamento discrezionale; sicché è vincolata l'azione amministrativa condotta sulla base di uno specifico parametro giuridico di riferimento in modo da escludere qualsiasi margine di valutazione e di scelta. In tal caso, l'ente pubblico ha l'obbligo di intervenire con un atto dovuto, senza che possa essere effettuata alcuna comparazione tra interessi pubblici e interessi privati.

Questionario 2
I documenti amministrativi: dal cartaceo al digitale

1) **Quale delle seguenti è la definizione di documento amministrativo riportata nel Testo unico (D.P.R. 445/2000)?**
   A. Ogni rappresentazione, comunque formata, del contenuto di atti, ad esclusione di quelli interni, delle Pubbliche Amministrazioni
   B. Ogni rappresentazione, comunque formata, del contenuto di atti, anche interni, delle Pubbliche Amministrazioni sottoscritta da un pubblico ufficiale
   C. Ogni rappresentazione grafica, fotocinematografica, elettromagnetica o di qualunque altra specie del contenuto di atti, relativi ad uno specifico procedimento, detenuti da una Pubblica Amministrazione e concernenti attività di pubblico interesse
   D. Ogni rappresentazione, comunque formata, del contenuto di atti, anche interni, delle Pubbliche Amministrazioni o, comunque, utilizzati ai fini dell'attività amministrativa

2) **I soggetti destinatari delle disposizioni del D.P.R. 445/2000, tassativamente elencati dall'art. 2 sono:**
   A. la Pubblica Amministrazione, i gestori o esercenti di pubblici servizi nei rapporti tra loro e in quelli con l'utenza e i privati che vi consentono
   B. solo la Pubblica Amministrazione centrale
   C. la Pubblica Amministrazione sia centrale che periferica
   D. la Pubblica Amministrazione, i gestori o esercenti di pubblici servizi nei rapporti tra loro e in quelli con l'utenza ma mai i soggetti privati

3) **Le disposizioni del D.P.R. 445/2000, in materia di produzione di atti e documenti possono essere utilizzate anche dai cittadini extracomunitari?**
   A. No, sono utilizzabili esclusivamente da cittadini italiani e di Stati membri dell'Unione europea
   B. Sì, in tutti i casi in cui sia necessario
   C. Sì, previo accordo con le rappresentanze diplomatiche per le necessarie verifiche
   D. Sì, limitatamente ai dati verificabili o certificabili in Italia da soggetti pubblici

4) **Il certificato amministrativo può essere:**
   A. autenticato o non autenticato
   B. totale o parziale
   C. proprio o improprio
   D. sottoscritto o non sottoscritto

5) **La dichiarazione sostitutiva di certificazione consiste nella possibilità, da parte del privato, di attestare sotto la propria responsabilità atti o fatti concernenti la propria sfera giuridica soggettiva:**
   A. desumibili da documenti già in possesso delle Amministrazioni Pubbliche
   B. non desumibili da documenti già in possesso delle Amministrazioni Pubbliche
   C. non desumibili da documenti già in possesso delle Amministrazioni Pubbliche precedentemente prodotti da soggetti pubblici
   D. producendo autonomamente dei certificati

6) **Ai sensi dell'art. 71 del D.P.R. 445/2000, se a seguito di controllo risultasse la non veridicità delle dichiarazioni rese, l'interessato:**
   A. dovrà unicamente restituire quanto indebitamente ottenuto
   B. decadrà dagli eventuali benefici conseguenti al provvedimento emanato sulla base della autocertificazione falsa e dovrà restituire quanto indebitamente ottenuto e potrà incorrere in sanzioni amministrative
   C. sarà denunciato all'autorità giudiziaria incorrendo in pesanti sanzioni penali, ma non decadrà dagli eventuali benefici conseguenti al provvedimento emanato sulla base della autocertificazione falsa
   D. decadrà dagli eventuali benefici conseguenti, dovrà restituire quanto indebitamente ottenuto e sarà anche denunciato all'autorità giudiziaria

7) **Qual è la validità temporale delle dichiarazioni sostitutive?**
   A. Al massimo 12 mesi
   B. La stessa validità degli atti che sostituiscono
   C. Hanno validità illimitata
   D. Al massimo 6 mesi

8) **La mancata accettazione delle dichiarazioni sostitutive o di un atto di notorietà da parte del dipendente pubblico:**
   A. è lecita se il cittadino può agevolmente presentare una certificazione originale
   B. costituisce violazione dei doveri d'ufficio
   C. deve essere sempre autorizzata dal superiore gerarchico
   D. comporta l'obbligo del risarcimento dell'eventuale danno patrimoniale

9) **Quale tra i seguenti soggetti non è competente ad autenticare documenti?**
   A. Il pubblico ufficiale dal quale è stato emesso o presso il quale è stato depositato l'originale o al quale deve essere prodotto il documento
   B. Il notaio
   C. Il cancelliere
   D. L'avvocato

10) **Ai sensi dell'art. 43 del D.P.R. 445/2000, le Amministrazioni Pubbliche e i gestori di pubblici servizi:**
    A. non sono tenuti ad acquisire d'ufficio le informazioni oggetto delle dichiarazioni sostitutive, né i dati e i documenti che siano in possesso delle Pubbliche

Amministrazioni, ma esclusivamente ad accettare la dichiarazione sostitutiva prodotta dall'interessato

B. sono tenuti ad acquisire d'ufficio le informazioni oggetto delle dichiarazioni sostitutive, nonché tutti i dati e i documenti che siano in possesso delle Pubbliche Amministrazioni, previa indicazione, da parte dell'interessato, degli elementi indispensabili per il reperimento delle informazioni o dei dati richiesti, ovvero ad accettare la dichiarazione sostitutiva prodotta dall'interessato

C. sono tenuti ad acquisire d'ufficio le informazioni oggetto delle dichiarazioni sostitutive, nonché tutti i dati e i documenti che siano in possesso delle Pubbliche Amministrazioni, salvi i casi in cui l'interessato abbia esibito certificato

D. sono tenuti a chiedere all'interessato le informazioni oggetto delle dichiarazioni sostitutive, nonché tutti i dati e i documenti sebbene siano già in possesso delle Pubbliche Amministrazioni, previa indicazione, da parte dell'interessato, degli elementi indispensabili per il reperimento delle informazioni o dei dati richiesti

11) **Il documento elettronico sottoscritto con la firma digitale:**
   A. ha la stessa efficacia della scrittura privata
   B. non ha la stessa efficacia della scrittura privata
   C. non ha valore probatorio
   D. nei casi previsti dalla legge ha la stessa efficacia della scrittura privata

12) **Si definisce firma digitale:**
   A. una particolare forma di firma qualificata basata su un certificato qualificato e su un sistema di chiavi crittografiche, una pubblica e una privata, correlate tra loro
   B. un insieme di dati in forma elettronica allegati oppure connessi a un documento informatico
   C. una rappresentazione informatica di atti, fatti o dati giuridicamente rilevanti
   D. un particolare tipo di firma elettronica avanzata basata su un certificato qualificato e su un sistema di chiavi crittografiche pubbliche

13) **Che cosa indica la sigla SPID?**
   A. Il Sistema pubblico di interconnessione digitale
   B. Il Sistema pubblico di identità digitale
   C. Il Sistema pubblico di infrastruttura digitale
   D. Il Sistema paritario di identificazione digitale

Risposte commentate
I documenti amministrativi: dal cartaceo al digitale

1) D. Il Testo Unico sulla documentazione amministrativa (D.P.R. 28-12-2000, n. 445) ha raccolto e coordinato le numerose disposizioni (regolamentari e legislative) che si sono stratificate nel corso degli anni in materia di documentazione amministrativa, con l'obiettivo, oltre che di rendere facile la consultazione (e la conseguente individuazione della disciplina applicabile), di operare una semplificazione delle disposizioni e degli adempimenti riguardanti la documentazione amministrativa.
L'art. 1, co. 1, lett. a) D.P.R. 445/2000 definisce *documento amministrativo* ogni rappresentazione, comunque formata, del contenuto di atti, anche interni, delle pubbliche amministrazioni o, comunque, utilizzati ai fini dell'attività amministrativa (...).
Va fatta *differenza tra il documento amministrativo e l'atto amministrativo*: il primo è l'entità materiale capace di rappresentare in maniera duratura un fatto o un atto giuridico, mentre il secondo è quell'evento cui la norma ricollega determinati effetti giuridici (Masucci).

2) A. I soggetti destinatari delle disposizioni del Testo Unico sulla documentazione amministrativa (D.P.R. 445/2000) sono tassativamente elencati dallo stesso provvedimento che, all'art. 2, indica, nell'ordine, la Pubblica Amministrazione, i gestori o esercenti di pubblici servizi, nei rapporti tra loro e in quelli con l'utenza e i privati che vi consentono.
Il concetto di *Pubblica Amministrazione* è inteso in senso assai ampio, onde consentire la massima applicazione della normativa sulla semplificazione nei rapporti tra cittadini e P.A. Sono così inclusi nella qualifica non solo gli organi statali, ma anche quelli degli enti pubblici territoriali ed in genere degli enti locali, comprese le Camere di commercio. La qualificazione di *gestori di pubblici servizi*, invece, si ricava dalle stesse definizioni contenute nell'art. 1, lett. *o*) e *p*), D.P.R. 445/2000, ove si fa espresso riferimento ai gestori di pubblici servizi (quali soggetti certificanti e/o procedenti) nei loro rapporti con l'utenza.

3) D. Ai sensi dell'art. 3 D.P.R. 445/2000, le disposizioni in materia di produzione di atti o documenti possono essere utilizzate da:
> cittadini italiani e dell'Unione europea;
> persone giuridiche, le società di persone, le Pubbliche Amministrazioni, gli enti, i comitati e le associazioni aventi sede legale in Italia o in uno dei paesi dell'Unione europea;
> cittadini extracomunitari regolarmente soggiornanti in Italia limitatamente ai dati verificabili o certificabili in Italia da soggetti pubblici;
> cittadini extracomunitari che ne hanno necessità in procedimenti relativi a materie per cui esiste una convenzione fra il loro Paese di origine e l'Italia.

4) C. Il *certificato* è il documento tipico (ossia previsto espressamente dalla legge) rilasciato da un'amministrazione avente funzione di ricognizione, riproduzione e partecipazione a terzi di stati, qualità personali e fatti contenuti in albi, elenchi o registri pubblici o comunque accertati da soggetti titolari di funzioni pubbliche.

L'attività di certazione può svolgersi in due modi diversi: da un lato essa si svolge in momenti precedenti ed autonomi rispetto all'attività di certificazione; dall'altro, invece, viene svolta appositamente in funzione servente di una specifica attività di certificazione. Nel primo caso si parla di *certificati propri*, cioè quando essi riproducono certezze legali tratte da registri, albi o elenchi pubblici; nel secondo caso si parla di *certificati impropri*, allorquando l'attività di certazione non viene svolta in una fase antecedente, autonoma e distinta rispetto al momento della certificazione ma quasi coincidente con essa (è il caso dei certificati medici, sanitari e veterinari).

5) A. Le autocertificazioni, previste dal D.P.R. 445/2000 (Testo unico della documentazione amministrativa), possono essere di due tipi: *dichiarazioni sostitutive di certificazione* e *dichiarazioni sostitutive di atto notorio*. Le prime sono prive di autenticazione e marca da bollo, non devono essere sottoscritte di fronte al dipendente addetto e permettono di autocertificare tutto ciò che risulta da registri, albi o elenchi di una Pubblica Amministrazione. Non sono sostituibili con una dichiarazione alcuni certificati, come, ad esempio, quelli medici, veterinari e di origine. Le dichiarazioni sostitutive di atto notorio, invece, hanno per contenuto fatti personali, che sono a diretta conoscenza del dichiarante e che possono riguardare anche terze persone. Queste dichiarazioni non richiedono l'autentica e la marca da bollo se sono contenute o collegate ad una istanza presentata dall'interessato, oppure se vengono sottoscritte innanzi al dipendente incaricato di ricevere la documentazione.

6) D. Qualora risultasse la non veridicità delle dichiarazioni rese, l'interessato non solo decadrà dagli eventuali benefici conseguenti al provvedimento emanato sulla base della autocertificazione falsa e dovrà restituire quanto indebitamente ottenuto, ma sarà anche denunciato all'autorità giudiziaria incorrendo in pesanti sanzioni penali.

7) B. L'art. 48 D.P.R. 445/2000 precisa che le dichiarazioni sostitutive hanno la stessa validità temporale degli atti che sostituiscono. Pertanto hanno *validità illimitata* i certificati rilasciati dalle pubbliche amministrazioni attestanti stati, qualità personali e fatti non soggetti a modificazioni (es. la nascita) mentre hanno validità di 6 mesi dalla data del rilascio tutte le altre certificazioni, a meno che disposizioni particolari non prevedano una durata superiore.

8) B. L'art. 74, co. 1, D.P.R. 445/2000 dispone che costituisce violazione dei doveri d'ufficio la mancata accettazione delle dichiarazioni sostitutive di certificazione o di atto di notorietà. Letta al contrario, la norma configura, nei confronti dei responsabili del procedimento delle amministrazioni, il divieto di chiedere l'esibizione dei certificati, nei casi in cui è ammessa la presentazione delle dichiarazioni sostitutive. Il divieto è sanzionato in modo molto grave, poiché la formula della violazione dei doveri d'ufficio richiama sia le sanzioni disciplinari sia la sanzione penale prevista dall'art. 328, co. 2, c.p. (rifiuto di atti d'ufficio).

9) D. Sono competenti ad autenticare le copie di documenti il pubblico ufficiale dal quale è stato emesso o presso il quale è stato depositato l'originale o al quale deve essere prodotto il documento, il notaio, il cancelliere e il segretario comunale o altro funzionario incaricato dal Sindaco.

Inoltre, possono autenticare copie di documenti, ma con effetti limitati ai procedimenti di loro competenza, il responsabile del procedimento o qualsiasi altro dipendente competente a ricevere la documentazione, su esibizione dell'originale e senza obbligo di deposito dello stesso presso l'amministrazione procedente.

10) B. Le Amministrazioni Pubbliche e i gestori di pubblici servizi, ai sensi dell'art. 43 D.P.R. 445/2000, sono tenuti ad acquisire d'ufficio le informazioni oggetto delle dichiarazioni sostitutive, nonché tutti i dati e i documenti che siano in possesso delle Pubbliche Amministrazioni, previa indicazione, da parte dell'interessato, degli elementi indispensabili per il reperimento delle informazioni o dei dati richiesti, ovvero ad accettare la dichiarazione sostitutiva prodotta dall'interessato.

Fermo restando il divieto di accesso a dati diversi da quelli di cui è necessario acquisire la certezza o verificare l'esattezza, si considera esercitata per finalità di rilevante interesse pubblico la consultazione diretta, da parte di una Pubblica Amministrazione o di un gestore di pubblico servizio, degli archivi dell'amministrazione certificante, finalizzata all'accertamento d'ufficio di stati, qualità e fatti ovvero al controllo sulle dichiarazioni sostitutive presentate dai cittadini.

11) A. Ai sensi dell'art. 20, co. 1-*bis*, D.Lgs. 82/2005 (Codice dell'amministrazione digitale), il documento informatico soddisfa il requisito della forma scritta e ha l'efficacia prevista dall'art. 2702 c.c. quando vi è apposta una firma digitale, altro tipo di firma elettronica qualificata o una firma elettronica avanzata o, comunque, è formato, previa identificazione informatica del suo autore, attraverso un processo avente i requisiti fissati dall'AgID (Agenzia per l'Italia Digitale). Devono essere garantite la sicurezza, integrità e immodificabilità del documento e, in maniera manifesta e inequivoca, la sua riconducibilità all'autore.

In tutti gli altri casi, l'idoneità del documento informatico a soddisfare il requisito della forma scritta e il suo valore probatorio sono liberamente valutabili in giudizio, in relazione alle caratteristiche di sicurezza, integrità e immodificabilità. La data e l'ora di formazione del documento informatico sono opponibili ai terzi se apposte in conformità alle Linee guida stabilite dall'AgID.

12) A. Tecnicamente la firma digitale consiste in un processo di calcolo detto "validazione" che associa una serie di dati a quelli del documento, attestandone l'integrità, garantendone l'identificazione di chi firma e la sua volontà sottoscrittoria. La firma digitale svolge funzioni analoghe a quella della tradizionale sottoscrizione dei documenti cartacei, ha lo stesso valore legale della firma autografa, integra e sostituisce l'apposizione di sigilli, identifica il mittente o autore del documento elettronico e garantisce l'autenticità e l'integrità dei dati in esso contenuti.

Si tratta di una particolare forma di firma qualificata fondata *sull'utilizzo di due chiavi elettroniche correlate tra loro, che consentono di verificare in modo sicuro la provenienza ed integrità di un documento o un insieme di documenti informatici e la validità legale*, che non può essere ripudiata dal sottoscrittore. La sua apposizione integra e sostituisce i tradizionali strumenti di autenticazione conosciuti, come sigilli, punzoni, timbri, contrassegni e marchi di qualsiasi tipo previsti dalla normativa vigente. Il sistema utilizza una coppia di chiavi elettroniche (una privata e una pubblica) che funzionano solo quando l'una è collegata con l'altra (art. 1, lett. *s*, D.Lgs. 82/2005).

13) B. La diffusione del *sistema pubblico d'identità digitale (SPID)* è lo strumento essenziale per garantire, *in chiave digitale, l'accesso a dati, documenti e servizi della Pubblica Amministrazione e la semplificazione dei servizi,* riducendo l'accesso fisico agli uffici. Si tratta di un *sistema di login* che permette a cittadini e imprese di accedere con un'unica identità digitale, da molteplici dispositivi, a tutti i servizi online di Pubbliche Amministrazioni e imprese aderenti, eliminando le tante password, chiavi e codici attualmente necessari.

Questionario 3
Il procedimento amministrativo

1) **Il rispetto dei principi dell'attività amministrativa di cui all'art. 1 L. 241/1990 deve essere assicurato anche:**
   A. dai soggetti privati preposti alle attività amministrative
   B. dai soggetti privati preposti alle attività di diritto privato
   C. dai soggetti privati preposti alle attività di diritto comune
   D. dalla pluralità dei soggetti individuati dalle norme speciali

2) **Quale dei seguenti non è un principio annoverato fra quelli che, ai sensi della L. 241/1990, deve informare l'attività procedimentale della Pubblica Amministrazione?**
   A. Trasparenza
   B. Celerità
   C. Informatizzazione
   D. Semplificazione

3) **Quale delle seguenti fasi non sempre è parte del procedimento amministrativo?**
   A. Fase dell'istruttoria
   B. Fase dell'iniziativa
   C. Fase dell'integrazione dell'efficacia
   D. Fase decisoria

4) **I soggetti che possono subire pregiudizio dall'adozione di un provvedimento amministrativo devono essere informati attraverso:**
   A. una comunicazione di intimazione del procedimento
   B. una comunicazione di avvio del procedimento
   C. una comunicazione di chiusura del procedimento
   D. una comunicazione di sospensione del procedimento

5) **Qual è il termine massimo di conclusione del procedimento in assenza di disposizioni legislative o di atti delle amministrazioni interessate?**
   A. 180 giorni
   B. 90 giorni
   C. 30 giorni
   D. 60 giorni

6) **I termini per la conclusione del procedimento possono essere interrotti?**
   A. Sì, una sola volta e per un periodo massimo di 30 giorni
   B. Sì, una sola volta e per un periodo massimo pari alla durata massima indicata per lo specifico procedimento
   C. Sì, ma solo nel caso in cui siano necessari accertamenti tecnici
   D. Sì, una sola volta e per un periodo massimo di 60 giorni

7) **Il dirigente dell'unità organizzativa responsabile del procedimento può attribuire a sé stesso il ruolo di responsabile del procedimento?**
   A. Sì, in ogni caso
   B. Sì, ma solo se in quel momento non vi è un dipendente in grado di compiere la necessaria istruttoria
   C. No, il dirigente deve sempre individuare una persona dell'unità diversa da sé stesso
   D. No, salvo l'ipotesi di procedimenti di particolare complessità tecnica e dalla rilevante valenza economica

8) **Il responsabile del procedimento può adottare il provvedimento finale?**
   A. Sì, se ne ha la competenza, adotta il provvedimento finale
   B. No, trasmette gli atti all'organo competente per l'adozione
   C. Sì, trasmettendo gli atti all'organo competente per l'adozione
   D. Soltanto nei casi previsti dalla L. 241/1990

9) **Qual è la finalità del preavviso di rigetto?**
   A. Concedere al privato la possibilità di esprimere le osservazioni o presentare i documenti da lui ritenuti idonei a indirizzare l'*iter* decisionale verso un esito favorevole
   B. Concedere al privato la possibilità di preparare il ricorso giurisdizionale avverso la decisione
   C. Concedere al privato la possibilità di preparare il ricorso amministrativo avverso la decisione
   D. Concedere al privato la possibilità di chiedere una proroga della fase istruttoria, presentando documentazione aggiuntiva

10) **Quale delle seguenti affermazioni è vera?**
    A. La conferenza di servizi è quel modulo processuale con cui si ottiene il coordinamento e la contestuale valutazione di tutti gli interessi pubblici coinvolti in un determinato procedimento, attraverso la trattazione contemporanea di uno stesso affare da parte di una pluralità di soggetti pubblici
    B. La conferenza di servizi è quel modulo procedimentale con cui si ottiene il coordinamento e la contestuale valutazione di tutti gli interessi pubblici coinvolti in un determinato procedimento, attraverso la trattazione successiva di uno stesso affare da parte di una pluralità di soggetti pubblici
    C. La conferenza di servizi è quel modulo procedimentale con cui si ottiene il coordinamento e la contestuale valutazione di tutti gli interessi pubblici coinvolti in un determinato procedimento, attraverso la trattazione contemporanea di uno stesso affare da parte di una pluralità di soggetti pubblici

D. La conferenza di servizi deve sempre essere convocata ad istanza del privato interessato all'adozione del provvedimento

11) **Con quale tipologia di conferenza di servizi si giunge all'adozione di una decisione pluristrutturata?**
   A. Conferenza decisoria
   B. Conferenza istruttoria
   C. Conferenza preliminare
   D. Conferenza esplorativa

12) **Di regola con quale modalità si svolge la conferenza di servizi istruttoria?**
   A. La decisione sulla modalità di svolgimento spetta all'amministrazione procedente
   B. In modalità procedimentalizzata
   C. In modalità semplificata
   D. In modalità finalizzata all'adozione del provvedimento

13) **Cosa sono gli accordi con la Pubblica Amministrazione?**
   A. Formule contrattuali che aiutano soltanto a definire il contenuto di un provvedimento
   B. Formule contrattuali che aiutano a definire il contenuto di un provvedimento o lo sostituiscono
   C. Formule contrattuali che aiutano a definire il contenuto di un provvedimento senza mai sostituirlo
   D. Formule contrattuali che sostituiscono esclusivamente il contenuto di un provvedimento

14) **Con gli accordi procedimentali o integrativi il privato e l'amministrazione:**
   A. concordano il contenuto del provvedimento
   B. demandano ad un arbitro la definizione del contenuto di un provvedimento
   C. annullano un provvedimento già emesso
   D. risolvono di comune accordo una controversia giudiziaria in atto

15) **Quale dei seguenti non è un requisito per la stipula di un accordo tra Pubbliche Amministrazioni?**
   A. L'obbligo della forma scritta
   B. La soggezione agli stessi controlli previsti dallo strumento provvedimentale
   C. La devoluzione delle eventuali controversie alla giurisdizione esclusiva del giudice amministrativo
   D. La necessità del visto contabile della Corte dei conti

16) **Quando si forma il silenzio assenso?**
    A. Quando, presentate ulteriori diffide dall'interessato, l'amministrazione, non rispondendo entro i tempi previsti ad una istanza del cittadino, la accetta ed il provvedimento si conclude
    B. Quando, presentate ulteriori istanze, l'amministrazione, non rispondendo entro i tempi previsti, la accetta ed il provvedimento si conclude
    C. Quando, previa diffida scritta, l'amministrazione locale, non rispondendo entro i tempi previsti ad una istanza del cittadino, la accetta ed il provvedimento si conclude
    D. Quando, senza necessità di ulteriori istanze o diffide, l'amministrazione, non rispondendo entro i tempi previsti ad una istanza del cittadino, la accetta e il provvedimento si conclude

17) **Il silenzio rigetto deve essere esplicitamente previsto da un atto normativo?**
    A. Sì, la regola generale prevede che il silenzio dell'amministrazione equivale ad accoglimento dell'istanza e che le eccezioni debbano essere stabilite legislativamente
    B. No, ogni amministrazione può stabilire in quali casi il silenzio equivale a rigetto dell'istanza
    C. No, anche una circolare interna può attribuire tale effetto
    D. Sì e deve necessariamente trattarsi di una legge ordinaria

Risposte commentate
Il procedimento amministrativo

1) A. L'art. 1 L. 69/2009 ha esteso ai soggetti privati che sono preposti all'esercizio di attività amministrative il rispetto, oltre che dei principi, anche dei criteri stabiliti in tema di procedimento, mentre l'art. 1, co. 37, L. 190/2012 ha precisato che tale rispetto deve essere garantito con un livello di garanzia non inferiore a quello cui sono tenute le Pubbliche Amministrazioni in forza delle disposizioni della L. 241/1990.

2) B. La L. 241/1990 non pretende di codificare compiutamente la struttura e il funzionamento del procedimento amministrativo ma si limita a fissare, in armonia con il dettato dell'art. 97 Cost., talune regole generali ispirate ai seguenti principi:
- il *principio del giusto procedimento* che, garantendo il diritto di partecipazione degli interessati, consacra la dialettica tra interessi pubblici e privati, tendendo alla composizione di concreti rapporti;
- il *principio della trasparenza*, che prevede il carattere obbligatorio della motivazione del provvedimento amministrativo nonché l'obbligo di identificare preventivamente l'ufficio e il dipendente responsabile del procedimento, oltre al diritto dei cittadini interessati di accedere ai documenti amministrativi;
- il *principio di semplificazione*, che introduce taluni istituti diretti a snellire e a rendere più celere l'azione amministrativa;
- il *principio di correttezza e buona fede*, in forza del quale la Pubblica Amministrazione, nel corso del procedimento, deve comportarsi lealmente evitando di ingenerare falsi affidamenti in capo ai privati e di tradire le ragionevoli aspettative degli stessi;
- il *principio di informatizzazione amministrativa*, laddove si dispone il dovere delle Pubbliche Amministrazioni di incentivare l'uso della telematica sia nei rapporti interni tra le diverse Amministrazioni sia tra queste e i privati.

3) C. Il procedimento amministrativo si articola in quattro fasi:
- la *fase dell'iniziativa* vale a dire quella di avvio del procedimento, che può essere instaurato con un'istanza dell'interessato, come avviene nei procedimenti ad iniziativa di parte, ovvero su impulso della stessa amministrazione procedente, come accade nei procedimenti ad iniziativa d'ufficio;
- la *fase istruttoria*, nella quale l'amministrazione procede all'acquisizione dei fatti rilevanti, individua gli interessi coinvolti e procede alla relativa ponderazione;
- la *fase decisoria* in cui si procede alla deliberazione del contenuto del provvedimento nonché alla formazione e all'emanazione dello stesso;
- la (eventuale) *fase integrativa dell'efficacia*, presente allorquando il provvedimento, una volta adottato, cioè firmato dall'organo competente, è perfetto ma non efficace, poiché tale condizione è subordinata al compimento di operazioni specifiche, al verificarsi di certi fatti o all'emanazione di ulteriori atti (es. il controllo o la notifica agli interessati).

4) B. Ai sensi dell'art. 7 L. 241/1990, ove non sussistano ragioni di impedimento derivanti da particolari esigenze di celerità del procedimento, l'avvio del procedimento è comunicato, con le modalità previste dall'articolo 8 della medesima legge, ai soggetti nei confronti dei quali il provvedimento finale è destinato a produrre effetti diretti ed a quelli che per legge devono intervenirvi. Ove non sussistano le ragioni di impedimento già citate, qualora da un provvedimento possa derivare un pregiudizio a soggetti individuati o facilmente individuabili, diversi dai suoi diretti destinatari, l'amministrazione è tenuta a fornire loro, con le stesse modalità, notizia dell'inizio del procedimento.

5) C. La legge non individua esplicitamente il termine per la conclusione dei procedimenti amministrativi, compito demandato alle singole amministrazioni o agli enti pubblici nazionali. Essa, tuttavia, fissa dei precisi paletti in materia, stabilendo, all'art. 2, tre diversi possibili termini:

- *90 giorni*, nel caso in cui l'amministrazione o l'ente adottino l'atto di loro competenza. Nell'ambito della loro autonomia, ed entro il tetto massimo fissato dalla legge, sono liberi di individuare il termine applicabile a ciascun procedimento, che *può anche essere inferiore ai 90 giorni*;
- *180 giorni*, laddove vi siano particolari interessi pubblici o si tratti di un procedimento particolarmente complesso. Il legislatore riconosce la possibilità di derogare al termine massimo di 90 giorni qualora ciò sia indispensabile, tenuto conto della sostenibilità dei tempi per l'organizzazione amministrativa, della natura degli interessi pubblici tutelati e della particolare complessità del procedimento. Tali termini *non possono in ogni caso superare i 180 giorni*, limite non applicabile ai procedimenti di acquisto della cittadinanza italiana e a quelli riguardanti l'immigrazione;
- *30 giorni*, se non vi sono indicazioni di legge oppure se le amministrazioni e gli enti non hanno provveduto ad approvare gli atti di loro competenza. Si tratta di una disposizione residuale applicabile in tutti quei casi in cui non vi siano indicazioni da parte della legge, dell'amministrazione o dell'ente che fissano un termine diverso; in questa ipotesi i procedimenti devono *concludersi entro 30 giorni*.

6) A. Fatto salvo il caso in cui siano necessarie valutazioni tecniche, i termini possono essere sospesi, per una sola volta e per un periodo non superiore a 30 giorni, per l'acquisizione di informazioni o di certificazioni relative a fatti, stati o qualità non attestati in documenti già in possesso dell'amministrazione stessa o non direttamente acquisibili presso altre Pubbliche Amministrazioni.

7) A. All'interno dell'amministrazione competente il responsabile funge da collettore dell'azione amministrativa, assicurando la connessione tra i soggetti che intervengono nelle fasi del procedimento ed evitando fenomeni di inerzia e possibili ritardi. La L. 241/1990 prevede l'individuazione dell'unità organizzativa responsabile dell'istruttoria e dell'adozione del provvedimento finale (art. 4) e l'assegnazione, da parte del dirigente di ciascuna unità organizzativa, *a sé o ad altro addetto all'unità*, della responsabilità dell'istruttoria nonché dell'adozione del provvedimento finale (art. 5). La mancata nomina del responsabile comporta l'automatica attribuzione delle competenze di cui all'art. 6 L. 241/1990 al funzionario (dirigente) preposto all'unità organizzativa competente del procedimento.

8) A. Spetta al responsabile del procedimento adottare, se ne ha la competenza, il provvedimento finale; diversamente, deve trasmettere gli atti all'organo competente per l'adozione.
La figura del responsabile del procedimento è regolamentata agli artt. 4 ss. L. 241/1990. La figura di un soggetto cui affidare la gestione del procedimento è stata introdotta in ossequio al principio di trasparenza in quanto la normativa appena citata prevede l'individuazione, ad opera del dirigente, di un'unità organizzativa competente, la comunicazione agli interessati dell'unità organizzativa e del nominativo del responsabile e la precisazione dei compiti di quest'ultimo. Spetta, infatti, al responsabile del procedimento valutare ai fini istruttori le condizioni di ammissibilità, i requisiti di legittimazione e i presupposti rilevanti per l'emanazione del provvedimento finale, nonché compiere tutti gli atti istruttori necessari quali accertamenti tecnici, richiesta di documenti, verifiche.

9) A. La L. 15/2005 ha introdotto l'istituto del *preavviso di rigetto* o *preavviso di provvedimento negativo*, con l'inserimento dell'art. 10-*bis* nella L. 241/1990. Nei procedimenti attivati su istanza di parte e destinati a sfociare in un provvedimento negativo a causa di motivi ostativi all'accoglimento della domanda, la Pubblica Amministrazione procedente comunica tempestivamente agli istanti i motivi che ostano all'accoglimento della domanda. Entro il termine di dieci giorni dal ricevimento della comunicazione, gli istanti hanno il diritto di presentare per iscritto le loro osservazioni, eventualmente corredate da documenti. Detta comunicazione interrompe i termini per concludere il procedimento, che iniziano nuovamente a decorrere dalla data di presentazione delle osservazioni o, in mancanza, dalla scadenza del termine su indicato. Dell'eventuale mancato accoglimento di tali osservazioni è data ragione nella motivazione del provvedimento finale. Tali misure non si applicano alle procedure concorsuali e ai procedimenti in materia previdenziale e assistenziale sorti a seguito di istanza di parte e gestiti dagli enti previdenziali. Non possono essere addotti tra i motivi che ostano all'accoglimento della domanda inadempienze o ritardi attribuibili all'amministrazione.

10) C. La conferenza di servizi è un istituto che può essere attivato quando è opportuno effettuare un *esame contestuale di vari interessi pubblici coinvolti in un procedimento*, consentendo all'amministrazione procedente di ridurre i tempi lunghi che sarebbero richiesti dalla necessità di contattare individualmente i singoli soggetti interessati. In pratica si concentrano, in un unico contesto logico e temporale, le valutazioni e le posizioni delle diverse amministrazioni coinvolte. L'istituto ha una doppia valenza: da un lato, si presenta come *modulo procedimentale di semplificazione e accelerazione dell'azione amministrativa*, potenzialmente idoneo a superare lungaggini e appesantimenti burocratici; dall'altro, e contemporaneamente, si pone quale *luogo di coordinamento e mediazione degli interessi in gioco* al fine di individuare, mediante il confronto dei soggetti che li rappresentano, l'interesse pubblico primario o prevalente.

11) A. Con la conferenza di servizi decisoria (art. 14, co. 2, L. 241/1990) si giunge all'*adozione di un unico provvedimento finale sostitutivo* delle decisioni assunte dalle diverse amministrazioni partecipanti; in pratica il risultato e una decisione "pluristrutturata", che riassume le competenze decisionali attribuite a più amministrazioni. Questa

tipologia di conferenza è *sempre* indetta dall'amministrazione procedente quando la conclusione positiva del procedimento e subordinata all'acquisizione di più pareri, intese, concerti, nulla osta o altri atti di assenso, comunque denominati, resi da diverse amministrazioni, inclusi i gestori di beni o servizi pubblici.
Quando l'attività del privato sia subordinata a distinti atti di assenso, comunque denominati, di competenza di diverse Amministrazioni Pubbliche, la conferenza di servizi è convocata, anche su richiesta dell'interessato, da una delle amministrazioni competenti. Anche in questo caso si procede in modalità semplificata.

12) C. La *conferenza di servizi istruttoria* può essere indetta dall'amministrazione procedente quando lo ritenga opportuno per effettuare un *esame contestuale degli interessi pubblici che emergono da un procedimento amministrativo*, ovvero in più procedimenti connessi. La richiesta di convocare la conferenza può essere espressa anche da un'altra amministrazione coinvolta o dal privato interessato. La conferenza, di regola, si svolge in *modalità semplificata* (art. 14-*bis* L. 241/1990) anche se non sono escluse modalità diverse, definite dall'amministrazione procedente.

13) B. Oltre al tradizionale strumento provvedimentale, espressione del potere autoritativo capace di incidere sulla sfera giuridica del destinatario anche senza o contro sua volontà, la Pubblica Amministrazione può ricorrere a modelli di esercizio consensuale della sua potestà.
Tale modalità operativa *assicura preventivamente il consenso degli interessati sull'esercizio dell'azione amministrativa* e si manifesta come uno strumento di organizzazione e di contemperamento dei potenziali conflitti che possono insorgere fra i soggetti coinvolti nei singoli procedimenti, con conseguente vantaggio in termini di efficacia ed economicità dell'azione medesima. Non trascurabile è altresì la funzione deflattiva del contenzioso di tali strumenti, posto che l'acquisizione necessaria del consenso dei destinatari riduce notevolmente le ipotesi di controversie.
Gli accordi possono procedere alla definizione del contenuto del provvedimento da adottare oppure provvedere a sostituire un provvedimento già esistente.

14) A. La possibilità di un esercizio consensuale della potestà amministrativa è riconosciuta dall'art. 11 L. 241/1990 limitatamente agli *accordi procedimentali o integrativi*, anche detti preliminari, preparatori o endoprocedimentali, che sono strettamente e funzionalmente collegati al procedimento e che consentono ai *privati e alla Pubblica Amministrazione di concordare il contenuto del provvedimento* che, quindi, rimane l'unica fonte dell'effetto giuridico.
Gli *accordi sostitutivi* hanno, invece, una vera e propria autonomia funzionale intervenendo a definire e produrre gli effetti della fattispecie procedimentale, *sostituendo integralmente il provvedimento*.

15) D. Le Amministrazioni Pubbliche possono sempre concludere tra loro accordi per *disciplinare lo svolgimento in collaborazione di attività di interesse comune*.
Sul versante della disciplina applicabile, l'art. 15 L. 241/1990 rinvia, nei limiti della compatibilità, a quella dettata dai commi 2, 3, e 5 dell'art. 11 della stessa legge in tema di accordi integrativi o sostitutivi. Pertanto, è prevista la *forma scritta ad substantiam* (co. 2), sono soggetti ai *medesimi controlli* previsti per lo strumento provvedimentale

(co. 3) e le controversie in materia di formazione, conclusione ed esecuzione sono riservate alla *giurisdizione esclusiva del giudice amministrativo* (co. 5).

16) D. L'art. 20 L. 241/1990 dispone che nei *procedimenti a istanza di parte*, il silenzio dell'Amministrazione competente equivale a *provvedimento di accoglimento* della domanda, senza necessità di ulteriori istanze o diffide, se la medesima Amministrazione non comunica all'interessato, nel termine di cui all'art. 2 della stessa legge, il *provvedimento di diniego*, ovvero non indice, entro 30 giorni dalla presentazione, una *conferenza di servizi*, anche tenendo conto delle situazioni giuridiche soggettive dei controinteressati.

Il silenzio assenso si connota come comportamento legalmente tipizzato equiparato, quanto agli effetti, al provvedimento di accoglimento dell'istanza: ne deriva l'assoggettamento all'ordinario regime di impugnazione previsto per i provvedimenti amministrativi.

17) A. In questo caso l'inerzia equivale a *provvedimento di rigetto dell'istanza o comunque ad una conclusione negativa del procedimento*. La legge, decorso un certo tempo dalla presentazione della domanda del privato, qualifica automaticamente come *reiezione della domanda* stessa il comportamento omissivo tenuto dalla Pubblica Amministrazione obbligata a provvedere.

Tra le ipotesi ascritte a tale categoria si segnalano:
- l'art. 25 L. 241/1990, in tema di silenzio sull'istanza di accesso ai documenti amministrativi, nel qual caso, decorsi inutilmente 30 giorni dalla richiesta, l'istanza s'intende respinta;
- l'art. 36 D.P.R. 380/2001, ai sensi del quale sulla richiesta di permesso in sanatoria il dirigente si pronuncia entro 60 giorni, trascorsi i quali la richiesta si intende respinta.

Questionario 4
Il diritto di accesso e l'accesso civico

1) **Il diritto di accesso ai documenti amministrativi è inteso come:**
   A. un diritto esercitabile da chiunque, a prescindere dalla tipologia di interesse
   B. il diritto degli interessati di prendere visione, ma non di estrarre copia, dei documenti amministrativi
   C. un diritto esercitabile solo dai contro-interessati ad un determinato procedimento
   D. il diritto degli interessati di prendere visione e di estrarre copia dei documenti amministrativi

2) **Quali sono i soggetti obbligati a consentire il diritto di accesso?**
   A. Le Pubbliche Amministrazioni statali, le aziende autonome e speciali, gli enti pubblici e gestori di pubblici servizi, le autorità di garanzia e di vigilanza, i privati gestori o concessionari di pubblici servizi, limitatamente all'attività di pubblico interesse
   B. Tutte le Pubbliche Amministrazioni, le aziende autonome e speciali, gli enti pubblici e gestori di pubblici servizi, le autorità di garanzia e di vigilanza, i privati gestori o concessionari di pubblici servizi, limitatamente all'attività di pubblico interesse
   C. Tutte le Pubbliche Amministrazioni, le aziende autonome e speciali, gli enti pubblici e gestori di pubblici servizi, le autorità di garanzia e di vigilanza
   D. Tutte le Pubbliche Amministrazioni, le aziende autonome e speciali, gli enti pubblici e gestori di pubblici servizi, i privati gestori o concessionari di pubblici servizi, limitatamente all'attività di pubblico interesse

3) **Quale delle seguenti categorie di documenti non rientra tra quelle per le quali è sicuramente escluso il diritto di accesso ai sensi dell'art. 24, co. 1, L. 241/1990?**
   A. Documenti coperti dal segreto di Stato
   B. Documenti correlati a procedimenti tributari
   C. Documenti connessi alla denuncia di un dipendente pubblico relativi a condotte illecite di cui sia venuto a conoscenza in ragione del rapporto di lavoro
   D. Documenti connessi alla contrattazione collettiva di lavoro in corso

4) **In quali casi l'Amministrazione Pubblica può escludere l'accesso ai documenti amministrativi?**
   A. Nelle ipotesi di segreto espressamente previste, nonché in quelle che potrebbero configurarsi in relazione alle esigenze di cui all'art. 23, comma 3, L. 241/1990 e segnatamente la difesa del suolo e del sottosuolo, la difesa nazionale e le relazioni internazionali, la politica monetaria e valutaria, il conflitto di interessi, la prevenzione e repressione della criminalità, la riservatezza di terzi, persone, gruppi e imprese

B. Nelle ipotesi di segreto espressamente previste, nonché in quelle che potrebbero configurarsi in relazione alle esigenze di cui all'art. 24, comma 2, L. 241/1990 con particolare riferimento a documenti relativi alle più alte cariche dello Stato
C. Nelle ipotesi di segreto espressamente previste, nonché in quelle che potrebbero configurarsi in relazione alle esigenze di cui all'art. 24, comma 6, L. 241/1990 e segnatamente la sicurezza, la politica monetaria e valutaria, l'ordine pubblico, la prevenzione e repressione della criminalità, la riservatezza di terzi, persone, gruppi e imprese
D. Unicamente nelle ipotesi di segreti che potrebbero configurarsi in relazione alle esigenze di cui all'art. 24, comma 2, L. 241/1990 e segnatamente la sicurezza, la difesa nazionale e le relazioni internazionali, la politica monetaria e valutaria, l'ordine pubblico, la riservatezza di terzi, persone, gruppi e imprese

5) **Il diritto d'accesso può essere differito?**
   A. Sì
   B. No
   C. Solo nei casi di atti interni
   D. Solo nei casi di atti vincolati

6) **Sulla base delle modalità di esercizio del diritto di accesso è possibile distinguere tra:**
   A. accesso diretto e accesso indiretto
   B. accesso documentato e accesso libero
   C. accesso qualificato e accesso semplice
   D. accesso informale e accesso formale

7) **Ai fini dell'accesso la richiesta:**
   A. non deve essere motivata
   B. deve essere motivata
   C. può essere motivata solo se ricorrono gravi motivi
   D. deve essere motivata solo nei casi tassativamente previsti dalla legge

8) **L'interesse del soggetto che richiede l'accesso agli atti non deve essere:**
   A. economicamente rilevante
   B. attuale
   C. diretto
   D. concreto

9) **Nell'ipotesi di diniego del diritto di accesso quale delle seguenti azioni non può essere esperita?**
   A. Richiesta di intervento del difensore civico
   B. Richiesta di intervento della Commissione per l'accesso
   C. Ricorso al TAR
   D. Ricorso al Consiglio di Stato

10) **L'accesso civico riguarda la richiesta di consultazione, da parte di chiunque, di documenti, informazioni o dati per i quali sia stato:**
    A. omesso l'obbligo di pubblicazione da parte dell'amministrazione comunale
    B. omesso l'obbligo di pubblicazione da parte dell'amministrazione competente
    C. omesso l'obbligo di consultazione con gli interessati da parte del responsabile del procedimento
    D. omesso l'obbligo di pubblicazione da parte del magistrato

11) **Che differenza intercorre tra accesso generalizzato e accesso civico?**
    A. L'accesso civico è riservato solo ai soggetti pubblici titolari di una posizione giuridica tutelata dall'ordinamento; l'accesso generalizzato è, invece, possibile per qualsiasi cittadino, indipendentemente dalla sussistenza di uno specifico interesse, purché residente nel territorio italiano
    B. Non esiste alcuna differenza
    C. L'accesso civico è circoscritto ai soli atti, documenti e informazioni oggetto di obblighi di pubblicazione e costituisce un rimedio alla mancata osservanza degli obblighi di pubblicazione imposti dalla legge; l'accesso generalizzato è autonomo ed indipendente da presupposti obblighi di pubblicazione
    D. L'accesso civico è riservato ai cittadini titolari di un interesse diretto, concreto e attuale, collegato al documento al quale è chiesto l'accesso; l'accesso generalizzato può, invece, essere chiesto da chiunque, indipendentemente dalla sussistenza di un interesse concreto ed attuale

12) **Qual è il principale elemento di differenziazione tra il diritto di accesso previsto dalla L. 241/1990 e l'accesso civico?**
    A. L'accesso civico riguarda documenti privati mentre il diritto di accesso concerne documenti pubblici
    B. L'accesso civico deve essere esercitato entro due anni dalla formazione del documento mentre per il diritto di accesso non esistono limitazioni temporali
    C. L'accesso civico riguarda esclusivamente documenti detenuti dalle amministrazioni locali mentre il diritto di accesso può essere esercitato per i documenti di qualsiasi amministrazione
    D. L'accesso civico può essere esercitato da chiunque, il diritto di accesso solo dagli interessati

13) **A chi deve essere presentata in prima istanza la richiesta di riesame nell'ipotesi di diniego totale o parziale dell'accesso civico o di mancata risposta?**
    A. Al TAR
    B. Al dirigente dell'ufficio che detiene il documento richiesto
    C. Al Responsabile della prevenzione della corruzione e della trasparenza
    D. Al Difensore civico territoriale

Risposte commentate
Il diritto di accesso e l'accesso civico

1) D. Per diritto di accesso, così come disciplinato dalla L. 241/1990, s'intende il diritto degli interessati di prendere visione e di estrarre copia di documenti amministrativi. Per "interessati" devono intendersi tutti i soggetti privati, compresi quelli portatori di interessi pubblici o diffusi, che abbiano un interesse diretto, concreto e attuale, corrispondente ad una situazione giuridicamente tutelata e collegata al documento al quale è chiesto l'accesso.

2) B. Ai sensi dell'art. 23 L. 241/1990, il diritto di accesso è esercitabile nei confronti:
> di *tutte le Pubbliche Amministrazioni* (da intendersi sia statali che locali);
> delle *aziende autonome e speciali* (in tal modo ricomprendendo espressamente le aziende ora previste dall'art. 114 D.Lgs. n. 267/2000 - Testo unico degli enti locali);
> degli *enti pubblici*, nonché gli organismi di diritto pubblico e *gestori di pubblici servizi*;
> delle Autorità di garanzia e di vigilanza (cosiddette *autorità indipendenti*).

Il problema più importante si è posto per i *privati gestori di pubblici servizi*. Fondamentali sul punto sono due decisioni dell'adunanza plenaria del Consiglio di Stato (nn. 4 e 5 del 1999), la quale ha rilevato che ciò che conta ai fini dell'operatività del diritto di accesso non è la natura pubblica o privata dell'attività posta in essere, bensì il fatto che l'attività, ancorché di diritto privato, miri alla tutela di un pubblico interesse e sia soggetta al canone di imparzialità.

3) D. L'art. 24 L. 241/1990 è stato fortemente innovato dalla L. 15/2005 che, dettagliando e specificando in maniera più esaustiva la normativa precedente, ha previsto vari livelli di limitazioni al diritto di accesso.
In primo luogo l'*accesso è escluso* per *tutti i documenti coperti dal segreto di Stato*, ai sensi delle vigenti disposizioni di legge e nei casi di segreto o di divieto di divulgazione espressamente previsti dalla legge o dal regolamento governativo di attuazione.
A tali materie, per le quali già il vecchio art. 24 prevedeva l'esclusione del diritto di accesso, la L. 15/2005 ha aggiunto nuovi ambiti, onde l'*accesso è stato escluso*:
> nei *procedimenti tributari*, per i quali restano ferme le particolari norme che li regolano;
> nei confronti delle attività della Pubblica Amministrazione dirette all'emanazione di *atti normativi, atti amministrativi generali*, di *programmazione e pianificazione*, che restano soggette alla loro disciplina particolare;
> nei *procedimenti selettivi*, quando vengono in rilievo documenti contenenti informazioni di natura psico-attitudinale relativi a terzi.

Spetta alle singole amministrazioni individuare, con uno o più regolamenti, le categorie di documenti sottratti all'accesso.
Il comma 4 dell'art. 54-*bis* D.Lgs. 165/2001 esplicitamente sottrae all'accesso anche la *denuncia fatta dal dipendente pubblico di condotte illecite di cui sia venuto a conoscenza in ragione del rapporto di lavoro*, il cosiddetto *whistleblower* (la disposizione è stata introdotta dalla L. 190/2012 e integralmente sostituita dalla L. 179/2017).

I documenti connessi alla contrattazione collettiva di lavoro in corso rientrano nella previsione del successivo comma 6, che individua le ipotesi di esclusione facoltativa.

4) C. All'articolo 24, co. 1, L. 241/1990 sono indicate le ipotesi di sicura esclusione dal diritto di accesso (*il diritto di accesso è escluso*) mentre al successivo comma 6 sono indicate le ipotesi in cui il *diritto di accesso può essere escluso*. Si tratta dei casi in cui vi sia l'esigenza di salvaguardare:
- la *sicurezza*, la *difesa nazionale* e le *relazioni internazionali*;
- la *politica monetaria* e *valutaria*;
- l'*ordine pubblico* e la *prevenzione* e *repressione della criminalità*;
- la *vita privata* o la *riservatezza di persone fisiche, giuridiche, gruppi, imprese* e *associazioni* con particolare riferimento agli interessi di natura epistolare, sanitaria, finanziaria, industriale e commerciale;
- l'*attività in corso di contrattazione collettiva nazionale di lavoro* e gli atti interni connessi all'espletamento del relativo mandato.

In tali casi, la disciplina concreta è rimessa ad un regolamento delegato al Governo, al quale è demandato di disciplinare non solo le modalità di esercizio del diritto ma soprattutto i casi di esclusione nel rispetto dei principi e criteri direttivi dettati dalla legge.

5) A. L'art. 24, co. 4, L. 241/1990 attribuisce alla Pubblica Amministrazione anche uno specifico potere discrezionale, che le fonti secondarie possono disciplinare più dettagliatamente: il potere di differire l'accesso ai documenti richiesti, ossia di negare l'accesso solo per un periodo di tempo determinato. È anzi specificato che l'*accesso ai documenti amministrativi non può essere negato ove sia sufficiente fare ricorso al potere di differimento*.

6) D. L'interessato, per esaminare o estrarre copia di documenti, deve formulare una *richiesta*. Si distingue tra:
- *accesso informale*: si esercita personalmente tramite richiesta, anche verbale, se non sussistono dubbi sulla legittimazione del richiedente e sul suo interesse alla conoscenza dei documenti richiesti o sull'accessibilità dei documenti stessi. In caso di accoglimento della richiesta l'ufficio provvede immediatamente e senza altre formalità all'esibizione del documento e all'eventuale rilascio di copie, salvo il rimborso dei costi;
- *accesso formale*: il richiedente è invitato a presentare una richiesta scritta nella quale occorre indicare gli estremi del documento o delle informazioni oggetto dell'istanza, ovvero gli elementi che ne consentano l'individuazione, specificare e comprovare l'interesse personale e concreto, far constatare la propria identità e/o la sussistenza dei propri poteri rappresentativi.

7) B. L'art. 25, co. 2, L. 241/1990 afferma che la richiesta di accesso ai documenti deve essere motivata. Essa deve essere rivolta all'amministrazione che ha formato il documento o che lo detiene stabilmente.

Il successivo comma 3 sottolinea come anche il rifiuto, il differimento e la limitazione dell'accesso debbono essere motivati.

8) A. L'art. 22 L. 241/1990, come novellato dalla L. 15/2005, dopo aver puntualizzato che il diritto di accesso è il diritto degli interessati di prendere visione ed estrarre copia dei documenti amministrativi, nell'individuare l'area dei soggetti interessati, ovvero dei possibili titolari del diritto di accesso, afferma che l'interesse deve essere:
- *attuale*, non con riferimento all'interesse ad agire in giudizio per la tutela della posizione sostanziale vantata, bensì alla richiesta di accesso ai documenti;
- *diretto*, ovvero personale, e dunque appartenere alla sfera dell'interessato (e non ad altri soggetti, come per esempio le associazioni sindacali che spesso pretendono di agire facendo valere diritti dei singoli);
- *concreto*, con riferimento alla necessità di un collegamento tra il soggetto ed un bene della vita coinvolto dall'atto o documento; non basta, ad esempio, il generico interesse alla trasparenza amministrativa, occorrendo un elemento ulteriore, consistente nel collegamento tra il soggetto ed un concreto bene della vita;
- *corrispondente ad una situazione giuridicamente tutelata*, collegata al documento al quale è chiesto l'accesso.

9) D. L'art. 25 L. 241/1990 (come modificato dalle riforme del 2005, leggi nn. 15 e 80, e dalla L. 69/2009) individua i 3 rimedi che è possibile attivare nelle ipotesi di diniego o di differimento dell'accesso. Si tratta dell'*intervento del giudice amministrativo (TAR)* o, in alternativa, della *Commissione statale per l'accesso ai documenti amministrativi*, nel caso di atti delle Amministrazioni dello Stato, oppure del *Difensore civico competente per territorio*, nel caso di atti delle Amministrazioni locali.
Al Consiglio di Stato è possibile ricorrere come giurisdizione di appello avverso le statuizioni dei TAR.

10) B. L'accesso civico è un istituto introdotto dall'art. 5 D.Lgs. 33/2013 e riguarda la *richiesta di consultazione, da parte di chiunque*, di documenti, informazioni o dati per i quali *vi era un obbligo di pubblicazione e sia stato omesso* da parte dell'amministrazione competente. Si parla in questi casi di *accesso civico semplice* per distinguerlo dall'accesso civico generalizzato.

11) C. L'accesso civico è un istituto introdotto dall'art. 5 D.Lgs. 33/2013 e riguarda la *richiesta di consultazione, da parte di chiunque*:
- di documenti, informazioni o dati per i quali *vi era un obbligo di pubblicazione e sia stato omesso* da parte dell'amministrazione competente (*accesso civico semplice*);
- di dati e documenti detenuti dalle pubbliche amministrazioni, *diversi da quelli che devono essere obbligatoriamente pubblicati* (*accesso civico generalizzato*).

L'*accesso generalizzato non sostituisce l'accesso civico semplice* (previsto dall'art. 5, co. 1, D.Lgs. 33/2013) disciplinato già prima delle modifiche del D.Lgs. 97/2016.
L'*accesso civico* rimane circoscritto ai soli atti, documenti e informazioni oggetto di obblighi di pubblicazione e costituisce un rimedio alla mancata osservanza di tali obblighi imposti dalla legge, sovrapponendo al dovere di pubblicazione il diritto di "chiunque" di accedere ai documenti, dati e informazioni interessati dall'inadempienza. L'*accesso generalizzato*, invece, è autonomo ed indipendente da presupposti obblighi di pubblicazione ed è espressione di una libertà che incontra, quali unici limiti, il rispetto della tutela degli interessi pubblici e/o privati indicati all'art. 5-*bis*, commi 1 e 2 e delle norme che prevedono specifiche esclusioni (art. 5-*bis*, comma 3).

12) D. L'*accesso ai documenti amministrativi*, disciplinato dagli artt. 22 ss. L. 241/1990, ha la finalità di porre i soggetti interessati in grado di esercitare le facoltà, partecipative e/o oppositive e difensive, che l'ordinamento attribuisce loro a tutela delle posizioni giuridiche qualificate di cui sono titolari. Più precisamente, dal punto di vista soggettivo, ai fini dell'istanza di accesso documentale il richiedente deve dimostrare di essere titolare di un "*interesse diretto, concreto e attuale, corrispondente ad una situazione giuridicamente tutelata e collegata al documento al quale è chiesto l'accesso*". Mentre la L. 241/1990 esclude espressamente l'utilizzo del diritto di accesso ivi disciplinato al fine di sottoporre l'amministrazione ad un controllo generalizzato, il *diritto di accesso generalizzato* è riconosciuto proprio "*allo scopo di favorire forme diffuse di controllo sul perseguimento delle funzioni istituzionali e sull'utilizzo delle risorse pubbliche e di promuovere la partecipazione al dibattito pubblico*". Dunque, i due istituti operano sulla base di norme e presupposti diversi.

13) C. Nei casi di *diniego totale o parziale* dell'accesso o di mancata risposta, il richiedente può presentare richiesta di riesame al Responsabile della prevenzione della corruzione e della trasparenza. Se anche in questo caso vi è diniego è possibile proporre ricorso al TAR. Per gli atti delle amministrazioni delle Regioni o degli enti locali, è possibile presentare ricorso al difensore civico competente per ambito territoriale, ove costituito, o competente per l'ambito territoriale immediatamente superiore laddove non sia stato costituito. Il ricorso va anche notificato all'amministrazione interessata.

Questionario 5
La tutela della privacy

1) **L'interessato ha il diritto di ottenere dal titolare del trattamento la cancellazione dei dati personali (cosiddetto diritto all'oblio) che lo riguardano?**
   A. No, in nessun caso e il regolamento europeo ne dispone espressamente il divieto
   B. Sì, senza ingiustificato ritardo se sussistono determinati motivi
   C. Sì, ma unicamente se i dati personali sono stati trattati illecitamente
   D. Sì, ma solo se lo richiede il Garante per la protezione dei dati personali per gravi motivi

2) **Per diritto alla portabilità dei dati, ai sensi dell'art. 20 del regolamento (UE) 2016/679, si intende che:**
   A. l'interessato ha, in qualsiasi momento e con qualsiasi forma e mezzo, il diritto di revocare il consenso espresso
   B. l'interessato ha il diritto di rettificare o cancellare i dati personali che lo riguardano anche senza motivazione alcuna
   C. l'interessato ha il diritto di ricevere in un formato strutturato, di uso comune e leggibile da dispositivo automatico, i dati personali che lo riguardano forniti a un titolare del trattamento
   D. l'interessato ha il diritto di sostituire il titolare del trattamento dei propri dati, affidandoli ad altro responsabile del trattamento

3) **La designazione del responsabile della protezione dei dati personali (DPO), ai sensi dell'art. 37 del regolamento (UE) 2016/679, è obbligatoria?**
   A. No, in nessun caso
   B. Sì, solo in alcuni casi
   C. No, è facoltativa ma diviene obbligatoria solo se lo richiede il Garante per la protezione dei dati per il trattamento di dati relativi a determinate categorie di soggetti
   D. Sì, sempre

4) **Gli strumenti amministrativi e giurisdizionali posti a tutela dell'interessato, nell'ambito della tutela della privacy, sono:**
   A. l'istanza, la segnalazione ed il ricorso giurisdizionale
   B. la segnalazione e l'atto di citazione
   C. il reclamo, la segnalazione e il ricorso giurisdizionale
   D. l'istanza, la segnalazione e il ricorso al Capo dello Stato

5) **Ai sensi del regolamento (UE) 2016/679, per trattamento dei dati si intende:**
   A. qualsiasi insieme strutturato di dati personali accessibili secondo criteri determinati, indipendentemente dal fatto che tale insieme sia centralizzato, decentralizzato o ripartito in modo funzionale o geografico

B. l'insieme di operazioni, compiute con l'ausilio di processi automatizzati e applicate a dati personali ad eccezione della raccolta, registrazione, organizzazione, strutturazione, conservazione, adattamento e diffusione
C. qualsiasi operazione o insieme di operazioni, compiute con o senza l'ausilio di processi automatizzati e applicate a dati personali o insiemi di dati personali, come la raccolta, la registrazione, l'organizzazione, la strutturazione, la conservazione, l'adattamento o la modifica, l'estrazione, la consultazione, l'uso, la comunicazione mediante trasmissione, diffusione o qualsiasi altra forma di messa a disposizione, il raffronto o l'interconnessione, la limitazione, la cancellazione o la distruzione
D. determinate operazioni, tassativamente elencate, compiute con o senza l'ausilio di processi automatizzati e applicate a dati personali o insiemi di dati personali, come la raccolta, la registrazione, l'organizzazione, la strutturazione, la conservazione, l'adattamento o la modifica, l'estrazione, la consultazione, l'uso, la comunicazione mediante trasmissione, diffusione o qualsiasi altra forma di messa a disposizione, il raffronto o l'interconnessione, la limitazione, la cancellazione o la distruzione

6) **L'art. 6 del regolamento (UE) 2016/679 pone delle condizioni di liceità del trattamento. Indicare quale tra le seguenti non rappresenta una condizione di liceità.**
   A. Il trattamento è necessario per adempiere un obbligo legale a cui è soggetto il titolare del trattamento
   B. Il trattamento è necessario per la salvaguardia degli interessi vitali dell'interessato o di un'altra persona fisica
   C. Il trattamento è necessario per l'esecuzione di un contratto di cui l'interessato è parte
   D. Il trattamento è necessario per raggiungere una finalità diversa, ma urgente, imprevista e imprevedibile, da quella per la quale i dati personali sono stati raccolti

7) **In merito all'ambito territoriale di applicazione del regolamento (UE) 2016/679, la relativa disciplina si applica ai trattamenti di dati personali appartenenti a soggetti stabiliti nell'Unione europea da parte di un soggetto stabilito al di fuori della stessa?**
   A. Assolutamente no, in nessun caso
   B. Sì, ma solo limitatamente al trattamento di dati particolari
   C. Sì, ma con esclusione del trattamento di dati particolari
   D. Sì, si applica la disciplina del trattamento dei dati personali effettuato nell'ambito delle attività di uno stabilimento da parte di un titolare del trattamento o di un responsabile del trattamento nell'Unione, indipendentemente dal fatto che il trattamento sia effettuato o meno nell'Unione

8) **Il consenso dell'interessato, ai sensi dell'art. 4 del regolamento (UE) 2016/679, deve essere:**
   A. libero, specifico, informato e inequivocabile
   B. libero, immediato e scritto

C. libero, revocabile e espresso in forma orale, tranne che nei casi espressamente previsti dalla legge
D. generico, volontario e sempre revocabile

9) **Ai sensi dell'art. 9 del regolamento (UE) 2016/679, sono particolari categorie di dati personali quelli che:**
   A. rivelino l'origine razziale o etnica, le opinioni politiche, le convinzioni religiose o filosofiche, o l'appartenenza sindacale, nonché dati genetici, dati biometrici intesi a identificare in modo univoco una persona fisica, dati relativi alla salute o alla vita sessuale o all'orientamento sessuale della persona
   B. conferiscono particolari diritti circa la loro comunicazione e diffusione per motivi di ordine pubblico, ricerca scientifica, statistica, sicurezza dello Stato, salute pubblica
   C. riguardano determinate categorie di soggetti (magistrati, appartenenti a forze di polizia, diplomatici, alti funzionari della Pubblica Amministrazione) che devono essere sottoposti a cautele rinforzate
   D. sono trattati al di fuori dell'Unione europea, ma sono in ogni caso soggetti alla disciplina del Regolamento europeo in quanto particolarmente rilevanti per motivi di ordine pubblico, ricerca scientifica, statistica, sicurezza dello Stato, salute pubblica

10) **In virtù del principio di responsabilizzazione (accountability), il titolare del trattamento deve:**
    A. coinvolgere ed interpellare, in ogni momento decisionale, tutti i soggetti interessati al trattamento dei dati
    B. rispondere penalmente dell'illiceità del trattamento ma solo nei casi in cui i dati personali siano trattati da almeno 5 anni
    C. nominare dei contitolari del trattamento, con cui concludere un accordo interno che disciplini dettagliatamente le finalità e le modalità del trattamento
    D. essere in grado di dimostrare di avere adottato un processo complessivo di misure giuridiche, organizzative, tecniche, per la protezione dei dati personali, anche attraverso l'elaborazione di specifici modelli organizzativi

11) **Il registro delle attività di trattamento è obbligatorio?**
    A. Assolutamente no, la sua predisposizione è posta alla discrezione del titolare del trattamento
    B. Sì, ad eccezione degli organismi con meno di 250 dipendenti ma solo se non effettuano trattamenti a rischio
    C. Sì, in ogni caso senza alcuna eccezione
    D. Sì, ad eccezione degli organismi con più di 250 dipendenti ma solo se non effettuano trattamenti a rischio

Risposte commentate
La tutela della privacy

1) B. Il diritto alla cancellazione o diritto all'oblio (art. 17 del regolamento UE 2016/679) consente all'interessato di chiedere e ottenere la cancellazione dei dati personali che lo riguardano quando ricorra almeno uno dei seguenti casi: il venir meno della necessità del trattamento rispetto alle finalità originarie; revoca del consenso; opposizione al trattamento; illiceità del trattamento. Il diritto all'oblio, tuttavia, non può essere esercitato laddove, pur sussistendo uno dei presupposti sopra elencati, il trattamento sia necessario per l'esercizio del diritto alla libertà di espressione e di informazione, per l'adempimento di un obbligo legale, per motivi di interesse pubblico nel settore della sanità pubblica, a fini di archiviazione nel pubblico interesse, a fini di ricerca o statistici o per l'accertamento, l'esercizio o la difesa di un diritto in sede giudiziaria.

2) C. Il diritto alla portabilità dei dati (art. 20 del regolamento UE 2016/679) è un diritto introdotto dal GDPR e consente all'interessato di ricevere in formato strutturato, di uso comune e leggibile da un dispositivo automatico, i dati personali che lo riguardano e che siano stati forniti al titolare del trattamento. Tale diritto è limitato ai dati chiaramente riferibili all'interessato (sono quindi esclusi, a titolo di esempio, i dati anonimi e quelli contenuti in archivi o registri cartacei), trattati sulla base di un consenso preventivo, forniti consapevolmente e attivamente dall'interessato.

3) B. La designazione del responsabile della protezione dei dati personali (DPO) è obbligatoria per i trattamenti svolti da autorità e organismi pubblici (fatta eccezione per le autorità giurisdizionali nell'esercizio delle loro funzioni tipiche); i trattamenti che richiedono monitoraggi regolari e sistematici degli interessati su larga scala; i trattamenti dei dati personali particolari di cui l'art. 9 del regolamento europeo o dei dati attinenti a condanne penali e reati.

4) C. In base al regolamento europeo, gli strumenti a disposizione dell'interessato a sua tutela sono:
> il reclamo all'autorità di controllo: fatto salvo ogni altro ricorso amministrativo o giurisdizionale, l'interessato che ritenga che il trattamento che lo riguarda violi il regolamento ha il diritto di proporre reclamo all'autorità di controllo dello Stato membro in cui risiede o lavora abitualmente, o dello Stato in cui si è verificata la presunta violazione. Il reclamo (previsto dall'art. 77 del regolamento UE 2016/679) deve contenere l'indicazione dettagliata dei fatti e delle circostanze su cui si fonda, delle disposizioni che si presumono violate e delle misure richieste, nonché gli estremi identificativi del titolare o del responsabile del trattamento, ove conosciuto. Esso deve essere sottoscritto dall'interessato o, su mandato di questo, da un ente del terzo settore, attivo nel settore della tutela dei diritti e delle libertà degli interessati con riguardo alla protezione dei dati personali.

Al reclamo va allegata la documentazione utile ai fini della sua valutazione, l'eventuale mandato e l'indicazione di un recapito per l'invio di comunicazioni anche tramite posta elettronica, telefax o telefono.

Il Garante decide il reclamo entro 9 mesi dalla data di presentazione e, in ogni caso, entro 3 mesi dalla predetta data informa l'interessato sullo stato del procedimento. In presenza di motivate esigenze istruttorie, che sono comunicate all'interessato, il reclamo è deciso entro 12 mesi.

Oltre al reclamo, è previsto anche lo strumento della segnalazione, come ulteriore forma di tutela amministrativa attivabile da soggetti diversi dall'interessato al fine di richiedere l'intervento del Garante su vicende, anche a carattere collettivo e sociale, concernenti possibili violazioni della disciplina sulla protezione dati;

> il ricorso giurisdizionale effettivo nei confronti dell'autorità di controllo, esperito nello Stato membro in cui l'autorità è stabilita. Il ricorso può essere *avverso una decisione giuridicamente vincolante dell'autorità di controllo che lo riguarda* oppure avverso la stessa autorità qualora *non tratti un reclamo o non lo informi entro 3 mesi dello stato o dell'esito del reclamo proposto;*

> il ricorso giurisdizionale effettivo nei confronti del titolare e/o del responsabile del trattamento: fatto salvo ogni altro ricorso amministrativo o extragiudiziale disponibile, compreso il diritto di proporre reclamo a un'autorità di controllo, ogni interessato ha il diritto di proporre un ricorso giurisdizionale effettivo qualora ritenga che i diritti di cui gode a norma del regolamento siano stati violati a seguito di un trattamento. Le azioni devono essere esperite nei confronti del titolare e/o del responsabile del trattamento dinanzi alle autorità giurisdizionali dello Stato in cui titolare e/o responsabile hanno uno stabilimento ovvero a quelle dello Stato membro in cui risiede abitualmente l'interessato.

5) C. Il regolamento, nella parte iniziale, ai fini della sua esatta comprensione e applicazione, fornisce le definizioni essenziali, partendo da quella più ampia di dati personali, considerando come tali tutte le informazioni riguardanti persone fisiche identificate o identificabili.

Il trattamento è inteso come "qualsiasi operazione o insieme di operazioni, compiute con o senza l'ausilio di processi automatizzati e applicate a dati personali o insiemi di dati personali, come la raccolta, la registrazione, l'organizzazione, la strutturazione, la conservazione, l'adattamento o la modifica, l'estrazione, la consultazione, l'uso, la comunicazione mediante trasmissione, diffusione o qualsiasi altra forma di messa a disposizione, il raffronto o l'interconnessione, la limitazione, la cancellazione o la distruzione".

6) D. L'art. 6 del regolamento subordina la liceità del trattamento a due requisiti alternativi: la necessità di tale operazione e il consenso dell'interessato.

Inoltre, il regolamento, sempre all'art. 6, consente agli Stati di dettare disposizioni specifiche con riguardo, ad esempio, alla comunicazione dei dati, ai periodi di conservazione e alle operazioni e procedure di trattamento, comprese le misure atte a garantire un trattamento lecito e corretto, quali quelle per altre specifiche situazioni di trattamento.

7) D. Per quel che concerne l'ambito di applicazione territoriale (art. 3), la novità più rilevante, rispetto alla disciplina previgente, consiste nell'ampliamento dell'ambito di applicazione della disciplina europea in materia di privacy: ogni qualvolta vi sia trattamento di dati personali di soggetti stabiliti nell'Unione europea da parte di un soggetto stabilito al di fuori della stessa, al fine di offrire loro beni e/o servizi ovvero di monitorarne il comportamento, dovranno necessariamente essere applicate le prescrizioni del regolamento. Tale disposizione interessa, in particolar modo, gli *Internet service provider (ISP)* esteri, che non potranno sottrarsi all'applicazione della normativa europea in materia di privacy invocando l'assenza di un proprio stabilimento nel territorio dell'Unione europea.

8) A. Il consenso, per essere valido, deve avere determinate caratteristiche. Esso deve essere:
> inequivocabile: non è necessario che sia esplicito, può anche essere implicito (ma non tacito), purché non sussista alcun dubbio che col proprio comportamento l'interessato abbia voluto comunicare il proprio consenso. Il consenso deve, invece, essere esplicito, ai sensi dell'art. 9 del regolamento nel caso di trattamento di dati sensibili o nel caso di processi decisionali automatizzati (es. profilazione);
> libero: l'interessato deve essere in grado di operare una scelta effettiva, senza subire intimidazioni o raggiri;
> specifico: esso deve essere relativo alla finalità per la quale è eseguito quel trattamento. Qualora il trattamento abbia più finalità, il consenso deve essere prestato per ogni finalità;
> informato: l'interessato deve essere posto in condizioni di conoscere quali dati sono trattati, con che modalità e finalità, i diritti che gli sono attribuiti dalla legge e le conseguenze del suo consenso;
> verificabile: ciò vuol dire che deve potersi dimostrare che l'interessato lo ha conferito con riferimento a quello specifico trattamento;
> revocabile in qualsiasi momento: a seguito della revoca, che non deve essere motivata, il trattamento deve interrompersi, a meno che non sussista una base giuridica per continuare il trattamento. Con la revoca si innesca il diritto di cancellazione.

9) A. La categoria dei dati sensibili, che è stato uno dei pilastri sui quali è stata fondata l'architettura del Codice della privacy, è ridefinita dall'art. 9 del regolamento che fa riferimento ora a *categorie particolari di dati personali*.
In base al citato articolo è vietato trattare dati personali che rivelino l'origine razziale o etnica, le opinioni politiche, le convinzioni religiose o filosofiche, o l'appartenenza sindacale, nonché trattare dati genetici, dati biometrici intesi a identificare in modo univoco una persona fisica, dati relativi alla salute o alla vita sessuale o all'orientamento sessuale della persona. Il divieto non è assoluto dal momento che, in presenza di determinati presupposti, si può procedere al loro legittimo trattamento.

10) D. Il D.Lgs. 101/2018 introduce nel Codice gli articoli da 2-*ter* a 2-*decies*, dedicati ai principi generali. Il legislatore europeo, nell'art. 5 del regolamento, compila una sorta di decalogo dei principi cui deve attenersi ogni attività di trattamento di dati. In particolare, secondo il principio di responsabilizzazione (*accountability*): il titolare del trattamento dei dati deve essere in grado di dimostrare di avere adottato un processo complessivo di misure giuridiche, organizzative, tecniche, per la protezione dei dati personali, anche attraverso l'elaborazione di specifici modelli organizzativi: deve dimostrare in modo positivo e proattivo che i trattamenti di dati effettuati sono adeguati e conformi al regolamento europeo in materia di privacy

11) B. La protezione dei dati nell'impostazione del regolamento è assicurata anche mediante la predisposizione di un Registro delle attività di trattamento, obbligatorio ad eccezione per gli organismi con meno di 250 dipendenti ma solo se non effettuano trattamenti a rischio. Esso permette ai titolari di fare il punto sui trattamenti e sui dati trattati, di individuare eventuali trattamenti che comportano rischi per i diritti e le libertà personali, oltre che di verificare costantemente il rispetto della normativa ed avere uno strumento per dimostrare la conformità al regolamento (anche considerando che il titolare ed il responsabile del trattamento devono tenere traccia di tutte le attività di trattamento svolte sotto la propria responsabilità). Il Registro deve avere forma scritta, anche elettronica, e deve essere esibito su richiesta al Garante.

Sezione III
Il rapporto di lavoro nella P.A.

SOMMARIO

Questionario 1	La disciplina generale e l'instaurazione del rapporto di lavoro
Questionario 2	Diritti, doveri e mobilità dei dipendenti
Questionario 3	Il sistema di gestione delle performance
Questionario 4	Il sistema sanzionatorio e la cessazione del rapporto di lavoro
Questionario 5	Le figure dirigenziali
Questionario 6	La sicurezza sui luoghi di lavoro

Questionario 1
La disciplina generale e l'instaurazione del rapporto di lavoro

1) **Cosa stabilisce l'art. 97 della Costituzione in materia di accesso agli impieghi nelle Pubbliche Amministrazioni?**
   A. L'accesso è consentito solo mediante richiesta ai servizi per l'impiego pubblici
   B. L'accesso è consentito solo mediante concorso pubblico, salvo le eccezioni stabilite dalla legge
   C. L'accesso è consentito solo ai cittadini italiani
   D. L'accesso è consentito solo ai cittadini italiani e ai cittadini di Stati membri dell'Unione europea

2) **A quale soggetto è delegato il compito di sottoscrivere i contratti collettivi del pubblico impiego?**
   A. Al MEF (Ministero dell'economia e delle finanze)
   B. All'ANAC (Agenzia per la negoziazione degli accordi collettivi)
   C. All'ARPA (Agenzia per le relazioni sindacali nelle Pubbliche Amministrazioni)
   D. All'ARAN (Agenzia per la rappresentanza negoziale delle Pubbliche Amministrazioni)

3) **Come è definito il comparto di contrattazione al quale afferisce il personale dei ministeri?**
   A. Comparto Enti Centrali
   B. Comparto Autonomie territoriali
   C. Comparto Funzioni centrali
   D. Comparto Regioni ed Enti Statali

4) **Quale fra le seguenti materie è disciplinata dalla contrattazione collettiva?**
   A. I principi fondamentali di organizzazione degli uffici
   B. I procedimenti di selezione e di accesso al lavoro
   C. I modi di conferimento della titolarità degli uffici
   D. Le relazioni sindacali

5) **I contratti collettivi possono derogare a disposizioni di legge?**
   A. Sì, purché la deroga rivesta caratteri di urgenza e necessità
   B. No, in nessun caso
   C. Sì, purché rispettino i limiti previsti dalla legge
   D. Sì, in ogni caso

6) **Nel reclutare i propri dipendenti, le Pubbliche Amministrazioni devono tener conto:**
   A. del personale che andrà in pensione nel successivo quinquennio
   B. dei risultati conseguiti nell'ultimo triennio
   C. esclusivamente della propria dotazione organica
   D. del Piano triennale dei fabbisogni del personale

7) **Un rapporto di lavoro presso le Pubbliche Amministrazioni si instaura:**
   A. con la sottoscrizione da parte del delegato dell'Amministrazione e del dipendente del contratto collettivo di lavoro
   B. con la sottoscrizione da parte del delegato dell'Amministrazione e del dipendente del contratto integrativo di lavoro
   C. con un decreto di nomina approvato dal delegato dell'Amministrazione
   D. con un contratto individuale di lavoro, sottoscritto dalle parti

8) **Le Pubbliche Amministrazioni possono ricorrere a forme contrattuali flessibili?**
   A. No, in nessun caso
   B. Sì, ma solo per comprovate esigenze di carattere esclusivamente temporaneo o eccezionale
   C. Sì, in ogni caso a discrezione della Pubblica Amministrazione
   D. Sì, ma solo nei confronti di soggetti che non risiedono stabilmente nel territorio italiano

9) **Qual è la percentuale massima di contratti a tempo determinato e di somministrazione che possono essere stipulati dalla P.A.?**
   A. Tetto annuale del 20% del personale a tempo indeterminato in servizio al 1° gennaio dell'anno di assunzione
   B. Tetto annuale del 25% del personale a tempo indeterminato in servizio al 1° gennaio dell'anno di assunzione
   C. Tetto annuale del 15% del personale a tempo indeterminato in servizio al 1° gennaio dell'anno di assunzione
   D. Tetto annuale del 10% del personale a tempo indeterminato in servizio al 1° gennaio dell'anno di assunzione

10) **Qual è il sistema di classificazione del personale alle dipendenze della Pubblica Amministrazione?**
    A. Il sistema delle carriere
    B. Il sistema dei livelli
    C. Il sistema delle aree contraddistinte da numeri ordinali
    D. Il sistema delle aree contraddistinte da lettere

Risposte commentate
La disciplina generale e l'instaurazione del rapporto di lavoro

1) B. Secondo quanto stabilito dall'art. 97, co. 4, Cost. *agli impieghi nelle Pubbliche Amministrazioni si accede mediante concorso, salvo i casi stabiliti dalla legge*. Il concorso pubblico per esami e titoli – finalizzato alla formazione di una graduatoria di merito con l'indicazione del punteggio per ciascun candidato – è quello che garantisce al massimo grado non soltanto l'effettività della selezione, di guisa che soltanto i più capaci e meritevoli siano assunti, ma anche pari opportunità a tutti i concorrenti, nel rispetto del principio di imparzialità ed efficienza dall'azione amministrativa.

2) D. I contratti collettivi nazionali di lavoro (CCNL) dei comparti sono negoziati dall'ARAN e dai sindacati nazionali. Si tratta di accordi che disciplinano l'attività lavorativa di *raggruppamenti di pubblici dipendenti riuniti per settori omogenei ed affini*. Nel pubblico impiego, infatti, non esiste un unico contratto collettivo ma sono stipulati tanti accordi quanti sono i comparti individuati da un apposito accordo quadro. Anche questi ultimi sono negoziati dall'ARAN e dai sindacati nazionali.

3) C. Il contratto che attualmente disciplina l'attività dei dipendenti non dirigenti dei ministeri (comparto Funzioni centrali) è stato firmato il 12 febbraio 2018, e sostituisce una disciplina risalente al 2007; è da sottolineare, comunque, che lo stesso testo del 2018 specifica che, per quanto non previsto dal nuovo contratto, continuano a trovare applicazione, in quanto compatibili o non disapplicate, le disposizioni dei precedenti CCNL. Il contratto ha una validità per il periodo 2016-2018 sia per la parte giuridica che per quella economica e si rinnova tacitamente di anno in anno se non viene data disdetta; anche in questo caso, però, continua ad applicarsi fino al successivo rinnovo contrattuale.
Il campo di applicazione del contratto è indicato nell'art. 1 del CCNL sui comparti di contrattazione del 2016.

4) D. Nell'art. 40, co. 1, D.Lgs. 165/2001 si afferma che sono escluse dalla contrattazione collettiva le materie attinenti all'organizzazione degli uffici, quelle oggetto di partecipazione sindacale, quelle afferenti alle prerogative dirigenziali e concernenti il conferimento e la revoca degli incarichi dirigenziali.
Di converso spetta alla contrattazione collettiva il compito di disciplinare il rapporto di lavoro e le relazioni sindacali. Nelle materie relative alle sanzioni disciplinari, alla valutazione delle prestazioni ai fini della corresponsione del trattamento accessorio, della mobilità e delle progressioni economiche, la contrattazione collettiva è consentita negli esclusivi limiti previsti dalle norme di legge.

5) C. Fino alla riforma del 2017 i contratti collettivi potevano derogare a disposizioni legislative solo nell'ipotesi in cui ciò fosse previsto "espressamente" da una legge.

Con le modifiche all'art. 2, co. 2, D.Lgs. 165/2001, previste dal D.Lgs. 75/2017, tale vincolo è stato eliminato e si è introdotto il principio per cui i contratti collettivi possono sempre derogare a disposizioni di legge, regolamento o statuto (che già abbiano introdotto una disciplina del rapporto di lavoro) purché rispettino i limiti imposti dal nuovo testo legislativo. In base a quest'ultimo, la derogabilità è consentita esclusivamente nelle materie affidate alla contrattazione collettiva (delimitando in tal modo il perimetro entro il quale può operare), deve muoversi sempre nel rispetto dei principi posti dal D.Lgs. 165/2001 ed è ammessa soltanto per i contratti o accordi collettivi nazionali (escludendo quelli integrativi).

6) D. Con le modifiche introdotte dal D.Lgs. 75/2017, l'organizzazione e la disciplina degli uffici e dei rapporti di lavoro non sono più collegati alla dotazione organica ma ad uno specifico Piano triennale dei fabbisogni di personale (PTFP), documento con il quale, tenendo conto anche delle risorse finanziarie a disposizione, si individuano le attività che l'ente deve svolgere nel successivo triennio e, sulla base di questo atto, si individuano le risorse umane di cui necessita.
Il fabbisogno di personale dell'ente non è individuato una volta e per sempre sulla base della dotazione organica, ma è quest'ultima che viene determinata di volta in volta sulla base del Piano triennale, a sua volta elaborato tenendo conto delle attività da svolgere.
Le Pubbliche Amministrazioni sono obbligate ad adottare il PTFP in coerenza con la pianificazione pluriennale delle attività e della *performance*, nonché in aderenza alle linee di indirizzo stabilite con decreto della Presidenza del Consiglio dei Ministri (*vedi* il D.M. 8 maggio 2018). Lo scopo è quello di ottimizzare l'impiego delle risorse pubbliche disponibili e perseguire obiettivi di *performance* organizzativa, efficienza, economicità e qualità dei servizi ai cittadini.

7) D. Secondo le indicazioni contenute nell'art. 35 D.Lgs. 165/2001, l'assunzione avviene con contratto individuale di lavoro. L'art. 13 del CCNL comparto Funzioni centrali afferma che nel contratto di lavoro individuale, per il quale è richiesta la forma scritta, sono comunque indicati: tipologia e data di inizio del rapporto di lavoro, categoria e profilo professionale di inquadramento, posizione economica iniziale, durata del periodo di prova, sede di lavoro e termine finale in caso di rapporto di lavoro a tempo determinato.
Il contratto individuale specifica che il rapporto di lavoro è regolato dai contratti collettivi nel tempo vigenti anche per le cause di risoluzione del contratto di lavoro e per i termini di preavviso. È, in ogni modo, condizione risolutiva del contratto, senza obbligo di preavviso, l'annullamento della procedura di reclutamento che ne costituisce il presupposto.
Il periodo di prova – a norma dell'art. 14 CCNL comparto Funzioni centrali – ha una durata di 2 mesi per i dipendenti inquadrati nelle categorie A e B e di 6 mesi per il personale inquadrato nelle restanti categorie.
L'assunzione in servizio comporta, per il pubblico dipendente, diritti e doveri. Questi sono stabiliti da norme di legge e dai contratti collettivi.

8) B. Il lavoro flessibile è un sottotipo di lavoro dipendente, con particolarità connesse al tempo o alle modalità di svolgimento dell'attività lavorativa, di cui le

Pubbliche Amministrazioni possono avvalersi per esigenze di carattere esclusivamente temporaneo ed eccezionale, nelle forme contrattuali di assunzione e di impiego del personale previste dal codice civile e dalle leggi sui rapporti di lavoro subordinato nell'impresa (art. 36 D.Lgs. 165/2001, più volte modificato).

9) A. Nel CCNL comparto Funzioni centrali, la disciplina è riportata agli artt. 54 ss. Di particolare rilevanza sono gli artt. 50 e 52, che individuano nel dettaglio le ipotesi per le quali è possibile ricorrere a queste forme di flessibilità. L'art. 54, co. 3, poi, stabilisce che il numero massimo di contratti a tempo determinato e di contratti di somministrazione a tempo determinato stipulati da ciascun ente complessivamente non può superare il tetto annuale del 20% del personale a tempo indeterminato, in servizio al 1° gennaio dell'anno di assunzione, con arrotondamento dei decimali all'unità superiore qualora esso sia uguale o superiore a 0,5. Per gli enti che occupano fino a 5 dipendenti è sempre possibile la stipulazione di un contratto a tempo determinato.

10) C. Il criterio più antico (previsto dallo statuto degli impiegati civili emanato con D.P.R. 3/1957), prevedeva il **sistema delle carriere**: all'interno di ciascuna carriera (direttiva, di concetto, esecutiva e ausiliaria, cui in seguito si è aggiunta la carriera dirigenziale come autonoma da quella direttiva) esisteva un'articolazione gerarchica di qualifiche. Con la L. 312/1980, il sistema ha subito una generale riorganizzazione ed è stato introdotto il **sistema dei livelli**, nove, nell'ambito dei quali si distinguevano i profili. In seguito al riassetto della materia, risultante dai contratti collettivi del quadriennio 1998-2001, si è previsto un numero di **categorie o aree contraddistinte da lettere dell'alfabeto (A, B, C)**, variabile secondo i comparti, all'interno delle quali si distinguono diverse *posizioni organizzative e posizioni economiche*, vale a dire requisiti di professionalità richiesti e corrispondenti trattamenti retributivi. Con la classificazione introdotta nel periodo 2006-2009, per il comparto Ministeri le **aree non sono più contraddistinte da lettere ma da numeri ordinali (prima, seconda, terza)**, e al loro interno si sono previste varie fasce retributive (in numero superiore rispetto alle precedenti posizioni economiche, denominate F1, F2, etc.) finalizzate allo svolgimento delle selezioni interne per lo sviluppo professionale. La distinzione rispetto al sistema dei livelli non è solo nominalistica: nel nuovo ordinamento è possibile, in alcuni casi, conseguire progressioni stipendiali nell'ambito della stessa posizione retributiva con l'aggiunta della qualificazione *super* (progressione orizzontale). È poi possibile il passaggio ad un'area superiore e ad una posizione economica superiore nella stessa area.

Questionario 2
Diritti, doveri e mobilità dei dipendenti

1) **Per quanti anni al neo-assunto spetta un periodo di ferie differenziato rispetto alla generalità dei dipendenti?**
   A. Due anni dall'assunzione
   B. Solo per il primo anno di lavoro
   C. Tre anni dall'assunzione
   D. Quattro anni dall'assunzione

2) **Qual è la durata ordinaria del periodo di comporto nel pubblico impiego?**
   A. 24 mesi
   B. 16 mesi
   C. 20 mesi
   D. 18 mesi

3) **Attraverso l'istituto della mobilità volontaria si consente ai dipendenti:**
   A. il passaggio diretto fra Amministrazioni previo assenso dell'Amministrazione di appartenenza
   B. il passaggio diretto fra Amministrazioni diverse senza necessità di assenso dell'Amministrazione di appartenenza
   C. di essere collocati in aspettativa per lo svolgimento di attività presso organismi pubblici o privati operanti in sede internazionale
   D. lo scambio di postazione con altri dipendenti della Pubblica Amministrazione, che abbiano lo stesso profilo professionale e purché esista l'accordo fra le Amministrazioni di appartenenza

4) **I dipendenti pubblici sono inamovibili?**
   A. No
   B. Sì
   C. Solo alcune categorie
   D. Solo dopo 5 anni di servizio

5) **Qual è il tetto annuo delle ore a disposizione per esercitare il diritto allo studio?**
   A. Il limite è di 150 ore annue
   B. Non c'è alcun limite
   C. Il limite è di 300 ore annue
   D. Il limite è di 80 ore annue

6) **Cosa comporta la violazione dei doveri contenuti nel Codice di comportamento dei dipendenti?**
   A. Il demansionamento

B. È fonte di responsabilità disciplinare
C. Il licenziamento
D. L'erogazione di una sanzione pecuniaria

7) **Cosa comporta il collocamento fuori ruolo?**
   A. La destinazione del dipendente pubblico ad una P.A. o a un ente diverso da quello di appartenenza, presso il quale è chiamato a svolgere temporaneamente la sua prestazione
   B. Un trasferimento permanente del lavoratore presso un'altra amministrazione
   C. Il trasferimento presso altra sede dell'amministratore
   D. Trattandosi di sanzione disciplinare, comporta il venir meno del rapporto lavorativo

8) **L'aspettativa costituisce:**
   A. una causa di interruzione del rapporto di lavoro
   B. una causa di sospensione del rapporto di lavoro
   C. una causa di licenziamento
   D. una sanzione disciplinare

9) **L'indennità percepita dal lavoratore collocato in disponibilità, a seguito di procedure di mobilità collettiva, è pari:**
   A. al 90 per cento dello stipendio per la durata massima di 24 mesi
   B. all'80 per cento dello stipendio per la durata massima di 24 mesi
   C. al 70 per cento dello stipendio per la durata massima di 12 mesi
   D. al 50 per cento dello stipendio per la durata massima di 24 mesi

10) **Cos'è il *whistleblowing*?**
    A. Un istituto diretto a valutare la performance organizzativa
    B. Un istituto diretto a favorire l'uniformità delle attività della Pubblica Amministrazione
    C. Un istituto diretto a favorire l'emersione della fattispecie di illecito nella Pubblica Amministrazione
    D. Un istituto diretto a favorire lo spostamento dei lavoratori da un settore ad un altro

Risposte commentate
Diritti, doveri e mobilità dei dipendenti

1) C. Il diritto al riposo può essere esercitato sia individualmente che collettivamente mediante la fruizione, tra le altre cose, di ferie. In virtù dell'art. 36 Cost. e dell'art. 2109 c.c., il lavoratore ha diritto a ferie annuali retribuite irrinunciabili. In caso di distribuzione dell'orario settimanale di lavoro su 5 giorni, la durata delle ferie è di 28 giorni lavorativi; se l'orario di lavoro è distribuito su 6 giorni, la durata è di 32 giorni (art. 28 CCNL comparto Funzioni centrali). Per i neo-assunti (e per i primi 3 anni di servizio) il periodo di ferie è, rispettivamente, di 26 e di 30 giorni lavorativi, a seconda che l'articolazione oraria sia su 5 o su 6 giorni. I dipendenti hanno diritto anche a 4 giornate di riposo, da fruire nell'anno solare, per le festività soppresse dalla L. 937/1977. Le ferie si riducono proporzionalmente all'orario di lavoro in caso di part-time verticale.

2) D. Il dipendente ha diritto ad assentarsi dal lavoro in specifiche ipotesi, tra cui, ad esempio, le assenze per malattia. Il lavoratore che si assenta per malattia ha diritto alla conservazione del posto, purché la malattia non superi cumulativamente i 18 mesi nell'arco degli ultimi 3 anni (cosiddetto *periodo di comporto*), ricalcolati di giorno in giorno; in casi particolarmente gravi, tale periodo si può raddoppiare, senza retribuzione, previo accertamento da parte dell'ASL competente di eventuali cause di assoluta e permanente inidoneità fisica a svolgere qualsiasi proficuo lavoro.

3) A. Nell'ambito della mobilità permanente si distingue:
> mobilità volontaria (o individuale), indicata anche come passaggio diretto di personale fra Amministrazioni diverse. La disciplina è riportata nell'art. 30 D.Lgs. 165/2001 e si caratterizza per la presenza di una specifica richiesta del dipendente che, di sua spontanea volontà, chiede di essere trasferito presso un'altra Amministrazione. Il trasferimento può anche realizzarsi sotto forma di mobilità compensativa o di interscambio quando due dipendenti di Amministrazioni diverse chiedono contestualmente di scambiarsi il proprio posto di lavoro;
> mobilità obbligatoria, che può essere collettiva (o per ricollocazione) oppure individuale. Entrambe provvedono il trasferimento del dipendente attraverso un atto unilaterale dell'Amministrazione, nel primo caso in seguito ad una procedura che individua lavoratori in soprannumero o in eccedenza (art. 33 D.Lgs. 165/2001).

4) C. Solo alcune categorie di dipendenti pubblici sono inamovibili (es. magistrati, professori universitari); per tutte le altre il diritto all'ufficio o al posto di lavoro va inteso come interesse legittimo alla permanenza nel rapporto di lavoro, quindi la pretesa del lavoratore di non essere rimosso dall'impiego, se non nei casi e con le garanzie previste dalla legge e dalla contrattazione collettiva.

5) A. La disciplina è prevista dall'art. 10 L. 300/1970 (Statuto dei Lavoratori) laddove si stabilisce che i lavoratori dipendenti, sia privati che pubblici, possano usufruire di permessi o di particolari agevolazioni per la realizzazione del diritto allo studio.

Possono godere di tali permessi tutti i lavoratori studenti iscritti e frequentanti regolari corsi di studio in scuole di istruzione primaria, secondaria e di qualificazione professionale, statali, parificate, legalmente riconosciute o comunque abilitate al rilascio di titoli di studio legali. La disposizione si applica anche a coloro che frequentano corsi di formazione professionale. Le ore di permesso concesse possono essere utilizzate esclusivamente per "frequentare" i suddetti corsi e non per la preparazione di eventuali esami. Il datore di lavoro può richiedere idonea documentazione della partecipazione alle attività didattiche.

La determinazione dell'ammontare delle ore a disposizione è rimessa alla contrattazione collettiva, ma la prassi è quella di prevedere un limite di 150 ore annue, tetto riportato anche nel CCNL comparto Funzioni centrali (art. 46); quest'ultimo però specifica che va rispettato l'ulteriore limite del 3 per cento del personale in servizio a tempo indeterminato presso ciascuna Amministrazione, all'inizio di ogni anno.

Gli stessi lavoratori-studenti hanno diritto ad essere inseriti in turni di lavoro che agevolino la frequenza ai corsi e la preparazione agli esami. Non sono obbligati a prestare *lavoro straordinario* o durante i riposi settimanali. Sono previsti anche permessi giornalieri per sostenere i singoli esami (massimo 8 giorni: art. 31 CCNL comparto Funzioni centrali).

6) B. Con l'assunzione della prestazione lavorativa, i lavoratori pubblici dipendenti assumono l'obbligo di prestare la propria attività a favore della P.A.

La responsabilità disciplinare, derivante dalla violazione dei doveri contenuti nel Codice di comportamento dei dipendenti, è quella specifica forma di responsabilità – aggiuntiva rispetto a quella penale, civile, amministrativo-contabile e dirigenziale – in cui incorre il lavoratore (pubblico o privato) che con dolo o colpa non osservi obblighi contrattualmente assunti, fissati nel CCNL e recepiti nel contratto individuale.

L'accertamento di tale responsabilità implica l'applicazione, da parte del datore di lavoro, di sanzioni che a seconda della gravità del fatto accertato sono di tipo conservativo (richiamo, multa, sospensione dal servizio e dalla retribuzione) oppure espulsivo (licenziamento con o senza preavviso).

7) A. Le modificazioni che intervengono in seguito a comando o distacco sono di carattere temporaneo. Si configura, infatti, l'ipotesi di *distacco di personale* quando un datore di lavoro, per soddisfare (anche o soltanto) un proprio interesse, pone temporaneamente uno o più lavoratori a disposizione di un altro soggetto per l'esecuzione di una determinata attività lavorativa. Qualora, invece, il lavoratore sia assegnato ad altro ente o Amministrazione sulla base di un interesse proprio del soggetto ricevente, si deve parlare di *comando*. In entrambi i casi, però, si tratta di un uno spostamento non definitivo.

Il *collocamento fuori ruolo*, infine, comporta la destinazione del dipendente pubblico a un'Amministrazione o a un ente diverso da quello di appartenenza, presso il quale egli è chiamato a svolgere temporaneamente la sua prestazione.

8) B. L'aspettativa costituisce una causa di sospensione del rapporto di lavoro, che riprende regolarmente al termine del periodo di fruizione. Può essere concessa, a richiesta del dipendente con rapporto di lavoro a tempo indeterminato, per:

> *comprovati motivi personali o di famiglia*. Compatibilmente con le esigenze organizzative o di servizio, può essere attribuito un periodo massimo, aspettativa per 12 mesi nell'arco di un triennio, da fruire anche in modo frazionato. È senza retribuzione e non concorre alla formazione dell'anzianità di servizio;
> *gravi e documentati motivi familiari*. Si tratta di un'aspettativa che ha un fondamento diverso da quella in precedenza illustrata (in questo caso la disciplina è dettata dall'art. 4, co. 2, L. 53/2000), anche se i due periodi possono cumularsi. Può avere una durata massima non superiore a 2 anni durante il quale il dipendente conserva il posto di lavoro, non ha diritto alla retribuzione e non può svolgere alcun tipo di attività lavorativa. I gravi motivi indicati dalla legge sono stati meglio specificati dal D.M. 278/2000;
> *cariche pubbliche elettive*, la *cooperazione con i Paesi in via di sviluppo* o *volontariato*, ipotesi che trovano una specifica disciplina nelle leggi che le prevedono.

9) B. La preventiva dichiarazione di eccedenza di personale è una condizione essenziale per avviare procedure di mobilità collettiva (o per ricollocazione), disciplinate dagli artt. 33 e 34 D.Lgs. 165/2001.
Il primo passaggio è quello di effettuare annualmente una ricognizione del personale a disposizione e individuare eventuali situazioni di soprannumero o di eccedenza. Dopo aver informato le rappresentanze del personale e le organizzazioni sindacali, il dirigente può porre in essere tutte le attività volte a ridurre il numero di dipendenti in esubero (accordi di prepensionamento, ricorso a forme flessibili di lavoro o contratti di solidarietà, ricollocazione presso la stessa o altre Amministrazioni). Trascorsi 90 giorni dalla comunicazione ai sindacati, e dopo aver espletato le attività volte alla ricollocazione, i dipendenti possono essere collocati "in disponibilità"; ciò implica la sospensione di tutte le obbligazioni inerenti al rapporto di lavoro con il diritto del lavoratore a percepire un'indennità pari all'80 per cento dello stipendio per la durata massima di 24 mesi (48 mesi laddove il personale collocato in disponibilità maturi entro il predetto arco temporale i requisiti per il trattamento pensionistico: art. 2, co. 12, D.L. 95/2012).
Il personale in disponibilità confluisce in appositi elenchi dai quali le Amministrazioni che devono procedere ad assunzioni possono (e in alcuni casi devono) attingere.

10) C. Con la L. 190/2012 è stato introdotto nel Testo unico sul pubblico impiego l'art. 54-*bis* che tutela i dipendenti autori di segnalazioni di reati o irregolarità di cui siano venuti a conoscenza nell'ambito del rapporto di lavoro. L'iniziale disciplina riguardava solo il settore pubblico, ma la L. 179/2017 l'ha estesa anche al settore privato. L'istituto – detto *whistleblowing* – mira a favorire l'emersione della fattispecie di illecito nella Pubblica Amministrazione.
Secondo quanto stabilito dal citato articolo, il dipendente che denuncia all'autorità giudiziaria, alla Corte dei conti, all'ANAC o riferisce al proprio superiore gerarchico condotte illecite di cui sia venuto a conoscenza in ragione del rapporto di lavoro (*whistleblowing*), non può essere sanzionato, licenziato o sottoposto ad una misura discriminatoria, diretta o indiretta, avente effetti sulle condizioni di lavoro per motivi collegati direttamente o indirettamente alla denuncia.

Questionario 3
Il sistema di gestione delle *performance*

1) **Quale normativa ha introdotto il sistema di misurazione e valutazione delle *performance*?**
   A. La legge concretezza (L. 90/2014)
   B. Il Testo unico sul pubblico impiego (D.Lgs. 165/2001)
   C. La riforma Brunetta (D.Lgs. 150/2009)
   D. La riforma Madia (L. 124/2015)

2) **Quali sono i compiti degli Organismi indipendenti di valutazione della *performance* (OIV)?**
   A. Agli OIV spetta la decisione in merito ai licenziamenti disciplinari
   B. Agli OIV spetta la misurazione, la valutazione della *performance* organizzativa e la proposta annuale di valutazione dei dirigenti di vertice
   C. Agli OIV spetta la valutazione del comportamento dei dipendenti in genere
   D. Agli OIV spetta la valutazione degli atti adottati dai dipendenti dell'amministrazione, a prescindere dalla categoria nella quale essi rientrano

3) **Il Piano triennale della *performance* (PTP) deve essere redatto annualmente entro:**
   A. il 31 marzo
   B. il 28 febbraio
   C. il 15 novembre
   D. il 31 gennaio

4) **La Relazione sulla *performance* deve essere adottata annualmente entro:**
   A. il 30 aprile
   B. il 30 giugno
   C. il 31 gennaio
   D. il 30 settembre

5) **Quale strumento non rientra tra quelli introdotti dal D.Lgs. 150/2009 per premiare il merito e la professionalità?**
   A. Premio annuale per l'innovazione
   B. Riconoscimento delle progressioni economiche
   C. Bonus annuale per lo sviluppo economico
   D. Riconoscimento delle progressioni di carriera

6) **Il D.P.R. 105/2016 ha trasferito al Dipartimento della funzione pubblica:**
   A. le funzioni di organizzazione delle attività e di valutazione del personale
   B. le funzioni di promozione e coordinamento delle attività di valutazione e misurazione della *performance*

C. le funzioni di garanzia dell'efficienza della Pubblica Amministrazione
D. le funzioni di tutela della correttezza del comportamento del personale

7) **In quali categorie si dividono gli obiettivi di *performance*?**
   A. Obiettivi ordinari e obiettivi speciali
   B. Obiettivi generali e obiettivi specifici
   C. Macro-obiettivi e micro-obiettivi
   D. Obiettivi di efficacia e obiettivi di efficienza

8) **I cittadini possono partecipare al processo di misurazione delle *performance* organizzative?**
   A. Sì, anche in forma associata
   B. No, in nessun caso
   C. Sì, ma solo qualora la Pubblica Amministrazione lo consenta
   D. Solo nei casi di stretta necessità

Risposte commentate
Il sistema di gestione delle *performance*

1) C. Nel *management* pubblico, il concetto di *performance* è assimilato a quello di *risultato*, anche se la *performance* include non solo l'esito finale dell'azione (il *risultato*, per l'appunto), ma anche le condizioni e le modalità con le quali si è realizzato tale esito (e, dunque, ponendo attenzione all'*efficacia* e all'*efficienza*).
La tematica della *performance* e degli strumenti attraverso i quali misurarla, gestirla e valutarla ha assunto una posizione di centralità nell'ambito dei processi culturali di riforma della Pubblica Amministrazione già a partire dagli anni Novanta dello scorso secolo ma, sul piano positivo, l'introduzione di una disciplina dedicata è avvenuta solamente con il D.Lgs. 150/2009 (il decreto Brunetta), un provvedimento che avvicina cultura giuridica e cultura economico-aziendale al fine di ottimizzare la produttività del lavoro pubblico (svolto da tutti i dipendenti, personale dirigenziale e non).

2) B. Nel processo di misurazione e valutazione della *performance*, i soggetti che provvedono alle varie fasi del ciclo di gestione sono quelli individuati dall'art. 12 D.Lgs. 150/2009:
> gli Organismi indipendenti di valutazione della *performance* (di seguito OIV), cui spetta la misurazione e valutazione della *performance* organizzativa e la proposta annuale di valutazione dei dirigenti di vertice. Gli OIV, di cui ogni Amministrazione, singolarmente o in forma associata, si deve dotare, hanno *sostituito i servizi di controllo interno*, comunque denominati, istituiti sulla base della precedente normativa, e sono disciplinati dall'art. 14 D.Lgs. 150/2009;
> un organismo centrale (attualmente il Dipartimento per la funzione pubblica - DFP) che ha il compito di indirizzare, coordinare e sovrintendere l'esercizio delle funzioni degli OIV, di garantire la trasparenza dei sistemi di valutazione e di assicurare la comparabilità degli indici di andamento gestionale (art. 13 D.Lgs. 150/2009);
> l'organo di indirizzo politico-amministrativo di ciascuna Amministrazione, che emana le direttive generali contenenti gli indirizzi strategici e ne verifica il conseguimento effettivo;
> i dirigenti di ciascuna Amministrazione, che effettuano la valutazione del personale assegnato ai loro uffici, ai fini del riconoscimento dei benefici previsti dalla contrattazione collettiva (artt. 16 e 17, co. 1, lettera e-*bis*, D.Lgs. 165/2001).

3) D. Il Piano triennale della performance (PTP) è un documento programmatico redatto annualmente, entro il 31 gennaio, dalle Amministrazioni Pubbliche, che individua gli indirizzi e gli obiettivi strategici ed operativi e definisce gli indicatori per la misurazione e la valutazione della *performance* dell'Amministrazione, nonché gli obiettivi individuali assegnati al *personale dirigenziale e non* ed i relativi indicatori.
Il Piano è definito dall'organo di indirizzo politico-amministrativo in collaborazione con i vertici dell'Amministrazione e secondo gli indirizzi impartiti dal Dipartimento della funzione pubblica. La mancata adozione è sanzionata con il divieto di ero-

gazione della retribuzione di risultato ai dirigenti colpevoli di omissione o inerzia nell'adempimento dei propri compiti, oltre che con il divieto per le Amministrazioni di procedere ad assunzioni di personale o al conferimento di incarichi di consulenza o di collaborazione.

4) B. La Relazione sulla *performance*, documento che le amministrazioni devono adottare entro il 30 giugno, evidenzia, a consuntivo, con riferimento all'anno precedente, i risultati organizzativi e individuali raggiunti rispetto ai singoli obiettivi programmati ed alle risorse, con rilevazione degli eventuali scostamenti, e il bilancio di genere realizzato. La relazione deve essere validata dall'OIV ed è condizione necessaria per l'utilizzo degli strumenti posti a premiare il merito, ai sensi del Titolo III, D.Lgs. 150/2009.

5) C. Il D.Lgs. 150/2009 ha provveduto ad articolare gli strumenti con i quali premiare il merito e la professionalità, attraverso il riconoscimento:
- del *bonus* annuale delle eccellenze, assegnato al personale, dirigenziale e non, cui è attribuita una valutazione di eccellenza (art. 21);
- del premio annuale per l'innovazione, attribuito dall'OIV della *performance* al miglior progetto realizzato nell'anno che produca un significativo cambiamento dei servizi offerti e dei processi interni di lavoro (art. 22);
- delle progressioni economiche, conferite selettivamente dalle Amministrazioni sulla base della contrattazione collettiva (nazionale e integrativa) e nei limiti delle risorse disponibili, ad una quota limitata di dipendenti in relazione allo sviluppo delle competenze professionali ed ai risultati individuali e collettivi rilevati dal sistema di valutazione (art. 23);
- delle progressioni di carriera, per cui i posti nella dotazione organica vengono coperti attraverso concorsi pubblici con riserva non superiore al 50% a favore del personale interno, finalizzata al riconoscimento e alla valorizzazione delle competenze professionali sviluppate (art. 24);
- dell'attribuzione di incarichi e responsabilità, attuata attraverso il sistema di misurazione e valutazione (art. 25);
- di un accesso privilegiato a percorsi di alta formazione e di crescita professionale e a periodi di lavoro presso istituzioni pubbliche private, nazionali e internazionali (art. 26).

È, inoltre, previsto il premio di efficienza, per cui una quota fino al 30% dei risparmi sui costi di funzionamento derivanti da processi di ristrutturazione, riorganizzazione e innovazione viene destinata, fino a due terzi e secondo criteri definiti dalla contrattazione collettiva integrativa, al personale coinvolto, mentre la parte residua serve a incrementare le somme disponibili per la contrattazione stessa (art. 27). Tali risorse possono essere utilizzate se i risparmi sono documentati nella Relazione sulla *performance*; il principio si applica anche alle Regioni, alle Amministrazioni del Servizio Sanitario Nazionale e agli enti locali.

All'art. 29 D.Lgs. 150/2009 si afferma il carattere imperativo delle disposizioni del titolo III, che non sono derogabili dalla contrattazione collettiva e vengono inserite di diritto nei contratti.

6) B. Il D.P.R. 105/2016, in attuazione di quanto previsto dall'art. 19 D.L. 90/2014, ha trasferito al Dipartimento della funzione pubblica (DFP) le funzioni di promozione e coordinamento delle attività di valutazione e misurazione della *performance* (già assegnate a CIVIT-ANAC) in conformità ai seguenti criteri:
- ridurre gli oneri informativi a carico delle Pubbliche Amministrazioni;
- introdurre elementi di valutazione anche su di un orizzonte pluriennale e promuovere il progressivo avvicinamento dei sistemi di misurazione per Amministrazioni operanti nei medesimi settori;
- differenziare i requisiti relativi al ciclo della *performance* in ragione della dimensione, del tipo di Amministrazione e della natura delle attività delle diverse Amministrazioni ed introdurre regimi semplificati;
- migliorare il raccordo tra il ciclo della *performance* e il sistema dei controlli interni e gli indirizzi espressi dall'ANAC in materia di trasparenza e prevenzione della corruzione;
- promuovere l'integrazione fra ciclo della *performance* e ciclo della programmazione economico-finanziaria. A tal fine il DFP assicura il raccordo con il Ministero dell'Economia e della Finanze per l'allineamento delle indicazioni metodologiche in tema di ciclo della *performance* con quelle relative alla predisposizione dei documenti di programmazione e rendicontazione economico-finanziaria.

7) B. Gli obiettivi di *performance* sono individuati dal legislatore in due categorie (art. 5, co. 1, D.Lgs. 150/2009):
- *obiettivi generali*, che identificano le priorità strategiche delle Pubbliche Amministrazioni. Tali obiettivi sono determinati con apposite linee guida, adottate su base triennale con decreto del Presidente del Consiglio dei Ministri. La previsione di tale categoria intende rafforzare l'attività di indirizzo a livello nazionale nella definizione degli obiettivi strategici e operativi delle Amministrazioni, che saranno tenute, dunque, a formulare parte dei loro obiettivi specifici in armonia con quelli generali;
- *obiettivi specifici* di ogni Pubblica Amministrazione, individuati, in coerenza con la direttiva annuale adottata ai sensi dell'art. 8 D.Lgs. 286/1999, nel Piano della *performance*.

8) A. Ai sensi dell'art. 19-*bis* D.Lgs. 150/2009 (introdotto dal D.Lgs. 74/2017) è previsto che i cittadini, anche in forma associata, partecipino al processo di misurazione delle *performance* organizzative, con la possibilità di comunicare direttamente all'OIV il proprio grado di soddisfazione per le attività e i servizi erogati, secondo le modalità stabilite dallo stesso organismo. A tale fine, è necessario che le Amministrazioni adottino sistemi di rilevazione del grado di soddisfazione degli utenti e dei cittadini, favorendo forme di partecipazione.

Anche gli utenti interni alle Amministrazioni (dunque, in primo luogo, i dipendenti) partecipano al processo di misurazione delle *performance* organizzative in relazione ai servizi strumentali e di supporto, secondo le modalità individuate dall'OIV. Va assicurata la pubblicazione dei risultati della rilevazione del grado di soddisfazione dei soggetti, con cadenza annuale, sul sito dell'Amministrazione e l'OIV deve tenere conto di tali rilievi ai fini della validazione della Relazione sulla *performance*.

Questionario 4
Il sistema sanzionatorio e la cessazione del rapporto di lavoro

1) **In caso di dimissioni il lavoratore deve:**
   A. presentare la necessaria documentazione con almeno 6 mesi di anticipo
   B. rispettare i termini di preavviso
   C. ottenere il nulla osta dal dirigente dell'Amministrazione
   D. informare preventivamente il dirigente preposto all'ufficio affinché possa organizzare l'attività lavorativa

2) **In merito alle false attestazioni o certificazioni, i contratti collettivi nazionali possono determinare sanzioni disciplinari?**
   A. Assolutamente no
   B. Sì, ma solo con riferimento alle ipotesi di ripetute e ingiustificate assenze dal servizio in continuità con le giornate festive di riposo settimanale
   C. Sì, ma solo con riferimento ai casi di ingiustificate assenze collettive in determinati periodi
   D. Sì, con riferimento alle ipotesi di ripetute e ingiustificate assenze dal servizio in continuità con le giornate festive di riposo settimanale, e con riferimento ai casi di ingiustificate assenze collettive in determinati periodi

3) **Il mancato esercizio o la decadenza dell'azione disciplinare, dovuti all'omissione o al ritardo, senza giustificato motivo, degli atti del procedimento disciplinare comporta:**
   A. la sospensione dal servizio fino a un massimo di 3 mesi solo per i dirigenti
   B. la sospensione dal servizio fino a un massimo di 3 mesi per i soggetti responsabili
   C. il licenziamento disciplinare
   D. la sospensione dal servizio fino a un massimo di 2 mesi per i soggetti responsabili

4) **Le gravi o reiterate violazioni dei codici di comportamento comportano:**
   A. il licenziamento con preavviso
   B. il licenziamento senza preavviso
   C. l'allontanamento dal posto di lavoro per 12 mesi
   D. la decurtazione dello stipendio di un quinto

5) **La sospensione cautelare del dipendente:**
   A. è facoltativa quando sia stata pronunciata condanna, anche non definitiva, per un delitto contro la Pubblica Amministrazione
   B. è obbligatoria quando si ha notizia di una falsa attestazione della presenza in servizio
   C. è facoltativa quando l'impiegato è sottoposto a procedimento penale e ad una misura restrittiva della libertà personale

D. è obbligatoria quando l'impiegato è sottoposto a procedimento disciplinare per un'infrazione che comporta la sospensione dalla retribuzione e dal servizio

6) **Quando non si applica la sanzione disciplinare del licenziamento con preavviso?**
   A. In ipotesi di commissione dolosa, o gravemente colposa, dell'infrazione di cui all'art. 55-*sexies*, co. 3
   B. In ipotesi di reiterata violazione di obblighi concernenti la prestazione lavorativa
   C. In ipotesi di insufficiente rendimento
   D. In ipotesi di condanna penale definitiva

7) **In quali fasi si articola il procedimento disciplinare dinanzi all'UPD?**
   A. In una fase preistruttoria, in una fase istruttoria, in una fase dibattimentale e in una fase decisoria
   B. In una fase preistruttoria, in una fase contestatoria, in una fase difensiva e in una fase decisoria
   C. In una fase investigativa, in una fase istruttoria, in una fase in contraddittorio fra le parti e in una fase decisoria
   D. In una fase istruttoria, in una fase di accertamento della violazione, in una fase contestatoria e in una fase decisoria

8) **Che rapporto c'è tra il procedimento disciplinare e il procedimento penale?**
   A. Il procedimento disciplinare deve essere sospeso in attesa della definizione del procedimento penale
   B. Il procedimento penale deve essere sospeso in attesa della definizione del procedimento disciplinare per evitare il rischio di decisioni contrastanti
   C. Il procedimento disciplinare è pienamente autonomo rispetto al procedimento penale
   D. Il procedimento disciplinare dipende dal procedimento penale nella misura in cui deve recepire la relativa sentenza

9) **Chi è il soggetto titolare del potere disciplinare in caso di infrazioni di minore gravità?**
   A. Il responsabile della struttura
   B. Il dirigente apicale dell'Amministrazione
   C. Il dipendente appositamente individuato dall'ufficio
   D. Il funzionario anziano

10) **I vizi del procedimento disciplinare determinano la decadenza dell'azione disciplinare?**
    A. Sì, in ogni caso
    B. Sì, ma solo in caso di mancato rispetto delle fasi del procedimento disciplinare
    C. No, purché non risulti irrimediabilmente compromesso il diritto di difesa del dipendente e le modalità di esercizio dell'azione disciplinare
    D. No, purché non risulti irrimediabilmente compromesso il diritto di azione del dipendente

Risposte commentate
Il sistema sanzionatorio e la cessazione del rapporto di lavoro

1) B. Le dimissioni del lavoratore costituiscono un'ipotesi di cessazione del rapporto di lavoro; affinchè siano legittime è necessario che siano comunicate nel rispetto dei termini di preavviso prescritti. Altri eventi che conducono alla cessazione del rapporto di lavoro sono i seguenti:
- raggiungimento del *limite massimo di età* lavorativa o contributiva;
- *decesso* del dipendente;
- *impossibilità di rinnovo* dell'incarico dirigenziale per mancato raggiungimento degli obiettivi o per inosservanza imputabile delle direttive impartite;
- *perdita della cittadinanza* italiana o europea laddove tale requisito sia essenziale per svolgere l'attività prevista;
- *superamento del periodo di comporto* previsto per le *assenze per malattia*, eventualmente anche dovute a causa di servizio;
- *licenziamento disciplinare*, con o senza preavviso (fondato su presupposti che assorbono gran parte delle cause di licenziamento previste dalla disciplina pubblicistica o civilistica);
- *annullamento della procedura di reclutamento*;
- *dispensa dal servizio* per inidoneità fisica o psichica;
- decadenza dall'impiego per mancata cessazione della situazione di *incompatibilità fra obblighi di servizio e attività svolte dal dipendente*, nonostante la diffida effettuata dall'ente datore di lavoro;
- decadenza dall'impiego per *superamento del periodo di 24 mesi di collocamento in disponibilità* senza che sia stato possibile ricollocare altrimenti il lavoratore;
- decadenza dall'impiego per avvenuta *accettazione di una missione o altro incarico da un'autorità straniera* senza autorizzazione del Ministro competente.

2) D. In merito alle false attestazioni o certificazioni, il D.Lgs. 75/2017, modificando l'art. 55-*quinquies*, co. 3-*bis*, D.Lgs. 165/2001, dispone che i contratti collettivi nazionali individuino le condotte e fissino le corrispondenti sanzioni disciplinari con riferimento alle ipotesi di *ripetute e ingiustificate assenze dal servizio in continuità con le giornate festive e di riposo settimanale*, nonché con riferimento ai casi di ingiustificate *assenze collettive in determinati periodi* nei quali è necessario assicurare continuità dell'erogazione dei servizi all'utenza.

3) B. La legge contempla sanzioni particolarmente severe per il *mancato esercizio o la decadenza dell'azione disciplinare*, dovuti all'omissione o al ritardo, senza giustificato motivo, degli atti del procedimento disciplinare o a valutazioni sull'insussistenza dell'illecito disciplinare irragionevoli o manifestamente infondate, in relazione a condotte aventi oggettiva e palese rilevanza disciplinare. Per i soggetti responsabili di tali azioni (quindi anche non dirigenti) si applica la sanzione della sospensione dal servizio fino a un massimo di 3 mesi, salva la maggiore sanzione del licenziamento nel caso in cui questa sia prevista (art. 55-*sexies*, co. 3, D.Lgs. 165/2001).

4) A. Le gravi o reiterate violazioni dei codici di comportamento comportano, ai sensi dell'art. 55-*quater*, co. 1, lett. *f-bis*, D.Lgs. 165/2001, la sanzione disciplinare del licenziamento con preavviso.

5) B. Nei casi in cui le condotte punibili con il licenziamento siano accertate in flagranza trova applicazione la procedura prevista dall'art. 55-*quater*, co. 3-*bis* ss., D.Lgs. 165/2001, caratterizzata da termini più brevi per le varie fasi e perciò definita "accelerata".
Introdotta inizialmente dal D.Lgs. 116/2016 per reprimere più efficacemente il fenomeno delle false attestazioni della presenza in servizio (i cosiddetti *furbetti del cartellino*) è stata successivamente estesa (con il D.Lgs. 75/2017) a tutte le ipotesi in cui sia previsto il licenziamento e le condotte siano accertate in flagranza.
La procedura prevede che:
> si debba procedere all'immediata sospensione cautelare del dipendente, senza stipendio (fatto salvo il diritto all'assegno alimentare nella misura stabilita dalle disposizioni normative e contrattuali vigenti) e senza obbligo di preventiva audizione;
> la sospensione sia disposta dal responsabile della struttura in cui il dipendente lavora o dal competente UPD, con provvedimento motivato, in via immediata e comunque entro 48 ore dal momento in cui ne sono venuti a conoscenza. La violazione di tale termine non determina la decadenza dall'azione disciplinare né l'inefficacia della sospensione cautelare, fatta salva l'eventuale responsabilità del dipendente cui essa sia imputabile;
> laddove sia accertata l'effettiva violazione, con il provvedimento di sospensione cautelare si procede anche alla contestuale contestazione per iscritto dell'addebito e alla convocazione del dipendente dinanzi all'UPD;
> il dipendente sia convocato, per il contraddittorio a sua difesa, con un preavviso di almeno 15 giorni (20 giorni nella procedura ordinaria). Fino alla data dell'audizione, può inviare una memoria scritta o, in caso di grave, oggettivo e assoluto impedimento, chiedere un rinvio per un periodo non superiore a 5 giorni e che comunque può essere disposto una sola volta;
> l'UPD concluda il procedimento entro 30 giorni (120 nella procedura ordinaria) dalla ricezione, da parte del dipendente, della contestazione dell'addebito.

6) D. Ferma la disciplina in tema di licenziamento per giusta causa o giustificato motivo, si applica la sanzione disciplinare del licenziamento con preavviso per le seguenti ipotesi:
> assenza priva di valida giustificazione per un numero di giorni, anche non continuativi, superiore a 3 nell'arco di un biennio o comunque per più di 7 giorni nel corso degli ultimi 10 anni ovvero mancata ripresa del servizio, in caso di assenza ingiustificata, entro il termine fissato dall'Amministrazione (art. 55-*quater*, co. 1, lett. *b*, D.Lgs. 165/2001);
> ingiustificato rifiuto del trasferimento disposto dall'Amministrazione per motivate esigenze di servizio (art. 55-*quater*, co. 1, lett. *c*, D.Lgs. 165/2001);

- gravi o reiterate violazioni dei codici di comportamento (art. 55-*quater*, co. 1, lett. f-*bis*, D.Lgs. 165/2001);
- commissione dolosa, o gravemente colposa, dell'infrazione di cui all'art. 55-*sexies*, co. 3, ossia il mancato esercizio o la decadenza dall'azione disciplinare, dovuti all'omissione o al ritardo, senza giustificato motivo, degli atti del procedimento disciplinare (art. 55-*quater*, co. 1, lett. f-*ter*, D.Lgs. 165/2001);
- reiterata violazione di obblighi concernenti la prestazione lavorativa, che abbia determinato l'applicazione, in sede disciplinare, della sospensione dal servizio per un periodo complessivo superiore a un anno nell'arco di un biennio (art. 55-*quater*, co. 1, lett. f-*quater*, D.Lgs. 165/2001);
- insufficiente rendimento, dovuto alla reiterata violazione degli obblighi concernenti la prestazione lavorativa, stabiliti da norme legislative o regolamentari, dal contratto collettivo o individuale, da atti e provvedimenti dell'Amministrazione di appartenenza, e rilevato dalla costante reiterata valutazione negativa della *performance* del dipendente per ciascun anno nell'arco dell'ultimo triennio, resa a tali specifici fini (art. 55-*quater*, co. 1, lett. f-*quinquies*, D.Lgs. 165/2001);
- l'omessa attivazione del procedimento disciplinare e l'omessa adozione del provvedimento di sospensione cautelare, senza giustificato motivo, per i dirigenti e, negli enti privi di qualifica dirigenziale, per i responsabili di servizio competenti, che abbiano acquisito conoscenza di una falsa attestazione della presenza in servizio (art. 55-*quater*, co. 3-*quinquies*, D.Lgs. 165/2001);
- recidiva nel biennio nelle violazioni per le quali in prima istanza non si applica la sanzione del licenziamento (art. 62, co. 5, 6, 7 e 8 CCNL comparto «Funzioni centrali»);
- recidiva plurima, in una delle mancanze sanzionabili senza il licenziamento, anche se di diversa natura, o recidiva, nel biennio, in una mancanza che abbia già comportato l'applicazione della sanzione di sospensione dal servizio e dalla retribuzione;
- recidiva nel biennio di atti, comportamenti o molestie a carattere sessuale o quando l'atto, il comportamento o la molestia rivestano carattere di particolare gravità;
- condanna passata in giudicato, per un delitto che, commesso fuori del servizio e non attinente in via diretta al rapporto di lavoro, non ne consenta la prosecuzione per la sua specifica gravità;
- violazione degli obblighi di comportamento in tema di accettazione di regali o altre utilità e compimento dei doveri d'ufficio (art. 16, co. 2, secondo e terzo periodo, D.P.R. 62/2013);
- violazione dei doveri e degli obblighi di comportamento non ricompresi nei punti precedenti ma di gravità tale da non consentire la prosecuzione del rapporto di lavoro;
- mancata ripresa del servizio, salvo casi di comprovato impedimento, dopo periodi di interruzione dell'attività previsti dalle disposizioni legislative e contrattuali vigenti, alla conclusione del periodo di sospensione o alla scadenza del termine fissato dall'Amministrazione.

7) B. Il procedimento dinanzi all'Ufficio per i procedimenti disciplinari (UPD) è regolamentato dall'art. 55-*bis*, co. 4 ss., D.Lgs. 165/2001, nel testo modificato dal D.Lgs. 75/2017. L'iter può essere suddiviso in quattro fasi:

> *fase preistruttoria* nella quale si ha conoscenza del fatto e si provvede alla *segnalazione*. Al di fuori dei casi di licenziamento senza preavviso, il responsabile della struttura presso cui presta servizio il dipendente, segnala "immediatamente", e comunque entro 10 giorni, all'UPD i fatti ritenuti di rilevanza disciplinare di cui abbia avuto conoscenza;
> *fase contestatoria*, nella quale si provvede a contestare formalmente e a comunicare al dipendente l'addebito che gli viene mosso. L'UPD provvede con immediatezza, e comunque non oltre 30 giorni (decorrenti dalla segnalazione del responsabile della struttura o dal momento in cui ha comunque avuto conoscenza dei fatti di rilevanza disciplinare), alla contestazione scritta dell'addebito, secondo le modalità indicate nell'art. 55-*bis*, co. 5, D.Lgs. 165/2001. Con un preavviso di almeno 20 giorni, si procede, poi, alla convocazione dell'interessato per l'audizione in contraddittorio a sua difesa;
> *fase difensiva*, nella quale si consente al dipendente di *opporre le proprie ragioni* alle contestazioni ricevute. Il dipendente può farsi assistere da un procuratore ovvero da un rappresentante dell'associazione sindacale cui aderisce o conferisce mandato. In caso di grave ed oggettivo impedimento, ferma la possibilità di depositare memorie scritte, può richiedere che l'audizione a sua difesa sia differita, per una sola volta, con proroga del termine per la conclusione del procedimento in misura corrispondente. Il dipendente ha diritto di accesso agli atti istruttori del procedimento, fatta eccezione per la speciale tutela accordata alla segnalazione effettuata dal cd. *whistleblower* (art. 54, co. 4, D.Lgs. 165/2001);
> *fase decisoria*, nella quale si conclude il procedimento con l'archiviazione o con l'applicazione della sanzione. L'UPD deve concludere il procedimento, con l'atto di *archiviazione* o di *irrogazione della sanzione*, entro 120 giorni dalla contestazione dell'addebito. Gli atti di avvio e conclusione del procedimento, nonché l'eventuale provvedimento di sospensione cautelare, sono comunicati all'Ispettorato per la funzione pubblica, entro 20 giorni dalla loro adozione. Al fine di tutelare la riservatezza del dipendente, il nominativo dello stesso è sostituito da un codice identificativo.

8) C. Sotto il profilo procedurale va sottolineata la piena autonomia del procedimento disciplinare rispetto al processo penale. Il procedimento disciplinare che abbia a oggetto in tutto o in parte fatti in relazione ai quali procede l'autorità giudiziaria è proseguito e concluso anche in pendenza del procedimento penale. Per le infrazioni per le quali è applicabile una sanzione superiore alla sospensione del servizio con privazione della retribuzione fino a 10 giorni, l'Ufficio per i procedimenti disciplinari (UPD) – nei casi di particolare complessità dell'accertamento del fatto addebitato al dipendente e quando all'esito dell'istruttoria non dispone di elementi sufficienti a motivare l'irrogazione della sanzione – può sospendere il procedimento disciplinare fino al termine di quello penale.
Il procedimento disciplinare è ripreso o riaperto (se si conclude con l'archiviazione e il processo penale con una sentenza irrevocabile di condanna, o se emergono elementi per una sanzione più grave) entro 60 giorni dalla comunicazione della sentenza all'Amministrazione di appartenenza del lavoratore, ovvero dalla presentazione dell'istanza di riapertura. Il procedimento ripreso o riaperto si svolge secondo quanto previsto nell'art. 55-*bis* con integrale nuova decorrenza dei termini ivi previsti per la sua conclusione.

Il procedimento disciplinare sospeso può essere riattivato qualora l'Amministrazione giunga in possesso di elementi sufficienti per concluderlo, anche sulla base di un provvedimento giurisdizionale non definitivo; inoltre, per quanto riguarda i tempi del procedimento ripreso o riaperto successivamente alla sentenza del giudice penale, trovano applicazione i termini generali, che decorrono nuovamente ed integralmente.

9) A. La contestazione dell'addebito al dipendente e lo sviluppo della procedura disciplinare sono regolamentati nel D.Lgs. 165/2001 (nel testo modificato dal D.Lgs. 75/2017) e nei contratti collettivi di lavoro di comparto.
Per quanto riguarda i soggetti titolari del potere disciplinare:
> per le *infrazioni di minore gravità* (quelle per le quali è prevista la sanzione del rimprovero verbale), la *competenza spetta al responsabile della struttura* presso cui il dipendente presta servizio e secondo le procedure stabilite dal contratto collettivo. Per il CCNL comparto Funzioni centrali si fa riferimento all'art. 61, co. 4, il quale prevede che il responsabile, previa audizione del dipendente a difesa sui fatti addebitati, procede all'irrogazione della sanzione;
> per le *restanti infrazioni* (quelle punite con sanzioni diverse dal mero rimprovero verbale) la competenza spetta all'Ufficio per i procedimenti disciplinari (UPD), che ciascuna Amministrazione deve individuare secondo il proprio ordinamento. Resta ferma la possibilità, previa convenzione, di provvedere alla gestione unificata delle funzioni dell'ufficio da parte di più Amministrazioni.

10) C. I vizi del procedimento disciplinare (ossia la violazione dei *termini* e delle *disposizioni* che lo disciplinano), ferma l'eventuale responsabilità del dipendente cui essi siano imputabili, non determinano la decadenza dell'azione disciplinare né l'invalidità degli atti e della sanzione irrogata, purché non risulti *irrimediabilmente compromesso il diritto di difesa del dipendente* e le modalità di esercizio dell'azione disciplinare, anche in ragione della natura degli accertamenti svolti nel caso concreto, siano comunque compatibili con il *principio di tempestività* (art. 55-*bis*, co. 9-*ter*, D.Lgs. 165/2001).

Questionario 5
Le figure dirigenziali

1) **La responsabilità dirigenziale, ai sensi dell'art. 21 D.Lgs. 165/2001, consegue:**
   A. esclusivamente all'insolvenza delle direttive
   B. all'inadempimento degli obblighi contrattuali e morali
   C. esclusivamente al mancato rispetto del Codice di comportamento
   D. al mancato raggiungimento degli obiettivi, ovvero all'inosservanza delle direttive

2) **Quale dei seguenti effetti scaturisce dall'accertamento della responsabilità dirigenziale, ai sensi dell'art. 21 D.Lgs. 165/2001?**
   A. Il dirigente è condannato al pagamento di una sanzione pecuniaria
   B. Il dirigente è collocato in mobilità presso altra amministrazione
   C. Il medesimo incarico non potrà essere rinnovato; inoltre, in relazione alla gravità dei casi, l'amministrazione può revocare l'incarico ovvero recedere dal rapporto di lavoro
   D. Il dirigente è sottoposto a procedimento penale, se ha provocato danno alla Pubblica Amministrazione

3) **Il provvedimento di revoca dell'incarico dirigenziale deve essere adottato sentito:**
   A. il Comitato dei garanti
   B. il Comitato nazionale dell'ordine dei dirigenti
   C. il Comitato dei dirigenti generali
   D. L'ARAN

4) **Quali fra le seguenti non rientra tra le funzioni dirigenziali?**
   A. Funzioni direttive
   B. Funzioni di garanzia della correttezza dei processi di valutazione della performance
   C. Funzioni ispettive
   D. Funzioni di consulenza

5) **In tema di responsabilità dirigenziale, trova applicazione l'art. 2103 c.c.?**
   A. Sì, sempre
   B. Sì, ma dipende dai casi
   C. No
   D. Sì, sempre che la contrattazione collettiva ne abbia previsto l'applicabilità

6) **Come si accede alla qualifica dirigenziale?**
   A. A mezzo di concorso pubblico ai sensi dell'art. 28 D.Lgs 165/2001
   B. Tramite reclutamento diretto da parte dell'amministrazione
   C. Tramite avanzamento di carriera interno all'amministrazione

D. A mezzo di nomina da parte dei vertici della Pubblica Amministrazione

7) **Che titoli devono possedere i candidati non dipendenti pubblici per l'accesso al concorso di ammissione al corso-concorso dirigenziale?**
   A. I titoli sono stabiliti di volta in volta dal bando in base alle esigenze che il dirigente deve soddisfare
   B. Laurea specialistica o magistrale oppure del diploma di laurea, dottorato di ricerca o di diploma di specializzazione o di master di secondo livello
   C. Diploma di scuola secondaria e, per una progressione di carriera, una laurea specialistica
   D. Non sono previsti titoli particolari per l'accesso alla qualifica di dirigente

Risposte commentate
Le figure dirigenziali

1) D. L'art. 21 D.Lgs. 165/2001 prevede che la responsabilità dirigenziale consegua al mancato raggiungimento degli obiettivi, accertato attraverso le risultanze del sistema di valutazione di cui D.Lgs. 150/2009, o all'inosservanza delle direttive.

2) C. Dall'accertamento della responsabilità dirigenziale deriva l'impossibilità di rinnovo dello stesso incarico dirigenziale. In relazione alla gravità dei casi, l'amministrazione può inoltre, previa contestazione e nel rispetto del principio del contraddittorio, revocare l'incarico collocando il dirigente a disposizione dei ruoli di cui all'art. 23 D.Lgs. 165/2001 ovvero recedere dal rapporto di lavoro secondo le disposizioni del contratto collettivo. Per altro, al di fuori di tali ipotesi, al dirigente nei confronti del quale sia stata accertata, previa contestazione e nel rispetto del principio del contraddittorio secondo le procedure previste dalla legge e dai contratti collettivi nazionali, la colpevole violazione del dovere di vigilanza sul rispetto, da parte del personale, degli standard quantitativi e qualitativi fissati dalla P.A., la retribuzione di risultato è decurtata in relazione alla gravità della violazione di una quota fino all'ottanta per cento.

3) A. L'art. 22 D.Lgs. 165/2001 prevede che i provvedimenti di cui all'art. 21, co. 1 e 1-bis, siano adottati sentito il Comitato dei garanti, i cui componenti, nel rispetto del principio di genere, sono nominati con decreto del Presidente del Consiglio dei ministri. Il Comitato dura in carica tre anni e l'incarico non è rinnovabile.

4) B. I dirigenti sono dotati di funzioni direttive, di funzioni di consulenza, studio e ricerca ed infine di funzioni ispettive. Gli artt. 16, 17 e 19, co. 10, D.Lgs. 165/2001 individuano le funzioni dei dirigenti tramite una loro elencazione meramente esemplificativa.

5) C. L'art. 17 D.Lgs. 165/2001ha precisato che i dirigenti, per specifiche e comprovate ragioni di servizio, possono delegare per un periodo di tempo determinato, con atto scritto e motivato, alcune delle competenze comprese nelle funzioni di cui alle lettere b), d) ed e) del comma 1 a dipendenti che ricoprano le posizioni funzionali più elevate nell'ambito degli uffici ad essi affidati. Non si applica in ogni caso l'art. 2103 c.c.

6) A. L'accesso alla qualifica dirigenziale avviene a mezzo di concorso pubblico ai sensi dell'art. 28 D.Lgs. 165/2001.

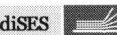

7) B. È previsto che per la partecipazione al concorso di ammissione al corso-concorso dirigenziale i candidati non dipendenti pubblici debbano essere muniti, oltre della laurea specialistica o magistrale oppure del diploma di laurea conseguito secondo l'ordinamento didattico previgente al D.M. 509/1999, anche di dottorato di ricerca o di diploma di specializzazione o di master di secondo livello. I dipendenti pubblici, invece, sono ammessi a partecipare al concorso se in possesso di laurea specialistica o magistrale oppure di diploma di laurea conseguito secondo l'ordinamento didattico previgente al D.M. 509/1999, purché abbiano maturato un'esperienza di lavoro almeno di cinque anni nella Pubblica Amministrazione in posizioni funzionali per l'accesso alle quali è richiesto il possesso della laurea (triennale).

Questionario 6
La sicurezza sui luoghi di lavoro

1) **Il rischio si calcola:**
   A. determinando la percentuale del danno e sommandola alla percentuale della probabilità
   B. moltiplicando la probabilità per il danno
   C. dividendo la probabilità per il danno
   D. dividendo il numero dei lavoratori per le macchine

2) **Quali tra questi compiti deve necessariamente essere svolto dal datore di lavoro?**
   A. Trasmettere all'ASL competente i dati inerenti la sorveglianza sanitaria
   B. Nominare il rappresentante dei lavoratori per la sicurezza
   C. Nominare il responsabile del servizio di prevenzione e protezione
   D. Acquistare materiale per la formazione e la protezione dei lavoratori

3) **Un'azienda industriale con 300 dipendenti:**
   A. deve avere un RSPP esterno
   B. non deve necessariamente avere un RSPP
   C. deve avere un RSPP interno
   D. deve avere sia un RSPP interno che esterno

4) **Quale tra le seguenti figure deve essere consultata in merito alla valutazione dei rischi?**
   A. Il rappresentante dei lavoratori per la sicurezza (RSL)
   B. Gli addetti del servizio prevenzione e protezione
   C. Il medico competente
   D. L'ASL territorialmente competente

5) **Quali compiti rientrano tra quelli riservati al servizio prevenzione e protezione?**
   A. Il controllo dei macchinari
   B. L'addestramento del personale
   C. L'individuazione di possibili fonti di rischio per la salute dei lavoratori
   D. Il primo soccorso

6) **A quali soggetti spetta la nomina del rappresentante dei lavoratori per la sicurezza (RLS)?**
   A. Al medico competente
   B. Al datore di lavoro
   C. Alle organizzazioni sindacali
   D. Ai lavoratori

7) **La valutazione dei rischi è:**
   A. una valutazione globale e documentata di tutti i rischi per la salute e la sicurezza dei lavoratori
   B. una procedura da attivare prima che siano avviate eventuali azioni pericolose
   C. l'elenco di tutti i rischi presenti in azienda
   D. una certificazione per indicare il tasso di pericolosità a livello aziendale

8) **Il medico competente:**
   A. coordina l'attività del servizio di prevenzione e protezione
   B. designa i preposti alla sicurezza
   C. provvede alla stesura del documento di valutazione dei rischi
   D. collabora ai fini della valutazione dei rischi

9) **Secondo la definizione contenuta nell'art. 2 D.Lgs. 81/2008 quale dei seguenti soggetti non è considerato lavoratore o ad esso equiparato ai fini dell'applicabilità della normativa in materia di sicurezza sul lavoro?**
   A. L'addetto ai servizi domestici e familiari
   B. Il tirocinante
   C. Il socio lavoratore di cooperativa
   D. Lo studente

10) **Entro quanti giorni dall'inizio dell'attività il datore di lavoro deve procedere alla stesura del documento di valutazione dei rischi (DVR)?**
    A. Centoventi
    B. Cento
    C. Centottanta
    D. Novanta

11) **Secondo l'art. 35 D.Lgs. 81/2008 la riunione periodica per discutere dei problemi inerenti la sicurezza aziendale deve essere convocata:**
    A. almeno una volta l'anno
    B. almeno ogni sei mesi
    C. almeno con cadenza trimestrale
    D. almeno una volta ogni due anni

12) **Quali sono i soggetti che obbligatoriamente prendono parte alla riunione periodica di prevenzione e protezione?**
    A. Datore di lavoro, RSSP, medico competente e RLS
    B. Datore di lavoro, rappresentante sindacale, medico competente e RLS
    C. Dirigente, RSSP, medico competente e RLS
    D. Datore di lavoro, preposto, medico competente e RLS

Risposte commentate
La sicurezza sui luoghi di lavoro

1) B. Il rischio è rappresentato dalla probabilità che si verifichino eventi che producano danni a persone o cose, per effetto di una fonte (pericolo). Esso è misurato dal prodotto della frequenza (o probabilità) di accadimento e della gravità delle conseguenze (magnitudo). L'art. 2, co. 1, lett. *s*, D.Lgs. 81/2008 lo definisce come *probabilità di raggiungimento del livello potenziale di danno nelle condizioni di impiego o di esposizione ad un determinato fattore o agente oppure alla loro combinazione*.

2) C. La disciplina in materia di tutela della salute e della sicurezza sui luoghi di lavoro individua, in primo luogo, come figura responsabile dell'organizzazione il *datore di lavoro*.
La nozione di tale figura è data dall'art. 2, co. 1 lett. *b)* del D.Lgs. 81/2008 laddove precisa che si tratta di colui il quale è "titolare del rapporto di lavoro con il lavoratore o, comunque, il soggetto che, secondo il tipo e l'assetto dell'organizzazione nel cui ambito il lavoratore presta la propria attività, ha la responsabilità dell'organizzazione stessa o dell'unità produttiva in quanto esercita i poteri decisionali e di spesa".
Nelle *pubbliche amministrazioni*, invece, "per datore di lavoro si intende il dirigente al quale spettano i poteri di gestione, ovvero il funzionario non avente qualifica dirigenziale, nei soli casi in cui quest'ultimo sia preposto ad un ufficio avente autonomia gestionale, individuato dall'organo di vertice delle singole amministrazioni tenendo conto dell'ubicazione e dell'ambito funzionale degli uffici nei quali viene svolta l'attività, e dotato di autonomi poteri decisionali e di spesa. In caso di omessa individuazione, o di individuazione non conforme ai criteri sopra indicati, il datore di lavoro coincide con l'organo di vertice medesimo".
L'art. 17 individua due *obblighi non delegabili* del datore di lavoro: la valutazione di tutti i rischi, con la conseguente elaborazione del documento di valutazione dei rischi (DVR), e la designazione del responsabile del servizio di prevenzione e protezione dai rischi (RSPP).

3) C. Il responsabile del servizio di prevenzione e protezione (RSPP) può essere lo stesso datore di lavoro, un soggetto interno all'azienda oppure esterno alla stessa. La scelta sulla natura del responsabile e dei componenti del servizio è disciplinata dall'art. 31 D.Lgs. 81/2008, il quale stabilisce che deve essere obbligatoriamente interno in tutte le aziende soggette all'obbligo di notifica, nelle centrali termoelettriche, nelle industrie estrattive e nelle strutture di ricovero e cura con più di 50 lavoratori, nelle industrie classificate come soggette a grandi rischi e nelle industrie con più di 200 lavoratori. Invece, la legge prevede che sia esterno all'azienda quando nell'ambito lavorativo non ci sia nessuno in possesso dei requisiti previsti per ricoprire tale funzione.

4) A. Il datore di lavoro, nel valutare le varie fattispecie di rischi presenti nella propria azienda e nel redigere il documento di valutazione dei rischi (DVR), agisce in collaborazione con il responsabile del servizio di prevenzione e protezione (RSPP) e il medico competente, se nominato, previa consultazione del rappresentante dei lavoratori (RLS).

5) C. I compiti affidati al servizio di prevenzione e protezione (SPP) sono di particolare rilievo e delicatezza e il legislatore ha deciso di definirli specificatamente nell'art. 33 D.Lgs. 81/2008, il quale dispone che il servizio provvede:
- all'individuazione dei fattori di rischio, alla valutazione dei rischi e all'individuazione delle misure per la sicurezza e la salubrità degli ambienti di lavoro;
- ad elaborare, per quanto di competenza, le misure preventive e protettive e i sistemi di controllo di tali misure;
- ad elaborare le procedure di sicurezza per le varie attività aziendali;
- a proporre i programmi di informazione e formazione dei lavoratori;
- a partecipare alle consultazioni in materia di tutela della salute e sicurezza sul lavoro, nonché alla riunione periodica sulla valutazione dei rischi;
- a fornire ai lavoratori le informazioni sui rischi, sulle procedure e sulle misure di prevenzione.

6) D. Il D.Lgs. 81/2008 dispone che in ogni azienda o unità produttiva deve essere garantita la rappresentanza dei lavoratori per la sicurezza (art. 47, comma 2); tutto ciò indipendentemente dalle dimensioni e dalla composizione di riferimento e, quindi, anche ove l'azienda o l'unità produttiva abbia un solo lavoratore. Il decreto definisce il rappresentante dei lavoratori per la sicurezza (RLS) come un *soggetto eletto o designato dagli stessi lavoratori* per rappresentarli in tutte le problematiche concernenti la salute e la sicurezza durante il lavoro.
Il numero minimo di RSL è di 1 nelle aziende ovvero unità produttive sino a 200 lavoratori, 3 nelle aziende ovvero unità produttive da 201 a 1.000 lavoratori e 6 nelle aziende o unità produttive oltre i 1.000 lavoratori.

7) A. L'art. 3 D.Lgs. 81/2008 definisce la valutazione dei rischi *come valutazione globale e documentata di tutti i rischi per la salute e sicurezza dei lavoratori presenti nell'ambito dell'organizzazione* in cui essi prestano la propria attività, finalizzata ad individuare le adeguate misure di prevenzione e di protezione e ad elaborare il programma delle misure atte a garantire il miglioramento nel tempo dei livelli di salute e sicurezza. Il DVR è uno degli obblighi non delegabili per il datore di lavoro (art. 18 D.Lgs. 81/2008).

8) D. Il medico competente svolge un ruolo cruciale nella gestione delle problematiche di salute e sicurezza nelle aziende, anche attraverso una concreta collaborazione con le altre figure della prevenzione. Deve essere un professionista in possesso di specifica ed adeguata formazione per la tutela della salute del lavoratore nel luogo di lavoro.
Nominato dal datore di lavoro, può essere un dipendente dell'azienda, un libero professionista ovvero un dipendente di un'azienda pubblica o privata. L'art. 25 D.Lgs. 81/2008 definisce analiticamente gli *obblighi del medico competente*, tutti riconducibili ad un'attività di *collaborazione con il datore di lavoro e con il servizio di prevenzione e protezione per una corretta valutazione dei rischi*.

9) A. Il lavoratore è definito dall'art. 2, co. 1, lett. *a*), D.Lgs. 81/2008 come "persona che, indipendentemente dalla tipologia contrattuale, svolge un'attività lavorativa nell'ambito dell'organizzazione di un datore di lavoro pubblico o privato, con o senza retribuzione, anche al solo fine di apprendere un mestiere, un'arte o una professione, esclusi gli addetti ai servizi domestici e familiari".
Si tratta di una nozione che ha una valenza generale e che prescinde dalla specifica qualificazione del rapporto di lavoro; non è, infatti, la tipologia contrattuale a definire il lavoratore, e nemmeno l'essere retribuito o meno, quanto l'operare con la propria attività lavorativa "nell'ambito dell'organizzazione di un datore di lavoro pubblico o privato". Ciò in quanto la finalità principale della norma è quella di tutelare la sicurezza e la salute di quanti si trovano nelle strutture aziendali per cui è irrilevante, in questo contesto, il tipo di rapporto che è stato instaurato.

10) D. Il documento di valutazione del rischio (DVR) è uno strumento teso a far sì che il datore di lavoro sia consapevole delle caratteristiche relative sia alla tipologia di lavoro svolta all'interno della propria azienda sia degli impianti tecnici e meccanici presenti e utilizzati nell'ambiente di lavoro, fattori determinanti l'esistenza di rischi e quindi, di conseguenza, possibili fonti di infortuni sul lavoro.
Il contenuto di tale atto è stabilito dettagliatamente dall'art. 28 D.Lgs. 81/2008, il quale prevede come nel DVR debbano essere *rigorosamente descritti tutti i rischi esistenti per la sicurezza e la salute dei dipendenti.*
Il DVR è considerato dalla normativa in tema di sicurezza il principale onere per il datore di lavoro, il quale ha l'obbligo di effettuarlo in prima persona, senza la possibilità di delegare tale mansione ad un soggetto terzo, entro e non oltre il novantesimo giorno dalla data di inizio dell'attività produttiva.

11) A. La riunione periodica, prevista dall'art. 35 D.Lgs. 81/2008, è indetta obbligatoriamente dal datore di lavoro almeno una volta l'anno, ovvero ogniqualvolta che si verifichino significative variazioni di esposizione al rischio, in tutte le aziende o unità produttive che occupano più di 15 dipendenti, per discutere dei problemi inerenti la sicurezza aziendale.

12) A. Coloro che devono necessariamente partecipare alla riunione periodi di valutazione dei rischi (art. 35 D.Lgs. 81/2008) sono il datore di lavoro, il responsabile del servizio di prevenzione e protezione (RSPP), il medico competente, ove nominato, e il rappresentante dei lavoratori per la sicurezza (RSL).

Sezione IV
Trasparenza e misure anticorruzione

SOMMARIO

Questionario 1 — Gli obblighi di trasparenza e le misure per prevenire la corruzione
Questionario 2 — La gestione delle risorse umane e le misure anticorruzione

Questionario 1
Gli obblighi di trasparenza e le misure per prevenire la corruzione

1) L'Autorità Nazionale Anticorruzione (ANAC) nasce:
   A. dall'attribuzione del nome di Autorità Nazionale Anticorruzione all'allora Commissione per la Valutazione, la Trasparenza e l'Integrità delle amministrazioni pubbliche (CIVIT)
   B. dalla fusione tra la CIVIT e l'Autorità di vigilanza sui contratti pubblici (AVCP) con il D.L. 90/2014
   C. dall'attribuzione della denominazione di Autorità Nazionale Anticorruzione alla CIVIT con il D.Lgs. 33/2013
   D. dall'attribuzione del nome di Autorità Nazionale Anticorruzione all'allora Autorità di vigilanza sui contratti pubblici (AVCP) con la L. 190/2012

2) La strategia nazionale di prevenzione della corruzione è attuata:
   A. dai Presidenti di ciascuna Regione, con politiche adeguate al tasso di corruzione di ciascuna Regione
   B. esclusivamente dall'ANAC, mediante un accentramento di funzioni
   C. dal Ministero del lavoro per quanto riguarda il pubblico impiego e dal Dipartimento della funzione pubblica in tutti gli altri casi
   D. dall'azione congiunta di più soggetti istituzionali

3) Il Piano triennale per la Prevenzione della Corruzione e per la Trasparenza (PTPCT) è adottato:
   A. dall'Autorità di indirizzo politico su proposta del Responsabile della Prevenzione della Corruzione e della Trasparenza (RPCT)
   B. dall'Autorità Nazionale Anticorruzione (ANAC)
   C. dal Dipartimento della Funzione Pubblica (DFP) presso la Presidenza del Consiglio dei ministri
   D. dal dirigente o funzionario con maggiore anzianità di servizio all'interno di ciascuna amministrazione o ente

4) L'ANAC, nell'esercizio dei propri poteri di vigilanza in materia di trasparenza, può ordinare la rimozione di comportamenti o atti contrastanti con i piani e le regole sulla trasparenza?
   A. No, la rimozione di comportamenti o di atti contrastanti con i piani e le regole sulla trasparenza può avvenire solo attraverso l'esperimento di un'azione giudiziaria
   B. Sì, l'ANAC può anche ordinare la rimozione di comportamenti o di atti contrastanti con i piani e le regole sulla trasparenza
   C. No, la rimozione di comportamenti o di atti contrastanti con i piani e le regole sulla trasparenza può avvenire solo a seguito di un'azione penale

D. L'ANAC non esercita poteri di vigilanza in materia di trasparenza, ma solo in materia di prevenzione della corruzione

5) **Il Piano Triennale di Prevenzione della Corruzione e della Trasparenza (PTPCT) consiste:**
   A. nell'elencazione di possibili misure, da precisare con distinti atti amministrativi nel successivo triennio
   B. nell'individuazione delle misure oggettive, organizzative, di prevenzione della corruzione e di trasparenza che l'amministrazione interessata si propone di attuare nel successivo triennio
   C. nella valutazione del rischio di corruzione, rinviando al successivo triennio l'individuazione delle misure di prevenzione
   D. nella raccolta di tutti le linee guida emanate dall'ANAC con specifiche integrazioni volte ad adattarle alla realtà locale

6) **L'ANAC esercita i propri poteri di vigilanza in materia di prevenzione della corruzione vigilando sull'effettiva adozione:**
   A. dei Piani triennali, ma senza poteri sanzionatori
   B. dei Piani triennali, segnalando alla magistratura penale i casi di mancata adozione
   C. dei Piani triennali, con potere sanzionatorio in caso di mancata adozione
   D. dei Piani triennali, demandando all'organo di indirizzo il potere sostitutivo e sanzionatorio

7) **Il Piano Triennale di Prevenzione della Corruzione e della Trasparenza (PTPCT) è adottato:**
   A. entro il 31 gennaio di ogni anno
   B. ogni tre anni, entro il 31 dicembre
   C. entro il 30 giugno di ogni anno
   D. ogni tre anni, entro il 30 giugno

8) **La mancata adozione del Piano Triennale di Prevenzione della Corruzione e della Trasparenza (PTPCT) dà luogo:**
   A. alla fissazione di un nuovo termine perentorio per l'adozione del documento
   B. all'avvio di un procedimento sanzionatorio
   C. all'avvio di un procedimento sostitutivo del responsabile
   D. ad un rimprovero verbale da parte dell'Autorità Nazionale Anticorruzione (ANAC)

9) **Il Piano Nazionale Anticorruzione (PNA), dal punto di vista formale, è un:**
   A. atto normativo
   B. programma di attività
   C. atto di indirizzo
   D. regolamento

Questionario 1 | Gli obblighi di trasparenza e le misure per prevenire la corruzione | **613**

10) **L'individuazione delle aree di rischio ha la finalità di:**
   A. isolare particolari settori amministrativi più esposti al rischio di corruzione
   B. uniformare i settori dell'attività amministrativa alle misure di prevenzione della corruzione
   C. determinare in quali aree e settori dell'amministrazione vige l'obbligo di pubblicazione dei documenti amministrativi
   D. consentire l'emersione delle aree che devono essere presidiate più di altre mediante l'implementazione di misure di prevenzione

11) **Ai sensi del D.Lgs. 33/2013, la durata ordinaria della pubblicazione dei dati è fissata:**
   A. in 1 anno, decorrente dal 1° gennaio dell'anno successivo a quello da cui decorre l'obbligo di pubblicazione
   B. in 5 anni, decorrenti dal 1° gennaio dell'anno successivo a quello da cui decorre l'obbligo di pubblicazione
   C. in 3 anni, decorrenti dal 1° gennaio dell'anno successivo a quello da cui decorre l'obbligo di pubblicazione
   D. in 10 anni, decorrenti dal 1° gennaio dell'anno successivo a quello da cui decorre l'obbligo di pubblicazione

12) **Ai fini del D.Lgs. 33/2913, per "Pubbliche Amministrazioni" s'intendono:**
   A. tutte le amministrazioni di cui all'art. 1, co. 2, D.Lgs. 165/2001, escluse le autorità portuali e autorità amministrative indipendenti di garanzia, vigilanza e regolazione
   B. tutte le amministrazioni di cui all'art. 1, co. 2, D.Lgs. 165/2001, ivi comprese le autorità portuali, nonché le autorità amministrative indipendenti di garanzia, vigilanza e regolazione
   C. tutte le amministrazioni di cui all'art. 1, co. 2, D.Lgs. 165/2001, ivi comprese le autorità portuali, con esclusione delle autorità amministrative indipendenti di garanzia, vigilanza e regolazione
   D. esclusivamente le amministrazioni centrali dello Stato

13) **Ai sensi del D.Lgs. 33/2013, vige l'obbligo di pubblicazione dei Piani Triennali di Prevenzione della Corruzione e della Trasparenza (PTPCT) e delle misure di prevenzione della corruzione integrative?**
   A. No, salvo esplicita richiesta dell'ANAC
   B. La decisione è rimessa alla discrezione del Responsabile per la Prevenzione della Corruzione e della Trasparenza (RPCT)
   C. Sì, sempre
   D. No, in nessun caso

14) **Ai sensi dell'art. 39 D.Lgs. 33/2013, le Pubbliche Amministrazioni hanno l'obbligo di pubblicare gli strumenti urbanistici?**
   A. Sì, sia quelli generali che quelli di attuazione ed anche le loro varianti
   B. Sì, ma solo quelli generali
   C. Sì, ma l'obbligo si applica solo ai Comuni con popolazione superiore a 1.000 abitanti

D. Sì, ma solo quelli di attuazione

15) **Ai sensi dell'art. 41, co. 2, D.Lgs. 33/2013, le amministrazioni e gli enti del Servizio Sanitario Nazionale:**
   A. non sono tenute a pubblicare i dati relativi alle spese ed ai pagamenti effettuati
   B. pubblicano, nei loro siti istituzionali, i dati relativi a tutte le spese e a tutti i pagamenti effettuati, distinti per tipologia di lavoro, bene o servizio, ma non permettono alcun tipo di consultazione
   C. pubblicano, nei loro siti istituzionali, i dati relativi a tutte le spese e a tutti i pagamenti effettuati, distinti per tipologia di lavoro, bene o servizio, e ne permettono la consultazione, in forma sintetica e aggregata
   D. sono tenute alla pubblicazione esclusivamente dei dati sanitari di interesse scientifico, ma non di quelli relativi a spese e pagamenti

16) **Il Responsabile per la Prevenzione della Corruzione e della Trasparenza (RPCT) è tenuto a segnalare i casi di mancato o ritardato adempimento degli obblighi di pubblicazione all'Autorità Nazionale Anticorruzione (ANAC)?**
   A. No, mai, non rientra nei suoi compiti
   B. Sì, rientra nei suoi compiti di vigilanza
   C. Sì, ma unicamente nei casi in cui sia la stessa Autorità a richiederlo
   D. Sì, ma solo nei casi tassativamente indicati dalla legge

17) **L'Autorità Nazionale Anticorruzione (ANAC), nel verificare l'esatto adempimento degli obblighi di pubblicazione, ha poteri ispettivi?**
   A. Solo nelle ipotesi previste tassativamente dalla legge
   B. Assolutamente no, in nessun caso
   C. Sì, può far richiesta di notizie, informazioni, atti e documenti alle Pubbliche Amministrazioni
   D. Solo nei casi estremamente urgenti

18) **Ai sensi dell'art. 9 D.Lgs. 33/2013, cosa si intende per Amministrazione Trasparente?**
   A. Un'apposita sezione, collocata nella home page dei siti istituzionali, al cui interno sono contenuti i dati, le informazioni e i documenti pubblicati ai sensi della normativa in materia
   B. Un'apposita sezione, collocata nella home page dell'ANAC, al cui interno sono contenuti i procedimenti sanzionatori attivati in caso di violazione delle norme in materia di anticorruzione
   C. Le Linee Guida dell'ANAC dettate in materia di trasparenza
   D. L'insieme delle norme in materia di trasparenza in vigore per le Pubbliche Amministrazioni

19) **La durata in carica del Segretario comunale quale Responsabile per la Prevenzione della Corruzione e della Trasparenza (RPCT) è:**
   A. la stessa del Sindaco, ma può essere revocato prima per gravi inadempienze
   B. di 3 anni

C. di 1 anno
D. la stessa del Sindaco e non può essere revocato prima per nessun motivo

20) **Ai sensi dell'art. 1, co. 12, L. 190/2012, in caso di commissione, all'interno dell'amministrazione, di un reato di corruzione accertato con sentenza passata in giudicato, il Responsabile della Prevenzione della Corruzione e della Trasparenza (RPCT) risponde:**
   A. penalmente, anche se dimostra di aver vigilato sul funzionamento e sull'osservanza del Piano
   B. a titolo di responsabilità dirigenziale, nonché sul piano disciplinare, e per il danno erariale e all'immagine della Pubblica Amministrazione, salvo che provi le circostanze esimenti previste dalla legge
   C. solo ed esclusivamente per il danno all'immagine della Pubblica Amministrazione
   D. in nessun caso

21) **Ai sensi dell'art. 1, co. 2-*bis*, L. 190/2012, il Piano Nazionale Anticorruzione (PNA) ha durata:**
   A. triennale ed è aggiornato annualmente
   B. biennale
   C. indeterminata, ma è previsto il suo aggiornamento in casi straordinari di necessità e urgenza
   D. quinquennale

22) **Quale compito, tra i seguenti, non rientra tra quelli assegnati dall'art. 1, co. 4, L. 190/2012 al Dipartimento della Funzione Pubblica (DFP)?**
   A. Definire modelli standard delle informazioni e dei dati occorrenti per il conseguimento degli obiettivi previsti dalla medesima legge, secondo modalità che consentano la loro gestione ed analisi informatizzata
   B. Coordinare l'attuazione delle strategie di prevenzione e contrasto della corruzione e dell'illegalità nella pubblica amministrazione elaborate a livello nazionale e internazionale
   C. Definire criteri per assicurare la rotazione dei dirigenti nei settori particolarmente esposti alla corruzione e misure per evitare sovrapposizioni di funzioni e cumuli di incarichi nominativi in capo ai dirigenti pubblici, anche esterni
   D. Irrogare sanzioni penali, in caso di commissione di delitti contro la pubblica amministrazione

23) **L'art. 1, co. 7, L. 190/2012 prevede che il Responsabile della Prevenzione della Corruzione e della Trasparenza (RPCT) sia individuato:**
   A. esclusivamente tra i dirigenti generali del Ministero dell'Interno
   B. obbligatoriamente tra magistrati ordinari assegnati all'esercizio della giurisdizione penale
   C. di norma tra i dirigenti di ruolo in servizio presso l'Amministrazione interessata
   D. esclusivamente tra professori ordinari di ruolo in materie giuridiche

24) A quali, tra i seguenti soggetti, l'art. 1, co. 18, L. 190/2012, non vieta espressamente la partecipazione a collegi arbitrali o l'assunzione dell'incarico di arbitro unico?
   A. Avvocati e procuratori dello Stato
   B. Professori universitari in materie giuridiche
   C. Magistrati contabili e militari
   D. Magistrati amministrativi

25) Qualora nello svolgimento dei compiti di vigilanza sul rispetto degli obblighi di pubblicazione, l'ANAC rilevi l'esistenza di fattispecie sanzionabili:
   A. chiede al RPCT dell'amministrazione o dell'ente interessato di adempiere immediatamente
   B. irroga direttamente sanzioni amministrative pecuniarie (da 500 a 10.000 euro)
   C. informa la Corte dei conti
   D. chiede al RPCT dell'amministrazione o dell'ente interessato di fornire, entro 30 giorni, le motivazioni del mancato adempimento

Risposte commentate
Gli obblighi di trasparenza e le misure per prevenire la corruzione

1) A. Con l'approvazione della legge anticorruzione (art. 1, co. 2, L. 190/2012) le competenze in materia furono attribuite alla Commissione per la valutazione, la trasparenza e l'integrità delle amministrazioni pubbliche (CIVIT), un organismo che aveva il compito di misurare la performance delle amministrazioni pubbliche. Con l'attribuzione alla CIVIT anche dei compiti per il contrasto della corruzione si intendeva ricondurre a un unico soggetto istituzionale la regolazione di tre ambiti (performance, trasparenza, integrità), la cui efficace gestione presuppone il riconoscimento della stretta interconnessione tra il funzionamento dei sistemi di misurazione, valutazione e controllo delle amministrazioni e l'adozione di misure di trasparenza, la promozione di modelli di integrità. Successivamente, con l'art. 5 D.L. 101/2013, la CIVIT ha assunto la denominazione di Autorità Nazionale Anticorruzione (ANAC).

2) D. Con la L. 190/2012, lo Stato ha individuato gli organi incaricati di svolgere, con modalità tali da assicurare un'azione coordinata, attività di controllo, di prevenzione e di contrasto della corruzione e dell'illegalità nella Pubblica Amministrazione. La strategia nazionale è attuata mediante l'azione sinergica e congiunta delle seguenti istituzioni:
> l'*Autorità Nazionale Anticorruzione* (ANAC), che in raccordo con le altre autorità, esercita poteri di vigilanza e controllo dell'efficacia delle misure di prevenzione;
> la *Corte dei Conti*, che partecipa ordinariamente all'attività di prevenzione attraverso le sue funzioni di controllo;
> il *Comitato interministeriale* che elabora linee di indirizzo/direttive (art. 1, co. 4, L. 190/2012), effettivamente istituito e disciplinato con D.P.C.M. 16-1-2013;
> la *Conferenza unificata Stato/Regioni e autonomie locali*, chiamata ad individuare adempimenti e termini per l'attuazione della legge e dei decreti attuativi da parte di Regioni, Province autonome, enti locali, enti pubblici e soggetti di diritto privato sottoposti al loro controllo (art. 1, co. 60 e 61, L. 190/2012);
> il *Dipartimento della funzione pubblica* (DFP), quale soggetto promotore delle strategie di prevenzione e coordinatore della loro attuazione (art. 1, co. 4, L. 190/2012);
> i *Prefetti*, che forniscono supporto tecnico-informativo, facoltativo, agli enti locali (art. 1, co. 6, L. 190/2012);
> la *Scuola Nazionale dell'Amministrazione* (SNA), che predispone percorsi di formazione di dipendenti delle amministrazioni statali (art. 1, co. 11, L. 190/2012);
> le *Pubbliche Amministrazioni* che attuano ed implementano le misure previste dalla legge e dal Piano Nazionale Anticorruzione (art. 1 L. 190/2012), anche attraverso l'azione del proprio Responsabile della Prevenzione della Corruzione e della Trasparenza (RPCT);

> gli *enti pubblici economici e i soggetti di diritto privato in controllo pubblico*, responsabili anch'essi dell'introduzione ed implementazione delle misure previste dalla legge e dal Piano Nazionale Anticorruzione (art. 1 L. 190/2012).

3) A. L'art. 1, co. 8, L. 190/2012 prevede che, su proposta del Responsabile della Prevenzione della Corruzione e della Trasparenza (RPCT), ogni amministrazione pubblica, o ad essa equiparata, tramite il suo organo di indirizzo politico, adotti un Piano Triennale di Prevenzione della Corruzione e della Trasparenza (PTPCT) e ne curi la trasmissione all'ANAC. Negli enti locali il Piano è approvato dalla Giunta e la sua elaborazione non può essere affidata a soggetti estranei all'amministrazione.

4) B. L'art. 45, co. 1, D.Lgs. 33/2013, nell'attribuire all'ANAC il compito di controllare l'esatto adempimento degli obblighi di pubblicazione attraverso l'esercizio di poteri ispettivi, dispone che essa può sia ordinare l'adozione di atti o provvedimenti richiesti dalla normativa vigente, sia disporre la rimozione di comportamenti o di atti contrastanti con i piani e le regole sulla trasparenza.

5) B. Nel Piano Triennale di Prevenzione della Corruzione e della Trasparenza (PTPCT) si delinea un programma di attività derivante da una preliminare fase di analisi che, in sintesi, consiste nell'esaminare l'organizzazione, le sue regole e le sue prassi di funzionamento in termini di "possibile esposizione" al fenomeno corruttivo. Ciò deve avvenire analizzando il sistema dei processi organizzativi, con particolare attenzione alla struttura dei controlli ed alle aree sensibili nel cui ambito possono verificarsi episodi di corruzione.
Attraverso la predisposizione del PTPCT, in sostanza, l'amministrazione è tenuta ad attivare azioni ponderate e coerenti tra loro capaci di ridurre significativamente il rischio di comportamenti corrotti: ciò implica una valutazione probabilistica di tale rischiosità e l'adozione di un sistema di gestione del rischio medesimo.
Si tratta, dunque, di un programma di attività, con indicazione delle aree di rischio e dei rischi specifici, delle misure da implementare per la prevenzione in relazione al livello di pericolosità dei rischi specifici, dei responsabili per l'applicazione di ciascuna misura e dei tempi.

6) C. L'Autorità Nazionale Anticorruzione (ANAC) esercita la vigilanza e il controllo sull'effettiva applicazione e sull'efficacia delle misure adottate dalle Pubbliche Amministrazioni per il contrasto al fenomeno della corruzione e sul rispetto delle regole sulla trasparenza dell'attività amministrativa. La mancata adozione del Piano comporta l'attivazione da parte dell'ANAC di un procedimento sanzionatorio a carico del soggetto obbligato ad adottarlo. Il potere sanzionatorio dell'Autorità per l'irrogazione delle sanzioni amministrative deve essere disciplinato con regolamento emanato dalla stessa Autorità anticorruzione.

7) A. Il Piano Triennale di Prevenzione della Corruzione e della Trasparenza (PTPCT) deve essere approvato, e poi aggiornato, entro il 31 gennaio di ogni anno. L'aggiornamento consente di adeguare la strategia di prevenzione della corruzione ai mutamenti del contesto interno ed esterno di riferimento, tenendo conto dei risultati ottenuti o delle criticità riscontrate durante la prima fase attuativa.

8) B. La mancata adozione del Piano Triennale comporta l'attivazione da parte dell'ANAC di un *procedimento sanzionatorio a carico del soggetto obbligato ad adottarlo*. Innanzitutto va sottolineato che equivale ad omessa adozione:
> l'approvazione di un provvedimento puramente ricognitivo di misure, in materia di anticorruzione, in materia di adempimento degli obblighi di pubblicità ovvero in materia di Codice di comportamento di amministrazione;
> l'approvazione di un provvedimento il cui contenuto riproduca in modo integrale analoghi provvedimenti adottati da altre amministrazioni, privo di misure specifiche introdotte in relazione alle esigenze dell'amministrazione interessata;
> l'approvazione di un provvedimento privo di misure per la prevenzione del rischio nei settori più esposti, privo di misure concrete di attuazione degli obblighi di pubblicazione di cui alla disciplina vigente, meramente riproduttivo del Codice di comportamento (D.P.R. 62/2013).

Il procedimento sanzionatorio, per espressa previsione legislativa, segue i principi generali sanciti dalla L. 689/1981. Fra questi, particolare considerazione merita l'elemento soggettivo e il concorso di persone, in base al quale nel caso in cui all'omissione o alla violazione abbiano concorso più persone, ciascuna di esse sarà soggetta alla sanzione per questa disposta. In ossequio a tale principio, ad esempio, nei diversi provvedimenti sanzionatori finora adottati l'ANAC ha spesso sanzionato sia il Segretario comunale che il Sindaco e i componenti della Giunta per la mancata predisposizione e approvazione del Piano. L'importo della sanzione pecuniaria è definito entro i limiti minimi e massimi previsti dall'art. 19, co. 5, lett. *b*), D.L. 90/2014, secondo cui, salvo che il fatto costituisca reato, l'ANAC applica una sanzione amministrativa non inferiore nel minimo a 1.000 euro e non superiore nel massimo a 10.000 euro.

9) C. Il Piano Nazionale Anticorruzione (PNA) contiene degli obiettivi strategici governativi per lo sviluppo della strategia di prevenzione a livello centrale e fornisce indirizzi e supporto alle amministrazioni pubbliche per l'attuazione della prevenzione della corruzione e per la stesura del PTPCT.
Si tratta, dunque, di un atto di indirizzo per le amministrazioni e per gli altri soggetti che, in applicazione della normativa, sono tenuti ad adottare o ad aggiornare concrete e effettive misure di prevenzione di fenomeni corruttivi. Esso, inoltre, anche in relazione alla dimensione e ai diversi settori di attività degli enti, individua i principali rischi di corruzione e i relativi rimedi e contiene l'indicazione di obiettivi, tempi e modalità di adozione e attuazione delle misure di contrasto alla corruzione.

10) D. L'individuazione delle aree di rischio ha la finalità di consentire l'emersione delle aree nell'ambito dell'attività dell'intera amministrazione che devono essere presidiate più di altre mediante l'implementazione di misure di prevenzione. Rispetto a tali aree il Piano Triennale (PTPCT) deve identificare le loro caratteristiche, le azioni e gli strumenti per prevenire il rischio, stabilendo le priorità di trattazione. L'individuazione delle aree di rischio è il risultato di un processo complesso, che presuppone la valutazione del rischio da realizzarsi attraverso la verifica dell'impatto del fenomeno corruttivo in rapporto alle singole attività svolte nell'ente.
La metodologia utilizzata dall'amministrazione per effettuare la valutazione del rischio deve essere indicata e risultare in maniera chiara nel PTCPT.

11) B. Ai sensi dell'art. 8 D.Lgs. 33/2013, i dati, le informazioni e i documenti oggetto di pubblicazione obbligatoria devono essere pubblicati per un periodo di 5 anni, decorrenti dal 1° gennaio dell'anno successivo a quello da cui decorre l'obbligo di pubblicazione, e comunque fino a che gli atti pubblicati producono i loro effetti. Le uniche *eccezioni* riguardano:
> gli atti che producono ancora i loro effetti alla scadenza dei 5 anni, che devono rimanere pubblicati fino al termine della produzione degli effetti stessi (es. le informazioni riferite ai vertici e ai dirigenti della Pubblica Amministrazione, che vengono aggiornati e possono restare online oltre i 5 anni, fino alla scadenza del mandato di tali soggetti);
> i dati riguardanti i titolari di incarichi politici, i dirigenti, i consulenti e i collaboratori (che devono rimanere pubblicati per i 3 anni successivi alla scadenza dell'incarico);
> i dati per i quali è previsto un termine diverso dalla normativa in materia di privacy.

12) B. L'art. 2-*bis* D.Lgs. 33/2013, introdotto dal D.Lgs. 97/2016, ridisegna l'ambito soggettivo di applicazione della disciplina sulla trasparenza rispetto alla precedente indicazione normativa contenuta nell'abrogato art. 11 D.Lgs. 33/2013.
I destinatari degli obblighi di trasparenza sono ricondotti a tre categorie di soggetti:
> *Pubbliche Amministrazioni* di cui all'art. 1, co. 2, D.Lgs. 165/2000, ivi comprese le autorità portuali nonché le Autorità amministrative indipendenti di garanzia, vigilanza e regolazione, destinatarie dirette della disciplina contenuta nel decreto (art. 2-*bis*, co. 1);
> *enti pubblici economici*, ordini professionali, società in controllo pubblico, associazioni, fondazioni ed enti di diritto privato, sottoposti alla medesima disciplina prevista per le Pubbliche Amministrazioni *in quanto compatibile* (art. 2-*bis*, co. 2);
> *società a partecipazione pubblica*, associazioni, fondazioni ed enti di diritto privato soggetti alla medesima disciplina in materia di trasparenza prevista per le Pubbliche Amministrazioni *in quanto compatibile* e *limitatamente ai dati e ai documenti inerenti all'attività di pubblico interesse disciplinata dal diritto nazionale o dell'Unione europea* (art. 2-*bis*, co. 3).

13) C. Il decreto trasparenza indica gli obblighi di pubblicazione posti a carico delle amministrazioni: queste, tuttavia, possono pubblicare dati ulteriori rispetto a quelli espressamente indicati e richiesti da specifiche norme di legge.
Gli obblighi di pubblicazione esplicitamente previsti dal D.Lgs. 33/2013 riguardano, tra gli altri, gli atti di carattere normativo e amministrativo generale (art. 12): sono da pubblicare tutti gli atti, sia espressamente previsti da una norma di legge sia che vengano adottati nell'esercizio di un autonomo potere amministrativo o gestionale che riguardino l'organizzazione, le funzioni, gli obiettivi, i procedimenti, l'interpretazione di disposizioni di legge che incidono sull'attività dell'amministrazione/ente e i codici di condotta. Il D.Lgs. 97/2016 ha esteso l'obbligo di pubblicazione anche ai Piani Triennali di Prevenzione della Corruzione e della Trasparenza (PTPCT), ai documenti di programmazione strategico-gestionale propri di ogni ente (atti di indirizzo generali quali, ad esempio, le direttive sull'azione amministrativa adottate dai Ministri) e agli atti degli Organismi Indipendenti di Valutazione (OIV).

14) A. Ai sensi dell'art. 39 D.Lgs. 33/2013, le amministrazioni hanno l'obbligo di pubblicare gli atti di governo del territorio, quali, tra gli altri, piani territoriali, piani di coordinamento, piani paesistici, strumenti urbanistici, generali e di attuazione, nonché le loro varianti.
Al contrario, non sono più oggetto di pubblicazione obbligatoria gli schemi di provvedimento, le delibere di adozione o approvazione e i relativi allegati tecnici. In una sezione apposita nel sito del Comune interessato deve essere pubblicata e continuamente aggiornata la documentazione relativa a ciascun procedimento relativo a proposte di trasformazione urbanistica d'iniziativa privata o pubblica, sia in variante allo strumento urbanistico generale che in attuazione dello stesso, che comportino premialità edificatorie a fronte dell'impegno dei privati alla realizzazione di opere di urbanizzazione extra oneri o della cessione di aree o volumetrie per finalità di pubblico interesse. La pubblicità di tali atti è condizione per l'acquisizione dell'efficacia degli atti stessi.

15) C. L'art. 41 D.Lgs. 33/2013 (*Trasparenza del SSN*) individua gli obblighi di trasparenza cui è tenuto, nelle sue varie articolazioni, il Servizio Sanitario Nazionale in relazione alla pubblicità dei dati concernenti le procedure di conferimento di determinati incarichi.
Le amministrazioni e gli enti del SSN, dei servizi sanitari regionali, ivi comprese le aziende sanitarie territoriali ed ospedaliere, le agenzie e gli altri enti ed organismi pubblici che svolgono attività di programmazione e fornitura dei servizi sanitari, sono tenute all'adempimento di tutti gli obblighi di pubblicazione previsti dalla normativa in materia. Le suddette amministrazioni hanno l'obbligo di pubblicare, nei loro siti istituzionali, i dati relativi a tutte le spese e a tutti i pagamenti effettuati, distinti per tipologia di lavoro, bene o servizio, e ne devono consentire la consultazione, in forma sintetica e aggregata, in relazione alla tipologia di spesa sostenuta, all'ambito temporale di riferimento e ai beneficiari.
Le aziende sanitarie e ospedaliere devono, altresì, pubblicare tutte le informazioni e i dati concernenti le procedure di conferimento degli incarichi di direttore generale, direttore sanitario e direttore amministrativo, nonché degli incarichi di responsabile di dipartimento e di strutture semplici e complesse, ivi compresi i bandi e gli avvisi di selezione, lo svolgimento delle relative procedure, gli atti di conferimento.
Viene richiesta anche la pubblicazione dei criteri di formazione delle liste di attesa.

16) B. Il Responsabile per la Prevenzione della Corruzione e della Trasparenza (RPCT), all'interno di ogni amministrazione, svolge stabilmente un'attività di controllo sull'adempimento da parte dell'amministrazione degli obblighi di pubblicazione previsti dalla normativa vigente, assicurando la completezza, la chiarezza e l'aggiornamento delle informazioni pubblicate.
In particolare, egli deve segnalare i casi di mancato o ritardato adempimento degli obblighi di pubblicazione all'ufficio di disciplina (per eventuale attivazione del procedimento disciplinare), nei casi più gravi, e all'organo di indirizzo politico, all'OIV e all'ANAC ai fini dell'attivazione di altre forme di responsabilità.
Il tempestivo e regolare flusso delle informazioni da pubblicare ai fini del rispetto dei termini stabiliti dalla legge deve essere sempre garantito dai dirigenti responsabili degli uffici dell'amministrazione.

17) C. Tra i compiti della Autorità Nazionale Anticorruzione (ANAC) rientra il controllo dell'esatto adempimento degli obblighi di pubblicazione: essa può esercitare poteri ispettivi mediante richiesta di notizie, informazioni, atti e documenti alle Pubbliche Amministrazioni e ordinando di procedere, entro un termine non superiore a 30 giorni, alla pubblicazione di dati, documenti e informazioni, all'adozione di atti o provvedimenti richiesti dalla normativa vigente ovvero alla rimozione di comportamenti o atti contrastanti con i piani e le regole sulla trasparenza.

18) A. Per adempiere agli obblighi di trasparenza, le amministrazioni devono predisporre, sulla home page del proprio sito istituzionale, la sezione *Amministrazione Trasparente* (art. 9 D.Lgs. 33/2013): si tratta di un applicativo web, che consente l'organizzazione e la gestione delle pubblicazioni per tutto il periodo previsto dalla normativa, nonché l'archiviazione elettronica dei documenti versati, con possibilità, per il personale autorizzato, di poter consultare gli stessi in ogni momento e la consultazione, da parte dei cittadini, dei dati e dei relativi allegati.

19) A. Nell'ente locale, spetta al Sindaco adottare il provvedimento di nomina del Segretario comunale come Responsabile per la Prevenzione della corruzione e della Trasparenza (RPCT) del Comune. Il Sindaco può nominare anche un altro soggetto, indicando nel decreto di nomina la motivazione di questa scelta. La nomina del Segretario comunale ha la stessa durata del Sindaco; tuttavia, il Segretario può essere revocato anche prima della sua scadenza naturale, per gravi inadempienze.

20) B. Ai sensi dell'art. 1, co. 12, L. 190/2012, in caso di commissione, all'interno dell'amministrazione, di un reato di corruzione accertato con sentenza passata in giudicato, il Responsabile della Prevenzione della Corruzione e della Trasparenza (RPCT) risponde a titolo di responsabilità dirigenziale (ex art. 21 D.Lgs. 165/2001), anche giungendo alla rimozione dell'incarico, nonché sul piano disciplinare (la sanzione viene codificata dal legislatore non inferiore alla sospensione dal servizio con privazione della retribuzione da un minimo di 1 mese ad un massimo di 6 mesi), oltre che per il danno erariale e all'immagine della Pubblica Amministrazione.
Per andare esente da responsabilità deve provare di avere predisposto e osservato le prescrizioni del Piano Triennale di Prevenzione della Corruzione e della Trasparenza (PTPCT), prima della commissione del fatto, e di aver vigilato sul funzionamento e sull'osservanza di tale Piano.

21) A. Il Piano Nazionale Anticorruzione (PNA), ai sensi dell'art. 1, co. 2-*bis*, L. 190/2012, è adottato sentiti il Comitato interministeriale e la Conferenza unificata, ha durata triennale ed è aggiornato annualmente.

22) D. Ai sensi dell'art. 1, co. 4, L. 190/2012, il Dipartimento della Funzione Pubblica (DFP), anche secondo linee di indirizzo del Comitato interministeriale istituito e disciplinato con decreto del Presidente del Consiglio dei Ministri:
> coordina l'attuazione delle strategie di prevenzione e contrasto della corruzione e dell'illegalità nella pubblica amministrazione elaborate a livello nazionale e internazionale;

> promuove e definisce norme e metodologie comuni per la prevenzione della corruzione, coerenti con gli indirizzi, i programmi e i progetti internazionali;
> definisce modelli standard delle informazioni e dei dati occorrenti per il conseguimento degli obiettivi previsti dalla presente legge, secondo modalità che consentano la loro gestione ed analisi informatizzata;
> definisce criteri per assicurare la rotazione dei dirigenti nei settori particolarmente esposti alla corruzione e misure per evitare sovrapposizioni di funzioni e cumuli di incarichi nominativi in capo ai dirigenti pubblici, anche esterni.

Non rientra, invece, nelle sue competenze quella di irrogare sanzioni penali in caso di commissioni di delitti contro la Pubblica Amministrazione.

23) C. L'organo di indirizzo individua, di norma tra i dirigenti di ruolo in servizio, il Responsabile della Prevenzione della Corruzione e della Trasparenza (RPCT), disponendo le eventuali modifiche organizzative necessarie per assicurare funzioni e poteri idonei per lo svolgimento dell'incarico con piena autonomia ed effettività. Negli enti locali, il RPCT è individuato, di norma, nel Segretario o nel dirigente apicale, salva diversa e motivata determinazione. Lo stesso, poi, assolve anche le funzioni di Responsabile per la Trasparenza di cui all'art. 43 D.Lgs. 33/2013 e in particolare svolge stabilmente un'attività di monitoraggio sull'adempimento da parte dell'amministrazione degli obblighi di pubblicazione previsti dalla normativa vigente.
Nelle Unioni di Comuni può essere nominato un unico RPCT.

24) B. Ai sensi dell'art. 1, co. 18, L. 190/2012, ai magistrati ordinari, amministrativi, contabili e militari, agli avvocati e procuratori dello Stato e ai componenti delle commissioni tributarie è vietata, pena la decadenza dagli incarichi e la nullità degli atti compiuti, la partecipazione a collegi arbitrali o l'assunzione di incarico di arbitro unico.

25) D. Qualora nello svolgimento dei compiti di vigilanza sul rispetto degli obblighi di pubblicazione, l'ANAC (d'ufficio o su segnalazione di parte) rilevi l'esistenza di fattispecie sanzionabili, chiede al Responsabile della Prevenzione della Corruzione e della Trasparenza (RPCT) dell'amministrazione o dell'ente interessato di fornire, entro 30 giorni, le motivazioni del mancato adempimento; nel caso di mancata comunicazione da parte dei soggetti obbligati, deve trasmettere i dati identificativi completi del soggetto inadempiente. La richiesta è inviata anche all'OIV (o all'organismo con funzioni analoghe) dell'Amministrazione o dell'ente interessato, affinché lo stesso attesti lo stato di pubblicazione dei dati riferiti alle fattispecie sanzionabili, con atto in data successiva alla richiesta.
Il RPCT e l'OIV danno riscontro alla richiesta dell'Autorità, indicando i motivi della mancata pubblicazione e, qualora la stessa dipenda da omessa comunicazione del soggetto obbligato, trasmettono all'Autorità tutti i dati identificativi dello stesso. Nel caso emerga, invece, l'insussistenza dei presupposti per l'applicazione della sanzione, l'ANAC dispone l'archiviazione.

Questionario 2
La gestione delle risorse umane e le misure anticorruzione

1) **Il Codice di comportamento, approvato con il D.P.R. 62/2013, si applica:**
   A. ai dipendenti delle Pubbliche Amministrazioni di cui all'art. 1, co. 2, D.Lgs. 165/2001, nonché ai privati cittadini che entrano in contatto con la Pubblica Amministrazione
   B. ai dipendenti di aziende private che entrano in contatto con la Pubblica Amministrazione
   C. ai soli dipendenti delle Pubbliche Amministrazioni di cui all'art. 1, co. 2, D.Lgs. 165/2001, mentre ne sono esclusi i dirigenti ed il personale con funzioni equiparate a quella dirigenziale nell'ambito degli uffici di diretta collaborazione
   D. ai dipendenti delle Pubbliche Amministrazioni di cui all'art. 1, co. 2, D.Lgs. 165/2001, nonché nei confronti dei collaboratori dell'amministrazione, dei titolari di organi e di incarichi negli uffici di diretta collaborazione delle autorità, e nei confronti di collaboratori a qualsiasi titolo di imprese fornitrici di beni o servizi o che realizzano opere in favore dell'amministrazione

2) **Rientra tra i principali obblighi del dipendente il divieto di chiedere, sollecitare o di accettare, per sé o per altri e a qualsiasi titolo, compensi, regali o altre utilità:**
   A. fatti salvi quelli d'uso e di modico valore non superiore, in via orientativa, a 150 euro
   B. fatti salvi quelli d'uso e di modico valore non superiore, in via orientativa, a 200 euro
   C. fatti salvi quelli ricevuti in seguito a particolare diligenza e celerità del dipendente
   D. fatti salvi quelli d'uso e di modico valore non superiore, in via orientativa, a 1500 euro

3) **Quale, tra i seguenti obblighi, non è previsto dal Codice di comportamento, in maniera specifica per i dirigenti?**
   A. L'obbligo di comunicare all'amministrazione le partecipazioni azionarie e gli altri interessi finanziari che possano porli in conflitto d'interesse con le funzioni che svolgono
   B. L'obbligo di fornire le informazioni sulla propria situazione patrimoniale
   C. L'obbligo di non diffondere notizie non rispondenti al vero sull'organizzazione, sull'attività e sugli altri dipendenti
   D. L'obbligo di prestare la propria attività lavorativa per almeno tre anni consecutivi

4) In materia di tutela del dipendente pubblico che segnala illeciti (whistleblower), le condotte illecite segnalate devono riguardare situazioni di cui il soggetto sia venuto direttamente a conoscenza:
   A. esclusivamente in virtù dell'ufficio rivestito e quindi limitatamente a quanto appreso in via ufficiale nel corso dello svolgimento delle mansioni lavorative
   B. in ragione del rapporto di lavoro e, quindi, in virtù dell'ufficio rivestito ma anche quelle notizie che siano state acquisite in occasione e/o a causa dello svolgimento delle mansioni lavorative, seppure in modo casuale
   C. in qualunque modo, e sono meritevoli di tutela anche le segnalazioni fondate su meri sospetti o voci
   D. esclusivamente da persone fidate nell'ambito lavorativo

5) Ai sensi dell'art. 54-*bis* D.Lgs. 165/2001, il dipendente che denuncia condotte illecite di cui sia venuto a conoscenza:
   A. non può essere licenziato, ma può essere sanzionato se ha denunciato, in un anno, più di 3 illeciti e non siano stati trovati riscontri oggettivi alle segnalazioni
   B. non può essere sanzionato, licenziato o sottoposto ad una misura discriminatoria, diretta o indiretta, avente effetti sulle condizioni di lavoro per motivi collegati direttamente o indirettamente alla denuncia
   C. può essere licenziato per motivi collegati direttamente o indirettamente alla denuncia se la stessa ha riguardato un dirigente
   D. può essere sanzionato o licenziato per motivi collegati direttamente o indirettamente alla denuncia se la stessa ha riguardato almeno 5 dipendenti dello stesso ufficio

6) Ai sensi dell'art. 54-*bis*, co. 3, D.Lgs. 165/2001, in materia di tutela del dipendente pubblico che segnala illeciti (whistleblower), l'identità del segnalante può essere rivelata:
   A. quando la contestazione è fondata, in tutto o in parte, sulla segnalazione e la conoscenza dell'identità è assolutamente indispensabile per la difesa dell'incolpato e il segnalante dia il consenso
   B. quando l'incolpato lo richiede in forma scritta e vi è una specifica autorizzazione dell'ANAC
   C. quando lo richiede l'autorità giudiziaria o per ragioni di sicurezza nazionale
   D. quando il segnalante è prossimo al pensionamento

7) Gli atti discriminatori o ritorsivi adottati dall'Amministrazione o dall'ente nei confronti del dipendente che segnala illeciti (whistleblower) sono:
   A. annullabili ma solo a discrezione del Responsabile per la Prevenzione della Corruzione e della Trasparenza (RPCT)
   B. annullabili solo su richiesta dell'incolpato
   C. in ogni caso legittimi e validi
   D. assolutamente nulli

8) **A chi spetta l'esercizio del potere sanzionatorio amministrativo conseguente all'accertata adozione di misure discriminatorie in danno del soggetto che ha segnalato illeciti?**
   A. Al giudice amministrativo
   B. All'amministrazione in persona del suo dirigente più anziano
   C. All'ANAC
   D. Al giudice ordinario

9) **La segnalazione degli illeciti devono sempre essere trasmessi agli organi di vigilanza competenti per materia?**
   A. Dipende dalla gravità dell'illecito segnalato
   B. Sì, sempre
   C. No, ci sono alcuni casi in cui è possibile procedere all'archiviazione
   D. Dipende dalla credibilità del soggetto segnalante

10) **L'istituto della rotazione ordinaria, previsto dalla legge anticorruzione (art. 1 L. 190/2012), è:**
    A. una misura sanzionatoria nei confronti del dipendente pubblico che segnala illeciti
    B. uno strumento precauzionale contro il possibile manifestarsi di fenomeni corruttivi
    C. uno strumento volto a migliorare l'efficienza e la celerità dei dipendenti della Pubblica Amministrazione
    D. una misura conseguente alla manifestazione di fenomeni di corruzione, in casi di avvio di procedimenti penali o disciplinari per condotte di natura corruttiva

11) **Al fine di consentire l'attuazione della misura della rotazione, quali sono i limiti di permanenza del personale in un determinato settore particolarmente esposto?**
    A. Sia per il personale dirigenziale che per quello non dirigenziale non devono essere prefissati limiti di permanenza
    B. Per il personale dirigenziale deve essere fissato all'atto del conferimento dell'incarico; per il personale non dirigenziale deve essere prefissato da ciascuna amministrazione di appartenenza
    C. Per il personale dirigenziale il limite di permanenza è di un anno; per il personale non dirigenziale è di 10 anni
    D. Per il personale dirigenziale deve essere fissato dall'amministrazione di appartenenza; per il personale non dirigenziale non ci sono limiti di permanenza

12) **Ai sensi dell'art. 6-*bis* L. 241/1990, in caso di conflitto di interessi, quali obblighi sono posti a carico del responsabile del procedimento?**
    A. È previsto l'obbligo di farsi affiancare, nello svolgimento delle proprie attività lavorative presumibilmente in conflitto di interesse, da un dirigente "controllore"
    B. È previsto l'obbligo di pagare una sanzione amministrativa

C. Non è posto alcun obbligo specifico
D. È previsto un obbligo di astensione ed un dovere di segnalazione

13) **La segnalazione di un'eventuale situazione di conflitto, anche potenziale, a carico del responsabile del procedimento, ai sensi dell'art. 6-*bis* L. 241/1990, a chi deve essere indirizzata?**
    A. Al dirigente
    B. Al Ministro per la Pubblica Amministrazione
    C. Al giudice amministrativo
    D. Alle organizzazioni sindacali

14) **Ai sensi dell'art. 35-*bis* D.Lgs. 165/2001, non possono far parte di commissioni per l'accesso o la selezione a pubblici impieghi coloro che:**
    A. sono stati condannati per i reati previsti nel capo I del titolo II del libro secondo del codice penale (delitti contro la personalità dello Stato), purché la sentenza sia passata in giudicato
    B. svolgano incarichi dirigenziali da più di 3 anni
    C. sono stati condannati, anche con sentenza non passata in giudicato, per i reati previsti nel capo I del titolo II del libro secondo del codice penale (delitti contro la personalità dello Stato)
    D. hanno già svolto lo stesso incarico per più di 3 volte nel biennio precedente

15) **Ai sensi dell'art. 53 D.Lgs. 165/2001, in materia di incompatibilità, cumulo di impieghi e incarichi, il dipendente è tenuto a comunicare all'amministrazione di appartenenza l'attribuzione di eventuali incarichi gratuiti?**
    A. Sì, ma solo se si tratta di un dipendente neo assunto
    B. Sì, il dipendente deve comunicare all'amministrazione l'attribuzione di tutti gli incarichi gratuiti, anche di quelli che prescindono dalla professionalità che lo caratterizza all'interno dell'amministrazione di appartenenza
    C. No, in quanto l'obbligo di comunicazione sussiste unicamente in riferimento ad incarichi per i quali è previsto compenso
    D. Sì, il dipendente deve comunicare all'amministrazione l'attribuzione di incarichi gratuiti, ma solo di quelli che svolge in considerazione della professionalità che lo caratterizza all'interno dell'amministrazione di appartenenza

16) **I percorsi di aggiornamento e di formazione dei dipendenti destinati ad operare in settori particolarmente esposti alla corruzione si articolano su:**
    A. tre livelli: urgente, ordinario e straordinario
    B. un unico livello di settore
    C. tre livelli: generale, specifico e di emergenza
    D. due livelli: generale e specifico

17) **Ai sensi del D.Lgs. 39/2013, in caso di incompatibilità tra due incarichi in potenziale conflitto di interesse:**
    A. il soggetto nominato ha obbligo di rifiutare il nuovo incarico per effetto del dovere di fedeltà verso l'amministrazione di appartenenza

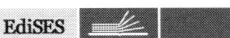

B. il soggetto nominato ha l'obbligo di scegliere il nuovo incarico se più prestigioso per l'amministrazione di appartenenza
C. il soggetto nominato ha l'obbligo di optare, a pena di decadenza, entro il termine perentorio di 10 giorni, tra la permanenza nell'incarico ricoperto e l'assunzione del nuovo incarico
D. il soggetto nominato ha l'obbligo di optare, a pena di decadenza, entro il termine perentorio di un anno, tra la permanenza nell'incarico ricoperto e l'assunzione del nuovo incarico

18) **Ai sensi dell'art. 16-*ter* D.Lgs. 165/2001 i dipendenti che, negli ultimi 3 anni di servizio, hanno esercitato poteri autoritativi o negoziali per conto delle pubbliche amministrazioni:**
   A. non possono svolgere, nei 3 anni successivi alla cessazione del rapporto di pubblico impiego, attività lavorativa o professionale presso i soggetti privati destinatari dell'attività della Pubblica Amministrazione svolta attraverso i medesimi poteri
   B. non possono svolgere mai più attività lavorativa o professionale presso i soggetti privati destinatari dell'attività della Pubblica Amministrazione svolta attraverso i medesimi poteri
   C. possono svolgere attività lavorativa o professionale presso i soggetti privati destinatari dell'attività della Pubblica Amministrazione svolta attraverso i medesimi poteri, previa liberatoria dell'amministrazione presso la quale si è prestato servizio
   D. possono svolgere liberamente attività lavorativa o professionale presso i soggetti privati destinatari dell'attività della Pubblica Amministrazione svolta attraverso i medesimi poteri

19) **Quale, tra i seguenti, non costituisce presupposto di legittimità, ai sensi dell'art. 7, co. 6, D.Lgs. 165/2001, per il conferimento, da parte delle Pubbliche Amministrazioni, di incarichi con contratti di lavoro autonomo ad esperti di particolare e comprovata specializzazione?**
   A. L'impossibilità per l'ente pubblico di far fronte ad una determinata esigenza con il personale in servizio
   B. La complessità dell'oggetto dell'incarico
   C. Il carattere duraturo e non straordinario dell'esigenza da soddisfare
   D. La natura altamente qualificata della prestazione

20) **I contratti di consulenza e collaborazione, posti in essere in violazione dell'art. 7, co. 6 ss., D.Lgs. 165/2001:**
   A. sono nulli e determinano responsabilità erariale
   B. sono annullabili e non determinano alcuna forma di responsabilità
   C. sono pienamente validi, previo pagamento di una sanzione
   D. sono validi unicamente nelle ipotesi in cui l'incarico sia generico al punto di essere assimilato ad attività ordinaria

Risposte commentate
La gestione delle risorse umane e le misure anticorruzione

1) D. Il Codice di comportamento (D.P.R. 62/2013) si applica ai dipendenti delle Pubbliche Amministrazioni di cui all'art. 1, co. 2, D.Lgs. 165/2001, il cui rapporto di lavoro è disciplinato contrattualmente. In maniera del tutto innovativa, però, l'art. 2, co. 3, del Codice prevede l'estensione degli obblighi di condotta anche nei confronti di tutti i collaboratori dell'amministrazione, dei titolari di organi e di incarichi negli uffici di diretta collaborazione delle autorità, nonché nei confronti di collaboratori a qualsiasi titolo di imprese fornitrici di beni o servizi o che realizzano opere in favore dell'amministrazione.
Il Codice contiene una *specifica disciplina per i dirigenti*, compresi quelli a contratto e il personale che svolge una funzione equiparata a quella dirigenziale nell'ambito degli uffici di diretta collaborazione.

2) A. Tra i principali obblighi del dipendente, soprattutto in funzione di prevenzione di fenomeni corruttivi, sussiste il divieto *di chiedere, sollecitare o di accettare, per sé o per altri e a qualsiasi titolo (quindi, anche sotto forma di sconto), compensi, regali o altre utilità*, fatti salvi quelli d'uso e di modico valore «non superiore, in via orientativa, a 150 euro» (art. 4, D.P.R. 62/2013). I regali e le altre utilità comunque ricevuti sono immediatamente messi a disposizione dell'Amministrazione per essere devoluti a fini istituzionali.

3) D. Il Codice di comportamento (art. 13, D.P.R. 62/2013) contiene una specifica disciplina per i dirigenti e per il personale che svolge una funzione equiparata a quella dirigenziale nell'ambito degli uffici di diretta collaborazione. Per essi il Codice pone:
> l'obbligo, prima di assumere le loro funzioni, di comunicare all'amministrazione *le partecipazioni azionarie e gli altri interessi finanziari* che possano porli in conflitto d'interesse con le funzioni pubbliche che svolgono;
> l'obbligo di fornire le informazioni sulla propria situazione patrimoniale e le dichiarazioni annuali dei redditi soggetti all'imposta sui redditi delle persone fisiche previste dalla legge;
> il dovere, nei limiti delle loro possibilità, di evitare che si diffondano notizie non rispondenti al vero sull'organizzazione, sull'attività e sugli altri dipendenti.

Quanto al tipo e all'entità della sanzione disciplinare concretamente applicabile è previsto che si debba tener conto della gravità del comportamento e del pregiudizio, anche morale, cagionato al decoro o al prestigio dell'amministrazione di appartenenza.

4) B. L'istituto del *whistleblowing*, misura di prevenzione della corruzione, mira a favorire l'emersione della fattispecie di illecito nella Pubblica Amministrazione. Si configura whistleblowing quando il dipendente (*whistleblower*) denuncia all'autorità giudiziaria, alla Corte dei conti, all'ANAC o riferisce al proprio superiore gerarchico condotte illecite di cui sia venuto a conoscenza in ragione del rapporto di lavoro (art. 54-*bis* D.P.R. 165/2001).

5) B. Il dipendente che denuncia condotte illecite di cui sia venuto a conoscenza in ragione del rapporto di lavoro (*whistleblowing*), non può essere demansionato, licenziato, trasferito o sottoposto ad altra misura organizzativa avente effetti negativi, diretti o indiretti, sulle condizioni di lavoro determinata dalla segnalazione, né sottoposto ad alcuna misura discriminatoria, diretta o indiretta, avente effetti sulle condizioni di lavoro per motivi collegati direttamente o indirettamente alla denuncia.
L'eventuale adozione di misure ritenute ritorsive nei confronti del segnalante deve essere comunicata all'ANAC dall'interessato o dalle organizzazioni sindacali maggiormente rappresentative nell'amministrazione nella quale le stesse sono state poste in essere. L'ANAC informa il Dipartimento della Funzione Pubblica o gli altri organismi di garanzia o di disciplina per le attività e gli eventuali provvedimenti di competenza (art. 54-*bis* D.P.R. 165/2001).

6) A. Ai sensi dell'art. 54-*bis*, co. 3, D.Lgs. 165/2001, l'identità del segnalante non può essere rivelata. Nell'ambito del procedimento penale, la segretezza dell'identità del segnalante è disciplinata dall'art. 329 del codice di procedura penale, mentre nell'ambito del procedimento dinanzi alla Corte dei conti non può essere rivelata fino alla chiusura della fase istruttoria.
In merito, invece, al procedimento disciplinare, l'identità del segnalante può essere rivelata all'autorità disciplinare e all'incolpato nei seguenti casi:
➢ quando vi è lo specifico consenso del segnalante;
➢ quando la contestazione è fondata, in tutto o in parte, sulla segnalazione e la conoscenza dell'identità è assolutamente indispensabile per la difesa dell'incolpato: tale circostanza può emergere solo a seguito dell'audizione dell'incolpato ovvero dalle memorie difensive che lo stesso produce nel procedimento.

7) D. Gli atti discriminatori o ritorsivi adottati dall'Amministrazione o dall'ente, in conseguenza della segnalazione, sono comunque colpiti da nullità (art. 52-*bis*, co. 7, D.Lgs. 165/2001).

8) C. L'esercizio del potere sanzionatorio amministrativo conseguente all'accertata adozione di misure discriminatorie in danno del segnalante, ovvero all'accertata assenza di procedure per l'inoltro e la gestione delle segnalazioni, ovvero conseguente all'adozione di procedure non conformi a quelle descritte dalla legge spetta all'ANAC. Analogo potere sanzionatorio spetta all'ANAC ogni qualvolta venga accertato il mancato svolgimento da parte del responsabile di attività di verifica e analisi delle segnalazioni ricevute.
L'Autorità determina l'entità della sanzione tenuto conto delle dimensioni dell'Amministrazione o dell'ente cui si riferisce la segnalazione.
Spetta, invece, all'Amministrazione o all'ente interessato dimostrare che le misure discriminatorie o ritorsive, adottate nei confronti del segnalante, sono motivate da ragioni estranee alla segnalazione (art. 52-*bis*, co. 6 e 7, D.Lgs. 165/2001).

9) C. Il regolamento sull'esercizio del potere sanzionatorio in caso di *whistleblowing* (delibera ANAC 1033/2018) è stato modificato dalla delibera ANAC n. 312/2019 che ha riscritto completamente l'art. 13 del regolamento, inserendo casi specifici di archiviazione delle segnalazioni/comunicazioni.
In base all'art. 13, infatti, l'Ufficio procede all'archiviazione delle segnalazioni/comunicazioni nelle ipotesi di:
- manifesta mancanza di interesse all'integrità della Pubblica Amministrazione;
- manifesta incompetenza dell'Autorità sulle questioni segnalate;
- manifesta infondatezza per l'assenza di elementi di fatto idonei a giustificare accertamenti;
- manifesta insussistenza dei presupposti di legge per l'applicazione della sanzione;
- intervento dell'Autorità non più attuale;
- finalità palesemente emulativa;
- accertato contenuto generico della segnalazione/comunicazione o tale da non consentire la comprensione dei fatti, ovvero segnalazione/comunicazione corredata da documentazione non appropriata o inconferente;
- produzione di sola documentazione in assenza della segnalazione di condotte illecite o irregolarità;
- mancanza dei dati che costituiscono elementi essenziali della segnalazione/comunicazione.

Al di fuori di questi casi l'Ufficio deve sempre trasmettere la segnalazione agli uffici di vigilanza competenti per materia.

10) B. L'istituto della rotazione ordinaria è prefigurato come strumento precauzionale contro il possibile manifestarsi di fenomeni corruttivi da alcune norme della L. 190/2012. Costituisce, infatti, una rilevante *misura organizzativa preventiva*, finalizzata a limitare il consolidarsi di relazioni che possano alimentare dinamiche improprie nella gestione amministrativa, conseguenti alla permanenza nel tempo di determinati dipendenti nel medesimo ruolo o funzione.
L'alternanza riduce il rischio che un dipendente pubblico, occupandosi per lungo tempo dello stesso tipo di attività, servizi, procedimenti e instaurando relazioni sempre con gli stessi utenti, possa essere sottoposto a pressioni esterne o possa instaurare rapporti potenzialmente in grado di attivare dinamiche inadeguate.

11) B. Per il *personale dirigenziale* addetto alle aree a più elevato rischio di corruzione, la durata dell'incarico deve essere fissata al limite minimo legale; per *il personale non dirigenziale*, la durata di permanenza nel settore deve essere, invece, prefissata da ciascuna amministrazione secondo criteri di ragionevolezza, preferibilmente non superiore a 5 anni, tenuto conto anche delle esigenze organizzative.
Per il personale dirigenziale, alla scadenza dell'incarico, la responsabilità dell'ufficio o del servizio deve essere di regola affidata ad altro dirigente, a prescindere dall'esito della valutazione riportata dal dirigente uscente.
Nel caso di impossibilità di applicare la misura della rotazione per il personale dirigenziale, a causa di motivati fattori organizzativi, l'Amministrazione applica la misura al personale non dirigenziale, con riguardo innanzi tutto ai responsabili del procedimento.

12) D. La L. 190/2012 ha posto particolare attenzione sui responsabili del procedimento in situazioni di conflitto di interesse; tale attenzione si è concretizzata nell'inserimento di una nuova disposizione nella L. 241/1990, l'art. 6-*bis* (rubricato *Conflitto di interessi*).
La norma contiene due prescrizioni:
> l'obbligo di astensione per il responsabile del procedimento, il titolare dell'ufficio competente ad adottare il provvedimento finale ed i titolari degli uffici competenti ad adottare atti endoprocedimentali nel caso di conflitto di interesse anche solo potenziale;
> la previsione del dovere di segnalazione a carico dei medesimi soggetti.
La norma persegue una finalità di prevenzione che si realizza mediante l'astensione dalla partecipazione alla decisione del titolare dell'interesse, che potrebbe porsi in conflitto con l'interesse perseguito mediante l'esercizio della funzione e/o con l'interesse di cui sono portatori il destinatario del provvedimento, gli altri interessati e controinteressati.
Essa va letta in maniera coordinata con l'art. 6 del Codice di comportamento (D.P.R. 62/2013), che prevede: "Il dipendente si astiene dal partecipare all'adozione di decisioni o ad attività che possano coinvolgere interessi propri, ovvero di suoi parenti affini entro il secondo grado, del coniuge o di conviventi oppure di persone con le quali abbia rapporti di frequentazione abituale, ovvero, di soggetti od organizzazioni con cui egli o il coniuge abbia causa pendente o grave inimicizia o rapporti di credito o debito significativi, ovvero di soggetti od organizzazioni di cui sia tutore, curatore, procuratore o agente, ovvero di enti, associazioni anche non riconosciute, comitati, società o stabilimenti di cui egli sia amministratore o gerente o dirigente. Il dipendente si astiene in ogni altro caso in cui esistano gravi ragioni di convenienza. Sull'astensione decide il responsabile dell'ufficio di appartenenza".
La suddetta disposizione contiene, dunque, una clausola di carattere generale in riferimento a tutte le ipotesi in cui si manifestino gravi ragioni di convenienza.

13) A. La segnalazione deve essere indirizzata al dirigente, il quale, esaminate le circostanze, valuta se la situazione realizza un conflitto di interesse idoneo a ledere l'imparzialità dell'agire amministrativo. Il dirigente destinatario della segnalazione deve rispondere per iscritto al dipendente medesimo sollevandolo dall'incarico oppure motivando espressamente le ragioni che consentono comunque l'espletamento dell'attività da parte di quel dipendente. Nella prima ipotesi l'incarico deve essere affidato dal dirigente ad altro dipendente ovvero, in carenza di dipendenti professionalmente idonei, il dirigente dovrà avocare a sé ogni compito relativo a quel procedimento. Qualora il conflitto riguardi il dirigente, a valutare le iniziative da assumere sarà il responsabile per la prevenzione.
La violazione della norma, che si realizza con il compimento di un atto illegittimo, dà luogo a responsabilità disciplinare del dipendente suscettibile di essere sanzionata con l'irrogazione di sanzioni all'esito del relativo procedimento, oltre a poter costituire fonte di illegittimità del procedimento e del provvedimento conclusivo dello stesso, quale sintomo di eccesso di potere.

14) C. L'art. 35-*bis* D.Lgs. 165/2001, in materia di prevenzione del fenomeno della corruzione nella formazione di commissioni, stabilisce che coloro che sono stati condannati, anche con sentenza non passata in giudicato, per i reati previsti nel capo I del titolo II del libro secondo del codice penale (*delitti contro la personalità dello Stato*) non possono far parte, anche con compiti di segreteria, di commissioni per l'accesso o la selezione a pubblici impieghi.

Tale disposizione rappresenta una nuova fattispecie di inconferibilità, atta a prevenire il discredito, altrimenti derivante all'Amministrazione, dovuto all'affidamento di funzioni sensibili a dipendenti che, a vario titolo, abbiano commesso o siano sospettati di infedeltà.

La disposizione preclude, pertanto, ai condannati per reati contro la Pubblica Amministrazione, anche in via non definitiva, di ricoprire alcuni uffici o di svolgere alcune attività ed incarichi particolarmente esposti al rischio corruzione e si applica nei confronti non solo di coloro che esercitano funzioni dirigenziali, ma anche nei confronti di coloro che hanno solo compiti di segreteria ovvero che hanno solo funzioni direttive e non dirigenziali.

15) D. Il dipendente deve comunicare anche l'attribuzione di incarichi gratuiti, sui quali l'amministrazione deve valutare tempestivamente (entro 5 giorni dalla comunicazione, salvo motivate esigenze istruttorie) l'eventuale sussistenza di situazioni di conflitto di interesse anche potenziale e, nel caso, comunicare al dipendente il diniego allo svolgimento dell'incarico. Gli *incarichi a titolo gratuito* da comunicare all'amministrazione sono solo quelli che il dipendente svolge in considerazione della professionalità che lo caratterizza all'interno dell'amministrazione di appartenenza (non va comunicato, ad esempio, lo svolgimento di un incarico gratuito di docenza in una scuola di danza da parte di un funzionario amministrativo di un ministero, poiché tale attività non è connessa con la sua professionalità di funzionario).

16) D. La L. 190/2012 assegna alla formazione dei dipendenti destinati ad operare in settori particolarmente esposti alla corruzione un'importanza cruciale nella strategia di prevenzione della corruzione e pone a carico del Responsabile per la Prevenzione della Corruzione e della Trasparenza (RPCT) l'onere di predisporre un'idonea programmazione. Una formazione adeguata favorisce, da un lato, una maggior consapevolezza nell'assunzione di decisioni (in quanto una più ampia ed approfondita conoscenza riduce il rischio che l'azione illecita possa essere compiuta in maniera inconsapevole) e, dall'altro, consente l'acquisizione di competenze specifiche per lo svolgimento delle attività nelle aree individuate a più elevato rischio di corruzione.

In generale il Piano Nazionale Anticorrruzione (PNA) stabilisce che l'ente deve programmare adeguati percorsi di aggiornamento e di formazione articolati su due livelli:
> *livello generale*, rivolto a tutti i dipendenti, con riguardo all'aggiornamento delle competenze (approccio contenutistico) e alle tematiche dell'etica e della legalità (approccio valoriale);
> *livello specifico*, rivolto ai referenti del RPCT, ai componenti degli organismi di controllo, ai dirigenti e ai funzionari addetti alle aree a rischio: riguarda le politiche, i programmi e i vari strumenti utilizzati per la prevenzione e tematiche settoriali, in relazione al ruolo svolto da ciascun soggetto dell'amministrazione.

17) C. L'incompatibilità impedisce di ricoprire contemporaneamente due ruoli potenzialmente in conflitto di interesse. L'incompatibilità fa sorgere, nel soggetto nominato, l'*obbligo di optare*, a pena di decadenza, entro il termine perentorio di 15 giorni, tra la permanenza nell'incarico ricoperto e l'assunzione del nuovo incarico: una scelta tra due condizioni assunte, quella precedente alla nomina e "l'assunzione e lo svolgimento di incarichi e cariche in enti di diritto privato regolati o finanziati dalla Pubblica Amministrazione che conferisce l'incarico, lo svolgimento di attività professionali ovvero l'assunzione della carica di componente di organi di indirizzo politico".

18) A. La L. 190/2012 ha introdotto il comma 16-*ter* nell'ambito dell'art. 53 D.Lgs. 165/2001, volto a contenere il rischio di situazioni di corruzione connesse all'impiego del dipendente successivo alla cessazione del rapporto di lavoro. Il rischio valutato dalla norma è che durante il periodo di servizio il dipendente possa artatamente precostituirsi delle situazioni lavorative vantaggiose e così sfruttare a proprio fine la sua posizione e il suo potere all'interno dell'amministrazione per ottenere successivamente un lavoro per lui allettante presso l'impresa o il soggetto privato con cui entra in contatto. La norma prevede, quindi, una limitazione della libertà negoziale del dipendente per un determinato periodo successivo alla cessazione del rapporto di lavoro con l'Amministrazione, per eliminare la "convenienza" di accordi fraudolenti.
L'ambito della norma è riferito a quei dipendenti che, nel corso degli ultimi 3 anni di servizio, hanno esercitato poteri autoritativi o negoziali per conto dell'amministrazione con riferimento allo svolgimento di attività presso i soggetti privati che sono stati destinatari di provvedimenti, contratti o accordi.
I dipendenti interessati sono coloro che, per il ruolo e la posizione ricoperti nell'amministrazione, hanno avuto il potere di incidere in maniera determinante sulla decisione oggetto dell'atto e, quindi, coloro che hanno esercitato la potestà o il potere negoziale con riguardo allo specifico procedimento o procedura (dirigenti, funzionari titolari di funzioni dirigenziali).
I predetti soggetti nel triennio successivo alla cessazione del rapporto con l'amministrazione, qualunque sia la causa di cessazione (anche in caso di collocamento in quiescenza per raggiungimento dei requisiti di accesso alla pensione), non possono avere alcun rapporto di lavoro autonomo o subordinato con i soggetti privati che sono stati destinatari di provvedimenti, contratti o accordi.

19) C. La disciplina del conferimento di incarichi di consulenza e collaborazione è contenuta nell'art. 7, co. 6 ss., D.Lgs. 165/2001. La norma prescrive che le Amministrazioni, solo per esigenze cui non possono far fronte con personale in servizio, possono conferire incarichi, con contratti di lavoro autonomo, di natura occasionale (artt. 2222 e 2229 c.c.) ad esperti di particolare e comprovata specializzazione anche universitaria.
La norma richiede l'accertamento preliminare dei seguenti presupposti:
> *oggetto della prestazione*. Il contenuto dell'incarico deve essere sempre dettagliato e riguardare la soluzione di una particolare e *specifica questione da risolvere* (o progetto da realizzare), già individuata al momento del suo conferimento, avente caratteri di *obiettiva complessità*. Non sono ammissibili incarichi generici o indeterminati o che possano essere confusi con le attività ordinarie;

> *impossibilità oggettiva di utilizzare le risorse umane interne.* L'affidamento di un incarico esterno si giustifica solo se l'ente non può far fronte con il personale in servizio ad una determinata esigenza; è necessario, dunque, verificare l'assenza di strutture organizzative o professionalità in grado di assicurare i medesimi servizi nell'ambito di tutta la propria organizzazione;
> *eccezionalità, straordinarietà e temporaneità della prestazione.* È possibile ricorrere ad incarichi solo per esigenze di carattere straordinario ed è necessario che sia predeterminato un termine, non eccessivamente lungo, in quanto in caso di esigenze durature, l'ente pubblico deve provvedere mediante assunzioni o riqualificando il personale. La durata deve intendersi strettamente connessa all'obiettivo o progetto da realizzare. È espressamente esclusa la possibilità di rinnovo;
> *natura altamente qualificata della prestazione.* Il ricorso all'esterno deve essere limitato ai casi nei quali sia necessario l'apporto di prestazioni professionali di elevato contenuto qualitativo. Tale specializzazione deve formare oggetto di concreto accertamento da compiersi all'atto del conferimento dell'incarico. È espressamente stabilito che il ricorso a contratti di collaborazione per lo svolgimento di funzioni ordinarie o l'utilizzo dei collaboratori come lavoratori subordinati è causa di responsabilità amministrativa a carico del dirigente. Non è, dunque, possibile ricorrere a contratti di lavoro autonomo per soddisfare esigenze ordinarie dell'amministrazione, che richiedano un contenuto professionale medio/basso. Le deroghe, previste dall'art. 7, co. 6, nei casi nei quali è possibile prescindere dalla comprovata specializzazione universitaria, hanno carattere tassativo;
> *affidamento con procedura comparativa adeguatamente pubblicizzata.* La selezione del soggetto da incaricare deve avvenire con procedura comparativa, adeguatamente pubblicizzata, secondo criteri predeterminati, obiettivi e trasparenti (art. 7, co. 6-*bis*, D.Lgs. 165/2001). Da essa può prescindersi solo in circostanze del tutto particolari (procedura concorsuale andata deserta, unicità della prestazione sotto il profilo soggettivo, urgenza determinata dalla imprevedibile necessità della consulenza in relazione ad un termine prefissato o ad un evento eccezionale).

20) A. I contratti di consulenza e collaborazione, posti in essere in violazione dell'art. 7, co. 6 ss., D.Lgs. 165/2001, sono nulli e determinano responsabilità erariale. Inoltre, per i dirigenti conferenti, scattano le responsabilità dirigenziali previste dall'art. 21 del medesimo D.Lgs. 165/2001.

Sezione V
L'attività contrattuale

SOMMARIO

Questionario 1	I contratti della Pubblica Amministrazione
Questionario 2	Il Codice dei contratti pubblici (D.Lgs. 50/2016)
Questionario 3	Il partenariato pubblico-privato

Questionario 1
I contratti della Pubblica Amministrazione

1) Il riconoscimento generale dell'autonomia negoziale della Pubblica Amministrazione trova oggi il proprio fondamento normativo:
   A. nelle Costituzione della Repubblica
   B. nella legge sul procedimento amministrativo
   C. nella legge Bassanini
   D. nel Codice dei contratti pubblici

2) Ai sensi della L. 241/1990 sul procedimento amministrativo la Pubblica Amministrazione deve osservare le norme di diritto privato nell'adozione di:
   A. atti imperativi
   B. atti di natura non autoritativa
   C. atti unilaterali
   D. atti di natura autoritativa e imperativa

3) Come è definito il contratto della Pubblica Amministrazione che prevede una stretta correlazione tra un provvedimento amministrativo e il contratto stipulato, quest'ultimo generalmente una diretta emanazione del primo?
   A. Contratto ad oggetto pubblico
   B. Contratto di diritto speciale
   C. Contratto di diritto comune
   D. Contratto ad evidenza pubblica

4) Si definiscono di diritto speciale i contratti dell'Amministrazione pubblica che:
   A. pur mettendo i contraenti su piani di perfetta parità, presentano aspetti derogatori rispetto alla disciplina ordinaria
   B. pur attribuendo all'Amministrazione pubblica una posizione di preminenza rispetto alla controparte privata, non presentano aspetti derogatori rispetto alla disciplina ordinaria
   C. mettono i contraenti su piani non paritetici perché la disciplina è dettata, oltre che dalle norme civilistiche, anche da disposizioni pubblicistiche
   D. si caratterizzano per la loro stretta correlazione con un provvedimento amministrativo, del quale costituiscono generalmente una diretta emanazione

5) Qual è la differenza tra contratti attivi e contratti passivi delle amministrazioni pubbliche?
   A. I primi obbligano l'amministrazione ad adottare dei provvedimenti, i secondi obbligano il privato a presentare un'istanza
   B. I primi comportano un'entrata, i secondi una spesa
   C. I primi possono essere stipulati solo con altre amministrazioni, i secondi anche con i privati

D. I primi prevedono un finanziamento pubblico, i secondi un pagamento di oneri da parte dei privati

6) **A norma del R.D. 2440/1923, ogni contratto della Pubblica Amministrazione da cui derivi un'entrata o una spesa deve essere:**
  A. necessariamente preceduto da una trattativa privata
  B. preceduto da una trattativa privata, salvo che non ricorrano le ipotesi in cui si possa far ricorso a una gara
  C. preceduto da una gara, salvo che non ricorrano le ipotesi in cui si possa far ricorso alla trattativa privata
  D. preceduto, alternativamente, da una gara o da una trattativa privata

7) **Generalmente il procedimento di formazione di un contratto a evidenza pubblica viene avviato:**
  A. con la determinazione a contrattare
  B. con l'approvazione
  C. con l'esecuzione
  D. con l'aggiudicazione

8) **Il principio della parità di trattamento sintetizzato nella circolare 1° marzo 2002, n. 3944 del Dipartimento per le politiche europee:**
  A. priva la P.A. della libertà di scegliere la procedura di aggiudicazione
  B. impone alla P.A. di effettuare la scelta del contraente in base a criteri obiettivi
  C. impone alle Amministrazioni di rendere pubblica, con appropriati mezzi di pubblicità, la loro intenzione di ricorrere ad una gara
  D. impone allo Stato destinatario della prestazione di accettare le specifiche tecniche, i controlli, i titoli e i certificati prescritti nello Stato fornitore

9) **Nell'ambito delle procedure di scelta del contraente, la licitazione privata:**
  A. è una procedura aperta perché ad essa possono partecipare tutti i soggetti che posseggano i requisiti fissati nel bando di gara
  B. permette di presentare le offerte economiche e i relativi progetti tecnici
  C. è ammessa solo a fronte di speciali ed eccezionali circostanze tassativamente elencate dalla normativa
  D. è una procedura ristretta

10) **In base al principio del mutuo riconoscimento:**
  A. le amministrazioni devono adottare provvedimenti necessari ed adeguati in relazione all'obiettivo
  B. le amministrazioni, pur essendo libere di scegliere la procedura di aggiudicazione più appropriata
  C. sono garantite le condizioni di concorrenza non falsate e si esige che le amministrazioni rendano pubblica l'intenzione di ricorrere ad una gara
  D. lo Stato nel cui territorio la prestazione è fornita deve accettare le specifiche tecniche, i controlli, i titoli e i certificati prescritti in un altro Stato se equivalenti a quelli richiesti dallo Stato membro destinatario della prestazione

Risposte commentate
I contratti della Pubblica Amministrazione

1) B. Il riconoscimento generale dell'autonomia negoziale della Pubblica Amministrazione trova oggi il proprio fondamento normativo nell'art. 1, co. 1-*bis*, L. 241/1990 (aggiunto dalla L. 15/2005).

2) B. Ai sensi dell'art. 1, co. 1-*bis*, L. 241/1990 (aggiunto dalla L. 15/2005) *la Pubblica Amministrazione, nell'adozione di atti di natura non autoritativa, agisce secondo le norme di diritto privato salvo che la legge disponga diversamente*. Il negozio giuridico di diritto privato diventa così uno degli strumenti con cui si possono raggiungere gli interessi pubblici e si pone quale valida alternativa al provvedimento unilaterale: laddove possibile, si predilige l'agire consensuale per una migliore realizzazione del fine pubblico.
Il limite principale – che vale a distinguere la capacità negoziale dell'Amministrazione dalla generale capacità riconosciuta ai soggetti privati – è di carattere funzionale. È preclusa la conclusione di negozi incompatibili con lo specifico scopo pubblico; l'Amministrazione stipulante, perciò, è tenuta a indirizzare e conformare la sua attività alla realizzazione dell'interesse pubblico affidato alle sue cure.

3) A. L'attività di diritto privato delle amministrazioni pubbliche si sostanzia nella stipula di contratti, termine al quale sono riconducibili fenomeni diversificati. Nell'ambito dei contratti della Pubblica Amministrazione è, infatti, possibile distinguere tra:
> *contratti di diritto comune*, che non presentano nessuna differenza rispetto ad un ordinario contratto stipulato da qualsiasi altro soggetto dell'ordinamento giuridico e normalmente disciplinato dal codice civile. Si tratta dell'ipotesi "pura" dell'attività contrattuale della Pubblica Amministrazione, dove quest'ultima si pone su di un piano di assoluta parità rispetto alla controparte privata ed è impossibilitata ad esercitare qualunque potere autoritativo; le regole che disciplinano il rapporto sono quelle dettate dalla disciplina civilistica e non sono consentite deroghe. L'esempio più comune è quello del contratto di locazione o di acquisto stipulato dall'amministrazione e non direttamente finalizzato all'attuazione di un interesse pubblico;
> *contratti di diritto speciale* che presentano aspetti derogatori rispetto alla disciplina ordinaria della tipologia contrattuale alla quale appartengono, differenziazione legata al fatto che uno dei due contraenti è un'amministrazione pubblica. Pur facendo ricorso ad un'attività negoziale e non ad un atto tipico dell'amministrazione (il provvedimento) i contraenti non sono posti su un piano di perfetta parità dal momento che la disciplina è dettata, oltre che dalle norme civilistiche, anche da disposizioni pubblicistiche;
> *contratti ad oggetto pubblico* (o contratti di diritto pubblico) che sotto il profilo giuridico si caratterizzano per la stretta correlazione tra un provvedimento amministrativo e il contratto stipulato, quest'ultimo generalmente una diretta emanazione del primo. Altra caratteristica essenziale è il fatto che il bene oggetto del negozio può essere oggetto di disposizione solo da parte della Pubblica Amministrazione e non di altri; ciò rende l'amministrazione un soggetto contrattuale necessario.

4) C. I *contratti di diritto speciale* dell'amministrazione pubblica presentano aspetti derogatori rispetto alla disciplina ordinaria. Infatti, pur rilevando un'attività negoziale e non un atto tipico dell'Amministrazione (il provvedimento), i contraenti non sono posti su piani paritetici, dal momento che la disciplina è dettata, oltre che dalle norme civilistiche, anche da disposizioni pubblicistiche.

Il settore di maggiore rilevanza in questo ambito è indubbiamente quello degli appalti pubblici, che trova una sua disciplina derogatoria, rispetto alle norme del Codice civile, nel Codice dei contratti pubblici (D.Lgs. 50/2016).

5) B. È possibile distinguere tra *contratti attivi* e *contratti passivi*. I primi comportano un'entrata a favore dello Stato (si pensi alla locazione o alla vendita di un immobile pubblico); la necessità di stipulare un atto negoziale differenzia queste entrate dagli altri introiti derivanti, ad esempio, dall'imposizione tributaria. I contratti passivi, invece, comportano una spesa, vale a dire un'erogazione di somme di denaro necessarie per acquisire beni e servizi essenziali per l'attività dell'amministrazione; l'esempio della vendita o della locazione sopra riportato può essere ripreso, invertendo, però, il ruolo delle parti contrattuali (in questo caso è l'amministrazione che acquista).

6) C. L'art. 3 R.D. 2440/1923 enuncia un principio fondamentale dell'attività contrattuale della Pubblica Amministrazione, secondo cui ogni contratto da cui derivi un'entrata o una spesa deve essere preceduto da una gara, salvo che si possa far ricorso alla trattativa privata.

La finalità della gara è quella di garantire la *par condicio* fra tutti i potenziali interessati a contrattare con l'Amministrazione e di consentire all'Amministrazione stessa, mediante l'acquisizione di una pluralità di offerte, di ottenere le condizioni più vantaggiose. Al tempo stesso, nella scelta del giusto contraente, si considerano pienamente soddisfatte le esigenze di trasparenza e imparzialità, imposte all'azione amministrativa dall'art. 97 della Carta costituzionale.

Per l'espletamento della gara, le norme di contabilità pubblica impongono l'osservanza di una serie di regole, dirette a impedire collusioni fra privati e uffici dell'Amministrazione. Tali regole informano uno speciale metodo procedurale, noto come «*procedura dell'evidenza pubblica*», che richiede, fra l'altro, il rispetto di termini ben precisi per la pubblicità della gara e di rigorosi criteri di valutazione.

7) A. L'evidenza pubblica costituisce un procedimento complesso, articolato in diversi sub-procedimenti. I passaggi essenziali possono essere così schematizzati:
- la determinazione a contrattare, nella quale l'autorità procedente deve evidenziare non solo le ragioni che la inducono a negoziare, ma anche l'interesse pubblico perseguito e realizzato con lo strumento negoziale;
- la scelta del contraente, con modalità funzionalizzate al perseguimento dell'obiettivo della trasparenza oltre che dell'imparzialità, ciò che avviene attraverso il ricorso a vari sistemi, quali l'asta pubblica, la licitazione privata, la trattativa privata, l'appalto concorso;
- l'aggiudicazione, con cui si conclude la fase della scelta;
- la conclusione del contratto, per la quale si richiede la forma scritta;

> l'approvazione, quale atto di controllo con cui un organo superiore a quello che ha stipulato il contratto ne ordina l'esecuzione e assume l'impegno della relativa spesa;
> l'esecuzione.

8) B. Il principio di parità di trattamento, così come sintetizzato nella circolare 1° marzo 2002, n. 3944 del Dipartimento per le politiche europee, comporta che le Amministrazioni – pur essendo libere di scegliere la procedura di aggiudicazione più appropriata alle caratteristiche del settore interessato e di stabilire i requisiti di partecipazione – devono poi garantire che la scelta del candidato avvenga in base a criteri obiettivi e che la procedura si svolga rispettando le regole e i requisiti inizialmente stabiliti (cfr. CGCE, 25 aprile 1996, causa C-87/94 Bus Wallons, punto 54).

9) D. La scelta del contraente può svolgersi mediante il ricorso a vari sistemi quali l'asta pubblica, la licitazione privata, la trattativa privata, l'appalto concorso. In particolare:
> l'*asta pubblica*. Ha inizio con la pubblicazione del bando di gara (o avviso d'asta) contenente l'oggetto, le condizioni per essere ammessi alla gara, per l'esecuzione del contratto e per la fase di aggiudicazione. È una procedura aperta perché ad essa possono partecipare tutti i soggetti che posseggano i requisiti fissati nel bando di gara;
> la *licitazione privata*. Ha inizio con una sorta di prequalificazione dei fornitori (ed in ciò sta il carattere ristretto della procedura) fatta da un'apposita commissione, sulla base di elenchi aggiornati o mediante la pubblicazione di un bando di gara contenente i requisiti tecnici ed economico-finanziari richiesti ai concorrenti (viene perciò detta procedura ristretta). Segue quindi l'invio dell'invito, indirizzato alle sole ditte ritenute idonee: si tratta di uno schema di atto comprendente l'oggetto e le condizioni generali e particolari del contratto, con l'indicazione dei termini e delle modalità per la presentazione delle offerte e del criterio di aggiudicazione;
> la *trattativa privata*. È ammessa solo a fronte di *speciali ed eccezionali circostanze* tassativamente elencate dalla normativa. Infatti nella trattativa privata l'amministrazione dispone di una maggiore discrezionalità nella scelta del contraente in quanto il procedimento amministrativo prevede solo una fase di negoziazione diretta tra amministrazione e contraente, mentre manca la fase dell'aggiudicazione (viene perciò detta *procedura negoziata*);
> l'*appalto concorso*. Ad esso si ricorre quando, per l'esecuzione di lavori o forniture con particolari caratteristiche tecniche, l'amministrazione ritenga opportuno invitare diverse ditte a presentare non soltanto le offerte economiche ma anche i relativi progetti tecnici. Anche i casi in cui questo tipo di procedura può essere utilizzata sono tassativamente indicati dalla legge.

10) D. Il principio del mutuo riconoscimento rientra tra quelli sintetizzati nella Circolare 1 marzo 2002 n. 3944 del Dipartimento per le politiche europee, che sono i seguenti:
> il principio di parità di trattamento. Il principio implica che le amministrazioni, pur essendo libere di scegliere la procedura di aggiudicazione più appropriata alle caratteristiche del settore interessato e di stabilire i requisiti che i candidati devono

soddisfare durante le varie fasi della procedura, debbano poi garantire che la scelta del candidato avvenga in base a criteri obiettivi e che la procedura si svolga rispettando le regole e i requisiti inizialmente stabiliti (cfr. CGCE, 25 aprile 1996, causa C-87/94 Bus Wallons, punto 54);
> il principio di non discriminazione, in particolare in base alla nazionalità;
> il principio di trasparenza, che è strettamente legato a quello di non discriminazione, poiché garantisce condizioni di concorrenza non falsate ed esige che le amministrazioni rendano pubblica, con appropriati mezzi di pubblicità, la loro intenzione di ricorrere ad una gara. Tali forme di pubblicità dovranno contenere le informazioni necessarie affinché i potenziali concorrenti siano in grado di valutare il loro interesse a partecipare alla procedura quali l'indicazione dei criteri di selezione ed attribuzione, l'oggetto della concessione e delle prestazioni attese;
> il principio di proporzionalità. In base a tale principio le amministrazioni devono adottare provvedimenti necessari ed adeguati in relazione all'obiettivo, evitando di fissare requisiti professionali o finanziari sproporzionati rispetto all'oggetto della gara;
> il principio del mutuo riconoscimento. Il rispetto di tale principio comporta che lo Stato nel cui territorio la prestazione è fornita deve accettare le specifiche tecniche, i controlli, i titoli e i certificati prescritti in un altro Stato nella misura in cui questi siano riconosciuti equivalenti a quelli richiesti dallo Stato membro destinatario della prestazione;
> il principio della tutela dei diritti fondamentali, rientrante nelle tradizioni comuni agli Stati membri. Il principio esige che eventuali provvedimenti di diniego adottati dalle amministrazioni nel corso delle procedure interessate debbano essere motivati e siano oggetto di ricorsi giurisdizionali da parte di loro destinatari.

Questionario 2
Il Codice dei contratti pubblici (D.Lgs. 50/2016)

1) **Sono appalti pubblici di forniture i contratti aventi per oggetto:**
   A. la prestazione di servizi diversi dagli appalti pubblici di lavori
   B. l'acquisto, la locazione finanziaria, la locazione o l'acquisto a riscatto di prodotti
   C. l'esecuzione, oppure la progettazione esecutiva e l'esecuzione di un'opera
   D. la realizzazione, con qualsiasi mezzo, di un'opera corrispondente alle esigenze specificate dall'Amministrazione aggiudicatrice o dall'ente aggiudicatore

2) **A norma del D.Lgs. 50/2016, si intende per rischio operativo:**
   A. il rischio legato al ritardo nei tempi di consegna e, in generale, ad inconvenienti di tipo tecnico o al mancato completamento dell'opera
   B. il rischio legato alla capacità del concessionario di erogare le prestazioni contrattuali pattuite
   C. il rischio legato alla gestione dei lavori o dei servizi sul lato della domanda o sul lato dell'offerta o di entrambi, trasferito all'operatore economico
   D. il rischio legato alla mancanza di utenza e quindi di flussi di cassa

3) **La differenza fra contratto di appalto e concessione sta nel fatto che il concessionario:**
   A. non è remunerato direttamente dall'Amministrazione committente ma dall'utenza
   B. è remunerato direttamente dall'Amministrazione committente
   C. ottiene in corrispettivo unicamente un prezzo e non il diritto di gestire le opere o i servizi oggetto del contratto
   D. non percepisce alcuna remunerazione

4) **Sotto il profilo soggettivo, il D.Lgs. 50/2016:**
   A. si applica solo ai contratti stipulati dalle Amministrazioni dello Stato
   B. si applica solo ai contratti stipulati dalle Amministrazioni dello Stato, con esclusione degli enti pubblici non economici
   C. si applica anche ai contratti stipulati dagli enti locali
   D. si applica anche ai contratti stipulati dagli enti locali, con esclusione delle Comunità montane e delle Città metropolitane

5) **La modalità del cosiddetto in house providing, che esclude l'applicazione del D.Lgs. 50/2016, è consentita a condizione che:**
   A. l'Amministrazione aggiudicatrice o l'ente aggiudicatore non eserciti alcun controllo diretto sulla persona giuridica affidataria
   B. l'Amministrazione aggiudicatrice o l'ente aggiudicatore eserciti sulla persona giuridica affidataria un controllo analogo a quello esercitato sui propri servizi

C. almeno il 40% delle attività della persona giuridica controllata sia effettuato nello svolgimento dei compiti ad essa affidati dall'Amministrazione controllante
D. almeno il 50% delle attività della persona giuridica controllata sia effettuato nello svolgimento dei compiti ad essa affidati dall'Amministrazione controllante

6) **Il Responsabile Unico del Procedimento (RUP) negli appalti e nelle concessioni è nominato dal soggetto responsabile dell'unità organizzativa:**
   A. fra gli iscritti, a livello regionale, all'Ordine dei dottori commercialisti e degli esperti contabili
   B. fra gli iscritti, a livello regionale, all'Albo dei ragionieri e dei periti commerciali
   C. fra i dipendenti di ruolo addetti all'unità medesima, dotati del necessario livello di inquadramento giuridico e di competenze professionali adeguate
   D. fra gli iscritti, a livello regionale, nel Registro dei revisori legali

7) **A norma del D.Lgs. 50/2016, i lavori pubblici sono programmati dalle Amministrazioni aggiudicatrici e dagli enti aggiudicatori su scala:**
   A. annuale per un importo stimato non inferiore a 50.000 euro
   B. triennale per un importo stimato non inferiore a 100.000 euro
   C. quinquennale per un importo stimato non inferiore a 150.000 euro
   D. decennale per un importo stimato non inferiore a 500.000 euro

8) **Di norma, l'intenzione di bandire appalti per l'anno successivo viene resa nota dalle stazioni appaltanti entro:**
   A. il 31 marzo di ogni anno
   B. il 30 maggio di ogni anno
   C. il 30 ottobre di ogni anno
   D. il 31 dicembre di ogni anno

9) **Qualora, al momento della presentazione della domanda di partecipazione alla gara di appalto, sia rilevata dalla stazione appaltante la presenza di irregolarità nel documento di gara unico europeo (DGUE), al concorrente può essere assegnato, per provvedere alla regolarizzazione, un termine:**
   A. non inferiore a 5 giorni
   B. non superiore a 10 giorni
   C. non inferiore a 15 giorni
   D. non superiore a 20 giorni

10) **Nella procedura aperta di scelta del contraente, il termine minimo per la ricezione delle offerte è di:**
    A. 15 giorni decorrenti dalla data di trasmissione del bando di gara
    B. 25 giorni decorrenti dalla data di trasmissione del bando di gara
    C. 35 giorni decorrenti dalla data di trasmissione del bando di gara
    D. 45 giorni decorrenti dalla data di trasmissione del bando di gara

11) **La procedura competitiva con negoziazione può essere attivata, per l'aggiudicazione di contratti di lavori, forniture o servizi alla condizione, fra l'altro, che:**
   A. le specifiche tecniche della prestazione possono essere stabilite con sufficiente precisione dall'Amministrazione aggiudicatrice
   B. le esigenze dell'Amministrazione aggiudicatrice perseguite con l'appalto non possono essere soddisfatte senza adottare soluzioni immediatamente disponibili
   C. la prestazione non implica la progettazione o l'adozione di soluzioni innovative
   D. la prestazione implica la progettazione o l'adozione di soluzioni non innovative a causa dei rischi a essa connessi

12) **Il dialogo competitivo, secondo quanto sancito dal D.Lgs. 50/2016, è una procedura di affidamento nella quale la stazione appaltante avvia un dialogo:**
   A. con i candidati ammessi a tale procedura, al fine di elaborare una o più soluzioni atte a soddisfare le proprie necessità e sulla base della quale o delle quali i candidati selezionati saranno invitati a presentare le offerte
   B. con i tutti i candidati interessati, al fine di elaborare una o più soluzioni atte a soddisfare le proprie necessità e sulla base della quale o delle quali tutti i candidati potranno presentare la loro offerta
   C. con i candidati indicati dall'Autorità nazionale anticorruzione
   D. con tutti i candidati interessati, al fine di elaborare una o più soluzioni atte a soddisfare le proprie necessità e sulla base della quale o delle quali verranno selezionati i candidati da invitare a presentare le offerte

13) **Nella procedura ristretta di scelta del contraente, il termine minimo per la ricezione delle offerte è di:**
   A. 10 giorni decorrenti dalla data di trasmissione dell'invito a presentare offerte
   B. 25 giorni decorrenti dalla data di trasmissione dell'invito a presentare offerte
   C. 30 giorni decorrenti dalla data di trasmissione dell'invito a presentare offerte
   D. 35 giorni decorrenti dalla data di trasmissione dell'invito a presentare offerte

14) **La procedura negoziata senza pubblicazione del bando di gara può essere utilizzata, fra l'altro, quando:**
   A. la prestazione contrattuale implica la progettazione o l'adozione di soluzioni non innovative a causa dei rischi a essa connessi
   B. non è stata presentata alcuna offerta o alcuna offerta appropriata in esito all'esperimento di una procedura aperta o ristretta
   C. le specifiche tecniche della prestazione possono essere stabilite con sufficiente precisione dall'Amministrazione aggiudicatrice
   D. le esigenze dell'Amministrazione aggiudicatrice perseguite con l'appalto non possono essere soddisfatte senza adottare soluzioni immediatamente disponibili

15) **Il ricorso all'affidamento diretto, anche senza previa consultazione di due o più operatori economici, è consentito per lavori, forniture e servizi:**
   A. di importo inferiore a 40.000 euro

B. di importo pari o superiore a 40.000 euro
C. di importo pari o superiore a 40.000 euro e inferiore a 150.000 euro
D. di importo compreso fra 150.000 a 350.000 euro

16) **L'affidamento diretto per le forniture e i servizi compresi fra un importo pari o superiore a 40.000 euro e le soglie europee:**
   A. non è previsto
   B. è previsto previa valutazione di almeno 5 operatori economici
   C. è previsto previa valutazione di almeno 3 operatori economici
   D. è previsto solo se la prestazione contrattuale implica la progettazione o l'adozione di soluzioni innovative

17) **L'offerta da presentare per l'affidamento dell'esecuzione dei contratti pubblici deve essere corredata da una garanzia pari:**
   A. al 30% del prezzo indicato nel bando
   B. al 20% del prezzo base indicato nel bando
   C. al 10% del prezzo base indicato nell'invito
   D. al 2% del prezzo base indicato nel bando o nell'invito

18) **Per la sottoscrizione del contratto, l'appaltatore deve costituire una garanzia definitiva pari:**
   A. al 5% dell'importo contrattuale
   B. al 10% dell'importo contrattuale
   C. al 15% dell'importo contrattuale
   D. al 20% dell'importo contrattuale

19) **Sono aggiudicati esclusivamente secondo il criterio dell'offerta economicamente più vantaggiosa i contratti relativi:**
   A. ai servizi sociali e di ristorazione ospedaliera di importo non inferiore a 40.000 euro
   B. all'affidamento dei servizi di ingegneria e architettura e degli altri servizi di natura tecnica e intellettuale di importo pari o superiore a 40.000 euro
   C. ai servizi e alle forniture di importo non superiore a 40.000 euro caratterizzati da notevole contenuto tecnologico
   D. all'affidamento dei servizi di ingegneria e architettura di importo pari o superiore a 40.000 euro e inferiore a 150.000 euro

20) **Divenuta efficace l'aggiudicazione definitiva e fatto salvo, nei casi consentiti, l'esercizio dei poteri di autotutela, la stipulazione del contratto di appalto ha luogo:**
   A. entro il termine di 60 giorni, salvo diverso termine previsto nel bando o nell'invito a offrire o differimento espressamente concordato con l'aggiudicatario
   B. entro il termine di 40 giorni, salvo diverso termine previsto nel bando o nell'invito a offrire
   C. entro il termine perentorio di 30 giorni

D. entro sempre entro il termine stabilito dal bando di gara per la presentazione del ricorso

21) **Il compito di dirigere l'esecuzione del contratto di appalto è demandato:**
   A. alla stazione appaltante
   B. al direttore dell'esecuzione, che può delegarlo al Responsabile Unico del Procedimento
   C. al direttore dell'esecuzione, che non può delegarlo al Responsabile Unico del Procedimento
   D. al Responsabile Unico del Procedimento, che può direttamente ricoprire l'incarico di direttore dell'esecuzione

22) **Al termine dell'esecuzione i contratti di appalto per servizi e forniture sono sottoposti:**
   A. a collaudo non oltre 3 mesi dall'ultimazione delle prestazioni
   B. a verifica di conformità non oltre 3 mesi dall'ultimazione delle prestazioni
   C. a collaudo non oltre 6 mesi dall'ultimazione delle prestazioni
   D. a verifica di conformità non oltre 6 mesi dall'ultimazione delle prestazioni

23) **La procedura di accordo bonario è attivata ogni volta che, in seguito all'iscrizione di riserve sui documenti contabili, l'importo economico dell'opera, rispetto all'importo contrattuale, può essere oggetto di una variazione:**
   A. non inferiore al 5%
   B. compresa fra il 5% e il 15%
   C. superiore a 15%
   D. compresa fra il 10% e il 15%

24) **La tutela giurisdizionale in materia di affidamento dei contratti pubblici è demandata:**
   A. alla Corte dei conti
   B. alla giurisdizione del giudice ordinario
   C. alla giurisdizione esclusiva del giudice amministrativo
   D. all'Autorità Nazionale Anticorruzione

25) **La progettazione in materia di lavori pubblici è articolata in:**
   A. progetto di fattibilità tecnica ed economica e progetto finale operativo
   B. progetto di fattibilità tecnica ed economica, progetto definitivo e progetto finale operativo
   C. progetto di fattibilità tecnica ed economica, progetto operativo e progetto definitivo
   D. progetto di fattibilità tecnica ed economica, progetto definitivo e progetto esecutivo

Risposte commentate
Il Codice dei contratti pubblici (D.Lgs. 50/2016)

1) D. A norma dell'art. 3, co. 1, lett. *tt*), D.Lgs. 50/2016, gli appalti pubblici di forniture comprendono i contratti fra una o più stazioni appaltanti ed uno o più soggetti economici aventi per oggetto l'acquisto, la locazione finanziaria, la locazione o l'acquisto a riscatto, con o senza opzione per l'acquisto, di prodotti. Un appalto di forniture può includere, a titolo accessorio, lavori di posa in opera e di installazione. Se dunque l'oggetto dell'appalto del lavoro o di servizio consiste in un *facere*, quello del contratto di fornitura consiste in un *dare*. La difficoltà incontrata dalla dottrina e dalla giurisprudenza ha riguardato, in particolare, l'individuazione delle linee distintive fra appalto di lavori e appalto di forniture. Ai contratti misti, il D.Lgs. 50/2016 dedica l'art. 28, secondo cui i contratti che, nei settori ordinari o speciali, o le concessioni, abbiano ad oggetto due o più tipi di prestazioni, sono aggiudicati secondo le disposizioni applicabili al tipo di appalto che caratterizza l'oggetto principale del contratto.

2) C. Secondo la definizione fornita dal D.Lgs. 50/2016, l'operatore economico assume il rischio operativo nel caso in cui, in condizioni operative normali, non sia garantito il recupero degli investimenti effettuati o dei costi sostenuti per la gestione dei lavori o dei servizi oggetto della concessione. Quando si parla di *condizioni operative normali* si fa riferimento all'insussistenza di eventi non prevedibili.
Si evidenzia che la parte del rischio trasferita all'operatore economico deve comportare una reale esposizione alle fluttuazioni del mercato, tale per cui ogni potenziale perdita stimata subita dall'operatore economico non sia puramente nominale o trascurabile.
Diversi dal rischio operativo sono:
› il *rischio di costruzione*, legato al ritardo nei tempi di consegna, al mancato rispetto degli standard di progetto, all'aumento dei costi, a inconvenienti di tipo tecnico e al mancato completamento dell'opera;
› il *rischio di disponibilità*, legato alla capacità, da parte del concessionario, di erogare le prestazioni contrattuali pattuite, sia per volume che per standard di qualità previsti;
› il *rischio di domanda*, legato ai diversi volumi di domanda del servizio che il concessionario deve soddisfare, ovvero il rischio legato alla mancanza di utenza e quindi di flussi di cassa.

3) A. Il D.Lgs. 50/2016 ha attribuito *natura contrattuale* anche alle concessioni di lavori e servizi. Nel regime previgente, infatti, le concessioni erano considerate provvedimenti amministrativi.
Ora, invece, l'art. 3, co. 1, lett. *uu*), D.Lgs. 50/2016 definisce la *concessione di lavori* come un contratto a titolo oneroso stipulato per iscritto, in virtù del quale una o più stazioni appaltanti affidano l'esecuzione di lavori ad uno o più operatori economici, riconoscendo al concessionario a titolo di corrispettivo unicamente il diritto di

gestire le opere oggetto del contratto o tale diritto accompagnato da un prezzo, con assunzione in capo al concessionario del rischio operativo legato alla gestione delle opere.

Analogamente, la *concessione di servizi* è un contratto a titolo oneroso stipulato per iscritto, in virtù del quale una o più stazioni appaltanti affidano a uno o più operatori economici la fornitura e la gestione di servizi diversi dall'esecuzione di lavori. Anche qui il corrispettivo è rappresentato unicamente dal diritto di gestire i servizi oggetto del contratto o da tale diritto accompagnato da un prezzo, con assunzione in capo al concessionario del rischio operativo legato alla gestione dei servizi (art. 3, co. 1, lett. *vv*).

La differenza fra appalti e concessioni sta nel *rischio di gestione*: il concessionario non è remunerato direttamente dall'Amministrazione committente ma dall'utenza, che corrisponde, in un regime normalmente tariffario, i canoni richiesti per usufruire del servizio fornito dal gestore.

4) C. Sotto il profilo soggettivo, il D.Lgs. 50/2016 trova applicazione ai contratti d'appalto e di concessione stipulati da Amministrazioni aggiudicatrici ed enti aggiudicatori.

L'art. 3, co. 1, lett. *a*) include fra le Amministrazioni aggiudicatrici le *Amministrazioni dello Stato*, gli *enti pubblici territoriali* (enti locali: Comuni, Province, Comunità montane, Città metropolitane), gli *altri enti pubblici non economici*, gli *organismi di diritto pubblico*, le *associazioni*, le *unioni*, i *consorzi*, comunque denominati, costituiti da detti soggetti.

A termini dell'art. 3, co. 1, lett. *d*), si intende per *organismo di diritto pubblico* qualsiasi organismo, anche in forma societaria, dotato di personalità giuridica, che sia istituito per soddisfare specificatamente esigenze di interesse generale, avente carattere non industriale o commerciale, e la cui attività sia finanziata in modo maggioritario dallo Stato, dagli enti pubblici territoriali o da altri organismi di diritto pubblico o la cui gestione sia soggetta al controllo di questi ultimi o, ancora, il cui organo di amministrazione, direzione o vigilanza sia costituito da membri dei quali più della metà è designata dallo Stato, dagli enti pubblici territoriali o da altri organismi di diritto pubblico.

Gli enti aggiudicatori, invece, sono individuati nelle Amministrazioni aggiudicatrici che operano nei cosiddetti *settori speciali* (gas, elettricità, acqua, trasporti, pubblici) o che, pur non essendo Amministrazioni aggiudicatrici, operano in tali settori in virtù di diritti speciali o esclusivi concessi loro dall'autorità competente. A questa categoria si aggiungono gli enti che svolgono determinate attività nei settori speciali e che aggiudicano una concessione.

5) B. L'affidamento di concessioni o appalti *in house* (cosiddetto *in house providing*) consiste nella possibilità che le Amministrazioni pubbliche hanno di reperire beni, servizi, forniture o, più in generale, prestazioni a contenuto negoziale, all'interno del settore pubblico, senza ricorrere al mercato. Poiché tale modalità di affidamento si sottrae al confronto concorrenziale, ed è esclusa dall'ambito di applicazione del D.Lgs. 50/2016, la sua ammissibilità è condizionata al ricorrere di specifici requisiti. Segnatamente, a termini dell'art. 5 D.Lgs. 50/2016, che riprende l'art. 12 della Direttiva n. 2014/24/UE in materia di appalti pubblici, l'affidamento *in house* è consentito quando sono soddisfatte tutte le seguenti condizioni:

- l'Amministrazione aggiudicatrice o l'ente aggiudicatore esercita sulla persona giuridica affidataria un controllo analogo a quello esercitato sui propri servizi (ciò si presume qualora sia esercitata un'influenza determinante sugli obiettivi strategici e sulle decisioni significative della persona giuridica controllata);
- oltre l'80% delle attività della persona giuridica controllata è effettuato nello svolgimento dei compiti ad essa affidati dall'Amministrazione aggiudicatrice controllante o da altre persone giuridiche controllate dall'Amministrazione aggiudicatrice o da un ente aggiudicatore;
- nella persona giuridica controllata non v'è alcuna partecipazione diretta di capitali privati, a eccezione di forme di partecipazione di capitali privati previste dalla legislazione nazionale, in conformità dei trattati, che non esercitano un'influenza determinante sulla persona giuridica controllata.

6) C. L'art. 31 D.Lgs. 50/2016 prevede che tutte le stazioni appaltanti debbano nominare, già al momento della programmazione, nell'atto di adozione o di aggiornamento dei programmi, o comunque nell'atto di avvio relativo ad ogni singolo intervento, un Responsabile Unico del Procedimento (RUP) per le fasi della programmazione, della progettazione, dell'affidamento, dell'esecuzione.
Nelle Amministrazioni pubbliche, il RUP è nominato con atto formale del soggetto responsabile dell'unità organizzativa, che deve essere di livello apicale, fra i dipendenti di ruolo addetti all'unità medesima, dotati del necessario livello di inquadramento giuridico in relazione alla struttura dell'Amministrazione e di competenze professionali adeguate in relazione ai compiti. Qualora sia accertata, nell'organico, la carenza dell'unità organizzativa, il RUP è nominato fra gli altri dipendenti in servizio. L'ufficio di Responsabile Unico del Procedimento è obbligatorio e non può essere rifiutato.
Le stazioni appaltanti che non sono Amministrazioni pubbliche ed enti pubblici individuano, secondo i propri ordinamenti, uno o più soggetti cui affidare i compiti propri del responsabile del procedimento (art. 31, co. 10).

7) B. L'art. 21 D.Lgs. 50/2016 prescrive che le Amministrazioni aggiudicatrici e gli enti aggiudicatori provvedano all'adozione (e al relativo aggiornamento annuale):
- del *programma biennale degli acquisti di beni e servizi* di importo unitario stimato non inferiore a 40.000 euro (per le acquisizioni di importo superiore al milione di euro è previsto l'obbligo di comunicare il relativo elenco al Tavolo tecnico dei soggetti aggregatori);
- del *programma triennale dei lavori pubblici* di importo stimato non inferiore a 100.000 euro, in cui devono essere obbligatoriamente incluse le opere pubbliche incompiute, ai fini del loro completamento o per l'individuazione di soluzioni alternative.

Gli interventi da avviare nel corso della prima annualità costituiscono l'elenco annuale dei lavori pubblici.
Nell'ambito del programma, le Amministrazioni aggiudicatrici e gli enti aggiudicatori individuano, fra l'altro, i bisogni che possono essere soddisfatti con capitali privati (Partenariato Pubblico Privato).
I programmi sono approvati nel rispetto dei documenti programmatori e in coerenza con il bilancio e, per gli enti locali, secondo le norme che ne disciplinano la programmazione economico-finanziaria.

8) D. L'art. 70 D.Lgs. 50/2016 prevede che le stazioni appaltanti rendano nota, di norma entro il 31 dicembre di ogni anno, l'intenzione di bandire appalti per l'anno successivo, pubblicando un avviso di preinformazione sul proprio profilo del committente on line.

Per gli appalti di importo pari o superiore alla soglia di rilevanza europea, l'avviso di preinformazione è pubblicato dall'Ufficio delle pubblicazioni dell'Unione europea o dalla stazione appaltante sul proprio profilo di committente, in quest'ultimo caso informandone l'Ufficio europeo.

Il periodo coperto dall'avviso può durare al massimo 12 mesi dalla data di trasmissione per la pubblicazione. Tuttavia, nel caso di appalti pubblici per servizi sociali e altri servizi specifici, l'avviso può coprire un periodo fino a 24 mesi.

9) B. Al momento della presentazione delle domande di partecipazione o delle offerte, gli operatori economici esibiscono il *documento di gara unico europeo* (DGUE): si tratta di un'autodichiarazione aggiornata, come prova documentale preliminare sostitutiva dei certificati rilasciati da autorità pubbliche o terzi, in cui l'operatore conferma di non trovarsi in alcuna delle situazioni costituenti causa di esclusione e di soddisfare i criteri di selezione definiti dalla legge.

Le eventuali carenze di qualsiasi elemento formale della domanda possono essere sanate attraverso la procedura di *soccorso istruttorio* disciplinata dall'art. 83, co. 9. In particolare, in caso di mancanza, incompletezza e di ogni altra irregolarità essenziale degli elementi e del documento di gara unico europeo, con esclusione di quelle afferenti all'offerta economica e all'offerta tecnica, la stazione appaltante assegna al concorrente un termine, non superiore a 10 giorni, perché siano rese, integrate o regolarizzate le dichiarazioni necessarie, indicandone il contenuto e i soggetti che le devono rendere. In caso di inutile decorso del termine di regolarizzazione, il concorrente è escluso dalla gara.

10) C. Secondo la definizione fornita dall'art. 3, co. 1, lett. *sss*), D.Lgs. 50/2016, la procedura aperta, disciplinata dall'art. 60, è quella in cui ogni operatore economico interessato può presentare un'offerta in risposta a un avviso di indizione di gara.

Il termine minimo per la ricezione delle offerte è di 35 giorni decorrenti dalla data di trasmissione del bando di gara.

Se però è stato pubblicato un avviso di preinformazione, il termine minimo per la ricezione delle offerte può essere ridotto a 15 giorni:
> qualora l'avviso di preinformazione contenga tutte le informazioni richieste per il bando di gara, che siano disponibili al momento della pubblicazione dell'avviso medesimo;
> qualora l'avviso di preinformazione sia stato inviato alla pubblicazione da non meno di 35 giorni e non oltre 12 mesi prima della data di trasmissione del bando di gara.

A decorrere dalla data di invio del bando di gara, peraltro, le Amministrazioni aggiudicatrici possono fissare un termine non inferiore a 15 giorni se, per ragioni di urgenza debitamente motivate dall'Amministrazione aggiudicatrice, i termini minimi stabiliti non possono essere rispettati.

11) B. La procedura competitiva con negoziazione permette alla stazione appaltante di negoziare con gli operatori economici, al fine di migliorarne il contenuto, le offerte iniziali da loro presentate con modalità e termini identici alla procedura ristretta. La stazione appaltante è tenuta a garantire parità di trattamento e a non fornire informazioni che avvantaggino alcuni offerenti rispetto ad altri.
La procedura ha carattere eccezionale e – a termini dell'art. 59, co. 2, D.Lgs. 50/2016 – può essere attivata in presenza di una o più delle seguenti condizioni:
> le esigenze dell'Amministrazione aggiudicatrice, perseguite con l'appalto, non possono essere soddisfatte senza adottare soluzioni immediatamente disponibili o implicano la progettazione o l'adozione di soluzioni innovative;
> l'appalto non può essere aggiudicato senza preventive negoziazioni a causa di circostanze particolari in relazione alla natura, complessità o impostazione finanziaria e giuridica dell'oggetto dell'appalto o a causa dei rischi a esso connessi;
> le specifiche tecniche non possono essere stabilite con sufficiente precisione dall'Amministrazione aggiudicatrice con riferimento a una norma, una valutazione tecnica europea, una specifica tecnica comune o un riferimento tecnico.

La procedura negoziale, inoltre, è utilizzabile quando, in esito a procedura aperta o ristretta, siano state presentate soltanto offerte irregolari o inammissibili. In tal caso, al fine di evitare pratiche elusive, la nuova procedura deve riprodurre nella sostanza le condizioni contrattuali originarie.

12) A. Il dialogo competitivo, disciplinato dall'art. 64 D.Lgs. 50/2016, è una procedura di gara avente carattere eccezionale, nella quale la stazione appaltante avvia un dialogo con i candidati ammessi, al fine di elaborare una o più soluzioni atte a soddisfare le proprie necessità e sulla base della quale o delle quali i candidati selezionati sono invitati a presentare le offerte. Qualsiasi operatore economico può chiedere di partecipare a tale procedura, fornendo le informazioni richieste dalla stazione appaltante.
Il Codice ne ammette l'attivazione negli stessi casi in cui è ammessa la procedura competitiva con negoziazione e solo con provvedimento specificamente motivato.
I dialoghi competitivi possono svolgersi in fasi successive in modo da ridurre il numero di soluzioni da discutere. La stazione appaltante prosegue il dialogo finché non è in grado di individuare la soluzione o le soluzioni che possano soddisfare le sue necessità. A questo punto, dopo aver dichiarato concluso il dialogo e averne informato i partecipanti rimanenti, la stazione appaltante invita ciascuno a presentare le offerte finali in base alla soluzione presentata e valuta le offerte ricevute sulla base dei criteri di aggiudicazione fissati nel bando di gara.

13) C. Secondo la definizione fornita dall'art. 3, co. 1, lett. *sss*), D.Lgs. 50/2016, la procedura ristretta, disciplinata dall'art. 61, è quella a cui ogni operatore economico può chiedere di partecipare e in cui possono presentare un'offerta soltanto gli operatori economici invitati dalla stazione appaltante, con le modalità stabilite dal Codice.
Sulla base delle domande di partecipazione ricevute, in conseguenza di un avviso di indizione di gara, l'Amministrazione aggiudicatrice valuta le informazioni fornite dagli operatori richiedenti e seleziona quelli da invitare.
A norma dell'art. 91, peraltro, le stazioni appaltanti, quando lo richiede la difficoltà o la complessità dell'opera, della fornitura o del servizio, possono limitare il numero di candidati che soddisfano i criteri di selezione e invitarli a presentare un'offerta,

purché sia assicurato il numero minimo di candidati qualificati, che non può essere inferiore a 5. Le stazioni che sfruttano tale facoltà indicano nel bando di gara, o nell'invito a confermare l'interesse, i criteri oggettivi e non discriminatori, secondo il principio di proporzionalità, che intendono applicare, il numero minimo dei candidati che intendono invitare, e, ove lo ritengano opportuno per motivate esigenze di buon andamento, il numero massimo.

Il termine minimo per la ricezione delle offerte è di 30 giorni. Tale termine, decorrente dalla data di trasmissione dell'invito a presentare le offerte, può essere ridotto a 10 giorni nel caso in cui le Amministrazioni aggiudicatrici abbiano pubblicato un avviso di preinformazione non utilizzato per l'indizione di una gara, purché l'avviso contenga tutte le prescritte informazioni – che devono essere disponibili al momento della pubblicazione – e sia stato inviato alla pubblicazione da non meno di 35 giorni e non oltre 12 mesi prima della data di trasmissione del bando di gara.

14) B. A norma dell'art. 63 D.Lgs. 50/2016, la procedura negoziata senza pubblicazione del bando di gara può essere attivata:
> qualora non sia stata presentata alcuna offerta o alcuna offerta appropriata, né alcuna domanda di partecipazione o alcuna domanda di partecipazione appropriata, in esito all'esperimento di una procedura aperta o ristretta, purché le condizioni iniziali dell'appalto non siano sostanzialmente modificate e purché sia trasmessa una relazione alla Commissione europea, su sua richiesta;
> nella misura strettamente necessaria quando, per ragioni di estrema urgenza derivante da eventi imprevedibili dall'Amministrazione aggiudicatrice, i termini per le procedure aperte o per le procedure ristrette o per le procedure competitive con negoziazione non possono essere rispettati.

La procedura è peraltro consentita per nuovi lavori o servizi consistenti nella ripetizione di lavori o servizi analoghi, già affidati all'operatore economico aggiudicatario dell'appalto iniziale, a condizione che tali lavori o servizi siano conformi al progetto a base di gara, che deve essere associato a un primo appalto aggiudicato. Tale possibilità è limitata al triennio successivo alla stipulazione del contratto d'appalto iniziale.

Il legislatore richiede un particolare rigore nell'individuazione dei presupposti giustificativi, da interpretarsi restrittivamente, ed è onere dell'Amministrazione committente dimostrarne l'effettiva esistenza già nel primo atto della procedura.

15) A. L'art. 36 D.Lgs. 50/2016 prevede che si proceda ad affidamento diretto – anche senza previa consultazione di due o più operatori economici – per lavori, forniture e servizi di importo inferiore a 40.000 euro.

L'affidamento diretto prende avvio con la determina a contrarre, o atto equivalente, che specifichi, in modo semplificato, l'oggetto dell'affidamento, l'importo, il fornitore, le ragioni della scelta del fornitore, del quale certifichi il possesso dei requisiti di carattere generale, nonché il possesso dei requisiti tecnico-professionali, ove richiesti.

La norma richiede comunque esplicitamente il rispetto dei princìpi cui deve soggiacere qualsiasi aggiudicazione ed esecuzione di appalti e concessioni. Ciò che impone alla stazione appaltante:
> l'uso ottimale delle risorse nello svolgimento della selezione ovvero nell'esecuzione del contratto (*principio di economicità*);

> la congruità degli atti rispetto al conseguimento dello scopo (*principio di efficacia*);
> una condotta leale e improntata a buona fede (*principio di correttezza*);
> l'adeguatezza e l'idoneità dell'azione rispetto alle finalità e all'importo dell'affidamento (*principio di proporzionalità*);
> di non dilatare la durata del procedimento di selezione del contraente in assenza di obiettive ragioni (*principio di tempestività*);
> di assicurare l'effettiva contendibilità degli affidamenti da parte di tutti i soggetti potenzialmente interessati (*principio di libera concorrenza*);
> di assicurare l'effettiva possibilità di partecipazione delle microimprese, piccole e medie imprese (*principio di rotazione degli inviti e degli affidamenti*);
> di rispettare i canoni della *non discriminazione*, della *trasparenza* e della *pubblicità*, nonché della *sostenibilità energetica e ambientale*.

16) B. A norma dell'art. 36, co. 2, lett. *b*), D.Lgs. 50/2016, per le forniture e i servizi compresi fra un importo pari o superiore a 40.000 euro e le soglie europee è previsto l'affidamento diretto previa valutazione di almeno 5 operatori economici, individuati sulla base di indagini di mercato o tramite elenchi, nel rispetto di un criterio di rotazione degli inviti.
L'avviso sui risultati della procedura di affidamento contiene l'indicazione anche dei soggetti invitati.
Si deve osservare, nondimeno, che nella fattispecie non è corretto parlare di affidamento diretto, il quale presuppone un'assoluta libertà di scelta del contraente, tale da prescindere da qualunque forma di confronto competitivo. La norma, infatti, prescrive la preventiva consultazione di un certo numero di operatori economici e finisce per prefigurare lo svolgimento di una gara, sia pure informale, poiché svincolata da qualunque regola procedurale e caratterizzata da un'estrema snellezza e semplificazione.

17) D. L'art. 93 D.Lgs. 50/2016 obbliga l'esecutore del contratto a costituire una garanzia fideiussoria provvisoria del 2% del prezzo base indicato nel bando o nell'invito, ma la stazione appaltante può motivatamente ridurre l'importo fino all'1% o incrementarlo fino al 4%. L'importo è ridotto del 50% per gli operatori economici in possesso della certificazione del sistema di qualità.
La garanzia copre la mancata sottoscrizione del contratto, successivamente all'aggiudicazione, in conseguenza di fatti riconducibili all'affidatario o all'adozione di informazione antimafia interdittiva ed è automaticamente svincolata al momento della sottoscrizione.
La stazione appaltante, nell'atto con cui comunica l'aggiudicazione ai non aggiudicatari, provvede contestualmente, nei loro confronti, allo svincolo della cauzione provvisoria, entro un termine non superiore a 30 giorni dall'aggiudicazione.

18) B. L'art. 103 D.Lgs. 50/2016 prescrive che l'appaltatore costituisca, per la sottoscrizione del contratto, una garanzia definitiva – a sua scelta sotto forma di cauzione o fideiussione – pari al 10% dell'importo contrattuale.
In caso di aggiudicazione con ribasso d'asta superiore al 10%, la garanzia fideiussoria è aumentata di tanti punti percentuali quanti sono quelli eccedenti il 10%; ove il ribasso sia superiore al 20%, l'aumento sarà di due punti percentuali per ogni punto

di ribasso superiore al 20%.
La cauzione è prestata a garanzia dell'adempimento di tutte le obbligazioni del contratto e del risarcimento dei danni derivanti dall'eventuale inadempimento delle obbligazioni stesse, nonché a garanzia del rimborso delle somme pagate in più all'esecutore rispetto alle risultanze della liquidazione finale, salva comunque la risarcibilità del maggior danno verso l'appaltatore.
La garanzia cessa di avere effetto solo alla data di emissione del certificato di collaudo provvisorio o del certificato di regolare esecuzione.

19) C. Il criterio dell'offerta economicamente più vantaggiosa, individuata nel miglior rapporto qualità/prezzo, è prescritto dall'art. 95, co. 3, D.Lgs. 50/2016, come criterio esclusivo di aggiudicazione:
- dei contratti relativi ai servizi sociali e di ristorazione ospedaliera, assistenziale e scolastica, nonché ai servizi ad alta intensità di manodopera, fatti salvi gli affidamenti diretti di importo inferiore ai 40.000 euro, ai sensi dell'art. 36, comma 2, lettera *a*);
- dei contratti relativi all'affidamento dei servizi di ingegneria e architettura e degli altri servizi di natura tecnica e intellettuale di importo pari o superiore a 40.000 euro;
- dei contratti di servizi e delle forniture di importo pari o superiore a 40.000 euro caratterizzati da notevole contenuto tecnologico o che hanno un carattere innovativo.

Si è precisato nelle Linee Guida dell'Autorità Nazionale Anticorruzione, proprio in materia di offerta economicamente più vantaggiosa, come l'art. 95 del Codice abbia definitivamente superato la rigida separazione fra requisiti di partecipazione e criteri di valutazione, che aveva caratterizzato a lungo la materia della contrattualistica pubblica (il *divieto di commistione* fra requisiti di qualificazione e criteri di valutazione dell'offerta, di origine comunitaria, secondo cui non era lecito prendere in considerazione, ai fini della valutazione dei contenuti qualitativi dell'offerta, un elemento relativo al profilo soggettivo dei concorrenti).
Nel regime in vigore, i requisiti di natura soggettiva possono essere introdotti nella valutazione delle offerte quando permettono di valutarne meglio il contenuto e l'affidabilità o per premiare il concorrente che presenta requisiti ritenuti particolarmente meritevoli.

20) A. L'aggiudicazione è l'atto finale con il quale, sulla base delle risultanze di gara, è proclamato il vincitore. Successivamente, la proposta di aggiudicazione è soggetta ad approvazione dell'organo competente secondo l'ordinamento delle Amministrazioni aggiudicatrici e nel rispetto dei termini previsti dai singoli ordinamenti (termini che possono essere interrotti dalla richiesta di chiarimenti o documenti). In tale fase, la stazione appaltante provvede a verificare l'attività svolta nella procedura di gara e la sua regolarità.
Decorsi i termini previsti dai singoli ordinamenti o, in mancanza, quello di 30 giorni, la proposta di aggiudicazione si intende approvata e la stipulazione del contratto di appalto o di concessione ha luogo entro i successivi 60 giorni, salvo diverso termine previsto nel bando o nell'invito ad offrire, oppure nei casi di differimento espressamente concordato con l'aggiudicatario.

21) D. L'esecuzione del contratto è diretta dal Responsabile Unico del Procedimento (RUP), che controlla i livelli di qualità delle prestazioni e che si avvale, quando non ricopre direttamente tale incarico, del direttore dell'esecuzione (art. 101 D.Lgs. 50/2016). Quest'ultimo riceve dal RUP le disposizioni di servizio per garantire la regolarità dell'esecuzione del contratto (art. 16 D.M. 7-3-2018, n. 49, recante l'approvazione delle linee guida sulle modalità di svolgimento delle funzioni di direttore dei lavori e direttore dell'esecuzione).
L'art. 111, co. 2, D.Lgs. 50/2016 enuncia, in linea generale, i compiti del direttore dell'esecuzione, individuandoli nel coordinamento, nella direzione e nel controllo tecnico-contabile dell'esecuzione del contratto stipulato dalla stazione appaltante, in modo da assicurarne la regolare esecuzione.
Eventuali modifiche o varianti dei contratti di appalto in corso di validità devono essere autorizzate dal RUP con le modalità previste dall'ordinamento della stazione appaltante da cui il RUP dipende.

22) D. Al termine dell'esecuzione, occorre certificare che l'oggetto del contratto in termini di prestazioni, obiettivi e caratteristiche tecniche, economiche e qualitative sia stato realizzato ed eseguito nel rispetto delle previsioni e pattuizioni: l'art. 102 D.Lgs. 50/2016 prescrive quindi che i contratti per i lavori sono soggetti a collaudo, mentre i contratti per servizi e forniture sono sottoposti a verifica di conformità. Il collaudo finale o la verifica di conformità deve aver luogo non oltre 6 mesi dall'ultimazione dei lavori o delle prestazioni, salvi i casi di particolare complessità, per i quali il termine può essere elevato fino ad un anno.
Il certificato di collaudo o il certificato di verifica di conformità ha carattere provvisorio e assume carattere definitivo decorsi 2 anni dalla sua emissione. Decorso tale termine, il collaudo si intende tacitamente approvato ancorché l'atto formale di approvazione non sia stato emesso entro 2 mesi dalla scadenza del medesimo termine.

23) B. I lavori pubblici possono essere oggetto di modifiche in corso di esecuzione, a seguito delle quali l'imprenditore può iscrivere le proprie riserve sui documenti contabili. Quando ciò si verifica, il direttore dei lavori segnala le riserve al Responsabile Unico del Procedimento (RUP) che, se ne sussistono le condizioni, può avviare procedura di accordo bonario, disciplinata dall'art. 205 D.Lgs. 50/2016.
Si tratta di una procedura stragiudiziale di composizione della lite che permette alle parti di raggiungere un'intesa quando, a seguito della formulazione di riserve da parte dell'impresa esecutrice dell'appalto, l'importo economico dell'opera può essere oggetto di una variazione compresa fra il 5% e il 15% dell'importo contrattuale.
La procedura deve essere attivata prima dell'approvazione del certificato di collaudo ovvero del certificato di verifica di conformità o del certificato di regolare esecuzione. Essa riguarda tutte le riserve iscritte fino al momento della sua attivazione e può essere reiterata quando le riserve iscritte, ulteriori e diverse rispetto a quelle già esaminate, raggiungano nuovamente l'importo sopra indicato, nell'ambito comunque di un limite massimo complessivo del 15% dell'importo del contratto. Le domande che fanno valere pretese già oggetto di riserva non possono essere proposte per importi maggiori rispetto a quelli quantificati nelle riserve stesse. Non possono essere oggetto di riserva gli aspetti progettuali che sono stati oggetto di verifica.

Il RUP effettua una serie di valutazioni relativamente alle riserve iscritte, valutandone l'ammissibilità e la non manifesta infondatezza, ai fini dell'effettivo raggiungimento del limite di valore fissato fra il 5% e il 15%.

La questione è quindi rimessa ad un esperto scelto dalle controparti o, in caso di mancata intesa, dalla Camera arbitrale. L'impresa, in caso di rifiuto della proposta di accordo bonario, ovvero di inutile decorso del termine per l'accettazione, può instaurare un contenzioso giudiziario entro i successivi 60 giorni, a pena di decadenza.

24) C. L'art. 133, co. 1, lett. *e*), D.Lgs. 104/2010 (Codice del processo amministrativo) affida alla giurisdizione esclusiva del giudice amministrativo tutte le controversie, incluse quelle risarcitorie, relative alle procedure di affidamento di contratti pubblici di lavori, servizi, forniture, sia sopra che sotto soglia europea, sia nei settori ordinari che in quelli speciali, quale che sia la tipologia contrattuale utilizzata (appalto o concessione). Le Sezioni Unite Civili della Corte di Cassazione, nell'ordinanza 5 ottobre 2018, n. 24411, hanno precisato che la giurisdizione esclusiva del giudice amministrativo sussiste sulle controversie relative alla sola fase procedimentale, cioè dall'inizio della procedura fino all'aggiudicazione definitiva, estendendosi a qualsiasi provvedimento, atto, accordo e comportamento tenuto entro quel lasso temporale e, in ogni caso, a eventuali provvedimenti di annullamento d'ufficio dell'aggiudicazione definitiva o comunque previsti da norme di legge, in quanto direttamente incidenti sulla stessa genesi dell'aggiudicazione all'atto della sua effettuazione e, dunque, riconducibili alla relativa procedura; per converso, nella fase successiva all'aggiudicazione definitiva, e fino alla conclusione del contratto, si applica il criterio di riparto ordinario imperniato sulla tradizionale distinzione fra diritto soggettivo e interesse legittimo, dovendosi affermare la sussistenza della giurisdizione ordinaria o di quella amministrativa secondo che la domanda sia diretta a tutelare, sotto il profilo del *petitum* sostanziale, una posizione dell'una o dell'altra natura; infine, dopo la conclusione del contratto, la giurisdizione appartiene al giudice ordinario, salvi l'annullamento o la revoca dell'aggiudicazione pregressa, sussistendo sul provvedimento nel primo caso la giurisdizione esclusiva del giudice amministrativo e nel secondo la sua giurisdizione di legittimità.

25) D. L'art. 23 D.Lgs. 50/2016 prevede che la progettazione in materia di lavori pubblici sia articolata, secondo tre livelli di successivi approfondimenti tecnici, in *progetto di fattibilità tecnica ed economica, progetto definitivo* e *progetto esecutivo*.

Le prestazioni relative alla progettazione possono essere espletate da dipendenti pubblici (*progettazione interna*) o affidate a soggetti esterni alla Pubblica Amministrazione (*progettazione esterna*), previa procedura di evidenza pubblica.

Per la progettazione di lavori di particolare rilevanza sotto il profilo architettonico, ambientale, paesaggistico, agronomico e forestale, storico-artistico, conservativo, nonché tecnologico, le stazioni appaltanti ricorrono alle professionalità interne, purché in possesso di idonea competenza nelle materie oggetto del progetto, o utilizzano la procedura del concorso di progettazione o del concorso di idee.

Questionario 3
Il partenariato pubblico-privato

1) **Si inquadrano nel fenomeno del partenariato pubblico-privato:**
   A. la concessione di costruzione e gestione, la concessione di servizi e la locazione finanziaria di opere pubbliche
   B. la concessione di costruzione e gestione e la locazione finanziaria di opere pubbliche, ma non la concessione di servizi
   C. la concessione di costruzione e gestione e di servizi, ma non la locazione finanziaria di opere pubbliche
   D. la finanza di progetto e la locazione finanziaria, ma non la concessione di servizi

2) **Le concessioni ultraquinquennali devono avere:**
   A. durata massima non superiore a 15 anni
   B. durata minima non inferiore a 10 anni e comunque al tempo necessario per il recupero degli investimenti da parte del concessionario
   C. durata massima non superiore al tempo necessario per il recupero degli investimenti da parte del concessionario
   D. durata minima non inferiore a 5 anni

3) **Secondo la normativa contenuta nel Codice dei contratti pubblici, le concessioni sono contratti caratterizzati:**
   A. dalla condivisione del rischio operativo fra l'Amministrazione concedente e il concessionario
   B. dal mancato trasferimento del rischio operativo in capo al concessionario
   C. dalla mancata incidenza delle variazioni del mercato sul valore degli investimenti
   D. dal trasferimento del rischio operativo in capo al concessionario

4) **Caratteristica essenziale del *project financing* è che:**
   A. i costi necessari alla progettazione ed esecuzione dei lavori gravano sui soggetti promotori o aggiudicatari
   B. i costi necessari alla progettazione ed esecuzione dei lavori gravano sui soggetti concessionari
   C. i costi necessari alla progettazione ed esecuzione dei lavori gravano in eguale misura sui soggetti promotori e concessionari
   D. il diritto di gestione funzionale e sfruttamento economico delle opere realizzate spetta ai soggetti concessionari

5) **Qual è l'importo massimo del contributo in corso d'opera che può essere riconosciuto all'affidatario di un contratto di disponibilità?**
   A. 30 per cento del costo di costruzione
   B. 45 per cento del costo di costruzione

C. 60 per cento del costo di costruzione
D. 50 per cento del costo di costruzione

6) **La disciplina del general contractor affida al soggetto aggiudicatore:**
   A. la predisposizione del progetto esecutivo
   B. la nomina del direttore dei lavori e dei collaudatori
   C. l'individuazione, ove richiesto, delle modalità gestionali dell'opera e di selezione dei soggetti gestori
   D. il prefinanziamento dell'opera da realizzare

7) **Tra i parametri alla cui stregua le stazioni appaltanti conseguono la qualificazione che permette di inserirle nell'elenco costituito in seno all'ANAC sono inclusi:**
   A. gli ambiti di attività e i bacini territoriali
   B. i bacini territoriali e le fasce d'importo, ma non gli ambiti di attività
   C. gli ambiti di attività e la tipologia contrattuale, ma non i bacini territoriali
   D. la tipologia e la complessità del contratto, ma non le fasce d'importo

8) **Si definisce centrale di committenza, l'Amministrazione aggiudicatrice o l'ente aggiudicatore che:**
   A. fornisce attività di centralizzazione delle committenze, ma non attività di committenza ausiliarie
   B. fornisce attività di committenza ausiliarie, ma non di centralizzazione delle committenze
   C. fornisce attività di centralizzazione delle committenze e, se del caso, attività di committenza ausiliarie
   D. promuove l'associazione fra due o più enti, finalizzata all'attuazione di un progetto o di una serie di progetti

9) **Non possono essere oggetto di aste elettroniche:**
   A. gli appalti da aggiudicare al prezzo più basso
   B. gli appalti da aggiudicare con il criterio dell'offerta economicamente più vantaggiosa
   C. gli appalti di servizi e lavori che hanno per oggetto prestazioni intellettuali
   D. gli appalti da aggiudicare con procedura negoziata senza pubblicazione del bando di gara

10) **Si può ricorrere al Mercato Elettronico della Pubblica Amministrazione (MEPA), quale strumento approvvigionamento telematico gestito dalla Consip:**
    A. per acquisti che richiedono un confronto competitivo
    B. per acquisti che non presuppongono una negoziazione
    C. per acquisti che non richiedono un confronto competitivo o che presuppongono una negoziazione
    D. per acquisti sopra la soglia europea

Risposte commentate
Il partenariato pubblico-privato

1) A. L'art. 3, co. 1, lett. *eee*), D.Lgs. 50/2016 definisce il partenariato pubblico privato come il contratto a titolo oneroso stipulato per iscritto con il quale una o più stazioni appaltanti conferiscono ad uno o più operatori economici, per un periodo determinato in funzione della durata dell'ammortamento dell'investimento o delle modalità di finanziamento fissate, un complesso di attività consistenti nella realizzazione, trasformazione, manutenzione e gestione operativa di un'opera in cambio della sua disponibilità, o del suo sfruttamento economico, o della fornitura di un servizio connesso all'utilizzo dell'opera stessa, con assunzione di rischio da parte dell'operatore, secondo modalità individuate nel contratto.
Il fenomeno, disciplinato nel Titolo I della Parte IV del Codice (artt. 180-191), si è sviluppato in molti settori nel corso dell'ultimo decennio perché permette al settore pubblico di reperire risorse finanziarie private e contemporaneamente di beneficiare del *know-how* e dei metodi di funzionamento del settore privato nel quadro della vita pubblica.
Vi rientrano la finanza di progetto (*project financing*), la concessione di costruzione e gestione, la concessione di servizi, la locazione finanziaria di opere pubbliche, il contratto di disponibilità e qualunque altra procedura di realizzazione in partenariato di opere o servizi che presentino le caratteristiche suddette.

2) C. L'art. 168 D.Lgs. 50/2016, sulla base di quanto stabilisce l'art. 18 della direttiva 2014/23/UE, prevede una durata massima limitata delle concessioni, che è determinata nel bando di gara dall'Amministrazione aggiudicatrice o dall'ente aggiudicatore in funzione dei lavori o servizi richiesti al concessionario. Rispetto al testo della direttiva, peraltro, si prevede che la durata sia commisurata al valore della concessione, nonché alla complessità organizzativa del suo oggetto.
Per le concessioni *ultraquinquennali*, la durata massima della concessione non può essere superiore al periodo di tempo necessario al recupero degli investimenti da parte del concessionario, individuato sulla base di criteri di ragionevolezza, insieme ad una remunerazione del capitale investito, tenuto conto degli investimenti necessari per conseguire gli obiettivi contrattuali specifici come risultante dal piano economico-finanziario.
Gli investimenti presi in considerazione ai fini del calcolo comprendono quelli effettivamente sostenuti dal concessionario, sia quelli iniziali sia quelli in corso di concessione.

3) D. A termini dell'art. 3, co. 1, lett. zz), D.Lgs. 50/2016, il *rischio operativo* è il rischio legato alla gestione dei lavori o dei servizi sul lato della domanda o sul lato dell'offerta o di entrambi, trasferito all'operatore economico.
Il rischio trasferito al concessionario è riferito alla possibilità che le variazioni del mercato incidano sull'equilibrio del piano economico finanziario (art. 165, D.Lgs. 50/2016).

Sotto il profilo finanziario, si segnala in particolare:
> che le variazioni devono essere, in ogni caso, in grado di incidere significativamente sul valore attuale netto dell'insieme degli investimenti, dei costi e dei ricavi del concessionario;
> che l'equilibrio economico finanziario rappresenta il presupposto per una corretta allocazione dei rischi e che, ai soli fini del raggiungimento del predetto equilibrio, in sede di gara l'Amministrazione aggiudicatrice può stabilire anche un prezzo consistente in un contributo pubblico ovvero nella cessione di beni immobili;
> che l'eventuale riconoscimento del prezzo, sommato al valore di eventuali garanzie pubbliche o di ulteriori meccanismi di finanziamento a carico della Pubblica Amministrazione, non può essere superiore al 50% del costo dell'investimento complessivo, comprensivo di eventuali oneri finanziari;
> che la sottoscrizione del contratto di concessione è condizionata alla presentazione del contratto di finanziamento.

4) A. Si tratta di una particolare tipologia di concessione di lavori, disciplinata dall'art. 183 D.Lgs. 50/2016, che prevede due procedure: l'una attivata su iniziativa delle Amministrazioni aggiudicatrici per lavori inclusi nella programmazione formalmente approvata sulla base della normativa vigente (co. 1-14) e l'altra su iniziativa privata per lavori non inclusi nella programmazione (co. 15-20).
Nella prima procedura, le Amministrazioni aggiudicatrici affidano la concessione ponendo a base di gara il progetto di fattibilità, mediante pubblicazione di un bando finalizzato alla presentazione di offerte che contemplino l'utilizzo di risorse totalmente o parzialmente a carico dei soggetti proponenti. Nella seconda procedura, gli operatori economici presentano alle Amministrazioni aggiudicatrici proposte relative alla realizzazione in concessione di lavori pubblici o di lavori di pubblica utilità non presenti negli strumenti di programmazione.
Dopo l'aggiudicazione, il soggetto aggiudicatario può costituire una società di progetto in forma di società per azioni o a responsabilità limitata, anche consortile, che consente di separare i rapporti giuridici conseguenti ad un progetto rispetto all'attività ordinaria dei soggetti coinvolti.

5) D. Sono affidate mediante contratto di disponibilità, a rischio e spese dell'affidatario, la costruzione e la messa a disposizione a favore dell'Amministrazione aggiudicatrice di un'opera di proprietà privata destinata all'esercizio di un pubblico servizio, a fronte di un corrispettivo.
A termini dell'art. 188, co. 1, D.Lgs. 50/216, l'affidatario può essere retribuito con i seguenti corrispettivi:
> un canone di disponibilità, da versare soltanto in corrispondenza all'effettiva disponibilità dell'opera;
> l'eventuale riconoscimento di un contributo in corso d'opera, comunque non superiore al 50% del costo di costruzione, in caso di trasferimento della proprietà dell'opera all'Amministrazione aggiudicatrice;
> un eventuale prezzo di trasferimento, parametrato, in relazione ai canoni già versati e all'eventuale contributo in corso d'opera, al valore di mercato residuo dell'opera.
Il canone di disponibilità è proporzionalmente ridotto o annullato nei periodi di ridotta o nulla disponibilità dell'opera per manutenzione, vizi o qualsiasi motivo non

rientrante fra i rischi a carico dell'Amministrazione aggiudicatrice.
In quanto al prezzo di trasferimento, esso è corrisposto al termine del contratto, in caso di trasferimento della proprietà dell'opera all'Amministrazione aggiudicatrice.

6) B. Disciplinato dall'art. 194 D.Lgs. 50/2016, l'istituto del *general contractor* consente al soggetto aggiudicatore di affidare ad un soggetto dotato di adeguata capacità organizzativa, tecnico-realizzativa e finanziaria la realizzazione con qualsiasi mezzo dell'opera, nel rispetto delle esigenze specificate nel progetto redatto dallo stesso soggetto aggiudicatore e posto a base di gara, a fronte di un corrispettivo pagato in tutto o in parte dopo l'ultimazione dei lavori.
La scelta di aggiudicare mediante affidamento al *general contractor* deve essere motivata dalla stazione appaltante in ragione della complessità e di altre esigenze al fine di garantire un elevato livello di qualità, sicurezza ed economicità. A base di gara deve essere posto il progetto definitivo e l'aggiudicazione dei contratti deve avvenire secondo il criterio dell'offerta economicamente più vantaggiosa.
La nomina del direttore dei lavori e dei collaudatori spetta al soggetto aggiudicatore, il quale deve assicurare un costante monitoraggio dei lavori anche tramite un comitato permanente costituito da suoi rappresentanti e rappresentanti del contraente generale.

7) A. L'art. 38 D.Lgs. 50/2016 prevede la costituzione, in seno all'Autorità Nazionale Anticorruzione (ANAC) di un apposito elenco delle stazioni appaltanti qualificate, di cui fanno parte anche le centrali di committenza.
La qualificazione è conseguita dalle stazioni appaltanti in rapporto agli ambiti di attività, ai bacini territoriali, alla tipologia e alla complessità del contratto e per fasce d'importo.
Ai sensi dell'art. 37, co. 1, solo le stazioni appaltanti in possesso della necessaria qualificazione possono effettuare procedure relative all'acquisizione di forniture e servizi di importo superiore a 40.000 euro e di lavori di importo superiore a 150.000 euro.

8) C. L'art. 3, co. 1, lett. *i*), D.Lgs. 50/2016 definisce la centrale di committenza come un'Amministrazione aggiudicatrice o un ente aggiudicatore che fornisce attività di:
- centralizzazione delle committenze, ovvero un'attività svolta su base permanente relativa all'acquisizione di forniture o servizi destinati a stazioni appaltanti e/o all'aggiudicazione di appalti o alla conclusione di accordi quadro per lavori, forniture o servizi destinati a stazioni appaltanti;
- committenza ausiliaria, ovvero una prestazione di supporto alle attività di committenza (messa a disposizione di infrastrutture tecniche, consulenze, preparazione e gestione delle procedure di appalto in nome e per conto della stazione appaltante interessata).

La centrale di committenza, dunque, consente di aggregare la domanda, permettendo di ottenere, oltre che migliori condizioni sul mercato, una riduzione dei costi di gestione legati allo svolgimento delle gare. È inoltre opinione diffusa che la riduzione del numero delle stazioni appaltanti costituisca uno strumento di prevenzione della lotta alla corruzione. In questa ottica, e anche per esigenze di riduzione della spesa pubblica, il D.L. 66/2014 (convertito dalla L. 89/2014) ha istituito, presso l'Autorità Nazionale Anticorruzione, un elenco di soggetti aggregatori qualificati, aggiornato con cadenza triennale.

9) C. L'asta elettronica non è una procedura di aggiudicazione ma, più propriamente, una modalità di valutazione e selezione delle offerte ed è applicabile a tutte le procedure di aggiudicazione previste dal Codice (procedure aperte, ristrette, negoziate con bando, accordo quadro e sistema dinamico di acquisizione).
Può essere utilizzata sia quando l'appalto debba essere aggiudicato al prezzo più basso, sia quando il criterio utilizzato è quello dell'offerta economicamente più vantaggiosa. In ogni caso, la valutazione delle offerte deve essere effettuata sulla base di elementi quantificabili, espressi in cifre o in percentuali, così da permettere una valutazione automatizzata con strumenti elettronici, senza intervento da parte dell'Amministrazione aggiudicatrice.
Gli appalti di servizi e lavori che hanno per oggetto prestazioni intellettuali, come la progettazione dei lavori, che non possono essere classificati in base ad un trattamento automatico, non possono essere oggetto di aste elettroniche.

10) C. Il Mercato Elettronico della Pubblica Amministrazione (MEPA) è uno strumento elettronico mediante il quale le stazioni appaltanti possono effettuare acquisti di forniture e servizi sotto la soglia europea. Si tratta di un mercato virtuale disponibile unicamente attraverso la rete telematica, che favorisce l'incontro fra domanda e offerta.
Il MEPA è stato istituito dalla Consip grazie al D.P.R. 101/2002 (poi abrogato dal D.P.R. 207/2010) che ha introdotto la disciplina del mercato elettronico nel nostro ordinamento. A seguito dei diversi provvedimenti che hanno incentivato la costituzione delle centrali di committenza, oltre alla Consip altre centrali di committenza hanno sviluppato un proprio mercato elettronico. Tutti i mercati, comunque, presentano caratteristiche comuni: gestione da parte di una centrale di committenza; utilizzabilità solo per affidamenti sotto soglia; utilizzabilità per acquisti che non richiedono un confronto competitivo ovvero che presuppongono una negoziazione.

Libro V

Contabilità di Stato e degli enti pubblici

SOMMARIO

Questionario 1	Le fonti normative
Questionario 2	I bilanci dello Stato
Questionario 3	Il sistema dei controlli
Questionario 4	L'ordinamento contabile degli enti pubblici istituzionali

Questionario 1
Le fonti normative

1) **Il principio dell'annualità del bilancio dello Stato è sancito da una norma costituzionale?**
   A. Sì, dall'art. 119 della Costituzione
   B. No, nessuna norma della Costituzione prevede un tale principio per il bilancio dello Stato
   C. Sì, dall'art. 81 della Costituzione
   D. No, si tratta di un principio valido solo per i bilanci degli altri enti pubblici

2) **Come è definito il bilancio che registra l'ammontare delle entrate da accertare e delle spese da impegnare?**
   A. Il bilancio di previsione
   B. Il bilancio di competenza
   C. Il bilancio di cassa
   D. Il bilancio finanziario

3) **Le entrate delle aziende pubbliche di erogazione sono:**
   A. entrate proprie e derivate
   B. esclusivamente entrate proprie
   C. esclusivamente entrate derivate
   D. esclusivamente trasferimenti

4) **La legge 196/2009 detta norme in materia di:**
   A. appalti e concessioni
   B. contabilità e finanza pubblica
   C. gestione dei fondi comunitari
   D. pareggio di bilancio

5) **Secondo il SEC 95 (Sistema europeo dei conti) aggiornato nel 2010 le Amministrazioni pubbliche sono distinte in settori. Quali?**
   A. Settore statale e pubblico
   B. Settore statale
   C. Settore pubblico allargato e ristretto
   D. Settore centrale, locale ed enti di previdenza ed assistenza sociale

6) **La contabilità pubblica ha ad oggetto l'attività finanziaria che precede o che segue i distinti interventi di settore, ricomprendendo, in particolare, la disciplina dei bilanci e i relativi equilibri, l'acquisizione delle entrate, l'organizzazione finanziaria-contabile, la disciplina del patrimonio, la gestione delle spese, l'indebitamento, la rendicontazione e i relativi controlli. Tale definizione è stata elaborata:**
   A. dalla Corte dei conti

B. dalla dottrina
C. dalla giurisprudenza amministrativa
D. dalla Corte costituzionale

7) **Il cosiddetto principio del pareggio di bilancio è sancito:**
   A. dalla legge 196/2009
   B. dall'articolo 81 della Costituzione
   C. dall'articolo 100 della Costituzione
   D. dall'articolo 119 della Costituzione

8) **Il principio del pareggio di bilancio previsto dalla Costituzione:**
   A. è relativo al saldo nominale di bilancio
   B. è relativo al saldo reale di bilancio
   C. non tiene conto delle fasi avverse e delle fasi favorevoli del ciclo economico
   D. tiene conto delle fasi avverse e delle fasi favorevoli del ciclo economico

9) **Ai sensi della L. 243/2012 (art. 2), il saldo netto da finanziare è:**
   A. il risultato differenziale tra le entrate tributarie, extratributarie, da alienazione e ammortamento di beni patrimoniali e da riscossione di crediti e le spese correnti e in conto capitale
   B. il totale delle entrate tributarie dello Stato
   C. il valore del saldo strutturale individuato sulla base dei criteri stabiliti dall'ordinamento dell'Unione europea
   D. nessuna delle alternative è corretta

10) **L'obiettivo di medio termine nell'ambito del bilancio dello Stato corrisponde:**
    A. al risultato differenziale tra le entrate tributarie, extratributarie, da alienazione e ammortamento di beni patrimoniali e da riscossione di crediti e le spese correnti e in conto capitale
    B. all'indebitamento netto o l'accreditamento netto come definiti ai fini della procedura per i disavanzi eccessivi di cui al Trattato sul funzionamento dell'Unione europea
    C. al valore del saldo strutturale individuato sulla base dei criteri stabiliti dall'ordinamento dell'Unione europea
    D. nessuna delle alternative è corretta

11) **Ai sensi dell'articolo 81, comma 2, della Costituzione l'indebitamento:**
    A. non è mai consentito
    B. è sempre consentito
    C. è consentito solo nei periodi di espansione economica
    D. è consentito solo al fine di considerare gli effetti del ciclo economico e al verificarsi di eventi eccezionali

12) **L'art. 6 della L. 243/2012 (di attuazione della L. cost. 1/2012) specifica quali eventi eccezionali consentano il ricorso all'indebitamento. La norma, fra le altre ipotesi, elenca:**
    A. gli eventi temporanei di durata al massimo biennale

B. gli eventi eccezionali riconosciuti con DPCM
C. gli eventi straordinari riconosciuti con decreto legge
D. i periodi di grave recessione economica relativi anche all'area dell'euro o all'intera Unione europea

13) **Ai sensi della L. 243/2012 il Governo, qualora, al fine di fronteggiare un evento eccezionale, ritenga indispensabile discostarsi temporaneamente dall'obiettivo programmatico, adotta una serie di misure. Quale delle seguenti NON è prevista dalla L. 243/2012?**
A. Presenta alle Camere, per le conseguenti deliberazioni parlamentari, una relazione con cui aggiorna gli obiettivi programmatici di finanza pubblica
B. Presenta alle Camere una specifica richiesta di autorizzazione che indichi la misura e la durata dello scostamento, stabilisca le finalità alle quali destinare le risorse disponibili in conseguenza dello stesso e definisca il piano di rientro verso l'obiettivo programmatico
C. Adotta un apposito decreto legislativo
D. Sente la Commissione europea

14) **L'esercizio provvisorio previsto dall'articolo 81 della Costituzione:**
A. è concesso con decreto legge
B. è concesso con DPCM
C. è automaticamente operante in base alla Costituzione
D. è concesso per legge e per periodi non superiori complessivamente a quattro mesi

15) **L'articolo 97 della Costituzione prevede che:**
A. le pubbliche amministrazioni si indebitino solo in casi straordinari
B. le pubbliche amministrazioni, in coerenza con l'ordinamento dell'Unione europea, assicurano l'equilibrio dei bilanci e la sostenibilità del debito pubblico
C. solo la pubblica amministrazione centrale sia in equilibrio di bilancio
D. gli enti territoriali si indebitino solo in casi eccezionali

16) **L'OMT (obiettivo di medio termine):**
A. è un valore che varia da Paese a Paese e che corrisponde ad un risultato di bilancio tale garantire un margine di sicurezza rispetto alla soglia del 3 per cento del PIL stabilito dal Trattato e assicurare la sostenibilità delle finanze pubbliche
B. è un valore che corrisponde al pareggio nominale di Bilancio
C. è un valore che corrisponde ad un disavanzo nominale di bilancio pari all'1%
D. nessuna delle alternative è corretta

17) **I Paesi firmatari del *Fiscal Compact* si sono impegnati a rispettare la regola secondo cui il saldo strutturale annuo della pubblica amministrazione è pari all'obiettivo di medio termine specifico per il Paese con il seguente linite minimo:**

A. -2% del PIL
B. pareggio di bilancio nominale
C. -0,5 per cento del PIL
D. 1% del PIL

18) **Il cosiddetto *Fiscal compact* (Trattato sulla Stabilità, sul coordinamento e sulla *governance* nell'unione economica e monetaria) è:**
A. un regolamento dell'Unione europea
B. una direttiva dell'Unione europea
C. un trattato internazionale concluso tra alcuni Stati membri al di fuori dell'ordinamento giuridico dell'UE
D. una decisione della Commissione europea

19) **La materia "armonizzazione dei bilanci pubblici", ai sensi dell'art. 117 Cost., rientra:**
A. nelle competenze concorrenti ex articolo 117, 3° comma della Costituzione
B. nelle competenze esclusive dello Stato ex articolo 117, 2° comma della Costituzione
C. nelle competenze residuali delle Regioni ex articolo 117, 4° comma della Costituzione
D. nelle competenze esclusive delle Regioni

20) **Secondo l'articolo 119 della Costituzione:**
A. i Comuni, le Province, le Città metropolitane e le Regioni hanno autonomia finanziaria di entrata e di spesa, nel rispetto dell'equilibrio dei relativi bilanci, ma non sono tenuti ad assicurare l'osservanza dei vincoli economici e finanziari derivanti dall'ordinamento dell'Unione europea
B. i Comuni, le Province, le Città metropolitane e le Regioni hanno autonomia finanziaria di entrata e di spesa, nel rispetto dell'equilibrio dei relativi bilanci e concorrono ad assicurare l'osservanza dei vincoli economici e finanziari derivanti dall'ordinamento dell'Unione europea.
C. gli enti locali godono esclusivamente di autonomia di spesa
D. gli enti locali godono esclusivamente di autonomia di entrata

21) **Secondo l'articolo 119, comma 7, della Costituzione:**
A. i Comuni, le Province, le Città metropolitane e le Regioni hanno un proprio patrimonio disciplinato da legge costituzionale
B. I Comuni, le Province, le Città metropolitane e le Regioni hanno un proprio patrimonio disciplinato da legge regionale
C. I Comuni, le Province, le Città metropolitane e le Regioni hanno un proprio patrimonio, attribuito secondo i princìpi generali determinati dalla legge dello Stato
D. i Comuni, le Province, le Città metropolitane e le Regioni non hanno un proprio patrimonio

22) **Ai sensi dell'articolo 119 della Costituzione, i Comuni, le Province, le Città metropolitane e le Regioni:**
    A. possono ricorrere all'indebitamento solo per finanziare spese di investimento
    B. non possono indebitarsi
    C. posso indebitarsi per spese correnti
    D. possono indebitarsi secondo quanto previsto da apposita legge di contabilità

23) **IPSAS è l'acronimo di:**
    A. Italian Public Sector Accounting Standards
    B. International Public Sector Accounting Standards
    C. International Private and Statal Accounting Standards
    D. Italian Private and Statal Accounting Standards

24) **L'adesione agli IPSAS è:**
    A. Volontaria
    B. Obbligatoria per tutte le amministrazioni pubbliche
    C. Obbligatoria per tutte le amministrazioni pubbliche a partire dal 2012
    D. Obbligatoria per tutte le amministrazioni pubbliche a partire dal 2022

25) **Fra i principi fondamentali in materia di bilancio pubblico, cosa rappresenta il principio di unità?**
    A. Il principio secondo cui il bilancio è un documento unico, contenente tutti i movimenti finanziari previsti nel corso dell'anno
    B. Il principio secondo cui deve essere sempre garantita la pubblicità per tutte le operazioni finanziarie pubbliche
    C. Il principio secondo cui tutti i contribuenti universalmente e senza discriminazioni, devono regolarizzare la propria posizione contributiva e fiscale
    D. Il principio secondo cui il bilancio è un documento unico, formale, analitico ed esteso, comprensivo di tutti i movimenti finanziari previsti per l'anno finanziario a venire

26) **Le entrate dello Stato sono costituite di tutti i redditi, proventi e crediti di qualsiasi natura che lo Stato ha il diritto di riscuotere in virtù di leggi, decreti regolamenti, o altri titoli. Tutte, le entrate dello Stato debbono essere inscritte nel bilancio di previsione....». Questa formulazione si riferisce al principio...**
    A. dell'universalità del bilancio
    B. della veridicità del bilancio
    C. dell'unicità del bilancio
    D. della chiarezza del bilancio

27) **Cosa comporta il principio del "true and fair view"?**
    A. I dati di bilancio devono avvicinarsi quanto più possibile alla reale situazione finanziaria
    B. I dati contabili devono rappresentare le reali condizioni delle operazioni di gestione di natura economica, patrimoniale e finanziaria
    C. Il dirigente titolare del centro di responsabilità amministrativa deve agire secondo il principio di trasparenza

D. La veridicità e l'attinenza dei dati contabili non possono mai essere del tutto aderenti alla reale situazione finanziaria del paese, essendo quest'ultima un fenomeno in continua variazione

28) **Cos'è il semestre europeo?**
   A. Una procedura organica volta al coordinamento ex ante delle politiche economiche e di bilancio degli Stati membri
   B. Una procedura semplificata diretta al coordinamento ex post delle politiche economiche e di bilancio degli Stati membri
   C. Una procedura semplificata diretta alla ridefinizione delle politiche economiche e di bilancio degli Stati membri
   D. Un accordo mediante il quale gli Stati membri più forti economicamente si impegnano in particolari operazioni di mercato

29) **Quale norma introdusse nell'ordinamento italiano la legge finanziaria?**
   A. la legge 3/12/2009, n.5
   B. la legge 23/08/988, n362
   C. la legge 5/08/1978, n.468
   D. la legge 31/12/2009, n.196

30) **Il regolamento per l'amministrazione del patrimonio e sulla contabilità generale dello Stato, insieme alla legge di contabilità generale dello Stato regola il sistema positivo per la contabilità generale dello Stato ed è stato approvato con...**
   A. R.D. 19/01/1923, n.94
   B. R.D. 18/11/1923, n.2440
   C. L. 25/6/1999, n.208
   D. R.D. 23/5/1924, n.827

31) **Gli enti soggetti alle norme di contabilità pubblica:**
   A. sono le amministrazioni pubbliche elencate in apposito elenco redatto ogni anno dall'ISTAT
   B. sono quelli di cui all'art. 1, comma 2 della legge 165 del 2001
   C. sono quelli di cui all'art. 1, comma 2 del decreto legislativo 165 del 2001
   D. sono le amministrazioni pubbliche centrali e gli enti territoriali

32) **Norme per l'armonizzazione dei sistemi contabili degli enti pubblici istituzionali sono dettate:**
   A. dal decreto legislativo n. 118 del 2011
   B. dal decreto legislativo n. 91 del 2011
   C. dal decreto legislativo n. 124 del 2014
   D. dal decreto legislativo n. 18 del 2012

33) **Norme per l'armonizzazione dei sistemi contabili degli enti territoriali sono dettate:**
   A. dal decreto legislativo n. 118 del 2011
   B. dal decreto legislativo n. 91 del 2011

C. dal decreto legislativo n. 124 del 2014
D. dal decreto legislativo n. 18 del 2012

34) **Secondo l'art. 81 della Costituzione, il ricorso all'indebitamento è consentito:**
   A. solo per il finanziamento degli investimenti
   B. solo al fine di considerare gli effetti del ciclo economico e al verificarsi di eventi eccezionali
   C. solo in casi eccezionali
   D. non è mai consentito

35) **L'art. 81, comma 3, Cost. prevede che:**
   A. l'esercizio provvisorio del bilancio non possa essere concesso se non per legge e per periodi non superiori complessivamente a quattro mesi
   B. le Camere approvino ogni anno i bilanci e il rendiconto consuntivo presentati dal Governo
   C. con la legge di approvazione del bilancio non si possono stabilire nuovi tributi e nuove spese
   D. ogni legge che importi nuovi o maggiori oneri provvede ai mezzi per farvi fronte

36) **L'art. 81, comma 4, Cost. afferma che:**
   A. ogni legge che importi nuove o maggiori spese deve indicare i mezzi per farvi fronte
   B. il Governo approva ogni anno con legge il bilancio
   C. le Camere approvano ogni anno il bilancio
   D. l'esercizio provvisorio del bilancio non può essere concesso se non per legge

37) **Ai sensi della L. 24 dicembre 2012, n. 243, art. 4, co. 4, è consentito il ricorso all'indebitamento per realizzare operazioni relative alle partite finanziarie?**
   A. No, mai
   B. No, fatto salvo quanto previsto dall'art. 6, co. 6
   C. Sì
   D. Nessuna delle altre risposte è corretta

38) **L'Ufficio parlamentare di bilancio predispone analisi e rapporti:**
   A. nessuna delle altre risposte è corretta
   B. anche su richiesta della Commissione europea
   C. anche su richiesta delle Commissioni parlamentari competenti in materia di finanza pubblica
   D. esclusivamente su richiesta delle Commissioni parlamentari competenti in materia di finanza pubblica

39) **I componenti dell'Ufficio parlamentare di bilancio possono essere revocati dall'incarico con decreto adottato:**
   A. d'intesa dai Presidenti del Senato e della Camera dei deputati, su proposta delle Commissioni parlamentari competenti in materia di finanza pubblica,

adottata a maggioranza assoluta dei componenti, secondo modalità stabilite dai Regolamenti parlamentari
B. d'intesa dai Presidenti del Senato e della Camera dei deputati, su proposta delle Commissioni parlamentari competenti in materia di finanza pubblica, adottata a maggioranza dei 4/5 dei componenti, secondo modalità stabilite dai Regolamenti parlamentari
C. d'intesa dai Presidenti del Senato e della Camera dei deputati, su proposta delle Commissioni parlamentari competenti in materia di finanza pubblica, adottata a maggioranza dei 2/3 dei componenti, secondo modalità stabilite dai Regolamenti parlamentari
D. nessuna delle altre risposte è corretta

40) **Ai sensi della L. 24 dicembre 2012, art. 3 co. 2. n. 243, l'equilibrio dei bilanci delle PP.AA. corrisponde all'obiettivo di:**
A. medio periodo
B. nessuna delle altre risposte è corretta
C. breve termine
D. medio termine

Risposte commentate
Le fonti normative

1) C. Il principio dell'annualità è sancito direttamente dalla Costituzione (art. 81: «Le Camere ogni anno approvano con legge il bilancio e il rendiconto consuntivo...»).
Nel mondo, quasi tutti i sistemi contabili considerano l'anno quale periodo di riferimento. Ciò in quanto tale lasso di tempo permette di considerare un quadro di riferimento temporale sufficientemente ampio per consentire di impostare una manovra di politica economica e contemporaneamente sottrarre tale momento di verifica e programmazione alle eccessive fluttuazioni che deriverebbero dal considerare unità di tempo più brevi (si pensi alle fluttuazioni delle entrate pubbliche in concomitanza delle scadenze fiscali).

2) B. In base alle modalità di redazione, il bilancio di previsione è redatto in due versioni, una di competenza e una di cassa:
> la redazione del bilancio in termini di competenza comporta che venga indicato l'ammontare delle entrate che si prevede di accertare e l'ammontare delle somme che si prevede di erogare nell'esercizio finanziario. In uno Stato di diritto, l'esigenza che l'organo esecutivo sia vincolato a non assumere impegni al di là della volontà dell'organo deliberativo, è stata una delle motivazioni fondamentali che ha fatto propendere per la redazione del bilancio dello Stato in termini di competenza;
> la redazione del bilancio in termini di cassa indica, viceversa, l'ammontare delle somme che si prevede di incassare e di quelle che si prevede di pagare nell'anno cui il bilancio si riferisce. Questa versione dà, evidentemente, un quadro più realistico del bilancio, ma la prima versione è importante per comprendere quanti crediti e quanti debiti matureranno, nel corso dell'esercizio finanziario, a favore o a carico del bilancio.

3) A. Secondo che le risorse siano autogenerate dall'azienda o acquisite da altri fonti, si distingue fra entrate proprie ed entrate derivate.

4) B. La legge del 31 dicembre 2009, n. 196 reca nell'intestazione "*Legge di contabilità e finanza pubblica*" e detta tra l'altro "principi di coordinamento, obiettivi di finanza pubblica e armonizzazione dei sistemi contabili".

5) D. Sulla base di una serie di criteri elaborati dal Sec95 (il Sistema Europeo dei Conti, aggiornato dal SEC 2010), l'ISTAT ha da tempo individuato 3 principali sottosettori all'interno del conto delle Amministrazioni pubbliche:
> *amministrazioni centrali*, sottosettore composto da organi amministrativi dello Stato ed enti centrali; vi rientrano la Presidenza del Consiglio dei Ministri e i Ministeri, gli organi costituzionali, le Agenzie fiscali, altri enti;
> *amministrazioni locali*, sottosettore che include le Regioni, gli enti locali, gli enti produttori di servizi sanitari, altri enti dell'amministrazione locale (università, comunità montane, camere di commercio, enti per il turismo, enti di sviluppo ecc.);

> *enti di previdenza e assistenza sociale*, sottosettore che raggruppa l'Inps, l'Inail e altri enti (Casse previdenziali aziendali, enti di previdenza di varie categorie professionali, le Casse previdenziali privatizzate ecc.).

6) A. La definizione è stata elaborata dalla Corte dei conti nell'ambito dell'Atto di indirizzo della Sezione delle Autonomie, Adunanza del 27 aprile 2004, chiamata a definire l'ambito della funzione consultiva prevista dall'art. 7, comma 8, della Legge 131/2003.

7) B. L'articolo 81 della Costituzione afferma che *"Lo Stato assicura l'equilibrio tra le entrate e le spese del proprio bilancio, tenendo conto delle fasi avverse e delle fasi favorevoli del ciclo economico."* L'art. 119, invece, impone a Regioni ed enti locali il *"rispetto dell'equilibrio dei relativi bilanci"*.

8) D. Secondo l'articolo 81 della Costituzione *"Lo Stato assicura l'equilibrio tra le entrate e le spese del proprio bilancio, tenendo conto delle fasi avverse e delle fasi favorevoli del ciclo economico"*.

9) A. L'articolo 2 della L. 243/2012 definisce il saldo netto da finanziare come *"il risultato differenziale tra le entrate tributarie, extratributarie, da alienazione e ammortamento di beni patrimoniali e da riscossione di crediti e le spese correnti e in conto capitale"*.

10) C. L'articolo 2 della L. 243/2012 definisce l'obiettivo di medio termine come il valore del saldo strutturale individuato sulla base dei criteri stabiliti dall'ordinamento dell'Unione europea.

11) D. L'articolo 81, comma 2, della Costituzione prevede che *"Il ricorso all'indebitamento è consentito solo al fine di considerare gli effetti del ciclo economico e, previa autorizzazione delle Camere adottata a maggioranza assoluta dei rispettivi componenti, al verificarsi di eventi eccezionali"*.

12) D. L'articolo 6 della L. 243/2012 prevede che *"Ai fini della presente legge, per eventi eccezionali, da individuare in coerenza con l'ordinamento dell'Unione europea, si intendono: a) periodi di grave recessione economica relativi anche all'area dell'euro o all'intera Unione europea; b) eventi straordinari, al di fuori del controllo dello Stato, ivi incluse le gravi crisi finanziarie nonché le gravi calamità naturali, con rilevanti ripercussioni sulla situazione finanziaria generale del Paese"*.

13) C. L'articolo 6 comma 3 della L. 243/2012 prevede che *"Il Governo, qualora, al fine di fronteggiare gli eventi di cui al comma 2, ritenga indispensabile discostarsi temporaneamente dall'obiettivo programmatico, sentita la Commissione europea, presenta alle Camere, per le conseguenti deliberazioni parlamentari, una relazione con cui aggiorna gli obiettivi programmatici di finanza pubblica, nonché una specifica richiesta di autorizzazione che indichi la misura e la durata dello scostamento, stabilisca le finalità alle quali destinare le risorse disponibili in conseguenza dello stesso e definisca il piano di rientro verso l'obiettivo programmatico, commisurandone la durata alla gravità degli eventi di cui al comma 2"*.

Questionario 1 | Le fonti normative | 679

14) D. L'articolo 81, comma 5, della Costituzione prevede che "*L'esercizio provvisorio del bilancio non può essere concesso se non per legge e per periodi non superiori complessivamente a quattro mesi*".

15) B. L'articolo 97 della Costituzione prevede che "*Le pubbliche amministrazioni, in coerenza con l'ordinamento dell'Unione europea, assicurano l'equilibrio dei bilanci e la sostenibilità del debito pubblico*".

16) A. L'Obiettivo di medio termine (OMT) è un obiettivo per il saldo di bilancio strutturale (definito, cioè, al netto della componente ciclica e degli effetti delle misure una tantum e temporanee) che, in base al regolamento UE n. 1175/2011, uno Stato membro della UE si impegna a realizzare in un certo orizzonte temporale. La politica di bilancio di un paese, pertanto, risulta vincolata a conseguire un valore del saldo strutturale pari o migliore dell'OMT. L'OMT è differente per ciascuno Stato e può divergere dal requisito di un saldo prossimo al pareggio o in attivo, ma offre al tempo stesso un margine di sicurezza rispetto al rapporto disavanzo/PIL del 3%.

17) C. L'articolo 3 del Trattato sulla Stabilità sul coordinamento e sulla *governance* nell'unione economica e monetaria prevede che "*il saldo strutturale annuo della pubblica amministrazione è pari all'obiettivo di medio termine specifico per il paese, quale definito nel patto di stabilità e crescita rivisto, con il limite inferiore di un disavanzo strutturale dello 0,5% del prodotto interno lordo ai prezzi di mercato*".

18) C. Il *Fiscal compact* è un trattato concluso tra alcuni Stati facenti parte dell'Unione europea senza il ricorso alle procedure previste dai Trattati.

19) B. L'articolo 117 Costituzione, comma 2, dopo le modifiche operate dalla L. cost. 1/2012, afferma che "*Lo Stato ha legislazione esclusiva nelle seguenti materie: [...] e) moneta, tutela del risparmio e mercati finanziari; tutela della concorrenza; sistema valutario; sistema tributario e contabile dello Stato; armonizzazione dei bilanci pubblici; perequazione delle risorse finanziarie*".

20) B. L'articolo 119 della Costituzione prevede che "*I Comuni, le Province, le Città metropolitane e le Regioni hanno autonomia finanziaria di entrata e di spesa, nel rispetto dell'equilibrio dei relativi bilanci e concorrono ad assicurare l'osservanza dei vincoli economici e finanziari derivanti dall'ordinamento dell'Unione europea.*"

21) C. L'articolo 119, 7° comma, della Costituzione prevede che "*I Comuni, le Province, le Città metropolitane e le Regioni hanno un proprio patrimonio, attribuito secondo i princìpi generali determinati dalla legge dello Stato.*"

22) A. L'articolo 119, comma 8, della Costituzione prevede che i Comuni, le Province, le Città metropolitane e le Regioni "*Possono ricorrere all'indebitamento solo per finanziare spese di investimento, con la contestuale definizione di piani di ammortamento e a condizione che per il complesso degli enti di ciascuna Regione sia rispettato l'equilibrio di bilancio*".

23) B. IPSAS è l'acronimo di International Public Sector Accounting Standards (Principi contabili internazionali per il settore pubblico). Gli IPSAS sono stati sviluppati adattando al contesto del settore pubblico i cosiddetti Principi contabili internazionali (Ias/Ifrs) emanati *dall'International accounting standards board* (Iasb) per la contabilità delle aziende private.
L'applicazione degli IPSAS prevede sia una contabilità finanziaria (*cash basis*, tipica delle pubbliche amministrazioni europee), sia una contabilità economico-patrimoniale (*accrual basis*), sebbene si raccomandi l'adozione di un sistema di rilevazione dei fatti di gestione basato sul principio della competenza economica. Il Board IPSAS (IPSASB), partendo dallo studio delle realtà che hanno già sperimentato tale cambiamento e consapevole della complessità e dell'interdisciplinarietà della tematica in oggetto, ha approntato una sorta di vademecum per l'implementazione della contabilità economica, prendendo in considerazione non solo gli aspetti tecnici ma anche quelli di natura organizzativa e gestionale.

24) C. I principi IPSAS non hanno un carattere vincolante: infatti, l'IFAC (l'Associazione Internazionale delle professioni contabili cui aderiscono le organizzazioni professionali di più di 130 Stati e che ha sviluppato tali specifici principi contabili per la contabilità e il bilancio nel settore pubblico) è un'entità non governativa e dunque l'adesione agli IPSAS non può che essere volontaria.

25) A. L'art. 24, comma 4, L. 196/2009 enuncia il principio dell'unità secondo cui «*è vietata... l'assegnazione di qualsiasi provento per spese o erogazioni speciali, salvo i proventi e le quote di proventi riscossi per conto di enti, le oblazioni e simili, fatte a scopo determinato*».
Secondo tale criterio, dunque, tutte le entrate vanno a costituire, a prescindere dalla loro origine, un unico fondo, finalizzato a coprire tutte le spese pubbliche, ed è pertanto escluso che si possa stabilire una precisa correlazione fra singola entrata e singola spesa: le entrate costituiscono infatti una massa unica ed indistinta e non possono avere una destinazione specifica per determinate spese se non in casi espressamente previsti dalla legge.

26) D. Per il principio dell'universalità, tutte le spese e tutte le entrate devono trovare adeguata collocazione in bilancio e non sono ammesse gestioni fuori bilancio se non espressamente autorizzate. Il criterio dell'universalità è strettamente connesso con quello dell'integrità: anch'esso, infatti, costituisce, ai sensi dell'art. 24 della L. 196/2009, «profilo attuativo» dell'art. 81 della Costituzione; insieme, essi ribadiscono la necessità che il bilancio fornisca un quadro veritiero ed esauriente del complesso dell'attività finanziaria dello Stato.

27) B. Il principio della veridicità richiede che i bilanci rappresentino con la massima attendibilità le reali condizioni finanziarie ed economiche (*true and fair view*). Le informazioni contenute nel bilancio devono perciò essere quanto più possibile realistiche nelle stime: nell'elaborare il bilancio, l'esecutivo dovrà evitare sovrastime o sottostime preordinate ad alterare l'equilibrio finale e a mascherare le reali condizioni delle operazioni e dovrà fornire dati attendibili.

28) A. Il cosiddetto Semestre europeo è costituito da un ciclo di procedure volte ad assicurare un coordinamento preventivo delle politiche economiche e ad accrescere la convergenza. Il semestre europeo si articola intorno a tre nuclei di coordinamento della politica economica:
- riforme strutturali, con un accento sulla promozione della crescita e dell'occupazione in linea con la strategia Europa 2020;
- politiche di bilancio, con l'obiettivo di garantire la sostenibilità delle finanze pubbliche in linea con il patto di stabilità e crescita;
- prevenzione degli squilibri macroeconomici eccessivi.

29) C. Fino al 1978, l'unico strumento di controllo preventivo e di indirizzo dell'attività finanziaria era costituito dal bilancio annuale di previsione, il quale, però, a causa della sua natura formale, non poteva realizzare anno per anno gli aggiustamenti delle entrate e delle spese richiesti dalle manovre di politica economica. Per ovviare a tale problema, la L. 468/1978 introdusse due specifici strumenti legislativi:
- con la Legge finanziaria diveniva possibile adattare la legislazione tributaria e di spesa agli obiettivi di politica economica fissati ogni anno dal Governo nella sua manovra;
- con il bilancio pluriennale si predisponeva un utile supporto ai vari tentativi di programmazione economica nazionale.

30) D. Una delle norme fondamentali per l'attività finanziaria dello Stato e degli enti pubblici è tuttora costituita dal Regio decreto 18 novembre 1923, n. 2440 (legge di contabilità di Stato) e dal suo regolamento attuativo (Regio decreto 23 maggio 1924, n. 827) che hanno a lungo retto la disciplina di bilancio dello Stato. I due provvedimenti, inoltre, hanno sostanzialmente disciplinato l'attività contrattuale della Pubblica Amministrazione fino all'approvazione del cosiddetto Codice dei Contratti pubblici (D.Lgs. 163/2006, ora D.Lgs. 50/2016).

31) A. Secondo la definizione fornita dalla L. 196/2009 (art. 1, comma 2), le amministrazioni pubbliche coincidono con gli enti e gli altri soggetti che costituiscono il settore istituzionale delle amministrazioni pubbliche individuati dall'ISTAT sulla base delle definizioni dettate da specifici regolamenti europei. Secondo tali regolamenti, il perimetro della P.A. include tutti i soggetti i quali, al di là della forma giuridica che rivestono, producono prevalentemente servizi cd. non market, cioè non destinabili alla vendita. In tal senso, il settore della pubblica amministrazione, pertanto, non comprende solo organismi pubblici, quali Stato, enti territoriali ed enti previdenziali, bensì anche soggetti, ad esempio, configurati sotto forma di società, che non adottano la contabilità finanziaria ma quella civilistica d'impresa (ad esempio, Anas S.p.a.).

32) B. L'art. 2 della L. 196/2009 ha previsto una delega legislativa al Governo per l'armonizzazione dei sistemi contabili e degli schemi di bilancio delle amministrazioni pubbliche, ad esclusione di Regioni ed enti locali (per i quali è comunque prevista una analoga disciplina dall'art. 2 della L. 42/2009), nonché per l'armonizzazione della relativa tempistica di presentazione e approvazione. La delega ha trovato attuazione con il D.Lgs. 31 maggio 2011, n. 91, norma finalizzata a consentire la confrontabilità dei dati di bilancio delle differenti amministrazioni.

33) A. Principi e criteri analoghi a quelli dettati per le altre amministrazioni pubbliche dal D.Lgs. 91/2011 (adozione di regole contabili uniformi e di un comune piano dei conti integrato; articolazione di comuni schemi di bilancio per missioni e programmi; adozione di un bilancio consolidato con le aziende) sono previsti dal D.Lgs. 23 giugno 2011, n. 118, di attuazione dell'art. 2 della L. 42/2009, relativo a Regioni, enti locali, enti del Servizio sanitario nazionale.

34) B. Il comma 2 dell'art. 81 sottolinea come il ricorso all'indebitamento (in deroga alla regola generale del pareggio) sia consentito solo al fine di considerare gli effetti del ciclo economico e, previa autorizzazione del Parlamento adottata a maggioranza assoluta dei rispettivi componenti, al verificarsi di eventi eccezionali.

35) D. Il comma 3 afferma il tradizionale principio della copertura finanziaria delle leggi (era già contenuto nell'originario quarto comma dell'articolo 81) in base al quale ogni legge che importi nuovi o maggiori oneri finanziari deve provvedere ai mezzi per farvi fronte.

36) C. Il quarto comma dell'art. 81 ("*Le Camere ogni anno approvano con legge il bilancio e il rendiconto consuntivo presentati dal Governo*") stabilisce al tempo stesso:
> la cadenza annuale della procedura di approvazione del bilancio;
> la suddivisione dei ruoli fra Governo e Parlamento nella predisposizione dei documenti finanziari e nella gestione del bilancio: il Governo (dal quale dipende la pubblica amministrazione) detiene in via esclusiva il potere di iniziativa legislativa in materia di bilancio, mentre il Parlamento autorizza l'esecutivo a gestire su base annua l'ordinamento finanziario di entrata e di spesa. La legge di bilancio costituisce pertanto lo strumento per vincolare l'attività delle amministrazioni pubbliche al perseguimento degli obiettivi individuati dal Parlamento, per legittimare il prelievo delle imposte e assicurare che i fondi pubblici vengano erogati nel rispetto dei vincoli fissati dall'organo rappresentativo della volontà popolare.

37) B. L'art. 4, comma 4 della L. 243/2012 non consente il ricorso all'indebitamento per realizzare operazioni relative alle partite finanziarie, fatto salvo quanto previsto dall'articolo 6, comma 6 della stessa legge secondo cui, qualora il Governo intenda ricorrere all'indebitamento per realizzare operazioni relative alle partite finanziarie al fine di fronteggiare gli eventi straordinari si applicano le procedure di cui al comma 3 dello stesso art. 6.

38) C. L'Ufficio parlamentare di bilancio (Upb) è un organismo indipendente costituito nel 2014 in base alla legge 243/2012, sull'attuazione del principio del pareggio di bilancio, inserito in Costituzione nel 2012 (legge costituzionale 1/2012), come imposto dal patto di bilancio europeo. Suo compito è quello di svolgere analisi e verifiche sulle previsioni macroeconomiche e di finanza pubblica del Governo e di valutare il rispetto delle regole di bilancio nazionali ed europee.

39) C. Il consiglio dell'ufficio è composto da tre persone, nominate dai presidenti della Camera e del Senato scegliendo da una rosa di dieci candidati votati dalle commissioni Bilancio di Senato e Camera con una maggioranza dei due terzi. Il Presidente e i consiglieri rimangono in carica per 6 anni.

40) D. Poiché le spese delle amministrazioni centrali rappresentano meno della metà di quelle totali delle amministrazioni pubbliche, i novellati artt. 119 (commi 1 e 6) e 97 Cost. e gli artt. 9 e 13 della L. 243/2012 obbligano anche i bilanci delle amministrazioni pubbliche (rispettivamente, territoriali e non territoriali) a rispettare il principio del pareggio di bilancio. La L. 243/2012 (art. 3, comma 2) specifica poi che l'equilibrio dei bilanci corrisponde all'obiettivo di medio termine.

Questionario 2
I bilanci dello Stato

1) Secondo la legge 196/2009, le missioni:
   A. rappresentano gli obiettivi strategici perseguiti con la spesa pubblica
   B. rappresentano aggregati omogenei di attività svolte all'interno di ogni singolo Ministero, per perseguire obiettivi ben definiti nell'ambito delle finalità istituzionali
   C. corrispondono ai capitoli del bilancio
   D. sono obiettivi operativi del bilancio

2) Il Documento di economia e finanza previsto dall'articolo 7 della legge 196/2009:
   A. è approvato dal Governo con decreto legislativo
   B. deve essere presentato alle Camere entro il 10 maggio
   C. deve essere presentato alle Camere entro il 10 aprile di ogni anno
   D. deve essere presentato alle Camere entro il 30 aprile

3) L'articolo 24 della legge 196/2009 relativamente al criterio dell'integrità prevede che:
   A. è vietato gestire fondi al di fuori del bilancio
   B. tutte le entrate devono essere iscritte in bilancio al lordo delle spese di riscossione e di altre eventuali spese ad esse connesse
   C. le spese devono essere iscritte in bilancio integralmente, prevedendo in alcuni casi la riduzione delle correlative entrate
   D. nessuna delle alternative è corretta

4) L'articolo 25 della legge 196/2009 ripartisce le entrate dello Stato fra ricorrenti e non ricorrenti, a seconda che si riferiscano a proventi la cui acquisizione sia:
   A. costituita da un ammontare fisso o variabile
   B. costituita da un ammontare modesto o elevato
   C. costituita da un ammontare in un'unica soluzione o a rate non ricorrenti e fisse
   D. prevista a regime ovvero limitata a uno o più esercizi

5) Secondo l'articolo 21 della legge 196/2009 i programmi rappresentano:
   A. aggregati di spesa con finalità omogenea diretti al perseguimento di risultati, allo scopo di conseguire gli obiettivi stabiliti nell'ambito delle missioni
   B. funzioni principali e obiettivi strategici perseguiti con la spesa
   C. macroaggregati costituiti da capitoli
   D. nessuna delle alternative è corretta

6) **Il Ministro dell'Economia e delle Finanze presenta un disegno di legge ai fini dell'assestamento delle previsioni di bilancio, ai sensi dell'articolo 33 della legge 196/2009:**
   A. entro il 15 aprile
   B. entro il 30 maggio
   C. entro il 30 giugno
   D. non è prefissato un termine

7) **Ai sensi dell'articolo 36 della legge 196/2009, il rendiconto generale dello Stato:**
   A. è costituito dal conto del patrimonio
   B. è costituito solo dal conto generale del patrimonio
   C. è redatto secondo modelli approvati con DPCM
   D. è costituito dal conto del bilancio e dal conto generale del patrimonio

8) **Il rendiconto generale dello Stato ai sensi dell'articolo 37 della legge 196/2009:**
   A. non è sottoposto ad attività di controllo della Corte dei Conti
   B. può essere sottoposto ad attività di controllo della Corte dei Conti
   C. è sottoposto ad attività di controllo della Corte dei Conti
   D. è sottoposto ad un parere obbligatorio e non vincolante della Corte dei conti

9) **In materia di impegni di spesa, l'art. 34 della legge 196/2009 prevede che:**
   A. i dirigenti, nell'ambito delle attribuzioni ad essi demandate, impegnano ed ordinano le spese nei limiti delle risorse assegnate in bilancio
   B. la funzione di impegno ed ordinazione di spesa sono affidate al Ministro
   C. i dirigenti, nell'ambito delle attribuzioni ad essi demandate, impegnano ed ordinano le spese nei limiti delle risorse assegnate in bilancio, previo parere dell'ufficio centrale di bilancio
   D. nessuna delle alternative è corretta

10) **Ai sensi della legge 196/2009 (articolo 20), il bilancio dello Stato:**
    A. è annuale ed è redatto in termini di sola competenza
    B. è pluriennale ed è redatto in termini di sola competenza
    C. è redatto in termini sia di competenza che di cassa
    D. è annuale ed è redatto in termini di sola cassa

11) **Secondo l'articolo 7 della legge 196/2009:**
    A. la Nota di aggiornamento del DEF viene presentata alle Camere entro il 27 settembre di ogni anno
    B. la Nota di aggiornamento del DEF viene presentata alle Camere ma non è fissato un termine preciso
    C. la Nota di aggiornamento del DEF viene presentata alle Camere entro il 27 ottobre di ogni anno
    D. la Nota di aggiornamento del DEF viene presentata entro il 31 ottobre

12) **Secondo l'articolo 7 della legge 196/2009:**
    A. il disegno di legge del bilancio dello Stato è presentato alle Camere entro il 30 ottobre
    B. il disegno di legge del bilancio dello Stato è presentato alle Camere entro il 20 ottobre
    C. il disegno di legge del bilancio dello Stato è presentato alle Camere entro il 30 novembre
    D. il disegno di legge del bilancio dello Stato è presentato alle Camere entro il 1° ottobre

13) **Il Programma di stabilità e il Programma nazionale di riforma costituiscono sezioni del:**
    A. disegno di legge di bilancio
    B. Documento di Programmazione e Finanza
    C. Documento di Economia e Finanza
    D. progetto di documento programmatico di bilancio per l'anno successivo

14) **Il Programma di stabilità e il Programma nazionale di riforma sono presentati al Consiglio dell'Unione europea e alla Commissione europea entro:**
    A. il 30 aprile e comunque nei termini e con le modalità previsti dal Codice di condotta sull'attuazione del patto di stabilità e crescita
    B. il 15 maggio
    C. non esiste una scadenza precisa
    D. entro 15 giorni dall'approvazione parlamentare

15) **Nell'ambito del procedimento di gestione della spesa per liquidazione della spesa si intende:**
    A. l'atto conclusivo della procedura di spesa con il quale il debito dello Stato viene totalmente o parzialmente estinto
    B. la fase della spesa nella quale lo Stato manifesta la volontà di adempiere all'obbligazione assunta nei confronti del creditore, emettendo un "titolo di spesa" ed ordinandone il pagamento in favore del creditore
    C. la fase del procedimento di entrata con la quale, a seguito di obbligazione giuridicamente perfezionata, è determinata la somma da pagare, individuato il soggetto creditore, indicata la ragione e costituito il vincolo sulle previsioni di bilancio, nell'ambito della disponibilità finanziaria accertata
    D. nessuna delle alternative è corretta

16) **Nell'ambito del procedimento di gestione della spesa, si intende per impegno:**
    A. la fase della spesa nella quale lo Stato manifesta documentalmente la volontà di adempiere all'obbligazione assunta nei confronti del creditore, emettendo un "titolo di spesa" ed ordinandone il pagamento
    B. l'atto conclusivo della procedura di spesa con il quale il debito dello Stato viene totalmente o parzialmente estinto
    C. la fase del procedimento di spesa con la quale, a seguito di obbligazione giuridicamente perfezionata, è determinata la somma da pagare, individuato il

soggetto creditore, indicata la ragione e costituito il vincolo sulle previsioni di bilancio, nell'ambito della disponibilità finanziaria accertata
D. nessuna delle alternative è corretta

17) **Come si definiscono le voci di bilancio che rappresentano spese già impegnate e non ancora ordinate?**
   A. I residui attivi
   B. I residui passivi
   C. I ratei passivi
   D. I ratei attivi

18) **Nel bilancio dello Stato, qual è l'unità temporale della gestione?**
   A. L'esercizio vigente
   B. L'anno finanziario
   C. L'esercizio provvisorio
   D. L'anno economico-patrimoniale

19) **Ai sensi dell'art. 21, co. 1, L. 31 dicembre 2009, n. 196, il disegno di legge del bilancio di previsione si riferisce ad un periodo:**
   A. triennale e si compone di tre sezioni
   B. nessuna delle altre risposte è corretta
   C. triennale e si compone di due sezioni
   D. biennale e si compone di due sezioni

20) **In base all'art. 34-*bis*, comma 7, L. 31 dicembre 2009, n. 196, la gestione dei residui:**
   A. può essere tenuta distinta da quella della competenza
   B. è tenuta distinta da quella della competenza
   C. non è tenuta distinta da quella della competenza
   D. nessuna delle altre risposte è corretta

21) **Ai sensi dell'art. 34-*bis* della legge 196/2009, gli stanziamenti di parte corrente non impegnati al termine dell'esercizio:**
   A. sono conservati sempre per l'esercizio successivo
   B. salvo che non sia diversamente previsto con legge costituiscono economie di bilancio
   C. sono conservati sempre per i due esercizi successivi
   D. nessuna delle alternative è corretta

22) **Ai sensi dell'art. 32, co. 1, L. 31 dicembre 2009, n. 196, l'esercizio provvisorio del bilancio non può essere concesso se non per legge e per:**
   A. nessuna delle altre risposte è corretta
   B. periodi non superiori complessivamente a dodici mesi
   C. periodi non superiori complessivamente a sei mesi
   D. periodi non superiori complessivamente a quattro mesi

23) **Avendo presente le fasi attraverso le quali avviene la gestione delle spese delle amministrazioni pubbliche e che talune di esse potrebbero essere contemporanee, quale fase precede la liquidazione?**
   A. Ordinazione
   B. Accertamento
   C. Impegno
   D. Pagamento

24) **La liquidazione compete all'ufficio che ha dato esecuzione al provvedimento di spesa ed è disposta:**
   A. tutte le altre risposte sono corrette
   B. sulla base della documentazione necessaria a comprovare il diritto del creditore
   C. a seguito del riscontro operato sulla regolarità della fornitura o della prestazione
   D. sulla rispondenza della fornitura o della prestazione ai requisiti quantitativi e qualitativi

25) **In termini di impegno e pagamento, quali soggetti, nell'ambito delle attribuzioni ad essi demandate, impegnano ed ordinano le spese nei limiti delle risorse assegnate in bilancio?**
   A. I direttori contabili
   B. I Ministeri
   C. I dirigenti
   D. I deputati alla Camera

26) **Gli impegni di spesa possono derivare da sentenze passate in giudicato con successiva condanna dell'ente a pagare una certa somma?**
   A. No, possono derivare solo da leggi che dispongono determinate spese
   B. No, possono derivare solo da atti amministrativi diversi dai contratti
   C. No, in nessun caso
   D. Sì.

27) **In che momento deve essere determinata la somma da conservarsi per ogni unità elementare di bilancio in conto residui per impegni riferibili all'esercizio scaduto?**
   A. A sei mesi dalla chiusura dell'esercizio finanziario
   B. A 15 giorni dalla chiusura dell'esercizio finanziario
   C. Entro un anno dalla chiusura dell'esercizio finanziario
   D. Decorso il termine dell'esercizio finanziario

28) **Ex art. 15, co. 9 della L. 24 dicembre 2012, n. 243, con il disegno di legge di assestamento, da predisporre secondo il criterio della legislazione vigente:**
   A. possono essere adottate variazioni compensative tra le dotazioni finanziarie, purchè non relative a unità di voto diverse, alle condizioni e nei limiti previsti dalla legge dello Stato

B. possono essere adottate variazioni compensative tra le dotazioni finanziarie, anche relative a unità di voto diverse, alle condizioni e nei limiti previsti dalla legge dello Stato
C. non possono essere adottate variazioni compensative tra le dotazioni finanziarie
D. nessuna delle altre risposte è corretta

29) **Ex art. 33, co. 4-septies, L. 31 dicembre 2009, n. 196, il disegno di legge di assestamento è corredato di una relazione tecnica, in cui si dà conto:**
   A. della coerenza del valore del saldo lordo da finanziare o da impiegare con gli obiettivi programmatici di cui all'art. 10, co. 2, lettera e)
   B. del risultato differenziale tra tutte le entrate e le spese, incluse le operazioni riguardanti le partecipazioni azionarie ed i conferimenti, nonché la concessione e la riscossione di crediti e l'accensione e rimborso di prestiti
   C. della coerenza del valore del saldo netto da finanziare o da impiegare con gli obiettivi programmatici di cui all'art. 10, co. 2, lettera e)
   D. nessuna delle altre risposte è corretta

30) **Ex art. 44-bis, co. 2, L. 31 dicembre 2009, n. 196, il Conto riassuntivo del Tesoro costituisce:**
   A. nessuna delle altre risposte è corretta
   B. la rendicontazione trimestrale delle riscossioni e dei pagamenti relativi al servizio di tesoreria statale, riguardante sia la gestione del bilancio dello Stato sia quella della tesoreria statale
   C. la rendicontazione semestrale delle riscossioni e dei pagamenti relativi al servizio di tesoreria statale, riguardante sia la gestione del bilancio dello Stato sia quella della tesoreria statale
   D. la rendicontazione mensile delle riscossioni e dei pagamenti relativi al servizio di tesoreria statale, riguardante sia la gestione del bilancio dello Stato sia quella della tesoreria statale

31) **Cosa quantificano le leggi pluriennali di spesa in conto capitale, ai sensi della l.196/2009, art. 30?**
   A. La spesa complessiva riferita a ciascuno degli anni considerato nel bilancio pluriennale
   B. La spesa complessiva e le quote di competenza attribuite a ciascuno degli anni considerati nel bilancio pluriennale
   C. La spesa complessiva, l'onere per competenza relativo al primo anno, nonché le quote di competenza attribuite a ciascuno degli anni considerati nel bilancio pluriennale
   D. L'onere per cassa relativo al primo anno, nonché le quote per competenza attribuite a ciascuno degli anni considerati nel bilancio

32) **Il bilancio di genere:**
   A. Specifica le ulteriori articolazioni di dettaglio dei programmi di spesa
   B. Specifica le ulteriori articolazioni di dettaglio delle tipologie di entrata
   C. Individua il livello di dettaglio dei programmi di spesa

D. Valuta il diverso impatto della politica di bilancio sulle donne e sugli uomini

33) **Le relazioni trimestrali di cassa, in ottica di monitoraggio di spesa pubblica...**
   A. vengono presentate dal ministro dell'economia e delle finanze al Parlamento a fini di verifica, ma devono essere approvate
   B. vengono presentate dal ministro dell'economia e delle finanze al Parlamento a fini di verifica, ma non devono essere approvate
   C. vengono presentate dal ministro dell'economia e delle finanze al Parlamento a fini di verifica, ma non devono essere approvate con legge
   D. vengono presentate dal ministro dell'economia e delle finanze al Parlamento a fini di verifica, ma devono essere approvate con legge

34) **La sigla SIOPE indica:**
   A. il Sistema informatico delle operazioni della P.A.
   B. il Sistema internazionale per i pagamenti con l'estero
   C. il Sistema informativo sulle operazioni degli enti pubblici
   D. il Sistema informativo gestito dal DRGS

35) **Come si suddividono i programmi di spesa?**
   A. In capitoli positivi e negativi
   B. Non sono suscettibili di divisione
   C. In azioni
   D. In spese maggiori e spese ordinarie.

36) **Con quale finalità è istituito "fondo di riserva per le spese impreviste"?**
   A. Per provvedere alle eventuali deficienze delle assegnazioni di bilancio, che non riguardino le spese di cui all'articolo 26 e che, comunque, non impegnino i bilanci futuri con carattere di continuità
   B. Per provvedere alle eventuali deficienze delle assegnazioni di bilancio che riguardino le spese obbligatorie quando il relativo fondo risulti insufficiente
   C. Per colmare debito pubblico quando questo sia incrementato nell'ultimo anno più del 45 %
   D. Per colmare debito pubblico quando questo sia incrementato nell'ultimo anno più del 35 %

37) **Ex art. 25, co. 7, L. 31 dicembre 2009, n. 196, nel quadro generale riassuntivo, con riferimento sia alle dotazioni di competenza sia a quelle di cassa, è data distinta indicazione anche:**
   A. del risultato della somma fra il totale delle entrate finali e il totale delle spese ("ricorso al mercato")
   B. del risultato differenziale fra il totale delle entrate finali e il totale delle spese ("ricorso al mercato")
   C. nessuna delle altre risposte è corretta
   D. del risultato della somma tra il totale delle entrate tributarie ed extratributarie ed il totale delle spese correnti

38) **Ex art. 25, co. 6, L. 31 dicembre 2009, n. 196, la numerazione delle unità di voto, delle categorie e delle unità elementari di bilancio, ai fini della gestione e della rendicontazione:**
   A. nessuna delle altre risposte è corretta
   B. deve essere discontinua in relazione alle necessità della codifica
   C. deve essere continua in relazione alle necessità della codifica
   D. può essere anche discontinua in relazione alle necessità della codificazione

39) **In cosa consiste la perenzione amministrativa nell'ambito della contabilità pubblica?**
   A. Si tratta di un istituto di matrice civilistica secondo il quale i residui passivi, anche non vengono pagati entro un certo tempo a partire dall'esercizio cui si riferiscono, permangono nelle scritture dello Stato.
   B. Si tratta di un documento minore contenuto all'interno del Patto di stabilità.
   C. Si tratta di un istituto caratteristico della contabilità pubblica secondo il quale i residui passivi che non vengono pagati entro un certo tempo a partire dall'esercizio cui si riferiscono vengono eliminati dalle scritture dello Stato.
   D. Si tratta di un particolare meccanismo amministrativo che porta alla caducazione automatica dei provvedimenti amministrativi che presentano vizi di legge.

40) **Quale soggetto gestisce la Tesoreria centrale e la Tesoreria provinciale, in base ad apposite convenzioni stipulate con il MEF?**
   A. La Corte dei Conti.
   B. La Banca d'Italia.
   C. Il Governo.
   D. L'Agenzia delle entrate.

Risposte commentate
I bilanci dello Stato

1) A. Secondo l'articolo 21, comma 2, della legge 196/2009 le "*missioni rappresentano gli obiettivi strategici perseguiti con la spesa pubblica*".

2) C. L'articolo 7, comma 2, della legge 196/2009 elenca (alla lettera a) fra gli strumenti della programmazione il "*Documento di economia e finanza (DEF), da presentare alle Camere entro il 10 aprile di ogni anno, per le conseguenti deliberazioni parlamentari*".

3) B. Secondo l'articolo 24, comma 2, della legge 196/2009 "*Sulla base del criterio dell'integrità, tutte le entrate devono essere iscritte in bilancio al lordo delle spese di riscossione e di altre eventuali spese ad esse connesse. Parimenti, tutte le spese devono essere iscritte in bilancio integralmente, senza alcuna riduzione delle correlative entrate*".

4) D. L'articolo 25, comma 1, lettera *b*), della legge 196/2009, ripartisce le entrate dello Stato, in ricorrenti e non ricorrenti, a seconda che si riferiscano a proventi la cui acquisizione sia prevista a regime ovvero limitata ad uno o più esercizi.

5) A. L'articolo 21 della legge 196/2009 definisce i programmi come "*aggregati di spesa con finalità omogenea diretti al perseguimento di risultati, definiti in termini di prodotti e di servizi finali, allo scopo di conseguire gli obiettivi stabiliti nell'ambito delle missioni*".

6) C). L'articolo 33 della legge 196/2009 prevede che "*Entro il mese di giugno di ciascun anno, il Ministro dell'economia e delle finanze presenta un disegno di legge ai fini dell'assestamento delle previsioni di bilancio*".

7) D. L'articolo 36 della legge 196/2009 prevede che "*I risultati della gestione dell'anno finanziario sono riassunti e dimostrati nel rendiconto generale dello Stato costituito da due distinte parti: a) conto del bilancio; b) conto generale del patrimonio.*"

8) C. L'articolo 37 della legge 196/2009 dispone che "*1. Al termine dell'anno finanziario ciascun Ministero, per cura del direttore del competente ufficio centrale del bilancio, compila il conto del bilancio ed il conto del patrimonio relativi alla propria amministrazione. 2. I conti di cui al comma 1 sono trasmessi al Ministero dell'economia e delle finanze - Dipartimento della Ragioneria generale dello Stato entro il 30 aprile successivo al termine dell'anno finanziario e, non più tardi del 31 maggio, il Ministro dell'economia e delle finanze, per cura del Ragioniere generale dello Stato, trasmette alla Corte dei conti il rendiconto generale dell'esercizio scaduto*".

9) A. L'articolo 34 della legge 196/2009 dispone che "*I dirigenti, nell'ambito delle attribuzioni ad essi demandate, impegnano ed ordinano le spese nei limiti delle risorse assegnate in bilancio. Restano ferme le disposizioni speciali che attribuiscono la competenza a disporre impegni e ordini di spesa ad organi costituzionali dello Stato dotati di autonomia contabile*".

10) C. L'articolo 20 della legge 196/2009, al comma 1 dispone che "*La gestione fi-

nanziaria dello Stato si svolge in base al bilancio annuale di previsione redatto in termini di competenza e cassa."

11) A. L'articolo 7 della legge 196/2009, fra gli strumenti della programmazione, al comma 2 lett. *b*) cita la Nota di aggiornamento del DEF, da presentare alle Camere entro il 27 settembre di ogni anno, per le conseguenti deliberazioni parlamentari.

12) B. L'articolo 7 della legge 196/2009, al comma 2 dispone che il disegno di legge del bilancio dello Stato sia presentato alle Camere entro il 20 ottobre di ogni anno.

13) C. Il Documento di Economia e Finanza (DEF), come risultante dalle conseguenti deliberazioni parlamentari, è composto da tre sezioni (art. 10 L. 196/2009):
> la prima sezione del DEF reca lo schema del Programma di stabilità che contiene gli elementi e le informazioni richieste dai regolamenti dell'Unione europea e dal Patto di stabilità e crescita, con specifico riferimento agli obiettivi da conseguire per accelerare la riduzione del debito pubblico;
> la seconda sezione del DEF contiene, fra l'altro, l'analisi del conto economico e del conto di cassa delle amministrazioni pubbliche nell'anno precedente;
> la terza sezione del DEF reca lo schema del Programma nazionale di riforma e contiene gli elementi e le informazioni previsti dai regolamenti dell'Unione europea e dalle specifiche linee guida per il Programma nazionale di riforma.

14) A. L'articolo 9 della legge 196/2009 (sui rapporti con l'Unione europea in tema di finanza pubblica) dispone che "*Il Programma di stabilità e il Programma nazionale di riforma sono presentati al Consiglio dell'Unione europea e alla Commissione europea entro il 30 aprile e comunque nei termini e con le modalità previsti dal Codice di condotta sull'attuazione del patto di stabilità e crescita*".

15) B. Secondo l'articolo 277 del R.D. 827/1924 "*La liquidazione delle spese dev'essere appoggiata a titoli e documenti comprovanti il diritto acquisito dai creditori dello Stato, e compilati nelle forme stabilite dal presente regolamento e da quelli speciali pei vari servizi*".

16) C. L'articolo 34 della legge 196/2009 prevede "*Con riferimento alle somme dovute dallo Stato in relazione all'adempimento di obbligazioni giuridiche perfezionate sono assunti gli impegni di spesa, nel rispetto delle leggi vigenti e, nei limiti dei pertinenti stanziamenti iscritti in bilancio, con imputazione agli esercizi in cui le obbligazioni sono esigibili*".

17) B. I residui derivano dalla formazione del bilancio secondo il principio della competenza finanziaria per cui al 31 dicembre – momento in cui ha termine l'esercizio finanziario – alcune entrate accertate non sono state riscosse ed alcune spese impegnate non sono state pagate. Si distingue tra residui attivi e passivi:
> i *residui attivi* sono espressione di entrate accertate ma non ancora riscosse nonché di entrate riscosse ma non ancora versate;
> i *residui passivi* sono espressione di spese già impegnate e non ancora ordinate, ovvero ordinate ma non ancora pagate.

18) B. L'art. 20, comma 2, L. 196/2009 così recita: *"L'unità temporale della gestione è l'anno finanziario che comincia il 1° gennaio e termina il 31 dicembre dello stesso anno".*

19) C. Secondo l'art. 21 della L. 196/2009, il disegno di legge del bilancio di previsione si riferisce ad un periodo triennale e si compone di due sezioni:
> la prima sezione del disegno di legge di bilancio dispone annualmente il quadro di riferimento finanziario;
> la seconda sezione espone per l'entrata e, distintamente per ciascun Ministero, per la spesa le unità di voto parlamentare determinate con riferimento rispettivamente alla tipologia di entrata e ad aree omogenee di attività.

20) B. L'art. 34-*bis*, comma 7, L. 196/2009 prevede che *"La gestione dei residui è tenuta distinta da quella della competenza, in modo che nessuna spesa afferente ai residui possa essere imputata sui fondi della competenza e viceversa".*

21) B. L'art. 34-*bis* (Conservazione dei residui passivi) della legge 196/2009 dispone *"Salvo che non sia diversamente previsto con legge, gli stanziamenti di parte corrente non impegnati al termine dell'esercizio costituiscono economie di bilancio".*

22) D. L'art. 32 della legge 196/2009 prevede che *"L'esercizio provvisorio del bilancio non può essere concesso se non per legge e per periodi non superiori complessivamente a quattro mesi. Durante l'esercizio provvisorio, la gestione del bilancio è consentita per tanti dodicesimi della spesa prevista da ciascuna unità elementare di bilancio, ai fini della gestione e della rendicontazione, quanti sono i mesi dell'esercizio provvisorio, ovvero nei limiti della maggiore spesa necessaria, qualora si tratti di spesa obbligatoria e non suscettibile di impegni o di pagamenti frazionati in dodicesimi".*

23) C. L'art. 270 del R.D. 827/1924 dispone che *"Tutte le spese dello Stato passano per i seguenti stadi:*
> *impegno;*
> *liquidazione;*
> *ordinazione e pagamento".*

24) A. La liquidazione è la fase del procedimento di spesa attraverso la quale, in base a titoli e documenti comprovanti il diritto acquisito dal creditore dello Stato:
> si individua il creditore;
> si delimita e precisa la causa giuridica della spesa;
> si determina la somma certa e liquida da pagare nei limiti dell'ammontare dell'impegno definitivo assunto.

25) C. La disciplina degli impegni e dei pagamenti è dettata dall'art. 34 della L. 196/2009 come modificato dai decreti legislativi 93/2016, 29/2018 e 116/2018. L'articolo in questione dispone che l'impegno di spesa ed il pagamento, in linea generale, è compito dei dirigenti, nell'ambito delle attribuzioni ad essi demandate e nei limiti delle risorse assegnate in bilancio (comma 1 che conferma gli atti 16 e 17 D.Lgs. 165/2001).

26) D. Gli impegni possono derivare da sentenze passate in giudicato che condannano lo Stato a pagare una certa somma (cosiddetti impegni giudiziali).

27) D. La disciplina relativa al decreto di riaccertamento dei residui, dopo l'abrogazione dell'art. 53 del R.D. 2440/1923, è dettata dall'art. 34-*ter*. Al termine dell'esercizio finanziario, per ogni unità elementare di bilancio, con decreto ministeriale da registrarsi alla Corte dei conti, è determinata la somma da conservarsi in conto residui per impegni riferibili all'esercizio scaduto: le amministrazioni competenti verificano la sussistenza delle ragioni del mantenimento in bilancio dei residui provenienti dagli anni precedenti a quello di consuntivazione e comunicano ai competenti Uffici centrali di bilancio le somme da conservare e quelle da eliminare per economia e per perenzione amministrativa. Gli uffici di controllo, dal canto loro, verificano le somme da conservarsi nel conto dei residui per impegni riferibili all'esercizio scaduto e quelle da eliminare al fine della predisposizione, a cura dell'amministrazione, del decreto di riaccertamento dei residui.

28) B. L'art. 33, comma 1, della L. 196/2009 stabilisce che entro il mese di giugno di ciascun anno il Ministro dell'Economia presenta un disegno di legge ai fini dell'assestamento delle previsioni di bilancio formulate a legislazione vigente, anche in considerazione della consistenza dei residui attivi e passivi accertata in sede di rendiconto dell'esercizio scaduto il 31 dicembre dell'anno precedente. Dopo le modifiche della L. 163/2016, con il disegno di legge di assestamento possono essere proposte, limitatamente all'esercizio in corso, variazioni compensative tra le dotazioni finanziarie previste a legislazione vigente, anche relative a unità di voto diverse, restando comunque precluso l'utilizzo degli stanziamenti di spesa in conto capitale per finanziare spese correnti (art. 33, comma 3 che ha in tal modo aumentato la flessibilità in sede di assestamento: la possibilità di compensazione era originariamente limitata soltanto nell'ambito dei programmi di una medesima missione).

29) C. Il comma 4-septies dell'art. 33 L. 196/2009 dispone che "*Il disegno di legge di assestamento è corredato di una relazione tecnica, in cui si dà conto della coerenza del valore del saldo netto da finanziare o da impiegare con gli obiettivi programmatici di cui all'articolo 10, comma 2, lettera e). La relazione è aggiornata al passaggio dell'esame del disegno di legge di assestamento tra i due rami del Parlamento*".

30) D. L'art. 44-*bis* della L. 196/2009, nel disciplinare la revisione del Conto riassuntivo del Tesoro al comma 2 così recita: "*Il Conto riassuntivo del Tesoro costituisce la rendicontazione mensile delle riscossioni e dei pagamenti relativi al servizio di tesoreria statale, riguardante sia la gestione del bilancio dello Stato sia quella della tesoreria statale. Quest'ultima comprende le movimentazioni finanziarie relative al debito fluttuante e alla gestione della liquidità, ai conti aperti presso la tesoreria statale, alle partite sospese da regolare, ai depositi in contanti*".

31) C. L'art. 30 della L. 196/2009 prevede che "*Le leggi pluriennali di spesa in conto capitale quantificano la spesa complessiva e le quote di competenza attribuite a ciascun anno interessato. Le amministrazioni centrali dello Stato possono assumere impegni nei limiti dell'intera somma* indicata dalle predette leggi mentre i relativi pagamenti devono essere contenuti nei limiti delle autorizzazioni annuali di bilancio".

32) D. L'art. 38-*septies* (inserito dal D.Lgs. 90/2016) della L. 196/2009 ha avviato un'apposita sperimentazione per l'adozione di un bilancio di genere, per la valutazione del diverso impatto della politica di bilancio sulle donne e sugli uomini, in termini di denaro, servizi, tempo e lavoro non retribuito anche al fine di perseguire la parità di genere tramite le politiche pubbliche, ridefinendo e ricollocando conseguentemente le risorse, tenendo conto anche dell'andamento degli indicatori di benessere equo e sostenibile di cui all'articolo 10, comma 10-*bis* della stessa legge.

33) B. La Relazione sul conto consolidato di cassa delle Amministrazioni pubbliche (cosiddetta relazione trimestrale di cassa) è prevista dall' art. 14, comma 4, della legge n.196/2009. Entro il 31 maggio, il 30 settembre e il 30 novembre il Ministero dell'economia e delle finanze - Dipartimento della Ragioneria generale dello Stato - pubblica una relazione che espone i risultati della gestione di cassa delle Amministrazioni pubbliche riferita, rispettivamente, al primo trimestre, al primo semestre e ai primi nove mesi dell'anno. La relazione riferita al primo semestre e pubblicata entro il 30 settembre riporta l'aggiornamento della stima annuale del conto consolidato di cassa delle Amministrazioni pubbliche.
I risultati sono articolati per sottosettore istituzionale – Amministrazioni centrali, Amministrazioni locali ed Enti di previdenza – e disaggregati per le principali componenti di incassi e pagamenti.
Le informazioni contenute nella Relazione consentono di monitorare l'evoluzione dei saldi di cassa e dei sottostanti flussi in entrata e in uscita.

34) C. I pagamenti di tutte le amministrazioni pubbliche devono avvenire tramite il SIOPE che è un sistema di rilevazione telematica degli incassi e pagamenti per migliorare la conoscenza dei conti pubblici nazionali e per rispondere tempestivamente alle varie esigenze di verifica delle regole comunitarie; alla sua base vi è l'obbligo degli enti di codificare ogni incasso e pagamento al fine di individuare la natura economica di ciascuna operazione in maniera uniforme; i tesorieri ed i cassieri non possono accettare disposizioni di pagamento prive della codificazione uniforme e tutti gli incassi e pagamenti codificati devono essere trasmessi quotidianamente alla banca dati SIOPE (art. 14, comma 6, L. 196/2009); l'art. 25 (Anticipazione obbligo fattura elettronica) del D.L. 24 aprile 2014, n. 66, inoltre, per i pagamenti dovuti dalle pubbliche amministrazioni, ha fatto divieto di procedere al pagamento delle fatture elettroniche che non riportano il Codice identificativo di gara (CIG) e il Codice Unico di Progetto (CUP).

35) C. Dal primo gennaio 2017 il D.Lgs. 90/2016 ha previsto l'introduzione delle azioni, quale ulteriore articolazione di dettaglio dei programmi di spesa, destinate a costituire, in prospettiva, le unità elementari del bilancio dello Stato anche ai fini gestionali e di rendicontazione.
Le azioni (art. 25-*bis*) costituiscono un livello di dettaglio dei programmi di spesa che specifica ulteriormente la finalità della spesa rispetto a quella individuata in ciascun programma, tenendo conto della legislazione vigente.

36) A. il fondo di riserva delle spese impreviste, finalizzato a coprire eventuali mancanze negli stanziamenti connessi ad eventi imprevedibili e che non impegnino i bilanci futuri con carattere di continuità (articolo 28 L. 196/2009); il trasferimento delle somme di questo fondo e la corrispondente iscrizione alle unità elementari di bilancio ha luogo con decreto del Ministro dell'economia.

37) B. Nel quadro generale riassuntivo, con riferimento sia alle dotazioni di competenza sia a quelle di cassa, è data distinta indicazione (art. 25, comma 7 L. 196/2009):
a) del risultato differenziale tra il totale delle entrate tributarie ed extratributarie ed il totale delle spese correnti («risparmio pubblico»);
b) del risultato differenziale tra tutte le entrate e le spese, escluse le operazioni riguardanti le partecipazioni azionarie ed i conferimenti, nonché la concessione e la riscossione di crediti e l'accensione e rimborso di prestiti («indebitamento o accrescimento netto»);
c) del risultato differenziale delle operazioni finali, rappresentate da tutte le entrate e da tutte le spese, escluse le operazioni di accensione e di rimborso di prestiti («saldo netto da finanziare o da impiegare»);
d) del risultato differenziale fra il totale delle entrate finali e il totale delle spese («ricorso al mercato»).

38) D. L'art. 25, comma 6 della L. 196/2009 così dispone: *"La numerazione delle unità di voto, delle categorie e delle unità elementari di bilancio, ai fini della gestione e della rendicontazione, può essere anche discontinua in relazione alle necessità della codificazione"*.

39) C. La perenzione amministrativa è un istituto tipico della contabilità pubblica, in virtù del quale le somme stanziate e non utilizzate, una volta divenute residui, possono permanere in bilancio soltanto per un periodo di tempo determinato, decorso il quale vengono eliminate dalle scritture in bilancio per essere eventualmente reiscritte in esse dietro richiesta del creditore che agisce nei termini di prescrizione del relativo diritto.
Tale istituto risponde essenzialmente a finalità di natura pratica, individuate nell'esigenza di semplificare le scritture contabili ed eliminare le partite passive relative ad esercizi trascorsi. Essa non estingue il diritto del creditore che potrà chiederne il soddisfacimento entro i termini previsti dalla prescrizione estintiva civilistica ai sensi dell'art. 2934 del codice civile.

40) B. Le operazioni pratiche di incasso e di pagamento per conto dello Stato sono svolte dalla Banca d'Italia che svolge dunque il ruolo di cassiere dello Stato. Tale delicato servizio è regolato da una Convenzione fra Ministero dell'Economia e Banca d'Italia che è stata rinnovata tacitamente fino al 2030.

Questionario 3
Il sistema dei controlli

1) **L'art. 8 del D.Lgs. 123/2011 prevede che il controllo preventivo di regolarità amministrativa e contabile di ragioneria:**
   A. sia effettuato tramite apposizione di un visto entro 15 giorni
   B. sia effettuato tramite apposizione di un visto entro 30 giorni
   C. sia effettuato tramite un parere
   D. nessuna delle alternative è corretta

2) **I rendiconti amministrativi relativi alle aperture di credito alimentate con fondi di provenienza statale resi dai funzionari delegati titolari di contabilità ordinaria e speciale sono assoggettati ai controlli di cui all'articolo 11 del D.Lgs. 123/2011?**
   A. Sì
   B. No
   C. Solo dietro richiesta dell'Amministrazione interessata
   D. Solo dietro richiesta dell'Ufficio centrale di bilancio

3) **Il controllo sulla copertura finanziaria delle leggi di spesa (art. 17 L. 196/2009):**
   A. è esercitato dalla Corte dei Conti
   B. è esercitato dalla Consiglio di Stato
   C. è esercitato dalla Camera
   D. è esercitato dalla Ragioneria Generale dello stato

4) **In materia di costo del lavoro pubblico, la certificazione della compatibilità con gli strumenti di programmazione e di bilancio (art. 47 del D.Lgs. 165/2001):**
   A. è esercitata dalla Consiglio di Stato
   B. è esercitata dalla Camera
   C. è esercitata dalla Corte dei Conti
   D. è esercitata dalla Ragioneria Generale dello Stato

5) **L'art. 11, comma 2, della legge n. 15/2009 dispone che i controlli su gestioni pubbliche statali in corso di svolgimento:**
   A. sono esercitati dalla Consiglio di Stato
   B. sono esercitati dal Parlamento
   C. sono esercitati dalla Corte dei Conti
   D. sono esercitati dalla Ragioneria Generale dello Stato

6) **La Corte dei conti deve trasmettere al Parlamento l'elenco dei decreti registrati con riserva ogni:**
   A. 30 giorni
   B. 15 giorni
   C. giorno
   D. 7 giorni

7) **La Corte dei conti sui provvedimenti di disposizione del demanio e del patrimonio immobiliare esercita un controllo:**
   A. successivo
   B. preventivo di legittimità
   C. ufficiale
   D. legittimo

8) **Alla pronuncia di parificazione della Corte dei conti è allegata:**
   A. la Relazione annuale della Corte dei conti
   B. la Relazione semestrale della Corte dei conti
   C. la Relazione preventiva della Corte dei conti
   D. la Relazione tecnica

9) **Il giudizio in materia di responsabilità contabile degli agenti contabili dello Stato rientra nelle attribuzioni:**
   A. di controllo della Corte dei conti
   B. consultive della Corte dei conti
   C. giurisdizionali della Corte dei conti
   D. di controllo del Ministero delle Finanze

10) **Per quale dei seguenti atti la Corte dei Conti può rifiutare la registrazione annullando il provvedimento stesso (di cui all'art. 25 del R.D. 1214/1934)?**
    A. Per decreti che sanciscono variazioni di bilancio
    B. Per atti di accertamento di residui attivi o passivi
    C. Per decreti volti all'approvazione dei contratti delle amministrazioni dello Stato
    D. Decreti per nomine e promozioni di personale di qualsiasi ordine e grado, disposte oltre i limiti dei rispettivi organici

11) **La fonte legislativa che indica gli atti sui quali la Corte dei Conti esercita un controllo preventivo di legittimità è:**
    A. la L. 23/8/1988, n. 362
    B. la L. 5/8/1978, n. 468
    C. la L. 14/1/1994, n. 20
    D. nessuna delle affermazioni è corretta

12) **L'art. 1, comma 1-*ter*, della L. 20/1994 dispone che, nel giudizio di responsabilità contabile relativa ad atti che rientrano nella competenza propria degli uffici amministrativi, la responsabilità:**
    A. si estende in ogni caso ai titolari degli organi politici che li abbiano approvati
    B. non si estende ai titolari degli organi politici che li abbiano approvati con dolo
    C. non si estende ai titolari degli organi politici che in buona fede li abbiano approvati
    D. nessuna delle alternative è corretta

13) **Quale tra le indicazioni che seguono è conforme ai principi generali in materia di controlli interni, di cui al D.Lgs. 286/1999?**
    A. L'attività di valutazione e controllo strategico supporta l'attività di programmazione strategica e di indirizzo politico-amministrativo
    B. L'attività di valutazione supporta l'attività di programmazione strategica, mentre l'attività di controllo strategico supporta l'attività di indirizzo politico-amministrativo
    C. L'attività di valutazione dei dirigenti è svolta solo dalle stesse strutture o soggetti cui è demandato il controllo di gestione
    D. Nessuna delle indicazioni è conforme ai principi generali di cui al D.Lgs. n. 286/1999

14) **L'amministrazione pubblica attraverso il controllo di gestione:**
    A. valuta l'insieme dei programmi o degli strumenti in rapporto alle risorse umane utilizzate
    B. verifica l'efficacia, efficienza ed economicità dell'azione amministrativa al fine di ottimizzare, anche mediante tempestivi interventi di correzione, il rapporto tra costi e risultati
    C. valuta l'adeguatezza delle scelte effettuate in sede di attuazione di piani, programmi e strumenti di determinazione di indirizzo politico, per risultati e obiettivi
    D. valuta il sistema degli impegni finanziari in rapporto a piani e programmi ritenuti strategici per l'impresa o azienda pubblica

15) **La Corte dei Conti, a norma dell'art. 100 della Costituzione, esercita un controllo sulla gestione del bilancio dello Stato. Che tipo di controllo?**
    A. Un controllo successivo
    B. Un controllo preventivo di vigilanza
    C. Un doppio controllo preventivo e poi successivo
    D. Solo ed esclusivamente un controllo preventivo di legittimità

16) **I controlli della Corte dei Conti sono previsti in Costituzione dall'articolo:**
    A. 81
    B. 100
    C. 103
    D. 119

17) **La giurisdizione contabile della Corte dei Conti è prevista in Costituzione dall'articolo:**
    A. 100
    B. 81
    C. 103
    D. 119

18) **Il controllo di gestione secondo la definizione del D.Lgs. 286/1999 è finalizzato a:**
   A. garantire la legittimità, regolarità e correttezza dell'azione amministrativa
   B. verificare l'efficacia, efficienza ed economicità dell'azione amministrativa al fine di ottimizzare, anche mediante tempestivi interventi di correzione, il rapporto tra costi e risultati
   C. valutare le prestazioni del personale con qualifica dirigenziale
   D. valutare l'adeguatezza delle scelte compiute in sede di attuazione dei piani, programmi ed altri strumenti di determinazione dell'indirizzo politico, in termini di congruenza tra risultati conseguiti e obiettivi predefiniti

19) **Il controllo di regolarità amministrativa e contabile secondo la definizione del D.Lgs. 286/1999 è finalizzato a:**
   A. garantire la legittimità, regolarità e correttezza dell'azione amministrativa
   B. verificare l'efficacia, efficienza ed economicità dell'azione amministrativa al fine di ottimizzare, anche mediante tempestivi interventi di correzione, il rapporto tra costi e risultati
   C. valutare le prestazioni del personale con qualifica dirigenziale
   D. valutare l'adeguatezza delle scelte compiute in sede di attuazione dei piani, programmi ed altri strumenti di determinazione dell'indirizzo politico, in termini di congruenza tra risultati conseguiti e obiettivi predefiniti

20) **La valutazione della dirigenza secondo la definizione del D.Lgs. 286/1999 è finalizzata a:**
   A. garantire la legittimità, regolarità e correttezza dell'azione amministrativa
   B. verificare l'efficacia, efficienza ed economicità dell'azione amministrativa al fine di ottimizzare, anche mediante tempestivi interventi di correzione, il rapporto tra costi e risultati
   C. valutare le prestazioni del personale con qualifica dirigenziale
   D. valutare l'adeguatezza delle scelte compiute in sede di attuazione dei piani, programmi ed altri strumenti di determinazione dell'indirizzo politico, in termini di congruenza tra risultati conseguiti e obiettivi predefiniti

21) **La valutazione e il controllo strategico secondo la definizione del D.Lgs. 286/1999 è finalizzato a:**
   A. garantire la legittimità, regolarità e correttezza dell'azione amministrativa
   B. verificare l'efficacia, efficienza ed economicità dell'azione amministrativa al fine di ottimizzare, anche mediante tempestivi interventi di correzione, il rapporto tra costi e risultati
   C. valutare le prestazioni del personale con qualifica dirigenziale
   D. valutare l'adeguatezza delle scelte compiute in sede di attuazione dei piani, programmi ed altri strumenti di determinazione dell'indirizzo politico, in termini di congruenza tra risultati conseguiti e obiettivi predefiniti

22) **Gli atti e provvedimenti comportanti trasferimenti di somme dal bilancio dello Stato ad altri enti o organismi sono sottoposti a controllo della Ragioneria Generale dello Stato?**
   A. Sì, in fase di rendiconto

B. No
C. Sì, trattasi di controllo successivo
D. Sì, trattasi di controllo preventivo di legittimità

23) **I provvedimenti o contratti di assunzione di personale a qualsiasi titolo sono oggetto di controllo:**
A. Sì, in fase di rendiconto
B. No, mai
C. Sì, trattasi di controllo successivo
D. Sì, trattasi di controllo preventivo di legittimità

24) **I decreti di approvazione di contratti o atti aggiuntivi, atti di cottimo e affidamenti diretti, atti di riconoscimento di debito sono soggetti al controllo preventivo di regolarità amministrativa e contabile di ragioneria?**
A. Sì, in fase di rendiconto
B. Sì, trattasi di controllo preventivo di legittimità
C. No, mai
D. Sì, trattasi di controllo successivo

25) **L'art. 1 del decreto legislativo 26 agosto 2016, n. 174 (Codice di giustizia contabile) prevede che:**
A. la Corte dei Conti esprima pareri
B. la Corte dei Conti effettui solo forme di controllo a campione
C. la Corte dei Conti non effettui controlli sugli enti locali
D. la Corte dei conti ha giurisdizione nei giudizi di conto, di responsabilità amministrativa per danno all'erario e negli altri giudizi in materia di contabilità pubblica

26) **In relazione alle esigenze di controllo e di monitoraggio degli andamenti della finanza pubblica, il Dipartimento della Ragioneria generale dello Stato provvede anche a:**
A. valutare la coerenza dell'evoluzione delle grandezze macroeconomiche nel corso della gestione con gli obiettivi indicati nel DEF e verificare a consuntivo il conseguimento degli stessi obiettivi
B. valutare la coerenza dell'evoluzione delle grandezze di finanza pubblica nel corso della gestione con gli obiettivi di finanza pubblica indicati nel DEF e verificare a consuntivo il conseguimento degli stessi obiettivi
C. nessuna delle altre risposte è corretta
D. validare lo schema del Patto di stabilità

27) **Il controllo sui decreti che approvano contratti delle amministrazioni dello Stato (escluse le aziende autonome) di appalto d'opera di importo superiore al valore in euro stabilito dalla normativa comunitaria per l'applicazione delle procedure di aggiudicazione dei contratti stessi, e sui contratti passivi se di importo superiore ad un decimo del valore indicato, è un controllo effettuato, ai sensi dell'art. 3, della L. 20/1994, dalla Corte dei Conti. Che tipo di controllo è?**
A. Un controllo preventivo di vigilanza

B. Un controllo successivo a quello preventivo
C. Un controllo preventivo di legittimità
D. Un controllo successivo e di vigilanza

28) È giusto affermare che, a norma di quanto dispone la legge n. 20/1994, la Corte dei conti può deliberare di assoggettare - per un periodo di tempo determinato - a controllo preventivo atti non previsti espressamente all'art. 3, comma 1, della suddetta legge?
   A. Sì, in relazione a situazioni di controllo a diffusa irregolarità rilevate in sede di controllo successivo.
   B. Sì, ma solo con l'ordine del Ministro dell'Economia e delle Finanze.
   C. No, mai.
   D. Sì, ma solo con ordine per iscritto del Presidente del Consiglio dei Ministri.

29) I soggetti titolari della funzione del controllo di regolarità amministrativo-contabile sugli atti adottati dalle amministrazioni statali centrali e periferiche sono, rispettivamente:
   A. le Ragionerie territoriali dello Stato e i nuclei interni di valutazione.
   B. i servizi ispettivi di finanza pubblica e i nuclei interni di valutazione.
   C. gli uffici centrali del bilancio e le Ragionerie territoriali dello Stato.
   D. gli uffici centrali del bilancio e i nuclei interni di valutazione.

30) Quale dei seguenti organi partecipa al controllo sulla gestione finanziaria degli enti cui lo Stato contribuisce in via ordinaria?
   A. Corte dei conti.
   B. Corte Costituzionale.
   C. Consiglio di Stato.
   D. Ministero delle Finanze.

Risposte commentate
Il sistema dei controlli

1) B. L'articolo 8 del D.Lgs. 123/2011 prevede che gli atti sottoposti a controllo preventivo, *"contestualmente alla loro adozione, sono inviati all'ufficio di controllo che, entro trenta giorni dal ricevimento, provvede all'apposizione del visto di regolarità amministrativa e contabile"*.

2) A. L'articolo 11 del D.Lgs. 123/2011, fra gli atti sottoposti al controllo successivo di regolarità amministrativa e contabile, elenca anche i rendiconti amministrativi relativi alle aperture di credito alimentate con fondi di provenienza statale resi dai funzionari delegati titolari di contabilità ordinaria e speciale.

3) D. L'articolo 17, comma 11 legge 196/2009 prevede che, per le amministrazioni dello Stato, il Ministero dell'economia e delle finanze - Dipartimento della Ragioneria generale dello Stato, anche attraverso gli Uffici centrali del bilancio e le Ragionerie territoriali dello Stato, vigila sulla corretta applicazione delle disposizioni in materia di copertura finanziaria delle leggi. Per gli enti ed organismi pubblici non territoriali gli organi di revisione e di controllo provvedono agli analoghi adempimenti di vigilanza, dandone completa informazione al Ministero dell'economia e delle finanze - Dipartimento della Ragioneria generale dello Stato.

4) C. L'articolo 47 del D.Lgs. 165/2001 prevede che *"Acquisito il parere favorevole sull'ipotesi di accordo, nonché la verifica da parte delle amministrazioni interessate sulla copertura degli oneri contrattuali, il giorno successivo l'ARAN trasmette la quantificazione dei costi contrattuali alla Corte dei conti ai fini della certificazione di compatibilità con gli strumenti di programmazione e di bilancio"*.

5) C. L'art. 11, comma 2, della legge 15/2009 prevede che *"La Corte dei conti, anche a richiesta delle competenti Commissioni parlamentari, può effettuare controlli su gestioni pubbliche statali in corso di svolgimento"*.

6) B. L'art. 25 del T.U. n. 1214 del 1934 disciplina l'istituto della *registrazione con riserva*: in caso di rifiuto di registrazione, qualora il controllo riguardi un atto governativo, il Ministro interessato può chiedere un'apposita deliberazione da parte del Consiglio dei ministri, il quale può ritenere che l'atto risponda ad interessi pubblici superiori e debba avere comunque corso. In questo caso la Corte dei conti ordina la registrazione dell'atto e vi appone il visto con riserva. L'atto registrato con riserva acquista piena efficacia, ma il Governo se ne assume la responsabilità politica poiché la Corte trasmette ogni 15 giorni al Parlamento l'elenco degli atti registrati con riserva.

7) B. A seguito della L. 20/1994, il *controllo preventivo di legittimità* della Corte dei conti si esercita esclusivamente sugli atti non aventi forza di legge elencati dall'art. 3 dello stesso provvedimento. Fra questi, alla lettera *f)* sono richiamati i "provvedimenti di disposizione del demanio e del patrimonio immobiliare".

8) A. Il controllo successivo sul rendiconto annuale dello Stato è volto a verificare la corrispondenza tra previsione e risultati (cd. *giudizio di parificazione*) e si esercita sul documento contabile relativo all'esercizio finanziario che il Ministro dell'Economia e delle Finanze trasmette alla Corte entro il 31 maggio di ogni anno. Il documento adottato dalle Sezioni Riunite della Corte dei conti si compone di due parti: la deliberazione e la relazione annuale.

9) C. L'art. 103, secondo comma, Cost. costituisce il fondamento costituzionale su cui si basa la giurisdizione nelle materie di contabilità pubblica da parte della Corte dei conti.
L'art. 1 del decreto legislativo 26 agosto 2016, n. 174 (Codice di giustizia contabile) definisce ora l'ambito della giurisdizione contabile: la Corte dei conti ha giurisdizione nei giudizi di conto, di responsabilità amministrativa per danno all'erario e negli altri giudizi in materia di contabilità pubblica. Sono inoltre devoluti alla giurisdizione della Corte dei conti i giudizi in materia pensionistica.

10) D. L'art. 25 del Testo Unico delle leggi sulla Corte dei conti (R.D. 1214/1934) all'art. 25 dispone che "*Il rifiuto di registrazione è assoluto ed annulla il provvedimento quando trattisi:*
a) di impegno od ordine di pagamento riferentesi a spesa che ecceda la somma stanziata nel relativo capitolo del bilancio od, a giudizio della Corte, imputabile ai residui piuttosto che alla competenza e viceversa, ovvero ad un capitolo diverso da quello indicato nell'atto del ministero che lo ha emesso;
b) di decreti per nomine e promozioni di personale di qualsiasi ordine e grado, disposte oltre i limiti dei rispettivi organici;
c) di ordini di accreditamento a favore di funzionari delegati al pagamento di spese, emessi per un importo eccedente i limiti stabiliti dalle leggi".

11) C. L'art. 100, comma 2 della Costituzione attribuisce alla Corte dei conti l'esercizio del controllo preventivo di legittimità sugli atti del Governo, e anche quello successivo sulla gestione del bilancio dello Stato.
Il controllo preventivo di legittimità consiste in un procedimento teso a valutare la conformità degli atti che ne formano oggetto alle norme del diritto oggettivo, ad esclusione di qualsiasi apprezzamento che non sia di ordine strettamente giuridico ed è volto unicamente a garantire la legalità degli atti. A seguito della L. 20/1994 (art. 3), il controllo preventivo di legittimità della Corte dei conti si esercita esclusivamente sugli atti non aventi forza di legge elencati dall'art. 3.

12) C. L'art. 1, comma 1-*ter* della L. 20/1994 dispone che "*Nel caso di deliberazioni di organi collegiali la responsabilità si imputa esclusivamente a coloro che hanno espresso voto favorevole. Nel caso di atti che rientrano nella competenza propria degli uffici tecnici o amministrativi la responsabilità non si estende ai titolari degli organi politici che in buona fede li abbiano approvati ovvero ne abbiano autorizzato o consentito l'esecuzione*".

13) A. Il D.Lgs. 286/1999 ha riordinato e potenziato i meccanismi e strumenti di monitoraggio e valutazione dei costi, dei rendimenti e dei risultati dell'attività svolta dalle amministrazioni pubbliche. Sono stati, in particolare, ridisegnati contenuti e

competenze dei controlli interni, prevedendo un sistema articolato in quattro differenti funzionalità:
> *controllo di regolarità amministrativo-contabile*, che deve garantire la legittimità, la regolarità e la correttezza dell'azione amministrativa (su tale tipologia di controllo è poi intervenuto il D.Lgs. 123/2011);
> *controllo di gestione*, che deve verificare l'efficacia, l'efficienza e l'economicità dell'azione amministrativa, per consentire ai dirigenti di ottimizzare, anche mediante tempestivi interventi di correzione, il rapporto tra costi e risultati;
> *valutazione dei dirigenti*, necessaria, fra l'altro, ad attivare la responsabilità dirigenziale;
> *controllo strategico*, un controllo a lungo termine che va sempre necessariamente integrato al controllo di gestione, che è, invece, a breve termine.

14) B. Secondo l'art. 1, comma 1 lett. *b)* del D.Lgs. 286/1999, il controllo di gestione è diretto a verificare l'*efficacia* (rapporto fra obiettivo e risultato), l'*efficienza* (rapporto output/input) e l'*economicità* dell'azione amministrativa al fine di ottimizzare, anche mediante tempestivi interventi di correzione, il rapporto tra costi e risultati.

15) A. Ai sensi dell'art. 100 comma 2 Cost., la Corte dei conti:
> esercita il controllo preventivo di legittimità sugli atti del Governo;
> esercita il controllo successivo sul rendiconto annuale dello Stato;
> partecipa al controllo sulla gestione finanziaria degli enti a cui lo Stato contribuisce in via ordinaria.

Il controllo successivo sul rendiconto annuale dello Stato è volto a verificare la corrispondenza tra previsione e risultati (cd. giudizio di parificazione) e si esercita sul documento contabile relativo all'esercizio finanziario che il Ministro dell'Economia e delle Finanze trasmette alla Corte entro il 31 maggio di ogni anno.

16) B. L'articolo 100, comma 2 della Costituzione prevede che "*La Corte dei conti esercita il controllo preventivo di legittimità sugli atti del Governo, e anche quello successivo sulla gestione del bilancio dello Stato. Partecipa, nei casi e nelle forme stabilite dalla legge, al controllo sulla gestione finanziaria degli enti a cui lo Stato contribuisce in via ordinaria. Riferisce direttamente alle Camere sul risultato del riscontro eseguito*".

17) C. L'articolo 103 della Costituzione prevede che "*Il Consiglio di Stato e gli altri organi di giustizia amministrativa hanno giurisdizione per la tutela nei confronti della pubblica amministrazione degli interessi legittimi e, in particolari materie indicate dalla legge, anche dei diritti soggettivi.*
La Corte dei conti ha giurisdizione nelle materie di contabilità pubblica e nelle altre specificate dalla legge".

18) B. L'articolo 1, comma 1, lett. *b)*, del D.Lgs. 286/1999 prevede che le pubbliche amministrazioni, nell'ambito della rispettiva autonomia, si dotino di strumenti adeguati a "*verificare l'efficacia, efficienza ed economicità dell'azione amministrativa al fine di ottimizzare, anche mediante tempestivi interventi di correzione, il rapporto tra costi e risultati (controllo di gestione)*".

19) A. L'articolo 1, comma 1 lett. *a*), del D.Lgs. 286/1999 prevede che le pubbliche amministrazioni, nell'ambito della rispettiva autonomia, si dotino di strumenti adeguati a *"garantire la legittimità, regolarità e correttezza dell'azione amministrativa (controllo di regolarità amministrativa e contabile)"*.

20) C. L'articolo 1, comma 1, lett. *c*), del D.Lgs. 286/1999 prevede che le pubbliche amministrazioni, nell'ambito della rispettiva autonomia, si dotino di strumenti adeguati a: *"valutare le prestazioni del personale con qualifica dirigenziale (valutazione della dirigenza)"*.

21) D. L'articolo 1, comma 1, lett. *d*) del D.Lgs. 286/1999 prevede che le pubbliche amministrazioni, nell'ambito della rispettiva autonomia, si dotino di strumenti adeguati a *"valutare l'adeguatezza delle scelte compiute in sede di attuazione dei piani, programmi ed altri strumenti di determinazione dell'indirizzo politico, in termini di congruenza tra risultati conseguiti e obiettivi predefiniti (valutazione e controllo strategico)"*.

22) D. L'articolo 5 del D.Lgs. 123/2011 elenca, fra gli atti in ogni caso soggetti a controllo preventivo della Ragioneria Generale dello Stato gli atti e provvedimenti comportanti trasferimenti di somme dal bilancio dello Stato ad altri enti o organismi.

23) D. L'art. 5 del D.Lgs. 123/2011 assoggetta al controllo preventivo di regolarità amministrativa e contabile di ragioneria, tra l'altro, i provvedimenti o contratti di assunzione di personale a qualsiasi titolo.

24) B. L'articolo 5 del D.Lgs. 123/2011 assoggetta al controllo preventivo di regolarità amministrativa e contabile di ragioneria, tra l'altro, i decreti di approvazione di contratti o atti aggiuntivi, atti di cottimo e affidamenti diretti, atti di riconoscimento di debito.

25) D. L'articolo 1 dell'allegato 1 del decreto legislativo 26 agosto 2016, n. 174 dispone che *"La Corte dei conti ha giurisdizione nei giudizi di conto, di responsabilità amministrativa per danno all'erario e negli altri giudizi in materia di contabilità pubblica"*. Sono inoltre devoluti alla giurisdizione della Corte dei conti i giudizi in materia pensionistica.

26) B. In relazione alle esigenze di controllo e di monitoraggio degli andamenti della finanza pubblica, il Ministero dell'economia e delle finanze (Dipartimento della Ragioneria generale dello Stato) provvede a:
a) consolidare le operazioni delle amministrazioni pubbliche sulla base degli elementi acquisiti con le modalità di cui alla presente legge e ai correlati decreti attuativi;
b) valutare la coerenza della evoluzione delle grandezze di finanza pubblica nel corso della gestione con gli obiettivi di finanza pubblica indicati nel DEF e verificare a consuntivo il conseguimento degli stessi obiettivi;
c) monitorare gli effetti finanziari delle misure previste dalla manovra di finanza pubblica e dei principali provvedimenti adottati in corso d'anno;
d) effettuare, tramite i servizi ispettivi di finanza pubblica, verifiche sulla regolarità della gestione amministrativo-contabile delle amministrazioni pubbliche, ad eccezione delle regioni e delle province autonome;

e) consentire l'accesso e l'invio in formato elettronico elaborabile dei dati di cui al comma 1 dell'articolo 13 alla Camera dei deputati e al Senato della Repubblica.

27) C. Il controllo preventivo di legittimità consiste in un procedimento teso a valutare la conformità degli atti che ne formano oggetto alle norme del diritto oggettivo, ad esclusione di qualsiasi apprezzamento che non sia di ordine strettamente giuridico ed è volto unicamente a garantire la legalità degli atti.
A seguito della L. 20/1994 (art. 3), il controllo preventivo di legittimità della Corte dei conti si esercita esclusivamente sugli atti non aventi forza di legge enumerati dallo stesso art. 3. Fra questi, la lett. *g* elenca i decreti che approvano contratti delle amministrazioni dello Stato, escluse le aziende autonome: attivi, di qualunque importo, ad eccezione di quelli che per loro natura devono essere consegnati immediatamente all'acquirente (ipotesi prevista dall'ultimo comma dell'articolo 19 del R.D. 2440/1923); di appalto d'opera, se di importo superiore alla soglia comunitaria; altri contratti passivi, se di importo superiore ad un decimo del valore suindicato.

28) A. L'art. 3, comma 1 lettera l) dispone che la Corte dei conti può deliberare di assoggettare, per un periodo determinato, a controllo preventivo atti non previsti espressamente all'art. 3, comma 1, della suddetta legge in relazione a situazioni di diffusa e ripetuta irregolarità rilevate in sede di controllo successivo.

29) C. L'art. 5 del D.Lgs. 123/2011 assoggetta al controllo preventivo di regolarità amministrativa e contabile di ragioneria:
> tutti gli atti dai quali derivino effetti finanziari per il bilancio dello Stato
> tutti gli atti elencati al comma 2, a prescindere dalla produzione di effetti finanziari a carico del bilancio dello Stato.

Ad eccezione degli atti soggetti al controllo preventivo di legittimità da parte della Corte dei conti ai sensi dell'articolo 3 della L. 20/1994, gli atti soggetti al controllo preventivo elencati dalle lettere da b) a g-*bis*) del comma 2 sono inviati agli Uffici di controllo per il controllo di regolarità amministrativa e contabile contestualmente alla loro adozione.
L'ufficio di controllo, entro trenta giorni dal ricevimento (art. 8) provvede all'apposizione del visto di regolarità amministrativa e contabile.

30) A. Sono sottoposti al controllo sugli enti sovvenzionati (L. 21 marzo 1958 n. 259) i seguenti enti:
> gli enti che godono di contribuzione periodica a carico dello Stato;
> gli enti che si finanziano con imposte, contributi, tasse che sono autorizzati ad imporre;
> gli enti che godono di un apporto al patrimonio in capitale, servizi, beni ovvero mediante concessione di garanzia;
> le società derivanti dalla trasformazione degli enti pubblici economici in società per azioni, fino a quando permanga la partecipazione maggioritaria dello Stato o degli altri pubblici poteri al capitale sociale (Corte costituzionale, sentenza 28 dicembre 1993 n. 466).

Tali soggetti devono far pervenire alla Corte dei conti (Sezione controllo enti) i conti consuntivi ed i bilanci di esercizio col relativo conto dei profitti e delle perdite corredati dalle relazioni dei rispettivi organi amministrativi e di revisione, non oltre quindici giorni dalla loro approvazione e, in ogni caso, non oltre sei mesi e quindici giorni dalla chiusura dell'esercizio finanziario al quale si riferiscono. Alla Corte sono trasmesse altresì le relazioni degli organi di revisione che vengano presentate in corso di esercizio (art. 4).

Questionario 4
L'ordinamento contabile degli enti pubblici istituzionali

1) **Il decreto legislativo 91/2011 si applica:**
   A. alle amministrazioni di cui all'articolo 1, comma 2, della legge 31 dicembre 2009, n. 196, ad esclusione delle regioni, degli enti locali, dei loro enti ed organismi strumentali e degli enti del Servizio sanitario nazionale
   B. agli enti di cui all'articolo 1, comma 2, del D.Lgs. 165/2001
   C. agli enti definiti secondo il principio SEC95
   D. nessuna delle alternative è corretta

2) **Secondo l'articolo 11 del D.Lgs. 91/2011 i macroaggregati costituiscono:**
   A. le unità di rappresentazione del bilancio che identificano in modo sintetico gli aggregati omogenei di attività realizzate dall'amministrazione pubblica per il perseguimento delle finalità individuate nell'ambito di ciascuna missione
   B. un'articolazione dei programmi secondo la natura economica della spesa
   C. un semplice insieme di capitoli
   D. sono definiti secondo il regolamento di contabilità di ogni ente

3) **Il D.Lgs. 118/2011:**
   A. riguarda l'ordinamento contabile delle amministrazioni centrali
   B. riguarda l'ordinamento contabile degli enti pubblici non economici
   C. riguarda l'ordinamento contabile degli enti locali
   D. nessuna delle alternative è corretta

4) **In quante categorie la L. 70/1975 (cd. *legge sul parastato*) ha suddiviso gli enti pubblici ritenuti necessari?**
   A. 2
   B. 7
   C. 16
   D. 20

5) **Quali sono i tre sotto-settori delle Amministrazioni pubbliche?**
   A. Amministrazioni centrali, amministrazioni locali, enti di previdenza
   B. Amministrazioni locali, settore statale, amministrazioni centrali
   C. Settore statale, settore pubblico, amministrazioni locali
   D. Settore statale, società pubbliche, amministrazioni centrali

6) **Con quale decreto è stato emanato il Regolamento concernente l'amministrazione e la contabilità degli enti pubblici di cui alla L. 70/1975?**
   A. Decreto del Presidente della Repubblica n. 97 del 2003

B. Decreto Legislativo n. 91 del 2011
C. Decreto del Presidente della Repubblica n. 97 del 2005
D. Decreto Legislativo n. 85 del 2011

7) **Da quale decreto sono dettate le norme per l'armonizzazione dei sistemi contabili degli enti pubblici istituzionali?**
   A. Dal decreto legislativo n. 90 del 2011
   B. Dal decreto legislativo n. 91 del 2010
   C. Dal decreto legislativo n. 91 del 2011
   D. Dal decreto legislativo n. 174 del 2011

8) **Gli enti pubblici approvano il bilancio di previsione entro:**
   A. il 15 marzo
   B. il 31 marzo
   C. il 31 ottobre
   D. il 31 dicembre

9) **Quale di questi non è un documento previsionale che gli enti pubblici non economici sono tenuti a compilare?**
   A. Documento contabile di stanziamento formale
   B. Bilancio di previsione
   C. Preventivo finanziario
   D. Preventivo economico

10) **Gli enti pubblici possono redigere in forma abbreviata sia il bilancio di previsione che il rendiconto generale?**
    A. No, la forma abbreviata è sempre vietata per la redazione del bilancio
    B. Sì, ma ciò vale solo per gli enti pubblici di grandi dimensioni, ai quali, per esigenza di celerità, è riconosciuta la facoltà di redigere il bilancio in forma abbreviata
    C. Sì, sono autorizzati gli enti pubblici di piccole dimensioni che non superino i parametri stabiliti dall'art. 48 del D.P.R. 97/2003
    D. Tale ipotesi ricorre esclusivamente per gli enti pubblici che svolgono attività nell'ambito del Servizio Sanitario Nazionale

11) **In che modo si conclude il processo gestionale degli enti pubblici istituzionali?**
    A. Con un'analitica previsione delle spese contenuta nel bilancio preventivo
    B. Con la formulazione della tabella dimostrativa del ciclo di gestione, in allegato alla Nota di aggiornamento
    C. Con la liquidazione, che viene eseguita dai tesorieri e gli altri agenti pagatori dello Stato
    D. Con l'illustrazione dei risultati conseguiti dall'ente stesso, illustrazione riportata nel rendiconto generale

12) **Negli enti pubblici di cui alla L. 70/1975 il rendiconto generale si compone di quattro documenti. Quale tra questi è uno dei quattro?**
    A. Bilancio pluriennale
    B. Stato patrimoniale
    C. Preventivo finanziario
    D. Nessuna delle alternative è corretta

13) **Il piano dei conti integrato:**
    A. è obbligatorio per gli enti pubblici in contabilità civilistica
    B. consente il raccordo dei dati contabili con la classificazione europea SEC98
    C. consente il raccordo dei dati contabili con la classificazione europea SEC2005
    D. consente il raccordo dei dati contabili con la classificazione europea SEC2010

14) **Il piano dei conti integrato previsto dal D.P.R. 132/2013 si compone di:**
    A. due moduli
    B. tre moduli
    C. quattro moduli
    D. cinque moduli

15) **Nell'ambito di applicazione del decreto legislativo n. 91 del 2011 sono comprese:**
    A. tutte le amministrazioni centrali dello Stato
    B. tutte le amministrazioni pubbliche, comprese le amministrazioni centrali dello Stato
    C. tutte le amministrazioni diverse dalle amministrazioni centrali dello Stato, che adottano una contabilità finanziaria
    D. tutte le amministrazioni diverse dalle amministrazioni centrali dello Stato, che adottano una contabilità economico-patrimoniale

16) **Quale di questi non è un documento previsionale che gli enti pubblici non economici sono tenuti a compilare?**
    A. Documento contabile di stanziamento formale
    B. Bilancio di previsione.
    C. Preventivo finanziario
    D. Budget (finanziario ed economico) dei centri di responsabilità di 1° livello.

17) **Ai sensi dell'art. 10 del D.Lgs. n.279/1997, il sistema della contabilità economica, che si fonda su rilevazioni analitiche per centro di costo e per centro di responsabilità, ha delle componenti fondamentali: il piano dei conti, i centri di costo, I centri di responsabilità, I servizi e le prestazioni erogati. A tal proposito, i centri di costo...**
    A. esprimono le funzioni elementari per il raggiungimento degli scopi dell'amministrazione.
    B. sono individuati in coerenza con il sistema dei centri di responsabilità dell'amministrazione, ne rilevano i risultati economici e ne seguono l'evoluzione, anche in relazione ai provvedimenti di riorganizzazione.

C. esprimono le funzioni elementari, finali e strumentali per il raggiungimento degli obiettivi della missione dell'amministrazione.
D. costituiscono lo strumento per la rilevazione economica dei costi, necessario al controllo di gestione

18) **Ai sensi dell'art. 10 del D.Lgs. n.279/1997, il sistema della contabilità economica, che si fonda su rilevazioni analitiche per centro di costo e per centro di responsabilità, ha delle componenti fondamentali: il piano dei conti, i centri di costo, i centri di responsabilità, i servizi e le prestazioni erogati. A tal proposito, i servizi erogati...**
A. sono individuati in coerenza con il sistema dei centri di responsabilità dell'amministrazione, ne rilevano i risultati economici e ne seguono l'evoluzione, anche in relazione ai provvedimenti di riorganizzazione.
B. sono individuati in coerenza con il sistema dei centri di responsabilità dell'amministrazione, ne rilevano i risultati economici e ne seguono l'evoluzione, anche in relazione ai provvedimenti di riorganizzazione.
C. sono aggregati nelle funzioni-obiettivo che esprimono le missioni istituzionali di ciascuna amministrazione interessata.
D. esprimono le funzioni elementari per il raggiungimento degli scopi dell'amministrazione.

19) **Il piano dei conti integrato delle amministrazioni in contabilità finanziaria, esclusi gli enti territoriali, è oggetto di specifico regolamento:**
A. D.P.R. 12 novembre. 2018, n. 140
B. D.P.R. 27 febbraio 2003, n. 97
C. D.Lgs. 07 agosto 1997, n. 279
D. D.P.R. 4 ottobre 2013, n. 132

20) **Quale delle seguenti NON costituisce una delle finalità della contabilità integrata?**
A. Armonizzazione del sistema contabile
B. Consolidamento e monitoraggio dei dati contabili di bilancio
C. Snellimento delle procedure di spesa
D. Tracciabilità e trasparenza delle informazioni

Risposte commentate
L'ordinamento contabile degli enti pubblici istituzionali

1) A. L'articolo 1 del decreto legislativo 91/2011 per amministrazioni pubbliche intende *"le amministrazioni di cui all'articolo 1, comma 2, della legge 31 dicembre 2009, n. 196, ad esclusione delle regioni, degli enti locali, dei loro enti ed organismi strumentali e degli enti del Servizio sanitario nazionale"*.

2) B. L'articolo 11 del D.Lgs. 91/2011 definisce i macroaggregati come un'articolazione dei programmi secondo la natura economica della spesa.

3) C. Il D.Lgs. 118/2011 disciplina l'armonizzazione dei sistemi contabili e degli schemi di bilancio delle Regioni, degli enti locali e dei loro organismi.

4) B. Il tentativo di delimitare in modo preciso il settore degli enti pubblici ha una storia abbastanza lunga. Risale infatti agli anni Settanta del secolo scorso il tentativo di classificare prima e ridurre poi il numero degli enti parastatali (quegli enti pubblici istituzionali, cioè, creati per legge al fine di svolgere funzioni pubbliche e di fornire servizi pubblici d'interesse nazionale venendo a porsi in posizione ausiliare e strumentale rispetto allo Stato). La L. 70/1975 (cosiddetta *legge sul parastato*) classificò questi enti in sette categorie e per essi, oltre a dettare norme in materia di stato giuridico e trattamento economico del personale, sanciva all'articolo 30 alcuni obblighi contabili.

5) A. Sulla base di una serie di criteri elaborati dal Sec95 (il Sistema Europeo dei Conti, ora aggiornato dal SEC 2010), l'ISTAT ha individuato 3 principali sottosettori all'interno del conto delle Amministrazioni pubbliche:
- *amministrazioni centrali*, sottosettore composto da organi amministrativi dello Stato ed enti centrali; vi rientrano la Presidenza del Consiglio dei Ministri e i Ministeri, gli organi costituzionali, le Agenzie fiscali, altri enti;
- *amministrazioni locali*, sottosettore che include le Regioni, gli enti locali, gli enti produttori di servizi sanitari, altri enti dell'amministrazione locale (università, comunità montane, camere di commercio, enti per il turismo, enti di sviluppo ecc.);
- *enti di previdenza e assistenza sociale*, sottosettore che raggruppa l'Inps, l'Inail e altri enti (Casse previdenziali aziendali, enti di previdenza di varie categorie professionali, le Casse previdenziali privatizzate ecc.).

6) A. La disciplina per l'amministrazione e la contabilità degli enti pubblici istituzionali è dettata dal decreto del Presidente della Repubblica 27 febbraio 2003, n. 97. Il provvedimento è destinato ad essere superato: l'art. 4, comma 3 lett. b) del decreto legislativo 31 maggio 2011, n. 91, ha previsto che un apposito regolamento riveda le disposizioni di cui al D.P.R. 97/2003.

7) C. Il decreto legislativo 31 maggio 2011, n. 91, in modo analogo a quanto previsto dal D.Lgs. 118/2011 per Regioni, enti locali e enti del Servizio sanitario nazionale, è volto all'armonizzazione dei sistemi contabili di tutte le amministrazioni pubbliche.

8) C. Il D.P.R. 97/2003, all'articolo 5, tratta del bilancio previsionale degli enti pubblici non economici stabilendo innanzitutto che l'esercizio finanziario ha la durata di un anno (inizia il 1° gennaio e termina il successivo 31 dicembre). La gestione finanziaria si svolge in base al bilancio di previsione, deliberato dall'organo di vertice entro il 31 ottobre, salvo diverso termine previsto da norme di legge o da disposizione statutaria.

9) A. Il comma 3 dell'articolo 10 del D.P.R. 97/2003 dispone che il bilancio di previsione è composto dai seguenti documenti:
> il preventivo finanziario;
> il quadro generale riassuntivo della gestione finanziaria;
> il preventivo economico.

10) C. L'art. 48 del D.P.R. 97/2003 autorizza gli enti pubblici di piccole dimensioni a redigere il bilancio di previsione ed il rendiconto generale in *forma abbreviata* quando nel primo esercizio o, successivamente, per due esercizi consecutivi, non superino i parametri dimensionali, desunti dagli ultimi rendiconti generali approvati, fissati dallo stesso art. 48.

11) D. Secondo l'art. 38 del D.P.R. 97/2003, il processo gestionale trae origine dal quadro normativo ed istituzionale dell'ente, trova copertura nelle risorse disponibili, è rappresentato nel bilancio di previsione e si conclude con l'illustrazione dei risultati conseguiti in un documento denominato *rendiconto generale*.

12) B. Secondo l'art. 38 del D.P.R. 97/2003, il rendiconto generale è costituito da:
> il conto di bilancio;
> il conto economico;
> lo stato patrimoniale;
> la nota integrativa.

13) D. Una delle principali novità introdotte dal D.Lgs. 91/2011 è costituita dal *piano dei conti integrato* per gli enti che adottano un regime di contabilità finanziaria. Disciplinato dall'art. 4 del decreto, il piano dei conti integrato consente il raccordo dei dati contabili con la classificazione europea SEC2010, facilitando così la costruzione dei dati di contabilità nazionale e il confronto con le altre istituzioni dell'Unione Europea.

14) B. Le modalità di attuazione del piano dei conti integrato sono dettate dal D.P.R. 4 ottobre 2013, n. 132. Il piano si compone di tre moduli:
> uno finanziario (con i conti che servono per classificare i movimenti di entrata e di uscita registrati secondo le logiche della contabilità c.d. "camerale");
> uno economico (con i conti per accogliere i proventi/ricavi e i costi/oneri registrati nell'ambito della contabilità economico-patrimoniale e che trovano rappresentazione nel conto economico);

› uno patrimoniale (con i conti per registrare attività e passività che sono rappresentate nello Stato patrimoniale).

15) C. L'ambito di applicazione del D.Lgs. 91/2011 è più ampio di quello interessato dal D.P.R. 97/2003: l'articolo 1, comma 1, lettera a), del decreto fa infatti riferimento all'articolo 1, comma 2, della legge 31 dicembre 2009, n. 196 e dunque sono destinatari delle norme tutte le amministrazioni pubbliche, diverse dalle amministrazioni centrali dello Stato, che adottano una contabilità finanziaria, cui si affianca una contabilità economico-patrimoniale secondo quanto già previsto dal D.P.R. 97/2003.

16) A. Il D.P.R. 97/2003 (*Regolamento concernente l'amministrazione e la contabilità degli enti pubblici di cui alla L. 20 marzo 1975, n. 70*) dispone che il processo di pianificazione, programmazione e budget si rappresentato nei seguenti documenti:
› la relazione programmatica;
› il bilancio pluriennale;
› il bilancio di previsione;
› la tabella dimostrativa del presunto risultato di amministrazione;
› il budget (finanziario ed economico) dei centri di responsabilità di 1° livello.

17) B. L'art. 10 del D.Lgs. 279/1997 (*Individuazione delle unità previsionali di base del bilancio dello Stato, riordino del sistema di tesoreria unica e ristrutturazione del rendiconto generale dello Stato*), al fine di consentire la valutazione economica dei servizi e delle attività prodotti, impone alle pubbliche amministrazioni di adottare un sistema di contabilità economica fondato su rilevazioni analitiche per centri di costo. Esso collega le risorse umane, finanziarie e strumentali impiegate con i risultati conseguiti e le connesse responsabilità dirigenziali, allo scopo di realizzare il monitoraggio dei costi, dei rendimenti e dei risultati dell'azione svolta dalle singole amministrazioni. Queste ultime provvedono alle rilevazioni analitiche riguardanti le attività di propria competenza secondo i criteri e le metodologie unitari previsti dal sistema predetto, al quale adeguano anche le rilevazioni di supporto al controllo interno, assicurando l'integrazione dei sistemi informativi e il costante aggiornamento dei dati. Il comma 4 dello stesso articolo specifica che "*I centri di costo sono individuati in coerenza con il sistema dei centri di responsabilità dell'amministrazione, ne rilevano i risultati economici e ne seguono l'evoluzione, anche in relazione ai provvedimenti di riorganizzazione*".

18) C. L'art. 10 del D.Lgs. 279/1997 nell' adottare un sistema di contabilità economica fondato su rilevazioni analitiche per centri di costo specifica (comma 5) che "*I servizi esprimono le funzioni elementari, finali e strumentali, cui danno luogo i diversi centri di costo per il raggiungimento degli scopi dell'amministrazione. Essi sono aggregati nelle funzioni-obiettivo che esprimono le missioni istituzionali di ciascuna amministrazione interessata*".

19) D. Il piano dei conti integrato integrato delle amministrazioni in contabilità finanziaria, esclusi gli enti territoriali, è stato introdotto nell'ordinamento contabile nazionale dall'art. 2 della legge 196/2009 ed è oggetto di specifico regolamento: il Dpr 132/2013. Esso delinea il sistema di classificazione a cui devono riferirsi tutte le amministrazioni in contabilità finanziaria e a cui fanno specifico rimando le normative sottostanti la riforma degli enti territoriali (artt. 4 e 6 del D.Lgs.118/2011), non

Questionario 4 — L'ordinamento contabile degli enti pubblici istituzionali

territoriali (art. 4 D.Lgs. 91/2011) e delle amministrazioni centrali dello Stato (D.P.R. 140/2018).
È uno strumento fondamentale per il consolidamento dei conti pubblici, ai fini del monitoraggio e controllo degli aggregati rilevanti nel contesto europeo.

20) C. Le finalità della contabilità integrata sono le seguenti:
- l'armonizzazione del sistema contabile delle Amministrazioni centrali dello Stato con quelle delle altre Amministrazioni pubbliche. L'adozione infatti di un sistema di contabilità economico-patrimoniale e di un piano dei conti integrato (adottato con D.P.R. 12 novembre 2018, n. 140) è collegata alle analoghe disposizioni emanate per gli Enti territoriali (decreto legislativo 118/2011) e non territoriali (decreto legislativo 91/2011) e al Regolamento concernente le modalità di adozione del piano dei conti integrato delle Amministrazioni pubbliche (decreto del Presidente della Repubblica 4 ottobre 2013, n. 132);
- il consolidamento e monitoraggio nelle fasi di previsione, gestione e rendicontazione dei dati contabili di bilancio delle Amministrazioni centrali dello Stato;
- la maggiore tracciabilità e trasparenza delle informazioni nelle varie fasi di rappresentazione contabile.

Printed by Amazon Italia Logistica S.r.l.
Torrazza Piemonte (TO), Italy